汉译世界学术名著丛书

中　镇

当代美国文化研究

〔美〕罗伯特·S.林德　　著
　　　海伦·梅里尔·林德

盛学文　马春华　李筱鹏　译

范道丰　校

Robert S. Lynd and Helen Merrell Lynd
MIDDLETOWN
A Study in Modern American Culture
Copyright © 1929 by Harcourt Brace Jovanovich, Inc.
本书根据美国哈考特·布瑞斯·约万诺维奇公司 1929 年版译出

汉译世界学术名著丛书
出　版　说　明

我馆历来重视移译世界各国学术名著。从20世纪50年代起，更致力于翻译出版马克思主义诞生以前的古典学术著作，同时适当介绍当代具有定评的各派代表作品。我们确信只有用人类创造的全部知识财富来丰富自己的头脑，才能够建成现代化的社会主义社会。这些书籍所蕴藏的思想财富和学术价值，为学人所熟悉，毋需赘述。这些译本过去以单行本印行，难见系统，汇编为丛书，才能相得益彰，蔚为大观，既便于研读查考，又利于文化积累。为此，我们从1981年着手分辑刊行，至2021年已先后分十九辑印行名著850种。现继续编印第二十辑，到2022年出版至900种。今后在积累单本著作的基础上仍将陆续以名著版印行。希望海内外读书界、著译界给我们批评、建议，帮助我们把这套丛书出得更好。

商务印书馆编辑部
2021年9月

中译本前言

《中镇》一书是社会学的经典著作。关于中镇的研究是社会学实证研究的典范。正因为此，它在社会学实证研究史中榜上有名，既是学习社会学课程的学生的必读书，也是帮助一般读者了解美国经典社会学研究的一部优秀作品。

虽然关于中镇的研究已经是将近一个世纪前的事情，但是这部著作还是拥有极大的魅力。这是因为：首先，它的研究方法中有许多值得当代社会学研究借鉴的地方。它成功把握此种规模的社区研究的经验，到今天看也并不过时。林德夫妇采取了定性方法与定量方法相结合的做法来研究一个小镇的社会生活，符合定性与定量两种方法兼收并蓄的潮流。其次，书中所描绘的美国一个小镇在现代化过程中所面临的社会变迁，对于所有正在经历现代化进程的国家（例如中国）具有多方面的启迪作用。例如，书中描写了私人汽车和收音机刚刚进入美国这个小镇时对当地的社会生活所造成的影响；而对于正处在私家车进入家庭生活的初级阶段的中国读者来说，阅读书中所描绘的私家车进入小镇生活的情景及其社会学分析就显得更加亲切。此外，社会学经典作家对于实证研究下的理论抽象的功夫更具有超越时空的价值，是值得所有的社会学研究者借鉴的。

在1988年，我从美国得到社会学博士学位回国，一心想在中国做社会学研究。当时我在王小波的帮助下编译了本书的一个节本,有两个目的:一是给社会学系的学生作参考书;另一个就是在翻译的过程中向林德夫妇讨教,看他们是如何做研究的,以便指导自己的研究工作。译好后,由北京大学社会学系的袁方教授慷慨出资,打印了几百本,大多做了社会学系学生的教学参考书。后来,看到商务印书馆出了《街角社会》,我心里便燃起了由商务印书馆来出版这本书的全译本的念头,因为《中镇》与《街角社会》同属于社会学的经典著作。这个想法得到了商务印书馆的支持,才有了今天的这个译本。

李银河

1998年7月7日

目　　录

序　言 ··· 1
前　言 ··· 4

绪　　论

第一章　调查的性质 ··· 9
第二章　城市的选择 ··· 14
第三章　历史背景 ·· 18

第一部分　谋生手段

第四章　主要的谋生手段 ······································ 29
第五章　中镇的养家人 ··· 33
第六章　中镇人靠什么谋生 ··································· 48
第七章　工作的权威 ·· 63
第八章　他们为何如此勤奋工作 ····························· 85

第二部分　建立家庭

第九章　中镇人的住房 ··· 107
第十章　婚　姻 ··· 126

第十一章　子女抚养 149
第十二章　衣食和家务 173

第三部分　教育子女

第十三章　谁该去上学？ 205
第十四章　儿童的学习内容 213
第十五章　教育者 233
第十六章　学校"生活" 238

第四部分　利用闲暇

第十七章　传统的休闲方式 255
第十八章　休闲方式的创新 286
第十九章　休闲娱乐组织 311

第五部分　参加宗教仪式

第二十章　主要宗教信仰 363
第二十一章　宗教仪式的时间和地点 383
第二十二章　宗教仪式的主持者与参加者 395
第二十三章　宗教仪式 425

第六部分　参与社区活动

第二十四章　政府机构 471
第二十五章　保　健 494
第二十六章　社会救济 519

第二十七章　信　息···533

第二十八章　群体整合···541

第二十九章　结束语···564

附　录

研究方法···573

表　格···582

索　引···624

序　言

我们经常可以听到这样的告诫："对于人类社会的研究应该客观。"如果有人问起这句话的涵义，他得到的答复通常只涉及自然科学及生物学。虽然一般人不太费力就可理解对电和蜜蜂等事物的研究中"客观"一词的涵义，然而他们却会在如何把社会学研究的客体形象化这一问题上感到迷惑不解。这一点也不奇怪，因为就连研究社会学的专业人员也远远不能够保证自己研究的对象是社会中存在的。确实，有人曾经试图去寻找社会的基本要素，然而这些尝试大多是在生物学和心理学的实验室里进行的。这好比不去把喜剧、悲剧或其他类型的戏剧看个一清二楚，而只顾在大幕后面摸索，在舞台下面挖掘。反之，关于各种社会现象的经验使我们不断意识到必须直接从生活入手，社会学的本体就是人们的活动。正因为充分意识到了这一点，本书的作者耐心细致地对美国的一个社区进行了观察，并为我们描绘其活动的各个方面。从未有人如此细致深入地研究过一个美国社区，也许这样做会被认为不值得。一方面，我们受到教导，要重视对个体的研究；另一方面，在研究我国各个群体，如矿工、卡车司机、女工时，我们又受到教导，要收集诸如工资、生活状况等个人隐私方面的数据。前一个问题仿佛是受到了这种理论的指导，即如果掌握了个人经历中的一个典型方面，就可有效地解释这些人的心理失调。这种研究通常都证实了其可行性。而后一个问题则依赖这样的假设，即职业人群代表着许多共通的问题，这些问题的解释方法适用于全国范围。这些人的心理失调则是因为他们不能与其他群体沟通。对此问题，只有通过大规模的统计和分析研究才能深刻领会。很明显，许多人都关心其在社区中的生活及社区的作用，所以如果不把这些社区列为研究的客体，我们的研究就不能被称为是完整的。无论还存在什么样的社会现象，它们都是社区的事务。这些美国的社区都是客观的，都是现实存在。而且，正如被教导的那样，我们只有运用客观的研究方法才能够了解社会，那么这些社区便是一个入手之处。

因此，本书无需去寻找辩解的理由。正如表现出的那样，本书仿效社会人类学的方法，首次尝试研究一个典型的美国社会群体。对于大多数人来说，人类学就是关于野人的一些稀奇古怪的资料。不错，人类学很多时候的确在研究愚昧的人群。但这些人却没有认识到，人类学是在研究人类的群体，把群体或部落当作生物单位或社会单位，希望通过对群体间的比较完成其研究。无论人类学有怎样的缺陷，它至少做到了客观，因为人类学家们在研究中的性质是"局外人"。而在社会学研究中，能够用局外人的眼光来审视自己是相当困难的，也许是根本无法做到的。然而本书的作者却做了认真的尝试，他们就像人类学家们接近原始部落一样接近一个美国社区。这正是他们的贡献所在，他们不只是尝试了一种新的方法，而且开创了一新的学科领域，即以现代生活为研究对象的社会人类学。

最后，除了对社会学的意义之外，本书还是对历史学的一个贡献。我所讲的不是普通意义上的历史学，而是将会逐渐成为热点的历史学，即对过去背景影响下的现代社区活动的剖析。我们应该赞赏本书作者以其颇有预见性的眼光揭示了1890年的中镇是今天的中镇的雏形，而非简单地比较两者的差异。每位读过这些内容的读者都会比以前更加清醒地认识到每十年所带来的变化，以及我们的各个社区（书中研究的是一个典型）是如何不能很好地面对这些新形势，却必须在这些新形势下发挥作用。尽管书中的记录并不完全，但它必会给予那些有良知的公民以启迪，并且向那些意欲指导美国城市事务的人提供了应该收集什么样的信息的建议。

克拉克·威斯勒
1929年于美国自然历史博物馆

前　　言

如果没有我们的助手们夜以继日的耐心观察和采访、对古老记录的浏览，以及对资料进行的反复核对，就无法得到那一大堆记录、日程表、调查问卷、表格及地图。这些助手是：费思·穆尔斯·威廉姆斯（Faith Moors Williams）博士、多萝西娅·戴维斯（Dorathea Davis）小姐、弗朗西丝·弗卢努瓦（Frances Flournoy）小姐。

正是他们富于创见以及不知疲倦的合作才成就了这项研究。特别是威廉姆斯博士，她参与了这项研究的筹划，监督管理了大部分的数据统计工作，并参加了实地的调查工作。她还直接领导了生活花费和生产阶级家庭收入状况这两项数据的收集工作。

没有人比本报告的作者更清楚其中存在的缺陷了：有些地方缺乏足够的资料，研究方法也前后不尽相同。另外，实地调查工作是于1925年完成的，调查人员提出的观点在后来几年中已有所发展，若现在进行实地调查的话，对某些方面的处理会更加充分。

克拉克·威斯勒（Clark Wissler）教授、L. C. 马歇尔（L. C. Marshall）教授、威廉·F. 奥本（William F. Ogburn）教授、劳伦斯·K. 弗兰克（Lawrence K. Frank）先生、约瑟夫·查塞尔（Joseph Chassell）博士、加德纳·墨菲（Gardner Murphy）博士为这项研究提供了非常有价值的建议。正是得益于他们的参与，此项研究才得以圆满。

我们还要感谢资助这项调查的社会与宗教研究所及研究所的工作人员慷慨提出的批评和建议。

最后我们要感谢本书的主角——中镇的居民们。如果缺少了他们慷慨的友情，本书的精髓将无从谈起。

罗伯特·S.林德

海伦·梅里尔·林德

1928年6月于纽约

绪论

第一章 调查的性质

本书后文所记载的实地调查旨在同步研究美国一个小城市纵横交织的复杂生活趋向。严格地说,典型的城市是不存在的,但我们本项研究所选择的城市具备多数社区的许多共同特点。实地调查或研究报告的主旨并非证明什么理论,其目的是记录所观察到的现象,提出一些问题,为研究部门提供某些新的研究点。

各种"社会问题"之所以不易解决,部分原因可能是与大家习惯于零碎地解决这些问题有关。然而,研究人类行为的学者正日益认识到"文明的各个方面是相互关联和彼此交错的,呈现为——简而言之——一种统一体"。①因此,本调查选择作为行为交错趋向的独立复合体的城市里的人民生活进行探讨。

对现代文明全景的研究,从一开始就出现了两个主要的难题:首先是历来都无法完全避免的那种危险,即不能完全客观地观察自身生活所依附的文化;于是便不由自主地在一开始就犯下过去的错误:由于感情上的先入为主,结果便总是不能超出在开始时力求客观地进行研究的范围。其次,假如不去研究生活中的所有问题,便

---

① A. A. 戈登韦泽(A. A. Goldenweiser):《早期文明》(*Early Civilization*),纽约:诺夫出版社,1919年,第31页。

不可能恰当地理解生活的各个方面,那么一位调查者又怎能着手调查任何像斯克内克塔迪(Schenectady)、阿克伦(Akron)、达拉斯(Dallas)或基奥卡克(Keokuk)等纷繁多样的情况呢?

文化人类学家的方法也许可以在这个迷宫中找到一条线索,从而既能确保最大限度的客观性,又能保证某种有条不紊的程序。尽管在细节上存在着许许多多差异,但人类行为的主要内容毕竟还是有限的。不论是在澳洲中部的一个阿伦塔村落,还是在我们这个貌似复杂的制度化生活的公司,效益,新政党,祷告会,新手和国会等人类行为看来总是不外乎这样几种主要活动:设法满足衣食住行的物质需要、婚姻,以及教育年轻人学会群体的思想和行为习惯等。因此,本项研究基于这样一种假设,即在这个美国城镇中,人们的一切行为都可以被包括在下列六大类活动之中:谋生,持家,教育子女,以各种形式的娱乐活动和艺术进行消闲,参与宗教仪式,参与社区活动。

之所以采用这样一组特定的活动,并不是因为它有什么特别之处,而只是为了方法论上的便利。[②]通过这种将人类行为设定在这一特定条件下的简化方式来观察该城的制度化生活,是希望能将本项研究提高到某种超脱的水平,免得使其中的某些似乎是在评论个人或批评当地生活的观点招致不必要的麻烦。毕竟,让外人来仔细观察自己的

---

② W. H. R. 瑞沃斯(W. H. R. Rivers)在其《社会组织》(*Social Organization*,纽约:诺夫出版社,1924年)一书中提出了一个六重的社会组织分层,它是与这里采用的六种活动类型相对应的。克拉克·威斯勒在《人与文化》(*Man and Culture*,纽约:克罗威尔出版社,1923年)的第五、六章中提出了一个九重的设想。弗雷德里克·J. 特加特(Frederick J. Teggart)批评威斯勒采用了普遍性的文化形式,而他自己在《历史理论》(*Theory of History*,纽黑文:耶鲁大学出版社,1925年)第171页中也含蓄地承认了某些全人类共同的活动。

第一章 调查的性质

日常生活方式总是一件令人不快的事情。就像对唐纳德·奥格登·斯图尔特（Donald Ogden Stewart）的《波利姨妈的人类史话》(Aunt Polly's Story of Mankind)中的波利姨妈一样，我们大家都习惯看到这样的进化过程，即从肮脏的变形虫到身着礼服大衣的弗雷德里克大叔，他得意洋洋地站在这个漫长蜿蜒的阶梯的尽头，一只戴着手套的手放在第一国民银行，另一只手放在长老会。我们许多人可能会非常乐于不带偏见地谈论野蛮人习俗中的那些有特点的行为方式，但却很难以同样公允的态度对待自己置身于其中的生活。没有什么能够比我们在观察"野蛮"民族时所精确达到的客观而透彻的程度更有教益了。尽管在现代人类学中对这种尝试还可能有种种看法，但正是它能够产生一定程度的、为更清醒的观察所必需的超然态度。

在任何特定时期，任何民族生活方式的显著特点是这些生活方式都处于变化过程中，而变化的速度和方向是受周边大文化繁荣地区、新的发明创造、移民及其他影响这一过程的种种因素影响的，这是普遍的说法。而且，我们正认识到自己现在也许正生活在一个人类社会制度史上变化极其迅速的时代。新工具、新技术以惊人的速度发展，随着这些技术发展而来的是日益频繁和强大的文化浪潮从外部世界向我们席卷而来，把我们浸透在其他中枢地区的物质及精神习惯之中。面对这样的情形，现代生活研究如果忽略了这一方面的发展，则是一个严重的缺陷。③

---

③ 参见瑞沃斯在《美拉尼西亚社会史》(The History of Melanesian Society, 剑桥：剑桥大学出版社，1914年）一书的结尾时指出："由于我们只能期望通过对每个社会的过去的了解来理解它的现在，所以那些像本书一样的历史研究是社会心理学学科建设的必要步骤。"

因此，本项调查所采用的进一步的方法是，在资料许可的范围内，将现今所观察到的行为和重建的、尽可能以同样客观的态度观察所得到的1890年的行为作为研究的基础。之所以将1890年作为与当代文化对比的起始点，是因为从那年起才有了较多的研究资料，也是因为直到1886年末该城才开始研制天然气，城市才开始进入由19世纪的僻静县城向产业城市转型的繁荣期。在这短短的35年里，工业革命席卷了数以百计的美国社区，它闯入村落和城镇，把它们变成了扶轮社、中央贸易理事会和商会之类的团体，来为"更大更好"的城市而奋斗。

如果时间和资金允许的话，当然最好能在1890至今这段时间的趋势观察中设立更多的点。但是所采取的研究步骤使我们在把现代城市与上一代城市的背景做比较时，不能看到它的连续的发展，而不得不将现实的情况作为变化趋势中的最近点。

总而言之，本书的主旨是要从过去35年间可见的行为变化趋势的角度，对这个特定的美国社区的现代生活做一个动态的、功能的[④]研究。

如此广泛的研究要求拥有浩如烟海、经过适当统计的资料。该城的某些行为模式是通过自1890年以来的持续观察得来的，而其他方面所获甚少，例如，所引用的大量民间谈话来自人们在餐桌旁、街头巷尾或等候一场篮球赛时的漫无边际的闲聊。这当然不可作为可靠的科学依据，但它提供了对该城生活中的喜怒哀乐和思维

---

④ "功能"在这里的含义是指一种主要的生活活动或对主要生活活动有所助益的行为。

习惯必不可少的了解。这种将各种不同类型的资料结合起来并放入全景画面中去的尝试，难免会有些缺点和错误，但必须记住下面两个具有补救意义的事实：并不想用提供的资料去证明任何理论；所有的努力都是为了提醒人们哪里的冰是薄的。

由于实地调查的目的是综合不同的行为领域，而不是在狭窄独立的领域发掘新资料，人们会轻易地对它所提供的某些资料评论说："我们已经知道了。"然而，研究的含义在于，通过展示这些尽管有些已经为人们所熟知的现象，在特定情形的相互关联中，新的启迪将会出自老问题，从而引发进一步的调查。

第二章 城市的选择

这个城市名为中镇。这个小得只有三万余人的社区至多也就是欧文·科伯（Irvinn Cobb）著名的金鱼所拥有的那么多的隐秘，而且看起来也没有必要在讨论地区环境时通过提及该城市的实际名字来增加这种高透明度。

选择中镇并没有什么特别的原因。这并不是出于对项目预算的考虑，该城市的任何组织和个人都未提供过任何调查费用。指导选择研究地点的两个主要考虑是：第一，该城市应当尽可能地代表现代的美国生活；第二，从表面到实质它都够格被进行这样一个全面的研究。

从第一个考虑出发，以下特点被认为是理想的。一、气候适中。[①] 二、具有足够快的增长率，能够保持丰富多彩的发展，以适应现代社会的变化。三、具有现代高速机械生产的工业文化。四、没有一种垄断全城的工业，即不属于单一工业城市。五、具有大量的本地艺术生活以平衡其产业活动，这种艺术生活有着自身的特色，

---

① 詹姆斯·J. 希尔（James J. Hill）以其绝对信奉的格言揭示了气候与那些构成生活的活动之间的复杂平衡："我对任何不下雪的地方都不感兴趣"，或更生动地说："无人会对雪没下够而漠不关心。"[引自 J. 罗素·史密斯（J. Russell Smith）:《北美洲》(North America)，纽约：哈考特·布瑞斯公司，1925年，第8页。]

第二章　城市的选择

不是那种由大学向社区输出音乐和讲座的大学城的那一套。六、没有会使它脱离中等美国社区的明显怪癖和尖锐的社会问题。在进一步考虑后，又加上了第七个条件：如可能的话，这个城市应当处于美国具有共同特性的地方——中西部。② 两股殖民者相会在美国中部："从新英格兰和纽约来的北方佬沿着伊利运河来到俄亥俄的北部……南边那股殖民者穿过坎伯兰大峡谷进入肯塔基，下到俄亥俄河。"③ 加之，最先到这里的也是外来移民，大部分来自英国、爱尔兰和德国。

　　为确保一定程度的紧缩性和同一性，我们寻求具有以下特点的城市。一、人口数量在 25 000—50 000 的城市。根据1920年的人口普查，这意味着大约要在143个城市中挑选。我们认为，这样规模的城市既大得足够成熟和严谨，又小得可以作为一个单位来研究它的许多方面。二、在当今信息高度快捷交流的时代，其尽可能是个接近独立的城市，而不是卫星城。三、黑人和外来移民的人口较少。在这个难度较大的研究中，如果能以具有同一性的、本国出生的人口作为研究对象那是再好不过，尽管这样的人口组合在美国工业城市中并不多见。这样一来，研究人员就能够避免同时对付种族变迁和文化变迁这两个变量，而将注意力集中在文化变迁上，从而使这项研究成为对相对稳定的本土美国人及其所处的变化中的环境的研

---

② "中西部大草原地区一直是活跃的社会慈善事业和政治进步的中心。它构成了我们多元化的人民生活和多民族的人口的实体部分。……它每时每刻在任何意义上都处于中等。像所有的中位数一样，它将所有的事物都团结在一起，并保持一种平稳一致的状态。"引自约翰·杜威（John Dewey）：《美国的知识领域》（The American Intellectual Frontier），《新共和》（The New Republic），1922年5月10日。

③　引自史密斯，第296—297页。

究。这样也许能为将来可能进行的那种包含着不同种族背景的社区的社会变迁过程的研究提供一个基础。

带着这些想法，我们访问了包括俄亥俄、印第安纳、伊利诺伊、密歇根和威斯康星等位于东、北及中心地带几个州中的一些城市。这里的年平均气温为50.8华氏度。有记录的7月最高气温为102华氏度，1月最低气温为-24华氏度。但是，这种极端的情况一般持续时间很短，而气温在0华氏度以下的情况则极为少见。中镇在1885年是个只有6 000人的农业县城，到1890年人口超过了11 000人，1920年达到了最高点35 000人。随着人口的增长，中镇逐步演进为一个活跃的工业城市。但这里没有单一的垄断企业，到1923年6月30日，中镇有三家1 000—2 000人的企业，另有八家300—1 000人的企业，其中，玻璃、金属和汽车工业居主导地位。1890年的人口普查显示，该城将近5%的人口是外来移民，[④] 4%为黑人；而到1920年，外来移民大约为2%，黑人人口为6%。1890年81%以上的人口、1920年近85%的人口为当地白人父母所生。因此，本项研究主要限于对白人，特别是对占总人口92%的本地生白人的研究。

离中镇最近的城市是个拥有350 000人口的城市。它离中镇六十多英里，乘火车要用近两个小时，在调查的时候，那里还没有硬面的汽车公路。因此，要到大城市去，可是个长达半天的旅行。自19世纪80年代起，中镇便以"优美的音乐城"而在全州闻名。其

---

④ 1890年人口普查显示，该州62.1%的外来移民为讲德语的血统，24.5%为英国和爱尔兰人。19世纪90年代，中镇的外来移民中，比利时玻璃工人较为突出。

各种市民和妇女俱乐部办得很好,实际上,直到1924年,本地的艺术生活一直未受任何外界正规学校的影响。

中镇极为一般的道路会给某些调查工作带来不便。如果这个调查只是要简单地观察极端城市化的环境中的家庭制度,观察产业工人间的娱乐生活或其他一些特殊的"社会问题",一个远比中镇有特色的城市是很好找到的。虽然选择中镇作为调研对象是由于它的特性,而不是考虑它的一些异常的特点,但我们并未把它当作一个"典型"城市,这项研究的结果能够很自然地——但要谨慎地——普遍应用于美国其他城市或美国的生活。

第三章 历史背景

在1890年,即本项研究起始的年份之前,中镇经历过两件事:19世纪初的拓荒生涯和19世纪80年代末引起中镇工业革命的天然气的发现。至今漫步在中镇大街上的人们对其仍记忆犹新。

1820年,人们第一次在本地定居,1827年被授权成立了县政府。一位最老的居民、19世纪90年代当地的著名医生还能回忆起1840年以来的情景。在这个人的一生中,当地的交通工具实际上已摆脱荷马时代的"步行与航海";本州收割庄稼已不像露斯时代那样用镰刀割,用马踩或连枷打场;对大多数美国人来说,养家糊口已不再算是一个家庭中的问题了;教育不再是只有少数人才能享受的奢侈;他拥有自己的X光机、麻醉剂、无菌操作设备,其他的发展使医术科学化了;电、电话、电报和收音机已经普及;同时,进化论动摇了数世纪以来占统治地位的神学宇宙起源论。①

这个当地医生的一生几乎就是一部中镇史。他是一个十一口之

---

① 这种集巨大变化于一个人一生的现象在中镇是十分普遍的,并非是个别的现象。一个比这位医生大一岁的人的回忆证实了这一点。在波士顿州政府所在地附近出生的亨利·亚当斯(Henry Adams)写道:"……回顾一下最近的50年,在他所处的1854年,当考虑到20世纪的需求时,他不知道美国青年的立场是更接近1904年的思想,还是更接近那个也许除数学以外的包括宗教、伦理、哲学、历史、文学、艺术等所有科学领域都崇尚宗教的年代。看来,1854年的美国(转下页)

第三章 历史背景

家的老十,名叫威廉·哈里森·K(William Harrison K)将军[2]——一个充满着当时特有的政治热情的名字。他父亲那间木结构的农舍内部没有装饰,光秃秃的墙上贴着三张意外获得的人物画像:华盛顿(Washington)、杰克逊(Jackson)和克莱(Clay)。所有的饭菜都要到大厨房的壁炉前来做,玉米饼、"猪油渣"和烤面包则在火炉前的一个弧形架子上。到了晚上,屋里全靠炉火和油脂灯照明。后来,当邻居首次使用蜡烛时,曾使这家人兴奋不已。标准时间无从知晓,只有少数几个人有钟表,晴朗的白天好办,可通过日照知道时间,而晚上人们学会点燃蜡烛辨别时间。当自家的炉火熄灭时,孩子便会跑到邻居家取来火种。等到那个装着顶端蘸有硫磺的小棍的盒子第一次出现时,着实使邻里们惊异不已。

先人们留下许多生活习俗:孩子们必须钻过一个空心树洞,以防成为"矮子";宰猪必须在月相的特定时刻进行,否则熏肉就会收缩;婴儿一定要在特定的黄道带时间断奶;被称作"疯石"的"从鹿心中取出的小骨头"对狂犬病或蛇咬伤是一种很好的解毒药;特定的一些人通过念咒语来"熄灭火焰"、止血或治疗丹毒;将一盆水放到床下,以防止夜里盗汗;放血是治疗突发疾病、精神失常、发热等多种其他疾病的极好方法;"当疹发性高烧,特别是麻疹的疹

(接上页)青年更接近后者,而不是1904年的思想。"《亨利·亚当斯教育学》(*Education of Henry Adams*),波士顿:霍顿米夫林出版社,1918年,第53页。

② 此人并不是出生于中镇所在的县,而是在附近的一个县。这里有关他的童年所描述的并不是该州原始拓荒者的村庄,而是一个已开发的县。但是,1840年,小城中镇的生活现实与邻近开发县没有明显的本质区别,而且现在中镇的某些在已开发县环境下成长起来的人们,与那些在中镇成长起来的人之间,在物质条件方面也无多大差别。

发推迟时,一种由羊粪制成的茶——通常叫作'母羊茶'——是一种家庭疗法"。

不知有什么社会原因,全天的串门是个规矩,全家人或骑在马上,小孩坐在大人背后,或乘硬座的农场马车出访。社会交往是一件非常重要的事。当地没有日报,许多新闻是靠口头传播的。来访者只要是碰上吃饭时间,无一不被请上餐桌,传教士尤其受欢迎。男人们会连续几小时聚在一起,谈论1843年的大彗星所带来的吉兆,或"群星陨落"前十年的情形。男人和女人都会徒步数里,花上几天时间去聆听关于政治或宗教观点的辩论会。在教士洗礼生动的布道中,人们在营地会议上"皈依宗教",并"认清自己的罪孽"。《圣经》的影响深深渗透到人们的日常活动中。

40年之后的1885年,当天然气和财富还没有从地下喷涌而出,人们尚在向往一个手忙脚乱的工业发展时,中镇这个只有6 000人的小县城仍旧保持着早期拓荒者生活的单纯质朴。"在晴朗的日子里,律师、医生、县法庭的官员和商人们身着衬衫在街上散步。房屋油漆工肩扛梯子穿过街道。在一片寂静中,能听到木匠建新房子的锤斧声,房子是为那娶了铁匠之女的商人之子建造的。"[③]那时,在拓荒者的环境中成长起来的一代新人管理着中镇的事务。他们有权做出重大决策,例如悬赏200美元去要那个放火烧了别人财物的人的带发头皮或尸体,或制定规章以平息那些关于邻居的牛跑到街上破坏草坪或第一条城市下水道铺设得极为糟糕的抱怨。

---

③ 引自舍伍德·安德森(Sherwood Anderson)的《穷白人》(Poor White)中对80年代这些中小城镇生活的同一趋势的描述。

工业的萌芽毕竟是刚刚出现,尽管少数人已经认为中镇不属于农业县城了:镇上的全部工业仅有一家雇用了100—150人的包装袋厂,它以周围农村种植的亚麻为原材料;一家15人的砖厂;一家只有8名员工的用旧谷仓做厂房的旱冰鞋"公司";一家5—6个人的鸡毛掸子"工厂";一家6人的小铸造厂;一家小工具厂和两家面粉厂等。那时的中镇仍处于木器时代,所谓新产业不过是一个硬木串针车间、一个桶盖车间,或一个小木泵厂而已。

这个社区在工业上所表现出的这种温文尔雅的尝试就是中镇微薄的地方资本对整个中西部蓬勃发展的工业化浪潮所做出的谨小慎微的反应。全美人口普查表明,工业中心整个不断地向西部扩展。1880年,它还在宾夕法尼亚,而1890年,它已移到了离俄亥俄州的坎顿城西只有8英里半的地方。布贩子们开始利用晚上的时间来熟悉小型洗衣机、机械剃须刀、开罐头刀等各种动力转动的器具。中镇一家小饭馆的老板到晚上是一个乐队的头,他"总是见异思迁,不务正业",在一次随乐队去邻市的演出中,看到了一个简陋的收款器,便产生了做一个自动合计的收款器的念头,并开始研制,以求给自己带来好运。每年在华盛顿注册的专利数量,70年代前一直保持稳定,但在1890年却猛增到1880年的两倍多。

在中镇所属的那个州,工资劳动者的数量从1880年的69 508人猛增到了1890年的110 590人,到1900年更增至155 956人。州工业总投资在1880至1890年翻了一番,到1900年几乎又翻了一番。

地处县府一方、每年独立日必换其木泵和铁翻斗的这座小城市的平静生活开始被外界的影响所打破。大约在1886年,一个小型的工商协会宣告成立,其宗旨在于"促进所有一切有利于该城的赢利、发展和普遍福利的举措"。

接下来就是1886年秋天然气的发现。

1876年,一家公司在城北12英里处发掘煤矿,当钻到600英尺深处便停钻堵孔放弃了开采计划:他们"罢工"的原因是因为闻到了一种臭味,并听到了来自地下的吼声,以及有关他们触犯了"魔王的领地"的谣传。9年后,当中西部其他地区纷纷发现天然气的时候,人们又想起了城北堵塞钻孔的事。1886年10月,全城上下都为"钻出天然气或石油或两者兼而有之"的计划欢欣鼓舞。11月,有报道说:"受雇去钻油的人们今天早上'碰到'了天然气,全城倾城出动去观看这一发现。"据说在两英里之外就能听到冒出的天然气的轰鸣声,而当它被"点燃"后,12英里外的中镇都能看到火焰。

中镇繁荣期到来了。

铺设通向县城的天然气管道工程很快就开始了,同时又打了许多新气井。到次年4月,当地打出了一眼日产500万立方英尺的天然气井。新井成倍增加。1891年1月,地方报纸宣称:"我们又添了一口产量超过以前所有气井产量的新气井。其日产量可达1500万立方英尺,工人们用了三十多个小时才将井口控制住。"难怪小城都要疯狂了。

与此同时,从1887年春到1891和1892年,向往者涌进小城:

"一列有四节客车厢、一节餐车和一节行李车厢的特快列车载着134个资本家于昨晚从布法罗赶来亲自看看天然气对自己有什么用处,他们都非常高兴。……坐马车观看了所有的厂子和现场。……一个宏大的工业展览,以及四门有轨电车的精彩表演。""一辆载着1 200人的列车来自辛辛那提。""昨晚,大量纽约的资本家和记者从东部赶来;他们的签名足足占了旅馆登记簿的三页半。""美国科学促进协会访问了这个城市,目睹了天然气的壮观;300名科学家及有关人员参加了访问。"

地价飞涨,令人目眩。1888年,某人想买城外一块8英亩的农田,因嫌1 600美元的价钱太贵,只签了60天的约。但就在这60天期满前,这8亩地已五易其主,最终价格猛涨到了3 200美元。

中镇人看来是前途无量。正如一首现代打油诗所说:

"不要用哀伤的口吻对我说,
中镇黑暗无光;
说那种话的是个怪人,
他在这百花怒放的时光打盹。"

乐观主义者断言,小城的人口将在5年内达到50 000人,即使是悲观论也不过是把时间延长到10年而已。小城的人一般都认为天然气是取之不尽、用之不竭的,有人甚至将中镇称为"永恒的天然气之城"。《中镇城市指南》满怀信心地宣称:"每40英亩可打一口井,整个城区和郊区共可开掘576口气井。"当时的一本"远景展望"的书如醉如痴地写道:"根据数学推论,储藏量至少能持续开采700年,相当于匹兹堡的100倍。"天然气火焰整日整夜地在街道和井台燃烧。一旦管道铺好,使用者只需交一些固定的使用费,而不必按准确的度量交费。因为,天然气便宜到了难以想象的程度,以至于一直开着不关比再点燃它花在火柴上的费用还要低。④

同参观者一起到来的是受到免费燃料和任意选择厂址这些优越条件吸引的工业投资。1887年2月,在早年工商协会基础上新建的"商会"为把小城"兜售"给工业资本开始了新的努力。首先到来的是玻璃厂,随后是铁厂、桥梁公司、钉子厂。1888—1889年的一篇日记记录着有关这些新工厂到来的传闻:

"据报道,又一家玻璃厂即将到来。""纸浆厂和橡胶厂的迁入也在进行中。""一家钉子厂将于……迁入。""关于一家豪华货运车厢工厂迁入的传闻很多。""一家制靴制鞋厂就要来了;厂房已于下午破土动工。"

1890年夏,当地一家报纸以可以理解的自豪的语气谈到这小小的"天然气城"的繁荣:

"两年半以前,当天然气刚刚发现时,中镇不过是一个只有7 000人的县城。……从那时起,它已经发展为一个拥有12 000人的繁忙的工业城镇。……在这段时间里,新建了40多家工厂。……中镇的工业企业的总投资额为1 500 000美元,雇员3 000多人,城内外共开掘了30多口气井,每口都运行良好……"⑤

---

④ 根据州地质学家估计,"过去的6个月(1887年下半年),(该州)平均每天浪费大约100 000 000立方英尺的天然气,其价值为10 000美元。……在过去6个月中,浪费的天然气的总量在……,价值1 500 000美元"。[《州地质与自然历史处第十六份年度报告》(Sixteenth Annual Report of the [state] Department of Geology and Natural History),1888年,第202页]

该州1886年生产的天然气(包括浪费的)的总值为300 000美元。1887年的产量翻了一番,1888年又翻了一番。到1890年已达到约2 330 000美元,1895年超过5 000 000美元,而到1900年达到了它的最高点7 250 000美元。

⑤ 这些数字都是应当适当缩小的,在"四十家以上的工厂"中,(转下页)

第三章 历史背景

1888年和1889年的首次繁荣是自发性地、无组织地仓促上马，奔向新的黄金乐园。而1891年新的繁荣期是由东方国土理事会策划，由组建于1891年8月的当地的促进组织——公民企业公司——推进的。该公司筹集了200 000美元的资金，以自由选择厂址和自由投资来吸引新兴工业。⑥

几年以后，天然气就像它的突然到来一样，又突然消失了。到了世纪之交及随后的一段时间里，工业用天然气在中镇实际上已经成为历史。但当时这个城市已拥有20 000人口，虽然工厂一家接一家地迁走，可是这段经历已为今日这个城镇的工业发展奠定了坚实的基础。

就中镇现在的情景，透过新工业主义的烟尘和喧嚣，仍不难看到那工业文明尚不存在的1890年时的那座小城。关于收成的报道一直刊登在当时主要报纸的头版位置，这张报纸还专门开辟了一个刊登农业建议的专栏，标题是"农场与花园"。地方批发市场的发展超过国家市场，他们说这里是"经济的殿堂"，是"欣欣向荣的市场"。然而工业这个年轻的巨人还只是别人。如今，农业在这个县城的主导地位已不复存在，但是新型工业文化的传播大体上仍然是表面的、浮皮潦草的。

以上的描述就是作为我们调查对象的这个城镇的历史背景。

（接上页）许多都属于小本经营或更小的资本投资，而且一家又一家的工厂在第一年就垮台了。当时充满着新发明的气氛，这些早期工业往往勇敢地投入生产任何产品，而未考虑到市场需求如何。因此，一家生产木质洗衣机、点火器和已报专利的开罐头器的地方工业宣称这"当然是本时代最重大的发明之一"。

⑥ 在处于天然气带的城市中，新兴工业的投标十分激烈。反过来，为了得到地方资本的特别帮助，新公司总是要不断地担保自己能达到理想的增长率，例如，一家从纽约罗切斯特来的黄铜和小百货公司签了如下的协议："前半年雇用50人，年底达到100人，第二年年底达到150人。"

第一部分

谋生手段

第四章　主要的谋生手段

在1924年1月，作为实地调查人员，一个不熟悉中镇生活的陌生人来到这个城市时会感到自己是个孤独的人。他会发现所有的人都在专心致志地从事着各种日常的专门工作，只有婴幼儿、步履蹒跚的老人和家庭妇女才有空来回答调查员无穷无尽的问题。

简言之，在中镇：

每100人中，有43人从事整个群体的挣钱养家的工作。

每100人中，有23人操持着该城数不尽的家务。

每100人中，有19人正在日复一日地接受年轻人所必须接受的教育。

余下的15人主要是不满6岁的儿童和高龄的老人。

挣钱谋生者不仅在数量上居于群体之首，而且随着研究的深入，人们将会看到，以金钱为媒体的交易及与此有关的活动是人们的一切其他活动的基础。瑞沃斯开始进行关于图达人的研究时，就注意到了他们挤牛奶的礼仪，因为"挤牛奶的礼仪中的原则贯穿于图达人的所有仪式之中"。[1] 同样的道理，我们在看待中镇人的活动

---

[1] W. H. R. 瑞沃斯：《图达人》(*The Todas*)，纽约：麦克米伦出版社，1906年，第16、38页，"人们生活的大部分都同牛有关……。日常挤牛奶的操作演变成一种宗教礼仪，各种带有宗教性质的礼仪，几乎可在有关牛的生活的一切重要事情中看到"。

时，也将谋生放在将要描述的六组活动中的第一位。这部分活动在人民生活中的重要地位将会在研究的过程中逐渐显示出来。

要想一眼从这个社区形形色色的近四百种谋生方式中看出任何模式是十分困难的，这些不同的职业有抽象派艺术家、会计师、审计员、银行高级职员、银行出纳员、书店职员、出纳员、查账员、型芯制造者、起重机驾驶员、装卸工、粉碎工、化铁炉工、染匠、效率工程师、电工、电气工程师、防腐工、昆虫学家、预算技师、照明技师、排字工、机械师、冶金专家、气象学家、装配工、铆工、铆钉生产工等，不一而足。然而，若仔细观察，便可以从这团乱麻中理出两种主要的活动。在本书中，我们将始终把从事这两种活动的人称为生产阶级和经营阶级。② 第一组的成员一般从事以"物"为对象的谋生活动，他们使用物质工具来制造产品和提供服务。第二组的成员则从事以"人"为对象的谋生活动，他们销售或推广产品、服务和出主意，它为中镇提供多种非物质的、制度化的活动，例如"信贷""法律契约""教育""销售""管理"及"市政府"。在这个政府管理下，中镇人一起商议着将自己日常工作生产出来的单调、专一的产品转化为"舒适的家庭之夜""周日下午的驾车出游""消防设施""一辆新的婴儿学步车"以及其他一切构成中镇人生活的东西。如果将1920年全美人口普查中中镇的有偿劳动者的分布按照这两个组进行再分类，便可发现生产阶级的人数是经营阶级人数的

---

② 其他可以通过职业活动来区分这两个群体的术语有：以物为活动对象的人和以人为活动对象的人；用手工作的人和用嘴工作的人；制造产品的人和销售或提出产品与出主意的人；使用物体工具的人和使用各种非物质的现行手段的人。

约 2.5 倍，前者占 71%，后者占 29%。③

  没有十全十美的分类。当航空测绘员上升到一定的高度鸟瞰全景时，忽略个别细节是难免的。在这两大类中有许多中间层次，在第一类中，其排列从粗工到工头、铸工以及排字工。在第二类中，从零售商贩、出纳员到工厂主和专业人员。当然，也会有一些人在这两大类的归属上发生重叠。

  如果本项研究的目标是一个精细的结构系谱的话，那就需要对在中镇所观察到的大量相互重叠的分类做详尽得多的解释。然而，

---

  ③ 此分布的基本情况参见表一。（表格均参见本书附录的"表格"部分，下同。——译者）

  在这 29% 经营者中，有 4% 的人属于一组使用高技术的人，如建筑师、外科医生、药剂师等。虽然他们的谋生活动更多地是与物打交道，而不是与人打交道，但是我们没有将他们分类到生产阶级这一组中，因为他们的一切活动使他们属于经营阶级。所以应该记住，这里所使用的经营阶级这个术语包括上述及其他的专业工作者。由于该城的商业利益主要地左右和赋予了律师、药剂师、建筑师、工程师、教师，甚至传教士和医生以自己的特性，这样的分类便非常准确地反映了实际情况。

  我们也曾仔细考虑过，为了研究的需要而采用以下传统的三分法的可能性：低收入阶级、中产阶级和高薪阶级。但由于以下原因，还是放弃了这个打算。一、由于当地占主导地位的谋生活动表现出了一种主要以职业活动为基础的社会分层的群体模式，如此看来，把职业差异放在首位是有说服力的。二、即便传统的三维分类法可以用在当今的中镇，该城也只有低收入阶级和中产阶级；有八九个家庭可能被认为是高薪阶级，但他们不是一个单独的群体，而是一个混合在众多生意伙伴的生活之中的群体。R. H. 格雷顿（R. H. Gretton）在指出了现代工业社会中很难分出一个"中产阶级"群体以后，把中产阶级定义为与这里完全一致的称呼——经营阶级："中产阶级是社区中的一部分，对于他们来说，金钱是生活的主要条件和主要手段。……中产阶级……包括商人和资本家生产者……（以及）专业阶层。"《英国中产阶级》（*The English Middle Class*），伦敦：比尔出版社，1917 年，第 1—13 页。

由于我们所要了解的是在这一文化变迁中的主要功能特征，所以重要的是不能使主要脉络淹没在细节中，而这个城镇中占据主导地位的群体显然应该成为报告的重点。当我们努力搞清各个群体的不同行为方式时，最终还是生产阶级和经营阶级的划分形成了中镇人的明显分野。仅仅是出身于由这两大组人构成的分水岭这一侧或那一侧这个因素，就能大体上形成一种影响一个人日常以至一生所作所为的重要的独立变量。与谁结婚，早晨几点起床，属于圣教还是属于长老会，开福特车还是别克车，女儿能否加入令人羡慕的高中紫罗兰俱乐部，妻子是加入"动手缝纫社"还是加入"艺术学生会"，本人参加的是"怪人俱乐部"还是"共济会"，晚上是否能解开领带坐一会儿等，这一切肯定会贯穿于中镇的每个男人、女人和儿童的日常往来之中。

在全书中，当我们把整个中镇及其中任何群体作为一个单位加以表述时，这种表述方式只是相当于一种速记符号。任何关于群体特征的表述都只能是近似的，而我们必须念念不忘的一个重要事实是：个人行为是社会行为的基础。

第五章 中镇的养家人

在中镇,那43%的日复一日地专门从事谋生职业的人口是些什么样的人呢?

他们当中五分之四是男性。现在与1890年一样,一个健康的男性,无论结婚与否,如果不能同群体中其他人一起从事传统的男性谋生活动,就会陡然失去其社会地位。

在女性中虽然没有这样始终如一的传统,但最近的一份妇女杂志上的报纸广告问道:"一个有价值的未婚女性应该是什么样的?"它还刊登了一幅画,上面是一个近40岁的身着朴素黑裙的妇女,所示的日期是"1900年的安诺·多米尼"。它简要地回答道:"她从不给任何人缝袜子,甚至也不给自己缝袜子。她是一个手工艺人或一个作家,一个摄影师或一个房地产经理人……她是现实生活中的崭新现象。"35年前,当城里一位名门淑女当上了本城第一位法庭女记者时,她母亲的一位老朋友曾极力反对,说这份工作会使她"丧失性别"。在1900年,州工厂视察员对女性加入工业行列的新潮流摇头叹息道:

"妇女要求工作是我们文明中的一个可悲的话题,她们不得不与袒胸露背的男人们混在一起,做着男人和小伙子的工作,而所获得的仅比在家里做那些属于女人的工作多一点点……(人们担心）这会使她们失去女性的贤淑和那些被真正的男人视为珍宝的品质……"[1]

根据1890年的人口普查数据，全州10岁以上的女性中有十分之一从事谋生的职业。到1920年，这个比例增加到超过六分之一。随后又增加到了近四分之一。这一现实以及最近出现的两个职业女性经营的午餐俱乐部——其中之一的鲜明的座右铭是"优秀的职业女性应投入到一个优秀职业世界"——一定会使中镇1891的报刊编辑不胜惊讶，他当年曾信心十足地写道："毋庸置疑，女人的天性阻碍她们成为挣工资的人……女人无一例外都很胆怯，因而在生存竞争中处于不利地位。"

这种普遍性的态度也反映在19世纪90年代学校学生的具有此类倾向的毕业论文中，例如，"最具女性气质的女人最完美""烹饪是女人的最佳艺术领域"等。这些观点与中镇目前高中女生自己养活自己的观点形成了鲜明的对照。1924年，在三个高年级班级的446个女生中，有89%的人声称她们打算在毕业后找份工作，有2%的人"尚未决定"，只有3%的人肯定地说她们不打算工作。[2]

但是，一个在商业或工业中的已婚妇女会发现，她的未婚妹妹比她自己要快得多地被社会接受。直到1875年，州最高法院还

---

[1] 《州统计署第八个双年度报告》，1899—1900年，第212—213页。

[2] 6%的人没有回答。参见附录"研究方法"中关于对中学这三个较高年级使用的问卷的说明。结婚靠丈夫吃饭已不是当今姑娘的"时尚"，不过其意义当然恰恰在于这种态度自1890年以来如此强烈的流行。值得注意的是，中镇只为经营群体中的女性中学毕业生提供相当少的适合她们的工作机会，这极大地减弱了她们毕业后的工作热情。

需要记住的是，许多这个年龄段没上中学的姑娘实际上已经工作了。

规定，妻子的收入要算作丈夫的财产，甚至到现在，人们还普遍地倾向于坚持一代人以前的观点，即认为已婚妇女参加工作会引起许多"伦理"问题。③ 那些不工作的妻子会抱怨这些工作妇女抢了男人的位置，压低了工资水平，忽略了她们自己的孩子，逃避抚养子女的责任，而且由于她们在工厂中同男人的自由随便的交往而鼓励离婚。反过来，许多丈夫为表明自己是个"好养家人"而反对自己的妻子工作。然而，这些非难漩涡现在大都在向反方向旋转。1920年的联邦人口普查表明，中镇约有28%的工作女性是已婚妇女，而在机械制造业中工作的女性中有33%是已婚妇女。④

根据人口普查数据分布，这些已婚女工大多进入生产阶级的行列。在被调查的40位经营阶级的女性中，只有一人在过去5年（1920—1924年）中为挣钱而工作过，而且她做的还是半艺术性质

---

③ 例如，在卡洛尔·D. 怀特（Carroll D. Wright）的《美国的工业化进程》（*The Industrial Evdution of the United States*，纽约：斯克里勃纳出版社，1901年）的第3页。

这里，在抚养子女及后文要谈到的婚姻制度中，出现了家和家庭比商业和工业相对更缓慢地脱离宗教特点的现象。

④ 一项由基督教女青年会于1924年对24个工厂、零售商店、银行及公共设施的889名女雇员的调查表明：离婚的占6%，孀居的占4%，已婚的占38%，单身的占52%。

自1890年以来，中镇所属州的已婚女工的比例翻了一番。它标志着这样的趋势，即战前某些当地工厂所实行的妇女结婚后自动离开工作的不成文规矩已经消失了。参见玛丽·N. 温斯露（Mary N. Winslow）：《工业中的已婚妇女》（*Married Women in Industry*），华盛顿特区，《妇女部公报》，1924年第38期，第6页及以下，"为已婚妇女在企业中获得平等机会的资格大声疾呼"。

的工作。在一个由124个生产阶级家庭⑤组成的样本中,有55位妻子在过去5年中不同程度地工作过,其中24人指出,丈夫失业是她们工作的主要原因,6人是为了给孩子挣学费,5人是为了还债,4人是因为"钱总不够花"或"现在养家需要夫妻都工作",3人因为"孩子多,负担重"。还有一些五花八门的回答,例如,"就想试试在工厂工作的滋味,我做家务做烦了,孩子也能离开人了(5个月)""我需要新衣服""我想花自己挣的钱""别的女人能干,我也能干",以及"丈夫病了,我不得不工作"。

几位有代表性的女性的情形能使我们更加具体地看到导致妻子工作的多种复杂因素:

某户人家具有众多母亲工作的家庭的共同特征。45岁的母亲有4个分别为18、16、15和12岁的孩子。在过去的5年中,她曾在两个工厂中工作过。第一次,她每天工作10小时,每周挣15.15美元,后来因工厂裁员而失业。第二次工作是每天9.5小时,工资与先前的相似,后来因健康原因而"不干"了。她工作的原因是"我们好像总有付不完的医药费,我丈夫做过一次手术,我想帮他付手术费。后来,他又去工作了,可又被裁了下来。去年,他有9个月没工作。孩子们要穿衣服,我得去给他们挣钱"。但是,尽管这位母亲在每天工作之余还要干力所能及的家务活,星期天洗衣熨衣,

---

⑤ 关于选择它们的理由以及这40个被调查的经营阶级家庭的情况,调查方法和两组家庭的职业分布,详见附录的"研究方法"中。在考虑根据这两组家庭得出的所有数据时,记住这一点是很重要的,即这40个经营阶级家庭中有钱有势者的比例比其总体特征要大一些,而这124个生产阶级家庭却被认为是一个代表了中镇的主要制造和机械工业中的不同层次的生产阶级的公平样本。同时,他们只是这两组家庭中有学龄子女的家庭。

她的大女儿还是不得不从高中辍学,放弃了做女预备役军人的希望,回家照顾弟妹了。"离开他们是我犯的一个大错误,最小的女儿已经与其他姑娘一起离家出走了,其实,再过一阵我就可回家与她在一起了。"

另一种在数量上略次于上述家庭的典型情况表现在一个5口之家。这家有一个46岁的妇女,她那49岁的丈夫1920年以前还是个农民,而现在相当稳定地受雇于一家半技术性的机械修理厂,他们3个孩子分别为19、13和10岁。最大的儿子现在正在一个小型的地方院校读书,这个母亲一直在工厂工作,以便使3个孩子全都能上高中和大学,"这样他们就能生活得比他们的父亲更好"。最近,由于家庭失业人数的进一步增多,大儿子借了125美元,以便能继续读书,而他的父母正要靠他挣钱过活。这个家庭要求每个成员做到大家的事情大家干:丈夫和儿子们承担了大部分的家务活,10岁的小儿子要在每天中午大家回来之前准备好饭菜。

在一些较为富裕的家庭中,为了既能保持较高的生活水平,又能确保孩子能受教育,母亲就得去工作。一位有两个上高中的儿子的母亲是一个42岁的妇女,一个管道安装工人的妻子,每星期有6天要走出家门,到一个市属公共机构去打扫卫生。"我从战争时期就开始工作了,"她说,"那时候大家都这样做,我们不得不支付家里的各种开支,何况物价总是在不断地上涨。丈夫一开始反对我工作,但现在他已经习以为常了。我愿意工作,因为这样我的儿子们就能踢足球、打篮球,他们的父亲不愿给他们钱,我可以给他们。我们在一栋大楼旁边建造了我们自己的家,像别人一样是贷款的,它是一座很好的带有白色阳台的棕色建筑,价值约6 000美元,我们几乎是一次付清的。不,我并不比邻居们差,因为我有工作。他们一些人有工作,而另一些没有工作的确实忌妒我们。自从工作以后,我比以前一生中任何时候的感觉都好。我每天5点半起床。我丈夫自己做早餐,儿子们到城里买饭吃,我做晚餐。我们有电动洗衣机,电熨斗和吸尘器。我甚至不用去和丈夫商议,因为我是用自己的钱买的这些东西。去年,我买了一个冰箱,那是一个能容纳125磅东西的大家伙。大多数时候,我不怎么用它,但后来我们的一些亲戚从东部回来了,我才一直用它。我们有一辆价值1 200美元的斯达德贝克汽车,上面是半开式的漂亮的加利福尼亚顶篷。去年夏天,我们全家回宾夕法尼亚度假,顺路还看了尼亚加拉大瀑布。两个儿子想要上大学,我也愿意他们上。我自己是高中毕业,但是我觉得如果不能让我的孩子多上一点学,我的全部工作就没有什么意义了。"

中镇已婚妇女参加工作的人数从上次人口普查时的近1 000人增加到9 000人,这一现象应当被看作一个同中镇家庭及生活的其他部分发生的变化相关联的整合过程。接受调查的124位生产阶级妇女中,有56%在1920—1924年这5年间没参加过有偿工作,而她们的102位母亲中有75%在整个婚后生活中从未工作过。这一数字无疑低于实际的变化程度,因为访问大多是在白天进行的,所以白天上班的妇女就很少被调查到了。那25位曾经参加过工作的母亲中,除一人之外都是在家里工作的,例如,在自己家为别人洗衣服,要不就是做缝纫或清扫工作,只是偶尔离家外出;但目前有工作的55位妇女中,有30位在工厂工作,或在其他需全天和天天离家的地方工作。⑥这些妇女当中有三分之二是在农场或农村环境中长大的，在这种环境中，家庭生活主要是做妻子和做母亲那一套。现在，她们必须将这些早年的生活习惯和作为妻母的多种多样的责任同一种城镇文化协调起来，这一文化要求她们把最好的精力花费在每天8个半至10小时的家外工作上面。

因此，从某种意义上说，中镇人口中挣钱养家的人所占的比例增加了；女人比35年前更大程度地参与了男人们的活动。

从年龄角度看，这个城镇人口中挣钱养家者的年龄层变窄了。总的来说，生产阶级的男性其工作大都始于14—18岁，20多岁达到高峰，到近50岁时开始回落；而经营阶级的男青年则一般上学时间长些，从18—22岁开始工作，30多岁达到高峰，开始走下坡路的岁数比那些声望在成年期未获得实质性提高的生产阶级成员晚一些。整个工作人口开始工作的时间，现在比1890年推迟了2—5年。⑦目前实行的义务教育法规定：所有的儿童必须上学上到14岁，对16岁以前参加工作有极严格的限制，对18岁以下青年的工作条件也有一定的控制。在1890年，强迫义务教育法尚未实施，全镇每年的高中毕业生只有两名男生和十几名女生，大量男孩可以进厂工作是城

---

⑥ 这些数据不能用来与90年代和现在城市的情况做比较，因为113个生产阶级已婚妇女数据是从其童年居住地获取的，其中57人生活在农场，15人在村庄，只有41人住在城镇。不过，它们倒是反映出现在的中镇妇女需要进行重新适应的真实程度。

在被调查的40个经营阶级已婚妇女中，只有7人是在农场长大的。

⑦ 生产阶级占在城市谋生人口的71%，高中三个年级的309个男生在回答一个关于职业选择的问卷时，有52%的学生的父亲是生产阶级。

关于经营阶级和生产阶级子女的上学年数和这中间一代人在家庭中所引起的一些新问题，参见第十一章和第十三章。

市的一种财富。一份早期的报道提道：一位来自全国铅玻璃公司的代表在选定中镇作为厂址前曾来考察，以"确保这里能有足够的童工"，而编辑则叹息道："男孩并非遍地皆是。"根据1891—1892年度联邦统计报告，中镇最大的一家玻璃厂的425名雇员中有41%是"男孩子"。国家法律禁止雇用12岁以下的少年，而且每天工作时间不得超过10小时，但"这一法律收效甚微，因为没有专门的官员监督其实施"。[⑧]1897年的一份联邦报告指出：许多在中镇工厂工作的少年"身材矮小，发育不良，他们从10岁或者更小就开始在工厂干活"。

尽管目前十几岁或更年轻的童工在中镇已经绝迹，年轻人在全镇的谋生活动中却扮演了更加重要的角色。事实上，在生产阶级这个数量最大的群体中，年轻人和老年人的地位已经颠倒过来。"在因循口说为凭的时代，优势全在年龄一边，年纪大的人掌权。"[⑨]在传统看重的是手和眼的精细技巧时候，情况亦然。但是机器生产却将口头传说和90年代熟练手工艺人的手指等传统技艺转换成了越来越复杂精密的机器齿轮和杠杆。在现代机器生产中，最重要的是速度和耐力。[⑩]一个19岁的青年，在几星期的上机训练后，就能做出比他45岁的父亲还要多的工作。[⑪]

---

⑧ W. A. P. 罗尔斯（W. A. P. Rawles）:《（美国）政治的主要趋势》(*Centralizing Tendencies in the Administration of [the States]*)，纽约：哥伦比亚大学出版社，1903年，第315页。

⑨ 参见戈登韦泽:《早期文明》，第407—408页。

⑩ 参见随后的第六章中关于手艺被机器顶替的讨论。

⑪ 在萧条时期，父亲被辞退，儿子继续工作的现象并不少见。
关于21岁以下工人的收入问题，参见《密歇根汽车和钢铁制造业中的未成年者》(*Minors in Automobile and Metal-Manufacturing Industries in Michigan*)，华盛顿特区：儿童部出版物，第126号，1923年，第12页及以下。

第五章 中镇的养家人

一项对中镇三家最大工厂的非办公人员的男职工年龄的分析表明,在其中两家(表中的工厂2和3)现代机械厂里,分别有19%和27%的男职工属于20—24岁这一年龄组。而这个年龄组的人口在全城15岁以上的男性人口中只占12%。另一方面,尽管45—64岁这一年龄组的男性占15岁以上男性人口的27%,他们在这两个大厂的男工中只分别占到17%和12%。年龄在65岁以上的男性占全体男性人口的7%,但在这两厂的男工中,只分别占到1%和2%。相比之下,另一家80年代末建立的非机器生产工厂却有着"城里少数几家照顾老年工人的工厂之一"的名声,其职工的年龄分布非常接近于全城人口的年龄分布。⑫

从全州的情况看,自1890年起经历了迅猛的工业发展,在1890—1920年,15—24岁年龄组的男性进入机械制造业的人数的增长比例大约是这个年龄组全体男性人口增长比例的17倍;在25—44岁年龄组为4.25倍;在45—64岁年龄组为2.50倍;在65岁以上年龄组仅1.67倍。⑬

---

⑫ 见表二。第二家工厂是一家高速的现代机械工厂,它隶属于城里一家大的自动化公司,并以冷酷无情著称:与第一家工厂相比,其20—24岁工人的百分比高出50%,25—44岁的高出五分之一强,而45—64岁的却少了近五分之二。(当然,第二家工厂仅开业15年,属于现业主仅5年。)第三家工厂是另一家生产金属制品的机械厂,其工人总数中(男女都在内)有16%来自16—19岁年龄组,30%来自20—24岁年龄组。换言之,其全部雇员中近半数(46%)是25岁以下的人口成分,而45岁以上的工人仅占11%,尽管它是90年代起在中镇开业的。应该牢记的是,虽然这些大工厂所代表的是这种趋势的最先进形式,但是这两家工厂在现在条件下却是典型的。

⑬ 关于高龄工人的工作类型尚无详尽的研究。问题不在于他们退休金的总额,而在于他们工作级别降低到那种较少威望和收入的工作,如下文引语中所谈到的清扫工厂等。

像对中镇的许多其他趋向一样，有关的两大群体对青年工人越来越多的需求的看法是不同的。对经营阶层中的管理人员来说，它当然主要是个生产问题：

一家主要的机器工厂主说："我认为老年人在工业中的机会比以前少了。我在这个工厂中所看到的主要变化是机器加快了速度，淘汰了人为的因素。公司对到何年龄解雇和在何年龄以下雇用工人并没有明确的规定，但我们通常发现当人到50岁的时候，他在生产中就不行了。"

另一家有名的机器工厂的总经理说："我们的工人中只有约25%是40岁以上的，是速度和专业化给我们带来了年轻人，我们在解雇人时并没有年龄线。"

另一家出色的机器工厂的人事经理说："由于工作对速度的要求，40—45岁是生产劳动年龄的极限，40岁以上的人只被雇来做清洁工及类似的工作，我们并没有按年龄解雇工人。"

一家45岁以下工人占75%的大工厂的经理说："我们有许多一个强壮人士可做的日常工作。我们努力去为那些年届55岁的老年人谋求一个位置，只要他们从事的那些接近机器的工作没有危险。"

一家小铸造厂的主管说："现在中镇的模具工还可以工作到65岁。人到40—45岁以后，他工作的速度就开始慢下来了，但这些上了年纪的、有经验的人往往对这种工厂是有价值的。而在机器工厂中情况就不同了，在那里人被套在机器上而不能慢下来，否则机器就会把你淘汰。"

另一家铸造厂的主管说："我们现在雇用的人中有50%是40岁或40岁以上的，但公司决定采取凡到60岁就解聘的政策，因为60

岁以上的人要花很长时间才能从事故中康复过来,而国家法律要求我们在其康复期间照付工资。"⑭

一家大工厂的主管说:"年龄极限正蔓延至那些处于45岁的人们。"

这种老年界限在124位显然来自中镇典型的生产阶级家庭的妻子对调查员的提问"你丈夫的工作前景如何?"的回答中也有所反映。也许是因为当地正值失业期,许多生产阶级家庭首先面临着如何保住饭碗和寻找新工作的问题,她们的回答表现出较明显的悲观主义。⑮

一位40岁工人的妻子说:"人一老就不中用了,一个男人唯一的办法是珍惜青春年华,并尽量存钱。"

一位56岁工头的妻子说:"只要他不是太老,日子还是会好过,工厂一年比一年更贪婪,逼得更紧。"

一位51岁模具工的妻子说:"他经常担心年龄再大些后怎么办,他盼望和祈祷能很快获得州老年退休金。"

一位39岁机器维修工的妻子说:"公司对他很照顾(例如,不解雇他),但我不知道他年龄再大些会怎么样。"

一位44岁机械师的妻子说:"那里男人是终身雇佣的。"

一位46岁机械师的妻子说:"我担心他年迈后工厂不要他了怎么办,我又不能去工作。我们无法指望孩子们赡养我们,可又存不

---

⑭ 这说明以"解决"一个"社会问题"为目标的行动常常会使另一个社会问题恶化。由于类似的原因,中镇部分50岁以上的工厂男工被排除于"互助"保险计划之外。

⑮ 参见后文第七章对此问题做进一步回答的建议。

下什么钱来养老。"

一位40岁模具工的妻子说:"他现在40岁,大约10年后的今天就该退休了。模具工到45岁以后就不那么被需要了,他们总要换上年轻人的。唉,真不知道那时候我们该怎么办。我们省不下一文钱,只留下了两个孩子。"(两个男孩在当地一所职业学校读书)

前文已经提到,这些被调查的生产阶级妇女中有一半左右是在农村长大。假如她们的丈夫们也大致如此的话,那么中镇就会有三分之一的男人必须面对一个巨大的转变,即从一个体力缓慢衰退而且很老的人也能派上用场的世界,转变为"在产业工人尚未到达老年时经济上的淘汰突然像魔鬼一样到来"[16]的新环境。在一个经济权威无所不在的文化中,由于丧失职业和收入优势而引起的不习惯,会给老年人的整个晚年生活带来巨大影响。[17]

同时,与生产阶级相比,年龄的增长对中镇的经营阶级来说,则在更大的程度上仍意味着权力和社会声望的增长与稳定提高。但是,在某些较低层次的经营阶级成员中,如零售店售货员和公务员,随着外部连锁店发展或新业主越来越多地控制当地的零售业,年老也日益成为威胁。例如,外来的犹太人资本最近接手了一家男式服装店,并开始实行一条严格的销售纪律:任何与顾客接触45分钟以上还未将商品卖出的售货员都要被减薪。这条规定至少使一

---

[16] 亚伯拉罕·爱泼斯坦(Abraham Epstein):《面对老年》(Facing Old Age),纽约:诺夫出版社,1922年,第3页。

[17] 参见詹姆森·米克尔·威廉姆斯(James Mickel Williams)的《我们农村的继承权》(Our Rural Heritage,纽约:诺夫出版社,1925年)第67页中的相关内容。
参见第六章中关于父母对子女,特别是十八九岁子女的支配减弱方面的讨论。

第五章　中镇的养家人

个又老又慢的售货员被解雇。[18] 甚至在如教师和牧师这样的职业中，对年轻人的需求也让人感觉是件由来已久的事情了。

从种族角度看，中镇的养家人中绝大部分是土生土长的美国白人，黑人在1890年和当今都只占挣钱人中的5%，而且他们实际上都属于生产阶级。

一个更深层的因素是不容忽视的，即中镇养家人中明显的"智力"差异。无论"智力测验"表明人们的天赋在多大程度上取决于不同的环境条件，这些测验的确大体上反映出孩子们的性格差异无时无刻不与他们所处的世界相关联。通过由职业的教育心理学家们按照比纳-西蒙智力测验的特尔曼修订版对全部公共学校中的一年级白种孩子的测试，以分数（智商）形式获得了一个白种人口的典型资料。[19] 在12所学校中，有5所既招收经营阶级的孩子，又招收生

---

[18] 一般不把老龄当作一个"社会问题"，尽管与其相关的社会问题的迹象越来越多，如别处所提到的没有多余卧室的较小房屋住户之间的关系问题，以及已婚子女将老人接回家里住的现象明显减少的趋势等。对老人的态度似乎也同童工、事故赔偿、妇女选举权、审查工厂及其他的社会变迁一样，要经过一个相同的周期：许多年里，没有"问题"，局势是被其他社会变迁所激化而变得更尖锐了，直到出现了两派，即一方"赞成"公开地做些事情来应付这种局面，另一方则"反对"这样做，直到一方获胜，新方法得到认可，或变化了的制度要素使其不再成为问题了。限制童工、工厂审查、工人的工资和靠税赋资助的职业介绍所被认为是"社会主义"，并使得中镇与其他工业中心的竞争更加困难，从而遭到了中镇一部分人越来越反对。而另一部分人则以同样的固执予以支持。在中镇，关于老年人的条款只是处于被偶然问及的阶段：在机器生产的条件下，这样的城市氛围是否适当，即习惯于假定老年的威胁有利于刺激储蓄；同时，将贫困的家庭作为照顾贫穷老人的最佳场所是否适当。1925年，一个叫"中镇之鹰"的工人组织分会积极地到州分会去将一个老年退休金法案提交给立法机构，但它却因遭到了一个经营阶级团体的反对，而未能通过。

[19] 未包括在内的白人一年级学生，有天主教教区学校中的83个（转下页）

产阶级的孩子，不能明确区分究竟谁占优势的程度。然而，3所学校中总计97名一年级学生和4所学校中的290名一年级学生却可以被清楚准确地分别划归为明显的经营阶级和生产阶级。以下便是他们的分数与中镇总计667名一年级学生的分数的比较：

	家长以经营阶级为主的97名孩子的百分比分布	家长以生产阶级为主的290名孩子的百分比分布	所有学校的667名孩子的百分比分布
"近乎天才"（智商140以上）	0.0	0.0	0.2
"非常高"（智商120—139）	7.2	1.0	3.7
"高"（智商110—119）	18.6	5.5	9.7
"正常或一般"（智商90—109）	60.8	51.0	52.6
"迟钝，略弱智"（智商80—89）	11.3	25.5	21.0
"临界，常弱智"（智商70—79）	2.1	10.7	8.1
"低能"（智商50—69）	0.0	5.9	3.0
"愚笨"（智商25—49）	0.0	0.4	1.2
"白痴"（智商低于25）	0.0	0.0	0.5
合计	100.0	100.0	100.0

（接上页）孩子和城里一所私人学校中的4个孩子，所以没有他们的分数。

这里并不是赞同当前对智力测验的过分需求。提供这些分数只是觉得它们确实代表某些在研究这个社区时必须加以考虑的变量，尽管是不完全的。

第五章 中镇的养家人

在谋生、养家、闲暇时间、教育青少年、宗教活动、社区活动的全过程中,我们都应该记住上表前两列所显示出的差异趋势。

关于中镇谋生者,最后值得一提的是一种持续的过程,即中镇趋于从其他周边小社区中补充自己的人口,而它自己却又向大城市流失一些年轻有为的人。一次对1916—1919年中学毕业班中的中镇居民于1925年5月仍然生活在中镇或在别的地方的核查显示:1916—1919年这4年间,在中学毕业时仍住在中镇的135名男生和221名女生中,5年后,有大约二分之一的男生和三分之一的女生没有回到城里生活。例如,在1916年毕业的18名男生中,9年后,有8人仍住在中镇,1人在州内的其他地方,4人在东北中心区的其他地方,5人在美国其他各地。这一人口流动无疑包括相当大比例的攻读大学的有为青年。而在另一方面,1908年,从毗邻的一个小镇的中学毕业的7名男生全都离开了该镇:2人来到中镇,其中1人成了年轻商人的"商会精力充沛者俱乐部"的主席,2人去了其他邻近城镇,另外3人去了更加偏远的城镇。

没有人真正懂得这种向上放血、自下补充对一个城镇的生活意味着什么。但将它作为影响中镇一切活动的活力与质量的一个可能的因素而牢记在心,则是恰如其分的,它显示了社会变迁的阻力程度。一位美国生活的学者评论道:"通常,即便是流失十分之一的杰出人才,也会使社区谋求更高利益的有效支持减少一半。"[20]

---

[20] E. A. 罗斯(E. A. Ross):《社会趋势》(*The Social Trend*),纽约:世纪出版社,1922年,第45页。

第六章 中镇人靠什么谋生

中镇的男人和女人们日复一日地在其特定的工作场所中所从事的近四百种千篇一律的工作中的绝大部分,同人类的饮食、性以及住房需求几乎没什么关系。少数工人购买和销售其他社区的专业工人所生产的食品、衣物和燃料,另有一些人的时间消磨在为群体中的其他成员建造房屋。自用食物与服装的生产在中镇所占比重甚微,它生产的成千上万的玻璃瓶和千百万的绝缘体及汽车发动机零件倒是不错。一家汽车配件厂的员工在中镇的17 000雇员中占到1 000人之多,年产值总计为12 000 000美元。这个厂出产的所有产品全部外销,或许只有千分之一无足轻重的配件供中镇人的汽车自用。

人们为谋生所做的努力同他们实际生活需要之间的鸿沟还在继续扩大。中镇过去40年中工业发展所引起的剧变,使生产阶级的活动日益远离他们80年代的农场和农村背景。① 发明和技术日益

---

① 在后几页中,更多的篇幅侧重于生产阶级的谋生活动,而不是经营阶级的谋生活动。之所以这样是由以下考虑促成的:一、生产阶级在数量上所占比重很大;二、他们所从事的工作类型变化比较迅速,包括从手工操作向机器操作的变化及其中包含的全部社会脱节问题;三、基于生产阶级成员的生活在更大程度上完全是由他们的工作来支持或应付这个实际情况,他们较少受到某种社会方面的支持,因此他们的生活更频繁、更猛烈地受到像减员和意外事故这样的纯粹工作事件的破坏;四、经营阶级成员更不愿意对生人谈起某些(转下页)

更新,从事精密专项工作的机械组迅速取代了膂力和优秀工匠的巧手,工人只需在那节奏分明的叮叮当当中"操纵"或"照料"它们就行了。一个现象反映出机械在中镇是个新事物:就在不久前的1900年,地方报纸的报道说,全镇一共才有75位"机械师"。[②]

机械智能和体能的到来生动地体现在当地一家玻璃厂1890年至今的工具使用的演变过程中:过去,吹制玻璃瓶完全靠手工作业,每个玻璃熔炉有8—14"壶"熔化玻璃,而每一壶玻璃又是一个"车间"或由两个的熟练"玻璃工"、三个小伙计、一个采料工、一个出料工和一个入料工组成的小组的活动中心。通过一个狭窄而无保护装置的圆孔,采料工从冒泡的壶里取出一小滩玻璃熔液放到一个长长的铁吹管上。然后,他来到距熔炉6英尺的盆边,将玻璃球迅速平整成"块"并把它递给一个玻璃工。这个玻璃工在距熔炉8英尺的地方有节奏地工作着:把吹管放到嘴边,抬起吹管直到另一端那灼热的小球高过嘴唇,然后吹气,把玻璃气球向下放入一个准备好的由踏板控制的模具中,接着吹气,直到那个又薄又亮的玻璃熔液"吹出物"冒出模具口,他可以将吹管从薄玻璃上拧下来,

---

(接上页)私人的事情,例如他们对工作的期望与担忧,以及他们详细的经济状况等。这也迫使研究人员在某些方面只能从生产阶级的数据中取得满意的结果。我们当然希望能对经营阶级的工作状况做更加详尽的研究。

② 80年代末开始的这些迅猛的工业变革反映在下面的事实中:在1919年的普查中,产值处于第二位的钢铁工业直到1887年还没有得到大规模的发展;而在该普查中,产值处于第三位的汽车工业在80年代末尚未出现;电影业也没有出现,化学工业正处于摇篮中。"整个电力工业发展的90%是在过去25年中实现的。"[《电气世界》(*Electrical World*), 50周年纪念刊,第84卷,第12期,1924年9月20日,第640页。]"在80年代初期,本县没有一所开设电气工程课的院校。"(同上,第566页)

而又不损坏里面的瓶子为止。一般来说，每个瓶子需要吹三大口气，这平均要花去他约25秒的时间，即每天能制作不到1 200只一夸脱的瓶子。在他身边靠近模具的凳子上坐着第三个工人——出料工。他从模具中取出炽热的瓶子放到一个盘子上给第四个工人，再由他把瓶子运送到几码以外的冷却炉中。车间里的这三个伙计使两个玻璃工能正常运行。这是一份又热又累的工作，从早7点工作至10点，中间有两次5分钟的小休，10点开始有15分钟的"大休"，那时就会有一个伙计被派往街对面打啤酒，他用一根长杆穿着一排水桶。接着，从10点15分到12点中间有一两次5分钟的小休，12点到1点吃午饭。下午1点到3点工作，有另一个15分钟的"大休"，然后一直工作到5点。下午的每一"班"中都包括一至两次的小休。在初夏，由于天热，每半小时必须停下来休息一下，在炎夏时节工厂就得全部关门。这里值得注意的主要特点是：工作的速度和节奏是由人体而非机器决定的。尽管全部操作过程只是重复的动作，但一位老吹瓶工的话却是应当记住的："你永远也不会完全掌握玻璃吹制技术，因为总会有意外的情况不断出现。"

  1890年的熔化炉是由"铺入工"用一个长叉子填满热壶，然后封炉烧至1 000华氏度，再停火72小时冷却。随后，还是用手将壶取出，用手削去每个壶口上奇形怪状的玻璃"吹出物"，再由一些姑娘站在铺上湿沙土的旋转铁盘边进行抛光，接着由另一些姑娘清洗后放入包装室。80年代末，全厂的机械力只用一台12马力的发动机就够了。

  现在，全部制作过程除最后一道工序——将成品运往包装车间之外，全部排除了人手的介入。1900年稍后，欧文斯和其他吹瓶机的发展"淘汰了所有的技巧和劳力"，并放弃了自古埃及石斧时代起就没有什么大变化的手工过程。如今，在这个工厂里，百手巨人般的机械组不分日夜不停地运转，它们那10—15只手臂如同被一个魔指在另一端控制着，依次浸入慢速运转的熔化玻璃壶中，取出制造一个瓶子所需的玻璃液，在一个毛坯模具中粗成型，一秒钟后或当定型模具升起时去掉毛坯模具，由定型模具包住灼热的玻璃，压缩气体迫使玻璃液进入模具的缝隙，这样一个瓶子就做成了。随着那庞大的百手巨人一圈圈地不停运转，每个手臂依次将自己灼热的货物放到一个自动传送带上，再由它蜿蜒滚动送至"莱尔"——一个现代化退火炉中。进入电控的"莱尔"以后，瓶子排成一行前进在缓慢移动的板块上，它们要在高温计的控制下运行3个小时，走80英尺以上的路程，一直冷却到可以用赤手搬运时才会出炉。

在1890年，一个由21个成人加24个少年操纵的8壶位熔炉，一班工作日能生产1 600打一夸脱的瓶子。如今，一座由3个10臂机组和一个8人小组操纵的熔炉，在同样长的一班工作日里可以生产6 600打一夸脱的瓶子。

这个工厂的其他车间也发生了类似的变化，尽管它们可能不是那么显著。③其中，机器的加速作用显得尤为突出：在为水果罐头制作锌瓶盖的车间，1890年时，压盖机是用脚踏板控制的，如操作员肯干的话，每分钟可制作70个瓶盖；如今，电动压盖机一小时接一小时地以每分钟冲压188个瓶盖的速度工作，或者是每次冲压两个瓶盖，每分钟366个瓶盖。其噪声之大导致人们说话时必须贴近耳

---

③ 1890年，一个工人推一辆双轮铲车每次运6打瓶子到储存室，而现在一个工人开一辆电动拖车每次能运150打瓶子。现今的货车是通过传送带来装卸的。在为熔炉混合沙子和其他配料的原料车间里，电控自动搅拌机取代了挥舞铁锨的工人。

朵大声喊叫才能听到。

在中镇，更加具有机器时代特色的恐怕还得算几个汽车配件厂的高速专业化过程。由于新兴的汽车工业从以前的工厂和机械中继承的东西很少，所以介绍机械生产方法一直是工程师规划和管理中的一项明确内容。[④] 工具的专门化过程也进展极快。[⑤] 这里的实例就是当地一家生产汽车配件的工厂中的一个有代表性的工人的谋生过程：这个工人正在为一种名牌汽车的前部钻铁链，他整天站在多头钻机前，待钻的铁环不断地被送到他的肘边，而他的产品又不断地被车运走。每分钟3次，每天9小时，他都干着下面这套活儿：左手拿起两个链环，双手将其送入钻机，双手扳动两个齐腰处的手柄锁住钻模，右手推上齐肩处的手柄，双手握住齐腰处的手柄把，将4钻模的钻台旋转半圈，右手拉齐肩处的手柄，左手拉齐肩处的手柄，右手移开钻好的两个链环，同时用左手拣起两个新的链环，双手将其送入钻机，如此循环往复。[⑥]

---

④　参见维勃伦（Veblen）关于与早期传统的工商业决裂对现代德国工业兴起之意义的论述："与现代所有讲英语的国家中相应的阻碍机制相比，这种工商业留给德国企业较少来自已有的清规戒律和陈旧设备及组织的阻碍。"《德意志帝国》(*Imperial Germany*)，纽约：休伯斯克出版社，1918年，第186页。

⑤　"从一开始，劳动分工和发明创造就是相互促进的。一旦一份工作被分解成几个简单的部分，就较易于发明一种工具或机器去做那种特定的工作，而如果市场需求足以使这个机器充分运转的话，人们就会有利可图。反过来，机器日益提高的利用率又会导致越来越明显的劳动分工。而不断使用专家和专用机械所产生的经济利益又使这种机器与劳动分工的相互作用依次作用于工厂和大的商业组织的发展。" P. 萨金特·弗洛伦斯（P. Sargant Florence）：《动荡疲软的经济》(*Economics of Fatigue and Unrest*)，纽约：霍尔特出版公司，1924年，第34页。

⑥　在核算产品成本的时候，公司通常允许10%的工作时间用于机器维修，而另外10%用于休息和延误。

第六章 中镇人靠什么谋生

在第三类工厂，铸造业中的变化主要发生在制沙模和工厂内外材料搬运的方法上。在 90 年代，中镇所有的铸件都是由城里一家主要铸造厂中那些被称为"主任模工"的高度熟练的模具技工手工制造的；而现在，尽管遭到工会的激烈反对，60% 的铸件的制造还是被那些只需受训两星期左右的机械模具工取代了。在材料搬运方面，如今，一台电磁起重机加三名操作员便可达到 30 年前由 12 个人在相同时间内完成的材料堆积和入炉量的两倍半。"在 90 年代，人们用头顶着零件箱搬运材料，这是一项重体力劳动，没人愿意干这项工作。"现在，起重机把零件从工厂的一端运到另一端只要一分钟；而在 1890 年，这个工作量的一半就需要一个壮劳力用半天时间搬 15 趟才能完成。正如弗雷德里克·W. 泰勒（Frederick W. Taylor）所说，这种工作"不再需要大猩猩式的工人了"。

如果说中镇生产阶级日常工作的产品不是为了直接满足自身的需要，那么从许多方面看，经营阶级的活动就更加远离这一目标。随着人们逐步放弃近乎一成不变的农场或农村生活以及工业生产工具日益变得精密复杂，制度上的礼仪程序的数量和复杂程度也有令人瞩目的增长。由单个工人生产出来的专门产品在这类程序中转化为生物制品和社会生活的必需品。经营阶级正是为维持这些制度上的礼仪程序为生的。

大体上说，这些程序不过是 90 年代较简单的同类设计的精化而已，他们并没有显示出如同手工操作向机器生产的转变所包含的那些惊人的变化。因此，一位几十年前的玻璃厂"总经理"被一位"生产经理"、一位"销售经理"、一位"广告经理"、一位"人事经理"外加一位"办公室经理"所接替。整个经营结构的目的就是为了使这架价

44

格昂贵的"机器"高速运转。当经营者跑前跑后地忙于"雇人""解雇人""制订新的放款限额""推动一次廉价销售""投入竞争""做广告"以及其他按照"经营"规则操纵他那相应的一套程序的活动时，他所受到的限制几乎同机器对操纵手柄的工人的限制同样多。

在种种将实际劳动产品转变为必需品和满足生活的方法中，最主要的一种就是把它们换成或设法换成货币，用以在商店、银行和营业所中换取有用之物。商品零售活动同几十年前没什么两样，但节奏的确自80年代中期起开始加快了。就在那旧时代行将结束的时刻，一个主要的零售商还在日记中坦然地写道："生意稳定，农民繁忙，并固守家中"，"我们今天做了一笔公平交易，卖了20个纱门"。在节奏加快的同时，交换领域也出现了专业化倾向。位于主要大街上的"大忙人百货店"和"经济圣殿"等大型综合商场被兴旺的相互竞争的男衣店、女衣店、电器店、礼品店、皮货店及其他各类"专营"商店取代了。大量连锁店对90年代我行我素的小型独立零售商店造成巨大压力。从1924年4月至1925年1月这具有显著特点的10个月中，中镇有三家成衣店和一家鞋店被某些至少在其他城市有一家分店的销售机构所取代，与此同时，城里又添了四家新的连锁店，它们均在本城设有一家或更多的分号。⑦90年代开始创刊的商业报纸一再强调某地方零售商的"销售额日益提高"的消息，但是本城制造商协会的商品推销员们却在城市俱乐部的午餐会上告诉他，他的"店员在他们营业时间只有15%能卖出产品"，而

---

⑦ 这四家连锁店包括一个服装店、两个食品店和一个卖廉价商品的杂货店。这些销售商店中的最后一家当时不在城里，而是在市中心地区买了一个地段，迫使那里的两家零售商搬走了。

他"应该以每个人的销售状况为基础来浮动其工资",这些消息使得那个零售商忧心忡忡。⑧

联合的商业"信贷"机制快速地形成,并越来越多地支撑起了中镇谋生活动的体系结构。在80年代初,中镇同一个19世纪的英国地方小镇毫无区别,那时"资金极少投在固定的工厂中,资金与信贷数量微乎其微"。现在中镇居民的父辈人如果想买一块地皮,大多是自己攒钱然后用"交现金"的方式,那时能够对人说出"我买东西总是付现金"这句话,是一件值得骄傲的事情。一位事业兴隆的年轻银行家说:"在1890年,你要买东西非交现金不可。我想买一块价值750美元的地皮,手头只有350美元现金,卖主非要现金不可,我跑遍全城也搞不到这点钱,结果没买成。"⑨中镇大街上一个戴眼镜的商人,他的商店通常销售锁、木料及木桶,也做卖布匹或钉子这样的生意。就是他,在从厂家那里购买5匹布的时候,也需要付现金。多数人都把现金放在箱子里,埋藏在家里某个地方,尽管也有一些人会把钱放入自己在镇银行的户头里,甚至用来购买国债。人们将"借债"视为畏途,只有极少数拥有房产或企业的人才在急需时向地方银行贷少量的款。

如今,中镇生活依赖着信贷经济。在社区中,几乎每个家庭都能以某种形式享受它。现金支付、依价贷款的迅速兴起和流行,为那些其付款意向或能力通常鲜为人知的人们提供信贷,以购买实际上所有的商品,包括房屋、价值200美元一套的完整的卧室组合家

---

⑧ 参见第七章关于零售店营业时间趋势的描写,它与35年前那懒懒散散的24小时营业是截然不同的。

⑨ 参见第九章关于当前家庭理财办法的讨论。

具、电动洗衣机、汽车、貂皮大衣、钻戒等。[10]同样,现在城里木匠盖房子也越来越多地不用立即付清全部款项。大多数建筑商是由银行贷款的,而且这还越来越多地包含了像"贴现第二抵押票据"那样的机制。一位地方建筑与债务公司的官员谈到现今人们对那些由小到大、包罗万象的信贷所持的乐观信赖态度时说:"人们现在敢于开口借过去想也不敢想的数目。他们现在借2 000美元就像1890年时借300或400美元时那样若无其事。"

随着研究的深入,这种极为微妙的信贷制度趋向于成为一种制约力量,以从越来越多的方面规范经营阶级行为,如后文将提到的投共和党的票、以打高尔夫球为乐、戒除"同性恋"等。

自1890年以来,广告业得到了迅速的发展。当时的地方报纸指出:"广告对于商品,就像肥料对于农作物一样重要。"在当地杂货商们按月结账时,他们较少依赖像给孩子一包糖或饼干这样温柔的广告,所以他们对这份报纸的"提法"感到迷惑不解。1900年,第一家商店门前亮起了霓虹灯招牌,这家报纸宣称:"其效果令人眼花缭乱……"如今人们制作广告时更是绞尽脑汁,别出心裁:一家药材连锁店雇了一架飞机,让"胡克药材商店"的名字在空中飞过;

---

[10] 这种靠分期付款的购物法使消费者立即拥有所需商品的神奇能力的迅速膨胀,使现在与将来缩短了。因此,研究在触及所有包含着未来的各种事物时,这种突出即时拥有的现象究竟在多大程度改变着中镇人的生活习惯是很有意思的,例如我们在别处提到的,现在生产阶级的青年人越来越不愿意学习,而更愿操作一台简单的机床,以便挣钱付贷款,不管将来会怎么样,也不管这种早期的专业化会对他们自己将来晋升为管理人员的机会有什么影响。我们在其他地方还会提到现在那些由于人们在财力不足的情况下的"及时"购买欲经常导致家破人亡及其引起的各种社会混乱的情况。

第六章　中镇人靠什么谋生

一家鞋店推行了一种招徕顾客的新办法，奖励每个星期一早晨来买鞋的前25位女顾客每人一美元一双鞋的优惠价格；报纸、广告俱乐部和商会宣传着每半年一次的"美元节"和"城乡节"；一架飞机在城里的"商业区"撒下1 000张优惠券，每张券可在城里一些商店中减免25美分到5美元不等的价格。在城里一家主要日报上，刊登广告的篇幅扩大到1890年广告篇幅的6倍。⑪

为了适应商业体系复杂化的需要，最引人注目的是通过"合作法规"的制定，使大部分有关推动其运行和维护其赖以生存的以"私有制""自由竞争"和"个人首创精神"为原则的法律也进一步复杂化了。⑫中镇社会风气的趋势特征，以及该城对商业的如醉如痴，表现在职业教育教师的工资和声望超过了高中的"教授"，商人在很大程度上取代了专家的统治地位，在司法界，法人律师的声望也超过了法官。

然而，从实际活动角度来看，生产阶级经历了从手工吹制瓶子到操纵制瓶机、从马车夫到汽车司机的转变，而经营阶级活动的变化趋势却不像生产阶级那么显而易见。除了某些例外情况之外，零售商、银行家和律师仍在做着与1890年时大同小异的事情，他们仍然遵循着那些日趋复杂的老规矩，或面向人群，或坐或站，或面对面，或通过文字，或通过广告，安排着人们以钱易物的活动。对于

---

⑪　见表二十二中按类型分类的广告分布。

⑫　"任何现代发明，甚至那些有价证券都无法这样大地改变商业的面貌，而由于联合股份公司的出现而引起的各种各样的新鲜而又复杂问题却使律师们兴高采烈。尽管美国是最后进入这个领域的，但它们却发展得比欧洲国家的规模更大，技术更精湛。"詹姆斯·布赖斯（James Brace）：《美利坚共和国》（The American Commonwealth），第二卷，纽约：麦克米伦出版公司，1897年，第655页。

经营者们来说，同老一辈相比，他们基本上不存在改变工作性质的问题，因为他们从事的基本上还是相同的事，或是专注于同一件事经专业分化之后的某个部分。⑬

中镇有近四百种职业，周边地区职业更多，而中镇人的个人能力和爱好则可能是不尽相同的，因此在中镇的年轻人就业之前，工作与个性的复杂磨合就成了一个需要想方设法来解决的问题。中镇的大多数青年男女是"误入"或"陷入"那些实际上成为其毕生职业的特定工作中的。而从前"好人留不住"的传统和宗教的自由合理选择"职业"的传统，则助长了工作与个性磨合上的一种放任态度。

但是，就此而言，这种甚至一代人以前就有的自豪感，在今天的中镇已经不是那么普遍了。生活的各个方面都比以前更依赖于金钱，在谋生这样的关键性问题上机会来之不易的观念正在形成。由于对自己就业机会的不满，许多家长总想为子女的就业做点什么，但他们却往往不知道该怎么去做，特别是那些生产阶级的家长们。他们对子女未来的期望大多是以否定形式来表达的："我希望他们不用像父辈这样工作得那么辛苦"，或"只要他有一点办法，就决不让女儿进工厂"。在许多人心目中，教育的魔力取代了一切既定的求职计划："我们希望他们受到良好的教育，比父辈活得容易些"；"如果他们没受到良好的教育，那他们除了卖苦力之外就别无出路"。

如果一个经营阶级的子弟对某种职业表现出特殊的爱好和才能，一般都会受到家长的鼓励，只要这一职业能为他提供与父辈相仿或超

---

⑬ 教师、医生和牧师的工作问题将在下一章讨论。

过父辈的金钱和地位。在那些表面上看不出特殊资质的孩子中，家庭背景和因接近某事而易受到吸引的规律就会起很大作用。在这种情况下，儿童的潜在能力往往就被埋没了。在这组人中，父母因无法确定孩子的发展方向，便往往以要求孩子接受尽可能多的教育而自慰。

宗教团体对职业教育起着补充的作用，家长们可以通过宣布让孩子做牧师或传教士来使他们获得教育。然而，在令人眼花缭乱的职业选择面前，公立学校对年轻人的指导作用是最为显著的，尽管它还处于兴起阶段。除了个别教师的偶尔建议之外，职业教育还体现在最近采取的两个办法中：在初中添设了独立的"就业指导课"，以便集中地向学生介绍各种行业和职业训练及就业机会，并为高中生设置了系列"礼拜"讲座，每到四五月份，请地方各界人士介绍在商业、宗教、法律、教育及其类似较突出的"行业"中的"机会"。后者通常是一般性的讲演，敦促毕业生"关注"他们选定的职业，树立"远见"和"决心"。此类讲演的基调通过某讲演人的结束语可见一斑："这是一个伟大的古老的世界，美国是这个世界上最奇妙的国家之一，我们必须准备为这个国家服务，准备投入一项有价值的工作中。"在中学某些主要由生产阶级追求的工具操作行业的职业教育中，还添加了反复试验、逐步选拔的项目。[14]

但是，这类新课程和讲演的设置对中镇毕业生们的影响并不太

---

[14] 自该课程开设以来，从中镇中学毕业并取得电力学学历的120名学生中，有52人进入电气贸易或进大学学习电气工程，有68人进入其他企业。在81名毕业于设计课程的学生中，有45人做了设计人员或进行有关的贸易或进入工程学校，有36人在做其他贸易。在受过排字课程训练的56名毕业生中，有11人现在成了排字工。

大，他们大多还是到那些自己或家人发现有空缺的地方去工作，而且不论满意与否，都终身从事这项工作。这种使中镇年轻人局限于选择城里明显空缺的职业的习惯势力并不是强制性的。开始时只是为了就近参加工作，而后认同的趋势便越发明显了。一个由 225 名 8—14 岁少年组成的关于职业计划的随机样本显示出多种多样的职业志愿：开博物馆、当宇航员、当卡通画家、当建筑师、做音乐家及其他许多不寻常的偏爱。然而，可以相当有把握地说，这些少年中只有极少数的人能够脱离寻常的群体习惯，最终找到自己的就业之路。布克对本州高中生职业选择的研究，说明了他们可能会变成什么样，甚至中学生也是如此：

"总共 6 000 名以上的高中生仅仅选择了 16 种不同性质的工作，其中选择某些职业的人数少得可以忽略不计。男孩们选择最多的职业是工程师（31%）和务农（24%），女孩选择最多的职业是教师（47%）和秘书（34%）……我们的男女中学生来自于各个阶层，各个行业群体，但是中学教育却不知不觉地将他们引向几种行业——一些传统的行业。"[15]

虽然青少年会自然而然地倾向于那些已被社区认可的祖传行业，但在中学教育普及及其他因素的影响下，"子承父业"的现象已不像老一代人那样普遍了。从中镇指南上看，同姓人从事同一行业的越来越少了。将中镇 309 名中学二年级、三年级和四年级男生

---

[15] 威廉·F. 布克（William F. Book）：《高中生的智力》（*The Intelligence of High School Seniors*），纽约：麦克米伦出版公司，1922 年，第 139—142 页。关于中学职业教育影响的问题，因为距今太近而未能在这项研究中充分地反映出来。正如后文将谈到的那样，职业教育也大多局限于教孩子们一些主要的使用工具的技术。

的职业志愿与他们父辈职业进行对比的调查表明：在上中学的孩子中，尤其是生产阶级子弟中，彻底脱离父辈职业的倾向十分强烈。这309位男生，52%出身于生产阶级家庭，48%属于经营阶级或自由职业阶层。在回答"你打算以何为生"这一问题时，309人中只有20%选择了生产阶级类型的体力劳动职业，其中三分之一的人选择了工业方面的工作，四分之一的人选择了建筑业的工作，另有三分之一的人选择了排字工、理发师、铁路员工等工作；18%的人想去做生意，而不从事自由职业；有54%的人希望得到做学问或搞技术的专门职业，其中足有一半人选择工程师、建筑师、化学家等职业，四分之一选择医生、律师和牧师职业，其余四分之一选择教师、音乐家和作家这类职业。⑯ 仅看总数会低估青少年背离父辈职业的倾向，尤其对生产阶级子弟来说更是如此。例如，在62名选择体力劳动职业的少年中，只有22名希望从事机械制造业中操作机床的工作，而调查对象的父亲一辈却共有121人在干这样的工作。再如，有5名少年希望当木匠，14名想当排字工，10名想当电工，可他们的父辈中一位木匠和排字工也没有，只有两位电工。有14名少年想当教师，而父辈中只有两位教师，有12名想当教师的少年是工人的儿子。309名少年中有13名想当医生，而全体调查对象的父辈中只有7名是医生，而这13名想当医生的少年中，至少10人的父亲不是医生，有8人是工人子弟。85人想当工程师、建筑师、化学家等等，尽管只有10个人的父辈是从事这类工作的。

当然，我们不好说这些选择究竟有多少能落实到孩子们以后实

---

⑯ 有7%的人没想好，1%的人的回答属于杂类组，如拳击手、杂技演员等。

际从事的工作上。职业生涯的确定大都是很偶然的,在选择中偏重的是工作机会,而不是个人的判断力,其作用更趋向集中于谋生的手段,而不是内心的满足。在我们观察中镇人谋生、持家、消闲和从事其他重要活动时,这种趋向是不容忽视的。

此外,在那些在中镇求生的人口中,有85%的人是受雇于人或受人领导,只有15%的人是独立的工人或是从事那些相对独立和有能力去"管理"他人的工作的人。[17]

中镇人日复一日地做着这些偶然确定的以遵从他人旨意为主的事情,而这一切又要经过金钱的筛选才能证明是否有重要意义。这点有助于我们理解金钱在中镇的重要性,同时,从这种诸多的为谋生而付出的方式的种种结果中,我们似乎从该城生活的其他方面找到补救的措施。

---

[17] 在胡克斯塔德之后计算的美国1920年普查中有关中镇的职业分布。[参见卡尔·胡克斯塔德(Carl Hookstadt):《按产业再分类的美国1920年职业普查》(Reclassification of the U. S. 1920 Occupational Census by Industry),《劳动评论月刊》(*Monthly Labor Review*),第17卷,第1号。]

第七章 工作的权威

一个人如果在冬季清晨的6点走在中镇的大街上,他会发现两种家庭:一种是黑灯的家庭,人们还沉睡在梦乡;另一种家庭的厨房里已亮起灯,隐隐约约地晃动着成年人的身影,他们已经开始了一天的工作。在中镇所有从事有偿劳动的人中,70%属于生产阶级。对于他们来说,谋生意味着每天早上在6点15分至7点半之间,一般是7点就得到工厂去上班。另外30%属于经营阶级,他们的上班时间在7点45分、8点、8点半甚至9点,一般是在8点半。在一个由112名生产阶级家庭妇女组成的抽样调查中,有48位(五分之二)每天早上5点或5点以前就起床;79位(约四分之三)5点半以前起床;104位(十分之九)6点或6点以前会起床。在调查的40位经营阶级妇女中,没人6点以前起床,6点整起床的只有6位,7点之前起床的有14位,26人7点或7点以后才起。

这两部分人在起床时间上所存在的差距牵涉中镇生活整体中的许多方面。城里一位名人在谈到俱乐部、委员会及其他有组织的活动挤掉了家庭生活的问题时,敦促城里的家长们"通过全家一起轻松愉快地做早餐来解决青少年问题"。可惜,他并没意识到这个办法仅适用于城里三分之一的家庭,另外三分之二家庭的家长们每天在漆黑的冬夜中醒来,天蒙蒙亮时已在厨房里匆匆吃完早餐就去上班了，而这时离孩子上学还有1小时到2小时15分钟的时间呢。另一个地方性"问题"是该城南北之间由于1925年春季开始夏令时所造成的僵局：绝大多数生产阶级成员先于城市官僚们进行争辩，他们借口自己狭窄的住宅到夏天凉得很慢，通常到半夜还很热，所以不能在凉爽的清晨早起一小时去上班；而在另一边，经营者们为了打高尔夫球则极力强调白天时间的重要性，也因为标准时间使当地商业与东部的交易晚了两个小时。这两个群体都认为对方的要求不合理。

在35年以前，生产阶级和经营阶级的起床时间相差无几，全城的人起得都很早。如今人们找不到哪位医生还像1890年那样开7点到9点的早班门诊了。在80年代，零售商店早上7点到7点半开门，晚上8点至9点关门，售货时间长达13个小时。① 从1890年起，镇上几位商人开始除周六以外6点钟关门，这一做法随即普及到全镇，现在所有的商店都在8点到8点半开门，5点半关门。

1890年，中镇工业职工的标准工作时间是一天工作10小时，一星期工作6天。② 联邦人口普查表明，在1914年，有73%的工人每周工作60小时或以上；到1919年，只有33%的工人每周工作60

---

① 1890年，一家主要男衣店的营业时间为：周一早7点到晚10点，周二至周五早7点到晚9点，周六早7点到午夜。在感恩节、圣诞节等节假日，商店也常常部分时间营业。

中镇珠宝店的店员们在1890年"成立了工会……上访了他们的雇主们，向他们表达了自己希望每晚7点半下班以便能参加球赛的意愿"。"我们高兴地告诉你，"一家报纸接着叙述道，"没遇到什么问题，珠宝商们接受了他们的要求。"

② 1891年州《双年度报告》(*Biennial Report*)所举出的中镇4家有代表性的钢铁厂和4家主要木器厂，都是每天工作10小时。在高度依赖集体作业的玻璃厂工人，有2家工厂每天工作9小时，另外2家则每天工作10小时。

第七章 工作的权威

小时或以上,可仍有35%的工人每周工作55—60小时。自1890年以来工厂工作时间的最主要变更是星期六的半日工作制,这一制度目前已得到普遍实行。

年复一年,全城大约有300人夜里上班,白天休息。为使机器保持昼夜运转,中镇有一支3 000—4 000人的大军定期上夜班,他们或是由日班倒过来的,或是大工厂新招的夜工。③ 轮夜班一般连续五六个月,然后轮日班。这几百至三四千个家长"上夜班",对他们的家庭生活、闲暇活动、社区生活以及在这段生活失调期内的其他活动所产生的影响是应当引起注意的。正常的夫妻关系、洋溢在房前屋后的孩子们的喧哗声、家庭闲暇活动、房屋租赁、临时性职责、市民的兴趣爱好,以及其他有关种种,就像一列长长的多米诺骨牌那样,由于上夜班这一张牌的翻倒而搞乱了。一位父亲在青少年法庭上为儿子辩护道:"我上夜班,白天睡觉,所以不能与乔治保持联系。"除个别例外,这种打乱正常生活秩序的因素只是对生产阶级有影响,这一点又直接导致了两大阶级对诸如"魔幻中镇"中的市民福利等问题上看法的不同。

一个人属于该城中两大主要阶级的哪一个,不仅会决定他们工作时间长度和是否夜间工作,还会在相当大的程度上决定他是否能够每年不中断自己的谋生活动,或是会周期性地或完全地丧失进行这一必不可少的活动的机会。④ 据粗略估计,现在经营阶级中最富裕

---

③ 在1920年1月1日至1925年1月1日这五年间,只有三次,每次五六个月的时间,中镇经济非常"景气"的"时期",这种情况才会在城里全部主要工业企业中普遍出现。

④ 这种每年有一两个星期的带薪假的制度是另一个工人与经营(转下页)

的三分之二的成员，同 1890 年一样，只要干得好，实际是不会丢掉饭碗的。其他三分之一的成员有时会失业，但情况不如生产阶级成员严重。在"极不景气"的 1924 年，城里最大的百货商店曾让几小批雇员停薪下岗数星期；一家大机器厂在 1923 年曾一次性使办公人员人数下降到了其最低点 79%，而工薪雇员数则减少到高峰点的 32%。⑤

但是，在生产阶级中，"停工"或"裁员"这样的经营手段却是个周期性现象。如果 1920 年 6 月 30 日中镇 7 家主要工厂⑥雇用的工人数是 100 的话，那么此谋生的人数到 1921 年 12 月 31 日是 68，1922 年 12 月 31 日是 93，1923 年 6 月 30 日是 121，12 月 31 日是 114，1924 年 6 月 30 日是 77，12 月 31 日是 61，1925 年 6 月 30 日是

（接上页）者之间生活节奏上的差别。在经营者中，带薪假几乎是个普遍的规矩，但工人却没有，只是领班偶尔能有一周的带薪假。参见第十八章关于 1890 年以来休假制度发展的讨论。

⑤ 维尔福德·I. 金（Willford I. King）的《繁荣期与萧条期的就业时间和就业收入》(*Employment Hours and Earnings in Prosperity and Depression*，纽约：全国经济研究所出版，1923 年）的第 53 页中，揭示了比较严重的"不景气"对经营者和生产者个人的影响。据估算，从 1920 初开始，一直延续到 1922 年第一季度的工业紧缩期内，美国本土实际工作总时数的最高周期性下降比例如下：

	21 名雇员以下的企业	21—100 名雇员的企业	100 名雇员以上的企业	全部企业总计
商业和贸易	1.27%	5.81%	9.94%	2.78%
零售业	1.31%	4.66%	10.84%	2.75%
各类工厂	8.21%	19.21%	38.56%	29.97%
钢铁及钢铁制品厂	17.89%	52.10%	52.65%	50.25%

在这点上，我们应记住钢铁工业在中镇是占主导地位的。

⑥ 一家地方银行将这 7 家工厂作为其当地生意月结中的一个本地就业指标。

第七章 工作的权威

81。⑦1923年，他们中的一家大机械厂同样以1920年6月30日的雇工数为100所做的逐月记录如下：

1月：61	5月：117	9月：57
2月：75	6月：92	10月：48
3月：93	7月：66	11月：43
4月：110	8月：63	12月：46

在一家主要工厂中，1 000人被认为是"正常的工人数"。当我们1924年夏天调查时，实际只有250人在厂里工作，尽管老板们"把（常规1 000人中的）550人当作自己人"。其他的450人是需要时就招来的游离分子。在另一家大型工厂，1923年12月31日的雇工人数为802人，6个月后的1924年6月30日为316人，但其中只有205人是在这6个月中未被解雇而连续工作的。

在165个有关工作稳定性的资料确实可靠的由生产阶级家庭组成的抽样调查中，72%的男性家长在"景气的"1923年的12个月中一直有工作，15%只有一个月以下的时间没工作，13%有一个月以上的时间没有工作；1924年前9个月，在后6个月的"不景气"中，165人中只有38%的人一直有工作，19%有一个月以下时间没有工作，43%的人有一个月及以上时间没工作。⑧在调查的40个经营阶级家庭中，只有一人在1923—1924这两年中没工作，而且也并不是因为被解雇。⑨

很难判定中镇今日的就业状况是否趋向于比一代人之前多少

---

⑦ 由于我们只有这些可供利用的资料，所以，其时限是不齐全的。

⑧ 参见表三。

⑨ 参见附录"研究方法"中关于被调查家庭的选择方法。

有些规律了。全国市场中越来越激烈的竞争程度，新成本核算方法的兴起和由此引起的对昂贵的工厂和机械设备加收的巨额管理费，以及"三伏天"最热时的停产，都对现在这种彻底关闭曾在上一代脆弱的工厂和手工工人中辉煌一时的企业的简单做法起到了阻碍作用。1890年6月12日，中镇《时代》（Times）周刊上的一则有代表性的夏季新闻说："美国90%的玻璃厂自周六起停业，直到9月1日。"在年内的其他时候，短期关门两周左右也是很普遍的。尽管现在被迫维持至少是最低限度的生产，然而，实际上，由于成本核算之类的非人为技术的影响，停工已变成远比有血有肉的雇主勉强做出的个人决策更加自动化的事情了。⑩现今工厂⑪规模的扩大使劳动力的周期性增减在出现劳动力需求的情况下，更具有强制性了。⑫

与第五章中谈到的有关降低退休年龄的问题一样，经营者与生产者对这种产业工人的周期性失业现象也持有截然不同的看法。对

---

⑩ "在向机械技术的过渡中……个体工人被降到了从属因素的地位，近似于一种原料，是被当作一项经营开支来计算的。"维勃伦（Veblen）:《和平的本质》(The Nature of Peace)，纽约：休伯斯克出版社，1919年，第320—321页。

参见J. L. 哈蒙德和巴巴拉·哈蒙德（Barbara Hammond）:《1760—1832年的劳工城》(The Town Labourer 1760-1832)，伦敦：朗曼出版社，1920年，特别是第一、二章及第六章。

⑪ 1890年，中镇报纸还把一家"全部运行起来时"需要200个工人的企业作为一个"重大事件"来渲染。在1891年1月时，城里最大的工作单位有225人。而在1923年，有11家工厂的雇员数超过300人，其中有3家达到1 000人以上，他们中有1家认为其"常规工人数"超过2 000人大关。

⑫ 参见本章脚注⑤关于"艰难时期"对不同规模的企业的相应的影响。根据金的证据，不论是由于"小雇主不斤斤计较""颇为了解雇员的小雇主十分关心自己雇员的福利，他们之间的关系主要不是出于纯粹的商业考虑"，还是由于其他因素，"艰难时期"对大企业的冲击要比对小企业大好几倍。

第七章　工作的权威

于大的产业集团说来，要使成本降到最低，就需要常备足够的工人以应付经营上的一切波动。尽管工人们最怕这种劳工供大于求的状况，可老板们却称之为"宽松的劳工市场"。[13]1924年3月，当长期的失业前景开始出现，而其他地方的雇主在中镇的报纸上登广告招募劳工时，两封专递信函在一次午餐会上被送到了中镇广告俱乐部主任的餐盘中，要求利用其影响阻止外来招工广告，因为他们要把城里的机械师招走。俱乐部主任同意"广告俱乐部阻止这件事"，城中各报代表一致同意对外来招工广告施加压力。广告俱乐部敏感地意识到，使足够的熟练工人滞留在本城是十分重要的。[14]

---

[13] 城里一位有影响的工厂主的下面这段话极好地勾勒出经营者们的哲学："1922年，订单多得不得了，我们不可能完成它们，或在城里找到足够的工人来干活，所以我们从肯塔基和西弗吉尼亚招进了一些人。我们这些当地工人，土生土长在附近的农场里，从童年起就了解某些机器的使用方法，他们可靠、稳定，我们称他们为'吃玉米长大的人'。我们把这些从山区招来的人叫作'青豆'。我们招了两车厢的人，一些人学得很快，一些人则不行。他们中的大多数人现在已回去了。我们计算了一下，每训练一个人，要花75—200美元，但因为城里对劳动力的需要很大，所以留不住他们。他们从一家工厂漂到另一家工厂，所以当经济衰退来临时，我们就辞退他们，保留我们原来的工人。"

[14] 对于老板们说来，这种极少提前一天以上突然发布裁员通知，不告诉工人裁员的原因和可能持续的时间，以及"招工在即"的可能性的做法是"理所当然"的。

在1924年夏天的萧条中，地方报纸广告栏的大部分版面被一则招工通告占据，它说当地一家工厂将于下周一招收1 000名工人。招工那天，工厂门口人山人海，但最后只有48人受雇。

至于为什么找工作的人愿意在门口受雇，参见谢尔比·M.哈里森（Shelby M. Harrison）:《公共职业介绍所》(*Public Employment Offices*)，纽约：罗素·塞奇基金会出版，1924年，第37—38页。同时，关于工人对这种招工制度的看法，参见怀廷·威廉姆斯（Whiting Williams）:《工人心里想什么》(*What's on the Worker's Mind*)，纽约：斯克雷伯纳出版社，1921年，第6—7页。

一位富商的妻子说:"常有人到我这来抱怨,说找不到工作,我其实并不相信他们的话。我相信任何人只要真想干活,总能找到工作。"看来,这番话概括了多数中镇经营阶级关于失业的哲学。也有人持下列看法,如一位商界人士所说:"现今工人阶级状况中唯一需要加以改善的是不稳定的就业,但它根本不可能改变,因为如果产品卖不出去的话,雇主是不会雇用工人的。"

然而,对于生产阶级来说,当经济好的时候,失业问题只是一块巴掌大的云彩,而当出现"宽松的劳工市场"的时候,它就会变成笼罩在他们整个生活之上的乌云。1924年夏末到秋天这段时间,当我们的调查员们访问中镇家庭时,正好碰上经济不景气。我们接二连三地听到被调查的主妇们以这样的词句来回答我们的问题:"您丈夫的工作前景如何?"

"他星期六就要被解雇了。"

"他如果能保住工作,就是幸运。他干了今天,还不知道明天会怎样。"

"他也说不准是否会被解雇,一会儿以为工作要丢掉了,一会儿又以为还能把这工作保住。"

对于大多数人来说,恐惧最终还是变成了现实。

一位妇女10月份说:"我认识一些人,从6月份起就失业了,他们都快急疯了。如果有更多的人知道这意味着什么,也许能采取点什么措施。"

一位看上去相当有文化的妇女在快到12月第一周时说道:"甚至连工头也不知道要裁员了。"她的丈夫头天晚上刚被一家大工厂解雇了。"上周全厂每天加班,却没有加班费,于是工人们起草了一份要求提高工资的请愿书,但我丈夫和另外两个人并没有在上边签名,因为,他们认为在那么多人失业的情况下是不可能涨工资的。现在,我们被告知裁员开始了,就因为那个请愿,也由于没有订单了。真不知道该怎么办?我不知道怎么办,但只要有点办法混下去的话,就不能让孩子辍学。"

另一位妻子11月说:"他因为失去工作而垂头丧气,他正在找工作,同时,希望他原来的工作单位明年春天能再开工。"

几位丈夫年龄在35岁以上的妇女说,她们的丈夫曾经也许愿意做那种看来可能是"稳定"的工作,哪怕工资少些,前途差些。对于老工人来说,工作稳定似乎比工资高更有价值。[15]

生产阶级解决失业问题的最普通做法是"另找一份工作"。在182位抽样调查的工人中都是这种想法,包括124位家里有学龄儿童的工人,四分之一强(27%)的人在现在的雇主这里工作不到一年,三分之一强(38%)不到两年,一半以上(55%)不到五年。[16] 为了另找工作,往往需要离城:"一到夏天,我们就开着福特车出去找

---

[15] 参见怀廷·威廉姆斯的话:"我在自己工作经历中所学到的唯一的东西就是'工作是最重要的'。工资固然重要,但对工人来说,工作才是其整个世界旋转的轴心。"

[16] 见表四,这些数字并不意味着这些人在这段时间里不是失业者,或在许多情况下不是暂时在别的工厂工作,直到自己原来的工厂重新开工。
1919年1月1日至1924年10月1日期间,在表四中所列的178人的资料中,46%的人有一份工作,20%的人有两份工作,22%的人有三份工作,其余的12%的人有三份以上的工作。这里也没有统计那些在原来的工厂"重新开工"之前,人们短暂临时找份工作。

应该记住的是,这项调查的大部分内容是以妻子们的回答为基础的,尽管我们尽量做到不使她们漏掉任何有用的资料。

工作。""他在离中镇25英里的地方找到了一份称心如意的工作,可能不再回来了。"[17]

如果失业后找不到新的工作,整个家庭生活就会陷入困境。[18]122位生产阶级的家庭主妇谈到丈夫失业后对家庭开支所做的调整,[19]她们中有83人报告说在过去的57个月中没有工作。这83人中的绝大多数,即68人承认为了应变对日常生活习惯做了更改,[20]其中:

      47位缩减了服装开支;

---

[17] 这种由现代工业引起、由福特汽车大大推动了的移民潮的深远影响,也可望触及工人生活的其他方面,例如第五章所提及的生产阶级家庭的流动越频繁,就越会造成第十九章所说的亲朋好友的减少。另见罗斯科·庞德(Roscoe Pound)在《克利夫兰的刑事司法制度》(*Criminal Justice in Cleveland*)中的论述:"战争期间的一些研究表明,日益增多的劳动人口迁移对道德的影响是需要认真考虑的。我们的制度期望有安居乐业的纳税人,每个人都与这一政法制度休戚相关,并为其实行贡献一份力量。就业的间断无序和城市之间及城乡之间的频繁移动,对我们制度所要达到的社会是个阻碍。"(克利夫兰:克利夫兰基金会,1921年,第8部分,第610—611页。)

[18] 至少有两个因素使得现在失业对工人影响比过去更大了:一、工会和邻里精神的衰弱(参见第八章);二、由长期分期付款形式支付的购房(参见第九章)、保险、家具、子女教育等开支,即这种现在依赖将来的不良习惯的蔓延。仅以人寿保险为例:在1910—1926年这16年间,一家全国性的保险公司在中镇及部分周边县镇生效的个人保单,由3 800份增加到23 000份。这个数字去掉大约40%,就是投保的人数。

[19] 这些数据是以家庭妇女们的回忆为基础的。她没时间向丈夫来核实这些回忆。但她们肯定忽略了某些小的解雇和短期削减周工作日至三四天的情形。因此,这些数据或许始终是很保守的。

[20] 这里没包括停止存款和花费原存款的情况。如果将这也包括在内的话,那么就可以有把握地说,失业影响到了整个群体。

第七章 工作的权威

43 位缩减了食物开支；

27 位妻子在本地或出去找了工作；

60 位参加某种保险的人中，有 14 位不得不推迟付保险金；

6 位搬到了较便宜的住处；

20 位有电话的人家中，有 5 家停掉了电话；

35 位有子女上中学的人家中，有 4 家让孩子停了学。[21]

以下这些家庭妇女的谈话反映出失业后原有生活规律被打破的情形：

关于存款："我们正在存钱买房子，但他失业后，我们的全部存款都用在交房租上了。""我们用尽了所有存款来过日子。""我们失去了汽车和房子。我们已经付了 334 美元的汽车贷款，只差 100 多美元了，购房贷款也付了一年多了。""我丈夫到处找工作，如果他不失业的话，我们现在就该还清债了。看来人就是存不了钱，两年前，我们开始买房子，他们公司也同意付第一笔款，可就在第二天，他的胳膊就断了。我再也不指望平安无事了。""我们还没有人寿保险，去年，当他失业时，我们不得不放弃一个千元的保险。"

关于住房："我们不知道上哪儿去找这个月的房租钱，我们连燃料都没有了。""我们在吃上已经尽可能地节俭了，下一步该轮到电话了。当他失业后，我也不像往常，连衣服都洗不动了。他不愿把电话停了，因为这是我们与孩子们保持联系的唯一办法。"

关于食品："现在杂货店里换了新人，我们担心他不会允许我

---

[21] 这些变化一般都不是单独发生的，因此上述类型的家庭是相互重叠的。

们如此长时间地赊账。当我丈夫于1922年回去工作时。我们已经欠了杂货店60美元。""我们尽可能买最便宜的东西,生活费从来没超过每周5美元(5口之家)。""今年,我们开始买不太新鲜的牛奶。"(这家有两个男孩,一个7岁,一个9岁。)"我们时刻都在节衣缩食,我曾对孩子们说,圣诞节时如果你们能够吃到一些糖果,就算够幸运的了;他们在最近两三年里除了衣服和生活必需品之外,什么都没有添置。""我们尽可能地省吃俭用,每天吃两顿大豆和马铃薯,两块钱的肉要匀着吃一个星期。我真不知道近期再找不着工作该怎么办。""去年冬天,我们每周都要在杂货店花八九块钱,而现在只花五六块钱,部分原因是因为我们到别的地方去买便宜东西,部分原因是因为我们在节省开支。"

关于闲暇时间:"从1月份开始,我们连一场电影都看不起了。"(10个月了)

失业期间,一些迫不得已的做法也尖锐地反映在某些生产阶级成员的生活用品上:

一位妇女因丈夫失业,刚刚退了一件新买的棉大衣,她说她打算裁减看电影的钱,"但我决不在汽油上省钱,我不吃饭也得开车"。

另一位妇女说:"最后就得不要房子了。我的一位朋友加入了好几个俱乐部,尽管她丈夫已经失业三个月了,她也没退出一个俱乐部。她说,她宁可不要房子,也要俱乐部。"

一位妇女的话代表了许多妇女的心声:"我们除了保险金之外必须放弃一切,只有保险不能放弃。"城里的保险公司的经理承认,失业对保险业影响相对较小。在100个其家庭收入分配的某些项目比较可靠的生产阶级家庭中,除7家以外,都承认每年有2.25—350

第七章 工作的权威

美元不等的钱用在人身保险上。[22]

然而,从中镇总体来看,失业实际上并没有成为一个"问题"存在。这主要是因为私人赞助的慈善事业的作用。在特别糟糕的1921—1922年冬季,慈善机构已经不能满足失业者的需要了,这时,市民们额外捐献了40 000美元,以救济金的形式发放下去。可是,这年冬天的2月,当城里的日子最难熬的时候,市政府却通过决议不再支持工作十分出色的自由就业办事处了,这个办事处是靠税收资助的,始于战争期间,在过去两年半中一直运行着。[23]

由新式交通工具以及周期性的就业、失业和再就业浪潮所造成的流动性,限制了同一工厂的工人全都居住在工厂附近的趋势。在1890年,中镇人全都步行上班,工人一般都愿住在工厂附近,每当城郊开办一家工厂,都会在附近形成一个磁引力式的新居民区。[24]现在,人们骑车,坐15分钟一趟的有轨电车,坐定时公共汽车和有

---

[22] 见表六。

[23] 市政府对办事处所需的1 500美元费用的否决使这个办事处停止运行了。商会和贸易理事会都喜欢这个职业介绍所,当地一家主要报纸将它称作"本县城最好的投资之一"。但是,一位与一家主要工厂有关系的市府成员据说对该机构持反对态度,他的话被引用说明这个办事处"对工厂主和工人都没什么帮助,如果某人想在城里工作,他不经过职业介绍所就能找到工作"。办事处停业了,甚至连主任的一部分工资都没付清,尽管州司法部长裁决说,市政厅应该对此事负责。

这件事提供了一个关于中镇大多数群体事业的处理方法,以及这个群体对少数当权者所表现出的相对软弱和沉默的例证。中镇的两份日报中较弱的一份曾徒劳地要求"某些曾坚持不懈阻止官方关闭该机构的人"对其潜在动机说些真话。

[24] 例如,1890年,当地报纸报道如下:"西边的玻璃厂开工了,工厂建在西边导致了其周边地区的一个很大的居住需求。"

5条线路的市内公共汽车，或者乘坐约三分之二的家庭拥有的载人汽车[25]来往于市内及市郊各县，因此，居住地点的分散化是很明显的。对当地3家工厂的车间中的全部工人居住地点的调查表明：在总计2 171人中，28%的人住在离工作地点半英里以内的地方；55%在1英里以内；45%远离1英里及以上；20%的男人住在城外3—45英里处[26]，14%的妇女住在3—19英里的地方。这3家工厂中有两家是自天然气开发以来就有的老厂，一家是个现代机械厂，来到中镇有十年多的光景，属于现在城里工业活动中占主导地位的那种工厂。在这家新厂里，只有19%的员工住在离厂半英里以内，43%住在1英里以内，57%住在1英里以外，29%的男工住在离厂3—45英里的地方，女工人数极少。[27]

工人居住的分散化倾向意味着人们的谋生、持家、娱乐、宗教等家庭活动中大体上已不再是相互交融、相互依赖的了。现在，某人的邻居也许在城里另一端工作，而和他一起工作的同事却可能在

---

[25] 参见第十八章关于汽车的拥有和使用的讨论。

[26] 5个人乘一辆车往返于中镇和45英里以外的一个同样规模的城市之间。3英里以上的距离是按"直线距离"计算的，所以估算是有些偏低的。

[27] 见表五，这些统计只代表了夏季劳动力的情况。在机械厂里，大多数雇员只需稍加训练即可，所以冬季劳动力大多是从农民中招募的（关于农业劳动力涌向机械厂的原因，参见维尔福德·I.金：《繁荣期与萧条期的就业时间和就业收入》，第91页）。为了回答当地劳工对这种冬季招收廉价农民工、歧视城市工的做法的抗议，中镇的工厂主们告诉商会他们"把整个县看成一个整体，而不只是个县城"。"景气时期"农民在机械厂找工作的便利，福特车和硬面公路的普及，使部分农民可以往返于工厂和小农场之间，最合适的是小农场位于中镇与其他小工业城市的中间，那里有可供日常生活所需的菜园，又能从两头的城市中找到工作。

参见第九章关于生产阶级家庭住房流动性的资料。

第七章 工作的权威

一二十英里以外的什么地方居住和从事其他感兴趣的活动。

一年到头，不论失业严重与否，从理论上讲，中镇的每个谋生者都处于"成功"的过程中。传统的社会哲学假定每个人都有很大的自由度向上爬，以获得更高的职务、独立性和经济收入。[28]事实上，在中镇6家于1923年上半年[29]里平均雇用了4 240名员工的工厂中，1923年1月1日至1924年10月1日这21个月中，[30]只出现过10次领班空缺。这意味着在1年零9个月中，424人里才有一人有晋升的机会。[31]而在1923年1月1日，被厂里认为已达到晋升资格的人共有531位。在合格的人选中，53人里才有一人在这21个月中有晋升机会。[32]

从一个124个家庭的抽样调查中105位妻子对"您丈夫的工作前途如何？"这个问题的回答，我们可以隐约看出晋升的机会对生

---

[28] 对"一个人不成功完全是他自己的错"这种偏执说法，241名中学男生中，有34%的人回答"对"，16%以上的人回答"不清楚"，49%的人认为它是"错"的，其余1%的人无回答。在315名女生中，45%的人回答"对"，9%的人不清楚，44%的人填了"错"，2%的人无回答。

[29] 按1922年12月31日和1923年6月30日的总工资名单的平均数算，少说也有600名领班和办公人员。

[30] 这6家工厂中的一家宣布有空额仅18个月，从1923年1月1日至1924年6月。

在这18个月里，中镇劳动力市场的情况可从本章前文中提供的7家主要工厂的就业指数中看到。

[31] 这里没有考虑助理领班的工作，因为它的影响似乎不大，而晋升为领班才是实在的提升。

[32] 不只晋升频繁，在这21个月期间，一些领班在工人减少时还要临时降到工人的岗位上去，如夜班缺人时顶班等。

R. R. 鲁茨（R. R. Lutz）发现，一年期间，在克利夫兰钢铁业的618名符合晋升条件的人中，每77人才有1人有机会晋升。参见《钢铁业》(*The Metal Trades*)，克利夫兰：克利夫兰教育调查，1916年，第100页。

产阶级来说意味着什么。在当地失业相当严重的时候，这里的105人中，有10个人的丈夫已经失业了，对于他们说来，"前途"只是对再就业机会的渴望；对于另外22位妻子来说，前途除了意味着她们的"先生"可能被解雇的日期以外，什么都不是，其中2人的前途是"下个周六"别再裁员；对于另外4个人说来，前途主要意味着对退休年限的担忧；对于另外11人来说，"好"前途意味着"他可能会有个稳定的工作"；还有19人对其丈夫的工作及就业机会怀有希望，[33]而其余的39人面对未来，无所期望。在这39人中，有32人现在仍在业，或者并不存在具体的失业忧虑，但他们口气也是非常沮丧的。面对着那些失业的或担心失业的人，对这最后一组人来说，前途并未显示出更保险或有更保障的出路。以下他们对有关问题的回答，反映出了一种可能会深深地决定着他们其他一切活动的人生观：

一位38岁的机械师的妻子说："15年来，他反复地做着同样的事情，希望能得到晋升，可他从未有过机会，所以，我也不指望他会有机会。"

一位26岁的机械师的妻子说："他所在的地方根本没有晋升的机会，干什么都没用。"

一位46岁的机器维修工的妻子说："只要他在那儿工作就不会总没有机会，我也不知道他还能去哪儿。"

一位38岁的工头的妻子说："他在那儿干了9年也没有晋升的

---

[33] 在这里的这些实例中，有一个看来"很有希望"，但这位妻子说："这很难说，现在没有多少晋升的机会，但他一直在阅读行业报纸，研究其行业，以便有机会时能抓住它。"

机会。工作常常累得他精疲力竭,他甚至都想回农场了。到此为止,他还算幸运,没有被解雇,但我们也不能保证不被解雇。"

一位30岁工人的妻子说:"他从未得到过更好的工作,如果他们能让他继续干这份工作,他就算运气了。"

然而,晋升为工头的机会虽是如此稀少,还是比一代人以前多少有所增加。以下提及的各个工厂的经历说明,工头人数的增长超过了工人人数的增长。此外,技术的复杂化使受过大学教育的技术人员成为一支介于工头和雇主之间的力量,这就阻碍了工人的提升机会,只有晋升为工头的机会比以前多了。

新技术的发展,如汽车业和电力用途的发展,为某些工人打开了新的机会大门,可使他们成为汽车修理厂、加油站或电器商店的主人。然而,现代工厂的规模与复杂性的增加,以及工厂的现代机器装备费用的飞涨,使得开办一家自己的小工厂的过程比以一代人以前更加困难了。

一般来说,经营阶级下层可借助帮会、俱乐部、教会及其他社会关系而获得较多的贷款途径,因此他们比生产阶级更容易通过开办小工厂、零售店或自己的企业来创造新的机遇。关于经营阶级成员中晋升机会的问题,我们没有进行直接的研究,因为,就当地的民情来看,一个人不能像对生产阶级那样对经营阶级成员及其妻子谈起他们的晋升问题。通过一年半以来与中镇的小店主、职员及经营阶级中更显赫的成员的频繁接触,我们得到一种突出的印象,即从心理上讲,经营阶级的成员趋于生活在一种不断上坡的道路上,而不是在水平面上扩展延伸;对生产阶级的妻子和一些丈夫进行的有关丈夫晋升机会的调查所补充的对比资料也给我们留下了同样深刻的印象，即在心理上，生产阶级对生活的期望多少更为平淡。经营阶级子弟涌向大学，生产阶级子弟涌向大学和中学，这是一股新潮流，它通过向青年男女提供各种受教育的捷径使其社会垂直流动的机会增加了。但是一旦进入某种职业，明确的晋升机会对产业工人则似乎是较为有限的。

工伤是两大群体谋生方式中的另一大区别。实际上，这类事故在经营阶级中是闻所未闻的。1923年上半年，[34]仅6个月的时间，在构成全城工业人口的36家工厂的7 900名男女从业人员中，发生了824起足以造成时间损失的严重事故。以此推论，中镇的受雇工人每年每5人中就会有1人因严重事故不得不停止工作。这些受伤工人中的57%歇班8天以下，13%歇班8天至2周，1%歇班2至3周，其余29%歇班3周以上。在这6个月的824起事故中受伤的人里面，有3人死亡，1人在我们统计这些数字时已濒于死亡，2人瞎了一只眼睛，3人已经永久性部分失明，3人断了一只手，6人伤了手，8人断了手指，16人伤了手指等。

我们只能设想事故会趋于减少。从实际的观察来看，在以9月30日为截止日期的1920年，全州发生的42 994个事故中，只有922人截肢，而像下面这些在1890年的中镇报纸上记载的数不尽的事故则说明情况绝非如此：在一家有200名工人的大工厂中，同一天

---

[34] 1922年12月31日和1923年6月30日的分别为7 743人和9 655人的工资名单被平均后为8 699人，但因为没有关于办公人员出事故的记录，故应从平均工资单中去掉估计为799人的办公人员，于是就有了7 900这个数。上述36家工厂不包含某些资料不全的非常小的工厂，以及像建筑业、少数铁路机械及其他不在工厂里工作的工人等工人群体。这些事故记录是直接从《州工人赔偿法》的执行机构州工业局的文件卡中得来的。

第七章 工作的权威

里就有3个人分别在3次事故中受伤,一个人断了一只手,一个人被砸烂了脚,另一个人断了一个手指。报纸在提到后者时说:"另一个人被机器夹断了一个手指,而在过去约一个月的时间里,至少有5个人差点儿被夹住。"1890年,一个200人的工厂的主管在回答是否因为工作条件而造成了事故多发时,解释道:

"我得说是的!我们总是让工人马不停蹄地干活,直到把他们从工厂送进医院。"

"这是否有点儿夸张了?"

"是有点儿夸张,但我们通常确实是让工人几乎天天工作,没有休息。"

现在,每个工厂里都配备了急救箱,这无疑减少了感染。㉟由于搬运重物工作的减少,疝气病已不多见了。厂房建筑得更加合理,通风透光,像一位玻璃工在1890年所描述的那种引起肺病和风湿病的恶劣工作条件已极为少见了:"冬天,在四面透风的车间里,我们干得汗流浃背,朝着炉子一边的身体热得要命,而背对炉子的一边则冷得要命。"在另一方面,机器迅速发展又带来了新的健康问题:由噪音和速度引起的神经紧张和由于操作中的单调动作减少了身体主要部位的运动,因过度使用少数肌肉而引起的局部疼痛。两位大玻璃厂包装车间的领班承认:"自从起用包装生产线后,有几位女工患了精神衰弱症。"其中一位补充说:"这条生产线对工厂也许

㉟ 一家工厂有一个护理医生;另一家有一个卫校毕业生,但不是医生;另两家有实习护士;还有一家有个护士长,但没有护士。许多工厂依靠当地的"出诊护士协会"上门服务,公司按服务次数付款。这些都是1890年后出现的新事物。

是好的，但对那些姑娘来说绝对不好。"

在1897年以前，当州政府任命第一届工厂视察员时，工伤的后果还是全部由工人自负的，其依据是"公认的风险""粗心大意的结果"等不成文的法律原则和"雇员"的规矩。到1915年，由于越来越多的群体对此问题的关注，终于通过了一个州工人补偿法，根据该法，由工厂，实际上最终还是由一般公众，分担工伤的负担。㊱

工伤的危害的社会化进程只是中镇工业运转向非个人化过渡的大趋势的一个方面。在目前公司所有制的形式下，中镇最大的7家工厂中，有3家的董事长居住在外州，这3家工厂中，两家的某些经理们甚至从未到过中镇。由于工厂与其实际控制者的分离，再加上经营单位的规模与复杂化程度的提高及受过技术训练的人员的引入，总的看来，中镇工厂的"基层"与其"办公室"之间的距离比一代人以前拉大了。一家60人的工厂，1890年只有一位厂长、一位秘书兼总工程师、一位管理员，没有领班；如今，工厂人数增加将近3倍，但管理人员却包括一位厂长、一位副厂长（两人都不大管实事）、一位会计、一位总经理、一位秘书兼总工程师、一位管理员、一位助理管理员、三位领班。另一家工厂在1890年有200人，只有一位厂长、一位副厂长兼总经理、一位秘书兼会计、两位领班；现在员工人数增加了6倍，管理人员包括一位厂长、一位副厂长兼

㊱ 一个"社会问题"的许多冲突因素都反映在当地两个事件中：一、第五章中所说的伤亡保险的实行，导致一家大工厂60年代的一项"解雇"全部雇员的决定；二、城里6家最大的公司中，或许是在照顾老工人方面做得最多的那家公司，却被州产业理事会认为是"声誉不好"。据州产业理事会说，到1925年，这家由热心公益事业的公民拥有和运行的公司，未经理事会许可，就私自处理事故已达3年半之久。

总经理、一位会计、一位助理秘书、一位助理会计（不怎么管事）、一位查账员、两位管理员，外加三十位领班。第三家工厂是1890年新建的机械厂，厂主不在本地，该厂有800名工人，领导人包括一位厂长（住在外地）、一位常务副厂长兼总工程师、一位第二副厂长（不大管事）、一位秘书、一位审计员、一位工厂经理、一位总管、三位部门管理员，外加二十五位领班。

不止一位工厂主说过，他们现在对手下人及其问题的了解大不如前了。在人们的印象中，在35年前，经理同工人之间的联系比较紧密。我们在1890年的一份报纸上读到了这样一件事：工厂停工，厂长和176名工人一起参加了一位工人的葬礼。另一件事是一位经理因工作使工人没能去赶集，他特意从集上买了100磅奶糖分给他们。还有一位老式的业主，当他几年前把厂子卖给别人时，要求买主留用所有的工人，在没了解清楚他们每个人的价值之前，不得将任何人解雇。据说卖掉工厂后，他还给每位领班500美元，另在当地医院为厂里的老工人及家属捐赠了一间病房。

少数中镇的工业企业试图通过组织工长委员会和举办包括州立大学的工程和冶金学进修课程在内的短期培训小组等办法，在工厂和办公室之间架起一座桥梁。一家工厂有一个安全委员会，另一家有一个名义上的"领班理事会"，其首脑是由厂主指定的。在被问及其"工长委员会"时，一位具有代表性的业主的话体现了这些组织的特点："我希望它不是那种集体讲价钱或类似的组织。我们一起经营这个工厂，不想出差错。所以不能忍受任何车间理事会，或类似的组织。"据权威部门报道，这家工厂"通过让保险公司与领班们坐到一起讨论工厂的安全措施，排除了这方面的所有障碍"。有4家工厂的人事福利经理偶尔过问一下工人的问题。而在效益颇高的工厂中,这种人事调整工作则反映在其人事经理的强调性的陈述中:"如果一个人被领班辞了,那他只能被辞。一个人在一个部门中做了某事,他会在别的部门中重犯的。"

这些各具特色的方法,再加上至少有3家工厂采取的一揽子员工人身保险措施,以及州工人补偿法的通过和州工厂监察员的任命,体现了一种限制生产阶级和经营阶级之间在谋生成就上所存在的悬殊差距的倾向。但是,就在这些新方法试图解决谋生方面存在的"社会问题"的同时,由于急速的文化变迁,工作的持续性又以一些新的问题影响着工人们以及经营阶级成员们的生活。

第八章 他们为何如此勤奋工作

一个人从中镇的办公室、商店和工厂中走出来，会迷惑不解地问：为什么每个健壮的男人和许多女人要日复一日地将自己的青春年华长时间地投入这种热火朝天而表面上同人类许多最强有力的欲望是那么格格不入的活动呢？这种精力的耗费对于获得衣食住及其他生存必需品是必不可少的吗？如果不是，那么有什么高于生活必需品的东西能使中镇摆脱现在这种工作呢？

对于中镇挣钱谋生的许多人来说，从自己专项工作的实际成就中得到的满足感似乎是微乎其微的。在经营阶级里，谋生中逐渐出人头地以及在一些年轻同事中的声望似乎可以带来一时的满足。成功的工厂主如今甚至有取代三四十年前法官、牧师和"教授"们的声望与权威的势头，但是对于生产阶级来说，从日常实际工作中获取的满足感在下降，能工巧匠在同行中的声望似乎也在下降。

机器生产所要求的是速度和耐力，而不是训练和技巧，这一点逐渐摧毁了师徒形式的手工业体系。这一体系一度是90年代中镇生活中的主要特征，现在已成为历史遗迹了。① 机械师傅在1890年

---

① 据1920年人口普查，中镇机械制造业的工人中只有不到1%的人是学徒工。1891年，在中镇木材、玻璃和冶金钢铁工业中的429名工人里，51%的人是学徒工或学过徒的人。如把这组人中的劳工除外，余下的342人中有64%（转下页）

74 是工人中的贵族,正如一位工人所说,他们是"上帝最高贵的造物者之一"。然而,即使在18世纪90年代,机器就已经开始在削弱老师傅技术的垄断地位了,他已经感觉到脚下的地面开始动摇了。联邦统计机构曾记录了来自全国各地的汹涌澎湃的抗议。② 如今,在9 000名制造业和机械工业工人中,4年学徒制所保留下来的只有分散在建筑业和铸造业中的60—80名学徒了。③ 据中镇的一位熟练工人说:"正是'高速钢'、专业化和福特汽车打破了机械师的联盟。过去你必须懂得怎样使用老的碳素钢,才能使它避免过热和损坏边角,而'高速钢'是新'合金',它不吸热,而且比碳素钢硬。你可以从农场随便找个孩子来,三天之内他就能把机器使得跟我一样好,可我干这个已经27年了。"

随着学徒制的消失,熟练工和非熟练工之间的界限也变得如此模糊,以至于在有些工厂,这个界限已不复存在。中镇一家主要

(接上页)的人是学徒工或学过徒的人。如把冶金钢铁和玻璃工厂的人分别抽出来的话,则比例高达79%和70%。当然,使用这些数据时一定要小心谨慎,因为它并没有提及这429名被调查对象是怎么抽出来的。[《州统计署第四个双年度报告》(Fourth Biennial Report of [the State] Department of Statistics),1891—1892年,第57, 130, 317页]

参见第五章,关于年轻工人取代老手艺师傅的趋势的讨论。

② "在铸造业中找工作一年比一年难了。""大企业中全都采用了机器和专业人员,我想20年后一个技工就会成为一个珍奇的人了。""那些被封为熟练机械工的人连个手推车都不会做,……每个人只能一遍遍重复做同一件事情,所以,他只是操纵一台机器,每天工资为1美元或是2美元。"(《州统计署第四个双年度报告》,1891—1892年,第26—41页)

③ 在中镇一家主要的汽车配件厂的人事部门列出的2 000名以上的"正式"员工中,仅有4名学徒工(全都在工具间)。另一家工厂列出的1 000名职工中,仅有2名学徒工。

机械厂的领班说:"我们厂800人中有75%可以从农场或中学直接招聘,再培训一个星期就行了。"在第六章曾提到其演变过程的那家玻璃厂的全体操作工当中,除去领班,有84%的工具操作人员只需一个月以下的培训,4%的人不超过6个月,6%的人不超过1年,剩下的6%的人不超过3年。④铸造工受机械化生产的影响虽不像机械工人那么大,但是也很可观。在中镇的主要铸造厂,90年代初有47%的工人(包括领班)受过3—6年的培训,现在受过这么长时间培训的人已经减半(24%),60%的铸造工作是由一群新手用机器完成的,他们只需受两个星期左右的培训。

"你认为一个操纵一台复杂机器的人会为他的工作感到骄傲吗?他会有一种成为机器的主人的感觉吗?"某大机械厂一位人事负责人这样发问。"不会的,"他自问自答道,"有个工人在这儿干刨光齿轮内径的活有15年了,别的什么都不干。这倒真是个高度技术性的工作,需要6个月才能学会。但是这工作太单调了!这人刚刚去世,还有好多人像他一样,我真不知道该为他们做些什么。"我们问:"你认为工厂里大多数人干活究竟是为什么?为了买辆汽车?买所房子?还是就为了糊口?"他答道:"他们就是干活而已。不知为什么。他们就是循着老路走,每天干着同样单调的事情,然后就是担心什么时候遇上不景气被解雇掉。"

当我们问中镇一位年轻机灵的现任模工:"您的脑子有多少时间用在工作上?"他说:"当我的铸件出现新问题的时候,我才想它,

---

④ 三年组的人中有近半数是木匠和管工等,他们大部分不是工厂工人,而是极有组织的建筑业中的工人。

可一旦找到诀窍后,我就只有不到25%的注意力放在工作上。"

从这种人们的工作年限和技巧、在厂里的权威、在同一阶层人中的社会声望等相互结合在一起的体制向大体上除了速度、习惯性反应和将自己埋没在有数的几种简便易学的动作中的能力之外工作对人个性一无所求的体制的转变,使许多过去曾与工作连在一起的满足感丧失殆尽。可以说,现在中镇的工厂中全都是一些"只把不到25%的心思用在工作上"的人。而且,这种现代的开机器的活计,在一天的劳作之后,不会得到任何完整实在的成果,使工人能指着它说:"这是我做出来的,那是我自己的手艺和我个人努力的成果。"

经营阶级可以通过在扶轮社和其他民间俱乐部、商会、商业和职业妇女俱乐部及其他职业俱乐部中的成员资格这一新手段,不断获得某些无形的收益。⑤ 但生产阶级不仅没有这类新组织来褒赏他们的工作,就连一度强大的工会组织也或消失,或变得微不足道。

在90年代初期,中镇曾是"全美组织得最好的城市之一"。⑥ 1897年,全美劳联的30个当地分会总共吸收了3 766名新成员,同时,该城还与底特律及其他城市竞争过劳工大会举办城市的资格。1899年,全国第一个妇女组织"妇女工会商标联合会"在中镇宣告成立。当时,劳工组织成为中镇上千工人阶级家庭生活各个方面的最为活跃的组织核心,它的活动涉及工人的谋生手段、教育、娱乐,甚至在某些情况下涉及他们的宗教生活。在谋生活动方面,工会

---

⑤ 有关这些群体的论述,见第十九章。
⑥ 摘自1924年9月27日美国和加拿大玻璃瓶吹制工人协会秘书的一封信。一位1893年来到中镇的该会的执委会成员说:"这座城市仅次于纽约的罗切斯特,是全国组织得最好的城市。"

对周工资法、工资级别标准化、工厂视察、安全设施和其他改善工人处境的事情，以及救死扶伤等造成了实实在在的影响。它还曾在歌剧院举行群众集会，为其他城市的罢工工人募集捐款。在专门为工人开办的图书馆和阅览室里，⑦拥有专职图书管理员，图书种类丰富，读者络绎不绝。虽然当时很少有人注意到劳工运动中的宗教因素，但中镇一位老人却满怀激情地谈到"劳工骑士团"的往事，称它为"拥有美好仪式的伟大组织"。一位90年代的钢铁及玻璃工会的会员则着重谈到那时的工会仪式，特别是接收新会员仪式的隆重场面，它同现在单调乏味的会议形成了鲜明的对照。作为闲暇活动的中心，工会在大量工人的生活中被置于重要社会要素的位置。在整个90年代的中镇报纸上，经常出现这样的内容：

一则关于冶金和钢铁工人联合会米德兰第20分会在舍克剧院举办的歌舞音乐会的报道，将这个歌舞音乐会描述为"（中镇）或天然气开发区同类晚会中最大的一个……共有1 200—1 500人出席"。

一则关于油漆和装饰工人工会的领导就职典礼及宴会报道说，包括夫人和孩子，共有200人出席，会上"表演了一场优雅的文艺节目"，警察局长是座上嘉宾，中镇行业理事会现任主席和秘书长致辞，几乎全部警察都出席了典礼，大厅里悬挂着美国国旗，人们放声歌唱，新发明的留声机里传出音乐，典礼结束后，开始跳舞。

"昨天（星期天）下午，雪茄工人'蓝带'第9分会和理发师第9分会举行了一场热火朝天的比赛。"

---

⑦ 参见第十七章。

"昨天（星期天）下午，面包工人在赫梅尔会堂举行8月招待会，主席维克准备了饮料和午餐，我们开了会，任命了新领导人，共度了一个美好的时光。"

在90年代，劳动节是一个重大的节日。可是现在已经没人会注意到它了。⑧

到90年代末期，报刊上诸如"机器的使用挫败罢工行动"的简短报道，标志着劳工组织在中镇开始走下坡路。据一个全国性工会组织的秘书说："现在中镇有组织的劳工运动的规模比起1890年时，连百分之一都不到。"⑨ 市民俱乐部曾把中镇自誉为"自由雇佣城"。

在这个电影与汽车的时代，工会的社会功能丧失殆尽，人们只偶尔去劳动剧场跳跳舞。为了使人们前来出席会议，就连强大的铸造工会都不得不采用一两个月才开一次会，不到会者罚款一元的办法。工人图书馆已不复存在，也不举办教育活动了。多重分会会员资

---

⑧ 1891年，全城人都参加了劳动节庆祝活动：凌晨4点以44响礼炮开始，一天排得满满的日程有奏乐、游行、油漆旗杆赛、街道自行车赛、吃饼大赛、宣读《独立宣言》、两场演说、耍猪比赛、垒球赛、全天跳舞，最后是集市上的焰火。可现在游行完全被禁止了。1923年，有人还努力以免费提供冰激凌来吸引群众听讲演，而到1924年，甚至连这些活动的打算都没有了。

⑨ 引自1924年9月27日美国和加拿大玻璃瓶吹制工人协会秘书的一封信。这至少在数字上是夸张的，尽管它也许反映了社区里有组织的群体在这两个时期的力量。1893年，中镇有981个工会会员，而1924年有815个会员，可城市却扩大了两三倍。现有会员中，还有一些老工人，他们保留会员资格是出于保险利益的原因。建筑业、印刷工人、油漆工、铸造工人仍旧很有组织，尽管建筑业正意识到来自周边小城市的非会员工人的竞争，那些人每天都开着福特车到本城来。正如我们前文提到的，在一家主要铸造厂中，已有60%的翻砂工作是由受过两周训练的非会员工人完成的。

格、⑩个别工厂的"福利互助会"、参加专门提供工人伤亡赔偿的人寿保险这种做法的普及,以及至少在3家工厂中已经开始实行的为全体工人购买集体人寿保险等做法,正在缓慢地取代由行业工会所行使的保险功能。在被调查的100户其收入分布的数据比较可靠的生产阶级家庭中,只有11人为工会出过资,钱数从18—60美元不等。

同样,公众舆论也不再站在有组织的劳工一边了。早些时候,一位杰出的中镇律师兼学校校长在劳工骑士团的一次公开会议上致辞后,当地报纸曾盛赞它是个"高潮迭起成功的会议"。当塞缪尔·冈珀斯(Samuel Gompers)1897年来到中镇时,他先到剧院向拥挤的人群讲话以后,然后才去拜访市长。过去,报纸每天都有几则新闻,热烈地讨论更严格地落实周工资法的问题,或者为工人大会征集"极具才华和情趣的讲演"。报纸还用头版整版的篇幅报道了于1890年在巴尔的摩召开的玻璃工人大会的活动议程。那时,像这样的报道是很普遍的:"在过去几个月里,本城又成立了几个行业组织和工会……并取得了良好的结果。"据中镇一家主要报纸报道,1890年,在农民与劳工骑士团的一次大型野餐会上,"尽管下着雨,仍旧人山人海",发言者"有力地斥责了托拉斯、标准石油公司等"。城里最大的一家男服公司为一个工会提供了价值100美元的丝绸面

---

⑩ 疾病、死亡和老年福利在很大程度上是现代生产阶级工会会员资格唯一的好处。麋鹿之心(Mooseheart)和麋鹿港(Moosehaven)是由国家麋鹿骑士团保留下来的两所儿童和老人之"家"。它们在中镇很流行,但它所提供的便利只有少数老而富有的工会才能享受,当地绝大部分工人是得不到的。

参见第十九章有关地方分会的讨论。

料的游行旗帜。⑪ 现在，中镇的报纸很少说工会的好话。⑫ 讲坛上都避免涉及这个话题，尤其是在经营阶级教会中，而一旦谈起它时，人们又聪明地使用一些谨慎含混的措辞。⑬ 一位镇领导人的话很能代表经营阶级的普遍观点，他说："现在工人不需要工会了。50年前的那些罪恶或问题现在已不存在。我们给工人造成的最大危险不再是苛待他们，而是惯坏他们。工人们的处境蛮不错的，工业本身决定他们应得到的东西，他们都已得到，不想要都不行。"

从以前的手艺和团体团结中获得的心理满意感的降低，加上前几章所谈到的各种考虑，强化了我们在与生产阶级家庭的交谈中所获得的这样一种感觉，即对于这一代工人中的大部分人说来，"在

---

⑪ 不能由此推论工人们就可以完全为所欲为了。罢工和停工是经常发生的，抵制也被大量有效地用在反对销售非工会产商品的本地商人的斗争中。一个老商人在他的日记中抱怨道："绝大多数人是被迫的，言不由衷，卑躬屈节地表示赞同。"但明确的一点是工人是有力量和阶级觉悟的，同时，作为在这个声势浩大的工会运动的成员，工人显然从许多有生气的活动中获得了新的境界。

⑫ 当地两家日报中的一家就最近的一次工会活动发表评论说，"对那些用双手劳动的人来说，这是件好事"，但它继而又诋毁当地工会的所有活动"都有当地人参加"，它们试图"把人们拖入自己国际国内的活动中去，而对当地的问题却一无所知"。

⑬ 参见下面这篇由牧师本人寄给报纸的文章，它总结了1924年全国"劳工星期天"在中镇最大的教堂里的一次布道："(传教士)的布道基于主祷文中请求主赐予我们每日食物那一部分，他指出，当人们重复这句话的时候，并不单是请求主给自己每日的食物，而用意更为广泛，用'我们'和'我们的'泛指全人类。"

"谈到工人与雇主时，传教士简要讲了一下美国劳工的状况，他声称'我们（中镇）不存在这些问题'，意思是说这里没有严重的劳工问题。劳工中的兄弟情谊对工人很有好处，也为他们带来了一些权利，但是，在某些时候，特别是当涉及公共福利的时候，他们往往走得太远了。"

工业领域没有人能出人头地",但他们受过较好教育的孩子们倒是有可能做到。当我们考虑市民生活的其他方面时,重要的是不应忘记这一事实,即在数量上占绝大多数的生产阶级成员正是生活在这样一个无论现在还是将来,永远不会像经营阶级的成员那样主宰自己的工作或将个人能力进一步释放出来的世界之中。

由于在生活这一方面受挫,许多工人试图到其他方面寻找补偿。中镇行业委员会主席是一个年仅30岁的机敏且精力充沛的铸工,一直是当地工会运动中最活跃的人物。现在,他已经脱离了生产阶级,成为占据统治地位的政治机器中的一个年轻领导人。那些仍留在生产阶级之中的人们也通过别的补偿方式找到了发泄精力的途径,虽然不再是在沙龙中,而是通过诸如迷上收音机,或去开旧车兜风等。当然,职业培训对部分生产阶级成员的巨大压力,也是实现他们摆脱苦海的愿望的一条出路。[14]

对于生产阶级和经营阶级来说,在谋生活动中都没有比赚钱更重要的东西了。正是工作的这种未来性和工具性,而不是它所包含的内在满足感,更多地驱使中镇人努力地工作,以致他们的日常活动也越来越多地被带有金钱标记的指挥棒所左右。[15]在经营阶级群体中,一个人的朋友圈子、他开什么牌子的汽车、打不打高尔夫球、加入哪个俱乐部、属于哪个教会、他们的政治原则、他妻子的社会

---

[14] 有关子女教育对生产阶级家长的重要性,参见第十三章。

[15] 参见梅纳德·凯恩斯(Maynard Keynes)关于我们这个时代的"习惯性追求"的讨论:"经济动机占据全部活动的十分之九,……普遍把追求经济保障当作奋斗的主要目标,……社会赞同把金钱作为衡量奋斗成果的标准,以及社会对储蓄本能的倡导,把它当作为家庭和未来做必要准备的基础。"[《新共和》(New Republic),1925年11月11日]

地位等，这一系列问题对其主要谋生活动的影响多少都比过去更加显而易见了。相反，人在这些活动中的身份地位又受到其经济状况的极大影响。随着在这一群体[16]的正常社会联系中邻居的影响的下降，纯经济地位因素同人的社会地位之间的联系变得越发紧密了。在同调查员谈到这一几乎已成为当地普遍现象的问题时，一位重要人物一言以蔽之：人们只是通过一个人居住的街区、职业、开什么牌子的汽车，及其他类似的外在标志来评价一个新来者的。"这是极为正常的，你知道，他们只认钱，不认人。"

金钱的统治地位在生产阶级的青年一代当中滋长了一种不问将来、只图眼前赚"大钱"的倾向。领班们抱怨，如今中镇那些刚进厂的青年工人越来越不愿意调换工种，以便使自己成为一个全面的技术能手，而只愿守着同一台机器，把产量提上去，使自己能尽快得到最高工资额。[17]

大型广告、大众化杂志、电影、收音机及其他外来的促进文化传播的渠道的兴起，迅速地改变着人们对生活必需品的习惯想法，

---

[16] 参见第十九章，这是经营者和生产阶级男女们共同的与朋友们交往的场所。

[17] 据一位经验丰富的铸工领班说："在90年代，青年工人是按领班的要求训练的。一开始在铸造业中学徒，他就有幸挣到3—4美元一星期，第一年学徒期满时，可能挣到1—1.25美元一天；第二年学徒期满时也许达到1.5—2美元一天；第三年为2.25美元；而在第四年底则挣到2.75美元一天；与此同时，领班还不断地让他变换工作，直到成为一个铸工并以计件工资为基础的时候，他懂得自己的工作不论从哪个角度来说都是能挣大钱的。现在的问题是，一个只有一年工龄的机械铸工就能干与一个有15年或20年工龄的人一样多的活。他的眼睛盯着每周40—50美元的工资，并要求领班把自己升为主任铸工，这样他就能挣到铸造业中的高工资了。"

使消费的选择范围成倍增加了。[18]一夜之间就使欲望变成脱缰野马的分期付款购物法,以及为与家庭传统决裂创造了条件的受高等教育子女数的大量增加又推波助澜,把它变为一种新的生活水平。1890年,就生活水平而言,中镇的生活出现过一段平稳时期,年长的市民们都说,亲戚朋友的来访增多了,人们经常会听到类似这样的议论:"我们的生活条件好极了。"如今,平稳的曲线被削掉了,从自

---

[18] 在主观标准抬头的时候,也许不能过高地估计电影、广告及其他宣传手段的作用。周复一周,在那些电影院里,各阶层人士都怀着一种显然是改革习俗的最有力手段的强烈感情,走进那熟悉的纽约第五大道的会客厅和英语国家的住房,观看不同文化层次的日常活动。大众刊物和全国性广告的兴起,专门采用了对行为具有最强烈刺激的印刷版面。广告取代了中镇一代人以前那些相对温柔、分散、似是而非、简单灵活、口头传播的宣传方式,日益专注于一种旨在造成读者情感上不舒服的形式,指责一个体面的人是不过这种生活的,以此来威胁读者,例如,体面人坐的是豪华汽车,家有两个浴室等。这种广告会使一个速记员在读完《电影杂志》以后尴尬地看看自己的手指,强烈地意识到自己那粗糙的指甲,或想起地毯上的爬虫。它们会使家庭主妇忧虑地凝视着镜子,查看自己衣服上的褶皱是否与广告上"35岁"的X夫人一样,因为自己没有"闲暇时光"牌电动洗衣机。

所有行业都将实力集中投在重建高生活标准的住房上。最近由电器行业各分部举办的全国性中学生家庭照明问题的论文竞赛就是一个例子。奖金除全国性的一套价值15 000美元的住宅和大学奖学金以外,中镇对前30名的得主提供的地方性奖品包括收音机、梳妆台、电熨斗、赛季篮球票等。在这次竞赛中,中镇有1 500名儿童递交论文,讨论如何改进自家的照明条件。而这1 500个家庭很快就意识到自己家里的写字台灯、门灯、钢琴灯的不足之处,以及地板插座的便利。正如当地一份获奖论文所说:"我和我全家学到了很多自己以前不曾知道的东西,我们打算改进自己家的照明设备。"

"时装表演"是中镇的一种新颖有效的广告形式,它无疑影响着本地的生活标准。在两个这种表演成功的晚上,包括10分钱杂货店的店员、面露倦容的带孩子的母亲、丈夫和妻子在内的一千多人,在令人惬意的爵士乐中,观看了涂脂抹粉的店员们轻柔地漫步于舞台的两端,展示最新式的帽子、皮衣、服装、皮鞋、阳伞、皮包及其他商品。

下而上的各阶层人士有望获得的物质需求的角度看，每个人的生活都在走下坡路。

这种处处都得花钱的新的生活必需品的普遍使用，从下列一些新的用具和服务中看得出来，这在90年代的中镇尚不为人知或鲜为人知，而在今天却已普遍了。

在家庭生活方面有：电烤箱，热水和冷水器，现代卫生设备，如烤面包器、洗衣机、电话、电冰箱等各类家用电器，长年不断供应的新鲜蔬菜水果，更加多样化的服装、丝袜和内衣，商业化的服装烫洗服务，[19]商业化的洗衣服务或在家里使用昂贵的电器设备洗衣，[20]化妆美容服务，修指甲服务及商业化理发服务。

在消闲方面有：电影（比以前偶尔"放电影"时的观众多得多了）、汽车、摄影、收音机、更精致的儿童玩具、更多的适合于更多家庭成员的俱乐部、基督教男女青年会、更多的正式舞会和宴会、包括一系列由中学俱乐部[21]"严格指定的活动"、抽香烟及价格昂贵的雪茄。

在教育方面：（伴随子女抚养期延长）的中学和大学，以及许多

---

[19] 中镇指南中说，在1889年，这里没有干洗店，只有一座染坊。现在，城市扩大了近四倍，有12家干洗店和4家染坊。据说，熨裤子的习惯是在1895年才"来到"这里的。

[20] 1890年，手工洗衣机价值7.5—10美元，而现代化洗衣机则价值60—200美元。

[21] 跳一场舞已不像90年代那样花半个美元了，但估计俱乐部成员的圣诞节舞会只付4美元。听音乐曾经只是两三块钱的事，如今，一个外来乐队的出场费就高达150—300美元。如果不用家里汽车的话，小伙子就得带女友去坐出租车。舞会以后，人们通常不回家，而是花上一块多钱"吃东西"。在每年一度的联谊宴会上还要互赠价格昂贵的纪念品。

第八章 他们为何如此勤奋工作

新的额外开支,如参加长年的体育校队等等。[22]

在这些与日俱增的生活额外消费面前,显然中镇大多数人都面临着"高生活消费"这一"社会问题",而且似乎只有工作挣的钱再多一点才能解决问题。在这种情况下,中镇人怎能不看重钱呢?地方报纸上有一篇以"你的银行存款是你最好的朋友"为题的编者按,文中这样写道:"《圣经》里有一句最真实不过的话——'钱能解决一切问题',即使钱不能解决一切问题,它至少也能解决50%的问题。而且,要在世界事务中保持我们的有利地位,重要的莫过于我们的金融体制的稳定。"在对当地市民俱乐部的一次讲演中,中镇一位颇有名望的商人对人们以钱的多少来衡量生活满意度的倾向做了一个总结,他说:"除了医生之外,如今是银行家在引导我们的喜怒哀乐。"

金钱对中镇人是如此重要,他们实际上能赚到多少钱呢?在1924年,中镇一个"标准的五口之家"的最低生活费是1 920.87美元。[23]我们没有中镇全部收入分布数字,但知道全城有收入者之中,12%—15%在1923年的收入已达到申报联邦个人所得税所需的界限。[24]1923年,中镇共有16 000至17 000名有收入就业者,包括那些在家庭附近工作的已婚妇女,她们的所得税肯定是与自己的丈夫一起申报的。其中210人的纯收入(即红利、特别税等除外)在5 000

---

[22] 见表六中100个生产阶级家庭的消费分布。
[23] 在美国劳工局预算的基础上,统计了中镇部分的数据。见表七。
[24] 这些所得税的数据之所以容易出错是漏报及其他可能的差错引起的。这里使用的数据只是最粗略的估计。此外,中镇还有不到40%或60%的人为那些实际并未从事谋生活动的人报了税。

美元及以上；999 人在 5 000 美元以下，但已高于免税线（单身者收入 1 000 美元，已婚者 2 500 美元，每个被抚养人 400 美元），达到纳税标准；1 036 名以上的人填写了纳税表，但扣除各项减免款项和免税线款项后，就用不着纳税了。余下的 85%—88% 在城里谋生的人大概是收入在 1 000 美元以下的单身者，或收入 2 000 美元以下的已婚者，以及漏税的人。以下生产阶级收入交互分类表是以对 100 户生产阶级家庭过去 12 个月的收入分布的调查为依据制成的：[25]

	按父亲收入分类的家庭分布	按家庭总收入分类的家庭分布
家庭总数	100	100
收入在最低标准线 1 920.87 美元以下的		
5 口及 5 口人以上的家庭	42	39
3 口及 4 口人的家庭（含 2 个领班家庭）	35	35
收入在最低标准线 1 920.87 美元以上的		
5 口及 5 口人以上的家庭（含 1 个领班家庭）	10	13

---

[25] 见表六，按家庭挣工资人数分类的这 100 个生产阶级家庭的收入分布，及全年部分主要消费项目的分布。

在那些所得税数据所涉及 12 个月中（1923 年 10 月 1 日到 1924 年 10 月 1 日），有 6 个月是中镇的景气时期，另外 6 个月则是当地相对萧条的时期，尽管后者并不是全国范围的不景气。这会使 1924 年平均收入少于诸如 1923 年那样的"最高年份"，虽然一半好一半坏的年份会比完全好或完全坏的年份更能代表中镇现时谋生方面的实际变化。

见附录中关于抽样和 9 个领班家庭出现有联系的家庭选择方法。

5 口以下家庭最低收入标准当少于 1 920.87 美元，因而，某些同这些收入低于最低标准的家庭分到同一组中的处于边缘的 3 口或 4 口之家的收入应该经过更加精确的计算划入收入高于最低标准的组中。

续表

	按父亲收入分类的家庭分布	按家庭总收入分类的家庭分布
3口及4口人的家庭（含6个领班家庭）	13	13

这100户人家中，收入最低的是334.50美元，最高者3 460美元，中位值为1 494.75美元，一分位值和三分位值分别为1 193.63美元和2 006美元。[26]

中镇男女雇员挣钱能力的比较可以从城里一家有代表性的大工厂员工的平均小时工资中看出：在1924年头6个月中，该厂女职工（不包括办公室工作人员和女领班）的平均小时工资为0.31美元；所有男职工（不包括办公室工作人员和领班）的平均小时工资为0.55美元。厂里大多数人每天工作10小时，每周工作52小时，平均每年有52周的收入，如果开工充分，女职工年收入为886.60美元，男职工为1 573美元。在其他3家主要工厂，男工平均小时工资数与上述那家工厂十分接近，分别为0.55美元、0.54美元和0.59美元。一般情况下，非熟练女工1小时挣0.18—0.28美元，少数熟练女工为0.30—0.50美元。[27]非熟练男工1小时挣0.35—0.40美元，熟练男工为0.50—1美元，偶尔也有略高于1美元的。

与1924年中镇工厂中女性雇员的工资大多在10—18美元之间

---

[26] 这100个家庭中，丈夫一人的收入表现为一个从344.50—3 200美元的扩散分布，其中位数为1 303.10美元，第一、第三分位数分别为1 047.50美元和1 856.75美元。

[27] 维尔福德·I.金说，全国女性的工资"大约是男性工资的四分之三"。（见《繁荣期与萧条期的就业时间和就业收入》，第144页）

这一情况相对应的是，主要百货商店的年轻店员的周工资为10美元，而有经验些的店员的平均工资则在8—17美元之间，外加奖金。在"景气时期"，如果效益好的话，一个熟练店员的周工资总额有时会达到30—40美元。

一个以1891年的生活费用为基数所做的详细计算表明，1924年，中镇生活费用指数增加117%。㉘ 对中镇1924年100位家长的平均年收入与1891年439位玻璃、木器、冶金及钢铁工人的有关数据的比较显示，年平均收入前者为1 469.61美元，后者为505.65美元，现在比过去增加了191%。㉙ 如果我们把学校教师的收入作为一个收入趋势指标的话，情况可能会保守些：与生活费用提高了117%相对应的是小学教师的最低工资提高了143%，最高工资提高了159%；中学教师的最低工资提高了134%，最高工资提高了250%；1924年，小学教师工资的中值为1 331.25美元，第一、三分位数分别为983.66美元和1 368美元。中学教师工资的中位数为1 575美元，第一、三分位数分别为1 449.43美元和1 705.50美元。部分其他行业中，个人收入的实际增长可从以下情况看出：银行职员的月工资由1890年的50—65美元增长到了1924年的166.67美元。一家重要的男服装店男店员的平均工资从1890年的每周12美元增加到现在的每周35

㉘ 见表八关于主要项目的增加和计算这些指标的方法。

㉙ 1891年的收入数据源于《州统计署第四个双年度报告》里中镇所在州的统计，日期为1891—1892年，第57、130和317页。这份报告提供的225名中镇成年男玻璃工人的平均收入为519.49美元，69名木工的平均收入为432.32美元，145名冶金钢铁工人的平均收入为519.06美元，全部439人的平均收入为505.65美元。我们当然不能对1891年的数据做太高的估价，因为我们对他们收集资料的方法和资料的准确性都一无所知。

美元。医生正常接生及同等量的治疗费用，在这两个时期，从10美元上升到35美元，而一次出诊费从1美元上升到3美元。

因此，这种将一个人的最佳精力年复一年地耗费在远离自身直接需求的工作上的艰苦奋斗，最终显然转化为比以前更高的购买力，但不论是经营阶级还是生产阶级的成员，看来都在为这种严酷的生活而奔波劳碌，以使得他们所挣的钱能跟上自己增长得更快的主观欲望。中镇的里普·万·温克尔（Rip Van Winkle）如果1885年睡下现在醒来的话，他会为这些变化所震惊，就像法国经济学家塞（Say）在拿破仑战争结束后访问英格兰时那样。每个人都在埋头苦干自己的工作，就好像是害怕一停下就会被后来者踩倒似的。在80年代中期那个安静的小县城，人们生活得更接近土地及其产品。可在不到四十年的时间里，经营阶级和生产阶级、雇主和雇员都被卷入工业这一塑造了整个生活模式的城市文化的新特色之中了。[30] 根据工业的需要，大多数人为反复出现的"萧条时期"现象造成的周期性生计无着而忧虑，机器一停，成百的工人就失业了，商业疲软，银根紧缩，城里许多人会让子女辍学，搬到便宜的地方去住，削减食物开支，以及不去享受无数的自己想要的东西。

生产阶级往往被这一切必然的现象所迷惑。比如，由于当地报纸整天宣传"投库利奇（Coolidge）的票，就是投繁荣和就业机会的票"，他们中许多人就说，要在1924年11月的选举中投库利奇的票。但库利奇竞选获胜后，他们又因为处境并没有多大改进而困

---

[30] R. H. 托尼（R. H. Tawney）说，要把工业提高到"人类利益中绝对崇高的地位"，直到现代社会"就像一个专注于自身消化过程的疑病症患者一样"时为止。

惑,许多人问调查员是否觉得"年初"形势会好一些,而年初过后,他们的问题又变成了"春季生意会复苏吗?"

经营阶级的态度显得较有信心,但更混乱,这点充分反映在那些现已成为扶轮社和商会喉舌的报纸社论版中。一家主要报纸在一年的时间里就为当地繁荣开出了以下处方:"公民的首要职责就是生产",继而又说:"美国公民对于他的国家来说重要的不再是公民身份,而是个消费者。消费是一个新的需要""购买是生意兴隆之路。"在号召公民们"消费"的同时,该报又说:"晚存钱也比不存钱好,如果你还没在城里某些银行、信用社,或房地产和信贷中心开一个每周存款户头的话,现在是开的时候了。"还是在同一年里,当地人民又被告知:"由自然原因造成的繁荣才是唯一真正的繁荣,如好收成、对建筑材料的需求……对交通运输需求的增加等",同时"……价格上涨是由于那些一直在决定着价格的自然原因引起的……就像所有财富都来源于土地一样,繁荣也来源于土地,这不过是生意来源于土地的另一种说法而已"。但人们随后又被告知,"自然原因"显然不是主要的本质原因:"对国家福利贡献最大的是渴望精神……""今年将是个好年份,因为人们相信会是个好年份,这就相当于测定它会是……"此外,还有另一个确保"景气"出现的办法,即"最繁荣的城市是公民紧密团结的城市……对家乡的忠诚……是最实惠的……我们必须牢记那种到城外做买卖的做法,既损害了当事人自身,又损害了他本城的朋友们。在本城买东西,从长远看是把钱花在自己身上,而到外地去买东西则是在为他人作嫁衣裳"。"花到外边的钱是收不回来的。"了解这一切后,人们便会开始感到经营者们是否也有点混乱了。

第八章 他们为何如此勤奋工作

虽然经营者和生产者都不喜欢周期性的"不景气",这两大群体的成员都竭诚拥护现代工业体系。经营阶级拥护那些强烈追求"正常状态"和"更多的经营者参政而较少的政府干预"。同时,一位工人领袖、工会主席在1924年政治运动中的讲话也表明生产阶级对"自由竞争"原则有着同样的热情:"经济问题是个重要的问题,我们可以在这点上统一起来。我们希望恢复活跃的自由竞争,这样价格就会下降,人们就可以用自己挣的钱为自己和家人买到足够的商品。"当他们下令停工,削减工资,以适应外部竞争,或另一方面,投拉·福勒特(La Follette)的票,以期他"能帮工人做些事情"时,这两大群体都会按照自己理解的游戏规则认真琢磨着采取适当的举措,但看来双方都被束缚在迅速垄断的生产这个现代游戏之中。迷惑不解的旁观者也许会担心他们双方是否意识到自己的每一个特定的举措与整个谋生活动的关系。[31]但他会从调查研究过程中出现在中镇的一个周期性循环的现象中得到启示:一位母亲俯身问两个全神贯注在地上玩扑克的孩子道:"孩子们,你们在玩什么?"

"在玩扑克。"孩子们一边打牌,一边嘟囔道。

在这种人们一知半解但却醉心于谋生活动之中,中镇生活的其他方面也在进行着。

---

[31] 参见瓦尔顿·汉密尔顿(Walton Hamilton):《烟煤筐》(*The Cast of Bituminous Coal*),经济研究所丛书,《工业与劳工调查》(*Investigations in Industry and Labor*),纽约:麦克米伦出版公司,1925年,第251—252页。

第二部分

建立家庭

第九章　中镇人的住房

中镇挣钱养家的那43%的人们按部就班地将其生活分布在两个场所：白天的最佳精力，一周中的五天半，消磨在工业和商业事务之中；其他的活动传统上以家为中心，同家人一起吃饭睡觉。在这些家庭中，23%的人操持家务，4%是老弱病残，11%是婴幼儿，最后仅有19%的人在接受必要的学校教育，进行各自的活动。除人们挣钱谋生的地点之外，家庭就成了最明显的社区生活场所。

中镇的38 000人生活在9 200个家庭中[①]：其中86%的家庭住的是一家一户的住房，它坐落在一小块独立的土地上，这块地从它日益显著地不断缩小的角度看，可被称为"院子"；10%的家庭两家合住一座房子，这种居住方式因房价上涨而在1890年以后成了一种较为普遍的方式；1%住在公寓里[②]；3%住在商店楼上的房间里，

[①] 关于这一人口评估的基础，见附录中的"研究方法"部分。

中镇邮局1924年8月做出的官方户籍统计数为9 240，而城市规划委员会1923年5月挨家逐户的统计结果为9 163（其中包括与本调查有联系的对住在城区公寓和商店楼上的户数的统计）。由印第安纳贝尔电话公司商务部于1922年春开始至1923年春结束的调查显示，在城区范围内有9 159户。

[②] 在1890年丰衣足食的中镇，没有带小院的住房被认为是"随和人家"，当地人的情感仍对有孩子的家庭住公寓表示不满。公寓倾向于供那些无子女的夫妇、老年妇女以及类似的非正规家庭居住。1890年，中镇还没有公寓大楼，现在也不过20栋，但公寓大楼和二层公寓的数量都在不断增长。（转下页）

主要是在"城区"。中镇住宅的一般寿命是35—50年,每更新一代,那些家境较坏的人就搬进家境稍好的人住过的老房子,目前全城的住房大多使用了15—40年[③]。虽然生产阶级家庭一般比经营阶级家庭人口多(接受调查的124个生产阶级家庭平均人口为5.4人;40个经营阶级家庭平均4.7人),但一般说来,经营阶级的家庭住房更宽敞。接受调查的124个生产阶级家庭中只有三分之一住在独门独户的两层住宅中,而那40个经营阶级家庭中有五分之四住这样的房子。[④]

在80年代,一幢临街住房用地一般是62.5英尺宽,125英尺进深,现在的标准房基面积只有40英尺。在1890年,城里每个街区大约可容纳8所房子,而现在,同样大的街区要容纳10、12,甚至14所房子。通常的办法是在一个房基地的后面划出一块地,再面向

(接上页)根据联邦人口普查,1890—1920年,中镇每栋房子(任何有一人或一人以上同居一室的建筑,包括旅馆、二层公寓和公寓大楼)中的人数由4.70人减少到了4.22人。而每栋房子中的住户却由1.05增加到1.10户(1910年的数字与1890年的相同,战后的住房短缺可能是造成1920年数字的原因)。与此同时,户均人口数也从4.46减至3.83人。

③ 既然现在的人口和住房数大约为1887年的6倍,1890年的3.33倍,1900年的近两倍,以及1910年的1.5倍,那么每10年住房的大致比例也就清楚了,尽管还要把火灾、拆建和旧房改造的折扣算进来。

④ 另一个三分之一的生产阶级抽样调查的对象住在狭窄的平房中,还有六分之一的人住的是崭新宽敞的带阳台的平房,最后的六分之一住在两家共用的房子或"公寓"中。而在被调查的40个经营阶级家庭中,有两家住的是崭新、气派的双层住宅;4家住的是气派的、早期石砖结构建筑的两层或三层住房;7家住在简朴的新房里(带阳台的平房和小二楼住宅,一般是10或12年内建的);22家住在建了10或12年以上的简朴住房里(看上去很舒适,除一家外,都是二层楼);2家住在公寓里;2家住在两户合住的房子里;1家住高级宅邸。

街道加进一所房子。这一变化对孩子的游戏室、全家的闲暇活动、家庭隐私，以至于对先前那种显示自己"地盘"的实在的自豪感的影响是很明显的。房子拥挤起来，紧靠着前面的人行道，花草树木随着草坪的缩小不得不让位给通向车库的小路。由于汽车和电影的普及，闲在家庭的主妇不再像过去那样，每天下午"盛装"坐在门廊里，一边缝补，一边观察，把自己的庭院同邻居的庭院比较一番，自家和邻里们也不再在门廊和各自的庭院里一起度过漫长的夏日傍晚和星期天下午。因此，修饰庭院已经不是那么紧迫的了，取而代之的是保养汽车成为了显示一个人"档次"的特征。[5]

  房屋通常是木建筑[6]。那些最贫苦的生产阶级家庭的住房，从外观上看来，同上世纪中期的住房基本别无两样：裸露，狭小，一层的长方形的木房，加上一个房顶，里边用隔板分成2—4间。另一个

---

  [5] 后院已不再是昔日那宽敞、绿茵、果树和葡萄架繁茂成荫的所在，家庭主妇可坐在那里为晚餐削土豆皮，或切水果装罐头，全家可在那遮天蔽日的绿荫中共享星期天的下午。许多生产阶级家庭，在没有顶楼、贮藏室或谷仓的年代，其不大的院落和邻里紧密相连，迫使后院成为堆放剩余物资的场所。

  宽敞的后院或是根本消失了，或是在规模和内容上受到了相当大的限制。在生产阶级家庭中，小的院落很少自制罐头，冬季食品贮藏地缺乏，人们把时间花在驾驶和修理汽车、看电影上，以及其他诸如此类的情况，都与后花园的减少有关。而经营阶级家庭中高额的家务劳动花费，孩子们对学校课外活动和青少年夏令营越来越多的偏爱，一些家庭搬到90英里以外的小别墅消夏的趋势，则是后花园减少造成的另一些现象。城里种子商店的店主从独立战争时期就住在这里，据他估计，现在40%或50%的当地住户甚至连小型的后花园都没有，而他认为，在1890年"至少有75%—80%"的人家有后花园，而且那时的花园也比较大。他认为这种变化是由汽车普及造成的。

  [6] 95%以上的房屋是木结构的。中镇1924年发出的建房许可证中，有205个是木结构房屋，2个是砖结构平房，3个二层砖房，1个耐火砖房，以及3个水泥房屋。

极端是经营阶级中较富有家庭的宽大住房，它们展示出一种比前一代住房大大简化了的轮廓。一所"典雅新住房"竟被报界描述为一个"山墙、屋角、走廊、阳台及顶上的三个石头烟囱浑然一体的建筑，看去像一座古代的城堡"。⑦

80年代，由于有宽敞的院子，走廊并不十分必要。到了1900年，由于院子小把家庭更多地限制在房子里，人们开始注意州府将走廊"装修得像个房间"的消息，从此便开始了装修走廊的时代。那些已失去当地市场的生产手推车和农具的工厂热情地开发了这个新专业。然而，经营阶级家庭却已经带头走上了返回无走廊设计的道路，他们用玻璃围绕着明亮的客厅和卧廊。仅卧室装玻璃这一点足以表明中镇已经离其"惧怕夜风"的时代很远了，在1890年还提倡小心翼翼地睡在离顶窗6英尺的地方。现在，工人家庭中没有一家有卧廊，经营阶级群体的家庭中有卧廊的也不多，但据当地一位建筑专家估计，"如今在住房上投资8 000美元以上的人就会要求有一个卧廊"。趋势显然是将以前投在前门廊的钱转移到卧廊——围着玻璃的小房间——以及房中更隐秘、更常用的部分。

---

⑦ 1870、1880年代那些由精致的涡卷形雕刻和"浮华"作品装点的华丽住宅的消失，适合了现在强调在卫生间及其他地方采用各种新型内部设置的简单住宅，它也许反映出人类文化的一种司空见惯的趋势：当某一工具的使用效率的提高处于停滞阶段，人类的创造性趋于花在装饰这个工具上，而当其主要使用效率处于进步的阶段，装饰就趋于被放到次重要的位置了。中镇1880年代的住宅还只是简单地将一个小屋分割成房间而已，将它们改造成舒适的生活场所的过程进展很小。卫生间、各种电器设备、中央供暖及其他发明的到来，使人们的注意力集中在内部舒适方面的广泛多样的变化，而对外部装饰的注意则相对降低了。

第九章 中镇人的住房

据一位中镇建筑家的估计,过去 10—15 年建的新房比 1890 年的老房所用的玻璃表面外装饰至少增加了 50%。由于房屋的保暖设施比过去好,可以允许有更多的空气流通。城里有几百户住房由一个市政特许的集中供暖工厂供暖,还有几百家靠锅炉、蒸汽或用汽油取暖的,但大多数生产阶级家庭仍处在烧炉子和卧室无供暖的时代[8]。在 1890 年,中镇的锅炉还没有设在地下室,那时这种位于住房下面的四面墙和地面铺上水泥的房间实际上还不存在。因为,这种不起眼的地下室项目,再加上地基,即使是一所小房子也要增加 700 美元造价。如今,一间地下室的造价大约等于 90 年代初一所小房子的造价。[9]

1885 年以前,城里没有自来水。直到 1890 年,全镇街道总里程的 20% 才铺设了自来水管道。据估计,当时只有六分之一到八分之一的人家拥有十分简陋的自来水设备——一个接在院子里或厨房铁水池上的水龙头。一位有声望的居民把"邻居安了自来水龙头"当作一件大事记载在日记上。教育局 1888 年的备忘录中也包括了这样一条:"噢,斯梅尔……给中学的一个木水泵……10 美元。"中镇大部分地区的用水是从水井或水槽抽到后门或厨房里的。到 1890 年,

---

⑧ 在俄亥俄州曾斯维尔的调查发现,1925 年,在这座 30 442 人的城市中,11 232 户人家的 48% 是由锅炉供暖的。《曾斯维尔和另外 36 个美国社区》(*Zanesville and Thirty-six Other American Communities*),《文摘》(*Literary Digest*),1927 年,第 65 页。说中镇的情况在这方面与曾斯维尔的一般情况大致相同是不无根据的。

⑨ 由老式的水果窖变为现代地下室的另一个方面,是家庭在地窖和顶楼大批贮存食物的任务日益由街头杂货店取代了。人们不再成桶地购买土豆和苹果,而是趋于按配克买土豆,按打或磅买苹果了。

设备完善的浴室在全城还不超过24个。对于95%的家庭来说,"洗个澡"意味着把一个沉重的木盆或洋铁盆拖进卧室,或更平常的是拖进暖和的厨房,从泵里抽出半盆水,然后放到做饭的炉子上烧。如今,除了最便宜的住房,所有的住房都有了浴室,许多老房子也迅速添置了这种设备⑩。但是,仍有许多家庭没有浴室,不仅如此,直到1925年1月,全城还有四分之一的人家没有自来水。⑪在大量使用后院的井水的同时,更多的生产阶级家庭一直使用着老式后院"厕所"。根据城镇工程记录,在1924年,只有三分之二的住房有下水道。1890年和1924年的生活方式共存于一个家庭中的现象并不少见,即在使用原始的后院水井和排污办法的同时,又拥有汽车、洗衣机、电熨斗和吸尘器。物质文明传播的这种不平衡性,在社区公共卫生管理中显得更加突出,它明令严格禁止使用后院的水井、厕所和排污装置。

如今,电灯是那么普遍,没电灯的时代永远过去了。在1895年,中镇的报纸曾把天然气当作住宅建设的最后一步,宣称"舒适整洁的黄金时代已经到来"。但大多数的发明和实际上所有现代化家用电器的极大普及还在后边,包括人们做梦也想不出的明亮而电源稳定的电灯,以及清洁房间、洗衣和做饭的省力设备。在1890年,中镇95%以上的住房没有电,到1916年,照明用电已进入60%

---

⑩ 这种改进被引入较老的住宅的程度反映在这样的现象中,即在"繁荣"的1923年,仅城里12家管道公司中的一家就宣布其安装了比城里全年新建房总和还多出50%的卫生间。

⑪ 在曾斯维尔的11 232户中,有61.8%有卫生间,61%有管道。(见《曾斯维尔和另外36个美国社区》,第55、63页)

第九章 中镇人的住房

的家庭，到1925年6月有99%的家庭有了电灯照明[12]。目前有超过三分之二的家庭用天然气做饭，其余的用汽油或煤，极少数用电。

在中镇的家庭生活中，最引人注目的变化是，社区中大多数人家都用上了90年代只有极少数富豪人家才能享用的上述各种器具。然而，房内布局基本未改变，尽管也有减少间数、扩大面积的趋势，"客厅"和"空闲的卧室"成了牺牲品。在一些生产阶层的家中，在经营阶级和住较新平房的生产阶级中，房间布局的趋势是用宽敞的双门厅将底层大多数房间连接起来。[13]

主要的室内装饰及房间设计肯定会适合各阶层的生活习惯，较高生活水平的家庭显示自己时，主要不是从这种一般性的修饰出发，而是注重变化小但要显得更富丽豪华。[14]

---

[12] 在围绕着阅读印刷品的复杂因素中，照明进步的意义是应该被牢牢记住的。中镇报纸在1890年刊登的一则通知说，一种新的"汽灯可提供250支蜡烛的亮度，一点也不会闪动或变暗。想想吧！"俱乐部的妇女们也能回忆起偶尔晚上开会时的不快，项目成员们在巨大灯头的灼烤下站在那里。

现代电灯对阅读的适用性的提高，可以从以下这些以每平方英尺烛力来计算的有关公共照明的亮度中看出：钨灯1 500；宝石灯750；碳素灯400；韦尔思伯赤灯30；天然气火焰7；煤油灯7；白炽磨砂灯6；蜡烛3。刘易斯·贝尔（Louis Bell）:《照明的艺术》(*The Art of Illumination*)，纽约：麦克劳−希尔出版社，1912年，第12页。

[13] 应该提一下房间的这些变化的特定含义。在房屋造价高的时期，空闲卧室的消失可能与第二十六章所指出的老年父母回家同子女住在一起的趋势减弱不无关系。同样，把以前的门厅和客厅合在一起改为一个宽大敞亮的起居室，杜绝了家中的女儿和她的朋友通常在先前的门厅里干的私事，这可能与许多家的女孩打算离开家到"家庭外的地方约会"而到默默无闻和漆黑一片的电影院或汽车里找清静有关。而这又突出反映在一周之内晚间孩子离家外出的数量上，成为第十一章所提到的子女与家长之间矛盾的原因。

[14] 以下的描述是以对调查人员访问的家庭做详细计算为基础合成的景象。

一天下来，干了9个半小时活的穷工人沿着通常是未铺石子的路走来，他拐进一座无遮无掩、里面杂乱无章地放着旧自行车或废弃的车胎的院子，然后推开一扇摇摇欲坠的门，进入家里的客厅。在客厅里，整个房子便一览无余：厨房里有餐桌，地板上落满了苍蝇，而且常常堆积着面包屑、橘子皮、碎纸、煤块和木块；卧室里，又硬又沉的被子已耷拉到床下；破旧的绿窗帘斜挂在窗上，半明半暗的光线洒落在装点华丽的日历或放大的孩子的照片上，那照片镶嵌在沉重的镀金镜框里，镜框斜出墙面挂在靠近天花板的地方，与墙面呈一个可调的夹角。整个房间弥漫着食品、衣物和烟草的浑浊气味。在那漆成棕色的餐具柜的架子上，明亮的蓝玻璃糕点盆后面半露着全家人用的用木板做的梳子，以及孩子的奶瓶、一个旧钱包和看过的旧报纸。煤炉子上锈迹斑斑，婴儿穿着潮湿肮脏的衣服在光秃的地板上的几件稀奇古怪的家具中间爬来爬去。⑮

挣钱稍多一点的工人也许会穿过一个小前院进入家门，不论他的住宅是二层小楼、带门廊的平房，还是一座小房，往往都会有些向日葵种在窗前，窗上干净整洁，挂着成缨状的棕黄色遮光帘和花边粗糙的窗帘。一块镀银玻璃门牌装点着大门。小起居室亮着灯，从那分期付款买来的蓝粉两色花纹相间的地毯，到人造鲜花、精心绣制的枕头及餐桌中间的那些色彩斑斓的装饰品，都显示出一种来之不易的辉煌。家具也许千篇一律都是黑或金黄色的栎木制品，如

---

⑮ 某些家庭中出现了不和。脏和低工资之间并不总是有关系的，在一座最破的棚屋里，丈夫每周挣45美元。另一个几乎没有家具、非常肮脏的房子里，家庭主妇身着坚硬破烂的花格裙和已大块地脱线的黑棉袜，拖着疲惫的脚步忙碌在一架电动洗衣机旁。

果是更富裕些的人家,屋里就会塞得满满当当[16]。缝纫机放在客厅或餐厅,熨衣板和干净的撑衣架放在厨房的一角。周围放着各式各样的小摆设:钢琴或留声机上的照片夹,朋友到黄石公园游览带回来的裁纸刀,小女儿在学校画的画,如果这家人是教徒的话,则会放些彩色箴言,例如,"耶稣来临时你在做什么",或"准备去见你的主吧"。家里甚至还会有一台新近分期付款买来的、有着闪亮的丝绸灯罩的落地灯,它也是一个家庭地位的象征。周围可能会散落着几本杂志,但很少有书。

在某些主任记账员、小零售店老板、学校教师以及不太富有的经营阶级成员的家庭中流行着一种不时地要在家庭用品与子女教育花费之间做出迫不得已的抉择的现象。例如,同样的钱是用在前厅和起居室的硬木地板或急需的地毯上,还是用在孩子的音乐课程或基督教青年会夏令营上等。这些住房也许已达20年之久,而且未加装修,房间很小,旧家具也不配套。家里很可能不像较富裕的工人家庭有一台收音机,但人们也许会找到一张惠斯勒画的母亲像、一张水彩风景画,或一套封面发黄的狄更斯或欧文作品的全集。小地毯也比领班们家的磨得光秃,但专门放置宗教书籍的桌上却放着教会团体的课本或妇女俱乐部教育丛书。

对一些较富有的经营群体成员来说,家是他们得意的资本。他们沿着收拾得干净整洁的林荫大道走进自己那属于"现代小型住

---

[16] 城里一个大家具店把销售宣传集中在那些昂贵松软的起居室家具上。它宣称,看一个家庭,主要看它的起居室,这里是客人和生人光顾的地方。据经理说,用这种方法来"鼓动生产阶级家庭购买昂贵的起居室家具,而使住宅的其余部分稍差一点"。

宅中最新式的"住房。房子或许是用木瓦板或水泥铺顶,坐落于整洁的平台式院中。从前门墙壁花架上的藤蔓,到松软的长沙发边的现代菲律宾红木茶几,样样东西都恰当得体。宽敞的客厅里,双开门通向餐厅。餐厅里小地毯、椅罩、窗帘、精致的落地灯罩上的色彩搭配合理,三四幅彩色照片或马克斯菲尔德·帕里什的画精确地挂在与眼同高的位置,一对烛台放在组合书柜上,还有一些碗和托盘。厨房的柜橱也很方便实用。这就是你所看到的完整的小住宅[17]。一位妇女说:"现在很难知道该给亲友们送什么圣诞节礼物了,他们的房子、小摆设和画与我们家的一样,很难找到他们所没有的新东西,我们除了贺卡以外,不再给朋友们别的东西,而只是往自己家

---

[17] 6室"理想住宅"是这种普通型住宅中的一个雄心勃勃的样板,其造价为9 700美元,不含家具。1924年,它建在中镇最好的街区中的"绿茵道"上,装修一新,以供观赏。这种"砖、石、水泥"的"都铎式"建筑是为了展示最新的建筑材料和家用设施。其起居室最吸引人的特点是那用特殊绳子拴在装饰杆上的黑金玫瑰色墙板,一个长长的蜗形支腿案桌紧靠墙边,其两端各有一台引人注目的进口陶灯。塔克斯都坐卧两用沙发,考特维尔、温泽和殖民时代的座椅展示着英国式的设计。耐晒的金红色窗纱伴着垂落两边的深橘、棕红、棕及淡绿色的塔夫绸窗帘,手工装饰的窗帘架垂悬于楼板,给人一种十分安逸、舒适的感觉。

"餐厅家具是西班牙文艺复兴时期的设计,红马海毛椅座与意大利红羊毛织台布和谐匹配。特别值得一提的是它那锻压成型的钢制火炬吊灯。"

"早餐室采用鲜艳的橙红色家具,与墙上和室内其他木制陈设的浅灰色调形成了尖锐的反差。"

"主人的卧室里显露出一种愉快的气氛,点缀玫瑰花的瑞士窗帘悬挂在窗帘架下,与家具上的花卉图案交相辉映。双人床、小梳妆台和带两面镜子的梳妆台是殖民期以后的设计,涂着黄棕色的瓷漆。客房里的是都铎式的美国胡桃木家具,配上绿色软缎子的床上用品。"

"第三个卧室会使人产生一种和谐的感觉,这里有进口的英国擦光印花布窗帘、碎布小地毯和一个詹尼·林德转轴式坐卧两用沙发,卫生间桌和斗柜外表涂着谢雷顿棕红色的漆。"

第九章 中镇人的住房

添置东西。"

一群富有家庭住在城"东头""优雅的老区",他们中一些人还住在丈夫或妻子出生的那所房子里。这些房子可能是又重又大的砖头或石头建筑,也许还有两只石狮子守在靠近古老的挂钩式邮筒和带主人姓氏的汽车路障的车两边。其他人家住在零散分布在这一地区的舒适的木房中,同时还有一些人家随大流迁到新的学院区去了。在那里,他们用砖或当地石料盖一些低矮的房子或荷兰白人殖民地式的建筑,有极为便利的自来水和照明条件,门廊宽敞明亮。[18]

在这些人家中,一家之主从办公室或银行回家后,不论是在宽敞的门厅、家中老式书房,还是到又宽又长的客厅,迎接他的都是一种心旷神怡的气氛。宽敞的房间,柔软的帘帷,老式餐桌,色调和谐的地毯或深色的东方物品,华丽的钢琴,壁炉,采摘的鲜花,开放式书架上摆放着成套的马克·吐温、尤金·费尔德以及优秀的现代小说集,墙上挂着巴格罗、圣马克、"勒布伦女士与她女儿"等绘画作品[19],它们可能还是按某些独特的风格搭配在一起的,墙上还悬挂着一块挂毯,上面的图案别处可见不到,还有一只蓝花中国碗。

然而,正是在这一系列从简陋脏乱到宽敞舒适的住宅中,家庭

---

[18] 这些家庭没有一家过着那种拥有穿制服的司机和相似的随身用具的时髦生活。生活标准上的浮华普遍消失,看来部分地是由于一小群最富裕的家庭的相对简朴造成的。

[19] 在大多数中镇家庭中,画起到了一件家具的作用,而玻璃书柜在某些意义上也是如此。参见第十七章关于中镇的生活艺术的讨论。

这个中镇最为"神圣"的机构履行着自己的使命。在这些或优或劣的屋寓深处,婚姻、生育、抚养子女、死亡及私人家庭生活的无限空间向前伸展着。在这里,也同其他许多事情一样,决定某一情况下物质需求满足程度的,更多地不是功能上的生活需要,而是家长挣多少钱这个外来的因素。

大致估算,一个家庭要想购置一幢房子,要花掉整整一年的收入,要租房的话则需用掉四分之一的收入。当这些或大或小的家庭按照收入水平分类和迁移之后,城里出现了"东城""河沿""南城""尼里新区"和"工业区"等住宅区。全城9 200座住宅的价格分布如下[20]:

占总户数的百分比(%)	价值(美元)	月租金(美元)
7	7 000及以上	55及以上
22	4 500—7 000	40—55
44	2 500—4 500	25—40
27	2 500以下	10—25

这里我们应该记住的是,正如第八章所示,1923年,在全城养家糊口的人中,只有12%—15%的人向联邦政府申报的年收入——在进行法定允许的扣除前——高于单身1 000美元,已婚者2 000美元的水平。在接受调查的包括9个领班在内的100个生产阶级家庭中,家长收入的中位值是1 303.10美元。

按照某些制度化的行业规则,建筑和使用一处住房的过程呈现一种复杂的模式。中镇人有一种根深蒂固的意识,即认为拥有一

---

[20] 基于州贝尔电话公司商业工程部1922—1923年做的一项调查,又经当地两个房地产专家的修改,大概比较接近当地的估价和租金。

第九章 中镇人的住房

所住宅是独立、体面和富有的象征。战争时期的住宅缓建,住房供不应求,使房价长期居高不下,超出一般家庭的购买能力,因此造成的住房短缺使这种意识更趋强烈。前文提到的现时收入的较高购买力、作为一种投资的房屋租赁收益的下降,以及使家与工厂之间距离变得无足轻重的家用汽车的普及,也都推动着买房的潮流。另一个起到推波助澜作用的因素是购房信用透支的发展。在1890年,前文提到的那位品格良好的年轻人手里有350美元现款,却无论用什么方法也贷不到购买房基地的750美元;如今,住房贷款协会已经成为工人获得住房的"最佳"途径:"住房贷款协会的主要作用在于为广大劳动者提供住房,使他们有机会用自己每日每周的储蓄买到房子。"[21] 一个工人如果想购买或建造一所住房,可以通过住房贷款协会按每周每百元交25美分的比例分期付款,这25美分包括了利息和本金。[22] 这个住房贷款协会是1889年在中镇创立的,当时,只有28个成员交纳的230美元。一年之后,其财产就增加到4 471.47美元。然而,住房贷款意识的传播是如此缓慢,以至于5年之后,协会财产只增加到36 068.98美元;1900年时达到142 621.34美元;1910年是678 428.50美元;到1924年时才达到2 733 667.92美

---

[21] 引自《(州)建筑与贷款署的报告》[Report of the (State) Building and Loan Department],州年鉴,1920年,第179页。

[22] 按埃利(Ely)的说法:"美国人置家的方法是用分期付款的方法买块地基,然后通过一个建筑与贷款协会或别的机构将它抵押出去,用抵押贷款的资助来建房并逐步还清贷款。没有统计数据能提供给我们有关通过这种方式置房的人数的精确资料,但是一般都认为它可以被称为美国人的方式。本书的作者曾就此做过多年的认真考察,他认为住在密西西比流域的一座三四万人的城市90年代获得住宅所有权的情况就体现了这种方式。"[《1920年的住宅抵押贷款》(*Mortages on Home, 1920*),《人口普查专集》,前言,第13页。]

元。仅仅这一家住房贷款协会到1924年底就拥有7 090位成员。城里最大的一家住宅贷款协会的负责人估计,全城每年新建住房中,有75%—80%是由四家住宅贷款公司出资兴建的;据他估计,在中镇使用住宅贷款协会资金的人当中,有85%是工人。此外还有一种越来越流行的买房办法,那就是立契转让法,即一个人可以通过每月付大约高出房子月租金50%的费用的办法来买房,他同时可住进这所房子,并负担税收及其他花销。但是,其间只要有两个月连续交不上房租,住房连同买主为该房所做的全部投资就都回归原主所有。[23]

与这些吸引住宅自有的因素相对立的是一系列前所未有的、具有同等实力的竞争对手,它们在与住房争夺中镇人的钱。城里一家曾带头资助贷款买车的公司经理说,一个每周挣35美元正在买车的工人,往往是指望每月用一周的工资来付车钱。与此同时,子女的高等教育也是一个主要的新对手。

另一股对住宅具有更深层的重要威慑的力量是在建房中必须清除的众多的体制障碍。一位陌生人初来中镇,一定会为反复听到的阻碍许多家庭找到合适住房的"住房短缺"问题感到困惑不解。

---

[23] 像很多其他分期付款方式的发展一样,这最后一种方法的推广也将某些家庭引入困境:他们将自己的生活置于一套规则之下,一旦游戏对工厂主不利的时候,这套规则就会要求它暂停,而与此同步,在承包契约体制下买房子的运作的规则却是要求不间断地付款。由于对家庭支付能力这类事缺乏经验,又被不断的购买压力驱动着,这样在住宅所有权方面的冒险以失败告终也就不足为奇了。一位有影响的商人悲痛地谈到本城的宗教活动中的一位杰出人物:"他是用这种方式卖房子而富起来的:让人们每月1号付清款项,拼命地催迫他们,直到他们最终交清足够的钱,可以合法地从他手中把房子接过去,并交给建筑与贷款协会为止。"

社会工作部的头头可能会告诉他,许多家庭不得不与别人挤在一起,许多年轻人在婚后因没有住房不得不同父母住在一起,40户人家还生活在被称作"棚户城"的贫民区的棚户里。然而,在广告俱乐部周五的午餐会上,坐在他身边的也许就是一位建筑商,他拥有大量木材铁钉及其他建房材料,外加擅长建房却没活干的木匠和石匠。而餐桌对面还坐着一位自称在适合居家的地区有许多理想的房基地急于脱手的人。既然手里有建造大批住宅所需的原料,而且懂得建房的工人们又闲置等待,为什么会住房短缺呢?

标准化的大规模生产这一使中镇大型汽车配件厂得以运行的新的工业特征,进入与建房相关的复杂的工具使用活动的过程是十分缓慢的。盖房子仍大多停留在单一的手工业阶段。同样,中镇工业中日益流行的不间断生产法在建筑业中也没有实行,例如,1890年,在玻璃工厂中废除了夏季停产和一班工作日制度,以利于现在全年12个月每天24小时的生产,而房屋建筑却仍只是在一年之中的部分时间里积极进行的。㉔ 所有这一切都证实了吉卜林(Kipling)的话:

"告诉你这个绝对真实的故事,
只是为了让你相信
建筑业的作为是何等小之又小,
建筑业的变化是多么微乎其微。"

㉔ 据说在全国,活跃的建房季节一年只有不到200天的时间。1924年2月,中镇仅为4个新建筑发了许可证,尽管全年共发了214个。

但是，中镇人认为阻碍建筑业发展的原因并不仅是其季节性、单一的生产方式：

中镇一家报纸的评论文章写道："众所周知，吸引人们来投资建造商品房几乎毫无希望，因为建筑业赢利小而耗资大。虽然房租远远高于本城的支付能力，房地产主还是不能从建房中赢利。所以，即使在中镇工业形势好的时候，也还是存在住房的极度紧缺。"

"去年（1923年），（中镇）新建的住房中是否能有10%为商品房，都是值得怀疑的。"

文章再次对"城里长期需要更多更好的"、本地家庭买得起的住房这一现象感到束手无策："谁能解决这个问题，谁就是中镇的大恩人。"它极力反对现在"通过使用廉价建筑材料建房来解决问题……"的办法，它说："最近建成的某些住房肯定很难指望能住15年，花2美元买双只能穿两个月的鞋子并不省钱……怎么办？答案也许存在于某些新的信贷方法中……我们最终必须想出一种好办法，使有剩余资金的人发现建造商品住房和公寓是一项有利可图的投资。"㉕

中镇的建筑商、银行家和木匠们在谈论住房短缺时，常常提到"高租金""首期抵押贷款""二期贷款""管道工工会""契约转让合同""明确产权""副协议""新房地产分部""街区改造评估"，以及"投资的圆满回收"等。看来造成住房紧缺这个社会问题的更多地并不是由于原材料和技术，而是这种错综复杂的制度化设置网络，

㉕ 1890年，在中镇建房出租是一项固定有利可图的投资形式。1892年城里的一本"繁荣书"向未来的市民和投资者吹嘘道："一栋价值600美元的房子很容易就能出租到每月10美元。"

中镇市民必须在其中选取某种方法来从事房屋建设或努力确保自己能有房住。

虽然上文出于广告目的所描述的那种6室"理想住宅"在不同的工人群体中比其他住宅更为普及,下面这个参与建筑者的名单却表明了当今中镇建筑业的状况:

这块地方是当地房地产商开发的新分部的一部分。

从芝加哥调来了一个环境设计师指导分部工作。

房子是由房地产主来建筑的。

项目是由当地银行资助的。

设计是由一个建筑师制定的。

建设是在一个人的总指导下进行的,这人的业务范围在中镇指南中被描述为"设计和建筑,房地产,投资,总保险"。

上述这个人业务太忙了,所以另外有一个人来当施工和材料的总指挥。

地基是由一个砌砖工转包工头的工人们完成的。

地基上面的基石转包给了另一承包商及他的工人。

硬木地板的铺设和抛光又是由另一个专门干这个活并拥有这项工作专用而昂贵的机械设备的承包人干的。

抹灰是由另一转包商及其工人们干的。

一个电工承包商安装了电线。

一个管道承包商铺设了管道。

一个油漆承包商和他的工人们干了油漆和装饰的工作。

一个马口铁器承包商和他的工人们干了包马口铁的活。

一群供暖专家安装了暖气锅炉。㉖

这些及其他的一些制度化因素拖来拉去的最终结局就是，与老一代人相比，更多的人拥有了属于自己的住房。联邦人口普查表明，在1900年，全城有65%的住房是出租的。㉗到了1920年，这一比例下降到54%。在1924年，这个比例或许又降低了一些。在123个有关数据比较可靠的工人家庭中，只有三分之一租房住。在有房的81个家中，只有三分之一的家庭仍在付贷款。1924年时，"出租"标志已经少见得成为报纸上的幽默材料：

"空房子是如此之少，以至于一座门前挂着'出租'标志的小房子会在博物馆里成为引人注目的一景。"

一篇以《时代变了》为题的报道写道："不过几年之前，新娘新郎结婚前到处找房租还是习以为常的，那时，许多房子的草坪上都有告诉人们该房可以出租的标记。可现在，一对新婚夫妇得要花上几个月来找这种标记，因为它们几乎消失了。现在所能找到的标记

㉖ 谈到整个国家的形势，美国商务部建筑与住宅署署长约翰·M.格雷斯（John M. Gries）说："按照现有的劳动组织，甚至一栋小住宅的建设就会用到12个以上的技术行业。几十年前，全部工作实际上是由4个技术行业完成的。大多数的房子是木结构的，所以木匠是主要的技术工人。现在，工作全都被细分了，小建筑商最难安排工作。……大约75%的单户住宅是由每年建房不到10栋的建造者建设的。"[《美国的住宅》（House in the United States），《土地和公共事业经济学杂志》（Journal of Land and Public Utility Economics），第1卷，第1号，1925年1月。]

㉗ 根据1891—1892年《州统计署第四个双年度报告》(第57，130，319页)，1891年，在中镇247个木材、钢铁和玻璃厂的工人中，有73%人住的是出租的房屋。这些数据可能会因社会繁荣而有所提高。根据同一出处，1891年，在全州以相同行业为主的4 009名工人中，有62%的人住的是出租房屋，而1890年的联邦普查则显示：在全州8 000—10 000城市居民中，有60%的住宅是租赁的。

是'出售'。"

如果这种缓慢的房屋私有的趋向代表着一种长期趋势的话,那么它就会使自己被看作与后文提到的被商会和市民俱乐部极力推崇的区域团结意识在更加广泛的人口层中的传播,以及作为社会单位的邻里关系的解体在一定程度上的减缓是一回事了。[28] 就此而言,有个事实是值得注意的,即在土生土长的生产阶级中,这种趋势比在经营阶级中要弱一些:在被调查的经营阶级家庭中,有近一半的家庭在1920年1月1日至1924年10月1日这近五年的时间里搬过家,而在被调查的生产阶级家庭中,这个比例为五分之三。十分之一的经营阶级群体成员搬了一次以上的家,工人的相应比例则为四分之一。经营阶级中没有搬过两次以上家的,而六分之一的生产阶级成员搬过两次家。现在的生产阶级展示出比他们母亲那代的家庭更强的流动性。[29]

---

[28] 关于工人紧挨着工作场地居住的习惯的减弱,参见第七章。
[29] 见表九。这类部分地依靠记忆的数据自然需要小心使用。搬家在家庭经历中是一件很大的事情,人们很可能对它记忆犹新。

第十章　婚　姻

中镇的每一个家庭通常由父亲、母亲及其未婚子女组成，偶尔也包括其他亲属。家庭规模在逐渐缩小。联邦人口普查将家庭定义为一人独居或任何同居于一户中的、或有或无亲属关系的一群人。根据普查数据，中镇的家庭平均人数从1890年的4.6人减少到1900年的4.2人，又减少到1910年的3.9人，及1920年的3.8人。子女数量的减少和与其他亲属合住习俗的减弱，是这一变化中的两个要素。① 调查员1924年访问的40个经营阶级家庭的平均人口数为4.7，而124个生产阶级家庭的平均人口则为5.4，但是，我们只调查了那些家里有一个或更多的学龄儿童的家庭。②

在每所住房的四壁之内，小小的家庭进行着性生活、抚育子

---

① 在妇女普遍走出家门工作挣钱的今天，一些同已婚亲属住在一起的"老处女"姐姐们搬到城市附近晚间不用人护送的地区，住进自己的小单元房。据社会服务局的首脑说，不带"空闲"房间的小住宅使老年父母与已婚子女共同居住的习俗有所削弱。1920年，在州慈善和立法修正委员会的建议中就已经公开承认存在着这种不赡养老人的现代趋向，其中有一句话指出："我们认为应该有法律来防止那些有赡养能力的子女遗弃他们的父母。"

尽管有寄宿者的人家并不少见，但人们已经有些不喜欢外人以寄膳者的身份出现在家庭餐桌上了。经营阶级家庭中有寄宿者的多是为了增加收入支付孩子的大学学费，这种解释能够减少一切可能会由此引起的不良社会影响。

② 关于按规模分类的家庭分布，请见表十。

女、吃、穿、睡觉，以及一定的娱乐和宗教活动。所有这些活动都是围绕着婚姻制度进行的。

从全国看，人口中未婚者所占的比例比一代人以前要小了，尽管以前没有可用来观察这一趋势的数据，但在1920年，中镇的男女单身者比例无论比全州还是全国都要少些：

	15岁及以上单身男性的百分比		15岁及以上单身女性的百分比	
	1890年	1920年	1890年	1920年
全美各阶层	41.7	35.1	31.8	27.3
全美城区	不详	35.5	不详	29.0
全州各阶层	38.9	30.9	29.6	23.9
全州城区	不详	31.1	不详	24.5
中镇	不详	28.5	不详	20.8

在1920年，全国城市15—24岁人口中只有22.8%已婚，中镇这个年龄组中却有31.4%已婚。这或许表明中镇现在早婚的人更多了。[③]对这种显然趋于更多更早地结婚的倾向的解释，可能部分地存在于其他地方所提到的一些变化之中。例如，学徒制的取消使一

[③] 1890—1920年，美国15岁和15岁以上单身男性的比例从41.7%降至35.1%，35—44岁单身男性的比例呈现出实际很小的上升，从15.3%升到16.1%，而15—19岁单身男性的占全体同龄男性的比例却从99.5%降到97.7%，20—24岁单身男性的比例从80.7%降到70.7%。换言之，结婚数的增加是出现在较年轻的年龄群体中的。同样，1890—1920年，在中镇所在的州里，35—44岁年龄组单身男性的比例从11.5上升到13.6，而15—19岁的单身男性的比例则由99.6%降至97.3%，20—24岁单身男性的比例由80.6%降至66.5%。值得注意的是，1920年，中镇15岁及以上年龄的人口中，有64.9%为已婚，而在美国2 500多个城市中，该年龄组已婚的比例仅为58.3%。人口的种族、年龄或性别分布都对中镇的婚龄与美国其他城区的婚龄之间的差异没有影响。差异原因可能在于不同的文化因素。

名18岁的操作机器的青年人能得到成年人的工资；妻子参加工作补充家庭收入的机会增多；现在解除婚约相对更容易和体面；避孕知识的传播；正在兴起的不以集体而以配偶为单位从事闲暇消遣的潮流。在现在这种高度组织起来的成对的社会生活中，未婚男女们比一代人以前那以不拘礼节的"顺便访问"为习惯的时代更加"超脱"了。

婚礼是包括男女双方在得到群体充分认可的代表面前进行的一个交换誓言的简短仪式。这一仪式在90年代多为宗教仪式，现在却日益世俗化了。在1890年，85%的婚礼是由宗教人士主持的，只有13%的婚礼由世俗机构主持；在1923年，宗教人士主持的婚礼仪式降低到63%，而世俗组却增加到总数的34%。④ 当地一位著名牧师将中镇1924年离婚事件的增加归咎于"未经教会认可而由世俗机构批准的婚姻太多了"。婚礼仪式解除了男女双方与对方发生亲密关系上的禁忌，同时，在性接触方面使"世界上最错误的事成为世界上最正确的事"。⑤ 新婚夫妇通常在婚后立即脱离父母家庭，另立新家庭，妻子也由随父姓改为随夫姓。⑥

非婚者之间的性关系是法律、宗教和规范严厉禁止的。虽然这一禁忌在当今这一代年轻人中似乎有些松动，但总的说来，它现在仍像40年前那个小县城时代一样严厉。一些证据说明，在80年代

---

④ 1890年的司仪人员有2%，1923年组中有3%是无法确定的。这里的数据是全县的数据。

⑤ 传统上，婚前求爱全都是男人主动的，但现在，正如第十一章所指出的，在最初的择偶活动中，一部分女孩子的主动性正在提高。

⑥ 社区内偶尔也谈论女人"保留自己姓氏"的问题，但在中镇，没有一个女人跟着去做，它受到了大家的坚决反对。

第十章 婚 姻

那个人人都相互认识的小社区中，群体禁忌在表面上比现今被更认真地遵守。据一位80年代城里的花花公子说："现在的年轻人不在乎在街上在众目睽睽之下和一个放荡的女人在一起，我们那会儿可不行。"所有这些隐隐约约的现象，特别是在因天然气普及而人口大量涌入之后，在1890年当地报纸的许多新闻中，都有所披露：

"在查阅卫生部的统计时……我在出生记录中注意到……我们某些杰出的市民被人夸耀竟是因为他们是放荡女人繁衍的后代的父亲。"

一位编辑"希望对那些每晚可见的大量的'妓女'采取一些措施"。

"今晨，一位官员要求《时代周刊》评论一下他近来发现的一些公司里的已婚男人品行不端的问题，并说从今以后，每个被发现有此问题的人都要被逮捕和曝光。"

1900年，杂乱无章的工业的涌入反映在报纸上一篇以《（中镇）超过了鲍厄里街》为题的报道中："一位到过全国臭名昭著的纽约鲍厄里街和本城臭名昭著的H大街剧院的人直截了当地断言道，在放荡和道德败坏方面，后者超过了前者。"

报刊社论提问道："（中镇）需要什么？"接着又回答说："市长和警察们应该制止男孩和女孩们到像H大街剧院那样的魔窟里去。"

据一位历史学家说，这个城市"在其早期作为工业城市的生涯中背着一个坏名声"。

中镇最大的一个沙龙的一位前主持人估计，1890年全城有25家妓院；而一位老炼铁工则说有20家。两人都说每家妓院有4—8

位姑娘。1915年，州里通过了一项禁止和关闭妓院的法令，此后卖淫业转入地下。⑦现在中镇这一方面的情况是不稳定的。据报道，十年间，一些行政人员把中镇搞成了"开放城市"，那些后来被送进联邦监狱的市政领导们据说从"红灯区"获取了财政利润。据说目前全城只有两三家不可靠的、偷偷摸摸开的妓院，它们专为生产阶级服务。但是，用目前的情况同1890年时相比毫无意义，因为正如一位青少年法庭的法官所说："汽车已经成为流动的妓院了。"

在名义上，择偶要受到法律、宗教和习俗等限制的束缚。法律规定实际上同一代人以前一样地禁止白人与黑人的通婚，禁止精神病患者、低能儿、癫疯病患者的婚姻，禁止近五年内被判刑的男性、前次婚姻未解除者、有酒瘾及麻醉瘾者以及未满18岁男性和未满16岁女性的婚姻。除此之外，从批准解除婚姻的条件上，还可看出一些被法律含蓄地承认的规定：性生活的排他性，共同居住，丈夫在经济上供养妻子，相互之间对排除虐待行为有足够的认识，有足够的"自制力"和"道德意识"避免"酗酒"和"犯罪"。目前宗教对婚姻的要求同90年代一样，因宗教教派的不同而有些差异，但它们主要集中在两个方面：第一，天主教正式规定不允许同"教会之外的人"结婚；与此相应，新教也规定不允许同天主教教徒结婚，但不那么严格。第二，对婚姻的永久性的强调不同，但都不那么严

---

⑦ 《克利夫兰医院与健康调查》(*Cleveland Hospital and Health Survey*)中对于那些名义上在其他行业工作的姑娘进行的一定程度上像新型妓女的描述，也许一般说来也适合中镇的情况。其结论是，"这些业余妓女的活动对减少这种职业活动起到多大的作用，尚不得而知。但医生们证明，有大量的男病人声称性病是被这些业余妓女传染上的"。《性病》(*Venereal Disease*)，第5部分，克利夫兰：克利夫兰医院理事会，1920年，第420—421页。

第十章 婚 姻

格,只有少数宗教领导人拒绝为再婚者证婚。一些牧师还拒绝为那些犯"(性)开放罪"的人主持婚礼,尽管一般人都认为结婚仪式是约束这种人的手段。

其他非正式规范,即那些由情绪活跃的群体做出的规范,自90年代至今只有很少的显著变化,尽管它们获得了较多的法律认可。[8] 这些规范当中最主要的一点,是以浪漫爱情为婚姻的唯一坚实基础。从理论上讲,它是指发生在两个年轻人相互之间的一种神秘的吸引力,而仅仅是这一吸引力导致了婚姻;从实践中看,中镇人大多是通过这种"罗曼史"结成配偶的。[9] 中镇成年人似乎将婚姻中的罗曼史视为一种像宗教一样的东西,只有相信它,才能使社会结为一体。儿童被长辈告知,"爱情"是一种妙不可言的神秘东西,它"就那么发生了。""当那个合适的人出现在眼前时,你就会知道。"长辈在说这话时会露出一种谙熟世事的微笑。因此,中镇的年轻人是听着父亲在俱乐部里唱、自己也唱着这样的歌长大的,歌中唱道:

---

[8] 直到近些年,法律上还是不承认将婚后感情消失作为婚姻解体的充分理由,但在1924年,只要夫妇在法庭上直言相告:"我俩没感情,不愿意在一起生活",以及"她说她不爱我,不愿和我一起过日子",就能被准予离婚。

[9] 参见第六章中有关同等机会法则的讨论,中镇的年轻人正是按这个法则偶然碰到了他们永久性地为谋生而奋斗的那种工作。找工作和找对象过程的偶然性可能都部分地归因于共同承袭下来的关于个性"自由"和"合理"的概念。

群体的宗教生活对爱情的封闭认识趋于给求爱注入了一种同样也笼罩在中镇的宗教生活中的神秘感。但它也同时把宗教对"性爱"的禁忌移植到求爱之中了,所以,尽管法律与习俗要求婚姻中性关系的排他性,实际上,婚前人们从没有对婚约双方的身体和性的适合性做过适当的考虑。参见第十一章,关于青少年性教育的讨论。

"只有你啊,
只有你。
我寻遍天涯海角终于找到
一个人
能使我情有所钟,
我终日愁容满面,
因为我已对你一见钟情。
别人或许并不坏,
但他们都比不上你,
除了你没人能让我热血沸腾。
不管你做了什么我仍旧爱你。
只有你啊,奇妙的你,
只有你。"

尽管从理论上讲,这个"热血沸腾"对永久的幸福似乎已经足够,但同母亲们的谈话却揭示出某些其他因素的影响,尤其在经营阶级中更是如此,实用算计重于青春的时候,对浪漫爱情的绝对强调往往要做出让步。经营阶级的母亲们总是竭力鼓励子女同"恰当的"异性交友,他们得属于"恰当的"俱乐部;这些母亲还会巧妙地阻止女儿"过多地接近"那些她们认为不适合她的小伙子,并用其他方法干预和引导着他们的恋爱过程。

除两个年轻人相互吸引这一点之外,母亲们主要根据以下标准考虑,对于一个未来的丈夫来说,重要的是挣钱养家的能力,对于一个未来的经营阶级家庭的妻子来说,则不仅是为丈夫和子女"持家"的能力，还有支持他们获得稳定的社会地位的能力。在一个由信用统治的世界里，妻子的这一社会功能对经营阶级家庭来说变得更加微妙和重要了。但对这一点的重视程度随着社会阶层的降低而降低，在普通生产阶级老百姓中，还是将传统的作一个好厨娘和好主妇的能力放在首位的。

正如多萝西·迪克斯（Dorothy Dix）[⑩]所说："女人代表着家庭的社会地位。……老观念曾认为女人帮助丈夫的办法就是勤劳节俭，把土豆皮削得薄点，把旧衣帽翻新……但是一个除了苦干家务以外什么都不干的女人……对她的丈夫并没有什么帮助，她只是一个碍手碍脚的人……为人妻者是展示男人成就大小的橱窗。……大买卖都是在餐桌旁做成的；……我们同那些可促进自己发展的人一起进餐。……愿意与值得交往的人交往，属于某个俱乐部，以及会使自己变得风趣随和的妻子才对她的丈夫有帮助。……"

妻子的美貌和服饰的重要性与这种对其社交能力期望不无关系。在一本90年代的中镇很流行的玛丽昂·哈兰德（Marion Harland）的《论谈》（Talks）中，你会看到，"我们中谁会放弃这具有如

[⑩] 以下有关群体对婚姻提出的要求的讨论中，将会反复引用多萝西·迪克斯的话。日复一日，中镇的主要报刊上都会出现两栏报界统一刊载的这位老夫人对"孤独""烦人的丈夫""小媳妇"等问题的看法。这也许是唯一一种最强有力的外在渗透力量，它塑造了中镇人对婚姻的思想习惯，可能比所有可利用的资料都更能全面地反映出中镇人有关婚姻的看法。在被调查的109位回答了有关问题的生产阶级妻子中，51位说自己经常看多萝西·迪克斯的文章，17位说只是偶尔看看。而在回答此问题的29位经营阶级的妻子中，16位经常阅读该栏目，10位偶尔看看。当母亲和女儿在女士救援会的会议上见面时，她们便讨论多萝西·迪克斯的意见。她们中许多人说她的栏目是自己每天读报时首先要读的，而且有时只看这个栏目。在一个星期日早上的布道中，一位公认是城里"最理智的"牧师曾以赞许的口气引用了她的评论。

此温馨、安逸、母爱诱惑力的主妇式体形呢"？当今，随手拿起任何一本杂志，都会发现从含麸面包到减肥药片说明等一切有关改变主妇体型、恢复"年轻漂亮"的广告。90年代的那个小县城对"美容厅"还闻所未闻，而今城里已经有了7家。

多萝西·迪克斯说："漂亮是一个姑娘的王牌。"不过她旋即又补充道，没有自然美也能做很多事情，如果你"衣着华丽，你的相貌看上去就会比平时增色一半……要自己美化自己"，并"学会打桥牌、跳舞，培养听爵士乐和一些户外运动的能力"。

这种对男性在婚姻中"好的养家人"功能的强调和对女性在婚姻中持家及教子的功能，以及在多数经营群体中对社交功能的强调，深刻地影响着男女两性的相互态度。一般看法认为，"头脑"对于妻子来说不太重要，正如城里一位最有实力的年轻商人在一所扶轮中学的"礼拜会"上对毕业班学生的讲演中所指出的那样，"女孩从中学应当学到的东西，就是如何从'还过得去的人'里挑选出'真正的人'。我看姑娘一到18岁左右就该结婚了"。

当中镇的丈夫们聚在一起坦率地谈论女人时，大多认为女人是一种比男人更加纯洁，道德更加高尚，但比较不现实、易动感情、不稳定、有偏见、易受伤害，往往不能面对现实或不能深思熟虑的造物。城里一群最有思想的人一致认为："对于女人，简直就不能用批评或用一般的术语来和她们谈话，在女性的头脑中，总是把一般性的论述认为是一种个人攻击。"一位学校官员在有人提议吸收一位女性进入校领导班子时说："领导班子总共才3个名额，哪有女人的位置。"中镇一群有名的男人在谈话中提出了一个有创意的新型社会分组模式，但很快就又放弃了，因为"女人不服从，女人在其

第十章 婚 姻

家庭中是世界上最无私的,但对外人,她极易想象别人在批评自己的家庭,于是就怒发冲冠,变得不爱交际了"。

中镇的妻子们似乎部分地接受了男人对她们的看法。1891年女性俱乐部所说的几句话至今没有什么改变。"男人是上帝之树,女人是它的花朵";"地道的女子气是女人最大的魅力";"完美的女人就是彻底女性化的女人"。⑪ 在一个政治宴会上,当一桌人的话题转向女人吸烟和女政治家时,有人断言:"女人在道德上应当比男人高尚,她们能够使男人向上,也能够使男人堕落。"类似的看法也能在女人那里听到:"男人不过是永远长不大的大小孩,必须这样来看待他们。"说话人面带深谙个中奥秘的微笑。

一般说来,深厚的伙伴关系并不是婚姻所必需的。⑫ 在中镇,各阶层的丈夫们和妻子们当凑到非正式闲暇群体中时,他们之间自然而然产生的共同兴趣是相当少的。他们往往是各找自己的圈子,男人聊男人的,女人聊女人的,或大多由男人讲,女人听。即使在女性拥有投票选举权之后,在这种实际的事情上,各阶层的女性,

---

⑪ 以下是1924年在当地另一个妇女联谊会的一次会议的闭幕式上,主持人在一片赞许声中宣读的部分歌颂妇女的闭幕词:"有一种生灵,她的形象和光芒总是映在我心灵的明镜中,她的言语像那秀美的山峰发出的醉人的回音,她的笑声像木兰绽开那样甜美,她的美貌像微笑的紫罗兰和灿烂的晨晖,她的脚步就像那受到女王赏赐的使者,她的抚摸就像吹过疲倦的游客头上的和风,她的仪态就像那神圣祝福的圣坛。这种精神教会我去崇敬苍天赐予人间的最神圣的礼物:女人。"

⑫ 当地妇女对丈夫的称谓,对理解当地婚姻关系的基础具有一定的意义,这种说法也许并不完全是凭空臆断。随着男人社会地位的提高,他在夫妻关系中的地位也会上升。称谓从"我老头",经"男人""他"(最常见)"先生""约翰""我丈夫",直到"约翰先生"。前四种称谓在生产阶级家庭中比较普遍,而后两种则多出现在经营阶级家庭中。

119 正如多萝西·迪克斯所说,也还是习惯于听从男人"从外面充满竞争的世界带回来的观点"。

夫妻在纯娱乐方面的伙伴关系大致上因家庭而异。在那些加入乡村俱乐部的经营阶级夫妻中,通常是丈夫整个星期天上午玩18洞的男双"正规高尔夫球",下午则可能"专为安慰一下妻子陪她玩一轮让球的比赛"。一位为与丈夫"一起活动做过一定努力"的妻子说,她这种努力是以牺牲自己许多正常的社区社会活动为代价的:

"我的丈夫、孩子,以及照顾他们之余所从事的社区工作都是我的活。我已逐渐从丈夫生意伙伴的妻子们的社交活动中退了出来,因为,她们大部分人好像都爱从事那些不和丈夫在一起的活动。而这正是那种可能导致家庭分解的,我也不明白为什么我和我的家庭能不去做那些别人都做的事情。"最为常见的夫妻共同爱好之一是和朋友一起打牌。一部分人聚在一起诵读文学作品,但这比较少见,男士们对文学艺术的兴趣爱好现在已经趋于消失。较为普遍的情况正如一位著名女性说的:"我丈夫除了报纸和《美国杂志》(*American Magazine*)什么也不看。他一天忙到晚,回家后就坐在那里看报纸、抽雪茄、听广播,要不就睡觉。"家庭汽车似乎成了把夫妻二人的闲暇娱乐结合在一起的重要工具,它部分地抵消着中镇生活中某些明显的家庭离心趋势。[13]

生产阶级夫妇之间在闲暇活动及其他关系上的回旋余地似乎比经营阶级夫妇要小些。夫妇通常是一天劳作下来才碰面,且都已精疲力尽,没精力再一块玩或去什么地方了。许多人很少有关系密

---

[13] 更多有关闲暇消遣的讨论,参见第十七、十八章。

第十章 婚 姻

切的朋友。[14]那些比较富裕的家庭常常计划着扩建住房或送子女进师范学校之类的事情,这些事也就成了夫妻的兴趣中心。在122个工人家庭中,60家有汽车,汽车和旅行往往成为兴趣重心,有时他们也谈论住房或电影什么的。然而,在那些温饱问题高于其他问题的家庭,人们难得有别的兴趣,有时就干脆沉默不语。在一些采访中,当调查员打破了与调查对象之间表面上的沉闷或羞怯的气氛之后,家庭主妇会推心置腹说出心里话:"我希望你们常来,从来没人和我聊聊天。"或者:"我丈夫除了工作哪也不去,什么也不干,你跟他说话他也不接话。晚上他一到家就坐在那里一言不发。我喜欢聊天和社交,可从他嘴里一句话也掏不出来。"[15]共同志趣的缺乏,及双方都想从对方身上得到欢乐的观念,使许多夫妻之间缺少坦诚相见的关系,这一点对双方感情的发展产生了深远影响。中镇6位牧师中唯一一位对人们进行婚姻指导的牧师说:"我总是告诫新郎的一件事,就是他们必须具有一种思想习惯,就是对自己的妻子必须坦诚告以自己所知道的一切。"多萝西·迪克斯则极力主张:

"尽量让生活美好"是美满婚姻的口号,只要夫妻双方都表现得很好,不去过于深入地打听那些可能会刺激对方的东西,就是一种明智之举。"……出于无意是不会伤害我们的家庭生活的,聪明人是不会去刨根问底的。"再者,"夫妻之间相互猜疑,就难免产生误解"。

这种婚姻关系历来都是牢固的。"天作之合,人不可分"的信

---

[14] 关于知心朋友减少的问题,参见第十九章。
[15] 这类失调而后可能被离婚法庭认为是"冷淡、常发牢骚及从不说话",也可能会导致更粗暴的反应,从而被认为是"虐待"。

念支配着宗教的婚姻礼仪。但是婚姻礼仪的世俗化倾向，在越来越多的婚姻解体案上，甚至表现得更为清楚。在 1890—1920 年，中镇人口增加了 87%，而记录在案的离婚案在 1921—1924 年这 4 年间比 1889—1892 年这 4 年间增长了 622%。[16]1889 年时，每百例婚姻有 9 例离婚；1895 年每百例婚姻有 18 例离婚。[17]这个数目在经历了 15 年的波动之后，1909 年，达到每百例婚姻有 25 例离婚；又过 6 年之后达到 30 例。这个数字在 1918 年是每百例婚姻 54 例；1919 年 39 例；1920 年 33 例；1921 年 55 例；1922 年 40 例；1923 年 37 例；1924 年 42 例。[18]

离婚的频繁和迅速在中镇成为司空见惯的事情，"无论是谁，花 25 美元就能离婚"是一种普遍的看法。按一位新近离婚的男人的话说："如果没有争议，任何人都可以花 10 美元在 10 分钟之内离婚。你所要做的事就是去证明是自愿或无伤害，只是自然离婚而已。"以下就是在报界惯常所说的"周六上午的普通离婚议程"之后，在周日早上出现的典型的新闻标题：

---

[16] 见表十一。

[17] 《州双年度报告》中，没有提供 1895 年以前的婚姻状况。关于这些数据的来源，见表十一中的有关数字。

[18] 这些数据并没有考虑提出离婚诉讼的数量，例如，1924 年，全县有 477 对夫妇打离婚，644 对结了婚，即每 100 对夫妇结婚，而另 74 对夫妇却解除婚姻。1925 年 3 月，提出上诉的离婚案有 50 起，同时，只发出了 44 份离婚证书。中镇在这方面的情况与全国的趋势是一致的，据《社会卫生学》(*Journal of Social Hygiene*)杂志说："31 年以前，离婚对结婚的比率是 1∶14.8；10 年后的 1905 年，这个比率为 1∶6.7。在这以后的不到 15 年的时间里，这方面的统计数字已是非常精确完备了，它们说明离婚数一直趋近结婚数。"(第 13 卷，1927 年第 1 期，第 42 页) 中镇不是离婚城市雷诺，县城以外的居民离婚的趋势影响微乎其微。

第十章 婚 姻

"法庭受理了18起离婚诉讼,10起判离,5起驳回,其余的悬而未决。""(12件中)只有一起离婚案被驳回,其余的全部判离。""又一大批离婚案被判离。""法官受理6起离婚申诉,5起判离。""21个离婚诉讼安排在下周六受理。""9对不幸的夫妇被受理,5位丈夫及3位妻子被准予离婚,1起诉讼被驳回。"

如此种种轻描淡写的评论,同一代人以前的态度形成了鲜明对照。那时,州统计署在1889—1890年的《第三个双年度报告》(*Third Biennial Report*)中提供州年度离婚数据时还说:"以下是令人不快的数据。"显然,对婚姻制度的这种日渐灵活的态度,又会反作用于其自身,离婚数量增多的一个因素,也许就是离婚已日趋习以为常了。[19]

将法庭记录与被访妇女关于自己在调适婚姻关系方面所做的努力的谈话结合起来,我们便可以得出一些关于婚姻失调的概念,[20]它们是中镇如此众多的夫妇决定终止其婚姻关系的基础。在中镇所在的县里,"虐待"是造成大多数离婚的"原因"。一份有关1889—1892年和1919—1922年这两个4年间州离婚原因的比较显示,因被指控虐待而造成的婚姻解体占离婚总数的比例从30%上升

---

[19] 61名工人的妻子对离婚盛行的原因发表了意见,其中有17人认为是因为结婚"太容易"了,5人认为是因为离婚"太容易"了。14人认为主要原因是"妇女就业",而另14人则认为是"轻浮"。还有11个人中认为主要原因在于"失业"的有5人,在于"过错"的有3人,在于"奢侈"的有2人,在于"追求力所不及的东西"的有1人。

[20] 见表十二。这里并不打算因循习惯的形式,在那种形式下,离婚案的辩论比只是非常粗略地提出夫妇间的实际问题要细些。通常,离婚的真实原因被完完全全地隐瞒起来了。于是,一个以"拒绝抚养"为由离婚的男人私下里却说:"我们俩是因为三K党离的婚,我不能容忍他们再在我身边出现了。"

到 52%。[21] 一个有关"虐待"的指控可能包括几乎所有婚姻调适的方方面面，而以此为由离婚的增加也许主要说明除"通奸"和"遗弃"等特定指控以外的准许离婚的条件日渐宽松。很难说这种指控在多大程度上与两性关系有关联，但看来至少在某些案例中，这种关联是密切的。许多被访妇女表达了与这位妇女观点相似的意见："女人们从来不谈这种事，每个女人都觉得自己在和其他女人做同样的事，因为男人都是这样的。但现在她们开始犹豫了。"经常有些工人的妻子愤慨地抱怨她那不合作的丈夫总是把避孕的全部责任推在她身上。

自愿控制生育是婚姻生活中性调适的全部内容，传统上，它在美国文化中是被严厉禁止的。然而，这一禁忌现在已经开始有些松动了，这一变化或许与前文提到的婚姻日益世俗化不无关系。在众多个案中，不同的个人在控制生育方面的极为不同的特点惊人地暴露出生活在相同社区里的不同群体的特性之间存在的鸿沟。提供了有关信息的 27 位经营阶级妇女全部采用过或据信正在使用某些节育措施，并认为这样做是理所当然的，其中只有 1 人对自己控制家庭规模的做法是否理智尚存疑虑。而在 77 位有关资料比较可靠的工人妻子中，只有 34 人说她们采用过节育措施，其中 12 人仅仅是"加点小心"，两人用过简陋的土办法，只有 20 人使用过据信是较为

---

[21] 这种以"野蛮"为由离婚的相对较多的趋势显然是全国性长远趋势的一部分。根据《1887—1906 年的结婚与离婚》(*Marriage and Divorce, 1887–1906*) 所载，"将最早的 5 年，1867—1871 年，与最近的 5 年，1902—1906 年进行的比较显示，在以野蛮为由的离婚增多的同时，通奸在离婚原因的相对重要性却在下降"。(《商业部公报》，第 96 期，第 2 次修正版，1914 年，第 30—31 页。)

第十章 婚 姻

科学的人造工具，其中只有一半用过经营阶级妇女采用的工具。在那43名从未采用过任何节育工具的妇女中，有15人笼统地赞成避孕，但自己从未这样做过，认为自己的情况并不需要这样做；15人坚决反对避孕；4人是除了丈夫不愿避孕，就是自己也不知如何避孕；还有9人渴望掌握一些避孕方法，但对此却一无所知。

以下的回答便是那些坚决反对避孕妇女的典型看法：

"上帝会惩罚故意不要孩子的人。"

"大家庭确实困难，但企图做任何事改变它都是错误的，我准备接受自己的命运。"

"堕胎是谋杀，避孕也同样是罪孽深重。"

"我希望家庭人口少些，但任何避孕的做法都会对身体健康不利。"

"上帝告诉夏娃要多生多育，如果他希望她限制孩子的数量，他会直接告诉她的。有11个孩子，我身体比谁都好。他常说我的境况比随大流避孕好得多。"

根据她们中一些曾试用过某种避孕工具的人没有避孕成功的事实，以及不得不被列入"未回答"一项中的某些模糊说法来判断，她们中一些人的下述谈话似乎提出了一种潜在的糊涂观念，这种糊涂观念比她们自己描述的情形所暗示的要更加广泛深入得多地影响她们的余生：

一位妻子"恳求上苍"不要再给她更多的孩子了，她说别人有时同她谈起避孕的方法，而她告诉"他"别人是怎么说的，可他说这不关别人的事。她从不敢问他对节育的看法，但认为他是不会赞成的。她常常觉得自己要是再生孩子就会"要命"的，可又没法防

124

止。另一位妇女说:"男人是不会容忍采取避孕措施的,这是导致离婚的原因之一。"

另一位妇女抱怨说,她使用的避孕方法没有防止她生第6个孩子,当被问到为何不试试其他避孕方法时,她说:"我害羞,如果没人主动告诉我,我永远不会去打听这种事。"

一位8个孩子的母亲发现某些自制的避孕工具管用了3年,后来她就又怀孕了。她说:"我也可以不用它,可我一上医院就打哆嗦。我表姐说这些东西对我有用,但我觉得什么都帮不了我。从这个孩子出生以后,我就一直有病。"

一位妇女在6年里生了5胎,她不知道任何避孕方法,说丈夫也不会帮她打听:"他才不管我会生多少孩子呢。"

一位22岁的妻子在回答有关子女数的问题时说:"我们还没有孩子。啊呀,没有!一有稳定工作,我们就生孩子。不,我们不用任何避孕办法,我只是和丈夫保持距离。他一般也不介意,因为他正因失业而垂头丧气。我曾出去工作,但又因太胆小而不干了。"㉒

另一位妇女是铸工的妻子,她是一个满面倦容、衣着整洁、有7个孩子的47岁妇女。最近,她不得不出去工作,因为她那嫁出去的女儿带着两个孩子回来过了,而一个11口之家的负担是她丈夫承担不起的。她说:"我女儿和她那个机械师丈夫对控制生育一无所知,生了第二个孩子后,我女儿坚持要分居,直到他的工作稳定到足以供养更大些的家庭为止。他不干,但我女儿在老二哺乳期时

㉒ 这位妇女不包括在124个抽样家庭内,因为她没有子女,但她是有关失业问题的调查对象之一。

第十章 婚 姻 143

就离开他,搬回娘家住了。我是绝对相信控制生育的!但我并不了解它,我是最近才听说这事的。我真希望自己年轻时就懂得控制生育,那样他就不必拼命干活养一大家人了,我女儿也就没有那么多麻烦事了。"

在这个生活水平急剧变化,就业不稳定,个体家庭的独立性和流动性增加,日益强调子女训练、教育,注重诸如入保险和实行分期付款购买住房等长期家庭规划的时代,使人们自愿节制生育的行为呈现出金字塔形的模式。在塔顶,经营阶级群体中的大多数人几乎普遍使用了相对高效的避孕措施。顺塔顶而下,是个对避孕似懂非懂的混合体,直到对其一无所知的塔基。在底层,对怀孕的恐惧和忧虑往往与对丈夫的工作前景和可怕的解雇命运的沮丧情绪相伴相随。[23]

尽管法庭记录表明,自1890年以来,以"拒绝抚养"为由提出离婚的比例一直稳定不变,但据中镇一位曾经办过许多离婚案的律师说:"要离婚的人中,有75%是妇女,其中三分之二是因为拒绝抚养而提出离婚的。"与被调查妇女的谈话似乎也表明,在离婚原因中,经济考虑的因素比以前更加强烈了。虽然这并不一定意味着丈夫不为妻子提供食宿,但它确实说明夫妇间经济方面的调适已经有些不灵了,以致妻子宁肯独立谋生,也不愿继续寻求与丈夫的调适。前文提到的夫妻不能坦诚相见的问题也常常出现在处理与钱相关的事情上。像下面这样的调适,不能确切地说成是规律,但也是

---

[23] 如果我们考察一下在金钱社会中具有高度竞争性的行医职业与有关避孕方法的知识的传播的缺乏这两者之间的关系,也许会是很有启发的。

普遍现象：

一位商人的妻子说，她"过去一直认为，如果一个女人想工作，就没有使她不工作的理由，而且男人也没必要让女人依赖自己以显示自己品格高尚。夫妻只是由于相互间的爱情才结合在一起的。现在，我相信了，一旦自己妻子经济上不依赖自己，就习惯地认为她不需要钱，因而他就把钱花到其他女人身上去了"。

一位名气不大的商人的妻子是个自尊的女人，孩子已经上了大学。她总结道："我从不问丈夫任何有关生意上的事。"

一位妇女对城里一家最大教堂的教士团成员们发出的呼吁，反映出许多像她这样的女人的经济地位："去叫你们那些把钱大把花在雪茄和烟草上的丈夫往你们的小盒子里放几文钱吧。"

一位看上去精明强干、孩子已上中学的领班的妻子对调查员说："婚姻应该是一种伙伴关系，可我们一开始就错在没分担经济负担上。我丈夫认为跟我谈这些没什么用，我既不知道他挣多少钱，也不知道我们存了多少钱，只知道他有存款，仅此而已。正是为了这个，我才去工作的。我喜欢有自己的钱，而我丈夫却不喜欢这样。男人总是抱怨女人出去工作，他们对妻子是不公平的。"[24]

随着已婚妇女就业之风日盛，妇女已不太愿意保持一种不美满的婚姻状况了。上文提到的那个律师说："一个妇女只要一工作，她就极可能会闹离婚。只有那些从未参加工作的胆小怕事的妇女才会

---

[24] 也有某些家庭处于另一个极端，丈夫把钱全都交给妻子，由她来负责整个家庭经济，但是这样的家庭是很少的。在这两极之间，是一些临时性的、多少有些争议的协议方式。

第十章 婚 姻

对婚姻逆来顺受。失业往往会使妇女闹离婚的人数增加。"[25] 在一刚强、自尊的家庭中，23岁的女儿和21岁的儿子都结婚又离婚，并再次回到家里住了：

他们的母亲说："我女儿的丈夫每周6天都待在家里，他们在一起的时光极为甜蜜，但他们就是在钱的问题上处不好。现在，每人都有了自己的钱，也就没矛盾了。我儿子和他的妻子也是在钱上闹矛盾，他们是因为钱离的婚。"这对儿女上学上到十四五岁，但在管钱的问题上，他们明显地受到了家长的榜样的影响。这位母亲在回答有关其丈夫收入的问题时说："你信不信？我一点也不比你知道得多，而我跟他结婚已经这么多年了！ XX夫人前几天说，要是她，可受不了。但她哪知道我丈夫！他是个口风紧的人！他每周给我10美元自用，给我孩子抚养费，付一些账单。我只知道我们什么也没存下，而当我查看存折时，才发现两年来一笔进项都没有。"

这家的老人经历了一个经济上不美满的婚姻，但是在经济入不敷出、妇女普遍就业、离婚容易的今天，这一代人已经不那么能忍受这种不和谐了。

㉕ 选择不结婚而自己谋生对一些中镇妇女究竟有多大的吸引力，这点可以从一位工人妻子的话中看出来，她的丈夫从1917年至今从未失业，她自己已经41岁了，有4个孩子、一辆汽车和一栋已还清贷款的二层楼房。她说："干家务的女人总是闲不住。她没空打扮自己，除了这个家以外，她没有任何兴趣爱好。我有个朋友（在一个大百货商店）有份好工作，最近才结婚，已34岁了。我问她'你有这么好的工作，怎么到了这个年龄还想结婚呀？'"

一位新近因离婚而垂头丧气的男人简要地描述了妇女独立性增长的情况："人人都想离婚。如果一个女人不爱自己的丈夫而又能找到工作的话，她干吗要保持这个婚姻呢？嗨，女人有好多事可做，男人找不到女人为自己烧肉烤饼了！"

关于妇女就业与离婚的关系，参见本章脚注⑩。

像"虐待"和"拒绝抚养"一样,"通奸"和"遗弃"成了提出离婚的理由。这说明,导致夫妻和谐失调的不是某种孤立的事件,而是个广泛的、多因素的复合体。一位区书记官说:"每个抛弃妻儿的人都是破产者。"如此说法,不仅意味着身体和精神的损坏,而且意味着一个男人目前在健康,或在希望,或在财富,或所有三点全都破产了。[26]很明显,现在由这些特殊原因引起的离婚比较少了,而由"虐待"和其他不便分类的原因导致的离婚则增加了。[27]

现今,以这些理由提出离婚的数量的增加表明,与以前相比,有更大比例的夫妻在婚姻调适上遭到了失败。它还表明,人们更趋向追求健康的婚姻,不去进行调适,而走向离婚法庭。许多中镇人可能会同意多萝西·迪克斯的观点:

"离婚多的原因是因为人们对生活的要求比以前高了……在以前……他们只期望过一种艰苦奋斗的生活……并相互宽容。也许男人们和以前一样是好丈夫,但以前祖母不得不迁就祖父,因为他是她的餐票和进入上流社会的入场券。一个离婚的女人是失去依靠的女人。……但现在我们不这样看了。我们认为让两个互不相容的人继续待在一起是没有什么好处的。"

对生活更高的要求,重视婚姻不相适宜,反过来又依赖于城市生活其他许多方面的变化。

这些离婚的起因在整个复杂的、有关夫妻调适的中镇文化中所处的地位,可以从中镇人对婚姻的最低要求与许多中镇家庭,特

---

[26] 乔安娜·C.科尔卡多(Joanna C. Colcord):《破碎的家》(*Broken Homes*),纽约:罗素·塞奇基金会,1919年,第17页。

[27] 见表十二。

第十章 婚 姻

别是从那些生产阶级家庭的实际状况的比较中看出来。因为据处理离婚案的律师讲,在生产阶级家庭中,离婚是比较多的。丈夫应当"养"家,但是,如前所述,[28]周期性的"不景气"使许多工人周期性地不能养家。妻子应当为丈夫操持家务,照顾子女,可她却越来越多地将时间花在家庭之外有收益的工作上。夫妻应当在性关系上相互依恋,但对怀孕的担心往往会使一方或双方对它产生恐惧。两人之间的感情本应是婚姻的基础,但在日复一日的忙碌中,它有时似乎只是一种回忆,而于现实无补。当回答在"完全失去信心的时候,鼓励她继续干"的事物是什么这个问题时,68个生产阶级的妻子中竟没有一人提到自己的丈夫。[29]似乎不止一位妻子认为,丈夫与其说是个人,不如说是个麻烦和恐惧的焦点,是失业的忧虑,是未获升迁的失落,是对怀孕的恐惧等这一切复杂的、应当避开的事情的中心。对许多丈夫来说,妻子也变成了某种同厌倦、太多的孩子、替别人洗衣物联系在一起的东西。正是在这种情况下,出现在离婚法庭上的"虐待""遗弃"和"通奸"案件才屡见不鲜。这些不同类型的感情失调对谋生、子女抚养及其他活动的影响也是不可低估的。

然而,只重视这些显而易见的现象,就容易形成一种对中镇家庭的曲解。就大多数家庭而言,失望和忧虑被深深地埋藏在心灵深

---

[28] 参见第七章。
[29] 参见第二十章。
一个调查对象的回答反映出女人在想到丈夫时最容易想到的是:"晚上我们又会在一起了。"只有极少数经营阶级的妇女回答这个问题。无论是经营阶级还是生产阶级的女性,在日间空闲时间想做的事情中,都没有提到和丈夫在一起。参见第十九章。

处,永远不会显露出来。而且,无论恐惧的阴影有多么深重,这些家庭总是在计划今天,憧憬明天,总会有短暂的欢愉,总会"对那些微妙而又实在地缓解着生活的悲伤和失望的日常习俗,尽些小小的义务,做出自觉的反应"。

看来在许多家庭中,这种对习俗的反应确实成了婚姻最显著的特征。在中镇的一些人家,无论是生产阶级还是经营阶级家庭,所到之处无不使人感受到涓涓细流般的欢乐,以及夫妻之间那发自内心的清新感。但是,这样的家庭是稀少的。在其余的缺乏这种素质的家庭中,婚姻无疑是两人生活中最现实的东西。对许多即使只是作为一种遥远的可能性也从未想过要上离婚法庭的夫妇来说,婚姻似乎是漫步在一条友好而单调的旅途上,其特点是双方都能理智地处理自己所分担的对子女、分期付款及日常"生活"的共同责任。

第十一章 子女抚养

中镇人认为生儿育女是家庭的基本功能。虽然传统的、有关"多生多育"的宗教教规从90年代起就有些松懈了,这一代人的祖父们引为自豪的6—14个子女的家庭也已经不知不觉地被认为不如2—4个子女的家庭"可爱"了,①但是,生育子女在中镇仍然被视为一种道德责任。确实,在这个拥有各种诱惑性选择机会的都市生活中,子女已不再是生产人手,而只不过是吃饭的嘴巴而已,所以人们对这个问题的权衡也许更自觉地偏重于其道德的重要性了。1925年一份主要报纸社论的名言反映了当时的普遍观点:"有意拒绝对子女负责的已婚者理当是抨击的众矢之的。"然而,随着家庭规模的日渐稳定,舆论的重心又从生孩子逐渐转向了养育孩子。一位富商妻子的话代表了现今几乎所有经营阶级家庭的态度,而且这种态度显然也正迅速渗入生产阶级的家庭。她说:"如果你真想为孩子做

---

① 现在这种每对夫妇只要少数子女的现象,是与社区中的许多行为趋向密切相关的:高标准的生活;妊娠对妇女身体的折磨与普遍强调妇女"永葆青春"这两者之间的关系;期望有更多的时间和精力用于俱乐部活动和树立社会形象上;夫妇都从事谋生活动的趋势的发展;等等。
　　没有中镇1890年婴儿死亡率的数字,甚至连最近几年的也没有。显然这方面的变化也会影响家庭的规模。中镇也许像其他地区一样出现了婴儿死亡率下降的现象。参见第二十五章中有关该城医疗保健的讨论。

点什么，就不能要太多的孩子。我们年轻时从来没想过上大学，可我们的孩子除了上大学什么都不想。"

家庭出身赋予了孩子在群体中的地位，[②] 正如第四章中所指出的，孩子生活中的大部分重要活动都取决于他出生的家庭是生产阶级家庭还是经营阶级家庭。家庭对儿童的养育方式对塑造他那些较重要的生活习惯起着很大的作用。"家庭作为社会化过程的接力点的重要性是怎么估计也不过分的。"[③] 这种接力不只是通过父母有意识地为子女安排的训练，更多的是通过全部家庭生活来进行的。一个孩子从出生到五六岁这段时间，他几乎都完全是在个体家庭，由其父母在某种条件下，按照某种计划或就自己所好而无计划地来进行教育的。他或许生活在一个父母双方都以谋生为主的家庭中，或是一个至少母亲要在孩子身上花费大量时间的家庭；一个充满情感的家庭，或一个整天吵闹不休的家庭；具有不同的宗教、政治倾向和不同闲暇利用方式的家庭；他可能在挨打或引诱中"学乖了"，他也可能是家庭中的皇帝；他可能经常受到爱学习的鼓励，也可能被告知"不要问那么多问题"；他可能受到"永远要讲真话"的教导，也可能在编造小谎言时而被人"逗乐"，总之，只要不是受"虐待"，谁都管不着。从五六岁到十一二岁，家庭仍然是孩子主要的正规的责任单位，但已经有了义务教育、有选择的宗教训练和日益增强的伙伴群体的影响。过了十二三岁，由于其他各种塑造性格的影响，

[②] 瑞沃斯把婚姻非常重要的功能说成"一种将每个出生在社会中的人指派到一定的社会地位上的手段。……每个孩子凭借其作为婚姻的产物而获得自己在社会结构中的地位。"(《社会组织》，第37—38页）

[③] 戈登韦泽：《早期文明》，第239页。

第十一章 子女抚养

家庭的作用退居次要位置了。到了将近二十岁时，孩子已经在某种程度上被视为小大人，逐渐脱离了父母的权威。

所谓"子女抚养"，在中镇的传统观念中主要是指使儿童遵循已得到认可的群体行为方式。一个"好家庭"能够确保最大限度地循规蹈矩，而一个"坏家庭"则不能达到这一点。然而，现今迅速变化的环境以及家外联系机会的增加，使得牢牢固守既定群体规范变得越来越困难。中镇的父母们总习惯于把自己年轻那会儿的"问题"当作新问题讲给这一代人听，而这一代人正处在老一辈的做法已不再适用形势中。从孩子十分幼小时开始，家庭先前的权威就受到挑战。比起慢节奏的90年代，儿童待在家里时间减少了。庭院面积的缩小使可供儿童游戏的场地也缩小了。[④]"妈妈，我在哪儿玩？"一个6岁的小男孩，当他正在向过往的汽车抛掷冰块玩耍而被妈妈拖回一个狭小的前院时，这样骂骂咧咧地哭着问道。一位母亲说："我家是个大家庭，每当吵起来的时候，我丈夫就会拉上一方说，'出去到星光下冷静一下吧'。我倒是愿意和孩子一起去，但我们得爬上屋顶去看星星！"社区最近开始设立一些公共游戏场，以促进那种母亲"照看"庭院中的孩子的时代的结束。自1924年起，公立学校取代幼儿园，开始招收四五岁的儿童，为四五岁的孩子提供除家庭之外的另一种选择。一位迷惑不解的父亲解释道："嗨，就连我那个上幼儿园的最小的孩子都能告诉我们在哪里下车。他不吃白面包，因为他说，在幼儿园，他们告诉他棕色的更有营养。"

通过父传子艺的方式建立起来的家长权威也不完全像以前那

[④] 参见第九章。

么大了。儿子在父亲的工作台上学手艺的减少了，或许在父亲手下学徒的也减少了；⑤女儿跟着母亲学习烹调和缝纫的也不多了。不少被调查的母亲不快地谈道，她们的女儿在学校上了家政学的课，回家后就嘲笑母亲那祖传的操作方法"过时了"。⑥

生产阶级的母亲越来越多地外出工作的趋势，促使一些家长功能不那么明显的群体更产生了此想法。据当地报纸在《动态的家长》一文中的报道，大战后，XX中学任命一位"女校长"：

"人们发现，白天工作晚上忙家务的母亲不可能有足够的时间照顾上学的孩子们。……据信有必要让一些对孩子非常感兴趣的妇女在学校里……奉献她们的全部时间和孩子们在一起，为他们工作。……校长的职责是从社会、宗教及教育等各个方面来解决孩子们的问题。"⑦

进入中学后，吸引孩子们离开家庭的力量成倍地增加。课余时间的体育活动、戏剧排演、社区会议等都需要他的支持；基督教男青年会、基督教女青年会、男童子军、女预备队、看电影、开车

---

⑤ 参见第六章中有关中镇工人的儿子们放弃父辈工作行业的趋势。

⑥ 除了烹饪和服装裁剪课以外，学校最近又增设了子女看护和营养课。参见第十四章中关于职业与家政学课程的介绍。

由于居家环境的保守影响，也许90年代比现在更强调这种母传女式的传授家务知识的方法。每一代新结婚的夫妇只买得起较旧的房子，这样他们的生活习惯就多少要受到这些房子初建时那些习惯的束缚，因此建房过程变得趋于固定在老一辈的模式上。新近迅速发展起来的贷款建新房的方式和节省家务劳动的措施与学校里的家政学和妇女杂志的传播结合在一起，打破了母女相传体制的延续性。

⑦ 到此为止，这段话里提及这位女校长的实际工作的地方不多，这里想着重说明的是，这个新的办公室对此事实际上是很有看法的。

第十一章 子女抚养

出游,这一切超过邻里关系的父辈年轻时闻所未闻的活动,如今已成为孩子们兴趣的中心;在公共场所举行的俱乐部会议、⑧好友聚会和舞会,把他的每个晚上都占得满满的。与驾车去附近城市看新影片、跳舞相比,家中的"约会"就显得"漫长"了。难怪高中的少男少女们注意到,自己出去参加学校夜间活动的次数以及回家的时间,比别的事情更多地成为与父母发生冲突的原因。⑨在回答这个问题的青少年中,有一半承认自己每星期晚上待在家里的日子不超过4天。⑩一位经营阶级的母亲说:"直到近一两年孩子们上高中以

---

⑧ 参见第十八、十九章有关这些正式的闲暇活动增多的讨论。

⑨ 中学二三四年级的348名男生和382名女生在一份列有12项可能与父母发生冲突的原因的问卷上画钩,其中45%的男生和43%的女生勾了"晚上回家的时间",另有45%的男生和48%的女生勾了"参加学校晚会的次数"。由于大多数都选择了一项以上,所以总数大于100%。见表十三和第十八章。填写这份问卷的男生的家长是经营阶级和生产阶级各半的(参见第六章有关这些男生的分布)。

⑩ 中学二三四年级学生中有396名男生和458名女生回答了"在过去7天里有几个晚上你从晚饭到睡觉都在家里?"这问题,结果如下:

	男生的百分比	女生的百分比
1晚也没在家	19	5
在家1晚	11	9
在家2晚	12	12
在家3晚	13	18
在家4晚	15	18
在家5晚	14	19
在家6晚	9	11
在家7晚	7	8
合计	100	100

(转下页)

前，我从未受过他们的批评。但现在我的女儿和大儿子总是说'可是，妈妈您也太守旧了'。"另一位年轻母亲说："我14岁的女儿认为如果11点以后不让她跳舞就是'残酷'，我告诉她，当我像她那么大时，必须在9点以前回家，她说：'不错，妈妈，但那是50年以前的事了。'"

孩子越来越远离家庭所带来的是经营阶级家长所说的"早熟"问题，或按生产阶级家长的说法，"现在，十二三岁的孩子的样子就像成年人一样"。少数有钱的家长不自愿地让孩子退学，主要是为躲避这种似乎难以避免的使孩子早熟的社会生活。只要听听母亲们困惑的谈话，地方报纸1900年通告的"从3月1日开始，宵禁钟不再是8点而是9点响了"，就显得十分遥远了：

"我们能干什么？"一位母亲抗议道，"连教会组织的活动都那么晚，我那个15岁的儿子，每天都11点回家，可前些天教堂的青年协会组织了一场舞会，由母亲理事会秘书主持，可他们竟从9点一直跳到12点。我儿子11岁时开始参加舞会，那时我们要求他10点半回家。我认识他女朋友的母亲，所以我就打电话把我的态度告诉了她。她说：'我真不愿意对我女儿讲这种事，因为我不想打扰她的快乐时光。'"⑪

（接上页）换言之，有55%的男生和44%的女生在过去7天里，晚上在家的时间低于4次。其中男生的活动性比女生稍大一些这点或许是值得注意的。

为了确保这一结果不是从特殊的一周得到的，问卷中还要求学生写出其典型的一周里晚上在家的次数，如果它与刚刚过去的一周不同的话。结果表明两者并无实际差异。

参见第十八章中关于看电影的数字。

⑪ 参见第十二章关于重视舞会穿着是早熟的一种表现的讨论。

第十一章 子女抚养

"我们一直没解决这个问题,"另一位谨小慎微的母亲说,"去年我们认真地考虑过要让女儿退学,以便躲开这种社会生活。我们尽可能将家里搞成活动中心,并不断更新,这样孩子可以好好和朋友们一起在家玩,可这并不太管用。旅馆或其他公共场所总是有舞会,我们不愿意让孩子外出参加学校晚会,可也不能总不让他们去呀。昨天晚上是教堂的万圣节晚会,今晚又是中学的演剧社的舞会。我们真是为她担心。她已经开始感觉到自己和别人不大一样,因为我们管她比较严,不能像别人一样老往外跑。"

几乎每个母亲都承认做过某些让步。"我从来就没想过我会让女儿参加那么多俱乐部。"一位有头脑的女中学生的母亲说,"我一直批评这样做的家长们,但当事情到我头上的时候,我就想要减少她对男孩子的兴趣,唯一的办法似乎就是用别的事情填满她的生活。除了午后音乐会和基督教女青年会俱乐部以外,她还参加了3个中学生俱乐部。"

一位因让孩子"跑野了"而遭到邻居们批评的母亲坚持道,她和其他母亲的唯一区别在于她知道孩子在哪儿玩,而其他人不知道:"我希望你们也知道有多少女孩到这儿来,而后又去了(一个15英里以外的很受非议的公共舞会胜地)。他们说:'一晚上都和伙伴们在一起可真不错,但没办法向妈妈解释,所以不告诉她就是了。'"

一位生产阶级母亲说,她也不再让孩子们去教堂参加星期日晚会了,"因为,那只是他们离开家门的借口"。

深夜远离家门,进一步带来了学业和汽车使用方面的矛盾,学业问题被少男少女们排在与父母发生争执的原因中的第三位。[12]

"那群姑娘两年前还和学校里的其他人一样好。"一位中学老师惋惜地说,"现在她们都参加了两三个俱乐部,每天早上都见她们昏昏欲睡的,家庭作业也没做,告诉我她们昨晚12点或1点才睡觉。以前,他们的晚会常常是早开早散的,而现在,不开到午夜就不算个晚会。"

在争执的原因中,用车的问题,男孩排在第5位,女孩排在第4位。[13]这种新型运输工具在年轻人中的普及极大地扩展了他们的流动性及面临的选择范围,一大群人一起驱车到20英里外的城镇去参加舞会,片刻之间就决定下来,不需征求任何人的同意。另外,在中学同学中,家里有车没车已成为衡量其社交能力的重要尺度:男孩如果没有车几乎就不能邀请女孩参加舞会,因此,有关当地一些家庭以买车来提高孩子在学校的社会地位的传说,总是不断。

如今这个更加复杂的社会生活带来了另一个中镇家长们谈论很多的"问题",即有关少年男女之间肉体接触的某些传统禁忌日益松弛的问题。在这个问题上,近30年的新发明再次发挥了作用。在1890年,"有教养的"少男少女不允许一起坐在黑暗的地方;但电影和汽车解除了这一禁忌,而禁忌一旦取消,这种行为就容易蔓延开来。1890年,乘公共汽车的流动性是很有限的,一般下午3点至8点有车,而且大多禁止8点半以后孩子们没人监护地外出。然

---

[12] 见表十三。有40%的男生和31%的女生把它作为一个引起摩擦的原因。
[13] 有36%的男生和30%的女生把这点作为一个引起摩擦的原因。

而，在汽车时代，人们可能会跨半个州去某城参加下午或晚上的聚会，而且，尽管这种无大人陪同、通常搞到午夜的驾车聚会常受到人们批评，但它却仍然屡见不鲜。丰富多彩的《真实故事》(True Story)杂志在中学生中的广泛流传和经常观看"性影片"，促使孩子们去模仿类似的动作和情景，这在当时尚缺乏这类生动的传播渠道的时代是不可想象的。[14]

家长控制的放松与集体聚会的减少相结合加强了每对男女的排他性。据90年代的中学生们回忆："我们那会儿全部是大家一起去参加晚会，然后一起回家。如果那两个人自己跑了，人们会认为他们是在开玩笑呢。"现在，报纸报道中学俱乐部舞会时，要仔细强调出席舞会的每位姑娘的陪同者。舞会上，单人跳的舞为数不多了，但每个人只与少数舞伴跳舞的趋势很强，有的自始至终只同一个人跳。正像一位少年所说："当你花了四五美元带个女孩进舞场

---

[14] 参见第十七、十八章有关这些闲暇活动的讨论。从下面这样一个姑娘的生活习惯上反映出这种新的传播潮流的影响：这是一位年方17岁身体健康的中学生，她在学校里很有名气。她父亲是一个高级技工，与研究人员有一些私人交往。这个姑娘每周看两次电影（上周仅在家里待了一个晚上），而且每周或每月都定期阅读《小小说》《短篇小说》《世界主义者》《真实故事》《自由》《风流人物月刊》《妇女周刊》《贵妇人》和《矿工》杂志。她经常和父母吵架，经常谈论穿着的式样，要不就是使用家里汽车的事及她的男女朋友的事。在与家长的生活方式存在差异的现实下，她却仍旧保持着家庭的宗教传统，是一个不知疲倦的教堂工人和主日学校的教师。

流行歌曲与1890年以及今日的求爱习俗之间的可能联系，是不可忽视的。在诸如"舞会后""活泼漂亮的莉莲""在双人自行车上"等一代人以前的民歌中，情侣们只会一起坐在花前月下，"轻轻地抚摸对方"。在一些较大胆的歌曲中，有来自一方的亲吻或"拥抱"，但绝没有像今日的中镇青年跳舞时如醉如痴地唱着的"我将抓住你，拥抱你"那样的歌。

时，你可不愿意让她这一晚陪别人跳舞。"

在这样早熟的环境中，男女之间的态度变得越来越坦率就不足为怪了。241位中学男生中的48%和315位女生中的51%对以下比较极端的说法填"对"："中学男女生中有十分之九参加过可随便亲吻的'爱抚晚会'。"⑮由中学二三四年级生填写的一份问卷表明，405位答卷的男生中（在201个回答此问题的人中占88%）有44%的人，464位答卷的女生中（在205个回答此问题的人中占78%）有34%的人，承认自己参加过"爱抚晚会"，并在表上列出的这样或那样的参加理由上画了勾。⑯学校

---

⑮ 35%的男生填"错"，15%的人填"不详"，2%的人未回答。38%的女生填"错"，10%的人填"不详"，1%的未回答。

当然，对这样的问题有数不清的无礼回答。我们要求学生宁可空着问题，也不要不认真回答。调查以后与学生们的随便交谈证实，就提出这个问题的人的一般感觉而言，大多数学生是认真回答的。一个男生说："我觉得答错了一道题，我在"十分之九的男女中学生参加过爱抚舞会"一问上填"对"，其实我认为它不超过四分之三。像这样的数据都应该被当作基本意向性的。

参见附录的"研究方法"。

⑯ 群体压力显然是个强有力的因素，特别是在姑娘中间更是如此。241位中学三四年级男生中的77%和315位女生中的65%对"大多数接受'爱抚'的女性并不是因为喜欢爱抚，而是因为害怕拒绝会不合群"这句话填"对"；34%的男生和24%的女生对此话填"错"；填"不详"的人分别为17%和9%；未回答的分别为2%。"曾参加过爱抚晚会"的177位男生中，有86%人说他们这样做是为了"活得愉快"，8%的人说是怕不合群；而在159位女生中，有48%的人说她们这样做是为了"活得愉快"，36%的人说是因为怕不合群。

男孩子们的回答一般如此："不能落后，因为别人都这样。"而在女孩的回答中，下面的话是有代表性的："不这样做别人会笑话的，我想只要别太过分，就没什么坏处"，"被迫的""怕被人讥笑"，但有一次是为了"活得愉快"，"因为别人的坚决要求很难不去，因为我交的男朋友要去。"

余下的6%的男生和16%的女生的回答大都是"好奇""我爱他（她）"等。

中有一小群女生以不允许男孩"爱抚"闻名,她们往往"受人尊重而且招人喜欢",但是"男朋友"比较少。更多的人不以"爱抚"为禁忌,"其中不乏'好人家'"的子弟,据说他们对看电影、跳舞和汽车晚会的需求要多得多。也许部分地由于经常一起观看银幕上做爱的镜头,部分地由于法不责众观念的推动,以前当众调情的异常严格的禁忌从年轻人那里开始松动了。以下这些由中学生们所提出的参加"爱抚晚会"的各种托词说明这个词对他们来说是有明确的群体含义的:"我不知道会是这样的晚会""我待的时间不长""我不信他们会那样,所以去一两次看看""只想看看是怎么回事"等等。无论是生产阶级还是经营阶级家庭的母亲,无论她们是为两性之间更加坦率的态度而感到痛惜,还是把它当成一个健康的标志而加以欢迎,全都承认它是客观存在的,也都提到现今女孩子装束更具挑逗性是这一变化的因素之一。以下这些同时来自这两个阶层的母亲们的议论是有代表性的:

"现在的女孩子不那么顾忌了,她们穿着奇装异服。""这就是女孩的服装。姑娘们那样穿戴,我们就不能让自家的男孩太保守了。""现在的女孩儿胆子真大,看看她们装束吧。""现在的女孩进攻性太强,竟然主动和男孩约会,我当姑娘那会儿是绝不会这样干的。""去年夏天,6个姑娘组织一个晚会,她们邀请了6个男孩儿参加,一直搞到凌晨3点才回家。姑娘们总给我儿子打电话约会。""女孩比过去胆子大多了。要是在过去,一个女孩子家主动打电话约男孩带她去什么地方,那就意味着没什么好事了,可现在她们全都这么干。""曾经有3个姑娘约我儿子去跳舞,但并没有和他过夜。"⑰ "我当姑娘的时候，那些涂脂抹粉的不是好姑娘，可现在你看看我们那些好人家的女孩吧！"

家庭控制的削弱和年轻人的早熟还给中镇的家长们带来了另一个难题，即子女身份问题越来越棘手了，特别是当男孩子接近成年的时候更是如此。从社交方面看，两个阶层的子女都是在一种正规的社会体制下较早地进入与异性成为配偶的状态的，这种体制对他们提出了许多与自食其力的成年人相同的行为自主的要求。从性关系方面看，他们的自我成熟意识是通过其社会礼仪的成熟、电影和流行杂志等多种传播渠道来增强的。但与此同时，在经济上，州法律又使他们一直到16岁离开学校以前都要以依靠父母为主，而且，实际上，迅速普及的延长教育的风气趋于把他们依靠父母的时间推迟2—6年。这种形势所固有的经济压力又由于家长们的实际状况而加重了，这就是现在家长一生中，必须跨越比以前任何一代人都要多的横在基本生存面前的经济障碍。而学校食堂的午餐费、看电影看体育比赛的费用，以及复杂多样的社交活动费，其中包括俱乐部会费、正式舞会和聚餐费、出租车费、演出费和置装费等，这一切意味着各阶层的孩子们都比其父辈年轻时更早更多地花钱了。348位中学男生中的37%和382位女生中的29%在回答问题时将"花钱"勾为自己与家长之间发生争执的一个原因。⑱

---

⑰ 电话的兴起在这一变化中起到了重要作用，因为电话为人提供了一种半秘密的、部分非人格化的与异性交往的手段。其影响随之也扩散到当今的中学生群体中，这些人的老辈们的大部分社交活动就是由女性来进行的，而电话的普及就更增强了女孩的进攻性：14个圣诞节舞会中，只有5个是由男性组织的，其他9个都是由女孩找男孩办的。

⑱ 见表十三。

"当地一位年轻人渴望回到那个能和自己的'好姑娘'坐在家里的长沙发上销魂的美好的旧日时光。"一家地方报纸写道。他说:"现在,你不花上5美元的大钱就别想约会。"

文章接着写道:"卖煤的和经营天然气的人也许会害怕夏天的到来,可花商们却不会担心春季在每家的庭院里都能看到鲜花。'这没什么,'当地一位花商说,'年轻人从自家院子里摘一束鲜花送给心上人的时代已经过去了。现在,姑娘要的是装在佩有最佳花商姓名的盒子里的一打玫瑰或一束胸花。'"

另一篇评论写道:"现在还有一些年轻人认为,看完电影后,带姑娘去冷饮店,她会非常高兴。这是被某人称作'绝顶老式的做法'。现在,为了度过整个晚上,你得开着6缸7座的轿车带她兜风,必须带她惠顾最昂贵表演,带她去最时髦的餐馆。"

虽然这些话里带有新闻的夸张报道,但它们还是反映出一种对各阶层青年人都有影响的强大趋势。中学二三四年级的386名男生和454名女生对花钱的来源这个问题的回答反映出不同的家庭为满足这种新的经济需求而采取的多种多样的调节方法:有3%的男生和11%的女生以补贴的形式得到所需的钱;15%的男生和53%的女生花钱要靠找父母要,或作为礼物得到一些钱;37%的男生和9%的女生自己挣钱花。[19] 这里也许有一点是值得注意的,即有四分之三以上的中镇男孩正在养成经济上不依赖别人的习惯,至少做到自己能挣一部分钱,会精打细算,而半数以上的女孩则仍习惯于完全

---

[19] 另外,9%的男生和5%的女生既挣钱又有补贴;31%的男生和17%的女生除补贴外还能从其他渠道得到钱;5%的男生和5%的女生除挣钱外还能从其他渠道获得补贴。

依赖父母,这已成为中镇妻子们的特征。[20]没有什么比这些准成年人对家长势力提出的挑战更尖锐了,他们的要求是那么理直气壮,可经济上却要全部或部分地依赖父母,同时又不愿意轻易服从家长的权威。

重新大力维护既定的规范是人们对家长权威所遇到的各种挑战和子女地位变化所作出的自然反应。在中镇,一些传统观念仍很普遍,认为孩子既然依赖父母,父母就有权利和责任对他们施以"责罚",要求其"顺从"。

"纵观一下伟大人物的生活。他们的母亲都是真正的主妇,既不会因孩子告饶而心软,更不会放下鞭子惯坏孩子。"1924年,一篇在某个妇女俱乐部联盟的会议上宣读的文章中写道:"那些从摇篮时代就学会服从,能自制并服从权威和做好事的男女们,才是世界上成功幸福的人。"

一位杰出的银行家和一位著名的医生在餐桌上一番讨论后达成共识,认为在每个孩子的一生中都应该有一个生动活泼的、以"让他们知道家庭的权威在哪里"的学习过程。"你得让他们懂得尊重家长的权威,只有建立起这种权威,你才能继续与他们发展最好的关系。""我的小孙子来看我。"一位教师在一所大教堂的主日学校课堂上说,"他是个很坏的小家伙,精力充沛,让他做什么,他都不做。"一位工人妻子困惑地说:"我打算尽量严格把小女儿带大,这样,即使她以后学坏,我也不会觉得是自己没尽到责任。"

---

[20] 正如一位四年级女生所说:"我们一些人不想要补贴,没有它你能挣得更多。"

第十一章 子女抚养

不仅家长们感到固守既定的群体规范越来越困难，而且规范本身也在起变化。因此，许多家长在究竟应该如何管教子女的问题上，感到越来越迷茫和犹豫不决。正如一位困惑的经营阶级母亲所说：

"你见到别人对孩子管得都很宽松，可能会觉得这样很好，但你总是害怕去做那些与自己母亲的做法截然不同的事情，担心会背离一些基本准则或做错什么事。"

作为考察中镇母亲们在教育子女方面的着重点，以及新一代人脱离老一辈轨道的情况，我们要求被调查的母亲们根据她们在子女教育方面的着重点对列出的 15 种品质打分。然后，再根据每人自身所受的家庭教育情况来判断 30 年前自己小的时候母亲会如何打分。[21] 在生产阶级和经营阶级这两大群体中，老一代母亲所强调的品质中最重要的是"严格服从"和"忠于教会"。[22] 在新一代母亲中，生产阶级家庭的母亲仍认为它们很重要，但其头等地位已多了一些实力接近的竞争者；在经营阶级家庭的母亲们中，"严格服从"还是

---

[21] 见表十四。问卷包括了15项我们所观察到的中镇人在教育子女中或多或少强调的品行：坦诚；成名成家；专注力；社会意识（定义为"对那些不幸的人的个人责任心"）；严格服从；喜爱艺术、音乐和诗歌；节俭；忠于教会；懂得性卫生知识；宽容（定义为"尊重不同意见"）；好奇心；爱国精神；良好的举止；自立（定义为"有自己动手动脑的能力"）；学习成绩好。问卷由妇女们来回答，她们先要标出自己认为最重要的问题，给3个最重要的打"A"，5个次重要的打"B"，给第三重要的打"C"，给自己认为不必要或不需要的打"0"。然后，让她们在另一列标出自家子女教育中的重点，以及她们母亲可能做出的选择。当然，这样的填法是不太可靠的，它只是根据词意来判断的，但我们尽了一切努力来核对妇女们关于自身教育的记忆，以确保她们认真对待调查。

[22] 见第二十章和第二十二章有关宗教重心的变化。

一样，而"忠于教会"却被排在"自立"和"坦诚"之后。"绝对服从不解决任何问题。"一位给这条的重要程度打0分的经营阶级母亲说。另一位母亲说："我担心我曾真正强调的是服从是忠于教会和在学校取得好成绩。那些都是好办的，都可以通过习惯势力来自然而然地强调。我真正相信的是那种重在专一、独立和耐性的稳扎稳打的训练。"

　　在许多家庭中，正在形成一种能够坦率交换意见的比较民主的家庭关系："我妈在很多方面都很好，但我现在可做不了那样的母亲。我要做孩子的朋友，悉心倾听他们的呼声。"自己给服从打0分、给她的母亲打A的一位母亲说道。一位工人妻子说："孩子小时候还可以要求他顺从，但我们孩子已经上中学了，如果现仍用老法子逼他们，他们会离家出走。"另一位说："我们希望使孩子感到，他可以有自己的看法，我们把他当作平等的一员对待，听取他的观点。"孩子们对家长这种做法的评价反映在他们对父亲应具品质的看法中：有369位中学男生和415位女生把"尊重孩子的看法"仅仅置于"多花点时间在孩子身上"之后，而在母亲的应具品质中，这两者的重要性分别排在"多花点时间在孩子身上"之后的第4和第5位。[23]父母在此问题上的差异反映出，尽管父亲与日常的子女抚育关系不大，但正是他不时地对家务事提出"异议"。

　　母亲们在打分时所出现的对强调性卫生知识的态度变化也许部分地反映出她们对目前性自由后果的恐惧。许多母亲都说："我们目前能够做的只是教育少男少女们懂得这些。"67位给这些项目打

---

[23] 见表十五。

分的工人妻子中，只有 4 位表示本人及其母亲都不赞成对青少年进行性教育，有 32 位表示其母亲不赞成性教育；在 37 位填写此项选择的经营阶级家庭的妻子中，没有一个反对性教育，尽管她们表示自己的母亲中有 22 位反对。有些工人妻子认为学校应该进行性教育，但缺乏亲自对子女进行这类教育的勇气。[24] 在那些确实尝试过对子女进行性教育的母亲中，生产阶级和经营阶级的教育方法也有明显的不同，从某些工人妻子口中的荒诞故事，到一位经营阶级妻子带她 4 岁的小儿子去观看小狗下崽并回答了他所有的问题这样的实践，差别非常之大。

由于没有其他公认的对青少年进行性卫生教育、介绍群体有关性行为的规范和禁忌的方法，这种更多地进行家庭性教育的趋向就显得更有意义了。中镇所有学校都不设置正规的性卫生课程。一位中学女校长说："我是一个旧式的母亲，我不赞成让孩子知道这种事。我们越向他们灌输这种知识，他们对这件事想得就越多。"据城里 6 家主要新教教会的牧师和基督教男女青年会书记说，他们各自的组织从未在这方面进行过任何正式的教育。[25] 但是，孩子们实

---

[24] 一位 30 多岁、有一个 16 岁女儿的生产阶级妇女的话显示出家长们的这种不知所措的情形："我认为应该教孩子们这些事情，但我做得不够，我自己从来就没跟女儿谈过，尽管我想她知道的比我预想的要多。她是我的独生女，我简直不能想象她会与这些事有联系。我想即使她马上就要结婚，我也不会与她谈这些事，我就是做不到。"

[25] 这一方面仅有的例外，包括基督教男青年会圣经班上有关"保持洁身"的愿望的讨论。在该会夏令营的非正式篝火恳谈会上在谈其他问题时接触到这个问题，另有一个基督教女青年会的俱乐部中的女孩们有时会向组织者提出此类问题，以及 6 家大教堂中最小的一家教堂中的牧师在家长同意的情况下，会对一些男孩单独讲解这些事情。

际的性知识远不仅是由父母传授的,这点体现在264位中学男生和344位女生对"你的性知识主要是从谁那里得到的"这一问题的回答上,他们中只有32%的男生和68%的女生写下他们父母的名字作为主要的知识来源。㉖

尽管难以使子女保持旧有的规范,且规范本身也在变化着,但并不是社区里的所有潮流都是向着加宽亲子之间代沟的方向发展的。母亲主要担负着抚育子女的大责任,中镇的许多母亲,特别是经营阶级的母亲,把她们越来越多的闲暇时间中的一部分献给了孩子。㉗以下这样的话代表了许多被调查的经营阶级妻子的观点:

"我把全部生活都献给了我的小女儿。她每周上三次音乐课,我每天陪她练习40分钟。我帮她做作业,还陪她去舞蹈学校。"

"在我的记忆中,我母亲从来就没进过学校大门。但现在我过不了10天不是去孩子的学校,就是和他们的老师联系一次。由于孩子的出生,我放弃了教会和俱乐部的工作。我总喜欢在他们放学回家时在家等他们,这样我就可以熟悉他们的游戏和伙伴。所有多余的时间都用来读有关营养和性格形成的书。"

"谁都问我们怎么把孩子带得这么好。我的负担当然比我妈重多了,现在的一切都趋于削弱家长的影响,而我们的办法是花时间和孩子们在一起。我总是去做女儿的朋友,我丈夫则把很多时间花

㉖ 42%的男孩和22%的女孩说,他们从各自的男女朋友处获得大量的知识。11%的男孩和0.6%的女孩分别获得基督教男女青年会工作者的称号。1%的男孩和2%的女孩是"周日补习学校教师"。4%的男孩和4%的女孩是"学校老师"。其他的回答比较分散,各种各样。孩子们都没有特别提到电影和所谓"性杂志",但根据别处许多父母所说,这些占据孩子们生活的重要部分。

㉗ 参见第十二章有关两个阶级的妇女的家务劳动时间都在减少的论述。

第十一章 子女抚养

在儿子身上。我们一块去打篮球，夏天去逛州里的集市。"

"我和丈夫曾是一个乡村俱乐部的成员，但自从有了孩子我们就退出了，买了一辆汽车，为的是全家可以一起驾车出游。"㉘

同那些清闲的经营阶级主妇相对的一极是广大的生产阶级主妇群体，外面的工作和没完没了的家务活的压力使她们没有太多的时间考虑孩子们的日常生活：

"我想更多地跟孩子玩，但是我累得有时间也不能跟他们玩，"一个人说道，"我提不起精神来，我男人干一天活累得要死，回来后就是睡觉休息，根本不跟孩子玩。"

一位妇女在被问到她的8个子女的前途时茫然地说："我从来没想过。"

某些压力不太大的生产阶级主妇在子女抚育上花的时间和心

㉘ 即使是经营阶级的母亲们，实际用在孩子身上的时间也是不能被过高地估计的。妇女们的生活被俱乐部、桥牌、高尔夫球及其他闲暇活动挤得满满的。一位女士说，上星期有3个下午陪一位3个孩子的母亲玩18洞的高尔夫球。县俱乐部中配备了沙堆及其他游乐设施以供成员们的孩子玩。一位成员的小女儿哭丧着脸说："我不喜欢县俱乐部，因为妈妈整天泡在那里。"不止一位曾宣称把大部分时间献给孩子们的母亲认为自己是特殊情况。

通过以下对母亲自我估价的概括，可以对两大阶层的母亲在孩子身上花的时间做一个非常粗略的检测：在40个经营阶级的母亲中，没有人报告说在普通的一天里完全不花时间看孩子，2人花了不到1小时，19人每天花1小时以上、每周16小时以下，19人每周花16小时以上的时间。在回答这一问题的85位生产阶级的母亲中，7人说没花时间，13人每天不足1小时，26人至少每天1小时、每周16小时以下，39人每周16小时或更多时间。周日的时间被加到每天的时间上，总数除以7就是每天的时间。吃饭的时间不包括在内。两大阶级妇女有关其母亲在她们身上所花时间的数量显示出了一种在孩子身上所花时间增多的趋向，但这些数据因太粗糙，而不能过分依赖。

思，也同最认真的经营阶级主妇不相上下：

一位工头的妻子把全部精力都用在她8岁的孩子身上，每天陪他弹一个多小时的钢琴，每周两次送他去上音乐课，陪他在院子里玩，每月到他的学校去一次。

"我真是费劲，"另一位主妇说，"我有一个15岁上中学的儿子，还有一个13岁的儿子，我和他们一起滑旱冰、踢足球，晚上打扑克，星期天去看球。我母亲从东部回来后说这样会让别人讨厌，但我说，我并不认为父母与孩子们在一起会有什么不好的。"

中镇人一般认为，在子女抚育方面，父亲不如母亲重要。多萝西·迪克斯说："有个好妈妈对孩子来说比有个好爸爸重要得多。这不仅因为母亲确立了孩子的社会地位，而且也因为她的影响极大。"少数男人干脆把全部抚育的责任都交给妻子。但一般来说，经营阶级的父亲似乎比工人能陪孩子的时间多一点。[29] 一位经营阶级的母亲说："我丈夫花了一些时间给孩子讲那些小时候父亲曾经给我们讲过的公民知识。"由于受到公民俱乐部及其他传播渠道的影响，经营阶级群体的父亲们似乎更重视为父之道，他们比生产阶级父亲更少面临这样的非难："我丈夫从来不管孩子。"该城的许多首脑也常常会因为没能做个好家长而感到忐忑不安：

"我是个糟糕的父亲，"他们中的一位说，"我们的孩子如果有点出息的话，那也是他们妈妈的功劳。我太忙了，和他们见面不多，即使见面也不知怎样去和他们交朋友。"

---

[29] 在40位经营阶级的父亲中，只有3人由妻子报告说没在孩子身上花时间，11人连星期天在内少于1小时。在有关数据可靠的92位生产阶级的父亲中，相应的人数为9人和20人。但同样需要说明的是，这些回答是很容易有误差的。

第十一章 子女抚养

晚间和星期天下午全家拥挤在自家汽车里出游,为这两大阶级的父亲们提供了"作爸爸"的机会。保养汽车和一起观看周末篮球赛提供了其他的交往机会。一位父亲把旧谷仓改建成孩子们的俱乐部聚会室,另一位父亲为小女儿搭了个舞台,这样女儿就可以没完没了地和木偶一起演哑剧了,第三位父亲为8岁的女儿收拾出一间书房,这样女儿便可以在自己的房里的小书桌、小书架上放书贴画了。369位中学男生和415位女生在对父亲的10项期望的选择中,与其他9项相比,有更多的人选"花更多时间陪孩子玩",这一点是很有意义的。这一项在对母亲的期望中占第二位,而首位是"当个好厨娘、好管家"。㉚

两个阶层的家长都认为子女抚育不是件想当然的事,而是件需要探讨的事。一旦与中镇的母亲们交谈,她们中许多人对把握每个对教育孩子有利的机会的渴望就会不断地给你留下深刻的印象:一位经营阶级的母亲在女儿还没出生前就参加了附近城市举办的有关蒙台梭利教育法的课程;另一位母亲定期阅读曼彻斯特精神健康协会的小册子和诸如《孩子的性格教育体系》(*A System of Character Training for Children*)之类的书;一些人从学院家政系主任和偶尔举行的州育儿示范那里获得一些非正式的帮助;㉛而少数人则掌握着官方的公报。一些母亲从一度由某牧师的妻子举办的"母亲训练班"中得到帮助,但大多数人则热心于另一教堂的母亲主日学校;少数

㉚ 见表十五。
㉛ 1923年,州婴幼儿卫生署与劳工署儿童局合作在当地教堂举办了一次会议和一个示范表演。参见第十六章关于母亲们参加学校家政系及夜校学习的课程设置。大部分课程限于烹饪和缝纫。最近,有一所学校引进了营养学课程。

人依赖母亲理事会，但这些组织的支持者中有许多人说，从组织得到的具体帮助并不多。[32]有40位母亲，大多数属于生产阶级，花了40美元购置题为《成功基石》(*Foundation Stones of Success*)的10卷本的儿童教育丛书。凡是设有研究孩子教育课程的母亲俱乐部就能赢得会员，否则开一两次会就解散了。[33]一些生产阶级的母亲到家庭护士协会打听育儿方法，一些人向学校打听，尽管学校也像医务人员一样更关心的是补救，而不是预防工作。[34]在所有新的信息来源中，最重要的还是拥有众多读者的妇女杂志。[35]据一位母亲说："35年前，我们只能从一份周刊中获得有关子女教育的信息，而且它远不如我们现在这些丰富多彩的妇女杂志。"同时，像霍尔特的《婴儿看护喂养法》(*Care and Feeding of Infants*)之类的"育儿书"，也挤掉了1890年的家庭"烹饪书"。

然而，在中镇的父母当中还普遍存在着一种茫然的情绪，这是一种在子女教育方面力不从心的感觉：

"对于我母亲来说，生活是比较简单的，"一位有头脑的母亲

---

[32] 参见第十九章中有关母亲理事会的统计。

[33] 参见第十七章有关中镇家长们为学会育儿而买书的数量。

中镇的家庭主妇们从来没有像在这件事上这样被孤立过。她们渴望着帮助孩子，觉得从书中可以找到办法，但不知找谁问问应该怎么选择图书。一位领班的妻子痛苦地指着从某代理商那里买的一套书说："代理商来的时候，我整天忙于包装水果，又累又担心孩子，所以我终于同意买下这套书，可现在才发现它不是我所需要的。糟糕的是用在这些书上的钱本可以买些真正有用的书的。"

[34] 参见第二十五章有关社区的健康护理的讨论。从这些关于孕期保健、婴儿护理等问题的指导常常会引起贫穷母亲们的不满这一点可以看出，社区对像子女健康这样事情的认识是参差不齐的。

[35] 参见第二十七章有关这方面杂志的分布情况。

第十一章 子女抚养

说,"她们那会没人会想到,照顾孩子有那么大学问。我发现我必须成为好几种专业的专家,还总怕做错什么事,而且常常不知到哪里去讨教。"

一位生产阶级的妻子对18岁的大儿子深感担忧。她说:"3年前从农场搬进城里时,我们认为日子会好过些了。可现在我丈夫被解雇了,而且哪里都找不到工作。这孩子倒是还有工作,可我们对他的事情一无所知。他对父母一点也不关心。如果仍在农场,他可能会好些,但我想他不会离开城市了。我们节衣缩食了3个月帮他买福特汽车,我们本来不愿意给他买车,但他把很多钱花在租车参加聚会上,这样买一辆车倒是更合算的了。现在,他又想要一辆斯塔德贝克,那样他就能开到每小时75英里了。我告诉他如果他去教会学校上学的话,我可以靠洗衣供他读书,可他说他想工作。我们希望他成为一个传教士,可他却开车周游全国,这就是他现在的使命!我们年轻的时候从不喜欢这样,真不知道该拿他怎么办。"

在一所大教堂举办的一次会议上,18位男女中学生围绕"家庭方面存在什么问题?"这个一般性话题展开的讨论,揭示子女心目中父母的窘境。

一男生:"家长对孩子和他们干的事简直是一无所知。"

一女生:"他们根本不想知道。"

一女生:"我们不想让他们知道。"

一男生:"我们的世界是个快节奏的世界,可他们已经老了。"

一男生:"父母应该一致,而他们却往往是一个软一个硬,不一致。"

一男生:"我看父母应当找一位可以替他们当参谋的第三者。"

（众人异口同声地说："对。"）

一男生："这是我第一年想去跳舞，爸爸只让我圣诞节时跳两场，（得意洋洋地）而我打算打破4次纪录去5次。"

一位精明的商人对上述状况做了一个总结。他说："孩子们并不像想象中那样尽量蒙骗父母，父母也知道正在发生的事情，只是不知该对它做点什么，所以采取不予理睬的态度。"

第十二章　衣食和家务

　　同 1890 年一样，个体家庭仍是今日中镇人做饭与进餐的单位。"进餐时间"有两个功能：营养与社会交往。每个家庭日常的集体活动是以进餐时间和与之相比重要程度略低一些的家用汽车①为中心的。餐桌是家庭的"司令部"，每天各个方面的活动都要在餐桌上讨论："下个星期天的野餐""房子该重新油漆一遍了，它还不如个铁匠铺""玛莉莲，我不同意你连续三个晚上去学校"，"吉姆，你明天愿不愿和我一起去参加赎罪祈祷""特德，你的成绩糟透了，下个月你可要好好学习"等。将进餐时间作为全家团聚的时刻，这在一代人以前是理所当然的事。而今天，在诸如 Hi-Y、篮球赛、中学俱乐部、彼得牌和桥牌俱乐部、市民俱乐部及男子汉协会聚餐等从家庭组织中吸取其成员的种类极其繁多而又有组织的闲暇活动的各种力量作用下，人们越来越有意识地努力做到"至少把进餐时间留给全家人"。一位母亲在"母亲委员会"的会议上说："尽管只有很少的时间能全

---

　　① 尽管在这一点上，汽车排在次重要的位置，但它确实在一定程度上对家庭的传统威望起着显著的触动作用。它已在很大程度上使得一代人以前的那种从容不迫的周日午宴不再时兴了。在那种午宴上，如有事要离开就得去向正在吃丰盛的周日烧烤的亲戚朋友们请假。而当春暖花开，宜于驾车出游的季节，常常连晚餐也被缩短为随便的"小吃"了。

家聚在一起，我们还是希望从这一点点时间里得到最大的收获。在我们家，大家总是争取至少星期天能一起吃早饭和晚饭。"一位父亲说："我上个星期总共只在家里吃过七顿饭，其中三顿是在星期天。这些日子，一个人想要见到全家人，简直要事先约好才行。"

人们仍然习惯于一日三餐在家吃饭，但也常常为午餐在哪里吃的问题发生小冲突：一方面，家用汽车使得丈夫有能力回家吃午饭，尽管城市的规模在扩大，工作地点离家越来越远；另一方面，中学的食堂，至少是大工厂的食堂和商人工作午餐俱乐部，又把许多人吸引到家庭之外去了。

如前所述，尽管中镇的孩子们把"作个好厨娘、好管家"放在对母亲期望的首位，但是烹调在两大阶层中都不如先前那么重要了，尤其在经营阶级中更是如此。在90年代，做饭是女人最值得炫耀的职责。家庭举办的午宴和晚餐俱乐部聚会是最受欢迎的社交活动。当地报纸曾就一家俱乐部规定每次聚会东家都要轮流拿出一道技高一筹的菜肴一事惊叹道："女士们会重做那些去年冬天令丈夫们大饱口福的精美晚餐的。"如今，不仅这种以烹调为重心的社交俱乐部越来越少见，人们对精美食品的关注也趋向转移到其他方面去了。据当地一位肉店老板说：

"现代主妇全都丧失了烹调艺术。她们只买切好的肉以便做起来又快又省事，而她们的母亲在90年代却是把大块的肉买回家，然后自己切割，做成各种各样的菜。现在的人都是三口两口吃完饭，开车就走。"

一位领班的妻子的有力论断，反映出这一变化背后所隐含的东西：

第十二章 衣食和家务

"我总是忙于追随丈夫和儿子。我和儿子一起去中学参加篮球赛,为他助威。我本不喜欢星期天的运动会,但他喜欢,而这是我们在一起玩的一个机会。昨天,我丈夫说:'你做点南瓜饼不好吗?'可我说,'天哪,我不行,我做了牛奶蛋糊,因为我不能既把时间花在做好吃的上,又能跟上家庭的步伐'。"

烹调时间缩短还表现在利用成品面包的增多和在家里烤面包的相对减少。在119位回答此题的生产阶级的主妇中有81位(三分之二强),在39位经营阶级的主妇中有34位,现在已经不再为烤面包卷花费时间了。

而在她们的母亲一辈,生产阶级中只有3位、经营阶级中也只有16位不自己烤面包。据城里一家大面包店的店主说,在1890年,商品面包量不到全城面包食用总量的25%,目前,随季节变化,年面包消费量的55%—70%是为面包商制造的。②

"在1890年,家境好、雇得起人手的人家除了自己烤制面包不够的时候填补一下以外,绝不会想到要去买面包吃,"据一位老面包师说,"他们把面包店的面包看作是因穷凑合,工人才买面包店的面包。1890年在工厂区的杂货店才率先开始进一些供顾客食用的面包。③用于出售的面包卷很少,而且,除了为婚礼或大型聚会预订

---

② 此人道出的一个有意思的情况是某种年复一年的周期性变化。如果当地商业面包制造者10月份的产量是所有面包消费总量的55%—60%,那么在10月至次年1月这几个繁忙的秋季月份,这个比例就会升至70%,从1月至3月,这个数字又会回落下来,而到4月至7月,它又会回升至70%,紧接着从7月到10月,又回落到55%或60%。

③ 这种食用面包商制作的面包的习惯由生产阶级向经营阶级的方向普及,应被看作一种与我们在中镇所观察到的大多数现象相反的趋势。

以外，没有点心。那时人们食用面包的数量跟现在差不多，但他们不习惯吃面包房烤的面包。"④

商品罐头食物的利用也在增多，这不仅意味着家庭制作罐头的时间减少了，而且意味着中下等收入的家庭在大部分新鲜的农产品价格昂贵的季节也能非常普遍地得到多种多样有益健康的食品了。⑤正如一位家庭主妇所说："在1890年，你得花掉整个夏天的时间制作罐头，现在能买到的罐头食品质量真好，让我觉得花那么多时间自制罐头不值得。"经济宽裕的人家很少制作罐头，因为他们买得起高档罐头食品，但是番茄和水果，特别是果冻，还是由家庭主妇们大批制作的，那些中小收入群体的人家更是如此。但中低收入家庭的主妇对让家人吃罐头食品仍有一些顾忌。最近，一个妇女俱乐部联盟发起了一个辩论活动，其题目是"一个有头脑的家庭主妇会使用罐头食品吗？"

冷冻冷藏和日益加快的交通运输的发展等新的机械发明，进一

---

④ 面包制作业在工业进化实行集中化和机械化的过程中是最慢的产业。1909年，它在全国工业中仅仅排在第18位；但在1914年，它排到了第11位；到1919年，排到了第8位。甚至于直到1890年，中镇也只有一两个面包商向杂货店批发面包，因为大多数人愿意直接去面包商那里买面包。如今，中镇的工业全都处于由独立的手工业向集中化大生产转型的不同阶段上，全城至少有14家面包制造商，产量由每天200—7000个面包不等。

1923年，全国面包业目睹了一项烤炉专利，其生产能力为每小时5000个面包，是当年标准烤炉产量的30倍。同时，距中镇60英里远的一座大城市的面包业已经采用了现代工业的批量生产方法，它已开始在中镇面包供应中起到了举足轻重的作用。

⑤ 据1921年美国工业普查，按千美元计的、用于商业听装水果蔬菜的资本投入，由1889年的15 316 000美元增加到1919年的223 692 000美元，其按千美元计算的产值也由29 862 000美元增加到402 243 000美元。

第十二章 衣食和家务

步带来了饮食习惯的大规模改变。⑥ 在1890年，全城所有人家大都只有两类食谱，一是"夏季食谱"，一是"冬季食谱"。正如一位家庭主妇所描述的那样，"冬季食谱"为：

"牛排、烤肉、通心粉、爱尔兰马铃薯、红薯、萝卜、油菜色拉、炸苹果、煮西红柿，再加上印度布丁、米饭、糕点或甜饼作为甜点心，这就是每个普通人家冬季的全部食谱。我们轮流采用一种互相搭配的方法，用酸菜和酱菜调剂千篇一律的淀粉食物。我们从没想过能有新鲜的水果、蔬菜，即使想也没办法搞到。"⑦ "1890年，我们一日三餐都吃肉，"中镇一家杂货店的掌柜说，"早餐：猪排或猪排加煎马铃薯、荞麦饼及热面包；午餐：热面包卷和马铃薯；晚餐：一样的面包卷，但是冷的。"

随着"冬季食谱"而来的是"春季病"。几乎每人都会因缺少绿色植物食品而得这种病。⑧ 一到春季，报纸每天都登菝葜"治疗疖

---

⑥ 门德尔（Mendel）指出，直到1893年，最新完善的氨化过程才使人们能够在冷库中存放足够量的食品原料，从而对美国的市场环境有了一定的影响。《食品供应的变迁》(Changes in the Food Supply)，纽黑文：耶鲁大学出版社，1916年，第12页。

⑦ 有限的食品种类的供应对把主妇长时间地留在厨房里干活起到了推波助澜的作用："冬季缺少品种多样的蔬菜，夏季缺少鲜肉，无疑是每个家庭主妇都认为应该准备充足的腌肉腌菜，以及糕点、饼干等类似的盘装食品种类繁多的原因。换言之，人们渴望多样化，并使用相对少量的最常用的食品原料才感到满足。" C. F. 朗沃斯（C. F. Langworthy）：《美国家庭的饮食习惯》(Food Customs and Diet in American Homes)，美国农业部实验站办公室，1911年第110号通知。

说到1890年无处不见的油菜色拉，1890年10月的一则新闻还记录下了"一车上好圆白菜"的到来，及其"被大宗小宗地卖掉"的情景。舍伍德·安德森（Sherwood Anderson）的自传《一个说书人的故事》(A Story Teller's Story)的读者们会联想起作者那贫困的母亲为保证家里冬天有白菜吃而采取的措施。

⑧ 乔治·W. 斯隆（George W. Sloan）：《制药50年》(Fifty Years in Plarmacy)，印第安纳波利斯：鲍勃斯－梅丽尔出版社，1903年。

子、浑身无力、高血脂及其他由难消化的冬季食物引起的失调"的广告。一本翻旧了的蔡斯（Chase）的《食谱》（Receipt）仍被一位有名的中镇妇女奉为现在做饭的工具书，"因为30年前我妈妈就是靠它养育了这个大家庭的"，"问题是品种已完全乱了，要想改进就需要时间。春季食物主要起到药物的作用，其中头等重要的就是各种生菜。"

在过去，每年要等到5月份，才会有船从南方运来豆子和西红柿，接着地方菜园的产品才上市。据当地一位种子商说："那时候曾有一些菜园子！"10月底的寒霜一到，绿色植物就消失了，"冬季食谱"又一次回来了。

如今，整个冬季都买新鲜蔬菜水果的家庭主妇越来越多，这些食品是从两三百英里外的大城市源源不断运来的。人们饮食习惯的变化还受到了现代妇女杂志的影响。按照老的凭经验办事的方法，以及女承母业的承袭传统的家庭经济的方法，家庭趋向于拒绝新习俗的介入。母女都将同样的家庭食谱和医书视为传家宝，这些书的索引中往往先是"肉汁"，接着是"如何对待灰发"。那时候，实际没有任何家庭杂志来传播新技巧与新方法的知识。到1923年3月，中镇的9 200个家庭中，有355家订了《主妇之家杂志》（Ladies' Home Journal），外加1 152人通过零售方式买了这本杂志；366家订了《好管家》（Good Housekeeping）杂志，外加零售202份；364家订了《麦克》（McCall）杂志，零售1 280份；1 709家买了《妇女家庭之友》（Woman's Home Companion）杂志；1 432家买了《裁剪图案》（Delineator）；872家买了《画报评论》（Pictorial Review）杂志。后面这三种杂志包括订阅和零售两种情况。通过这些杂志、日报、宣传广告及其他渠道,现代广告业猛烈冲击着中镇家庭主妇们的习惯。整个工业都调动起来给她压上新饮食习惯的印迹。[9] 还有学校专设的家庭经济课程作为补充。以前每两年开办一次为期三四天的"烹调学习班"不见了,取而代之的是由全城9 200个家庭中1 500位姑娘和主妇参加的白天课程和晚间课程。这些课程每学期都开办,教授饮食及其他持家技能。

但是,合理搭配饮食的观念的变更是缓慢的。中镇人仍旧保持着早餐桌上要有肉食、土豆和热面包的习惯。这种习惯非常接近于1890年的农场和重体力机械操作的传统,就像新英格兰人早餐不吃炸饼圈是因为易消化食品"消化得快"一样。因此,人们仍普遍坚持着无肉不成餐的思想习惯。城里一位著名的肉商仍旧做着这样的广告——"鲜嫩的早餐肉片,可爱的午餐烤肉,优质的晚餐牛排"。而他的"大多数"顾客也就按他的广告办理,"只要出得起钱就一日三餐肉"。

正如进餐在家庭和俱乐部中有其社会效应一样,服装所起的作用也不仅仅是日常保护身体,使之免受恶劣的自然环境侵害。商店橱窗、报纸广告、街上涌动的人潮、布道会、读书的渴望、日报上

---

[9] "面粉商们试图以'多吃面包'为口号,来使按人口计算的年平均消费量从200磅提高到220磅,……而牛奶商们则想把人均日牛奶消费量提高到四分之一升,现在的消费量仅是六分之一升。奶油商要把人均奶油消费量提高到澳大利亚人的水平,它比我们高出10磅。奶酪商要把人均奶酪消费量提高2磅,以便赶上瑞士人的水平。……种植者合作市场协会对水果、蔬菜、坚果、葡萄干、洋李脯的极力推销,促进了饮食的变化。"克里斯丁·弗里德里克(Christine Frederick):《新财富》(New Wealth),《美国政治和社会科学院院刊》(Annals of the American Acadamy of Political and Social Science),第CXV卷,第294号,1924年9月,第78页。

多萝西·迪克斯的规劝、学校走廊里的谈笑,以及中镇母亲们愤慨的议论,全都使这点变得显而易见。

在这个由锅炉供暖和封闭式汽车的时代,衣服的遮体功能降低了。马里昂·哈兰德(Marion Harland)曾经写道:"重要的是使皮肤尽量保持恒温。为此目的,没有比从头到脚贴身穿羊毛制品更合适的了。"一位著名商人在1891年5月22日的日记上写道:"今晨用法兰绒衣服换下了棉布衣。"而今,法兰绒衬衣差不多已经像马术师那又长又黑的紧身服、女人的高领长袖睡袍和老一代人那皱皱巴巴的工裤一样过时了。

如果衣服仅仅是为了遮体,那么中镇关于妇女服装的"道德问题"的争论也许就不会发生了。现在,男士服装依然从下巴到脚底庄重地覆盖全身,而妇女和姑娘们的裙子却从地面缩短到膝部,下肢的透明丝袜十分显眼;双臂和颈部习惯性裸露的部位也更多了;衬裙和紧身衣的日益废弃使身体的自然曲线暴露无遗。在1890年时,中镇的女性从青春期一直到死,醒着时候都要衣服里套一件从臀部到腋下一手宽的部位的紧身衣。

马里昂·哈兰德说:"女人必须穿紧身衣,她们一向如此,而且总会如此。应当把这一点作为既定事实看待。有充足的理由证明,紧身衣在过去二百年间对一位有教养的女性来说,是必不可少的。"⑩

在必不可少的紧身衣外面还要厚厚地套上长衬裙和其他衣服,

---

⑩ 《实事论坛》(Talks Upon Practical Subjects),纽约:瓦纳兄弟出版公司,1895年,第119页。

第十二章 衣食和家务

使许多老辈人透不过气来。而现在的中学生制服仅仅包括乳罩、扎口短衬裤、短裙、矮腰鞋和丝袜。这一变化的每一步都被人们视为对美德和高雅趣味的亵渎。1890年，中镇一家大报的编辑以"令人作呕的时髦"为题，抨击了"姑娘们为了凉爽舒适在夏天穿宽松式羊毛衫的做法"：

"我们一眼就看见街上一个穿夜礼服的姑娘里面穿了一件那样的宽松式衬衣。一个自重的、顾及别人看法的姑娘，是绝不会穿这样的东西的。"

真不知道这位编辑和他那"好男"不看穿紧身衣姑娘表演的一代人会怎样评论中学礼堂的舞台上正在上演的一出由毕业班学生表演的讽刺小品，这些杰出的姑娘可是在那袒胸露背地跳舞的呀。所有这一切都反映了这样一个现实，即服装的伦理功能在男性那里依然是固定不变的，而在女性中则发生了显著的变化。一位中学男生自信地宣称："我们这一代人最重要的贡献就是一件女式泳装。"

在现实生活里，服装在女人心目中显然比在男人心目中占据着更重要的地位。对于女人来说，从十二三岁起，服装突然跃居绝对重要的地位，其重要性一直维持到结婚，婚后才逐渐弱下来，因为它不得不去与汽车、房子、孩子和大学学费等家庭预算开支竞争。姑娘和妇人们对日益丰富多彩的着装的关注表明了它在社区的观念中的极端重要性。虽然遮体的道德考虑和最低限度的御寒保暖的物质需求仍很受重视，但当大多数中镇人说他们"需要服装"这句话时，并非指上述两种需求，而是指服装的第三种用途：获得社会认可。一位百货商店广告部经理兼女装部主任在广告俱乐部对其"首先用款式、其次用价格、最后才是质量"这种非常实用的广告政策的坦诚阐述就是一个证据。换言之,穿衣服是为了给别人看的,因此它仍然保持着一种最原始的用途。[11]

即使在男人当中,包括生产阶级的男子,像90年代那样完全不注重穿着,讥讽"穿着考究的人"的状况也明显减少了。一位男装店主说:"他们不再满足于朴素结实的廉价商品,而追求与别人买的和电影里看到的服装一样'时髦'的服装。"关于童装,这位商人说:"现在穷人家的母亲进了店也摆出一副'我儿子比谁家孩子都不差'的模样,她们往往肯花足够买一整套衣裤外带鞋帽的钱,给孩子买一件时装。"说到生产阶级女性中越来越注重"时髦"穿着的风气,一位商人说:"过去,从一个申请当速记员的姑娘的装束,我一眼就能看出她的出身,可现在非得等她说话时露出一颗金牙或通过其他线索才能看得出来。"

一位家庭主妇有预见性地扬了一下头说,这种"无时无刻不盛装以待"的风气或许与下面这些因素不无关系:服装广告的增多;[12]那些能使一个机工的妻子发现另一种"更时髦的男人,使她更理直气壮地"在离婚纠纷中引以为证的电影;地方商业社会中个体特色的降低和类型意识的提高;带午餐会的男子俱乐部和女子俱乐部运

---

[11] 约翰·杜威(John Dewey)说,服装的起源是在"异常恐惧或魔术表演的情况下"出现的。《实验与自然》(*Experience and Nature*),芝加哥:公开法庭出版公司,1925年,第385页。

[12] 见表二十二。在1923年10月,中镇主要报刊以55 277行的篇幅刊载了有关妇女服装的广告,而在1890年的相同月份里,却只有863行;同期百货商店"广告"的行数分别为66 474对7 523;男装店的"广告"行数分别为25 289对7 523;鞋的广告分别为18 426行对6 366行。每天早上,地方报纸上都会有60%—70%或更多的篇幅用来登服装广告。

动的发展，以及具有公共社交性质的户外活动的增加；妻子作为家庭社交带头人的作用的增强；男人中"要花钱就得挣钱"这一思维习惯的传播，或按多萝西·迪克斯的话说："这个世界大多是靠外表来判断人的，如果我们想成功，那就必须有成功者的外貌。"用地方报纸的社论中的一句话说，所有这一切的重点在于："以前，人们对周一至周六的着装不太讲究"，而"周日套装在我们这一代是一种正在消亡的风俗习惯。……甚至连整个团队的人都应当在平日晚间穿像周日一样的服装。"

年轻人的早熟也包括了穿昂贵服装的习惯，这方面也像其他社会礼仪一样，看来上中学是一条界线。1890年的棉布袜子和高腰黑皮鞋已经过时，[13]一位全家年收入仅为1 638美元的工人妻子说："没有姑娘穿布袜子上学了。我女儿甚至在冬天也穿莱尔线或仿莱尔线底的丝袜上学。"同样，90年代那千篇一律的黑法兰绒上衣和羊毛衫，连同那为了"装饰"而套上的丝绸背心，也不费吹灰之力就让位给丰富多样的运动衫和竞赛袜了。正如一位商人妻子所说："现在姑娘们上学穿的衣服，在过去是参加宴会时穿的。我如果让女儿连续两天穿同样的衣服上学，她就会觉得大受委屈。"另一位经营阶级的母亲说，她在13岁的女儿上中学时，给她穿上漂亮的大花格布裙子和莱尔线袜子，就觉得很得体了。可上了几天学后，女儿哭着对她说，"妈妈，我成了被别人怜悯的对象"。于是这位母亲就像其

---

[13] 中镇一位生产阶级妇女在35年前为自己或女儿买3双棉布袜子，是要穿整整一年的。而现在，她会不顾耐久性，而出35分、80分，甚至1美元去买华而不实的丝袜。1913年，美国仅生产了1 570 000磅人造丝，而在1923年却生产了33 500 000磅，尽管它们并不全用于家庭消费。

他母亲一样，给孩子买了丝裙丝袜，以便不让她显得太突出。

163　　　中间一代人对朴素服装的禁忌在老辈人那里是实在的禁忌：让男人离远些。姑娘们为争夺男友在服装上争奇斗艳，就像东北海岸的印第安人为使狩猎权获得社会承认而战一样。由于时髦的女性俱乐部吸收成员的一个主要标准是吸引异性的能力，一个穿戴平常的女孩就会因为当地的禁忌而没有获得改变一下装束就可能获得的"邀请"而感到双重压力。一个最时髦的中学女生俱乐部的资深会员对此做出解释："我们的圣诞节舞会必须邀请到男生，所以我们只接受那些能把男生吸引过来的姑娘入会。"一位三年级刚被接纳入会的女生说："我早就认识她们，但一直没受到邀请，就是因为服装和钱。妈妈从去年开始才允许我在服装上多花些钱。"一位年仅15岁、对其周围世界颇有见地的男孩因为14岁上8年级的妹妹穿莱尔线袜子上学而与母亲争吵起来。"如果下学期她上中学的时候，你不让她穿上丝袜子，"他最后反驳道，"就没有男孩会喜欢她，或跟她一块玩了。"常能听到母亲们抱怨："从没想到我得这样打扮女儿，但为了她的幸福，我不得不让步。"在多数情况下，"幸福"简直就是受欢迎的同义语，冬去春来，竞争年复一年。一位对此深感头痛的母亲坚持说："我愿意让15岁的女儿参加夏令营，但我特别害怕过夏天，因为那么多年轻女孩整天在为穿着打扮发愁。"

　　　生产阶级家庭出身的女孩也竭尽全力赶上这一潮流，实在赶不上就只好退学。一个生产阶级的母亲有5个女儿，家庭收入仅1 363美元，她抱怨11、12岁的两个大女儿说："她们太傲慢，我什么衣服都不能给她们做了。"尽管身体不好，她还是拼命去找活儿干，"就为了请人给她们做衣服"。在讨论子女中途退学问题时，许多工人的妻子们说：

"我女儿之所以退学是因为自尊心使她非要穿得像别人一样才肯去上学。""我所有的空闲时间全都给女儿缝衣服了。她现在16岁，我真希望她能念到中学毕业，她也希望这样，但如果没有她认为适当的衣服，她就不肯去上学了。"[14]

除了中学里的日常社会交往以外，大量的舞会和精心设计的庆典活动进一步增加了服装消费的压力。一对工人夫妇为了给孩子挣学费，不得不两人都工作。在1923年和1924年，他们每年为两个上中学的儿子分别花150美元购买参加学校典礼的衣服。"要应付不同的场面，就需要两套制服和其他的许多零碎才行。"这位父亲解释道。正因为自己的社会地位多少有些不如人，所以与别人穿着一样成为这个阶层孩子的急切要求。

参加大型舞会的中学三四年级的男生中，只有少数人穿夜礼服，但姑娘的特殊晚装的特点则是非常引人注目的。"我女儿今年冬天要有四套晚装，"一位经营阶级的母亲说，"两件是去年新买的，两件是新的。"为了庆典活动，女孩子"需要三四套新衣服"。此外，还需要夜礼服去参加10—15个圣诞联谊会、女学生联谊会舞会，及其他一些有魅力的姑娘参加的舞会。一位家境一般的姑娘有"三件夜礼服和两套下午的服装"，而"最出名的姑娘有半打夜礼服"。[15]

---

[14] 参见第十三章中有关辍学原因的讨论。

[15] 在一次圣诞节舞会上，一位身着价值90美元的"锈色长裙"的中学应届毕业生天真地描述了在这场服装大战中正确着装的重要性："我真高兴没人说这件衣服多么多么漂亮。你知道，如果你妈在家里给你做了一件衣服，总会有人跑来对你说：'你多漂亮啊，它不好吗？'，而你晓得他们是在恭维你。我的服装没上报，这使我感到遗憾，因为人人都喜欢上报。但经常上报的并不都是（转下页）

所有这一切都对解释我们所观察到的中镇在服装制作方面的趋势有帮助。为每个家庭成员提供服装传统上是一项家庭事务，但从90年代开始，由妻子在家手工制作的日趋减少，更多的是靠丈夫挣钱购买。我们访问的一位家庭主妇，在1890年，她家住在城南一座农场，全家人的衣服几乎都是由家里的女人们用剪下的羊毛织成的。当然，在一代人以前，大多数家庭还是把"材料"买回家去做衣服的。直到1910年，地方报刊上几乎从未出现过女装的广告，而且按尺码买料子仍是那时的突出特征。现在人们对布料的需求，按中镇最大的一家百货商店布料部主管的话说，"不过是1890年的九牛一毛而已"。这家商店于1924年搞了一次拍卖活动，但只卖出去了两匹漂亮的布料，"而在1890年，我们头一天就能卖出10匹布"。

　　在数据可靠的112位工人妻子当中，一周为自己、丈夫和孩子们缝补衣物所花时间不超过两小时的只有25位；39位经营阶级的妻子中，这种情况的有20位；而据调查对象估计，在生产阶级的66位母亲中只有4位、经营阶级的35位母亲中只有11位如此。生产阶级妇女中有72位（近三分之二）每周缝纫不超过6小时，经营阶

（接上页）最好的服装。"
　　月复一月，每次中学舞会以后，中镇的报纸上就会出现下面这样的报道："客人们身着许多时髦的服装，其中，XX小姐穿着绣着绿色绉绸的金缎子服装，外套是紧身式的，并有金丝带装饰左右，外加金发带、金拖鞋、金丝长袜与之交相辉映。XX小姐漂亮的上衣使她显得很可爱，这是件由有花的退色柳塔夫尼改造的白色双绉上衣。它是卡腰式的，由一条青绿丝带系在一起。她穿一双白袜子，黑缎子鞋，系蓝发带。另一件引人注目的长外套穿在XX小姐身上，它是由绿色薄花缎子绒布料制成的，时髦在花饰上。这位小姐穿一双黑缎子鞋和一双竞赛袜。XX小姐的黑蓝色绳绒线长外套令人目眩，它时髦在其棕黑色软皮系带上。该小姐穿着金色丝袜和一双金色便鞋。"

级妇女中则有 29 位（近四分之三）属于这种情况。现在家里仍在做着的针线活，大部分集中在女性家庭成员和小孩的服装上。112 位工人妻子中有 92 位（五分之四）除了为丈夫缝补衣物外不做别的针线活。而据她们估计，其母亲一辈只有 38 位（三分之一）如此。39 位经营阶级女性中有 35 位（十分之九）现在不为丈夫做针线活，而她们的母亲中有 29 位（四分之三）如此。据一家男士男童装店店主说，现在全中镇男童的冬装根本没有自家做的了，而他估计在 1890 年有一半是自家做的。

在当前这样一个变革的时期，由于制度化生活中的摩擦和习惯性滞后的特点，那些被迫到市场上买衣服并受急剧增加的广告诱惑驱使的妇女，现在在买东西时还必须几乎完全依赖销售机构的建议，而这些机构主要关心的是占领市场。由于缺乏必要的按质论价的知识，如前所述，中镇的家庭主妇们主要靠"款式"和"价格"来确定购买对象。当地一位女成衣商人在广告俱乐部的讨论中的如下坦率发言说明，依据这种标准购物对顾客是没有好处的：

这位商人说，问题在于女人喜欢高价服装，要的就是这个价，它本身就使服装具有某种风格。"你不能责备我们卖高价：在两件质量相同的衣服中，女人总是买那件贵些的，不知道为什么，但她们总是认为贵的好些。我们总不能不卖吧！如果她的朋友花 70 美元买了一件大衣，她就说什么也不肯买一件 40 美元的大衣，总以为这大衣不够好。当然，在这种情况下，我们要把价钱定到她买得起的程度。"

当然，据一家大型专业服装店老板说，这里反映的是那些经济上有一定余地的妇女的问题，而那些穷人则完全是要便宜货。⑯

对研究文化变迁的学者来说，中镇现在的这种服装体制中的矛盾冲突会提出一些有意思的问题：男人比女人更少地依赖服饰来确立自己在群体中的地位，那么，年轻女性对这种个人修饰上的狂热投入会不会由于她们所受的教育变得更实际，生活更积极，兴趣更少地局限于现在这些丈夫们不屑一顾的家庭琐事而减少呢？随着女性在择偶中更少地成为男性主动进攻的被动承受者，她们目前这种对着装需求的价值是否会降低？在这个充满竞争的社会中，作为受人重视的成员的外在标志，中镇人居住的有形的房屋和院落已经或多或少地让位给汽车，那么，汽车、对高等教育的追求及其他丰富生活的新手段，是否会使人们降低在服装上的消费。正如某些鞋商和男服商人抱怨的，汽车已经在中镇做到了这一点吗？在这个家庭缝纫被迅速集中起来的时代，哪些感情上的消遣方式对老辈的家庭妇女所看重的体现在灵巧的缝合、锁边和包缝中的自豪感做出补偿呢？服装生产线更加简化的趋势预示着什么？生产线生产的裙子折皱较少，荷叶边更平，筒裙取代了三角裙，没有套服，也没有袖子。在那里直接生产同一种规格的服装就像做玩具服装那么容易。那么，各

---

⑯ 值得一提的是学校里的家政功课大部分仍然集中在缝纫，而不在购买。参见丹佛公立学校三四年级家政课程修订委员会1924年所做的精心设计服装的调查的结论："调查非常明确地说明，家政领域里的主要问题是选择服装的问题，因为购买成衣的数量远远高于家庭制衣的数量。"丹佛的情况可能与中镇相差无几。

关于主妇们在"全毛"和"红木"等笼统的名目下，盲目购买种类繁多的替代品的讨论，参见亨利·哈拉普（Henry Harap）:《消费教育学》(*Education for Consumption*)，纽约：麦克米伦出版公司，1924年。

种新产品广告造成的家庭收入分配间的激烈竞争会不会有助于恢复家庭缝纫？妇女的新自由和进取精神正强烈要求着更舒适、更宽松的服装和更大的肢体自由。[17] 1925年，在附近一座小城市里出现了一起有关女中学生用短裤取代裙子的权利的诉讼案。对此，1890年的中镇《新闻》(News)的编辑也许又会发问："这种自由还有尽头吗？"

如果无视传统的两性活动中所发生的变化，就不能了解中镇的家庭生活。这一点在被称作"家务"的复杂活动中更为突出，它们几乎全部都是由主妇承担，由女儿们或多或少地辅助着的。随着生产阶级家庭中越来越多的妻子也工作以补充家庭收入，丈夫开始直接分担家务劳动了。即使在经营阶级家庭中，主妇操持家务中的体力劳动也正逐渐被某些机构提供的有偿服务或生产的工具所取代了，如此一来，就更加强调了丈夫的挣钱活动。这简直又是一个到处可见的有关"男人的路"和"女人的路"问题上的混乱，因为"它在有关如何对群体中这两部分人进行文化调适时有偶然成分"。[18]

如前所述，人们每日的生活节奏是因属于不同的阶层而有所区别的。大多数生产阶级家庭在早上6点或6点之前就起身了，而经营阶级家庭则要晚些。有112位生产阶级主妇对自己"在'没有其他额外事情'的情况下的普通一天的家务劳动时间做了估算"，[19] 其

---

[17] 如今，健壮的中镇主妇身着宽松轻盈的短袖洗衣装做上午的家务，而在1890年，就是在夏天，她也得穿长袖深色衬衫和带法兰尼衬裙的毛裙子，而在这些衣服内层还有她那上好的胸衣，上系一节断了的鲸鱼骨，鸡心领忽隐忽现。

[18] 维斯勒，同前引文，第95页。

[19] 当然，这一估计只是粗算。我们曾通过记录主妇从起床开始全天不同时间段所做的事情来努力确保尽可能地准确。家务劳动被定义为日常清洁卫生和做饭等，不包括"额外的"清洁、烤面包或洗衣。

中有8位每天做家务不超过4小时，77人（三分之二强）超过4小时但不足7小时，27人（四分之一弱）多于7小时。在40位做过类似估算的经营阶级的主妇当中，9人每天做家务不超过4小时，22人（过半）4—7时，9人超过7小时。在被调查的生产阶级主妇中，只有一人下午不做家务，8人做1小时以下，48人做2小时以下；而在被调查的经营阶级主妇中，有12人（近三分之一）在下午不做家务，15人做不足1小时，30人做2小时以下的家务。

家庭主妇全都希望减少家务劳动时间，从这种一般态度出发，至少可以找到五种因素单独地或以不同形式组合在一起决定着特定的主妇的日常家务活动，它们是：家庭收入多寡，家中有没有佣人或帮忙的女性亲属，子女的数量，子女的年龄，以及主妇本人的情绪，即她对生活前景的信心。这些因素的交互作用的结果就形成了三大类型的家庭主妇：有少数人很少关心家务，每天只是偶尔干一下；较多的人细心地将全部家务安排在上午完成，或加上下午的一两个小时，腾出晚上和下午的大部分时间给孩子、社交生活和公共活动；最后一群人数量也不少，甚至比第二种人还多，她们每天从早忙到晚，为的是完成那些绝对必要的事情，只有预先计划，才能腾出几个下午和晚上的时间。

多萝西·迪克斯对这种传统状况做过如下评论："婚姻给女人带来的是在家里的终身苦役。她的工作是世界上最单调的工作，而她无从逃避。"许多生产阶级主妇在为减少这种劳役而斗争，不是为自己，而是为子女。一位母亲的愿望在一定程度上代表了她们的心声："我总是希望我的女儿能干上家务活之外的工作，我不希望她们像我一样作个家庭苦役工。"而且，两个阶层的主妇们都

第十二章 衣食和家务

对有助于不同程度地减轻家庭劳役的物质变化的大潮抱有期望。有91位生产阶级的主妇提供了有关自己与母亲做家务时间比较的资料，其中有66人（近四分之三）认为母亲花的时间多一些，有10人认为大致相同，有15人说母亲少些。在37位提供了相应资料的经营阶级的主妇中，17位说母亲花时间多些，8位说相同，12位说少些。[20]

经营阶级组妇女同其母亲之间的差异不如生产阶级组妇女同其母亲之间的差异那么明显，这一现象部分地可归因于经营阶级家庭中雇工数量的减少。现在，中镇主妇雇用专职女仆做家务的数量仅仅是1890年的一半。39位回答这一问题的经营阶级的妻子所报出的专职女仆的数量几乎正是1890年时其母亲们所雇女仆数的一半，这个比率也与联邦普查数字相符；[21] 39人中有13人雇了专职女仆，雇1个以上女仆的仅有2人。尽管经营阶级主妇比起母亲那一代较少雇人，她们雇人数量还是远比生产阶级家庭多。在被调查前一年间，118位生产阶级的主妇中，有112位没雇过任何人；而39位经营阶级的主妇中只有4人没雇过人。由于做着女仆工作却不拿固定工资的"老处女"姐妹及未婚女儿数量的减少，使两大阶层的主妇全都受到了影响。促使专职女仆减少的主要原因是妇女在其他

---

[20] 应该记住，经营阶级母亲中农妇的比例是比较低的。参见第五章脚注⑧。

[21] 据联邦普查，雇佣人的数量已由1890年的每13.5个家庭有1个佣人上升到1920年的每30.5个家庭有1个佣人。（中镇没有1890年的数字，但1920年数字是每25.5个家庭有1个佣人。）同时，人口数对每个"佣人"的比例是：美国，1890年，43人；1920年，83.2人；州，1890年，63.6人；1920年，121.2人；中镇，1920年，97.9人。

类型工作中谋生机会的增多,[22]"女佣"的报酬从1890年的3美元一周提高到现在的15美元一周,以及对子女抚育的日益重视,使母亲们对所雇仆人的类型更加细心了。一位有头脑的母亲说:"现在每个人都有同样的问题,雇好的钟点女仆容易,雇好的长期工就难了。而最合适的,我也觉得最可靠的女孩却又要求和家庭一起吃饭。"其结果就形成了一种把时间花在孩子身上而把其他的家务转给家庭以外的服务机构去做的局面。取代专职女仆地位的大都是每周来干上一两天家务的女工。现在,这种劳动一天的工资数近乎主妇们母亲那时一周的工资数。

今天,易于"保持"的小住房、省力的设备、[23]罐头食品、面包房的面包、简化的膳食和成衣填补了缺少仆人的不足,节省了时间。生产阶级的主妇们还经常提到自来水的使用、由烧木柴向烧煤炭的转变,以及地板上铺漆布等省时的方法。而经营阶级的妻子们则强调一些非物质的变化。"我并不像我母亲那么特别,"许多经营阶级妻子说,"有

---

[22] 参见第五章中有关妇女工作的讨论。1890年,全美10岁及以上年龄的女性就业人口中,"佣人"占31.1%,而在1920年却占11.8%。

在《州统计署第五个双年度报告》(1893—1994年)的第173—174页,提到了州里一项8个城市年轻女佣劳动力的研究。其中两个规模与中镇相仿,坐落在州里相同区域中的城市也许能比较准确地反映中镇的情况。这项研究从两个城市的每1 000人里抽出2个年轻女佣。且不论这76个女佣的调查是怎么抽出的,76的人中,有70人是白人,另外在年龄资料可靠的70人中,年龄在20岁及以下的有29人,25岁及以下的有47人,30岁及以下的有50人,35岁及以下的有61人,超过35岁的只有9人,其中包括2个50岁以上的。换言之,这恰恰就是妇女在现代中镇工业中人数最为集中的年龄组。在不景气的时候,中镇报纸的招工广告上就会出现一长串要求当佣人的广告,而在情况好的时期很少有人雇佣人。

[23] 至少有2个被调查的经营阶级妇女说,与其母亲花费在家务劳动上的时间相比,"我这些节省劳动力的设备正好弥补了保姆的缺乏"。

时我会把晚餐用过的盘子放到第二天早上才洗,我母亲可从来没想过这样做。她做的春秋季扫除也要精细得多,[24]但我觉得把时间花在读书、俱乐部和孩子身上比做好家务更重要,所以我就不做家务了。"这些妇女同时还提到了一些使她们的工作比其母亲的工作更重的因素:"无穷无尽的煤烟和煤灰、碱性硬水使你无法采用新的便利条件。"一些妇女觉得在实际体力上的家务劳动减少,每个人在许多细节上不太讲究的同时,其他方面生活水平的提高却用去了她们节省下来的时间:"现在的人们对饮食更讲究了,他们注重保存完好的食物和进餐时的着装。许多我们觉得应当为子女办到的事情,是我们的母亲们闻所未闻的。"[25]

在影响妇女家务劳动的各种因素中,最重要的是省力设备的日益普及和应用。正像中镇最大的玻璃厂的欧文斯制瓶机取代了自古埃及以来一成不变的制瓶法一样,中镇家庭中以前的某些手工劳作也于一夜之间被现代化机械所替代。油灯、汽灯、扫帚、压水井、水桶、洗衣板、熨斗、烤炉等一切都只是一些稍加修饰的人类早期的工具,它们主宰着中镇 90 年代的家务劳动。如上所述,在 1924 年,中镇 99% 的家庭通了电。[26]在 1920 年 3 月—1924 年 2 月,每家每

---

[24] 中镇一个有名的商人在 1887 年 10 月的几篇日记中写道:"19 日,星期三:贝西昨天早上开始收拾屋子;21 日,星期五:仍在收拾;……22 日,星期六:仍在收拾屋子,上层(除我的以外)、客厅和门厅已经干完了;……24 日,星期一:仍在收拾屋子,我们的屋里很乱;25 日,星期二:屋子已于昨晚收拾完了。"现在,地毯和厚帷帘的消失,加上人们保持清洁的习惯,使得这种大规模的清扫不再必要了。

[25] 参见本杰明·R. 安德鲁斯(Benjamin R. Andrews):《家庭经济学》(Economics of the Household),纽约:麦克米伦出版公司,1923 年,第 54,55,408 页。

[26] 人们在 90 年代经历了电风扇、电暖气和电烤炉的发展,在随后的 10 年里,又经历了电动洗衣机和吸尘器的发展。但是,直到 1914 年,美国(转下页)

户的用电千瓦数平均增加了25%。从中镇5家电器商店和1家主要药店的销售记录，以及1家电力公司销售的仅有的电器，即电熨斗和电烤面包炉的记录中可以看出这些多出来的电的用途。在1923年5月1日—10月31日这6个月的时间里，这些商店共售出卷发器1 173个、电熨斗1 114个、吸尘器709台、烤面包器463台、洗衣机371台、取暖器114台、取暖器垫18个、电冰箱11台、电炉子3台、电熨衣机1台。㉗据当地一家电力公司的经理估计，中镇90%的家庭有电熨斗。

这些物质工具之所以得到如此广泛的普及，部分地是由于某些诱人的、肯定女人最大价值的广告的作用：

"博比不比他的服装更重要吗？"一份中镇报纸上的"大力洗衣店"的广告问道。

一家电器公司的广告说："能否把重要的事情放在首位，这是检验成功母亲的标志。她是不会把属于孩子们的时间留给扫除的。……衡量男人成功与否是看他们工作被授予的权力来判断的，同样，聪明的女人把所有能用电来做的事情都让电来做。她所不能移交的是一项最重要的工作，即人生在她的把握中，他们的未来是由她的双手和诚心来塑造的。"

（接上页）洗衣机和吸尘器的销售额仅为100万和133万美元。1916年，洗衣机的销售额达到700万美元，1919年达到5 000万美元，1920年达到8 500万美元，1923年为8 200万美元。1923年吸尘器的销售额为5 000万美元。

㉗ 这些数据不能就说是全城的情况，因为它们并未包括那些在自己电器专柜里卖吸尘器的大百货商店。但是，它们也许能大致表明各种器材的分布情况。统计中忽略了电动缝纫机、咖啡壶、一两件洗碗机，以及电炉子等，据说有两百多台当地品牌的电炉子在城里使用。

第十二章 衣食和家务

另一个洗衣店广告呼吁道:"拍卖时间啦,你买吗?哪儿能买回一个昨天?当然不行。然而,就在你的城市里,你可以买到明天。用于装点青春和美貌的时间,用于俱乐部事务、教会和社区活动的时间,用于读书、表演和听音乐会的时间,用于家庭和子女的时间。"

80年代初,电话进入了中镇,但直到1890年全城只有71家用户。电话使用的普及如此缓慢,以至1900年,当地报纸觉得有必要提醒公众,用电话时"不用问名字,只要看号码表就行了"。据一位经营阶级妇女说:"直到西班牙战争期间,电话才普及起来,人们才开始为没安电话而感到有缺憾。"1924年4月,中镇已有4 348户人家安了电话,但仍有5 000户没安。[28] 被调查的40户经营阶级家庭全都有电话,而在122个被调查的生产阶级家庭中,只有55%的家庭有电话。[29] 在电话的基础上,一些节省主妇时间的服务发展起来了,如普遍的电话订购、送货上门系统,它包括了从食品到轴线所有的东西。

---

[28] 大批家庭没有电话,部分地是由于一些新城区缺乏电话线路设备。贝尔电话公司商业部预期"在下一个5年中,至少要安装2 000部电话"。

[29] 在第十九章中,这一不同的分布对观察两个不同群体的社会习俗中对邻里关系的重视程度是很重要的。

贝尔电话公司商业部把中镇的住宅和地块划分为4大类:A级(最贵的)936处,B级1 822处,C级3 910处,D级(最便宜的)2 491处。其安装电话的前景如下:(在按照上述评价标准修订的分布中,A级有所减少,并按照当地房地产专家的设想分配到B级和C级中去了,但在这里仍保留着最初的分布)。

(A)有希望安专线。
(B)10%的人家有望安专线,90%的人家两家共线。
(C)三分之二的人家有望安电话,专线占10%—15%,两家共线占25%—30%,其余为4家共线。
(D)16.67%的人家有望安电话,其中,两家共线占20%,其余是4家共线。"也许D级的7%的人家现在已经有了电话。"(1924年10月20日的来信。)

174　家庭每周洗熨衣服所占生产阶级和经营阶级主妇的时间有着明显的差异，而代际间的变化却相对小些：

	生产阶级家庭数		经营阶级家庭数	
	1924	1890	1924	1890
家庭总数	120	94	40	40
不花时间洗熨	0	5	24	20
每周花些时间但低于2小时	2	1	0	1
每周花2—4小时	24	3	6	4
每周花5—8小时	65	28	8	6
每周花9小时及以上	29	57	2	9

如今，商业洗衣店所起的作用比90年代大多了。那时候，中镇家庭所有的衣服实际上都是在家里洗，或是由洗衣妇拿去洗。据当地一家洗衣店的老板说，商业洗衣店所做的活几乎全都是旅馆、公寓的衣物和成捆的男人衣物，如"浆硬的"衬衫、领口和袖口、内衣和手帕等，女活只是一些衬衫。[30] 随着烤面包、罐头、缝纫及其他家务劳动从家庭转向了大型商业机构，家庭拥有电动洗衣机和电熨斗时代的到来却减缓了洗衣业的商业化过程。中镇洗衣业反映他们失去了部分生意。[31]

---

[30] 现在，当地洗衣业提供6种服务。其中，"粗烘干"从1900年就有了，并包括洗所有东西、熨平衣物和给要上浆的衣服上浆，它是最普通的家务活。其次便是"湿洗"，它是迎合较穷家庭的，其中仅包括洗衣。

[31] 一项由高效的广告强有力地推向市场的新实用发明，可能会使某一长期趋势减弱下来，这就是一个实例。一个个体家庭购买60—200美元一台的电动洗衣机，这种巨额的投资趋于通过把个体家庭强行纳入慢慢地追随产业集中合作化趋向的过程中的办法，使一个不可靠的制度体系永久化；在其中，许多个体家庭都在独立的单位里日复一日地重复着相同的事情。随着这种习惯性的、偶然的社会变迁的实践而来的全部步骤是：问题并没按照其是非曲直来（转下页）

第十二章 衣食和家务

在自由竞争机制下,新型省力机械的迅速无限制地普及,使中镇的家务管理呈现出一副百衲衣般的面貌。同是一个家庭,从拥有汽车和吸尘器上看,它是生活在20世纪,可没有浴缸又将它拖回另一个时代,缺少下水道及从与家庭"厕所"同在一个后院的水井里压水吃的习惯,更使它处于中世纪的生活水平。在同一条街上的住户中,你可以看到这些人家一会儿用扫帚,一会儿用扫地毯机,一会儿又用吸尘器去做同一件事情。洗衣方法也同样是非常不同的,有用搓板的,有用手动洗衣机的,有用电动洗衣机的,有雇女工来家里洗的,有送到洗衣妇那里洗的,也有为得到6种洗衣服务的某一种而把衣服送到洗衣店去的。直到1890年,家务劳动仍是母女相传的手艺,贝瑟姆嘲讽地称它为"祖宗的才智",而中镇妇女则进入了一个"非此即彼"的狭窄的世界。"凡事都有两面,做对或做错,你不妨既学对的,又懂得错的。"现在的许多主妇就是在这样的家庭信条熏陶下长大的。在"女人的活儿永远做不完"的情况下,日常的家务劳动在一天里是较为重要的。而家务劳动和教会功课这两件事情就构成了女人的"正确"活动,所有缓慢的手工家务劳动都被这样那样地挤在每周6个工作日的白天里,闲暇时间很少。如今,家庭劳动做法的多种选择与主妇在新获得的闲暇时间中所能从事的活动的新选择,使她从母亲一辈人那非此即彼的世界,进入了一个

(接上页)解决,每个中镇家庭都以一个独立单位的形式处于来自个人感兴趣的机构的、令人迷惑的炮阵中——洗衣机的制造商们通过杂志上大批"教育"版向主妇们散布一种思想,即女人连简单的洗衣活都不让孩子干是不对的,可当门铃响了,主妇放下杂志开门时,却发现和蔼的分期付款推销员正准备在过道上安装一台价值155美元的洗衣机,如果高兴的话可以按星期付款。全部问题就是这样通过每个独立的家庭单位的直接的、往往是偶然的考虑来解决的。

有一系列多元选择的世界。

在服装方面,广告和具有多元选择性的统一商标和制作方法迫使家庭及其成员迅速进入一个未知的世界,这是传统的"文科教育"和"职业教育"所体现的陈规陋习为适应这些情况而做出的变化所望尘莫及的。随着衣食住行中的事物越来越多地由家庭产品变为金钱交易,随着生活标准的变化及变化的多样化,家庭主妇就必须去区分不同等级的牛奶、面包、吸尘器及无烟炉灶,必须决定诸如是用另一种地毯取代草毯,还是用草毯取代地毯等数百项事情。在发展中的中镇工业企业越来越多地依赖专业技巧来销售产品的时代,家庭像1890年一样仍然是基本上独立的小买主,但为其供货的未经训练的、非专业的销售机构,却遇到了高度有组织的销售渠道的竞争。

通过这些出现在家务管理活动中的社会矛盾,人们可以清楚地看到在持家的各个领域中出现的被迫重新定向的问题。在中镇刚刚逝去的农业生活中:

"家庭既是一个经济机构,又是一个生理和感情的机构。它具有娱乐、教育、保护及经济的功能。女人的编织、缝纫、做饭、种菜等职责与男人的那些活动在经济上具有同等的重要意义。离婚之所以罕见的部分原因就在于它会打乱这些具有基础互补性的经济和产业活动。家庭为男孩们提供了学手艺的场所,为女孩们提供了被训练为熟练的家庭主妇的场所。其固定的住所和可靠的财力资源,适当地保护和照顾着家属们。"[32]

---

[32] F. S. 查平(F. S. Chapin):《社会文化中家庭习俗的滞后性》(The Lag of Family Mores in Social Culture),《应用社会学杂志》(*Journal of Applied Sociology*),第9卷,第4号,第245页。

第十二章　衣食和家务

是那些强加在早年亲密的家和家庭之上的新的文化需求改变着家庭的形式：在家庭生活中，住所地域上的接近和固定所起的作用越来越弱了；家里能将夫妻联系在一起的子女及其他亲属少了；适合不同年龄、性别和爱好的家庭成员的活动取代了许多全家的共同活动；随着这些要花钱的家庭外活动的增多而来的是家庭成员之间更加重视金钱关系了；接受高等教育的欲望使子女日益摆脱子承父业的老路，从而扩大了两代人在生活水平和思维习惯上的差异；电话、汽车之类的新工具在协助家庭成员之间相互联系的同时，也为他们的单独活动提供了便利。

这些变化是在斗争中进行的，新事物的出现总会遇到传统的、家庭"神圣机制"不可侵犯的态度的抵抗：[33]

1924年的小学教育大纲中指出："应该使我们的孩子们不断增强家庭是个神圣的组织这样的观念。"

"每个社区里都应有下列4种重要的好思想，"中镇一位杰出的交际花1924年在一次社区会议上说，"家庭的思想，教会的思想，学校的思想，社区的思想。家庭是上帝创造的第一个制度，他打算把家庭当作社会的基本单位，其中有父亲、母亲和子女。"

"在英语中有三个最高贵的字根，"一篇于1924年提交给某联合妇女俱乐部的文章中写道，"母亲、家庭和天堂。……当一个女人认识到持家这一职业的全部价值和重要性之后，持家在她及社区人们

---

[33] R. H. 托尼的《宗教与资本主义的兴起》(*Religion and the Rise of Capitalism*，纽约：哈考特·布瑞斯公司，1926年）描述了人类若干活动的世俗化过程，其中包含着"从对当时新的种种经济利益的追求，到对传统的基督教伦理的持久不断的眷恋"。

的眼中就会越发尊贵和荣光。它成了一种正当的职业，姑娘们不必认为只有离开家庭才能获得自我。没有什么能像做一个优秀的家庭主妇那样，使孩子依其应有的方式而被抚养成人。"

"家庭生活，"据中镇一位大商人说，"是一切的中心，丧失了它，就丧失了一切。"

在中镇夏季教育类户外集会的一位发言人说："我们似乎已经逐渐离开了家庭生活的基础，家曾经是家庭成员度过绝大部分时光的神圣机构，而现在，除了老弱病残者外，家只是一个身体的服务站。"

同别处一样，这里决定一项变革是受欢迎还是受排斥的因素看来就是它那变动中的物质特性，或个人的态度、观念和人口总体的价值观。但是，像使用电器设备、电冰箱及类似的物质因素这样的变化总比那些关系到婚姻、父子关系及其他家庭生活中的"神圣义务和情感"的变化要来得更容易、更迅速。因此，中镇人在子女抚养上面临着两类问题：一是当作实验和现实进行研究的子女的健康、穿衣和饮食问题；二是与直接的实际生活格格不入的子女的"道德""个性"和"德性"问题。在一个讨论子女抚养问题的会议上，一位在母亲协会及城市教育工作中非常杰出的母亲说："我不认为孩子们成问题，他们不是个问题，而是个乐趣。我们应该相信他们，上帝会引导他们的。"一位把"《圣经》奉为家庭根基"的著名牧师说："用心所学到的东西比用脑子所学的要多得多。"提交给"母亲协会"的许多论文都趋向于原则性地而不是具体地讨论这个问题，例如，某文题为"父母的责任在于使其子女懂得履行人人都应为之尽力的神圣职责，去行使自己神圣的政治权利"。从一些生产阶级家庭的情况看,他们都倾向于用一些套话来掩饰子女抚育中的问题,例如,在谈到各种子女问题时,这些母亲往往避实就虚,说些诸如"罪恶(或魔鬼)是问题的原因""只有拯救灵魂才能解决问题"之类的套话。

第三部分

教育子女

第十三章 谁该去上学?

从表面看来，中镇是一个由各种精心制定的复杂的制度构成的制度化社会。在这样的社会中，儿童的教育是一个引起广泛关注的问题。在儿童的周围，生活以其轻快的脚步行进着，可以说是日新月异。由于各种复杂却又简便的机制——从最简单的字母到每日的市场行情和自动机械——的应用，这一变迁的步伐更得以加速；这些复杂而又简便的机制，还得以使大量错综复杂的社会资本能用来满足群体中最普通的成员的需要。如前所述，在社会和生活方式的延续中，家庭发挥着重要的传递作用，它使那些对这个社会还完全陌生的初来乍到者能逐渐适应周围的制度化社会。宗教机构对于儿童的教育培养所起的作用是有限的，依父母的选择而不同。报刊上的"真实故事"，荧屏上的"热血青年"，公共图书馆中供借阅的图书，日常生活中和伙伴的摩擦，这些对于儿童的发展都只是些偶然的因素，当然这并不意味着它们的影响无关紧要。只有学校这种机构才能给予（孩子们）最正规的和最系统的教育和培养。

在公众看来，儿童的正规教育和培养应从6岁开始，这也是他们接受正规强化训练的开始。在父母名义上的监护下，儿童继续住在家中。但是每天4—6个小时，[①] 每个星期5天，每年9个月，这

[①] 除了假期之外，每天的教学时间从一二年级的3小时50分钟延长至七年级以上的5小时50分钟。1890年，各年级都是每天5个小时。

些孩子的生活就像他们在商店或办公室工作的父亲一样有了固定的规律,这种规律性甚至比他在家中的母亲的更强——"他天天去上学"。

1897年,第一个州"义务教育"法通过之前,对孩子的培养可能和他6岁以前一样不正规。即使出现了义务教育,最初也仅仅是要求8—14岁的孩子每年连续上学12个星期。但是在以后的30年中,出现了这样一种趋势:不仅每年必须上学的时间延长了,[②]而且必须接受这种正规的、群体定向的教育年限也向前后延伸了。如今,任何孩子在14岁前都不得辍学。[③]1924年,当先前一直由私人办的半慈善组织的幼儿园被社区接办和扩充时,如果教室允许的话,5岁甚至4岁的孩子都可以接受公费教育。

中镇对于年轻人的教育的关注表现在这样一个事实上:1925年,有不少于45%的市财政支出用于教育。这时,中镇14所学校的资产据估价为1 600 000美元,这大约是1890年时的9倍。[④]在1923到1924年,全城6—21岁的公民,近十分之七按时上日校,还有许

[②] 在1889—1991年两个学年中,平均每天听课的人数是入学人数的66%;而1922—1924两个学年中,平均每天的听课的人数是入学人数的83%。

[③] 参见第五章。倘若在学校已经上完了八年级的14岁的孩子能证明家里需要他们的经济帮助,同时每个星期还至少有5个小时参加学校特设的业余班级,这样他便可能会被授予一个允许他们走入社会开始谋生的证明。没有完成八年级学业的孩子必须到16岁才允许开始谋生。在这些孩子年龄达到18岁以前,社会都会监督这些孩子工作的环境。直到1924年,中镇对于孩子必须上学的年龄所设置的上限是14岁。州的法律允许一个城市规定一直到18岁的所有的孩子上学时间的下限(一个星期5个小时),但是中镇没有这么做。

[④] 同时,州的小学和中学教育的年支出从1890年的5 245 218美元上升到1922年的63 358 807美元。

多不同年龄的人参加了夜校学习。

中镇的学校里没有保存有关辍学的孩子的年龄和年级的记录。每个孩子受教育的平均年限，今天仅能从中学和大学越来越多的入学人数推算。1890年到现在，人口仅增加了3.5倍，而中学四个年级的注册人数却增加了11倍，毕业的人数增加了19倍。在1889—1890年，中学学生共有170名，相当于全城每67人中有1名，中学的入学人数仅占全部入学人数的8%；而在1923—1924年，中学学生共有1 849名，相当于全城每21人中有1名，占全部入学人数的25%。换句话说，现在大部分中镇的孩子们除了接受了小学教育，他们的教育年限还延长到九年级至十二年级。1882年，有5名中学毕业生，相当于中镇每1 110人中有1名；⑤1890年，有14名毕业生，相当于每810人中有1名；1899年，有34名毕业生，这是"全城有史以来最大的毕业班之一"，相当于每588人中有1名；⑥1920年，有114名毕业生，相当于每320人中有1名；1924年，有236名毕业生，相当于每161人中有1名。⑦

同样引人注目的是接受高等教育的迫切要求。在那些已经连续上学12年（这些时间已足够从中学毕业）的人中，有三分之一以上继续升大学或去师范就读。1890年全城的14名高中毕业生中，只

---

⑤ 人口数估计为5 550人。
⑥ 人口数估计为20 000人。
⑦ 1920年，联邦统计表明，年龄在14—15岁的人口中的76%和年龄在16—17岁的人口中的30%在校；在1920—1924年，高中毕业班级数翻了一倍，这表明了从1920年到现在入学人数百分比显著增加。据州公共教育部说，在1920—1924年的5年中，全州的中学学生人数增加了56%。

中镇的中学是由村镇使用的，但是城市之外的学生很少。因此在上面把中镇的人口作为计算的基础。

有2名上大学或就读于师范院校；1894年的32名高中毕业生中有9名继续升学。在1924年10月中旬，对当年的236名高中毕业生中的153名进行调查时，发现上大学的有80人，其中36人就读于外地的大学，另外的44人或上了四年制的当地大学或上了师范院校。⑧在1890—1924年间，全州的人口只大约增加了25%，而州立大学的入学人数却增加了近700%，毕业的人数大约增加了大约800%。在相同的时期内，州立农业学院和工程学院的学生人数增加了600%，毕业生人数增长幅度超过了1 000%。

甚至在那些没有继续上大学或没有念完中学的人中也体现了注重教育的特点。在1925年春天，在夜校就读的1 890名学生中，719人读的是贸易或工业，⑨175人读的是商业，996人读的是家政课程。⑩

除了上面曾提到的各种受教育的形式以外，在中镇，每年还有50—100人（既有男性也有女性）上函授课程。中镇的商学院每年

---

⑧ 1924年的数据来自出版的中学校报的统计表，而不是一个抽样，但是可能已经包括了主要的上大学的人。除了上面提到的80名学生之外，还有7名以上的学生在商学院，1名在位于州议会大厦的艺术学校，3名在中学上补习班。

⑨ 机械加工、木工、设计、绘图、模型制作、车工和橱柜制作、工程数学、化学。

⑩ 缝纫、裁剪、制作女帽、应用设计、制篮、烹饪。

一般说来，在"萧条时期"，夜校中各种课程的入学者更多。这项工作的指导者把这种情况归于两个因素：一、失业的人有更多的空闲时间；二、当工作的竞争非常激烈的时候，工人们认识到在单纯的某项技术之外需要学更多的东西。第三个因素仅仅针对女性。在萧条和家庭的收入不足的时候，在家中自己缝纫、制作帽子的人就增加了。这些女性可能会去学习制帽和制衣课程，学会后就离开了。

在1923—1924年，男性的岁数为20出头，而女性的岁数为30左右。

入学的 300 名学生中，大约一半都是中镇本地人。

由于今天中镇人如此重视教育，所以与其像上一代人那样去了解在校中学生或大学生的受教育动机，不如去了解辍学者中断学业的原因更简捷方便。对于辍学者不能继续学业的原因，我们可以从 42 位辍学儿童的母亲的回答中获得。她们共有 67 个在中学阶段辍学的孩子，其中包括 37 个女孩和 30 个男孩。14 个女孩和 6 个男孩在高中阶段辍学是因为要挣钱养家；3 个女孩和 12 个男孩是因为他们"想工作"；6 个女孩是因为"健康问题"；1 个男孩是因为视力的问题；7 个女孩和 6 个男孩是因为"不喜欢中学"；3 个男孩和 3 个女孩离开中学上了商学院，1 个女孩去学音乐了；1 个女孩和 2 个男孩"在学校不得不学那么多没用的东西"；1 个女孩结婚了；1 个女孩在母亲生病的时候在家帮忙。

显然这些回答都是些表面的解释，在大多数情况中掩盖了许多潜藏的因素。智力天赋当然也没有被提到，虽然在特尔曼（Terman）看来，"在中学阶段辍学的学生主要都是些低智力者"。⑪ 毫无疑问，这种看法仍然很重要，但在那些在中学辍学的学生中和完成了高中学业后没能继续升学的学生中，这个因素不太容易被当成主要原因。⑫ 在中学和许多附近的大学中，对于智力要求的标准相对较低。

---

⑪ 特尔曼（Terman）：《学龄孩子的智力》（*The Intelligence of School Children*），波士顿：豪顿·米夫林出版社，1919 年，第 87—90 页。参见：在第五章中，在中镇的典型资料中，智商和辍学的关系曾被提到过；在第六章中，还大致提到在中学最后三个学年中生产阶级和经营阶级的孩子明确的比例。

⑫ 中镇像在州里的其他地方一样，高中生的智力和选择谁能上大学之间，几乎不存在任何直接的联系。书中谈及州里的情况时表明："即将上大学的学生中，智力等级为 E 和 F 的几乎和 A+ 或 A 的学生一样多。"（转下页）

在促使学生放弃学业这个方面，学校中刻板而冷漠的生活比前面提到的"不得不学那么多无用的东西"所含的意思起着更为重要的作用。除了某些职业课程之外，一个中镇的男孩或女孩必须很大程度上不加怀疑地接受和高中课程最相关的价值观。

在决定孩子是否能继续学业的诸因素中，孩子家庭的经济状况起着举足轻重的作用。这里我们再次通过考虑一个家庭拥有住房的面积和其他重要生活设施的情况来考察这种外在的经济因素对于个人的一生的影响。在上面考察孩子在中学阶段辍学的原因时，有些中镇的母亲提出了经济方面的问题，但她们可能还是低估了金钱真正的重要性。几位一开始把孩子离开学校的原因只说成"不喜欢学校"的母亲最后吞吞吐吐地解释说"我们没有能力供孩子穿像样的衣服，孩子们也感觉到了衣物的匮乏"；或者是"两个男孩和最大的女孩全部离校是因为他们都恨那所中心中学。他们全都喜欢他们离开了的初级中学。⑬ 在中心中学那里，人们都是如此的势利，如果穿得不好，就交不上任何朋友"。另外一个母亲谈道："我的两个女儿和最大的儿子全都辍学了。""最大的女儿辍学是因为我们没有钱给她买合适的好衣服。男孩虽一再乞求上中学，但是他的父亲却无法给他任何帮助。现在最小的女孩也无法上十年级下学期了。她功课非常好，但是因为她无法穿得和其他女孩一样，她的虚荣心使得

（接上页）"许多从我们这里毕业的最聪明的学生根本不打算上大学。其中智力等级为 A+ 的占 22% 的学生表示他们从没想过上大学，智力等级为 A 的占 24% 的学生上完中学后不打算继续学业……而智力级别 D 或 E 的分别占 62% 和 64%，他们表示他们将在次年上大学。"（《学龄孩子的智力》，第 39—40 页。）

⑬ 生产阶级的孩子在城南的初级中学上完九年级。在中学的最后三年——十年级、十一年级、十二年级——中镇的所有孩子都去城北中心中学。

第十三章 谁该去上学？

她不愿再去上学了。"母亲们在提及这些令人不快的明显的社会差异时，态度吞吞吐吐，很大程度上正是表明，上面概括的她们孩子辍学的理由，并没有反映这方面的真实情况。

在问及那些母亲对于孩子未来的打算时，家庭的经济状况的作用在她们的回答中又体现出来。尽管在那些孩子还不到上中学的年龄的家庭中，由于这些母亲的倾向不明确，这些回答难以令人满意地列表分析。在接受访谈的经营阶级的40位母亲中，每一位都计划送她们的孩子上中学。而且除了3位母亲外，其他的都明确表示要送孩子上大学。而在那3位母亲中，2位计划在高中毕业后送孩子去接受音乐教育，而另一位母亲的孩子还不到8岁。这些计划送孩子上大学的母亲中的8位另外还带了一句："只要我们力所能及。"还有3位母亲在准备送孩子上研究生。另外2位说可能不上大学而去学音乐。

生产阶级的母亲在谈及对孩子的培养计划时，频频使用的是"希望""打算"之类的措辞。几乎每位母亲对于孩子的培养计划都是说"只要我们力所能及"。124个生产阶层家庭中的40个家庭对于孩子没有任何培养计划，其中18个家庭有孩子在上中学。关于这些母亲中某些人的态度，我们可以从一位9个孩子的母亲的表述中看出来，她渴望地谈道："我不知道；我们希望只要有可能他们都能上中学。"在那些对孩子的未来有打算的母亲中，3位母亲明确表示只让孩子念到义务教育所规定的年纪——16岁；38位表示，如果可能的话，想让她们的孩子继续中学的学业；5位计划让孩子在中学学习一年或更长时间后上当地的商业学校；4位计划送孩子上当地的师范学院；28位计划让孩子中学毕业后上大学；1位计划在中学之后送孩子去接受音乐教育；5位计划让孩子直接接受音乐教育，不上中学；1位让孩子直接去商业学校，也不上中学。[14]一位母亲的回答透露出许多母亲的感情："我们最大的男孩在高中的功课很好，他父亲说想送他上一所好大学。其他的孩子无论如何也要上完中学。如果孩子不接受良好的教育，除了体力劳动他们将一无所能。他们的父亲希望只要力所能及就要尽可能地让他们接受教育。"人们不止一次看见父母辛勤工作以供养上大学的孩子。"我不知道能否让孩子完成大学的学业，但我们在为此努力。一个男孩如果现在不接受教育，就将一事无成。"一位父亲语重心长地说。

如果说经营阶级家庭只是把孩子应该受教育这件事看得理所当然，那毫不夸张地说，大部分生产阶级家庭对于教育则有一种宗教式的狂热，教育被他们看成一种获得拯救的手段。[15]中学现在已经成为中镇年轻人社会生活的中心。老一辈人上中学很少，如今上中学如此普遍，也就毫不奇怪了。

---

[14] 这些数据是以家庭为基础的，不是以孩子为基础的。在一些例子中，父母对孩子的培养计划只是给予一两个孩子，而对于其他孩子并无计划。

[15] 参见表十四，在对孩子的培养方面，生产阶级的母亲更多地强调"在学校中获得优秀的成绩"或者"在社会中出名"。

第十四章　儿童的学习内容

学校就像工厂一样，是一个组织严密、控制严格的世界。无法移动的、排列有序的一排排座位固定了每个孩子的活动空间。对于所有的孩子来说，无论是6岁的刚进校的怯生生的一年级小学生，还是充满自信的高中学生，要遵守的一般规则都大致相同。铃声将白天的生活分成了几个时段。对于6岁的孩子，上课的时间是短暂的，而且课时长短不一（从15—45分钟）。尽管在"复习的时间"中是完全禁止活动的，但是这些孩子有做游戏的时间，这时可以离开座位，做游戏，扮演故事中的角色。随着年龄的增长，孩子们身体活动所受到的限制越来越多。到三四年级的时候，除了在座位间来回走动，每天固定的课间操，或者一个星期一次或两次的手工课和家政课的时候，其他所有的活动几乎都被禁止了。在"学习时间"，孩子们在课堂上学习政府统一制定的"教科书"中的东西，在"复习时间"，他们向老师复述课本上的内容，比如，一个班的学生向老师复述美国南北战争的史实，另外一个班复述非洲河流的状况，第三个班的学生讨论"如何演讲"。内容不同，但方法差不多。进入中学后，就有了一些变化，增加了一些"职业性"的课程和"实验室"的工作。但是上课—课本—复习还是教育的主要特点。大约有一个小时是老师提问学生回答的时间，接着铃就响了。书被"砰"地一声扔在桌上,女孩子们拿出了化妆盒,教室中充满了说笑声,孩子们互递约会的小条子。对于孩子们来说,这似乎就是有记忆以来最重要的事,这时不是笔记而是"日期"了。五分钟过去了,下一节课的上课铃响了。孩子们磨磨蹭蹭地走回座位,最后的嬉笑声沉寂下去,最后一个回座位的孩子合上了小手包。"在上一节课我们刚刚讲过……",另外一节课开始了。

所有这些以知识与技巧为内容的有序的教学活动,反映了中镇这个务实的社会中的一些人的努力与尝试:通过这类正规的日常活动手段来弥补家庭在教育下一代方面的不足。下面开列的1890年和1924年的课程设置体现了时势的变迁,也典型地表明走向成熟的中镇已开始考虑到学校教育的重要性:

1890 年	1924 年
一年级	
阅读	阅读
写作	写作
算术	算术
语言	语言
拼写	拼写
图画	图画
科学常识	地理
音乐	音乐
	公民训练
	历史与公民学
	卫生与保健
	体育

续表

1890年	1924年
七年级	
阅读	阅读
写作	写作
算术	算术
语言	语言
拼写	拼写
图画	图画
音乐	音乐
地理	地理
科学常识	公民训练
作文和演说	历史和公民学
	手工（男孩）
	家政（女孩）
	体育

35年前，要求一至七年级的学生在校学习以下的知识和技能（大致按其重要性排列）：①

1. 运用语言的能力（最重要的一项）
2. 准确运用数学符号的能力
3. 熟悉周围的自然环境

---

① 1856年的州立法规定，公立学校系统必须讲授"拼字法、阅读、写作、算术、英语、语法和良好的举止"，而1882年中镇的学校董事会议事录（在1890年左右唯一详细描述了必授课程的议事录）强调："阅读、写作和算术是公立学校必须教授的三门基本课程。如果没有什么特殊的情况，还应该教会学生看报、写信和正确进行数学运算。"

4.了解与孩子们有关的自然界的各种事物：树木、太阳、冰和食物等

5.唱歌、画画等娱乐技巧

现在孩子们在学校学习的内容大致为：

1.运用语言的能力（和过去一样）
2.数字运用的能力（和过去一样）
3.爱国公民意识的培养
4.熟悉周围的自然环境（和过去一样）
5.了解如何保持身体健康和进行体育锻炼
6.唱歌和画画等娱乐技巧
7.要求女生掌握缝纫、烹饪和使用各种用于家务的工具的知识和技巧；要求男生掌握生产阶级成员用以谋生的手工技巧。

由于以前人们所受的教育是选择性而非强迫性的，而且规模有限，因此家教是主要的，学校教育更多地只是一种附属物。然而今天，学校教育遵循的是一种更加明确的责任制度，尽管许多责任界定不清。现代教育内容在某些地方也变得更加切合实际。生活中不断出现各种需求，为了满足这些需求，教育的内容也慢慢变得更加实用。这一点明显地表现在卫生与保健这门课中：一代人以前用的教材是詹金斯（Jenkins）的《人类生理学高级教程》(*Advanced Lessons in Human Physiology*)，而现在用的是埃默森（Emerson）和贝

特（Betts）所著的《生理和保健》(*Physiology and Hygiene*)。前一种课本一共21章，296页，其中有287页是讲述身体的结构和功能："骨骼""皮肤和肾脏""神经系统的解剖"等。最后一章一共八又四分之一页，是讲述"健康的法则"；3页附录是有关"毒药和抗毒药"的，列出了在因乌头素、砷等中毒的时候的各种解救办法，以及在碰到窒息的情况下如何急救。而现在使用的课本基本上是关注如何全面地进行身体保健，而对于人体的结构只是略略提及。从两个时期的考试题目也可以看出这种变化。在1890年，典型的试题是这样的："描述一下构成神经系统的两种物质"和"试述大脑的形状和重量，并说出它周围细胞膜的名字"。而现在的考题则是这样："用一段话精确地说明一下你该穿什么样的鞋，并列举这样做的优点和原因"，和"骨骼和肌肉的规律是什么（针对一定的身体姿势）？如何用它来指导日常生活？"

再来看看两个时期的地理课。现在的课程较少要求学生记住至少每个城市的一个重要特征，而更多地关注"暴风雨、阳光以及鸟鸣"以引起"孩子们的兴趣"。但是所调查的课程依旧是被学习各种知识充斥着，1890年和1924年的考试题目是可以互换的。阅读、拼写和算术课程也不像过去那样强调符号的掌握和正式的练习，而是更加关注这些技巧的"实际应用"。对于阅读而言，不像过去那样强调"清晰而准确的发音"或朗诵时的抑扬顿挫和表情，而把注意力更多放在强调内容的"默读"方面。但是，总的来说，作为"主干课程"的比不太重要的和新设置的课程更缺乏灵活性。可以说这些大部分变化的确轻微有限，由"小学教育"表现出来的社会价值观在中镇的变化是缓慢的。

第三部分　教育子女

然而，当我们观察中学的时候，会发现在中镇通过强制教育来帮助它处理它所关心的事物的务实的趋势变得越来越明显了。② 比起小学教育，中学教育较少受到传统的约束，迄今为止也没能强迫孩子们集体上课，并具有更大的灵活性。在这里，集体上课并不意味着所有同一年级的孩子在同一天要学相同的课程。刚进入中学的新生可以在4年中选修12种不同课业中的一种，③ 可以在4年中全部

---

② 参见第二十五章反映同样趋势的另外一个证明，那是有关牙齿和其他健康活动的讨论。

③　1.一般课程　　　　7.应用电工学
　　2.大学预备课程　　8.机械制图课
　　3.音乐课　　　　　9.绘画课
　　4.艺术课　　　　　10.机械加工课
　　5.速记课　　　　　11.手工课
　　6.簿记课　　　　　12.家政课

第3种到第12种课，在第一年，必修和选修的课程的要求是一致的。每学期要求上四门课程，其中两门或三门是必修的，剩下的依据课程和时间从第2种到第9种的选修课程中选择。必不可少的中学教育要求中学生：

选择第1种至第6种课业的学生必须上四年英语。
选择第7种至第12种课业的学生必须上三年英语。
一年的代数。
一年的通史。
一年的美国历史。
一年半的公民学。
一年半的社会学。
一年的自然科学。
一年半的音乐。
一年半的体操。

这些包括了在四年的学习生涯中，学术类的（从课业进程规划第1种至第6种）10门必修课和6门选修课，职业类的（从课业第7种至第12种）9门必修课与7门选修课，这些课程所需学时都是一学年，或者教授这些课程的全部时间加起来相当于一学年。

的102门课程④中选择16门课。所有这一切对1889—1890年"繁荣发展时期"步入中学的170名学生来说是颇感新鲜的,他们那时必须和中镇过去30年所有的中学生所做的一样,在英语和拉丁语这两门四年课程中选择一门,还得修完总计达20门不跨学年的课程。

今天中镇的中学课程内容体现了一个特点,就是既包括传统的"学习作一个有教养的人"所必需的内容,也包括更新的实用知识和技能,而这些新的东西被加入中学教育的内容之中是为了适应当前社会广泛的要求。不同年级的学生上英语课的形式不同,而英语这门课在学生的学习生涯中占了比其他课都更重的比例,要花掉学生所有时间的22%。⑤英语课也不再像以前那样在4年中全部都是必修的,改为只要求头两年必修,这样以前侧重的文学课在12种课程中的7种当中消失了。第三年改上商业英语,第四年为选修,在其他5种课业进程规划中,这种侧重更是完全消失了(英文作为选修课情况除外)。教师和学生都曾为英语课受尽折磨,很显然他们都很高兴得到了解脱:"感谢上帝,我们终于再也不用上乔叟的序诗了!"一名中学的英语教师谈道:"我感谢这一改变,孩子们也是这样。他们憎恨英文,认为它简直像上一门外语课。"

虽然,经营阶级的一些家长依旧认为,掌握拉丁语似乎仍是有学问有教养的重要标志,但是在学校教育中,它的价值已经在迅速降低了,现在已经不要求每一个学生都上一年拉丁语课了,尽管在12门课

---

④ 这里是用年而不是用学年或学期作为计算课程数目的单位,它仅仅和1890年的情况进行了基本比较。每年的课程组成都不一样,但是这些课程间的组合关系几乎是不变的,比如社会学和公民学,动物学和植物学。

⑤ 参见表十六中中学生全部时间的分配。

业中的任何一种，拉丁语或法语都必须上两年。在90年代，一半以上的中学生在四年的学习生涯中都要学习拉丁语，学习过程颇为有趣："拉丁语，语法，听：开始—结束。拉丁语，课本，听：开始—结束。拉丁语，恺撒，听：开始—结束。拉丁语，维吉尔，听：开始—结束。"不过今天每年一度的"维吉尔俱乐部"拉丁语诗歌朗诵会和"拉丁语周年庆典"是中学校园的社会生活中主要的社交活动，不止一个学生承认这些诱惑帮助他们度过了学习拉丁语的四年时间。尽管拉丁语是正在没落的语种，但是传统、升入大学的压力以及前面提到的附带的社会方面的问题使得拉丁语在课程中仍占据着显著的地位：学生的全部学时中有10%都用来学拉丁语，学法语和西班牙语的时间都只占全部学时的2%。⑥英语、职业课、数学和历史课的课时加起来才超过拉丁语的课时。

　　课程设置的最明显的变化在于摆脱了传统的体面观念，而开设了为工厂、办公室和家庭所需的专门的技能课程。在一代人以前，高年级的课程中只有一门选修的簿记课能勉强划入这种课程的范围，而现在的中学在12门课中有8门是这类课。在1923—1924学年的第一个学期，这类课程占了全部课程的17%，而第二个学期占21%。⑦但这并不是说，前面所说的培养孩子长大以后成为一个有用

---

　　⑥ 自从第一次世界大战后，中镇的学校不再教授德语。

　　⑦ 参见表十六，看看商业课、家政课、手工艺课和职业课的时间分配，从学时的角度注意一下这些课程间的关系。英语是唯一一门，或者说一组需要学生花费的时间超过那些非学术性课程的课程。我们应该记得在前面提到的12种课业进程规划中有7种，必修的英语课程的三分之一是用来上一门新的职业课——商业英语——的，这反映了现在课程设置对于工作需要的侧重，而不是像以前一样侧重于学术。（转下页）

第十四章　儿童的学习内容

的人的教育方法，正更加接近为中镇的居民日常生活中最为关注的一切做好准备的目标。一位中学校长坦率地说明了实用教育方针的意义："长期以来，所有的男孩都在被培养成总统。后来，又想把他们都培养成专家。现在，我们只是想教给这些孩子获得一份工作的能力。"

和拉丁语、英语、数学那些课程不一样，职业课程没有独立的悠久的传统，它们以办公室和工厂的一套原则作为自己的准则：它们必须对机械加工厂和办公室的新方法、新设施不断跟进，否则就会变得毫无效果。⑧最近开设的一门无线电课程就表明了迅速适应这种新的变化的可能性。和学校中的其他课程相比，职业课程更加重视教授学生怎样去做，培养动手能力，而不是过分强调理论知识。男生们到镇上的工厂去了解工作的实际情况，他们学习修理家中的各种东西，用旧福特汽车学习自动机械。他们设计、画草图、制作车床和钻床，还有中镇铸造厂自己生产的铸件的模型。他们还设计并亲手建造一栋房子，自己按建筑原理设计，做木工，铺设电路，用金属装配，粉刷。有一个计划尚在讨论之中，那就是在当地的一家机械厂找一份工作，两个星期学习，两个星期干活，交替进行，持续时间一年。

（接上页）我们同样应该记得在提到中学课程的时候曾提到：小学六年级和七年级的男生必须上手工艺课，而七年级和八年级的女生必须上家政课。

⑧　教育内容和现实情况的一致性由于得到工会支持和赞同而变得更加突出了。不过，不同的工会对于这种培养方式意见不一：木工工会的主席参加了夜校，而成员也带着熟练工人的证明和相应的工资开始了中学课程；而在中学上过职业课程的砌砖工人和粉刷工人毕业时和没有受过培训的工人的工资几乎一样多。

在这种情况下，我们就不会对男生的职业课程受到中镇人的欢迎而感到惊讶了。但是也有一些老师和经营阶级的父母认为这种课程会降低教学水平，会分散那些打算上大学的学生准备功课的注意力。[9]就像满腔热情支持中学篮球队一样，这些职业课程激发了大部分男性纳税者的想象力。问问扶轮社的人中镇有些什么样的学校，他一定会告诉你这些"生活实用"的课程。这就不难说明为什么在学校中这些职业课的老师比其他老师的薪水更高。

职业课程还包括簿记、速记和家政学，这些课程和我们前面谈到的职业课程情况大体相同。家政学是从1890年开始设置的，是为即将成为家庭主妇的大多数女生的需要而设置的课程。这一课程从七八年级开始，内容有食品、服装和家庭预算。在中学，它一直是一门选修课，学习制帽、缝纫、卫生和家庭护理、家庭管理和衣食选择。就像男生的职业课程，这些职业课程更明显偏重社会接受的群体实践。比如，大部分的家政课程都是教授传统的

---

[9] 一些中镇人坚持认为：在中学开设职业课程，会在很大程度上降低它作为大学预备学校的水准。不止一位母亲对于她的女儿从不在家做作业，天天晚上外出，每门功课却能得到A感到怀疑。人们逐渐认识到如果没有额外的一年准备功课，无论是男生还是女生中学毕业时都很难考上东部的大学。

附近州的全国知名大学对中镇的中学毕业生有以下的评语：在一所大学中，有11位中镇来的学生，他们学习了15年，有1位毕业了，没有一位成绩优异，4位由于成绩太差而退学了；1924年的4位学生中，2位在试读，1位受到警告处分，还有1位功课一般。在另外一所大学中，在最近5年中有5位中镇的学生，1位成绩优秀，1位一般，2位功课太差而不得不在第一个学期后辍学了，1位成绩达不到要求而退学了。在第三所大学中，有8位中镇的学生在最后的5年中，1位成绩优异，4位平常，3位在试读。在第四所大学中仅有1位中镇的学生，仅上了1年，而且是试读。

家务操作的，如做罐头、烘烤食品和缝纫之类，而较少涉及正越来越吃香的有关购买工业制成品的本领，不是使学生尽快增长购买制成品的能力。为未来的经营阶级女性开设的半年关于衣食选择的选修课程能使姑娘们成为"聪明的消费者"。这表明大家已认同，要成为懂行的消费者，需有专门的训练。全班集体参观当地的商场，并就家庭所需的各种商品进行讨论，也同样反映了这一趋势。1925年，一所学校新开设了"儿童护理和营养"课程，几乎教授幼儿喂养的全部内容，而不是只是空泛地讲些有关儿童护理的内容。这作为社会首次试图训练女性的基本育儿技能而非常突出。标准的女性杂志都是以这些课程为内容，而技术杂志则采用男孩课程的内容。

在职业课之外，一个重要变化是对于公民学和历史的新的强调。另外一个方面也体现了这一点：中镇把学校教育纳入直接为制度建设服务的轨道，这样可以加强社会团结，减少各种各样分离的趋势。一代人以前，美国历史这门课是给八年级的学生开的，而"在一百页左右的篇幅中包括了从《创世记》到现在的全部内容"的通史课是上中学后第二年开设的，第三年开设内政课。如今，分设了公民训练课和历史课。公民课对于所有的孩子都是从上学第一年就开始，而且贯穿整个小学教育阶段。在中学，第三年开设美国历史，第四年开设公民学和社会学，除第二年的英文课外，全是学生在完成第一年的课程后的必修课。中学生16%的学时是用来上这些社会科学的课程的：历史、社会学和公民学，其学时仅次于英文课和一些生活实用课程（家政课、职业课、手工艺课、商业课等）。

明显地，中镇已经开始注意到，任何孩子都无法脱离这种群体模式。⑩这种情况在下面所引的教师章程中清晰地表现出来了：⑪

"当年轻人成为一名公民的时候，他们应该已经掌握了最基本的历史知识。"中镇小学的历史和公民课都以此为开场白，"在一种非常真实的意义上，他们是政府的维护者，就如同是他们兄弟的保护人一样。这些会使我们感到并乐于去这么做——为我们周围的人服务和牺牲是生命最美丽的果实。对于法律的尊敬就是对上帝的崇敬，这是作为一个公民所应具备的最基本的素质。私有财产，严格说来，是让我们为公众利益掌

---

⑩ "好公民作为生活的目标不再新鲜。……但是成为一个好公民是美国公立学校的一个占主导地位的目标，这从某种程度上而言还是新的。……就我所知，在历史上，社会民主是第一次被用来修正对于下一代的观点和偏见。"摘自师范大学校长詹姆斯·E.拉塞尔（James E. Russell）1925年6月所做的《年度报告》(*Annual Report*)。

由于中镇明显关注年轻公民的社会态度，对当地中学毕业生是进了当地的还是附近的大学的关注也是显而易见的。就如前面一章所提到的，1924年中镇的80位中学毕业生中，有44位进了当地规模较小的大学；12位在州立的两所大学；10位在州内几所较小的学校；9位在附近的州立大学；2位在全国知名的附近州立大学；2位在著名的东部大学；1位在东部学校接受专门的训练。一共66位在城市或州，11位在附近的州，还有3位在远处的州。这表明了一种趋势：包括那些最有独创性的、进取心的人中的某些人，每个中学毕业班中有三分之一到二分之一的学生移居到另外一个社区，而中镇老师喜欢在州内受训这种趋势更为明显，表明了中镇社会变迁过程中有趣的迹象。

⑪ 这里提到的课程内容和老师授课的情况都是来自于教育部的学校委员会，可能和孩子们在课堂上真正学到什么关系不大。但是这些的确表明了，那些培训青年的教师们首先应该自己受教育，并表明他们相信公德教育是必需的。从这些可以看出，在某种意义上，教师们的看法甚至比在课堂上确实教授了什么更为重要。而且他们的所作所为当然表明了教育的方向。

管财产的一种信任。没有一个人能够只靠自己活着……"

"我国在国家发展和繁荣方面的成就是举世无双的,"1923年的中学教育指南断言,"而这一切成就的获得全有赖于我们采用了现行政治体制。我们坚信我们的政治哲学是正确的,那些反对的人则是错误的。为了正确理解现行政府的政治哲学,必须对历史有清晰明确的了解。"

1921年的《小学教育指南》指出:"应当从小就在孩子们的心中培养对国家的自豪感,让孩子们为自己的历史感到骄傲。"在给予历史教师的教学指南中言道:"革命的权利在美国不再存在。140年前我们有过一次革命,这使得在我们国家任何革命都不再需要……民主的多种含义之一就是国家有这样一个政府,对它来说革命的权利已不存在……那些相信暴力是实现人民的愿望的必要条件的人都不是正常的纯正的美国人……美国主义……明显地意味着……我们抛弃了欧洲解决国内问题的古老的方法,把革命作为引导我们生活变化的那种方法,作为推动我们前进的机制,是过时的、被禁止的和非法的。"

在1923年的一次学生家长会上,中镇教育委员会主席指出:"许多教育者忽视了对学生的爱国主义思想的培养。……我们应该用美国的英雄和理想来教育我们的孩子。"

和历史课目标相似的其他社会课程有:公民训练课、经济学和社会学。公民训练课强调尊重私人财产、尊重公共财产、尊重法律、尊重家庭、对具有美德的男性和女性的服务心怀谢意等。经济学课则强调"共同的基本原则""社会的基本制度——私有财产、对公民的基本权利的保障、契约、个人的自由及建立私人企业等"。

将近三十五年前,中学首次总结四年以来的教学成果时曾提到:"我们面临日益复杂的世界,因此要掌握的知识也越来越多。"这个总结也适用于今天,对于这些社会课程来说更是如此。各个老师的教学彼此都不同,但是除了一些特别的例子,社会课程的教授更加依赖于国家制定的课本,具体体现公认的目标。一位著名的讲授历史和公民学的中学老师解释道:

> "在课堂讨论的时候,我尽量讲解一些细节,阐述对同一事物的不同看法,引导学生从两个角度去看待一件事。而在考试的时候,我却尽量强调重要的原则,把学生应该记住的主要内容串联起来。考试的时候我常常问一些简单的问题。如果我考他们属于思考的问题,他们会把所有的都混在一起,在试卷上乱涂乱写。"

历史课的内容、现在的课本和1890年的课本一样是有关军事和政治的,尽管军事事件所占的篇幅和90年代相比少了一些。有关经济和工业发展的内容比早些年增加了,尽管政治的演变依然居核心地位。今天的课本中较近的历史事件占突出的地位,就像殖民时代在殖民史中的位置。[12] 两个时期的历史课的考题表明,历史课的

---

[12] 见 W. C. 巴格利(W. C. Bagley),H. O. 鲁格(H. O. Rugg):《七年级和八年级美国历史的教学内容》(The Content of American History as Taught in the Seventh and Eighth Grades),《伊利诺斯大学教育学报》,1916年,第13期,第16页。(转下页)

教学方法和重心几乎没有改变。如果我们仅看历史考试内容的话，我们很难分清哪一份是1890年的，哪一份是1924年的。

当耶鲁大学出版社出版的历史系列的图片在中镇展览时，孩子们说在学校已经上够了历史，而对于大人们来说已经过了年龄也不感兴趣。因此参观者是如此的少，以至于主办者说"再也不来了"。这也许是对这种早期而生硬的美国历史教学必要性的评价。

从以下241位男生和315位女生对问卷的回答中，我们可以进一步看到中镇社会研究课程的效果究竟如何，问卷由中学最后两年的社会科学课程的内容组成：[13]

问题 \ 性别 选项	对(%)男	对(%)女	错(%)男	错(%)女	不知道(%)男	不知道(%)女	不回答(%)男	不回答(%)女
白种人是世界上最优秀的种族	66	75	19	17	14	6	1	2
毫无疑问，美国是世界上最好的国家	77	88	10	6	11	5	2	1
每个好的公民都应该遵循国家利益至上的原则	47	56	40	29	9	10	4	5

（接上页）比较从1865—1911年的课本，参看厄尔·鲁格的《当前八件历史事件》（*Eight Current Histories*）、斯奈德的《初级中学历史课本的内容分析》（An Analysis of the Content of Elementary High School History Texts，芝加哥大学1919年的博士论文）、蒙哥马利的《美国历史上的著名事件》（*The Leading Facts of American History*，90年代中镇学校用过）、伍德伯恩和莫兰的《美国历史和政府》（*American History and Government*，1924年用的，还包括鲁格和巴格利的研究）。菲特的《美国历史》（*History of the United States*），中镇学校1924年采用的课本，其中包括斯奈德的研究。

[13] 在每个陈述后，学生只要写上"对""错"或"不知道"。这一总结中不包括黑人的答案。女生在回答一些问题时明显的保守性是值得注意的。参阅附录中的"研究方法"部分。参见索引中的其他回答。

续表

问题 \ 选项性别	对(%) 男	对(%) 女	错(%) 男	错(%) 女	不知道(%) 男	不知道(%) 女	不回答(%) 男	不回答(%) 女
美国公民应享有言论自由,甚至可以鼓吹暴力革命,只要他本人不施行暴力	20	16	70	75	7	7	3	2
最近英国工党执政是英国的不幸	16	15	38	20	38	57	8	8
在美国独立战争中,美国是完全正确的,而英国是完全错误的	30	33	55	40	13	25	2	2
协约国政府在世界大战中为正义而战	65	75	22	8	11	14	2	3
只能由德国和奥地利承担引发世界大战的责任	22	25	62	42	15	31	1	2
美国政府应该承认苏俄的布尔什维克政府	8	5	73	67	17	24	2	4
战时的"和平主义者"是"逃避责任的人",政府应对其行为进行指控	40	36	34	28	22	28	4	8
一些人比另外一些人有钱得多这一现象表明这个国家存在着不公正的现象,应该加以改变	25	31	70	62	4	5	1	2

这里再简短提一下关于年轻人教育的其他的几个新的内容。1890年时,自然科学课是由一位原先受英文或数学训练的老师和一

位教过所有中小学课程的中学校长讲授,没有实验室[14]。而现在,是由受过专门训练的老师在设备齐全的实验室中讲授。在1923—1924年的第一个学期,自然科学课在全部学时中占7%,而第二个学期占8%。[15]

尽管和一代人以前相比,[16]美术和音乐在中镇日益丰富多彩的娱乐生活中所占的时间减少了,但是让年轻人接受的这方面教育却比以前更突出。在1890年,中学都不开设这两门课,除了一个业余的校合唱团,还有唯一的一位音乐老师每天在小学上课三小时。"绘画"被看作有利于"肌肉活动",而且和写作课轮着上。今天,各个年级都开设了艺术课程,而且中学生可以专攻音乐或绘画。全部12种课程中的两种都涉及这些内容。中学的艺术课程是由创作、艺术史和艺术欣赏组成的,正常的授课范围不包括艺术展览和艺术竞赛。[17]现在除了在各个年级开设了听力训练和识谱课外,另外还开设了16门乐器课。除了教授和声、音乐史和音乐欣赏外,还有一个合唱队、四个合唱团、三个管弦乐队、两个管乐队。如今唱机成了

---

[14] 1894年中学的年度报告:"实验室坐落于所谓南办公室那里,面积是6×4英尺。在房间的东面有一些架子,上面摆着6个盛化学药品的瓶子,这就是所谓的'实验室'。我们通过显微镜才能在紧靠南办公室的地方发现物理实验室。在那儿能发现一套旧的电子设备的残余物,还有一些用来证明自然物理现象的规律的几件磨损的器械。"

[15] 参见表十六。

[16] 参见第十七章。

[17] 各个年龄组的孩子们都上这些课。一位理发师自豪地谈起他女儿——一位初中生——对艺术的兴趣:"我有些朋友对于她从事艺术感到可笑,他们认为艺术就是画大张的画。我的妻子听见我女儿和其他一些人谈论艺术,而且说她能以最好的成绩完成这一切。我们都支持她。现在她所学的已经可以用于实际生活了。当要造一所房子的时候,她会知道色彩如何搭配比较和谐。"

学校必不可少的设备。一年一度的全校音乐纪念比赛使音乐进一步深入孩子们的心中。⑱

另外一项革新就是对于体育和智育的同等重要性有了越来越清楚的认识。体操课对于小学最后一年和中学第一年的所有学生都是必修课,代替了早先的短时期的"健身操",而且似乎有传播得愈来愈广的趋势。

我们在本章已看到了中镇人向下一代传授知识时重视价值观的大量事例。由于宗教思想和价值观在中镇的文化中占据着压倒一切的地位,在考察学校中讲课的内容的时候,不能不顾及学校同宗教的关系及其在本城的实践。如前所述,人们的谋生活动可以不伴随着任何宗教仪式,除了"安息日"可以和正式的宗教生活不发生任何关系,但宗教却在许多方面渗入家庭之中:婚丧和生育都伴随着或继之以宗教仪式,饭前常常要做简单的口头祈祷,大部分孩子被教导要在睡前祈祷,几乎每一个家庭都有《圣经》,全家每天在一起祈祷,尽管就像其他地方曾提到的,这已经变得越来越少了。家庭本身也被看成是神圣的单位,虽然它的许多方面已经世俗化了。娱乐活动之前的祈祷和唱赞美诗也比以前减少了。尽管传统上他们应该"庆祝安息日",但是这次调研中,大量的证据表明庆祝"安息日"的年轻人和老人在减少。像谋生之类的城市中的公共事务逐渐与宗教仪式和信仰不发生直接的关系。在城镇生活的世俗化和非世

---

⑱ 参见第十七章。学校的这些音乐作品和艺术作品都不是源自本地当前的生活,这和职业教育和社会研究的着重点不一样。实际上,它们表现了传统,更多地表现了一代人以前而不是今天城市的日常生活。他们是否将试着鼓励音乐和艺术学习的自觉和积极性以抵制现在文化氛围中的消极情绪这还不清楚。

俗化混杂的关系中，教育走上了一条左右摇摆的道路。天主教会把孩子放在一所专门的学校中培养，那里的教师是身穿教会服装献身于宗教的专业人士。这所学校是和教会合办的，每天做弥撒已成为这种学校的孩子每天学校生活的一部分。但大部分孩子都上主日学校，不受世俗学校的控制，那里宗教课只是选修课。作为联系学校和教会纽带的基督教男女青年会给所有的小学教授《圣经》，也给中学生授课，因为宗教课的学分也是毕业所必需的。尽管公立学校本身并不直接传授宗教信仰，但是这些信仰很自然成为课堂教育的基础，尤其是那些教授与思想、观点和态度有关的课程。《小学教育指南》开头就责令老师："你们所有的孩子每天都应参加某些宗教活动，以培养他们感谢上苍之心，培养新思想为时代服务。"校方进一步要求教师在上地理课的时候，要让学生对"上帝的造物心怀敬畏和感激之情——上帝所作所为都是为了人类的快乐和庄严……地球的形状和运动，地球上的山岭和谷地，干旱和洪水，大地上生长的一切，所有这一切都是上帝创造的，上帝为人类的命运做了周密的设计。"历史课要求使孩子们懂得"地球是人类精神寄居的场所"；卫生课则要教导孩子们把身体当作"精神的殿堂"以引起爱惜保护的兴趣。最后学校要求"引导孩子通过所学的自然知识，去感激造物主的力量、智慧和仁慈。他们应该了解一些美好的事情，一只比人类自己强壮得多的手引导人类为了更好的生活而不断拼搏……学生们应该理解《圣经》作为真理和美的源泉的道理……"

在1890年，这种倾向性更强。1890年的教师协会中，植物学是作为一门"通过学习自然我们能够感觉造物的完美"的课程被看待的。而且通过了一项决议:"教师的道德素质应该使他们足以成为宣扬时间和永恒的代表。"1882年的《校董会指南》中指出:"在道德上,要突出原则的重要性,鼓励学生去做那些正确的事。"我们会得到一个深刻的印象,如果少谈一些35年前的事,宗教作为所有教育的基础会更被当作理所当然。那时,中学的"礼拜仪式"通过"赞美诗"被当作宗教灵感的来源,而不是今天古板的"精神训话"。

在对241名男生和315名女生的调查中,对以下问题的回答反映了在10—12年的教育即将结束的时候,宗教思维方式在青少年心目中的地位。这个问题是以中学最后两年的社会科学课程的评价来陈述的:"进化论比《圣经》的第一章更加准确地解释了人类的起源和历史"。结果是,19%的人认为是"对"的,48%的人认为是"错误"的,26%的人说"不知道",7%的人"没有回答"。

第十五章 教育者

和家里一样，在学校，教育者的角色也大多由女性承担。在中镇，五分之四的教师是女性，其中大多数是40岁以下的未婚女性。[1]这并不是政策限制的结果，而是人们的习惯看法所造成的。社会对教师这种职业的一般看法至少可以从1900年的当地报纸上的一篇社论的前半部分看出来："教师这个职业对于女性尤其合适，她们比男性有更强的适应能力。但是这究竟是因为女性温柔的性格，还是因为女性的天赋智力，尚不清楚。"然而实际上，就像中镇社会生活的其他方面一样，金钱在这个问题上同样起着关键的作用：教师中女性居多，与其说是由于女性独特的适应性，还不如说其他高报酬的职业把男性吸引了过去。中镇现在给予教师的工资比35年前有所提高，[2]但在这个一切都要靠钱的社会中，即使是小学校长和中学

---

[1] 在1923—1924学年，273名教师（247名学术教师，15名校长，6名督导员和5名体育教师）中21%是男性。在1889—1990学年，34名教师中仅有两位是男性。男性教师的比例的上升主要是因为职业课程的出现和小学校长越来越多地委任男性。

在1880—1914年，美国男性教师的比例减少了一半，从43%降到20%。〔欧内斯特·C.穆尔（Ernest C. Moore）：《美国教育五十年：1867—1917》（*Fifty Years of American Education: 1867–1917*），波士顿：吉恩出版社，1918年，第60—61页。〕现在中镇的男性教师的比例接近全国的比例。

[2] 参见第八章。从1890年开始，教师工资的提高和生活费的提高有关系。

教师的最高工资达 2 100 美元，中学校长的最高工资达 3 200 美元，主日学校的校长的最高工资达 4 900 美元，也仍然偏低，很难把有能力的男性从工商业中吸引过来。

　　一个人要成为教师必须先受相当程度的教育。今天所有的教师都必须从中学毕业，而且要在获得认可的教师培训院校接受至少 9 个月的培训。当中学教师的则必须在师范院校学习两年以上，或者有大学学位。在 1890 年，一位新的教师按一般惯例，只要简单地通过一次考试，就能获得教职。但是他必须先从乡村学校教起，然后到城市中的小学任教，最后晋升为中学的教师。而现在，一个人他从未教过学，更没有教过中学，只要他有过师范学校的"实习教学"的经历便可当教师，这种情况并不少见。与老一辈的教师相比，今天中镇的教师大部分都有更多的书本知识，但缺乏和孩子们打交道的教学经验。③ 人们发现许多中学教师比他们的学生大不了几岁。而那些年轻的学生，面对着这深刻而迅速的变迁，在各种观念间无所适从。使情况变得更加复杂的是，这些年轻的教师中很多选择教师这个职业，主要并不是基于他们的能力或者对教育的热爱，而仅仅为一份工作而已。一位愁眉苦脸的中学教师说："我从小到大对任

---

③　在 1889—1890 学年，小学女教师中的 16 位有受培训的记录，其中 10 位接受过中学教育，1 位在受过中学教育之外还接受了两年的师范培训，3 位在有中学学历之外还接受了 6—12 个星期的师范培训，1 位接受了数个星期的师范培训但是没上过中学，1 位既没上过中学也没受过师范训练。而 3 位中学教师中，1 位男性教师是校长，大学毕业；另外 2 位中学毕业。而在 1923—1924 学年，268 名教师中，除了 5 位体育教师外，校长、教导员、56 名教师都有大学学位，8 位有大学毕业证，3 位有大学结业证书，30 位有师范院校的学位，26 位有师范院校的毕业证，33 位有师范院校的结业证书，112 位没有任何学位、毕业证，或者结业证书，但全是中学毕业的。

何事情都没有兴趣,所以我选择了教书这一行业!"这可能代表了很多年轻教师的想法。

文化上的近亲繁殖是选择教师时的一个起决定作用的因素。就大多数情况而言,孩子和教他们的教师都是在同一个州长大的。中镇的教职往往优先给予自己的师范院校的毕业生,然后才考虑给予州里的大学毕业生。在 1924 年,人们甚至提议以立法的形式规定:教师资格证书只能授予那些在本州公立中学毕业的人。在 1923—1924 学年,156 名教师和校长拥有大学或师范学院的毕业证书、学位或者结业证书。而其中只有 29 人是从本州之外的大学或师范学院获得学位或证书的,不到全部的五分之一。④

围绕着教学的总的环境上的两个变化,给前面提到的那种方式选择和培养出来的教师带来了或多或少的困难。首先,班级规模比以前小,每个班人数比以前少。在 1923—1924 学年,每位教师平均教 30 个学生,而 1889—1890 学年,每位教师要教 58 位。⑤ 早些年,1889—1890 学年的班级是最拥挤的,一些小学一年级的班级人数甚至超过 80 人。

同时发生的第二个变化是,教师不必像以前一样在过多的课程上分散精力,但这也同时会导致教师和单个学生的接触减少。从四五年级开始,教师就开始专门在数个班教同一门课,而不是像以

---

④ 其他有些人,在获得了第一个学位之后,还参加了其他州的补习学校或专业学校的培训。

⑤ 这些数据是以入学的学生人数为基础的。在 1923—1924 学年,教师是 252 人,不包括校长和专门的教导员。而 1889—1890 学年,34 名教师中是包括校长的,他们全都教书,那时还没有设置专门的教导员。

前那样教一个班所有的课程两年。当一个孩子上中学的时候，他上过多少门功课，就有多少个教师。这个现象意义重大，因为家庭已经把对孩子行为的密切控制权让给了学校，而这个现象表明教师作为家长的替代其作用是被削弱了，而不是增强了。因为教师越来越关注他授课的内容，而忽视了怎样教育。正如前面提到的，在中学，这种情况在某种程度上和一种被称为"女孩们的教务长"的新型教师是一同出现的。小学校长职责的松懈，从理论上讲，也导致了同样的结果。这种增强的师生关系的非个人化，对下面我们观察到的中学教师受爱戴程度的明显下降是要负部分责任的。人们再也找不到像下面1894年这些对教师的描述：

"她美好的人生将永远铭记在学生们的心中，使他们能更坚强、更好地适应现实的生活。"

还有"我们教师中最才华横溢的、最为学生所热爱的一位……她不懈的努力博得了学生的爱戴和尊重，她的人生成为全体学生的楷模"。

这种评价不大可能完全是表面的俗套的。现在的学生明显地更倾向于把教师当成偶然碰上的一个人，除非这位教师同时碰巧又是篮球的热心者，或者是兄弟会的成员，或者有其他师生关系以外的联系。

的确，在今天的中镇，有关教育的事情中没有比整个社区都不太重视教师这一个事实更值得注意的了。肩负教育重任的二百五十多个年轻人并不是拥有高度智慧和技能并受人尊敬的一群。在中镇领导人的观念和行为中，教师是无足轻重的人物。工商人士在他们的俱乐部举行的周末午餐会上，很难得看到一位教师。在那些有头面人物的夫人主持的社会活动中，也看不见教师的身影。中镇人将自己的子女托付给他们，而只给他们和零售商店职员一样多的工资。中镇依靠政治机器选出来三位商人，组成校董事会负责学校的运作。中镇人也很少去会见教师，除非一位特别有兴趣的母亲去学校看看她的宝贝儿子。教师自己也痛苦地意识到他们没有社会地位，在日常的社会生活的公平交往中得不到承认。人们不难发现，在这种商业文化中，"教师"和"教授"的地位甚至比老一代更下降了。

尤其是，中镇每年要接受公费教育的孩子的数目不断上升，而高收入的职业又不断地使男性或者女性离开教师这个行业。因此教育工作的重点不可避免地开始放在教育系统的完善上，而不是放在每个教师的品格或素质上。对于一位教师，他越是凭自己的才能完全融入已获得承认的学校系统，他就越有价值，收入也越高。就像中镇生活的其他方面一样，对个人的批评或者该系统本身出现裂痕，解决的办法基本上不是通过变更它的基础，而是在它的上层建筑中加入一些新鲜的血液。如果教学质量差，就增加监察员以及"教师批评者"。1890年在全部的教育系统中唯一脱产的是中镇的教育总监。今天在教师和教育总监之间是一群校长、校长助理、专门课的教导员、职业课和家政课的指导教师、教务长、一般职员和办事员，他们不教书，而是负责学校行政这方面或那方面的事务。在1924年，教育总监有两种职能：一是主管所有的学校，二是负责一项专门事务的指导。这样，无论是在人事还是课本或课程方面，教育上的问题或失调，正在被积极地精心设计和合理地解决。

第十六章 学校"生活"

在由课程完成的正式教育之外,另外还有一种非正式的教育,尤其在中学时代。中学有它的体育校队、俱乐部、兄弟或姐妹会、舞会和聚会,以及其他一些"课外活动",它们构成了一个相当完整而和谐的世界。它是一座城中之城,是中间一代社会生活的中心。在这里,除了出身经营阶层家庭或者生产阶层家庭这一点之外,孩子们之间没有什么大的差异。通过金钱、服饰、个人的魅力、男性的体魄、不轻易吸收新会员的俱乐部及竞选学生组织的领导职位,孩子们首次经受社会的筛选。这种非正式的教育并不是为了渺茫的前途做准备的,对中学的许多男孩和女孩而言,这就是"生活",是他们在学校生活中最热衷的事情。

学校占去孩子们越来越多的活蹦乱跳的时间。中学和小学与50年前相比都有很大的差异。50年前的董事会规定:

"放学后学生不允许留在学校。教师必须反复提醒学生放学后的首要任务就是安静地离开学校,直接回家,帮助父母做一些力所能及的事。"

现在,学校已不再是孩子们在白天从家里来待上几个小时的地方，家庭反而成了仅供孩子们从学校回来吃饭睡觉的地方。[①]

学校功能的扩大清楚地反映在1924年中学年刊同30年前出版的第一期年刊的对比之中，甚至这种对比也无法全面反映自1890年以来变化的程度，因为1894年之前各种新事物已如此之多，竟使1924年和1890年的对比相形见绌了。在第一期年刊中，如果以所占篇幅的比例来衡量，对于四年级和其他年级的班级资料，重要的是教职员工及其教学内容所占的篇幅。在现在的年刊中，体育成绩也出现在班级荣誉的资料中。而且虽然现在教师的人数是30年前的12倍，但在年刊中所占的篇幅只有从前的一半。对于有选择性的小团体的"活动"的兴趣逐渐取代了早期全班的集体活动。[②] 但是这些数字的比较只能稍微表明这两本年刊的差异所在。早期的年刊是以描述学术活动开始的："在所有的变化中影响了年级工作的是……"结尾是这样的："教师每月例会的习惯已经形成了。"对于现在的中学来说，这些就和早期班级的座右铭"领袖"一样，仿佛是他国的东西，极为陌生。1890年的人同样无法想象现在的人们都把时间用于观看"体育比赛"。

---

① 有些人认为这种现象表明了"美国家庭的解体"，因此对其进行谴责。而有些人为这种现象的出现而感到高兴，因为他们认为这样孩子们就能在小的时候就摆脱父母的权威，习惯独自面对长大后要面对的成败。无论如何，这种趋势现在呈现蔓延之势，在小学也有所表现。

② 下面的数据表明了在1894年和1924年中学的年刊中各主要条目所占的比例，首先给出的是1894年的比例：班级资料——39%，19%；教师——16%，8%（1894年包括简短的传记和照片，而1924年只列出了名字和重要人物的照片）；体育——5%，19%；研究课程——6%，0；班级诗歌——13%，0；除了体育之外的活动——5%（1个文学团体），13%（13种俱乐部）；笑话——5%，17%；广告和其他——11%，24%。

那些在学校集中参加正式学习的中间代,他们的全部自发的生活越来越集中、明确,通过学校运动队这个媒介,[3] 甚至在成人们的眼中也变得越来越重要了。经营阶级的男性可能会"制定法律",要求他正处于青春期的儿子或女儿待在家中,而且鼓励孩子们的朋友也这样做。但是一旦到了篮球场的大看台上,别的什么都不重要了,他会整天和那些身着印着彩色的"令人着迷的中镇"字样的5个男孩子待在一起。在1890年,中学没有体育校队。现在,一到篮球赛季,全州所有的城镇在面对对方狂热的声援声中全都投入冠军争夺战。这种在所有的运动中占首要地位的运动就像大学的橄榄球那么普及,像达特茅斯和普林斯顿每周举行的"大赛"。[4] 舞会、话剧及其他活动也能够吸引不少观众,但体育——尤其是篮球——在学校的各类活动中占据主要地位。学校的年刊的序言就这样写道:

"在过去的这些年中,体育精神在我们的中学得到了普及,而且逐渐获得了它现在所占据的突出地位。1924年的'魔术师'已努力捕捉、表现和记录这种精神,因为这种精神在今年已是如此的明显。我们希望当您第一次浏览这本书的时候,就能感受到这种精神。"

"而且,我们大多数人都希望,也许是20年后,您对这个旧世界感到厌烦了,您将会重读这本书,它将使您重新获得在

---

[3] 在小学,孩子们对于体育依旧没有什么兴趣,尽管校棒球队和篮球队近些年已成立;校际间运动队和活动竞争的压力越来越大。

[4] 参见第二十八章中有关篮球是公民热衷的核心这一部分。

第十六章 学校"生活" 241

'体育时代'所拥有的精神、活力和热情,将会激励您去奋发前进。"

中学每周的活动都非常自豪地遵循以下"原则":

1. 支持充满生机的学校社团。
2. 认可有价值的单个学生的成就。
3. 首要的是在所有的中心中学传播真正的"勇猛"精神。

课程和社会活动的兴趣有和这些保持一致的趋势。整个赛季中,每个星期五晚上都有比赛;主张每个星期六晚上都有自己社会活动的母亲协会,鼓励孩子们在星期五晚上举行其他的舞会,而不是学习,但是一切活动都必须为篮球让路,因为"周五是篮球之夜"。

尽管体育活动如此受人欢迎,但对于大多数人来说,以此为职业只是一种美好的向往。报刊抱怨说,全城只有40个男孩有体育天赋,能最终穿上一身校队队服。女孩子更是如此,她们只打游戏式的篮球。学校里确实有一个女子体育俱乐部,有社交性的聚会,但女孩对体育的兴趣,其实是对男青年活动的兴趣。一位母亲说:"我女儿打算去上 X 大学,她对我说:'妈妈,我说什么也不能上一所体育太差的学校。'"高年级男生能获得的最高荣誉,就是进入学校橄榄球队或篮球队,因为根据一位高年级的女生的说法:"每位队员都受到狂热的崇拜。"

引人注目的程度仅次于体育且吸引更多人参加的,是各类学生组织。这些组织把学校中两千名学生凝聚成一个个人们需要的亲密的小团体。这些团体主要有三种类型：纯粹的社交俱乐部，它们基本上是按照成人的社会体系划分的；与个人威望联系较少的围绕课堂活动形成的俱乐部；同个人威望关联更少、由成人宗教系统发起的宗教团体。

1894年，某中学这样夸耀一个名叫Turemethian的文学社团：

"这个俱乐部使每个成员感觉到，自己能够在美与恶中做自由的选择，而不会像河中水草一样随波逐流；自己具有中流击水的强大力量，能够掌握前进的方向。苏格拉底说：'那些欲要改变世界的人必须首先改变自己。'……人们每次都在俱乐部会议上宣读一篇名为《探询》的论文……展开各种辩论……友好的竞争……这个俱乐部另外一个非常有趣的特点是举办讲演会……这些演讲使我们的中学成为第一流的学校。这个俱乐部在去年一年又成长壮大了，我们难以预言它的前途，但正如玛丽·赖利·史密斯（Mary Riley Smith）所说：'上帝的安排，像百合花一样纯洁而雪白，我们不必拔苗助长，时间会使金色的花瓣绽开。'"

面临世纪之交的6年后，这个俱乐部逐渐成为了一个遭到攻击的对象，一家报纸的社论以"增加智慧的绊脚石"为标题进行攻击。目前，各类俱乐部及其他课外活动，比以往任何时候都活跃。所有的活动都完完全全地展现在我们的面前。应母亲协会的要求，学校上课日子的第一段时间内，都要在课程之外安排一小时作为"集会的时间",专门给俱乐部和各种学生组织活动。

主要的纯粹的社交俱乐部是过去中学里兄弟会与姐妹会的一系列非正式分会,中镇以其拥有4个首要分会而自豪。数年来,州法律曾经禁止组织这类中学生社团,但人们对活跃的毕业生分会的兴趣使这些分会始终存在。中学俱乐部所取的名字都是不含恶意的,比如格伦代尔俱乐部之类。一个男孩刚加入俱乐部就能获得保持长久的深刻印象:他并不只是名义上是兄弟会的成员,他一直要属于俱乐部的在校生分会,直到他毕业为止。同时,通过无声的语言,他向兄弟会的前辈们学会了许多作为传统一代代保存下来的东西。舞会节目单往往在封面印着俱乐部的名字,封底印着兄弟会的名字。人人渴望加入的两个姐妹俱乐部和两个兄弟俱乐部在这些组织中居于领导地位,还有一批不太出色的俱乐部。俱乐部的非正式会议通常在一个成员家里举行,秋季、春季和圣诞节的正式会议则在宾馆召开。⑤

课外活动俱乐部旨在摆脱教师和教科书世界的学术控制。成人世界对这个中间代的要求,主要是学会去如何谋生和"如何和别人相处",而不仅仅只是学习和把"脑袋中稀奇古怪的东西"付诸实践。中学的生活被分成两个部分就是很自然的了。

"您什么时候学习?"有人询问一个聪明的中学高年级学生,她刚刚参加完一周的俱乐部会议、委员会会议和舞会,这周的活动是以三次社交聚会为结尾的。"哦,在公民课上我或

---

⑤ 参见第十九章中关于中镇年轻人的社会生活的全面论述。

多或少地了解了政治，因此说起来很容易，我不需要专门地另外花时间学习这门课程。在英文课上，我们朗读剧本，而我只要看看剧本的结尾就能知道整部戏是怎么回事。我课外根本不用自修打字课程和化学课。维吉尔最讨厌了，为了维吉尔的盛宴，我学了四年拉丁语。我和 X 邻座，我从她那学到这些。母亲总责备我不学习，但是我各门课都得了 A，因此她也没什么可说的了。"

216 从一位十分出色的女生对"加入出色的中学俱乐部需要具备哪些条件"的回答，可以看出学习成绩与其他条件的关系：

"最要紧的是使男孩喜欢你，能把他们带到舞会上来。还有，如果你母亲曾属于某个俱乐部，那你就一定能加入。容貌出众和衣服漂亮不见得就能进来，学习好也不见得就进不来，除非你是个'书呆子'。男孩也一样，最重要的是能否加入篮球队或橄榄球队。仅仅是个好学生不行。长得漂亮，舞跳得好，家里有汽车，这些都是有利因素。"

与课程有关的俱乐部有戏剧俱乐部，每年春季由二年级、三年级和四年级的班级举办一次演出，而不是像以前那样举办所谓的"朗诵、阅读选集、宣读论文之类的活动"；绘画俱乐部每周在上学的时间聚会写生一次，晚间请老会员漫谈艺术；科学俱乐部每周由会员或著名科学家讲演；匹克威克俱乐部招收英语班学员，每周举办读书评论、独幕剧演出活动，偶尔举办社交聚会；书法俱乐部、维吉尔俱乐部都有一些社会地位。学生对这些俱乐部兴趣极其浓厚,每个俱乐部都有自己的"誓词",使得其仪式和在学生间更为流行的兄弟会和姐妹会大致相似。

除了中学活动,便是教会和基督教男女青年会的活动。这些组织坦率承认,15—21岁的人是它们工作的难点。Hi-Y俱乐部是最成功的了,基督教男青年会在小学控制着男孩子的课外活动,但在年纪大些的男孩中,Hi-Y俱乐部就不那么成功了。毕业班的男孩对于Hi-Y模式评价都很高,因为无论是在奖学金或是其他什么,它都向学生们展示了它能获得最好的分数。基督教女青年会在小学势力同样较大,但是在中学它就不再是一个红红火火的、众望所归的和有影响力的团体了。一位高年级女生说:

"中学生不怎么注意基督教女青年会,男生之所以参加基督教男青年会和Hi-Y俱乐部,大多是为了它每月举办一次的提供晚餐的聚会,因为这是一个晚上离开家的借口。女青年会连晚餐会也没有,参加进去没什么意思。任何人都可以入会。"

其他的俱乐部,诸如远足俱乐部、男孩和女孩的球迷俱乐部、男孩和女孩的活力俱乐部(Pep Club),它们的活动一直在孩子们活动的边缘徘徊,偶尔在某个阶段能成为孩子们活动的中心。校报是这样说的:

"在中心中学,活力俱乐部的成立源于一部得到认可的电影。在这之前,学校已经有一个活力俱乐部了,但是今年我们非常幸运地拥有了两个。它们的活动也会像开始一样顺利，会有一个美好的前景。让我们支持它们吧！"

在篮球赛季中，由活力俱乐部举办的活力周的活动包括：

周一：在四个集会上演说。

周二：张贴海报的日子。

周三：令人尊敬的 **XX** 先生在学校的小教堂为俱乐部做宣传鼓动。

周四：练习喊口号和唱歌。

周五：**XX** 先生在主教堂演讲。喊口号和唱歌。

第九次是在礼堂举行的全体学生都参加的小型集会⑥。**XX** 教授和他那些吵吵闹闹的助手将为仪式伴奏。随后，学生们穿过商业区游行。

随着这些相互竞争的小团体的发展，班级组织也增加了，三年级和四年级十分看重组织。在一个有着强大政治传统的社会，班长选举程序之精致是意料中的事。经过各个团体提名，班干部在学期一开始就任命了。校报常有这样的报道："**XX** 候选人的竞选班子为选举已经忙了几个星期。"选举放在开学后的一星期举行，就是为了让候选人能够进行充分的竞选活动。选举的前一天，学校餐厅里举办"鼓劲晚餐会"，候选人及其竞选班子竞相散发能够引人注意的东西（菜单、彩色餐巾纸等），每位候选人都在会上发表自己的

---

⑥ 从小型集会到班级大会是当地习俗变化的一个有趣的例子，尽管表面形式依旧。

"施政纲领"。

由体育校队、俱乐部、委员会和班级会议举办的各种竞赛占用了学生大量时间。校长们抱怨说,由于某些组织特别关注这些竞赛,他们每个星期都要占用学习时间,为各类竞赛做准备。在1923—1924年,这些竞赛包括美术、音乐赛,演讲赛和商业知识竞赛,拉丁语竞赛,有关宪法的辩论,有关吃肉、抽烟、家用电器和高速公路的征文比赛。

在这些繁忙的活动中,中镇的年轻人像处在真正的社会中那样努力,比父母对工作的兴致还高。一篇评论员文章表达了人们对这种现象的诧异心情:"老一辈意外地发现,如今小伙子都喜欢上学。"一位父亲在基瓦尼斯俱乐部的午餐会的餐桌上回答一个孩子是否比35年前更爱上学或者是否这种现象出现只是有更多的事需要做这个问题时说:"哦,是的,他们赶上了好时候!"另一位补充道:"这毫无疑问。在90年代早期我刚毕业那会儿,男孩还不多(我们班只有2个男孩和12个女孩)。学的东西同真正的生活隔得太远,可今天他们学的是工业技术和体育技能,这些都更接近于男孩的兴趣。"

由于一方面忽视教师和书本知识,一方面重视社交和体育活动,大多数中镇人对教育有着一些有趣的看法,但他们总的来看对学校仍旧十分信任。再也没有人对义务教育持90年代[7]那种激烈的

---

[7] 下面这些话是从1891年一家重要报纸的几篇社论中摘录的,它反映了当时义务教育受到一些人的强烈反对,并显示不时会出现的反对社会变迁的方式,而在今天这些社会变迁都被当成创新:

"州和国家的教师都偏爱义务教育,让这个国家的纳税人感到非常不快……我们学校的老师并不十分精通政治经济。他们大多数都很年轻,没有时间学习课本、报告和他们所参加的活动以外的知识。对于一般的美国公民来说,(转下页)

219 反对态度。在接受访谈的 124 个生产阶级家庭中，只有 3 家对学校稍有不满。家长越来越相信教育是孩子们与生俱来的权利；报纸的编辑和讲演者一再强调，教育是解决一切社会弊病的方法；当地的报纸宣称，"中镇的公立学校是该城的骄傲"；妇女俱乐部的报纸宣称，家庭、教会、学校是中镇文化的"基石"。对中镇人来说，教育是一种信仰，一种宗教。然而，只要仔细观察人们对正式学校教育的神奇性的信赖，就会发现，教育的实际情形并不像人们赞美的那样美好。人们的确希望儿女学文化，能够"读报纸、写信、懂得一般的计算方法"，但除此之外，并不关心学校在教些什么。教育往往是作为一种象征而并不是因其独特内容而吸引着人们——生产阶级

220 把教育视为能使子女进入一个曾对自己关闭的世界的敲门砖，经营阶级则将其视其为进一步提高社会经济地位的途径。

（接上页）义务这种理念都是令人厌恶的。在义务的情况下，人们学不好。两个班级的人对于义务教育都提出了责难：是由那些依靠学校的工作谋生的人提出的，是那些害怕天主教的人提出的……学校系统并没有做到人们期望它做到的。违背道德的事和犯罪在不断增加……国家还有极大比例的文盲，有最小比例的犯罪……在美国的任何地方试行义务教育，都遭遇了失败的命运。"

"今天这个国家的危险主要来自于那些受过教育的恶棍。在抄袭别人的毕业论文时，男孩和女孩学会了欺骗和诈取……法律禁止强迫 7 岁的孩子坐在可怜的通风不好的学校教室里，还一连三四个月吸入他的同伴呼出的使人恶心的气体，这样是残酷的和不人道的……强迫孩子上学是道德败坏的表现，那样会使受到很好培养的孩子的优点都消失了。对于国家来说，物质条件尚未达到相当程度的时候，想提高种族素质，是个极大的错误。每次运动，都是试图使父亲和母亲摆脱发展、培养和引导孩子的道德和智力水平这一道德责任，试图使婚姻和家庭只不过是一个种族繁衍的实体。"

1900 年的报纸报道："无法得到男性劳动力依旧是使（州）制造业主担忧的一个问题。他们说法律的不健全对他们的事业极为不利。"

中镇人总是这样告诫学龄前子女:"当然,对历史课和其他许多课程,你都不会记住多少的,就像我,已经30年没碰过拉丁文和数学了。但是……"但是接下去就会指出那些在他们心目中具有永恒价值的教育内容:"勤奋的习惯"啦,"结交朋友"啦,"国家的伟大理想"啦,而这些几乎都不是教室中所传授的内容。一位扶轮社成员满怀怜悯之情地说起他的儿子:"他在回家过圣诞节的路上,竟然带了本历史书在火车上看——这个可怜的死用功的孩子!"

此外,中镇的传统哲学不强调学习,甚至智力水平,而强调性格和美好意愿。一位在中镇拥有大量读者而且其话语被广泛引用的作家埃德加·格斯特(Edgar Guest),在当地一家大报上写道:

"上帝不会问你是否聪明,
我想他不会在乎这个。
在你的苦役永远结束之日,
他会问你是否洁身自好。"

另一位作家威尔·罗杰斯(Will Rogers)也写道:"人越聪明就越不知足,让我们知足常乐,为自己的无知而心满意足。"一位经营阶级家庭的母亲说:"我本想送儿子去东部上大学,因为那里的教育水平高。但转念一想,人不能太有文化:如果你一生都生活在东部,那很不错,可生活在中西部就不合适了。"⑧ 每个人都普遍地赞美教

---

⑧ 参见第二十四章中关于在选择公职人员时同样强调品质而非能力的问题的讨论。

育，但除了在一些不起眼的小事上能用上一些，中镇人似乎很少有人相信自己所受教育有多种用途，或者在别处看到有何了不起的结果。

一方面是对教育的普遍赞美，一方面是对所教授的某些内容的不屑一顾；一方面是对学校的普遍赞赏，一方面是对热心教育的人普遍冷淡，这种反常现象出现的原因可能在于学校中所讲授的东西和中镇成人的日常活动在很多方面是脱节的。平方根、代数、法文、国内战争、格罗弗·克利夫兰（Grover Cleveland）以前的美国总统、亚利桑那州的边界、仰光在长江边还是在恒河边或者都不是、日本目前的地理位置、写作文或运用分号的能力，以及维多利亚时代的小说——这一切及其他构成教育核心内容的东西，同中镇成年人的生活简直毫不相干。然而，全世界的人都说教育重要，而且受过教育的人确实更容易得到升迁，只要看看在战争中受过大学教育的男性被任命的过程就可以明了这一点。这是人类文化中的一个共同现象：某物的价值已脱离了具体实际而作为一种理想独立存在于世了。于是才有中镇人对于作为一种象征意义的教育和对于具体教育过程的反常看法。

当地生活的压力和突发事件促使中镇在某些方面就像我们看到的那样，以学校为工具来培养爱国主义，传授手工技巧，或作其他实事。这种改变并不一定是要直接向传统挑战，而可以通过新的途径进行。例如，在1890年的拉丁文和英文课之外，增设10门完全不同的课程，包括从速记到家政和机械制图等一系列课程。有迹象表明，越来越多的选修课程将逐步取代传统教育的内容，从而使青少年所受的教育接近人们实际关心的问题。

第十六章 学校"生活"

在中镇，教育越来越适应现实生活的需要的趋势显得十分清楚了，但值得注意的是，尽管增设了职业课程的新型学校使中镇人感到自豪，教育体制却面临着过去从未遇到过的新问题：这个城镇自诩在10岁以上的人口中，只有2.5%的人是文盲，但如前所述，大量的广告和专业出版物却正在制造出新型的社会文盲，同时电影的出现使男女老幼盲目模仿那些他们无法得到的经历。社会文盲的另一种形式是由学校强行对学生灌输令人窒息的自我歌颂和自我批评之类的地方习俗，从而扼杀了个人的好恶。一种甚至比天然气产业兴盛时期主要是自发的、业余的热情更加强劲的、更有组织的、更具专业性的城市兴旺的热潮，在战争年代国家的宣称声中骤然兴起。它得到了公民俱乐部的促进，就像在其他地方曾提到过的一样，它是在商会和人们对商业的兴趣的支持下不断成长壮大的。在这股热潮中城市发展一直处于领先位置，而它所带来的一些问题被当地欣欣向荣的气氛所掩盖。在中镇或许不会出现新的行业了。人们一旦对于这种结果进行批评，就会被谴责为"吹毛求疵"之人，因此只能对此保持缄默。刚刚出现的社会问题，由于社会上存在的认为每件事都是"美好"的普遍的公众情绪，而被忽略了。因此，当教育逐步使自己的营地向当地的特有生活伸展逼近，后者却收拾自己的营盘永远地进入深山老林。

第四部分

利用闲暇

第十七章 传统的休闲方式

中镇人除去睡觉的时间,有一部分时间是摆脱了谋生、做家务、上学或参与宗教及社区日常活动的,与严格安排时间的职业工作比起来,这部分时间被称作"闲暇时间"。在金钱社会,这段珍贵的时间乃是"浪费"。

而以何种方式消磨闲暇时间是以城镇的物质环境和它的文化为条件的。中镇坐落在一片以"玉米带"闻名的平坦的草原上。这里没有像那些和靠山、临湖或与森林相连的城市所拥有的各种不同的活动。正如当地一家报纸的评论所说,中镇"不幸没有什么美丽的自然景观"。在南郊有乡村地势起伏,但是离城最近的真正的高山也在100英里以外。北面的"湖泊"离城同样遥远,而大片沼泽散落于地势平展的村落之间。一条小河蜿蜒曲折地穿越全镇。在1890年,当河岸上还长满树木的时候,怀特河(White River)还是一个野餐、钓鱼和划船的好去处,而今它已被化工厂的废水和城市的污水弄得污秽不堪。艾萨克·沃尔顿联盟(Issak Walton League)在当地的分会发出了"使怀特河变清"的号召。"这个玉米带……现在不是一个使喜欢山岭、自然景观、山脉全景、潺潺的小溪和未被开发的自然的人陶醉的地方。在这片平展的食用作物生长的地带,浑浊的河流夹杂着大量的泥沙,人们只能从其他方面,比如旅游、出版物、收音机或者电影中得到开心。"①

今天，中镇人在消闲的方式上比他们的父辈有了更多的选择。每日用于谋生和做家务的时间缩短了，普遍实行的星期六半天工作制以及消闲的新方式，使得闲暇成为每日生活中越来越有计划的一部分，而不是零星的、偶尔的。中镇消闲的特点是与人共度，而不是一人独处。②除了年轻人，尤其是年轻的男性，中镇人消闲的方式大多都很消极，也就是看点或听点什么，聊聊天，打打牌，开车出去兜风。对于年龄在30岁以上的所有女性和大部分男性而言，闲暇时间就是无所事事地坐在那里。自1890年以来，汽车、电影和收音机这些带震撼性的发明席卷了整个社会，改变了中镇人除了睡觉之外的生活。然而，这些新的消闲方式被认为不像是历来的娱乐方式，而闲聊这种方式是相对改变较少的中镇人的传统。

中镇人一向喜欢聊天。商业以及其他许多行业的顺利运转都是依靠聊天，许多事业成功的人都是能说会道的人。儿童训练的主要内容就是教他们如何按照群体的规则讲话和理解他人话语的意思，无论是口头的还是书面的。讲话也是宗教仪式的主要特点。中镇人大部分的闲暇时间都是在讲话和听他人讲话中度过的。

从冰淇淋聚会到葬礼仪式，任何活动不借助演讲都无法完成，这种习惯在今天几乎和90年代一样根深蒂固。在那时候的一个典型场合中，仅向一个公共建筑的落成致辞的就不少于8位：

---

① 史密斯：《北美洲》，第298—299页。
② 参见第十九章中关于人与人之间交往的基础的讨论，而这些活动正是基于这些才得以完成的。

"晚上的活动是从德高望重的T先生坐在主席位置上开始的。受人尊敬的G先生做了一番精彩的祷告,接下来是T先生的正式致辞。然后R先生致辞,他讲得非常成功……然后在休会之后,格伦·M、查利·K、查利·M、乔治·M和P夫人都发表了简短的演说。"

1925年,当地大学的两栋新的建筑的落成典礼包括早上、中午和晚上总共6个正式"讲话"和5次其他的"交谈"。确实,正如《美利坚共和国》(The American Commonwealth)的作者40年前指出的:"在生活中很少有这样的场合,40人或50人聚集在一起,而一位杰出的市民或一位陌生人不会被邀请'发表一通评论'"。

今天,就像90年代一样,演讲者的口才和他演讲的主题即使不完全一样重要,也差不太多。1924年,一位很有地位的市民谈道:"不管讲什么内容,我喜欢真正精彩的演讲,其他都是次要的。"在1890年,召集一批听众听"讲演"的广告是不需要写明题目的。1890年的报纸杂志上的典型广告是这样的:"周三晚上德高望重的培根先生将在卫理公会的教堂举办自由演讲……欢迎参加。"另外一位牧师应邀就"阳光"这个题目做第二次讲演。媒体报道说:"这个讲演虽然已经举办过一次,但是由于听众太喜欢它了,这位著名牧师第二次讲演时,教堂中依旧座无虚席。"③ 这种相对不太重视讲

---

③ "拉什维尔城的法官星期六下午2点钟将在剧院就当今的政治问题做演讲。"请看另一种讲演的用词模糊的广告:"这是一位有能力、有口才的演讲者,如果听他演讲,对你而言将是一种享受。"

在1890年,早期对演讲的兴趣没有比中学毕业典礼更典型的了。每(转下页)

演主题的状况，在今天的公民俱乐部中依旧存在。周复一周，各个俱乐部没完没了地举办各种讲演会，主题从甘地到当地用来烘烤咖啡的煤气燃具的生产。一位常光顾中镇的女性巡回演说家在中镇极受欢迎。当地的报纸这样评论她："使人极为快乐，而且她那流畅的表达为她在中镇赢得了一大批热情的崇拜者。""没有为她规定演讲的主题，"洛德·布赖斯（Lord Bryce）爵士在上面引用的文章中接着说道，"……她只是随意地站在那里，即兴侃侃而谈。"

如果讲演的主题是听众所不熟悉的，或者是听众对此并没有一定的看法，他们常常不仅很容易接受讲演者的观点，还易受其情绪的感染。无论是谈论"菲律宾问题""经济基础""致癌的原因"，还是"白色人种的未来"，讲演者一般都会提出最终的结论，而这些结论前面往往加上："我听说——在两年前的夏季教育集会上听说的（或者集会中心在扶轮社）……"④ 听众的质问是罕见的，人们跟着演

（接上页）一位毕业生都要写一篇演讲词，并就此进行演说，人们曾对某些演讲辞议论数年。在那个最激动人心的晚上，"城里每一个人"都聚集起来听如下主题的演说："我们西奈人在攀登，却不知道""从哪里、什么和到哪里""雅典的泰门""潘多拉的盒子""花"等；讨论诸如"使穷人和富人都生活快乐的助力"，身体中充满一种新型的"细菌"，它"在大脑和心脏中活动，导致脉搏忽上忽下"。

④ 一位非常著名的演说家告诉扶轮社成员："我的朋友们，作为一个国家，我们一直在沉睡！现在我们正渐渐苏醒。我们总是及时醒来。我们的缺点就像任何一个欧洲国家所拥有的一样，但是一直有差异，我们总是及时醒来……这是我们益格鲁-撒克逊人的特点。巴比伦人钻到一个洞中，然后留在那儿了。罗马人衰落了，再也没能振兴。希腊人被清除了。西班牙人走了，我们再也没有看见她走出困境。但是我们总是在想方设法做些什么，总是有希望！"扶轮分社的人向他欢呼，然后在晚上在去听他的演说时带上妻子。学校当局给所有的教师送去通知，要求他们参加。在晚上的演说中，题目是："雄鹰和牡蛎"。演说家称赞美国的经营阶级的个人主义者是雄鹰，公开谴责激进的社会主义者是"亲移民的非个人主义者"（colony-hugging non-individualist）。一位热情的经营阶级的公民（转下页）

第十七章　传统的休闲方式

讲者思考，极少对他们的想法提出挑战。⑤

然而，在讲演这一复杂的活动中，变化还是相当明显的。讲演变得简短了，冗长的带着"广告词句"的一般公开演说不再作为一种娱乐的形式。在1890年的"劳动的农民和骑士"野餐会上，下午的主要内容是"给一大群人做持续两个小时的演说"。今天这类活动吸引不了多少人了。"一大群有身份、有教养的听众"不再"聚集在剧院"去聆听"一位有着儒雅的外表、可爱的举止，而且在听众面前始终轻松自如的优雅的绅士"即将开始的演说，尽管演讲者的口才"流畅而幽默，富有逻辑性，而且充满感情"，演说主题是"杰出美国人的绰号""作为一个教育家的米尔顿"或者"丑恶的运用"等。在1890年伟大的莱利－奈（Riley-Nye）演说搭档震撼许多像中镇这样的美国小城市之时，幽默演说非常流行，而今天已经消失了。同样的，那些带有浓重的道德和宗教色彩的演说也近乎消失了。这些演说是由来访的牧师或宗教学院的院长发表的，主题是关于"那个男孩""陌生的事情和可笑的人""脊椎"或者"基督的审判"。演说和演说的人越来越世俗化。这种世俗化表现为上面提到的旧式演说越来越多地被对俱乐部的群体的简短的谈话所取代。他们越来越多地就专门的主题和针对专门的群体进行谈话，比如广告俱乐部、家禽饲养者协会、酒吧协会和医学协会。曾一度流行的主

（接上页）听了演说后认为："他向我们表明，我们很少关注的某些东西就是悄悄混入我们生活中的真正的社会主义。他说所有试图调整工资和工作时间的做法都是错误的，因为偏离了供求法则。只有努力工作才是合乎逻辑的。"

⑤　出色的口才以及听众的这种驯服，可能和社区传道的新教牧师布道的传统权威不无关系。

日学校班级的金钱增值术和年轻人社团发起的公开演说或者冬季学会,在今天几乎不为人知。⑥ 收音机和电影出现后,今天收费演说一般来说难免要亏本失败了。教师们已经不再努力去创建一个冬季学会,而由牧师联合会组建的冬季学会,经过全城范围招揽听众的努力,在1923年举办5次演说每场损失6美元,1924年每场损失15美元。当地持续不到一个星期的夏季教育类户外集会,很快就不再受商业团体的欢迎,虽然获得了宗教团体的大力支持,得到的同样只是一些不稳定的支持。经营阶级和生产阶级的分歧是明显的,生产阶级更倾向于支持早期讲演类型的明显趋势。

阅读印刷品是取代听他人演说的另外一种习惯。中镇大多数读物都是外来的。⑦ 通过这类阅读材料印刷和分发技术的发展,现在人们阅读的范围和种类是他们父辈所无法想象的。⑧ 如果我们不算课本和《圣经》,中镇人今天阅读公共图书馆的书⑨已经非常多了。

⑥ 在1924年,中镇六分之一的演说是在教堂中进行的,而1890年有一半。这可能部分是由于教堂以外可利用的会堂数量的增加。但是由于以前教会为参与各类群体活动而与地方建立了密切的关系,这会导致出现意想不到的损失。

⑦ 参阅第二十七章有关报纸的讨论,这些报纸的文章只有部分是有关中镇的。

⑧ "在1887年,排字技术基本上还是和16世纪一样。自从1890年后,机器排字迅速取代了手工排字。按整行铸排机排版,这种排字的速度平均是……每小时4 000—5 000个活字。手工排字平均每小时超不过1 000个。"见乔治·E. 巴尼特(George E. Barnett):《整行铸排机排版介绍》(The Introduction of the Linotype),《耶鲁评论》(Yale Review),1904年11月号。第一部整行铸排机是在90年代晚期引进中镇的。

美国图书产量比上一代增加了一倍,从1890年的4 450册到1923年的8 863册[参见《出版者周刊》(The Publishers' Weekly)档案]。

⑨ 在1890年,城市的宗教组织中有一些小型的独立图书馆,这些图书馆被认为是上帝的赐物。但是它们中的大部分已经停止了这项服务,自由(转下页)

在 90 年代早期,图书馆中有 40 000 册以上的书,每人平均有 15 册。在 1924 年的公共图书馆中,中镇每千人大约有 6 500 册数,而 1890 年每千人大约只有 850 册。在 1923 年,中镇每千人中有 458 人持有借书证,而迟至 1910 年,每千人中只有 199 人持有借书证。⑩

买书者几乎完全限于经营阶级中的一部分人。其他人偶尔买一两本,如订单显示主要是宗教书籍、儿童图书和圣诞节礼品图书。在 100 个我们从中获得家庭消费状况的生产阶级的家庭中只有 24 位家庭主妇提到,在家庭成员中,过去 12 个月有人购买课本以外的书籍。全年的这类开支从 0.5—52.5 美元不等。其中,在书上的花费在 5 美元以下的有 12 家,6 家在 5—10 美元,6 家在 10 美元或 10 美元以上。⑪

(接上页)的主日校报已成为今天大众化的读物。另外一方面,公共图书馆在城市的学校分设了 60 个分馆,还有流动图书车把书运往边远的地方。7 位专职的图书馆员和 1 位业余的助手代替了一个没有受过训练的图书馆员,这位图书馆员在 1890 年管理着位于楼上几个房间的公共图书馆,月薪 45 美元。

⑩ 1890 年借书证持有人数的数据难以查找。这些数据的引用必须小心谨慎。任何识字的居民今天只要申请就可以持有借书证,没有验证手续,也不会被拖延;而在 1890 年只有 10 岁或 10 岁以上的人才能持有借书证,而且需要比今天繁琐得多的手续。设在学校的分支结构,用卡车运书的流动图书馆,尤其是在中学对于孩子阅读"补充读物"的要求,都有助于普及持有借书证的习惯。大量退书是受今天一张卡能够借多种书的影响,它允许借阅者带更多的书回家,而读的只是其中显得最有意思的一本。无法估计主日学校图书馆一代以前图书流通的情况。

⑪ 这 24 个家庭买了以下一些书(每一家以分号隔开):《伟人传记和大学百科全书》(5 美元);给女儿的《圣经》;一本关于主日学校工作的 5 美元的书;一本《圣经》和为小儿子买的识字书以及《圣经故事》;一本 50 美分的《卫理公会的历史》;福克斯的《殉教者》和赫尔伯特的《圣经故事》;技术书籍、10 美分的小开本的儿童读物;一本有关家庭保健的书;一本《新约全书》和《关(转下页)

262　第四部分　利用闲暇

231　　比书籍的增加更为明显的是周刊和月刊的大量增加，这一现象开始于周日和周工作日的读物《三色堇》(The Pansy)和"新婚夫妇只要付出10美分的邮票就能免费得到的《家务》(The Household)"。目前中镇的图书馆共有225种期刊，而在1890年只有19种。同时，家庭订阅杂志的数量也大为增加。[12]到1923年，粗略估计共有20 000册商业性发行的周刊或月刊进入9 200个中镇家庭，还不包括由教堂、主日学校免费分发给上主日学校的6 000—7 000名公民的报纸，和各种联谊会及公民俱乐部发送的杂志。[13]在接受调查的122个生产阶级的家庭中，有47个家庭没有购买或订阅期刊，而39个经营阶级的家庭中只有1个这样；前者中有37个家庭，后

（接上页）于〈圣经〉的4 000个问答》；两本《圣经》, 5本或6本圣诞节礼品书；《世界漫游丛书》(57美元)；威廉姆斯的《锡匠的用具和模型》(3美元，丈夫的手工艺用书)；《圣经故事》，家庭保健方面的书籍；宗教书籍（14美元）；《圣经》大百科全书、语词索引（7美元）和一本祈祷书；男孩子的圣诞节的礼品书；当地妇女俱乐部德尔亚菲分会学习的一套书，尽管妻子并不是其中一员，还有一些和俱乐部的工作有关的社会学书籍；一本《圣经》，一本小册子；圣诞节的故事书；《人类感兴趣的图书馆》(29美元，5册)；《圣经中的美妙故事》；圣诞节期间的故事书；《人类感兴趣的图书馆》。没有获得经营阶级家庭购书的数据。

[12]　在1923年的中镇，《文学摘要》(Literary Digest)已经发行了939册，而在1900年只有31册。在1923年，有355册《国家地理杂志》(National Geographic)进入了中镇当地家庭，而1910年只有25册。不同杂志的种类和实际发行量都有明显的增加。今天仅一个药店的橱窗中就陈列着当前的70种不同杂志。

1890年在全国发行的杂志中没有一家发行量达到今天杂志已达到的2 000 000册。《大西洋月刊》(Atlantic Monthly)在1890年的全美国仅发行10 000册，而今天已经增加到12倍。《周六晚邮报》(Saturday Evening Post) 1898年在全国的发行量是33 069份，而今天仅中镇每次发行量都接近1 500份。

[13]　包括订阅的和报摊零售的。无论是周刊还是月刊，一期杂志的发行量在此都是作为一个单位的。

第十七章 传统的休闲方式

者中有 4 个家庭仅订阅或购买一两种期刊；38 个（十分之三）生产阶级家庭和 34 个（十分之九）经营阶级家庭购买或订阅了 3 种或 3 种以上的期刊。两种家庭中都有一些家庭从报摊上零星地购买一些其他的期刊。

新技术和思考习惯的传播与印刷品的大量发行，无疑具有十分重要的意义。但是，今天人们更易接触的读物及书籍和期刊的广泛发行，是否就意味着中镇人花了更多的时间在阅读上呢？虽然上图书馆和期刊的订阅记录反映了这种时间的明显增加，但是得出这个结论还需要更多的合适的证据。中镇过去的那种智力生活，来自各行各业的几十个或上百个，主要是男性每周日的下午聚集在一起，谈论从"书籍，读些什么和怎样读"到《物种起源》(Origin of Species)和"上帝的本质"之类的话题，这种现象在今天已经消失了。今天几乎听不到中镇的男性讨论书籍的声音。[14] 当地劳工运动中在工会章程中号召"各工会应该建立图书馆，举办讲座"这一推动力，在 1900 年一个独立的工人图书馆建立之后，宣告结束了。[15] 90 年代

---

[14] 中镇的男性领导者很少读书，除了在百无聊赖的时候。社会工作者和牧师抱怨他们突出的问题就是缺乏领导能力。"这里没有知识分子群体，"一位有影响的牧师说道，"只有扶轮分会的店主和商人。"在俱乐部的午餐会上没有人听到过谈论书籍。就像其他地方提到过的一样，牧师也很少有时间阅读。

[15] 工人以一年 600 美元的工资雇佣他们其中一员作图书馆长。根据记录，1900 年图书馆所购图书为：《美国政治家丛书》(American Statesmen Series)、约翰·B. 克拉克（John B. Clark）的《财富分配》(Distribution of Wealth)、夏洛特·珀金斯·斯特森（Charlotte Perkins Stetson）的《妇女和经济》(Women and Economics)、大卫·A. 韦尔斯（David A. Wells）的《近期经济变化》(Recent Economic Changes)，还有"7 本宗教方面的书"、210 本包括萨克雷和狄更斯在内的小说。这是在汽车和电影出现前的时代。图书馆已经消失很长一段时间了。

的"读书会"几乎全部消失了,但是今天妇女俱乐部为了激励女性读书,还在所在的地方举办读书活动。尽管10个或12个妇女不再每星期聚在一起,通过跟上四年一轮的集会中心教育会来获得"学院派观点",至少有一位经营阶级妇女依旧在为"文凭"读书,不止一次阅读她母亲的"集会中心教育丛书"。她认为这些书籍是帮助她准备俱乐部节目的主要助手。[16]如今,教师聚集在一起,也不像以前的读书会一样在一起读书或讨论。州里的年轻人读书会指出,现在年轻人也不在一起读书了。尽管依据一些教师的说法,州年轻人读书会在中镇从没有组织得很广泛普遍,现在中学英语课需要的补充读物足以弥补读书会活动减少而造成的阅读量下降的部分。[17]年轻女士读书会、基督教文学读书会(50人)、文学联盟、家庭文学会和炉边文学俱乐部(a Literary Fireside Club)不再像1890年一个星期或两个星期聚会一次;城里也不再有社会各界组成的读书会;不再

---

[16] 参见第十九章关于德尔亚菲分会的论述,它可能最细致地反映了早期的读书会的情况,也说明了其他女性学习俱乐部的情况。在这种各种杂志林立的时代,到处是公共图书馆、电影,没有足够偏远以致无法收听大城市的演讲或交响音乐会的农场和村庄,人们是难以欣赏集会中心夏季教育集会和海湾之景读书会所唤起的人们的活力和热情的。1903年,在一本为《文学和伟人》写的集会中心宣传手册中写道:在"大约6 000"个不同地方举办"11 000个以上"的集会中心读书活动。对于这些一周又一周"围着学习油灯"相会的急于求知的人们来说,海湾之景读书会的座右铭是:"明道增光",作为肖托夸集会的开场白的文森特主教的名言"知识就是力量",不仅是座右铭,而且是充实生活的保证。在中镇,许多妇女四年中每年在一个村庄,在"读"完德国文学和希腊历史后,参加考试,获得"文凭"。一部分去集会中心和纽约继续研究生课程。

[17] 1890年代州教师读书会非常活跃。早期的数据没有什么价值,但是在1902—1903年,该地区286名教师中有180名参加了州读书会。学校注册的学生有10 566名,参加拥有3 412本书的读书会的孩子有1 817人。

有一群女士聚在一起讨论古典名著的现象。⑱各教会的青年社交组织中，不再组织狄更斯俱乐部，不再举办"文学之夜"，比如"罗伯特·彭斯之夜"，演唱和朗诵彭斯的诗歌，阅读彭斯的传记。这个活动由11项内容组成，最后以"彭斯及其作品的研讨"结束。中镇的"年轻女士"俱乐部如今更多的是打桥牌，而影响不断减弱的是教会的青年社交组织，或者学习宗教知识，或者参加宗教领袖组织的活动。男人不再谈论书籍，只有在妇女俱乐部中还能看到一些早年的传统。

中镇报刊上不再刊登人们在90年代常常看到的书籍广告，比如富兰克林广场图书馆的广告，斯坦利（Stanley）的《黑暗的非洲大陆》(In Darkest Africa)，德怀特·L.穆迪（Dwight L. Moody）的传记，巴纳姆（Barnum）的传记，"本周新书（星星公司）：贝特尼（Bettany）的《爱情迟钝者》和梅瑞狄斯（Meredith）的《克洛伊的传说》，或者"《黑美人》《汤姆叔叔的小屋》"之类的文学评论，《约翰·沃德》《传道士》，或者新版的《早餐桌上的独裁者》。当时，由于某些书籍的涉及面是如此广泛，以致1890年普查时，当地的报纸建议在普查项目中加上一些附加题目"你对进化论的看法如何？还有，你读过《罗伯特·埃尔斯梅尔》吗？"甚至有一个年轻的面包师在他的日记中记述了他在镇上的狂欢之夜阅读《罗伯特·埃尔斯

---

⑱　这里列举的最后一个群体在1890年也不聚会，但是在1895年，据媒体报道，两年前成立了一个由10位年轻女士组织的团体，她们"星期六下午碰面，已经读过拉斯金的《随笔》、但丁的《视野》、蒲柏的《伊利亚特》，现在正在读《奥德赛》——由哈佛大学的哲学教授乔治·赫伯特·帕尔默翻译的散文译本。这个小团体是学生的班级，不是俱乐部，而且其中没有官员"。

梅尔》。1892年的一家报纸提出"奖给那些阅读《论坛报》数量最多而且内容广泛的人和在《论坛报》上作广告的企业一套狄更斯的著作",而这种做法在今天很难得到广泛的响应。

关于中镇人在读书上花费时间的具体证据,来自被访谈的家庭妇女关于她们本人和其他家庭成员读书的时间的答复,其中既包括书籍也包括报纸、杂志。40位经营阶级和117位生产阶级的男性家长,按他们的妻子的说法,前者中只有1位,后者中有19位从不读任何书。[19] 没有一位经营阶级的妻子说自己不读任何书,而有21位生产阶级的妻子这样说。前者中有20位(二分之一)妻子,后者只有30位(四分之一)妻子平均每个星期读书6个小时或更多。

生产阶级的女性利用闲暇时间读书显然不如经营阶级的女性来得急切。尽管前者中有18人提到一天中如果有额外的时间,她们最喜欢做的就是读书,[20] 但是这些女性的回答仅仅是在受到鼓励的时候,而且回答也不清晰利索,比如"哦,我不知道,大概是读书吧"。而14位经营阶级的女性在提到读书的时候,其回答也显得颇为不痛快:

> "如果我有精力,而且有安静的环境,我会读书。"

---

[19] "你什么时候有时间读书?"研究者问一位事业正处于上升阶段的年轻律师。"我读得不多。简直没办法做到经常阅读或进行研究。我们认识很多人,每个星期至少两个或三个晚上要和他们一起出去。现在,每个周一的晚上,我们都要去一个我们所属的俱乐部打牌,周二我们参加一个'全日制托儿所福利'的演讲,周三我忘了做了什么,但是我们去了某个地方或者……就这样,一个星期就过去了。"

[20] 这些回答参见第十九章。

第十七章 传统的休闲方式

"我曾经三次想读《新十诫》(*The New Decalogue*)一书,但是我根本没有时间。"

"我应该有计划进行学习。我对知识方面的书确感兴趣,但我实在没有时间。我曾试图让公共图书馆管理员给我列出一份历史方面的书单,但是没有什么用。我只能零零碎碎地读点书,因为孩子还小。我希望能够好好规划一下,有一完整的时间学习。"

"我只能在零散时间读些杂志。我非常想有整块的时间读书,但是我不知道如何才能挤出时间。"

用接受访谈的夫妻的读书时间和 90 年代女方父母的读书时间相比较,经营阶级的男性读书时间某种程度上比上一辈减少了,经营阶级的女性的读书时间和上一辈差不多;但是生产阶级的男性和女性的读书时间却比老一辈有所增加。[21] 从这些妇女的回答中得出的大概趋势,得到了从 90 年代以来就熟悉中镇的教师和其他人的

---

[21] 然而,在 90 年代一些生产阶级的男性曾经是有时间阅读大量书刊的。上面提到的面包师的日记中记录了他在 1889—1891 年阅读的部分书籍的名字:《扫除障碍》(*Barriers Burned Away*)、《罗伯特·埃尔斯梅尔》(*Robert Elsmere*)、《忘记丁南》(*Dinna Forget*)、《杰基尔医生和海德先生》(*Dr. Jekyll and Mr. Hyde*)(使我毛骨悚然)、《卡米尔》(*Camille*)、《征服者的命运》(*The Fate of a Coquette*)("快节奏生活的故事")、《岩石或黑麦》(*The Rock or The Rye*)、《毁诺》(*Broken the Vows*)、《克鲁采尔奏鸣曲》(*The Kreutzer Sonata*)、《爱的冲突》(*Love's Conflict*)、《琳达·牛顿:生活的法则》(*Linda Newton: or Life's Discipline*)、《郝克贝利·费恩》(*Huckleberry Finn*)和《我们这个时代的美国历史》(*History of the United States in Our Time*)第一册。这个年轻人在当地剧院看过《浮士德》后在日记中评论道:"非常好。使人思考他的未来"。他在 6 个月的时间里只有 18 个晚上没有继续读书,因为没有时间。他在日记中的记录表明他安排每 6 个星期或者两个月读一本书。

观察的证实。以图书馆图书流通量的增加为标志的图书阅读量的增加，很明显肯定不是由经营阶级的男性造成的，而仅在有限程度上是由他们的妻子造成的。㉒它或许反映出生产阶级成员，尤其是他们的孩子的读书量增加了。这些年轻人在校的时间延长了，而使用图书馆在他们中也越来越普遍。㉓90年代大量购买廉价的简装图书和从为数不多的主日学校图书馆借阅图书，毫无疑问使今天公共图

㉒ 女性是图书馆的主要使用者表现在：在1922年1月1日之后的抽样时间内，有486位成年人拿到新的借书证，其中64%是女性；而在1923年9月1日后相同时段的抽样时间内，有492位成年人拿到借书证，其中61%是女性。

㉓ 在11月份中期的调查中，研究者询问道："这个秋天你在家中做的最有兴趣的事是什么？"中学二年级、三年级和四年级的275名男孩中的11%和341名女孩中的8%回答"读书"。

中学三个最高年级的306名男生和379名女生列出平常月份读书的书目，315名男生和395名女生——几乎是同一个群体——列出平常月份看杂志的情况：

总数	男生百分比（%）	女生百分比（%）		男生百分比（%）	女生百分比（%）
在校外没有读书	16	12	不读杂志	7	5
读1本书	19	14	读1本杂志	25	20
读2本书	19	26	读2本杂志	27	28
读3—5本书	28	29	读3—5本杂志	35	42
读6—8本书	9	7	读6—8本杂志	5	5
读9本以上书	9	12	读9本以上杂志	1	0

这些男生平均经常阅读的杂志数为2.4本，女生是2.6本。男生平均每月读3.2本书，女生平均3.1本。

书馆图书和期刊的借阅相对有所减少。当地的许多人提出的证据表明,现在可看的书增多了,但是令人满足的"一个美好的阅读之夜"减少了,全家围坐在一起诵读书刊的情形也大为减少。

中镇人阅读时,视野就宽了,他们接触的是其他各种各样的生活方式。这种来自外部的文化洪流是值得细究的。中镇图书馆成人部1893年的目录中有91本关于实用技术(技术、广告、销售等)的书,1924年成人部有1 617本;美术书1893年是45本,1924年是1 166本;历史书1893年是348本,1924年是2 867本;传记1893年是132本,1924年是1 396本;社会学书1893年是106本,1924年是1 937本;文学书1893年是164本,1924年是2 777本;科学书1893年是89本,1924年是585本;通过其他分类方法情况也如此。第一次得到图书的流通数据的1903—1923年这20年间,人口增加不到1倍,而图书馆成人部的借书量增加了4倍以上,其中实用技术图书的借阅量增加了62倍;[24]美术书增加了28倍;哲学和心理学等类别的书增加了26倍;宗教书,尤其是中镇人所信奉宗教方面的书,增加了11倍;涉及群体生活制度设置的书,如社会学、经济学等,增加了9倍;历史书增加了8倍;科学类书增加了6倍;小说增加不到4倍等。[25]对

---

[24] 图书管理员声称:商业方面的,尤其是销售和广告方面的书,及技术方面的书,尤其是汽车和收音机方面的,借阅者非常多,这些书从来没在书架上待过。

[25] 参见表十七。

如果把今天的图书借阅目录和35年前的相比,可以看到图书馆中自然科学的书籍的借阅出现明显的世俗化趋势。在1893年,科学书籍的目录一般是这样一些书名,即《世界的奇迹》《体力的奇迹》和《上帝世界的奇迹》,而在1924年的书目中却被如《地质学概论》这样一些书代替了。

中镇的成年人来说，读书就像讲故事在原始人心目中的地位一样，是非常重要的。通过读书，他们可以通过他人的经验感受其他的世界，能够借此进入种种幻想式的生活。在1903年，图书馆中借出的图书有92%是小说，1923年只有83%。由于接待青少年的图书馆员受过专门训练，在他的指导下，青少年读小说的比例从1903年的90%降低到1923年的67%。[26] 人们对虚构故事的喜爱就像后文将要提到的人们对电影长盛不衰的兴趣，以及喜剧和社会电影的广泛流行，对中镇这个大草原上的小城市里人们整日奔波谋生和其他死板的日常生活来说，就显得意义更为重大。中镇一位著名的市民在当地一家报纸上发表过一篇名为"摆脱羁绊"的社论，其中说道：

"也许我们当中大部分人都从痴心妄想中得到了补偿和解脱。如果我们必须待在家里，'为妻子和孩子'提供食品、木炭和鞋子，我们就不能冲进廷巴克图。如果我们这样做，我们就不会有什么好日子过。"

"因此我们留在家中，早上8点钟去办公室，晚上6点离开。我们参加各种会议，然后开着破旧的家用车沿着以前走过一千遍的街道回家。如此按照一个所谓模范市民的生活而继续活下去。"

"但是这种情况并不能束缚我们的想象力。在想象的世界里，我们能够攀登高耸的马特峰，能在沉睡的印度洋上航行，

---

[26] 在1903年，中镇的孩子阅读图书馆的书为12 224册，其中11 048册是小说；1923年阅读总数是93 873册，其中63 307册是小说。

第十七章 传统的休闲方式

能在白雪皑皑的阿拉斯加山脉挖掘闪闪发光的金子,能徒步到月亮的环形山谷,能沿着壮丽的亚马孙河闲逛。"[27]

正如原始人讲述故事,这种进入幻想世界的社会功能,就是在幻想中分享他人的快乐和英勇。"周围世界的烦恼已经够多了,人们为什么还要把它写到书里去呢?"这种人们常听到的观点常常和人们另外一个普遍要求相连,也就是要求"大团圆结局——或至少以使你喜悦或者使你感到周围的世界还是令人满意的为结局"。中镇很多人都同意他们最喜爱的诗人埃德加·格斯特(Edgar Guest)[28]对某些人的谴责,这些小说中的人物容忍"罪孽和悲惨",他们认为"这是悲惨的,但这是艺术"。格斯特在当地的报刊上总结了自己的观点:

但是如果你偶然感到快乐,不要使人们害怕,
　　让你笔下的人物在街上边走边笑;
应该让你小说中的男女各尽其能,

---

[27] 读书,主要是读小说,是许多人休闲时可有可无的一种活动。这可以从以下事实中看出来:如果不包括当地师范学院的学生,图书馆图书每月总流通率是50%—100%,冬天比夏天多。中学生必须阅读补充读物,对这种流通率的上升有着某种程度的作用。

[28] 中镇人读"埃迪"·格斯特的诗比其他诗人都多,赖利位居第二位。扶轮社曾想请他来演讲,就像男士俱乐部在一家著名教堂中做的一样。在当地一群受过大学教育的知名人物中,有一位说埃迪·格斯特和赖利是他最喜欢的诗人,"那个叫格斯特的男人获得了我的心";一位喜欢吉卜林,但"从不喜欢彭斯,而拜伦总像一位肮脏的家伙披着诗歌的外衣";第三位也选择吉卜林,却"从不喜欢勃朗宁。他为什么不写散文而写如此糟糕的诗?"

让他们克服难免会碰上的障碍和阴谋；

应该使他们对于生活和幻想得出明智的结论，

让他们信守婚誓"至死不渝"，

应该使他们能从责任中发现乐趣，在生活中发现快乐和美丽，

他们将会说："故事非常动人，但这不是艺术！"

对洪水般涌入中镇的周刊和月刊的内容做详细的分析是不可能的。在中镇图书馆1924年拥有的225种期刊中，25种是贸易和技术杂志，23种是宗教杂志，15种是教育杂志，妇女、公共事务和青少年杂志各9种，商务、金融、科学和艺术装潢类各8种，自然7种，经济6种，音乐5种，园艺5种，家务4种，旅游4种，戏剧3种等。在1890年图书馆拥有的19种期刊中，7种是儿童杂志，6种是一般月刊，3种是周刊，2种是科学杂志，1种是农业杂志。这个城镇的阅读习惯中更具特色的是对全国性刊物的订阅和购买，这可能比书籍的购买还具有特色。全城的9 200个家庭中，大约五分之一订阅了《美国杂志》(*American Magazine*)，六分之一订阅了《周六晚邮报》(*Saturday Evening Post*)。以下所列举的一些杂志每种都有十分之一至五分之一家庭订阅：《描述者》(*Delineator*)、《女士家庭杂志》(*Ladies' Home Journal*)、《麦考尔》(*McCall's*)、《体育》(*Physical Culture*)、《真实故事》(*True Story*)、《妇女家庭伴侣》(*Woman's Home Companion*)。以下杂志有200—500个以上的家庭订阅：《探险》(*Adventure*)、《宝库》(*Argosy*)、《科利尔》(*Collier's*)、《学院幽默》(*College Humor*)、《世界各地》(*Cosmopolitan*)、《乡村绅士》(*Country*

Gentleman）、《梦幻世界》(*Dream World*)、《好管家》(*Good Housekeeping*)、《郝斯特的世界》(*Hearst's International*)、《现代婚姻》(*Modern Marriage*)、《电影杂志》(*Motion Picture*)、《国家地理》(*National Geographic*)、《画报论坛》(*Pictorial Review*)、《大众科学》(*Popular Science*)、《红书》(*Red Book*)、《真实的浪漫》(*True Romance*)等。以下杂志的订阅户有100—200个家庭:《大学连环漫画》(*College Comics*)、《弗林杂志》(*Flynn's Magzine*)、《三个X》(*Triple X*)、《真实的忏悔》(*True Confession*)、《侦探》(*True Detective*)等。大约六十个家庭订阅了《时尚》(*Vogue*)，同样数目的家庭订阅了《名利场》(*Vanity Fair*)。大约三十五个家庭订阅了《大西洋月刊》(*Atlantic Monthly*)，20个家庭订阅了《哈泼斯》(*Harper's*)和《世纪》(*Century*)，15个家庭订阅了《新共和》(*New Republic*)，5家订阅了《生存时代》(*Living Age*)，4家订阅了《调查》(*Survey*)，3家订阅了《日暮》(*Dial*)。[29]

全城人订阅杂志的偏爱有所不同。接受访谈的39个经营阶级家庭订阅了54种杂志，共115份，而122个生产阶级家庭没有订阅其中的任何一种。同样，75个生产阶级家庭订阅了另外48种杂志，共96份，而无一个经营阶级家庭是这48种杂志的订户。只有20种杂志是这两个阶级都订阅了的，38个经营阶级家庭订阅了128份，

---

[29] 所有的数据都既包括订阅的，也包括在报摊上零购的。除了这里统计的，中镇不同家庭订阅的杂志种类是很多的:《热狗》《体育新闻》《奥秘》《心理学》《惊险电影》《知识的力量》《艺术和生活》《艺术爱好者》《拳击》《经验》《健康和生活》《如何吃》《领先者》《情节故事》《黑色面具》《开心故事》《滑稽故事》《捕猎和钓鱼》《Jim Jam Jems》《生命故事》《爱情故事》《真实的生活》《摩托》《漫画》《高尔夫》《红胡椒》《电影界》和《大海的故事》，尤其是专业的商业和技术杂志等。

75个生产阶级家庭订阅了105份。122个生产阶级家庭中的9家和经营阶级家庭中的18家订阅了《文摘》；前者7家后者20家订阅了《周六晚邮报》；44位工人的妻子订阅了女性杂志，21种不同的妇女杂志的总订阅数共101份；27位经营阶级的妻子订阅了女性杂志，只有9种，共48份，几乎全都是得到公认的著名杂志；[30]13个生产阶级家庭和19个经营阶级家庭订阅了《美国杂志》；在122个生产阶级家庭中仅有7家订阅了青少年杂志，而29个经营阶级家庭中就有26家订了此类杂志；样本中的生产阶级家庭中无一订阅《大西洋》《哈泼斯》和《世界名著》这类杂志，而不到三分之一的经营阶级家庭共订阅了22份这些杂志。

两性之间阅读习惯的差异可能会反映在中学最高三个年级的310位男生和391位女生对下面这些问题的回答："除了学校指定的，你每月常看什么杂志？"44名男生和367名女生读女性杂志；[31]95名男生和15名女生读科学杂志；114名男生和76名女生每周阅读《周六晚邮报》《科利尔》和《自由》之类的周刊；35名男生和2名女生读室外活动的杂志；72名男生和16名女生读青少年杂志；其他小种类杂志的男女读者群分布得比较平均。

根据中镇图书管理员的说法，尽管人们对于商业和技术杂志的

---

[30] 说明这个事实是因为它表明了：大体说来，生产阶级的妇女订阅的是档次较差的杂志，而经营阶级的妇女订阅的杂志是档次较高的杂志。这个事实是很重要的，因为这表明了两个群体的女性所遵循的不同的现代持家习惯。

[31] 当然，这里所说的两个群体不是互相排斥的。阅读有关建立家庭的杂志的这个年龄段的女孩人数众多，同时，除极少数男性外，经营阶级的男性，不管是这里的或别处的，都参与建立家庭的各种讨论，这表明男性群体对于离婚的关注；同时如何理家在中镇的家庭中还是时尚，但是在中镇的工厂中正在过时。

兴趣上升是很明显的，但是和他们看书一样，中镇人看杂志也是想从其中虚构的东西来体验别人的生活。这种阅读集中在作为婚姻制度的基础的浪漫故事上。自1890年以来，又出现了一种偏爱直露的"性探险"一类小说的倾向。这里值得一提的是，无论是在宗教、世俗的教育中，还是最近对于孩子的家庭教育中，任何关于性的讨论均属传统禁忌。可是就在这样一种文化氛围当中，孩子们竟能通过阅读杂志，大量接触这类内容。从中镇的一位作者收到的出版公司对其新小说的拒稿信中，能够直接看出在中镇每月发行量大约为三千五百册到四千册的这些性探险杂志的宗旨：

"《生活故事》写得很有趣，正是我们称作'性探险'的那类第一人称小说。小说应该包括这种行为发生的环境，具有高度的感情色彩和丰富的感觉。还有，一个符合道德标准的结论也是必不可少的。"

1924年，中镇一家报纸刊登了这样一则整页广告："直到五年前，男人和女人、少男和少女无法从任何地方得到关于生命规律的知识。他们在完全没有准备的情况下被抛向世界，面对生活。……现在，有了《真实的故事》，这份杂志和迄今为止所有的杂志都不同。它的基础就在坚实的真实生活之中……它也将会帮助你。在五年中，它达到了从未听说过的每月200万份的发行量，有500万以上心怀感激的男人和女人读着它。"

在这些杂志中，中镇人读到"原始情人"（她想要一个穴居人作丈夫)、"她的生活秘密""用其他女性的武器的妻子能赢吗""如何在婚姻中保持兴奋状态""在女儿结婚前夜我告诉了她什么"("每个女孩在结婚前夜都会变成一个被吓坏了的孩子")。

当中镇四家主要电影院同时上映四部性探险的影片时,该镇的报摊上出售的《隐私》(*Telling Tales*)就是以这四部影片作为封面的:"懒洋洋的吻""原始的爱""看看你的女式内衣"(艾琳没有,你一定看见了发生的事)和"无邪的歧途"。中镇对这种"你一直想做而不敢做的"(摘自当地一家电影广告)文化的吸收,从中镇公共图书馆公开展出的一本《电影杂志》可以看出来,该杂志送到后公开展出两个星期,上面有1925年1月翻阅残留的手垢。其中一页,标题是《常青藤下》,用以下文字说明七个"电影接吻":

"你认识你的小朋友梅·布希吗?她接吻很多,但是从不会产生厌倦的感觉。至少,你会同意,她是那些喜欢接吻的人的很好的模仿对象。"还有"如果某人想在常青藤下抓住你,并且把你像这样弄到这里,你将会怎么样?挣扎?圣洁的相爱是蒙特卡洛·布卢做得最好的事情之一。你没有听到玛丽·普雷沃斯特的心在怦怦跳动?"

一位接受采访的母亲向访谈者抱怨:"在我们年轻的时候,孩子们不像今天的孩子一样大胆。"

就像文学一样,音乐也是吸引年轻人的传统休闲活动,而且因其重要性而被作为学校的必修课程。音乐在学校课程中所占据的突出地位在前文已经论述。从当地的非正式记述中可以看到,人们今天似乎比90年代更广泛地接受把音乐作为儿童家庭教育不可缺少的一环的观点。应该记得，研究者在调查中所抽取的所有生产阶级家庭，都有正处于学龄期的孩子。这124个生产阶级家庭中，有41个家庭在过去的一年中有一个以上的孩子上过音乐课；被访谈的40个经营阶级家庭中，有27个家庭有这种情况。㉜在54位家里有孩子上音乐课的工人的妻子中，44位承认她们自己在童年的时候比今天她们的孩子在音乐上花的时间少，只有5位认为比今天她们的孩子花的时间多，有5位感觉"差不多"。在经营阶级家庭中，16位承认她们自己在童年的时候比今天她们的孩子在音乐上花的时间少，3位认为比今天她们的孩子多，3位觉得"差不多"。研究者在向中学最高的三个年级的学生调查的时候，提出了这样一个问题："今年秋季，你在家里最喜欢做的事是什么？"在341名女生的回答中，"音乐"居第一位，占26%，"缝纫"占第二位，占15%；在274名男生

㉜ 在研究者获得其收入分配资料的100个生产阶级家庭中，24个家庭提到有些钱花在儿童的音乐教育上。钱的金额从2.50—104美元不等，平均44.57美元。参见表六。

从不同父母的评论中，可以看到他们其中一些人把音乐教育看得多重要。有5个生产阶级家庭，母亲教儿子弹钢琴，父亲教另外一个儿子打鼓。其中一个家庭的母亲抱怨道："不让孩子们做那些在我们看来没有希望的事，是生活中非常令人讨厌的地方。我们所能做的仅仅是使他们热爱那些好的东西，使他们没有时间、没有精力去注意那些坏的东西。"另外一位工人的妻子说，她姐姐批评他们在孩子的音乐教育上花费了如此多，"但是我认为应该让孩子的智力得到发展，而且如果他需要的话就让他接受音乐教育"。对于一个收入一般的经营阶级的男子的妻子来说，使更多的孩子取得成绩和让少数的孩子取得更好的成绩之间永远存在着矛盾，"我们大儿子接受了音乐教育，但让我们花费颇多——每个星期1.85美元。这就是为什么你无法让更多的孩子接受这些教育，因为你想为他们做的每件事都要花这么多钱"。

的回答中,"收音机"居第一位,占20%;其次是"音乐",占15%。目前人们对音乐兴趣的增加部分是由于:音乐中爵士乐的大量涌现,钢琴以外其他乐器的普遍流行,知道如何"演奏"时能获得的社会赞赏和财物上的报酬。一个经营阶级的妇女音乐俱乐部设置了一个青少年部,使孩子们能在社交聚会上为他们的母亲演奏。除了两个中学乐队和三个合唱团之外,中镇还有一个少年乐队、一个少女乐队、一个由9—13岁的少男少女组成的混合乐队。[33]

唱机和收音机一类机械的发明为中镇人带来了前所未有的更加丰富的音乐生活。35年前,音乐的普及完全停留在手工阶段,而今已经进入机器时代。在1890年,中镇人首次见到唱机,据说"当时吸引了大批的观众。爱迪生这项发明毫无疑问是那个时代最奇妙的事"。[34]现在,唱机已经成为人们生活中重要的一部分。比如,有一个三口之家,1923年夏天父亲失业了,"将行李箱拴在福特车上,后座上放着维克多牌唱机和小女孩,出去找工作。这样这个夏天无

---

[33] 这些熟悉的当地的音乐生活的描述表明,中学的合唱团和其他音乐团体完全是招收一种新的种类的音乐人才,而不是减少弹钢琴的人数。可能这对于男孩比对于女孩来说更为真实。其他乐器对于男孩的吸引大于钢琴的吸引力,因为在中学的乐队或者当地的少男乐队演奏其他乐器更有威望。更重要的是,他们在小型的舞会上演奏能得到收入。由四个或五个男孩组成的充满活力的爵士乐队,以非常易学的萨克斯为特征,显示了一个新的相对地位较高的职业,这样生产阶级父母的儿子可以因此逃脱工业阶层的职业。中镇有数个这样的小团体,他们寻求为舞会伴奏的机会。

[34] 晚至1900年,"唱机"依旧是一个非常稀罕的东西。当地的报纸报道说:"在中镇的沙龙中,唱机迅速取代了钢琴。一共用了50台唱机,每台都吸引了大量的听众。"

第十七章　传统的休闲方式

论住在哪里，我们都能享受音乐。"㉟

是的，中镇人比以往任何时候都更多享受音乐，孩子们也比以前受到了更多的规范的音乐教育，但是就像阅读一样，也存在着一个问题，即作为一种休闲活动的音乐是否使中镇人比90年代花费了更多的时间。如果中学男生中每6个或7个中就有1个，在家庭休闲活动中最喜欢的就是音乐，那么这种热情显然会影响到他今后在中镇的谋生活动。然而，音乐就像文学和其他艺术一样，在男人心目中几乎是没有什么地位的。就像其他地方所提到的一样，369名男生将"对音乐和诗歌的爱好"放在对父亲品质期望的第9位，415名女生排在第7位。仅有4%的男生和6%的女生把它作为所列举的十项品质中最重要的两个之一。㊱对于成年人来说，音乐不再是自发的、积极参与的活动，而基本成为听别人演奏的消极活动。90年代大受欢迎的合唱团消失了，只在生产阶级还存在一个。90年代，这样的群体是由工人组成的，每周日下午和周四晚上带着"一桶啤酒"和一个雇来的"指挥"聚会。1890年，另外一个歌唱团庆

㉟　中镇收音机的拥有者在其他地方会提到。没有调查唱机和自动钢琴的拥有者。研究者了解到消费状况的100个生产阶级家庭中，在过去12个月中，有23个家庭买了唱机唱片。11个家庭中的每个家庭买的唱片单价都不到5美元，总支出数目从1.05美元到50美元，每家平均11.17美元。3家买了自动钢琴唱片，单价不到4美元。这100个家庭拥有23台以上的唱机，但其他许多人谈到他们没钱买唱片。以牺牲唱片来换取收音机和让孩子接受音乐教育的趋势非常明显。

1925年在俄亥俄州的曾斯维尔的研究发现，家庭唱机拥有的比例为54%，钢琴拥有的比例为43%，风琴的拥有比例为3%，其他乐器的拥有比例为8%。而包括中镇在内的39个城市的研究和曾斯维尔相比较，比例依次为：59%、51%、1%、11%（见前引书，第112页）。

㊱　参见表十五。

祝他们团成立64周年。还有一个由40位城里的头面人物组成的取名为"阿波罗俱乐部"的男声合唱团，被其他人称为"花花公子"。他们每周五晚上练唱，由一位来自邻近城市的"B教授担任指挥"。这个合唱团每年举办三次音乐会，吸引了全城大批听众，新闻媒体也给予了热情的报道。中学男生也明显喜欢合唱。1900年，由300个少年在歌剧院举办了一场音乐会，曲目包括：古诺的"赞美上帝""主日的祈祷者"和"自由射手"的发展部等。在评论他们的排练活动时，地方报纸报道："尽管天气恶劣，但是孩子们依旧兴致勃勃地参加了排练，无一缺席。"

90年代的另外一个更有特色的活动是大家在各种集体场合齐声合唱。家庭团聚都是以祈祷开始，而不可避免地以演说或合唱告终。有时一群人坐在草地上唱歌，许多人坐在窗前或回廊中倾听。当地的一则日记写道："昨晚，醒着躺在床上，倾听着美妙的小夜曲。"年轻的面包师的日记中提到各种各样的音乐是镇上一晚又一晚"乒乒乓乓的闹腾"的部分来源：

"去L家，和他们唱小夜曲。""在N家聚会。唱歌、吉他、口哨、竖琴、蛋糕、香蕉、橘子和柠檬。真是愉快！""昨天，X的生日。因此他在聚会的时候带来了雪茄和一桶啤酒。聚会后，我们打牌唱歌一直到11点。"

甚至在1900年，在"成功俱乐部"中的"我们社会的一些年轻人"组织的"高雅晚会"上，报纸声称"这些人也有独唱和独奏等节目"。

如今，偶尔在一些小型的晚会上仍会有爵士乐伴奏的独唱或合唱，但已比过去少多了。小夜曲已经成为陈年往事。教堂中唱诗班的合唱在经营阶级中也很少见了，已经没有由经营阶级男性组成的合唱团。今天中镇的人口是1890年的三倍半，从早期保存下来的传统成人音乐团体只剩下两个了，而1890年却有四个。[37] 第一个是由生产阶级男性组成的合唱团；另外一个是生产阶级教堂的唱诗班，这个唱诗班保存着1890年在这些教堂的"社交场合"中唱歌和背诵的习惯。这两者都表明唱歌和演奏在生产阶级的成人那里，有着相对更大的生存空间。这同样还表明，生产阶级在很多方面的习惯常常比经营阶级落后大约一代人的时间。

第二个活跃的音乐群体是由经营阶级妇女组成的。这个群体负责城中大部分音乐活动的组织工作，最早是由30位全城著名的妇女于1889年组建的，其中每人每三次活动参加一次。今天，它拥有了249名成员，其中67名是积极分子，48名是专业人士，10名是合唱团员，其中许多人参与活动不太踊跃。"人们对于参加俱乐部和其活动的兴趣远不如90年代那么大了，"一位成员哀叹道，"现在的俱乐部太多了，大量分散的活动占去了人们太多的时间。"俱乐部中最活跃的人抱怨部分成员对俱乐部的活动缺乏持久的兴趣。中镇一群地位较高的妇女矫揉造作，她们难以容忍文化程度较低的群体，而对这一群体来说，俱乐部向她们提供了颇为令人满意的社交和艺术表演形式。从1923—1924年度到1924—1925年度，这个团体的净减人数为59人。大多数的成员喜爱什么大致可以从以下的事

---

[37] 战争导致"全社会歌唱"，现在它主要在公民俱乐部中还存在。除了钢琴家和领导者带入的一些新颖奇巧的东西，仅作为歌唱，它是相对很难生存的。

实中看出来：独奏尤金·菲尔德的"心爱的小男孩、可爱的小男孩、弯曲着腿的俊秀的小男孩"的音乐，在美国音乐的节目中能比演奏具有黑人和印第安人音乐特点的音乐更能获得赞同和欢呼。这个团体的领导人抱怨，他们在中镇举办的音乐会缺乏支持，尽管在他们看来中镇处于"音乐贫乏"的境地。如果举办诸如最后四重奏之类的音乐会，很少会受欢迎，而有些歌曲的独唱会却能获得很多的支持。

上述现象引发了一个问题：中镇人对音乐的投入究竟是作为个人艺术的实践形式，还是仅仅是听听而已。今天，这不外是个传统问题，是成人社会制度体制化关系的问题，而不是该镇自发的演奏生活的问题。音乐似乎可象征人们某种性格。大部分妇女的音乐活动颇像该镇俱乐部生活自我意识的一种表现。从一位杰出母亲的话中可以看到出现了一种脱离早年音乐教育形式的倾向。这位母亲说："我的孩子对音乐没有兴趣。今天有那么多使孩子感兴趣的事可做。除非他们真的想学音乐，不然我们不打算浪费金钱和时间在音乐上。当我是个女孩的时候，我上了五年音乐课，可是如今什么演奏也不会。我不想让我的孩子也犯同样的错误。"现在这一代人的母亲还是孩子的时候，没有收音机，也没有维克多牌唱机。女孩们只能聚在一起唱歌跳舞弹奏。如果她们坚持让孩子接受音乐教育，她们可能是想找回那个已经不存在的时代。今天当一个伟大的艺术家或者给舞蹈伴奏的管弦乐团在一个起居室的角落或"广播"演奏之时，"会演奏乐器"的能力就显得越来越不重要了。看来在下一代，一旦音乐对所有在学校接受教育的人只是一门选修课，再加上家庭中唱机、收音机和其他乐器的普及，音乐教育对所有的人

第十七章 传统的休闲方式

来说将是可有可无的,在社会礼仪活动频繁的今天,可替代的技能很多。

像音乐一样,艺术作为一种闲暇活动,也主要是让人欣赏,而不是一种创造性的享受。每年都有全国性的"艺术周",学校也开设艺术课。但是和音乐相比,它更是仅属于少数特权女性的社会活动。

在1890年,中镇的艺术活动大都限于经营阶级。在80年代早期,有一批市民曾经资助过州府一位有天分的艺术家去慕尼黑学习;作为回报,他为他们每家复制了一批名画。1888年,这位艺术家同一位合作者在中镇创办了一所艺术学校,在城里繁华的商业区开了一间画室,接下来的两年每一年都开了一间更大的画室。学生都是当地经营阶级的女性。每年一度的这个学校的作品展览,都引起当地报纸的热烈报道,许多画被卖出了,并被挂在当地居民家中的墙上。1892年学校解散了,学生艺术联盟成立。这个联盟的座右铭是"这个世界上伟大的事业不多,这里就是我们奋发前进之处"。他们租赁一间画室,其中一些人白天画画,每周一晚雇佣一位模特。每次碰面的时候,每个成员都带来自己的画稿,它们是在河畔、自家的庭院或住宅里完成的。[38]

现在,学生艺术联盟的活动已经不包括创作"艺术品"了。这个时髦的俱乐部现在的聚会是倾听成员的论文,或者听旅行者介绍

---

[38] 对当地艺术这种普遍的友善的简单而特有的关注是每年一度的由联盟举办的中镇各个家庭艺术品借用展览。比如,在1894年,展览就包括:当地家庭的32幅油画、20幅水彩画、7幅素描习作和粉笔画、从14个人那里借得的刺绣和织品、从21个人那里借来的小古玩和古董、从14个人那里借来的中国画和从3个人那里借来的木雕。

"关于北美和中美的现代考古发现的热情描绘",或者是讨论"文艺复兴时代的艺术"或"日本的绘画"等。去年,它举办了14个主题连贯且各具特点的活动。内容包括"早期基督教式、拜占庭式、罗马式和哥特式的特点""对中世纪历史的研究""中世纪的雕塑与绘画"以及文艺复兴时代的历史、建筑、雕塑和绘画等各方面。当地妇女俱乐部的文学和艺术部是一个社会性较少的排外的群体,它们主要从事同一主题的写作,以及关注报刊。一些艺术大师偶尔光顾其他妇女俱乐部的活动。城里少数人仍保持着对绘画和素描的爱好。

给人以深刻印象的是在这些讨论中和在许多家庭中可以看到的存在于"艺术"之间的鸿沟。如前文第九章中提到的,尽管至少在经营阶级中,艺术被看成一种具有普遍价值的事物,但艺术在家庭中被高度普及,几乎完全用于家具。[39]除了一些非常富有的家庭,人们不像购买书籍和唱片一样收集没有框的画。这里还值得一提的是,除了天主教堂的建筑和临时修建的主日学校的教室,教堂都是

---

[39] 这应该是回顾的时候了。自从1890年,中镇的艺术中具有创造性的自发活动就受到限制,中镇的艺术是多么需要那些原始质朴的东西。谈论人们都了解的那段历史的时候,特加特说:"对于现在的人们而言,要认识在早期个人主义不存在,这实在太困难了……人几乎完全服从于社会,艺术仅仅是部族花色的再现,文学是部族歌声的重现,宗教是部落仪式的重复。"《历史的进程》(Process of History),纽黑文:耶鲁大学出版社,1918年,第86页。

还值得一提的是,在中镇观察到的"只是模仿礼仪"的作为集体休闲时间活动的艺术俱乐部的所作所为,也能在原始人生活中找到其根源。里弗斯曾指出:"图达人见的艺术生活并未得到发展。他们的兴趣集中在各种仪式上,使艺术的发展受到限制,甚至原始艺术也是如此……在他们的娱乐活动中,我们同样可以发现仪式的影响巨大,许多娱乐活动都是模仿礼仪的。"《图达人》(The Todas),第570页。

第十七章　传统的休闲方式

不加修饰的艺术品。

现在，艺术在中镇的普及渠道比1890年多得多。1890年有早期的艺术学校、当地的借用文物展览、公共图书馆的45卷艺术画册，而今天有学生艺术联盟、妇女俱乐部中的文学艺术部、中学的画集和在其他城市博物馆的借贷展览、公共图书馆的1 150卷艺术画册，以及在图书馆及一些家庭中的1890年还不存在的艺术杂志、刊印在流行杂志上的高水平的艺术作品、因艺术相结合的一些旅行和艺术影片，最后是学校中艺术教育的普及，尤其是在中学。

除了表现在年轻女士的服饰上，中镇自发的艺术生活还能从中学里作为"多布俱乐部"成员的、来自各界的男女学生身上发现。高中最高的三个年级的341名女孩中有9名在回答她们在家最有兴趣做什么时，回答的是"艺术"。值得注意的是，尽管在1890年艺术仅属于有教养的经营阶级女性的有限的小群体，但这9位女生中只有4位来自于经营阶级家庭。更有趣的是，尽管中镇人一般认为艺术只是女人的事，但是竟然有12位男生声称，自己最感兴趣的事是"艺术"，而其中只有6位出生于经营阶级家庭。但是，就像音乐一样，对于男孩、女孩而言，艺术也基本上在他们完成中学的素描课之后，在他们进入中镇成人活动之时，就消失了。

第十八章 休闲方式的创新

尽管中镇的传统对演说、阅读、音乐和艺术这类活动提供了强有力的支持，可是初到此地的外来者观察中镇人的消闲方式时，这些活动没有一项会吸引他的视线。

"为什么你们一定要研究这个地区的变化？"一位中镇的老居民，同时也是中西部的一个敏锐的观察者问道，"我可以用两个字概括这里发生的一切：汽车！"

在1890年，拥有一匹小马是中镇男孩子最美妙的梦想。而在1924年，中镇中学一位老师在圣经课上，概括她所教授的有关造物主的知识时说道："现在，孩子们，上帝创造的动物中有哪一项是我们人能够离得开的？"孩子们提到一个又一个动物，从山羊到蚊子，都因某种原因被否决了。最后，一个男孩得意洋洋地说："马！"这个回答得到全班的同意。10年或12年前，在法院广场的角落里建了一个新的以马为形象的喷泉。现在，由于中西部夏季炎热的气候，喷泉干了，已经没有水了，也没有人关心。中镇的"马文化"几乎消失殆尽了。[①]

[①] 1909年美国生产了200万辆马拉的马车，1923年是1万辆；1909年汽车的产量是8万辆，而1923年是400万辆。

第十八章 休闲方式的创新

在许多年里,马文化以其无可争议的地位渗透了中镇生活各个方面,逐渐成为中镇生活的一部分,而不像现在,围绕着汽车的许多习惯仿佛是一夜就产生了。早些年的一位马车制造者估计,1890年全城有125个家庭有马和马车,这些家庭差不多全都属于经营阶级。"一个平常的风和日丽的夏天的清晨,吉姆·B夫人(该城一位重要人物的妻子)和一个朋友坐着已备好的马车外出。让马漫步溜达,而她们采摘豌豆,为晚饭做准备。"我们可以从日记中看出来,每年当春天来临的时候,许多家庭都是如此开头的:

"1888年4月1日,复活节。一个美妙的日子,偶尔有云但是很暖和。骑马绕着全城散步。"

"1889年5月19日,今天驾马车兜了好一阵风。"

"1889年7月16日,晚上骑马兜风。人们都在外面'乘凉'。"

"1887年9月18日,今天下午和妻子乘马车去墓地。许多人把鲜花放在他们心爱的人的墓前……"

但是在1894年,很少人乘马车,大部分人都是散步,礼拜天下午的散步已经成了规律。

在1890年9月,中镇机械厂的人首次驾驶一辆"蒸汽马车"出现在大街上……

据报纸报道:"尽管没有舌状物,启动的时候这辆车的外表和普通的马车一样。它行驶时像一个火车的机车。前端有一个控制杆，驾驶的人可以通过操纵它来控制车辆的行驶。车辆的动力来自齿轮之下的一个小蒸汽机。水蒸气是由置于一个燃料柜下面的一个小汽油炉产生的。由于这些奇妙的设备，这辆车每个小时可以跑25英里。这辆车可以运载任何货物，而且爬山、越过地面状况恶劣的道路时如履平地。这辆车大约值1 000美元。"

在其他城市，也有人为这些"没有马的车"而忙碌着。② 在1895年，印第安纳州科科莫的伊里伍得·海音斯（Elwood Haynes）（早期的一名打杂工），因为驾驶这种无马的车辆进入芝加哥而被警察拦住，警察命令他把这个"东西"从街上弄走。在1896年，P. T. 巴纳姆紧急投递的一位著名邮递员描写未来的特征是："每天都可以在新的街道和广场上看见无马的车辆"，而骆驼、大象和其他马戏团的都隐没在背景之中，一群人在为"著名的杜里埃汽车或摩托车"而欢呼。

1900年，中镇出现第一辆真正的汽车。到1906年，据估计"城市和乡村合起来大约有二百辆"。到1923年岁末，全城共有6 221辆小汽车，平均每6.1个人有1辆，或者说大约每3个家庭有2辆。③

---

② 参阅银色纪念日那一期的《汽车贸易杂志》（Automobile Trade Journal，第29卷，1924年10月1日）中第6篇有关于这些冒险岁月的故事。

③ 如果当时就记下准确数字的话，这些数字无疑会有大幅度的上升。
事实上，今天人们在中镇观察到的影响广泛的汽车文化大部分都是在最近10年或15年形成的。在1910年全美国登记的小汽车的数量不少于50万辆，1918年是550万辆，1924年是1 550万辆。[参见《汽车工业的事实和数据》（Facts and Figures of the Automobile Industry），国家汽车商会，1925年］。

这 6 221 辆车中，有 41% 是福特牌的，54% 产于 1920 年或 1920 年以后，17% 是 1917 年以前生产的。④ 这些汽车平均每年行驶里程为五千多英里。⑤ 对于一些工人和经营阶级的人士来说，使用汽车仅是季节性的。但是路面质量的提高和全封闭的汽车的出现，很快使汽车成为全年使用的工具，既用于闲暇活动也用来谋生。就像本世纪初，经营阶级家庭开始感到不能没有电话一样，汽车拥有者已经把汽车作为可以接受的日常生活必需品。

这种新习惯的出现打破了那些构成每个人和谐生活的习惯之间的平衡，破坏了旧有的协调，动摇了诸如此类已经习惯的毫无疑问的断言："无论是下雨还是晴天，我从不错过一次在教堂主日的早祷仪式"；"一个中学男生不需要花太多钱"；"我不需要锻炼，每天走路去办公室就能让我体态匀称"；"我不想搬出镇里，那样离我的

---

④ 涉及中镇不同家庭预算水平的、有关汽车分布的更进一步的资料如下所示：福特，2 578 辆；雪佛兰，590 辆；奥佛兰，459 辆；道奇，373 辆；马克斯韦尔，309 辆；别克，295 辆；史蒂倍克，264 辆；奥克兰，88 辆；威利斯-奈特，74 辆；纳什，73 辆；英特斯特，73 辆；杜兰特，65 辆；Star，62 辆；奥尔兹汽车，59 辆；萨克森，53 辆；里奥，50 辆；查默斯，47 辆；富兰克林，45 辆；埃塞克斯，45 辆；赫得森，44 辆；凯迪拉克，36 辆；钱德勒，32 辆；门罗，31 辆；佩奇，31 辆；海恩斯，29 辆；国际，26 辆；谢里登，26 辆；哈帕拜尔，25 辆；69 辆其他品牌的，每种不到 25 辆，包括 15 辆马蒙斯、15 辆帕卡德、1 辆皮尔斯-阿罗、1 辆林肯。大部分较便宜的而且按早期的模式制造的车已经不再生产。

在 1923 年末中镇全城的 6 221 辆车中包括以下各个年代的样式：1924 年的 13 辆；1923 年的 901 辆；1921 年的 633 辆；1920 年的 746 辆；1919 年的 585 辆；1918 年的 447 辆；1917 年的 756 辆；1916 年的 517 辆；1915 年的 294 辆；1914 年的 154 辆；1913 年的 85 辆；1913 年以前的 37 辆。

⑤ 这个数字只是个大概的数字，是根据 1924 年末全城有 111 660 辆小汽车和 1 768 辆卡车、当年所交的汽油税、卡车所用的汽油是小汽车的 3 倍的假设、每升汽油跑 17.5 英里这些资料计算出来的。摩托车的数字可以忽略不计。

朋友太远";"父母应该知道他们的孩子在哪里"。那些初来乍到的人能够很快地很平静地融入中镇这种行为方式之中，这种行为方式是中镇的人从事非个人的、实际的工作的基础。这些新的行为方式的出现触动了禁忌，引起了更大争议，并导致其受到了人们感情上的抵触。现在人人都用汽车运输货物，去上班或去高尔夫球场，或者炎热的夏季的晚上在晚饭后到门廊下"乘凉"。无论由于工厂能在方圆45英里的范围内招工，中镇人的谋生方式也随之发生了多大的改变；或者这种新的度过晚上的方式引起了旧工会人的多大的憎恨，这些几乎都不是主要问题。[6] 但是当未婚男女驾车去兜风取代了传统的在家中客厅的会面，"家庭就处于危险之中"；礼拜天全天驾车出游则"威胁到教会的活动"。正是在这些涉及家庭和宗教的活动中，汽车就带来了巨大的感情冲突。

　　受到群体认可的价值观也受到家庭预算中汽车费用的影响。[7]一种极为常见的做法就是以住房为抵押买车。接受访谈的123个生产阶级家庭的汽车拥有状况是：60家有车，这60家中有41家有住房的产权，而这41家中又有26家以住房作过买车的抵押品；63家

---

　　[6] "福特汽车对于这里的工会组织和其他组织都造成了很大的伤害，"中镇工会一位重要人物愤愤不平地说道，"只要人们有足够的钱买二手的福特车、轮胎和汽油，他们就会去兜风，而对于工会的会议没有任何兴趣。"

　　[7] 对于中镇的家庭，汽车作为一种投资意味着什么，我们能够从下面人们能够接受的损耗率中看出来：第一年是30%，第二三年每年20%以上，第四五六年每年10%以上。据国家汽车公司的保守估计，福特汽车中最轻型的，比如雪佛兰和奥弗兰型，包括车库或者损耗，其使用费总体算来是每周5美元，对于一年跑了5 000英里和用了7年就报废的家庭来说，或者可以说每英里0.05美元。接受访谈的47个工人家庭在过去一年中用于汽车的轮胎、汽油和修理的费用，从8.90—192美元不等。

没有车的家庭中，40家有住房的产权，这40家中又有29家以住房作过抵押。显然中镇的抵押中涉及很多其他的因素。汽车并不是人们头脑中唯一的真正的选择，这至少可以从中镇一位市民对于是否拥有汽车这个问题尖锐的反驳中看出来。这位居民说："没有，先生，我们没有买车。这也就是为什么我们有房子的原因。"据汽车信贷公司的一位职员说，当地买车的75%—90%都是分期付款的。如果一位工人每周赚35美元，那么一般说来，他每个月要把一周的工资用于分期购买汽车上。

汽车显然破坏了某些家庭非常节俭的习惯。不止一位工人的妻子说："我想，我们用来买汽车的钱本该存银行的。"一位经营阶级的男士在谈到他最近由于卖掉汽车而渐渐被社会所忘却的时候说道："我的汽车损耗很大，每月都要为它花将近100美元。有一天晚上，我和妻子坐在一起制订以后的计划时，我们发现如果我们还想做些其他的事，就必须从现在开始存钱。"从另外一位商人的话中，我们可以明显地看出汽车和能够接受的消费水平之间的"道德"冲突："汽车是奢侈品，买不起就不要买。我一点也不同情那些有汽车的失业者。"

服装业的人认为，购买汽车使人们用于购买服装的钱减少了。[⑧]许多生产阶级的妻子的话都表明了这一点：

---

⑧ 《全国服装零售商》(*The National Retail Clothier*)一直在寻找服装工业出了什么问题，最后把责任都放在了汽车身上。"这一点我们能从某座城市报刊上的一个例子看出来。一个商场'举行一次促销活动，在周六的下午总能卖出150套衣服。这一次促销总共才卖了17套服装。而街对面的一家汽车商以分周付款的形式卖出了25辆汽车'。另外，'服装零售商一致同意谴责汽车业，因为是汽车才使服装零售贸易衰退的.'"[《芝加哥晚邮报》(*Chicago Evening Post*)，1923年12月28日。]

一位9个孩子的母亲说道:"我们宁愿不买衣服,也不能不买汽车。我们常常去孩子的姑姑家玩。但是如果我们给孩子买鞋子和衣服的话,就没法存钱买车了。现在我不管孩子们穿得怎么样,把他们塞进汽车就去串门了。"

另外一位说道:"我们付了买汽车的钱,就没有钱买衣服了。汽车是我们唯一的快乐。"

就连饮食也受到冲击:

"我就是没饭吃也不能不买汽车。"一位妇女充满感情地说道。许多没有工作的人的说法显然也和这个观点大同小异。

接受访谈的26个有车的家庭中,有21家的浴室中还没有浴盆。明显地,新的爱好代替了旧的爱好,这导致后者的普及速度放慢。⑨

同时,大量涌入中镇的广告也在劝诱中镇人为家庭购买汽车:

---

⑨ 全部汽车拥有者的浴盆拥有比例并不是这么低。访谈者询问这26个家庭的浴盆情况并不是出于好奇心,而是由于看到这些家庭的房子破败的外表受到启发而提出的。

存款的减少、家庭消费的重新分配常常在谈及筹措家庭汽车款项时被提到。根据中镇贸工会的一位职员说法,"钱用于购买这个,就没法拿来买其他的东西。就连喝酒的钱都用来买汽车了"。这个人在回答他接触的大部分人中工作是为了什么的时候,他认为:"25%的人是为了生活在平均线以上,10%的人是想买房子,65%的人工作是为了买汽车。""所有的商业都在受到冲击。"中镇一位制糖业的企业家和销售商说,"现在制糖业比战前穷了,这里再也没有钱了。人们现在不买糖了。他们怎么样了? 即使是生产阶级也把钱全部用来买小汽车,商业的其他部门也有这样的感觉"。

第十八章 休闲方式的创新

"为了更美好的日子立即出发!"一则这样的广告是这样措辞的。

另外一则描述一位灰色头发的银行家借钱给一对年轻的夫妇购买汽车时,友好地劝告他们:"既要会省钱,又要会赚钱。而要想赚到钱,必须身体健康,活得令人满意,充分利用已有的资源……我经常劝我的顾客买车,因为我觉得刺激和机会的增加能帮助他们挣回花在汽车上的钱。"

许多家庭把汽车视为全家人团聚的工具。"我感到再也没有比全家人一起坐在车里时感觉同家里人那么亲密无间了。"一位经营阶级的女性说道。还有一位或两位提及,为了买汽车,他们放弃了乡村俱乐部的成员资格或其他娱乐活动。"除了汽车我们什么也不玩。我们能够节约下来的每一分钱都用来买车,因为它使整个家庭有机会聚在一起。"研究者不止一次听到这种说法。中学最高三个年级的337名男生中的61%和423名女生中的60%提到,他们同父母一起开车出去,比独自驾车出去的时间多。⑩

但是汽车使全家人团聚在一起的功用也是暂时的,而且它带来的负面作用一样突出。一位经营阶级母亲抱怨道:"我们的女儿(15岁和18岁)不怎么用我们的车,因为当我们开车出去的时候她们总

---

⑩ 和这些对于汽车的看法相反的还有:21%的男生和33%的女生说他们自己去看电影比跟父母一起去的情况多;25%的男生和22%的女生承认独自听收音机的时候也比和父母一起的时候多;在回答"唱歌和弹奏乐器的时候",31%的男生和48%的女生给出了近似的答案。从这些回答中我们可以看出,目前和其他因素相比,汽车是一个能使全家聚在一起的更为活跃的因素。

是坐别人的车和他们一起兜风。"另外一位说:"当我们全家出去兜风的时候,两个年纪较大的(18岁和16岁)从不和我们一起去。她们总是有些其他的事要做。""在90年代。我们全家经常聚在一起。"另外一位妻子说道:"人们每天晚上都把椅子和垫子拿到屋外,坐在草地上。我们绕着如茵的草坪散步,拿着垫子坐在门廊下迎候许许多多来串门的邻居。我们一坐就是一个晚上。年轻的夫妇可能会漫步半小时去买一瓶汽水,然后回来参加大家随意的歌唱,或听别人弹奏曼陀林或者吉他。"现在,当一位著名中学的女生的父亲阻止她在晚上和一个花花公子驾驶停在路边一辆漂亮的汽车出去兜风的时候,这位女生反问道:"你究竟想让我干什么?只是整个晚上坐在家里?"中学最高三个年级的348名男生和382名女生把"用车"分别摆在与父母发生冲突的12类主要矛盾中的第5位和第4位上,这个事实或者表明了一种正不断增强的离心趋势。[11]

一位认真的教师在主日学校给一群十多岁的生产阶级的男孩和女孩上课的时候,是这样谈到基督遇到的诱惑的:"我们今天遇到的诱惑可以分为三种:肉体的舒适、名誉和财富。你能想到任何今天我们受到而基督没有受到的诱惑吗?""速度!"一个男孩应声答道。没有料想到的答案使讲课中断了,但这很快就过去了。这个男孩还提到,在中镇的今天,这有可能成为中镇四种主要犯罪行为中的一种的潜在基础,而且证明"速度"不能定义为"超速行驶"。中镇附近一个供娱乐的公园中,一条广告叫嚣着:"下个星期天自动的Polo!!"有车的男孩"踩汽车油门",没车的男孩有时就偷他们的。

---

[11] 参见表十三。

当地报纸报道:"在过去的一年里,中镇有154部车被偷,这很大程度上是那些没有车的年轻人想踩油门的渴望导致的结果。"⑫

对于一些焦虑的父母来说,汽车带来的威胁可以从以下事实中看出来:到1924年9月1日的12个月中,青少年法庭审理了30起少女的"性犯罪"案件。根据法庭关于犯罪地点的记录,其中有19桩罪行发生在汽车里。⑬在这里,汽车再次成为社会和家庭的"敌人"。

当汽车这一新事物触动了既存的宗教习俗的时候,它激起了强烈的仇恨。牧师想通过言语改变人们的行为取向,就不得不和公路的强大吸引力竞争,而且公路的这种吸引力还因被无止境的"描绘"激起的旅游兴趣而不断增强。在仲夏一个炎热、阳光灼人的周日,在主持一个200人的有关"今天的最高需求"的布道时,中镇一位著名的牧师对汽车进行了强烈的抨击:"汽车是一种使拥有者礼拜天去兜风而不去教堂的东西。如果你礼拜天要用汽车,清晨把它开出来,带上无法自己行动的人一起去教堂或主日学校;如果你希望选择的话,下午,开车出去,到美丽的大自然中向上帝祈祷,当然不要忘了在家中也要向上帝祈祷。"在同一个月,中镇每六个家庭就订阅了一份的《周六晚邮报》中,就以两页的篇幅报道汽车

---

⑫ 在任何考虑伴随着汽车的出现影响"速度"的因素的时候,我们不能不想起大量的工人从重体力的手工贸易,包括农业,转向轻体力但高速度的照料机器的工作,还有意味着"让周围的一切都滚到地狱里去"的令人轻松的沙龙也消失了,习惯也和以前不一样了。令人开眼界的是,战后出现了汽车作为放松的工具。买一辆二手车只需要75美元或多一点,安装也简单,"每个人都有一部",所有这一切都使得拥有一辆车相对容易了,甚至对于男生也是这样。

⑬ 关于相同时期内其他的性犯罪,没有给出犯罪地点。

"丰富了人们的生活",引用一位"银行家"在"中西部城市"的演说:"一个人辛苦工作6天之后,第7天还待在家里,实在太缺少生活情趣了。"《邮报》中另外两页报道:"在一些阳光明媚的周日,时间总是过得太快。催促家人快一点打好行李登上汽车,驾着奥佛兰离开家门。微笑着驾车顺着一条最近的公路驶去,顿感自由、轻松、快乐,驶向那美丽的绿色原野。"另外一则广告鼓励中镇人"拓宽你周末旅游的范围"。⑭ 如果我们期望战时的强烈的团体压力,自从野营宗教布道会以来,中镇的人从来没有屈从于这样一个非常明确的而且影响普遍的习惯。要响应这种要求,人们必须记住离中镇最近的任何一个方向的山或湖都在100英里以外。驾车行驶一下午,也只能一英里一英里地走,就像中镇自己慢慢在延伸。

"昨天我们过得非常美妙。"在周一早上互相问候的时候,一个著名教堂的一贯支持者宣称,"我们早上5点离开家。到7点我们已经走过了XX。8点在XX吃早饭,此时已离家80英里。从那里我们启程去XX湖,这是州里最长的湖。我在这里住了这么久,但是以前从没有见过它,我想我还会再来的。接着我们参加了某个活动(基督教青年会的活动),最后吃了我们的鸡肉晚餐。礼拜天外出令人感觉良好。毫无疑问,人们能看到很多不同的东西,开阔自己的视野。"

---

⑭ 相反,在1890年的中镇,周日的安排很少能有选择的余地。我们应该记得:就像中镇一位水暖工描述的那样,"这里没有其他的事可做,除了去教堂,或者去沙龙,步行去镇里看看橱窗。你要去参加沙龙,还必须等它开门。或者,如果你喜好运动,下午可以用1.5美元租一辆马车,带着你的女朋友驾车出游"。

"你没有上教堂?"有人问道。

"是的,我没有去,但是你没有办法兼顾。13年来,在教堂或主日学校,我一次也没有缺席。我感到已经完成了我那一部分。牧师们不应该指责那些礼拜天驾车出游的人。他们应该认识到,在夏天,人们无法每个礼拜天都在那里。使教堂的活动变得生动有趣些,人们就会回来。"

如果说汽车对于中镇生活的其他方面仅仅是有所触动的话,它在闲暇活动方面却引起了一场革命。也许,比起90年代以来出现的电影和其他新鲜事物,它真正使闲暇活动成为每日每周生活的一部分,而不是偶尔为之的事情。闲暇活动的可选范围成倍地增加,即使是生产阶级也不例外。就像一位生产阶级的主妇说的:"我们现在做的许多事,如果没有车的话,根本将一事无成。"在公园或附近的树林中举行牛排西瓜野餐,现在是片刻间就能决定的事。

不仅把散步作为快乐变得越来越少,[15]就是像节日举行的游行活动之类的偶尔的活动现在也不像以前那样引人注目了。

---

[15] 现在周日下午那些驾车的人认为,只有偶尔出现的与时代不合的人,才会走路去镇里。一位初到中镇的人说:"我从来没有见到过任何一个城市的人如中镇人这样少走路。他们驾车去上班,去看电影,去跳舞。即使是只有几个街区的距离,他们也要开车。"一位经营阶级的女性说,她的朋友因她步行去参加俱乐部的会议或去市里的繁华地区而嘲笑她。

在90年代早期,有轨电车某种程度上是一件值得注意的事,"有轨电车晚会"很流行。年轻的面包师在日记中写道:"周六下午和妈妈一起外出,先是坐车然后走路。"1890年6月的一条简短新闻:"周日上午在第一基督教堂,给主日学校的孩子分发无人售票的有轨电车的车票。"

1891年7月3日,中镇的一位商人在日记中写道:"街上都在为4号做准备,充满了嘈杂声。镇上的所有人都要参加盛大的游行活动。不同买卖的代表、一只烤全牛、四支乐队、烟花、稻米、肥猪、整天跳舞,等等。"一条1893年的记录写着:"全镇都沸腾了。爆竹整日整夜地响。高头大马在跑马场赛跑。下午商店都关门。晚上在跑马场燃放烟花。"

今天,国庆节前一个星期,提早的嘈杂带来些许苍白的热闹,这一直持续到国庆节的前一天晚上。但是国庆节那天,中镇几乎成了空城,中镇人都驾车出游了。只有阵亡将士纪念日和劳动节还有点过去的风采。

汽车的使用明显导致了"度假"习惯的兴起。在经营阶级中,每个夏天都享受两个星期的带薪假期的做法已经越来越普遍,但是在工人中间还不多见。[16]"1890年的假期?"一位重要的市民回答道,"为什么这么问?那时候字典里还没有这个词呢!""1890年的政府官员从来没有享受过假期。"另外一个人这样说,这种人在35年前的中镇非常多,那时的人们是以"20年一天也没有歇过班"而自豪。90年代后出现了假期,不过也只有那些经济最充裕的经营阶级的妻子和孩子能够享受。在肖托夸湾的乡村别墅度假,成人每

---

[16] 不是所有的经营阶级在度假的时候都带薪。比如,零售商店的店员就不带薪,但是这种习惯已经很普遍。

这种度假习惯的普及可以从1890年妇女俱乐部整个夏天都人来人往、生机勃勃这个事实中看出来。在1900年,从7—8月,它度过了其历史上的第一个假期。从1914年开始,它关得越来越早。自从1919—1920年,从6月1日起关门3个月。

星期5美元，儿童每星期3美元。全国浸礼会年会、全国基督教年会、每年一度的G.A.R.野营会，使许多中镇人离开了中镇。这些几乎影响了全部经营阶级的人。对124名生产阶级的家庭主妇父母的习惯的调查表明，在90年代的人口中最大的一块，她们父辈从来没有享受过假期。对于生产阶级和经营阶级的一部分来说，度假就是去短期旅行：拥挤的人群，肮脏的环境，香蕉气味充斥了客车，人们就在这样的车中坐了一夜又一夜。或者，如果是一个"讲究的人"，则会买一张卧铺票，从星期六的晚上睡到星期一的早上。然后回去工作，由于缺乏睡眠而有点无精打采，但是充满了仿佛如佩托斯基或者芝加哥的球戏的魅力。一个周末，中镇就有212人通过这样的短途旅行，离开镇里前往芝加哥。150个人去州府旅行，参加一位前政府官员的纪念像的揭幕仪式，这位政府官员也就是今天所谓的"政治家"。甚至坐火车去15、20或40英里以外的城镇，也算是件大事。去过的人会在报上发表对外面世界的热情洋溢的"观光体会"。

现在，有一些工厂在夏天关闭一两个星期，使他们的工人可以有一年一度不带薪的"假期"。其他的工厂不关门，但采用轮休的办法，使工人们"能轮流享受不超过两个星期的不带薪的假期"。在一些工厂，工头能有一个或两个星期的带薪假期。在接受访谈的122个生产阶级的家庭中，有5个家庭在1923年和1924年各度了一个星期的假，7个家庭这两年每年度假的时间都为一周以上，12个家庭只有其中一年度过一周或一周以上的假期。其他的家庭没有像这24个家庭一样度过长假，有些家庭在其中一年或两年中度假的时间都不满一个星期。在我们了解收入状况的家庭中，有34个家庭在度假上花过钱，金额从 1.49—175 美元不等，平均 24.12 美元。

但是即使是短途旅行，许多工人家庭也没有享受过。研究者常常能听到如下的评论：

> "我们五年没有度假了。有一年他把一天的休假用来粉刷房子，还有一年他们只给了他两个小时去房屋签约处把房契拿回来。"
>
> "我这辈子从没度过假！"
>
> "今年因为要修房子，我们没有钱去度假。"
>
> "我不知道假期是什么。我从来没有一个这么长的假期。"
>
> "我们愿意每周开车出去玩半天，但是没钱度长假。"

对于那些能享受带薪假期的人来说，汽车扩大了他们的旅游范围；而对于那些"字典上没有度假这个词"的人来说，汽车也使得他们能偶尔做个短途旅行。

> "这二十年来，我们唯一一次度假就是去年带着我丈夫的弟弟去本顿港旅游了三天。"一位妇女非常自豪地提到她的旅行，"我们有两部福特车。妇女睡在车里，男士睡在车的踏板上。这是两辆车的照片，是在太阳升起的时候拍的。看见阴影了吗？车后面有山。"

和汽车一样，电影对于中镇人来说也不仅仅是一种娱乐的新方式，而是为这个城镇的闲暇活动开辟了新的领域。在 90 年代，中

第十八章 休闲方式的创新

镇人非常喜欢看各类演出。无论何时,只要有机会,他们都会去看"演出",但是机会总是相对少。比如,在1890年1月,歌剧院有14场演出,内容从"汤姆叔的小屋"到"黑色的钩子"。据当时的报纸报道,"近两个星期,没有比歌剧院对人们更有吸引力的了"。在7月份,没有任何"吸引"了。在8月份和9月份,零零散散地演了6场,10月份有12场演出。⑰

现在,城里的9家电影院每天从下午1点开到晚上11点,夏天和冬天每周开放7天。其中4家电影院每周放3部不同的影片,其他5家电影院每周2部,全年平均每周上映22部不同的片子,共300多场。此外,在1923年1月,中镇还上演了3部戏剧,在非正规的剧院上映了4部电影,7月份上演了3部戏和外加的1部电影,10月份是2部戏外加1部电影。

在1923年7月这个"低谷"的月份,全城人在这9个电影院看电影的次数为平均每人2.75次,而在"高峰"的12月份,人均为4.5次。⑱中学最高的三个年级的395个男生和457个女生回答"最近的7天中"(11月中旬典型的一周)看过几次电影的问题时给出的答案是:30%的男生和39%的女生从没看过,31%的男生和29%的女生

---

⑰ 只有1月份、7月份和10月份有准确数据。包括日场,全年演出不到125场。

⑱ 这些数字是根据以下数据粗略估算的:7月份中镇的剧院上交联邦的娱乐税总数为3 002.04美元,12月份为4 781.47美元。平均每个看电影的人所交的税大约是0.0325美元,1923年的人口是38 000人。用这种方法获知的看电影的人数必须增加六分之一,因为12岁以下的孩子是免税的。3家具有代表性的剧院的经理承认,在这12年中,他曾7次允许年龄在12岁或12岁以下的孩子入场,而另外一家剧院的经理在12年中曾4次同意12岁或12岁以下的孩子入场。

这些入场人数的数据也包括农夫和来自边远地区的人。

仅看过1次；22%的男生和21%的女生看了2次；10%的男生和7%的女生看了3次；7%的男生和4%的女生看了4次以上。在考察人们的家庭习俗的时候，根据接受调查的家庭主妇的回答，40个经营阶级家庭中只有3家，122个生产阶级家庭中有38家的家庭成员中没有人看过电影。[19]每个群体中，都有十分之一的家庭全家每个星期至少看1次电影；有4个经营阶级家庭（十分之一）的夫妇俩不带孩子，每个星期至少看1次电影，而这样做的生产阶级家庭是2家（六十分之一）；有15个经营阶级家庭和38个生产阶级家庭的妇女说她们的孩子每周都单独去看1次电影以上。

总的看来，中学的男生和女生看电影的频率大致相同，经营阶级家庭比生产阶级家庭看电影的频率更为频繁，不论男孩还是女孩，结伴去看电影都比独自去看或和某位家庭成员一起去看要频繁些。家庭看电影分散化的趋势还表现在：中学最高三个年级的337名男生中只有21%，423名女生中只有33%和父母一起去看电影比

---

[19] 在问看电影的频数的时候，是让被访谈者以"平均每个月"为单位。同时每个个案又以刚过去的一个月看电影的次数来核对被访者的回答。

没钱或者家里有幼小的孩子需要照顾，可能是这些家庭根本没有人看过电影的两个原因。41个生产阶级家庭中所有的孩子年龄都在12岁或12岁以下，18个家庭从没有去看过电影；81个生产阶级家庭中有一个或多个孩子的年龄在12岁或12岁以上，只有20个家庭回答其成员从来没有看过电影。

"这两年我哪也没去，"一位33岁的生产阶级的妻子说道。她还是6个孩子的母亲，最小的才20个月。她说："两年前我去看过一次电影。我碰见了XX太太。她对我说：'走吧，我们一起去看电影吧。'我不相信她，因为她常常拿别人开玩笑，我想她这次也是说笑的。'走吧，'她说，'放下你的事，我们去看电影。'我想，好吧，如果她要拿我开玩笑，我就成全她。因此我放下手中的事站了起来。可是，你知道吗，她说的是真的。她为我买了楼上的票，还支付了我来回的路费。在我的一生中从来没有这么惊讶。从那以后，我哪也没有去过。"

独自去多。另一方面，在中镇还常常能听见这样的议论：电影占去了人们参加集会的时间，以前花在集会、沙龙和团体中的时间现在可能部分都花在电影上了，至少偶尔可以和家人在一起了。[20] 同汽车和收音机一样，电影也把闲暇活动变成个人、家庭或小群体的活动，表现出和俱乐部及其他娱乐活动中如此明显的组织性相反的倾向。

对于那些在观众中所占的比例越来越大的年轻人，对于工作了一天的车工，对于那些每周都去看电影的妻子或者"当他留在家中和孩子在一起的时候"去看电影的妻子，对于那些已经养成看电影习惯的经营阶级的人来说，电影是如何使他们的生活变得充满生机的？

> 人们从中镇的《周六晚邮报》中能看到这样一则广告："去看电影吧……放纵一下自己。你会不知不觉地生活在故事之中，你笑、你爱、你恨、你奋斗、你胜利！所有的冒险、所有的罗曼史、所有的你日常生活中缺乏的令人激动的事，全在电影之中。它使你完全摆脱你自己，进入了一个崭新的奇妙的世界……摆脱你每日生活于其中的牢笼吧，即使只是一下午或一个晚上，逃出来吧！"

城里5家廉价的影院上映的多数是"西部"片或者喜剧。4家

---

[20] 参见本章注释 ⑩。
当地一家最大的沙龙的前任主人说："电影杀了沙龙。它们一时半刻就使我们的事业毁于一旦。"

较好的影院中,一家常常放映的是"社会"片,但是也经常放西部片和喜剧、篇幅不长的喜剧,或者是喜剧形式的科教片(比如,"铺设海底电缆"或者"如何制造电话"等),或者纪录片。一般来说,人们去看电影不是去受教育的。前面提过的耶鲁出版社发行历史片遭到失败就是证明。影院放映这部系列片,只放到第二部,就不得不中断了。就像读书一样,中镇人主要也喜欢看喜剧、言情片和冒险片。根据中镇一家著名剧院的经理的说法,按照顺序排名,中镇受到崇拜的人中,第一个是喜剧演员哈罗德·劳埃德(Harold Lloyd),第二个是一位女性,一部现代社会影片中的格洛丽亚·斯旺森(Gloria Swanson),接下来依次是:一部现代社会影片中的托马斯·米恩(Thomas Meighan),一位扮演天真少女的女演员科琳·穆尔(Colleen Moore),一位喜剧演员和冒险家道格拉斯·费尔班克(Douglas Fairbanks),另外一位扮演天真少女的女演员玛丽·皮克福德(Mary Pickford),以及现代社会影片中的一位女演员诺尔马·塔尔梅奇(Norma Talmadge)。哈罗德·劳埃德的喜剧吸引了大批观众。当地一篇评论开头一句就是:"中镇缺乏娱乐。"喜剧能够使中镇人发自内心地高兴,假装离开了现在这个世界似的。中镇的一部电影广告是这样写的:"快乐使我们相信活着还是值得的。"

人们爱看的第二大类影片是触及敏感社会问题的社会片。通过这些电影,中镇人感受到各种他人的经验,电影的名字都是诸如此类的:"赡养费——一位杰出的男性,英俊的爵士乐新星,香槟浴,午夜的狂欢,紫色清晨的爱抚聚会,一切在一个令人震撼、令你叹为观止的高潮中结束";"婚外情——丈夫们:你有婚外情吗?你妻子总是了解你的行踪吗?你信守你的诺言吗?妻子们:你的丈夫在做什么?

你知道吗？你担心吗？警惕婚外情的出现"。这些充斥了银屏。比如，"大胆岁月""穿丝衣的罪人""妇女所给予的""她付出的代价"这些同时上映，其他一些是"以男人的名义——一个被背叛的女性的故事""不加修饰的唇"和"罪恶女王"等。[21] 当西部"动作"片和诸如"有篷马车"或者"巴黎圣母院的驼子"之类花了百万美元的影片吸引了许多剧院，当经理们哀叹能够引起观众广泛兴趣的喜剧片太少的时候，受到最普遍欢迎的是"言情片"，这些影片在中镇的电影院放映了一个星期又一个星期。中镇的年轻人都非常渴望能有电影"燃烧的青春"中的经历："拥抱，爱抚，苍白的吻，炽热的吻，快乐而疯狂的女儿，敏感而充满着渴望的母亲，一位不敢签自己名字的作者，真正无畏的、赤裸的、敏感的。"报纸上就是如此为这部影片做广告的。通过音乐和利用各种可能展现出来的感情内容来表现影片强烈的吸引力，人们还通过在黑暗的屋子中"约会"来获得影片中的经验。同时，《从船上掉进大海》(*Down to the Sea in Ships*)是一部关于捕鲸冒险的造价昂贵的影片，在一家著名的影院遭遇了失败的命运，放映者解释："因为，在电影中，捕鲸是真正英雄的人物从事的事业，但是对于妇女它无法带来足够'言情'的东西。"

在这些影片之外，当《萨福》是歌剧院能够上映的品位最高的影片，现在中镇人观看的影片突出的是90年代苍白的"轰动"："电话女孩——暴风雨式的袭击，滑滑小溪般的谈话，绚丽的舞台布景，令人倾倒的舞蹈，勇敢而机敏的应答，华丽的音乐，华贵的服

---

[21] 电影的名字经常过分夸大其中的"性冒险"成分。另外一方面，电影较少用广告过分渲染，反而常常表现更多的"原始状况"（色情镜头）。

饰""在花园围墙之上""伊迪斯的盗贼""伊斯特·林恩""玛丽的铃铛""女性的复仇""康维特的女儿""乔""山中的仙子""漂泊的女英雄""不是罪恶的过失""全世界都反对她"(面包师在她的日记中提到这部电影:"非常好看,但是太严肃了。"),"将会被接受的爱"。我们必须记得那是个不平常的日子,"汤姆叔的小屋""50个男人,女人,孩子,一群纯种的警犬,前所未有的壮观的游行,两支乐队"充斥了剧院。

周复一周的电影真实地改变了中镇的习俗。中镇的年轻人发现,通过这个新的机制,可以增加交友择偶的知识,正如广告中所夸耀的那样:"姑娘们!你将学会如何对付男人!""婚姻真的会扼杀爱情吗?如果你想知道爱情真正的含义,它给人们带来的喜怒哀乐,请看……"

根据报纸对人们观看星期天上映的一部影片的描述:"……人们在整个放映过程中一动不动,全神贯注,连一声口哨声都听不到……这是一个做爱场面的真实展现,那些自以为了解这些的中镇的男女们发现,原来他们还有很多东西需要学习。"

一些中学教师确信,电影是造成年轻人"早熟"和社会禁忌放松的强大力量。一位生产阶级的母亲很坦率地把电影当作抚育孩子的一个辅助工具,她说:"我让我的女儿去看电影,因为她必须通过某种方式了解世界,而电影就是了解世界的一个既好又安全的途径。"青少年法庭把电影列位导致当地青少年犯罪的"四大原因"之一,[22]认为年轻人违反群体行为规范和他们周复一周地看电影有关。当社区试图保护学校不受商业上的私人实力的影响,中镇人并没有意识到,这种新的教育工具还被一小群人所掌握,比如前花生摊摊主、前自行车赛手、比赛发起者等,这些人关心的只是钱。[23]

在1890年,中镇人批评起歌剧院上演的一些质量欠佳的演出是毫不留情的。1890年,"清晨之后"评论气势汹汹但坦率地批评一次演出:"他们的台词都没有说完,舞台布景也不足。妇女们好像是古人,戏装陈旧泛黄。除了一些个别剧目外,演出实在是'质量太差'。"当1900年《萨福》在中镇上演的时候,当地报刊对其进行了多次严厉的批评,他们认为:"对于中镇人而言,这次演出有太多耸人听闻的事情了……W经理应该做得更好些,在一场清洁、有教育意义、令人愉悦的演出前,用香熏熏他的小演出间,因为这些剧目在舞台演出前,他已经付过钱了。"可是现在,报纸上除了免费的公

---

[22] 参见第十一章。

米里亚姆·范·沃特斯(Miriam Van Waters)——洛杉矶青少年法庭的调停人,《冲突中的青少年》(Youth in Conflict)一书的作者——在回顾西里尔·伯特(Cyril Burt)的《青少年犯罪》(The Young Delinquent)时说:"人们认为是电影让当地青少年激动,是电影对当地青少年进行道德教育。伯特发现,只有智力缺陷才会使电影有诱发前面描述的那些犯罪行为的足够力量,只有一小部分小偷承认偷钱是为了能有钱买票看电影。不能认为电影一定使青少年非道德化。电影能够生动细致地描述成年人生活的原则,他们的行动和感情,轻视、贬低、歪曲成年人,直到他们呈现在青少年的眼睛里时,已最终处于阴谋、嫉妒、极易动感情、廉价的同情之类道德的范畴之中。伯特认为电影中表现的这些刺激着青年人,使其变得不成熟且轻率。"[《调查》(The Survey),1926年4月15日。]

[23] 中镇的一位电影院的经理是一位受过大学训练的男人,他热衷于把"好电影"带到这个城市来。但是,和其他人一样,他也喜欢举办富有竞争性的节目,以配合他的对手引起轰动的广告。

开的故事或者片商的广告之外,从不触及电影。妇女俱乐部的人曾做过一些"净化电影"的努力,牧师协会反对播放"周日电影",除此之外,中镇人基本上是从电影的表面价值来接受它们的,而很大程度上忽视了电影在教育和影响习俗方面的作用。

尽管收音机的普及不如电影和汽车那么广泛,但也迅速成为了人们生活的必需品。这种发明最显著的特点是它容易得到。在这里,它使人们通过技能和创造力弥补金钱的不足,开启了享受精神财富的大门。通过这个小小的电器,人们可以通过电波召唤外面的世界,并且可以通过分期付款的方式在小店购买。收音机不仅是一个简单的供人们消极享受的工具,而且带来了大量的创造性的制造活动。在调查中镇富有代表性的地区时,发现在中镇28个"最佳街区"居住的几乎全部属于经营阶级的303个家庭,12%的家庭有收音机;而在64个街区的518个工人家庭中,6%的家庭有收音机。[24]

这种新的工具开拓了中镇人的视野,银行雇员或机械师可以坐在家中收听爱乐乐团的音乐会、弗斯迪克博士的布道、柯立芝总统在选举前夜向他父亲道晚安。[25]收音机挤进了汽车、电影及其他新工具的行列,改变了中镇38 000人的生活习惯,导致人们的娱乐生活发生了新的调整。常常能听到这样的评论:

---

[24] 如果能得到1924年的数据,这两个比例毫无疑问会有明显增长。

[25] 在1890年,当地报纸都是用"巴黎、法国"和"伦敦、英国"来报道居民偶尔的游览,甚至在1924年,报纸上有一条有关中镇人在纽约的一家剧院的包厢发现自己和一群英国人在一起的报道,用的标题还是"幸亏他们不是中国人!"其他世界离中镇太遥远了,但是电影和收音机打破了这种孤立。"通过收音机,我已经去了120个地方了。"当地一个工人高兴地宣称。同时,美国收音机股份有限公司的董事长认为现在是一个新的时代,"面对着同样的知识的渴求,对于同样美丽的感情,新旧文明交织在一起,而且生机勃勃"。

"我用过去晚上看书的时间来听收音机。"

"收音机对电影发展有着不利的影响,尤其是周日电影。"(来自于一个著名影院的影院经理)

"我现在用车不像过去那么多了。交通拥挤减少了兜风的快乐。我现在每周7个晚上听收音机,收听波士顿播放的美妙的音乐。"(来自于一位衣衫褴褛的50岁的男人)

"星期天我送孩子去主日学校,然后直接回来收听广播。我先调到东方台,然后是辛辛那提电台。我就再也不换台一直到两点半。这时我又调到东方台,随着广播遍览全国。昨天晚上我收听了加州某地的威斯敏斯特教堂的一次非常精彩的布道。我们这里的牧师无人能与之相比。"

"收音机不利的一面在于,"一位教师抱怨,"孩子们晚上一听就听到很晚,影响第二天上学。"

"我们的收音机花了将近100美元,我们自己买的,"一位工人的妻子这样说道,"我们哪儿来的钱?哦,来自我们的储蓄,和其他东西一样。"

不断变动的互相竞争的习惯都有使家庭成员产生对家庭的向心力或离心力的作用,而收音机在这方面的作用是居中的。中学337名男生的25%和423名女生中的22%告诉研究者,他们更多地和父母在一起收听,而不是独自听收音机。[26] 还有,就像前面指出的,中学最高的三个年级的274名男生在回答"这个秋季在家的时

---

[26] 参见本章注释⑩。

候你最喜欢做什么"的问题时，20%给出的答案是"听收音机"，比其他答案的比例都高。[27]不止一位母亲说过，以前晚上全家都是各干各的，"但是现在我们坐在一起听收音机"。

收音机在中镇同其他娱乐形式的关系尚不清楚。当它变得日益价廉物美的时候，变成生活中越来越不可缺少的一部分的时候，它也许不再会带来那么多积极的、创造性的活动，而将变成另一种消极享受的工具。毫无疑问，在中镇人单调平凡的日常生活中，收音机将扮演重要的角色。它正逐渐取代大规模政治集会的作用，取代坐火车去旅行、去州府听著名演说家的演说、去参观上一代作出贡献的人的纪念像，而帮助一般人开阔视野。但是当多种的娱乐方式有了一种新的含义的时候，还有在使中镇人的多种习惯标准化有了其他的含义的时候，它将和很多东西同时共存，比如全国广告，辛迪加报刊和其他广泛传播的东西。确实，任何时候都不能认为：与其说汽车、电影和收音机这些受到空间约束的用于闲暇之时的发明的出现对这个城市没有影响，还不如说确实有把中镇作为一个不受外界影响的、有主动精神的社区来研究的可能性。

---

[27] 只有不到1%的女生回答"收音机"。

第十九章　休闲娱乐组织

一些主要的休闲活动更多的是群体的活动，而不是个人的活动。人们同家庭和朋友一起参加这些闲暇活动。家庭作为闲暇活动的单位的地位正在下降，而同时以其他组织为基础的闲暇活动的地位正在上升。过去人们之间的非正式关系，现在正在被团体内更紧密的联系和团体间更明确的界限所取代。

在接受访谈的38位经营阶级男性的妻子中，只有1位说自己在中镇根本没有朋友，而118名生产阶级的主妇中有15位这样说。前者中有4位说自己没有"亲密"的朋友，只有"泛泛之交"，而后者中有25位这样。总而言之，经营阶级的八分之一和生产阶级家庭中的三分之一根本没有朋友或没有亲密朋友。从这些数字中我们可以看到社会隔绝已经到了何种程度，而这个事实本身就具有丰富的含义。

在118名工人的妻子中有40人承认自己没有朋友，或者是没有"亲密"的朋友，她们之中较有特色的说法是：

"交友太深不值得。"

"我从不和别人交朋友，那太危险。"

"我没有好朋友。在城里你弄不清谁是你的朋友。"

> "即使是你最好的朋友也会害你。我从不跟别人在一起。各人干各人的最好。"
>
> "我在这个镇里一个朋友也没有。我在教堂和俱乐部中和很多人交往,但我对他们一视同仁。"
>
> "我的邻居曾经是我的好朋友,我们经常在一起聚会。但是这七八年来不这样了。人们不再像过去那样关心别人了。"
>
> "我们在这里住了一年了,但我还不知道邻居的名字。"

在接受访谈的经营阶级男性的妻子中,隔绝状态还不是如此明显,部分原因可能在于这个阶层的人员流动性较小,[①]还有部分原因毫无疑问地在于这个阶层的俱乐部办得更加广泛活跃。然而,从她们接受访谈时的言谈中还是能看到这些友情的深浅:

> "我没有什么亲密的朋友。在这个城里只有一个人被我当作真正的好朋友。"
>
> "我没有亲密的朋友。要交亲密的朋友太困难了。任何人交往越多越难成为好朋友,不过我有一些亲密的亲戚。"
>
> "抚养孩子占去了我们越来越多的时间,过去的朋友全都疏远了。"
>
> "我没有亲密的朋友。我要抚养我的孩子们,根本没有时间交朋友。"

---

① 参见第九章。

邻里间的接近是形成朋友关系的重要因素,但是住在"隔壁"或者"同一个街区"只是在生产阶级还有重要的作用,在经营阶级中其重要性已经比一代人以前的逊色多了。生产阶级的家庭主妇的173位"最好的朋友"中的89位(超过一半)最初相识的时候是"邻居",而她们母亲的116位朋友中有73位(几乎三分之二)是这样认识的。经营阶级的家庭主妇所结交的75位朋友中只有7位初次见面的时候是"邻居",而她们母亲结交的71位朋友中则有25位是这样认识的。接受访谈的经营阶级和生产阶级的家庭主妇中,在母亲一辈,都有超过三分之二的最好的朋友住在附近6个街区的范围内;而在女儿这一辈,生产阶级的主妇只有二分之一强的最好的朋友,经营阶级的主妇只有五分之一弱的最好的朋友住在附近6个街区的范围内。② 朋友住在附近11个街区或11个街区之外的情况在两个阶级的母亲一辈是很少见的,还不到五分之一。然而现在,生产阶级男性妻子的好朋友中,三分之一强都是居住在附近的11个街区或11个街区之外,经营阶级的这个比例接近三分之二。

邻里作为最常用的交友场所的地位同样也已下降,③这点我们可

---

② 现在生产阶级的家庭主妇的最好的朋友中,差不多有五分之一和她们住在同一个街区,而经营阶级只有两人是这样的。

对每个被访谈的家庭主妇,都是让她谈谈她两个最好的朋友的情况。但是有的时候,有些女性没有朋友,或者没有亲密的朋友,只有一两个偶然相识但不常见面的朋友。在询问她们母亲的情况的时候,也是如此。

从小样本中获得的这些数据,只具有参考价值。

③ 邻里间的这种亲密性和中镇曾经是农场这种背景密切相关。在 J. H. 科伯(Wisconsin J. H. Kolb)的著作《农村的初级群体和他们的发现》(*The Rural Primary Groups and Their Discovery*)中,他曾谈及这种"邻里关系"的破裂:"组成这些群体的人明确地知道,对于群体的社会生活它意味着什么……因为这里的早(转下页)

以从几乎众口一词的生产阶级的话语中得到证明:

"邻居串门过去远比现在的多。"
"母亲到我们这里住的时候,非常不理解为什么邻居不像他们过去那样常来串门。"
"我们不再在邻居中交朋友,人们不再像过去那么友好。邻居间互相拜访的少了,你要见他们得到其他地方去。"
"我和朋友见面基本上都是在各自的家中,如果我们去购物,就在小店中见面。去别人的家里,你不知道自己是否受欢迎。"

经营阶级的妇女陈述这些的时候,语气更加肯定:

"我喜欢这种新的邻里相处的形式。你可以和他们非常客气,但是和他们并不亲密,也不依赖他们什么。"
"人们过去曾有很多邻居,每个人都知道你在做什么,并对其评头论足。我觉得现在这样好多了,你是完全独立的,做任何事都不必考虑别人会怎么说。"

(接上页)期开拓者所采用的生活方式,导致群体间需要强有力的纽带。人们常常听到这样的抱怨,由于高质量的公路和汽车,'邻居'越来越少。有些人说:'年轻人去数英里外的地方找朋友,可是和附近的邻居却不能和睦相处。'"[《威斯康星研究公告》(*Wisconsin Research Bulletin*),第51期,1921年12月,第28页。]参见在第七章中谈及的,接受调查的工厂的工人住在工作地点附近,他们的生活空间也就在居住地前后,这种情况在一代以前非常普遍,但是现在也越来越少了。

第十九章 休闲娱乐组织

"我和朋友间不经常串门,除了一些特定的社交性的拜访。这样,以前被叫去打牌,戴着白色的小山羊皮手套这些习惯都成为了陈年往事。没有人会再来招呼了。"

"由于大家有意见,俱乐部已经解散了。它们破坏了古老的相互友善的精神。人们过去常常在新娘刚结婚就去拜访她,然后她很快就和母亲一起回访。当有人去世人们也常常去看一下,而教堂里的人常常拜访附近新搬来的人。"

"中镇人不相互拜访。我在这住了四年,从来没有去拜访别人,也没有别人来我们家。"

"我从来不去看我的朋友。这是真的,我从来不去看望他们,除非偶尔碰上,或者他们顺便来吃饭。这和我的母亲不同,她和她的朋友总是相互串门。"

"我很少串门,跟朋友们大部分用电话保持联系。"[④]

像邻里一样,教堂也是社区成员相互认识的场所。中镇人总是告诉初到中镇的人:"如果你想结识这里的人,你就加入教会。""我们刚来的那个冬天,感觉十分孤独,就是通过教堂结识

[④] 去朋友家里拜访的时候少了,彼此间更多地改成电话联系,这种情况从1890年就出现了。一个曾经在工厂的事故中受伤的工人抱怨:"汽车和电话使人们之间的距离更加远了。人们过去是到某个人家里看望他,现在却改为打电话问候了。"有一位妇女住在中镇一个大房子中,当我们问她在哪里和她最好的朋友见面,她回答:"我打了很多电话问候朋友,然后在晚会上和她见面。"在1890年,"顺便拜访"的情况是很普遍的,这是一种从以前悠闲从容的上午拜访中发展而来的一种礼仪。另一位经营阶级妇女说:"如果打电话,需要花很多时间,因为你要和这么多的人联系。但是如果在我早上要准备做些工作的时候有人突然跑来看我,那我耗费的时间就更多了。"

新朋友的。"不止一位妇女这样说。⑤ 在接受调查的生产阶级主妇的173位朋友中，有44位最初是在教堂或教堂和其他地方同时认识的，经营阶级主妇的75位朋友中则有16位如此。除此之外，教堂及与教会相关的其他机构，是生产阶级主妇最常见到这些朋友中的50位的场所，也是经营阶级主妇最常见到自己这些朋友中的11位的场所⑥。这两个阶层的妇女都认为，自己母亲一辈比自己更多地在教堂会朋友，尽管她们在这一点上没有提供具体的数字。

但是，如果说邻里和教堂作为联谊基础的作用下降了，从非常粗略的可供数据来看，那些组织完善的俱乐部的作用却变得重要了。以俱乐部作为朋友最经常相会的地方，在接受访谈的生产阶级主妇的173位朋友中有10位，而她们母亲一辈的116位朋友中只有2位如此；在接受访谈的经营阶级主妇的75位朋友中有26位，而她们母亲一辈的71位朋友中只有6位如此。

从接受访谈的中镇妇女对其丈夫情况的介绍中，我们发现，在

---

⑤ 但是我们经常听见有人加一句话："但是这些人现在不是我的好朋友"，这人对于中镇来说也曾是陌生人。这种利用教堂的社会功能的作用的趋势正在不断增强。陌生人有意到教堂去"寻找新朋友"，他们颂扬教堂会众，也感谢牧师们，这种情况现在比以前普遍多了。

另外一方面，经营阶级的教徒间的交往依旧存在着障碍。一对相当平常的年轻夫妇是一个规模宏大、跟得上时尚的教堂的成员，他们这样抱怨中镇人的冷淡——"在中镇认识人是非常困难的，"年轻的妻子说，"我参加了教堂的鲜花布道会和其他会议，我丈夫参加了男子俱乐部，但是你在那里看到的人，这些活动结束后你就很难再见到他们了。"

⑥ 如果这些答案中仅写了"教堂"（包括"教堂的工作"和"主日学校"），后面的这些数字就降为37和3。

中镇的已婚男子中，变化趋势同女性大致相似。⑦在经营阶级男性的38位朋友中，只有1位在教堂和朋友见面最多，生产阶级的男性的99位朋友中有11位是这样的。对于两个阶层而言，在行会和朋友会面的频率和在教堂大致相同。经营阶级男性的38位朋友中没有一个人在行会和朋友会面最多，生产阶级中有11位。另外一方面，生产阶级男性的99位朋友中没有一位以俱乐部为他和朋友会面最多的场所，但是在经营阶级男性的38位朋友中，有12位这样做。

我们在调查中得到一种印象，也就是女性，尤其是经营阶级的女性比男性更喜欢交朋友。实际上，正如在前面提到过的，在婚姻中女方的社交活动在今天有了显著的增加。一位经营阶级女性的话说出了一种普遍的情况，她说："我丈夫的许多朋友都是我女友的丈夫。我在俱乐部结识这些女友，他通过我结识她们的丈夫。"男性交友的普遍状况正如一位女性所描述的那样："我丈夫熟人很多，但他没有时间交很多朋友。我想，这也许是一种时代潮流。人们之间没有办法像以前那样经常互相拜访，关系变得很表面。"在生产阶级中，和别人隔绝的人比以前更为普遍。这种情况的出现一方面在于工会共济会之类的社会结构作用的削弱，或街头沙龙的消失；⑧另一方面在于，流动性的增加使同厂工人分散的因素出现，并且都没有

---

⑦ 使用这些以男性团体为基础获得的数据的时候应该比使用他们妻子的数据时更加谨慎，这不仅在于样本量较小，而且在于所有的数据几乎都是第二手资料，都是从他们的妻子那里获得的。

⑧ 自从禁酒以来，作为交际活动的饮宴在中镇的经营阶级并不普遍，这种情况的出现很大程度是由于1890年和现在的工业、社会、公民生活中，男性群体带有明显的禁欲色彩。在工人中间，沙龙的废除使他们没有一个和伙（转下页）

诸如经营阶级的公民俱乐部之类新的组织的出现。一些接受访谈的生产阶级的妻子的话，能够代表一个相当大的群体：

"我丈夫再也不去行会了，自从有了电影，行会就完了。他现在只待在家里，不去拜访任何人。"

"我丈夫很喜欢以前住在我们隔壁的一位邻居，自从我们搬家以后，我们只是在街上见过那人一次。"

"我丈夫现在只是工作的时候见见人。他再也不去行会了，汽车毁了行会和其他一些传统东西。"

"我丈夫说他像一只孤独的狼。"

278 目前的信用经济比以往任何时候都更要求商业圈里的人团结一致，增加私人间的交往。但是生产阶级现在的处境却使他们变得比以前更能忍受孤独：操纵机器并不需要任何特别的社交能力。如果如工具般的单个工人越来越变成工厂的一种原材料而其地位日益不稳定，那么他的孤独尚能在某些特殊情况下得到补偿。比如在工人受工伤而他的妻子以及孩子需要照顾的时候，出诊护士协会会取代"偶尔跑来帮忙"的邻居的作用。而依靠雇主出钱购买的医疗保险，保险机构上门服务，经济上就有了保障。诸如电影、汽车、收音机之类的新发明，使工人们在闲暇时间更少依赖朋友。如果我们发现

（接上页）伴经常见面的地方，而这种地方原来相当程度上是被当作"随意交谈之处"。在1891年11月，中镇有40个沙龙。

在联邦禁酒令前后，我们没有直接调查中镇的饮酒习惯，这是这次调研的一个缺陷。

工人闲暇时间不如经营阶级那么有组织性,我们不会感到诧异。但是他们不断增加的孤独感,还有因分期付款方式不断提高生活水平的做法,表明工人有其优越之处。中镇孤狼似的工人已经能在某种程度上保护自己,但是这些仅仅是不稳定的试验性的成就。

与邻里和教堂交友相比,社交聚会中的交友显得不那么正式,这些场合使某些人偶尔地聚在一起。在1923年,中镇的一家主要日报报道,当年1月、7月、10月举办的各种社交聚会分别为82次、104次和155次,包括野营、晚宴等;而在1890年,这三个月份举办的各种社交聚会分别是8次、31次和14次。同期人口增长不到3.5倍,而1月和10月举办的社交聚会的次数分别增长了10倍以上,7月份的聚会也增加了近3.5倍。⑨ 社交聚会次数的相对增加,可能并不是因为聚会的场合增加了,而是因为聚会的组织正规性和礼节性增强了。正如一位生产阶级妇女所说:"人们过去习惯在晚上去拜访他人,但是现在人们事先约好,然后来一次聚会。"

非正式的"顺便拜访"作为一种社交手段在1890年的突出地位可以从年轻面包师的日记中关于1888—1895年这一段时间的记载中看出来。一个星期中有四五个或六个晚上都是如此开始的:

"我买了一束花,还给孩子们买了一些冰淇淋,前往H家。我们坐着客车绕着全镇兜风。在F地停留了一会儿,然后到K

---

⑨ 将这些报纸报道的数据用于统计是必须质疑的。但是在中镇早期的报纸中,注意力是放在"个人"上面,这和今天的周日"社会版编辑"所选登的报道有点两样。事实上,据了解,这两个时期中镇的人指出,1890年的聚会几乎全都包括了今天的聚会种类。

地闲逛一会儿,就回家了。"

"昨晚我碰上了 K,然后我们一起去了教堂。后来又遇到了 14 个人,大家一起去玻璃厂看玻璃吹制。回到镇里,已经 10 点了,大家一起吃了点冰淇淋。在 N 地停下来,那里有一群人,我带着两个女儿回家。一个多么闲适的晚上。"

"送给 M 一束花,带上糖果和歌声,度过快乐的一天。"

"在教堂,大家一起吃点冰淇淋,然后去 K 那里,带上一桶啤酒,度过一段快乐的时光。"

在经营阶级中,非正式的社会交往很少,更多的是正式的社交活动。

中镇人社交范围的扩大,导致更多的新组织的出现;社交聚会越来越多地成为各个有组织的俱乐部的活动中心姐妹会的"誓言晚会"(pledge parties),还有乡村俱乐部的万圣节晚会、缝纫俱乐部的"丈夫晚餐会"等。⑩ 即使不能明确地把这些聚会作为俱乐部的一部分,经营阶级现在经常在家庭之外的公共场所或半公共场所举行各种社交聚会,今天尤其如此。作为一个大型乡村俱乐部午餐会的一部分,一位妇女可以单独要一桌菜招待客人;两位妇女可以在饭店的舞厅举行一次招待会,或者把活动场所从厄尔克斯慈善互助会的

---

⑩ 中镇一家主要报纸报道,在 1924 年 12 月 11 日到 1925 年 1 月 3 日,各个俱乐部一共组织了 127 次社交聚会,而相同时间内,其他所有的组织和个人——包括教堂、商业或工业团体、小型家庭式聚会——举行的社交聚会共 94 次。然而,出现这种情况的原因可能在于,报纸对于俱乐部举办的社交聚会报道的更多,而对于小型的或者家庭社交聚会报道的较少,在圣诞节期间俱乐部举办的专门庆祝活动也影响了统计数字。

第十九章 休闲娱乐组织

客厅转移到一个日本花园；四对夫妇可以联合招待12位彼此的朋友在饭店或者厄尔克斯慈善互助会共进晚餐，然后晚上一起去其中一对的家里打桥牌。

在家庭内举办社交聚会刚开始出现衰落的趋势时，全部家庭成员的聚会同时也几乎全部消失，这种聚会是在为各种年纪的人举办的专门聚会以及中学校园中的自给自足的社会聚会之前举办的。90年代经常在报纸上出现的宾客名单，在今天已经几乎不为人知：

"在许多出席的人中间，使大家惊讶的是沃克老妈、C.P夫人及全家、S.C及全家、约翰·W及全家、艾萨·B及全家、詹姆斯·W及全家和S.H及全家。"

同样，由家庭组织的娱乐活动，比如90年代自发举办的充满生机的聚会，越来越局限于一些较为合适的类型，在经营阶级中尤其如此。下面所描述的一个场合，是1890年中镇的报纸上报道的，这里有电影，有州里最优美的爵士乐伴舞，还有收音机，这很难被认为是一次社交聚会：

"昨天晚上在奥利弗·J华丽的住所举行了一次令人愉快而惊讶的晚会。这次晚会是为了庆祝埃拉·J夫人40岁的生日。除了出席的40位邻居和朋友，还有……每张脸都充满了喜悦之情，每颗心都在传递着快乐……在晚饭后，人们唱了生日歌并进行了祈祷，整栋房子内都荡漾着音乐……麦卡先生为我们唱了一首歌《一千年我的哥伦比亚》。

年轻女士的烹饪俱乐部是由"我们年轻的社会领导者"组成的，她们既不会用"十三种舞台造型"，也不会以亲手烹制的佳肴和最有趣的语调朗诵《今晚不敲晚钟》来招待朋友。中镇6位主要人物及其妻子也不会在"附近的房子"突然来一个"战斗场面，直到那预知的伤员退出为止，然后带着大量的太妃糖，一起闯入C先生家"。许多游戏在经营阶级都消失了，或者说几乎消失了，而在生产阶级没有这么明显。这些游戏包括许多"有趣的事"："推车晚会""新版的挑圆片游戏"、"识鞋社交活动"（shoe socials，即人们通过辨认钉在屋后的一块布下的鞋子来获得舞伴的活动）、"榨柠檬"、"去耶路撒冷"、"蜘蛛网晚会"、"拆穿谎言"。或者以猜谜语或字谜来度过整个晚上，或者打"尤克斯牌、惠斯特牌、佩得罗牌戏"，或玩"巴棋戏游戏"、写作、玩"跳棋"来消磨整个晚上，或者"整晚所有人一起唱歌"，这些在经营阶级中都很少见了。恶作剧不是人们晚上大部分时间的消遣方式。一位年轻的面包师在日记中记述了90年代司空见惯的这种情况："他们回家时带走了我的帽子"，或者"参加了某个活动，他们藏起了我的帽子"。

现今社会体系的严格分工使聚会内容在工人中越来越集中于打牌和佩德罗牌戏，而在其他人中越来越集中于桥牌。⑪ 打牌和跳舞成了中镇两项标准的娱乐活动。一般来说，跳舞在年轻的未婚

---

⑪ 喧闹的麻将曾经一度代替过桥牌，然后就消失了。

我们必须记住，中镇生产阶级的闲暇活动就如其他活动一样，是经营阶级在一代人以前的休闲方式。这样，在1925年的某个聚会上，教堂的男子唱诗班主要是由生产阶级的男性组成，他们歌唱赞美诗，在歌唱前还像1890年那样背诵了一段长长的辞藻华丽的文章，那是一段"妙趣横生的摘录"，其中"许多言词都来自于本堂牧师"。聚会同时还提供丰盛的食品。

第十九章 休闲娱乐组织

者中占主要地位，而对于已婚者，坐着不动的打牌则更受青睐。在1924年，中镇最有权力的宗教州级会议重申了传统的禁止打牌的规定，许多虔诚的生产阶级家庭严格遵守这一规定，不仅遵守打牌的禁令，还遵守跳棋和其他游戏方面的禁令。但是在经营阶级却基本上没有人排斥打牌。⑫当地的报纸在1923年的1月、7月和10月三个月共报道了30次"牌艺聚会"，而且打牌只是众多娱乐活动中的一种；而在1890年，这三个月中只有一次这类的聚会。这并不意味着人们在1890年不打牌，可能打牌在那时还不像现在这样成为社交活动中不可缺少的正式内容。

跳舞在如今的年轻人中间已经是一种无人不能的技巧，他们的社交生活越来越以此为基础，中学生尤其如此。在1890年，跳舞在闲暇活动中显然没有占如此重要的地位。大型舞会的参加者多半是警察、出租汽车司机、售票员、制钉者、园艺工人以及其他职业的人员，一般都是赈济慈善活动。1890年由钢铁工人统一协会举办的盛大舞会，据宣称是"中镇或者天然气地带有史以来最盛大的舞会，参加的人数有1 200—1 500人"。在经营阶级中，在新年前夜或者其他节日举行小型家庭舞会的非常普遍。这个阶级的人受到了戴西教授在溜冰场每两星期传授一次的舞蹈课的鼓励，他们举办的舞会达到最高潮时，"有50对德国夫妇和75名观众，后者很有兴趣地观看了美妙的舞姿、波尔卡舞，然后是德国舞蹈"。在1890年的1

---

⑫ 我们可以从以下事实看出打牌禁令松动的程度：至少有三家半宗教性的慈善机构，在他们的俱乐部里，定期用打牌来赌博，所赢的钱有一定的比例用来做慈善活动。

许多人仍视周日打牌为禁忌，虽然人数比1890年少了。

月或7月，中镇重要的报纸上都没有关于舞会的消息，只有10月份提到5次；而在1923年，1月份有10场舞会，7月份有22场，10月份有24场。这一变化更为显著的论据是，在城里首屈一指的时髦男性俱乐部在1890年举办的晚会上，还没有跳舞这一项内容；但是还不到1900年，报上已将跳舞称为"本地的疯狂热潮"了。

目前，对于未婚者来说，跳舞已成为重要的社交手段。在大饭店举办的正式的俱乐部舞会和兄弟会、姐妹会舞会，花费高达150—300美元。各团体在室内装潢、音乐、舞伴和规模上展开了激烈的竞争。这些舞会主要限于经营阶级，但是参加的中学生越来越多。根据旧有的习惯，在圣诞节时全城举办每年一度的严格按照传统方式的14场正式舞会；感恩节的主要公共庆祝活动也是3场舞会，一场是由兄弟会组织的每年一度的白天舞会，另外两场是和中学生有关的舞会，因为中学生已经完成了论文。在90年代举办的唯一的舞会就是师生联欢会，而现在是令人晕头转向的三四年级的舞会，对于三年级的学生而言，这是"三年级学生生活中最令人兴奋的事情"；而四年级的正式舞会，"更是那个季节经过最精心计划的事情之一"。还有宴会、野餐、招待会，所有活动在两个月前的4月份就开始精心地策划了。

尽管公共舞厅的伴奏音乐对人们有着更大的吸引力，生产阶级家庭正如35年前的经营阶级的家庭，仍保留着家庭舞会的习惯。人们对于舞会音乐的要求很高，以致某教堂不得不放弃了原定举办的舞会，"因为很难满足年轻人对音乐的要求"。出现了一些新的习惯，比如，过去男孩和女孩都是成群结队地步行去跳舞，现在普遍是夫妇驾车前往；不再有"单个"女孩参加舞会，那种夫妇参加的舞会都一再强调男孩和女孩要成双成对地前往。这些现象都表明，舞会的社交礼仪性变得更加强了。[13]

正如1890年的邻里间松散的社交关系让位给日益组织化的舞会和俱乐部一样，各种闲暇体育活动中的无组织状态也让位给有组织的活动。在中镇，现在已经很少有人以散步为乐了，河流也因被污染而无鱼可钓了，中镇的小男孩也不再以拥有辆自行车而自豪——"啊，你怎么不去买一台机器？"为了代替这种无组织的、个人式的体育娱乐活动，中镇为它的居民提供了在1890年还无法想象的有组织的体育活动的设施：基督教女青年会、基督教男青年会、中学的体育馆、地区的高尔夫球场、乡村俱乐部的跑马场，还有小学、中学、工厂、机构和基督教男青年会联盟。某个工厂90年代组建的棒球队就是目前这种先行者中的一员。

关于有组织的体育运动的增加，我们首先可以从以下事实中看出来：从1890年开始，这类活动在中镇的报刊上所占的相对篇幅超过了其他新闻的篇幅。体育新闻在1890年主要的报纸上所占的篇幅为4%，而到了1923年，这个比例为16%。[14] 以1923年的1月、7月和10月为例，城里主要报纸在这三个月分别报道了169条、70条和

---

[13] 这里特别应该提到的一点是，在圣诞节的14场舞会中，有9场是由女孩组织的。不管是有意还是无意，这些舞会明显被未婚的女孩占据了。这些舞会一向是禁止男性参加的，因此新来的积极活跃的女性可以借此机会在此公共场合露面。这些舞会作为约会的地点的作用有多大，我们可以从一个著名中学的四年级女孩的坦率陈述中看出来："每个俱乐部的女孩都非常讨厌邀请那些额外的人员和他们一起跳舞。人们都认为，一个女孩是否得到了9次正式的圣诞节舞会邀请是对其受欢迎程度的一次检验。"

[14] 见表二十三。只能对一个有代表性的星期——三月的第一个星期——进行统计。对于这两个时期，根据如此短的时间进行的统计只能是临时性的。

98条体育新闻，既包括有组织或无组织的活动，也包括体育事件；而1890年相应的三个月的体育新闻分别是6条、15条和7条。[15]

现在，中镇体育运动中最引人注目的是中学篮球赛。全州中学举行联赛，其中包括每年的地区赛、分组赛和决赛。比赛关系到全城的荣誉：早在本城的中学队去参加决赛之前，当地的重要人物就为他们举行"壮行晚会"，数百名没有买到球票的球迷在街头竖起的记分牌前欢呼，中学实际上停课了，那些不能去州府观战的孩子们，集中在学校的教堂欢呼、歌唱和为本城球队的胜利而祈祷。在"决赛"之前的一系列赛事中，人们一连几星期挤满了城中最大的体育场。[16]1890年的情况与此形成了鲜明的对照，如前所述，那时城里根本没有任何中学运动队。

---

[15] 这些数据既明显地表明了参与体育运动人数的增加，又表明了观看他人比赛的人数的增加。从某种程度上来说，因为不包括在1890年出现的如此频繁的无组织的"闲暇式"的活动，这些数据都会产生误导作用；但是另外一方面，1923年的数据也不包括在基督教男青年会中男孩和男人的众多的日常活动。关于有组织的体育活动的大幅度增长，我们还可以从每年10月份的体育活动中看出来：1890年，举行了3场由本城射击俱乐部和其他城市的俱乐部组织的射击竞赛，2次钓鱼活动，2次打猎活动；1923年，3场棒球赛，73场保龄球赛，3场篮球赛，3场持续一周的在射击俱乐部进行的射击比赛，4场高尔夫球赛，9场足球赛，1场自行车赛，1场拳击赛，1场基督教男青年会的田径赛。

[16] 在此之前，篮球运动就席卷了整个地区。这点我们能从以下事实中看出：市议会为"熊猫队"而新建的体育馆计划花100 000美元，而此时各方面都正因城镇消费支出的削减而抱怨，公共图书馆人手不够，因为它得到的赞助不到1 800美元，而且再经克扣，实际上拿到的只有1 500美元。由于一个由市民组成的小型的不太为人所知的团体的呼吁，兴建新体育馆的要求被否决了。诸如这些有关国家财政的事情，州政府都拥有最后的决定权。

这里广泛流传着一种说法："他能得到（学校的新校长，在经过事先的实习后，一位年轻的男性当选；以前的经验丰富的校长，据说是因为政治原因而落选）工作，最主要的原因是他在地图上把中镇当成篮球镇。"

第十九章 休闲娱乐组织

这种现象还有一个显著的特征,即活跃的体育运动在中学毕业后极速退潮,各个阶层都不例外。[17]其中的原因一个在于汽车的出现,鼓励人们不爱走动;另外一个原因是地方性高尔夫球课程、手球、在基督教男青年会的经营阶级男性的体操课、在某些特定地区的保龄球之类运动的兴起;还有就是工作时间的缩短和周六的半天工作制;以上都是造成这一现象的原因。女性也和男性一样开始参加体育锻炼,但参加的人远不如男性普遍。[18]

现今组织化增强的倾向集中表现在俱乐部数量的增加,它触及城镇生活的各个方面。在1924年的春夏之交,经过一次全面细致

---

[17] 吉林(Gillin)在谈及克利夫兰的时候:"在接下来的岁月里,传统的闲暇时间越来越少放在室外的体育活动上。人们越长越大,他们的闲暇活动和由其种族和历史所决定的方式的差异越来越大。这对喜爱运动的男性尤其如此。在由女性居主导地位的时代过后,这些男性的活动的重点不再是更为直接、简易的有组织的体育休闲活动。"约翰·H. 吉林:《健康的市民和闲暇时间》(*Wholesome Citizens and Spare Time*),克利夫兰:克利夫兰消遣调查,1918年,第18页。

[18] 对于在基督教男青年会新的大楼中建一个游泳馆,许多老市民提出了相当多的反对意见。

在90年代,有一本《医生手册》对当前不喜欢活动的时尚持反对意见,他们警告一代以前的女性,女性的室内活动,"除了使她们的体形受损,面色变坏,而且使其体质变差,智力衰退,机体的所有功能都变得紊乱。"但是马里昂·哈兰德(Marion Harland)在她的《谈谈实践问题》(*Talks upon Practical Subjects*)中提出"很长时间以来,人们几乎认识不到颓废的女孩和她的自行车与对其亲密行为的后果的正确判断之间的关系"。

在1916—1920年进入瓦萨大学的女孩平均活动的次数是9.2次,而在1896—1900年平均为2.0次。前者中有0.6%的从没参加过体育活动,后者的比例为26.5%。梅布尔·纽科墨(Mabel Newcomer):《瓦萨大学学生的身体发育,1884—1920年》(*Physical Development of Vassar College Students, 1884-1920*),《美国统计协会季刊》(*Quarterly Publication of the American Statistical Association*),新丛书第136期,第17卷。

的调查,发现在中镇共有458个活跃的俱乐部,大约每八十人就有一个。这大概包括了所有活跃的有组织的俱乐部的五分之四。1890年在中镇进行了一次调查,发现共有92个俱乐部,每125个人有一个,研究者认为这次调查和1924年的几乎同样细致而全面。[19] 城市的人口增加不到3.5倍,成人社交俱乐部却从21个增长到129个;教会成人俱乐部从8个增加到101个;成人的慈善团体、工会、文学艺术团体及音乐俱乐部的数量都增加了1倍;商业和专业团体从1个增加到9个;公民俱乐部(其中大部分带有强烈的商业倾向)从1个增加到11个。当前正式的青少年俱乐部发展得更快,一些全国性的组织,如童子军和女后备军,在中镇从无到有,这种团体现在已有了10个;教会学校把孩子们组织起来,尽力使他们远离外面的竞争;160名中学在校学生都参加了各类俱乐部。各类有组织的青少年俱乐部从1890年的6个(全部是教会俱乐部)上升到95个,这些数据还不包括邻里之间的非正式的儿童"联谊会"。

尽管已很明显,经营阶级正在逐渐使俱乐部组织不仅服务于

---

[19] 参见表十八中关于两个时期不同类型的俱乐部。

当然,中镇正式的和非正式的社会团体的数目几乎是无法确定的。仅仅那些有组织的、每月有着明确的和固定社交的或有着经常性接触的团体,在这里被定义为"俱乐部"。这些数据是这样获得的:仔细计算1890年和1924年1月1日到10月1日中镇两家主要报纸上提到的俱乐部的数目,查阅和讨论城市的地址目录和两个时期个人提供的有关俱乐部的资料。1890年的数据还包括从两本日记中获得的俱乐部的补充资料,一本是一位生产阶级男性的,一本是一位经营阶级男性的。两个时期都使用了一些非正式的资料。这些数据中略去的主要俱乐部的类型,是某些报刊没有报道过的非正式的邻里群体(午餐会、桥牌协会、缝纫协会、儿童俱乐部等)。两个时期的报告都利用了所有可资利用的资料,都是非常全面的。

娱乐的目的,而且将它变为谋生生活的一个组成部分,然而中镇的大多数俱乐部并不是为了让人们在此延伸其日常生活,而是为了使人们从其中摆脱出来。在中镇,各种俱乐部比比皆是,尤其是妇女俱乐部,但是像如下包括丈夫在内的俱乐部却不多:基尔卡尔俱乐部、快乐八俱乐部、最好俱乐部、快乐十二俱乐部、五味俱全俱乐部,诸如此类。玩牌、生产阶级的各类游戏、音乐或跳舞常常能使中镇人"精神振奋",给中镇人提供日常生活责任之外的选择机会。经营阶级的乡村俱乐部、桥牌俱乐部、15—30岁青年的兄弟会和姐妹会,正在逐步取代老一代人中规模较小而且不大正规的邻里聚会。[20]

中镇人的教育价值观也在俱乐部的活动中反映出来。生产阶级的家庭不但重视子女的教育,而且自己经常参加夜校的技术培训;不过全城的文学艺术俱乐部则几乎都是由更加悠闲的经营阶级的女性组成的。[21]此类的俱乐部在全城有19个,其中15个成为中镇的

---

[20] 我们获得了88个妇女"交谊"俱乐部的资料。其中45个俱乐部的成员主要来自生产阶级,她们打牌或者进行各种"竞赛";26个俱乐部的成员主要来自经营阶级,她们聚会时常常打牌(如果包括更多的非正式的俱乐部,这个数字将会有显著的增加);12个是缝纫俱乐部;3个是午餐会和晚餐会;1个是舞蹈俱乐部;1个是保龄球俱乐部。

这88个俱乐部中,有13个俱乐部成立之初的目的就是为了彼此都能节约一些钱("圣诞储蓄俱乐部");7个俱乐部在聚会的时候有某种祈祷仪式。这些俱乐部中的大部分偶尔会举行晚会或野餐。其中两个俱乐部做一些固定的慈善工作,更多地去帮助那些特别需要帮助的人。

88个俱乐部中有38个是由21—40岁的女性组成的,14个成员的年龄超过了40岁,29个成员中两种年龄的女性都有,7个成员中既有上面提及的两种年龄的女性,还有不到21岁的女性。

[21] 曾经在生产阶级的女性中组织学习团体,但是几乎没有成功。中镇社会纽带的紧密性,可以从那些得到经营阶级女性支持的妇女的感觉中看出来。

"联合俱乐部"的一部分,这个"联合俱乐部"和由男性组成的地位显赫的公民俱乐部相抗争。这19个俱乐部拥有近七百名会员。[22]

"精神上的相互促进"是早年成立学习俱乐部的主要目的。90年代涌现出来的许多俱乐部还有下列宗旨:"为提高会员的社交能力和智力能力";"为进行艺术、科学、文学和音乐方面的一般教育";"为开展文学、音乐、艺术、缝纫和慈善事业"等。每个俱乐部都有自己的标志,往往是一句格言或一个题词,而这个标志往往能表明这个俱乐部是干什么的。例如,某个俱乐部的格言是"进步",以此为标志;当联合俱乐部成立时,另外一家俱乐部的座右铭是"我们已经做过的仍是我们今后最渴望做的"。一位俱乐部的女会员说"我们的箴言是'现实与理想',意思是我们要从现实出发,并要追求理想。也就是说,我们想象一位理想女性的形象,我们希望能像她那样在容貌、气质和文化修养上臻于完美。"与进步一词象征主义紧密关联的是强烈的宗教意识和教育传统。某个俱乐部在它们年度印刷品的最开始就写着:

"我们的工作正在开始,
让我们眼睛明亮探索前进,

---

[22] 不同俱乐部的成员有一些重叠。
我们获得了这19个俱乐部中17个俱乐部成员的年龄构成:其中3个是由年龄在21—40岁的女性组成的,2个其成员的年龄都超过了40岁,12个成员中两种年龄的女性都有。和本章注释[20]比较,我们能明显地看到,年龄对女性是否组成交谊俱乐部的影响超过了对女性是否组成学习俱乐部的影响。

让我们停下来默默祈祷。"[23]

智力改善方面的"进步",今天就如一代人以前一样,只能在书本上看到,在演讲中听到。在不同的俱乐部,增加了各种各样的活动内容,如祈祷、音乐、答问,对此每个妇女都要对"夏天勿忘我""时事""文学经典""家务指南""圣诗""名人录""伟大战士的名言""南北战争中的杰出女性""关于新改革措施的短篇报道""《圣经》中聪明的和愚蠢的女人""美国的工业"等话题说上一两句。将90年代俱乐部的活动同今天做比较,会发现活动内容今天不像过去那样有连贯性,尽管那些俱乐部对负责具体工作的部门的明确规定有所承诺。[24] 许多活动的主题不断变换,试图在一年中做到无所不包,面面俱到。一个典型的联合俱乐部在最近一年举办的活动的

---

[23] 这些联合俱乐部中,有6个都是从念《圣经》开始的,而且每次会议都重复6次俱乐部妇女信条:

为俱乐部的妇女而工作
"哦,上帝,让我们远离偏狭;让我们思考、演说、行动。
让我们经受挑剔,戒除谋取私利之心。
让我们摘下虚伪的面具,不带自怜不带偏见地面对面坐在一起。
我们从不匆忙下结论,而总带有宽厚之心。
我们学会在行动之时,更富有激情、勇往直前、无所畏惧。
让我们珍惜一切时间,我们会逐渐变得平和、安详和彬彬有礼。
我们应该认识到,小事上我们有分歧,而大事上我们团结如一人。
我们努力去接触和了解那些和我们拥有一样想法的普通女性。哦,主啊,让我们不要忘了仁爱。"

[24] 参见第十七章中关于作为联合俱乐部的音乐和艺术俱乐部的论述。对于其他的俱乐部的活动,没有这么清楚明确的规定。

主题有"《圣经》中的预言""收音机的妙用""东方的女子大学都做些什么""保罗的一生"。另外一家俱乐部在冬季举行的活动主题有"基督教科学与新思维""窃听器""壁画""巴拿马运河""戏剧""赫尔堂"和"服装"。还有一家俱乐部一年中举办的报告会的内容有"水路""动物""我们的国家""社会主义"和"简朴的生活"。另外一家俱乐部在一个特别长的季节里举行了21次讲座，其中5次属于纯粹社会性的，包括对"《圣经》、历史、音乐、美术和文学"的研究。[25]

导致许多俱乐部所举办活动的主题之间巨大差异的一个因素，可能在于联合俱乐部对于不同的常务委员会工作的要求不同：

> 在某个场合，联合俱乐部的主席说道："我想，那些专业委员会的成员会依据所在委员会所关注的问题，对俱乐部所举办的活动的主题提出特别的申请。如果我在历史委员会，我首先就要申请和历史相关的主题活动。现在，我想如果每个俱乐部

---

[25] 带有宗教色彩的主题依旧很普遍，但是已经没有以前那样多了。35年前，俱乐部在进行其他活动时伴随着宗教研究是司空见惯的。从下面一个俱乐部一年21次活动的报告会的考察中，可以看出这两者的融合——第1次报告会：亚伯拉罕，埃及妇女；第2次：以撒，现代埃及；第3次：雅各，希腊妇女；第4次：约瑟，希腊宗教；第5次：摩西，罗马妇女；第6次：宴会；第7次：12个部落，《君往何处》；第8次：教堂，法国妇女；第9次：犹太节日，法国王宫；第10次：偶像崇拜，英国妇女；第11次：大卫；第12次：所罗门，美国妇女；第13次：寺庙，黄石国家公园；第14次：儿童节；第15次：希巴女王，作家；第16次：约瑟和玛丽亚，威廉敏娜女王；第17次：救世主，俄国沙皇；第18次：耶路撒冷，帕蒂、舒曼-海因克、赛布里奇·梅尔巴；第19次：玛丽·梅格达兰，10年后的俱乐部；第20次：现代犹太人，哈罗德——最后一个撒克逊人；第21次：热闹的玩耍，现代画家。

明年的活动中，至少有一次活动是和国家早期的历史有关的，那将太好了。我想如果你在历史委员会，没有任何理由你不这样做，因为我们应该了解我们国家的早期历史。历史委员会非常希望你举办一次这方面的报告会。同样，其他委员会的女士们也会代表她们所在的委员会说话。"劳资关系委员会的成员、种子和球茎互换委员会的成员等，都有此要求。

除了这些活跃的委员会举办的各种有特色的活动内容之外，各俱乐部还有一些标准化的举措，例如每年都要举办下列内容的活动："感恩节的起源""圣诞节的传说""国旗是如何发明的""国旗制定纪念日及其意义""乔治·华盛顿的家庭生活""圣巴特里克和三叶草""思考复活节""《圣经》中的友谊""《圣经》中的现代型女性""《圣经》中的花与鸟""旧约全书中的英雄""全州的景点""中西部作家""赖利和他的诗歌""《埃迪的客人》读后感"，不同的是"本俱乐部的历史"和"如何完善我们的俱乐部"。

从"作为普通人、作家和评论家的罗斯金""历史上的泼妇"（带有评论"如果所有的丈夫都像苏格拉底，那么我们的城市中就会出现更多的泼妇"）、"蚀刻画和版画""移民""音乐的力量""友谊对于性格的影响""智力测验""当代小说"之类的活动中，可以观察到活动内容的某种趋势，即逐渐从几乎占绝对优势地位的"文学"研究转向对中镇生活更感兴趣。早年"提高文学和社交的鉴赏力"之类的目标部分地让位于"增进女性的社交能力与智力、为进一步改善我们生活于其中的社区做出共同的努力"一类的目标。一位俱乐部女会员说："早先我们感兴趣的是古希腊，但是我们现在关心的是中镇如今发生了什么。"

一个资格最老、规模最大的妇女俱乐部——目前拥有168名会员——起始于90年代末,最初是为了成立一个"部中之部",即文学部。这个文学部实际上包括艺术、音乐和古代历史的研究,那时这个部的工作几乎就是俱乐部的全部工作。但如今文学和艺术部成员大为减少,开会的次数也少多了,其原因在于社会学和公民学部(前身为慈善和公民事业部)、历史与时事部(前身为教育和家政部)之类机构的日趋活跃。[26]这些新的部门是由无记名投票选举的妇女组成的,这些妇女了解当前社会生活中所发生的事,有改进中镇的愿望,知道其前途艰难。一位自称"学无止境的"经营阶级的妇女参加了历史和时事部,这个部门的活动据称是阅读威尔斯(Wells)的《历史概要》(*Outline of History*)和诸如《新闻评论》(*Review of Re-*

---

[26] 下面的俱乐部成员分布的变化就能表明这种情况:
1890:全部的成员都是从事文学、艺术、音乐和古代历史研究的。
1902—1903年:文学和艺术类占54%,慈善和公民学占27%,教育和家政占19%。
1909—1910年:文学和艺术类占45%,社会学和公民学占31%,历史与时事占24%。
1919—1920年:文学和艺术类占45%,社会学和公民学占33%,历史和时事占22%。
1923—1924年:文学和艺术类占32%,社会学和公民学占22%,历史与时事占34%,戏剧艺术占12%。
直至1899—1900年,俱乐部的9次全体会议是由文学和艺术部主持召开的,而慈善和公民事业部、教育和家政部主持召开的只各有5次;1919—1920年,文学和艺术部主持的有5次,社会学和公民学部主持的有6次,历史和时事部主持的有3次;1923—1924年,文学和艺术部、历史和时事部各有4次,社会学和公民学有3次,还有为了排练和表演戏剧需要新设立的舞台艺术部,主持召开的有3次。

views)之类的新闻时事通讯。这位妇女申辩道:"但是在活动中,人们根本不讨论这些书籍的内容,而是泛读一遍完事,我从中一无所获。这次活动,人们读一些《历史概要》中的内容,下次又去读XX博士写的有关拓荒者生活的文章,再下次又回到威尔斯的文章。我现在已经不参加活动了,我准备退出。"

社会学和公民学部建立于1924—1925年,通过研读布莱克默和吉伦的《社会学概论》(Outlines of Sociology)之类的书籍和拜因顿(Byington)小姐的罗素·赛奇手册《社会工作者对社区应了解什么》(What Social Workers Should Know About Their Own Communities)之类的小册子对社区问题进行研究。她们发现以下这样是很难做到的:试图在这一周的活动中讨论中镇的政治生活,而下一周讨论宗教生活,同时还要讨论诸如"他们的研究领域有交叉部分吗""社会福利如何为每个人服务以及它应由谁来提供资金"之类的话题。她们觉得要具体回答这些她们试图研究的当前复杂的问题,是非常困难的,中镇的妇女执意要将其概括一下。一篇讨论中镇教会问题的典型论文中这样写道:

"我们听到的所有诗歌全部都在歌唱夜的美丽,歌唱布满繁星的夜空……任何一个有灵魂的人,在看着满天繁星的时候都会想到上帝……如果没有基督教的光芒,人就会迷失在无边的黑暗之中。"

另外一个研究俱乐部在一篇有关"布尔什维主义在美国"的论文中写道:

"在这个国家只有一种旗帜有地位,那就是美国国旗。降下红旗,因为它无法代表任何美国政府所代表的东西,它使家庭、州和国家之间不再统一。它只有在懦夫掌权的地方才高高飘扬……苏联的全部布尔什维克运动都是源自德国和由德国资助的。在美国,德国佬也在鼓励布尔什维克运动。"

"布尔什维主义在美国是无源之水……在美国,世界产业工人组织代表着有组织的布尔什维主义。我们已经在某种程度上表明了我们知道如何对付世界产业工人组织……把这些乱七八糟的东西说成就是布尔什维主义,是非常愚蠢的……美国人民相信美国政府。他们知道,他们现在所做的是对的,而不是错误的。"

"我们必须严肃对待布尔什维主义……我们必须时刻保持警惕……"

作者事后说道:"文章中有部分是矛盾的,因为我在不同的地方读到不同的东西。"

有些俱乐部还就中镇的电影"问题"展开讨论,因为这"无论在道德上还是金钱方面都是一个令人非常感兴趣的主题"。在宣读了一篇题为《电影的发展趋势及其可能性》(Tendencies of Movies and Their Possibilities)的论文之后,大家"围坐在圆桌旁,讨论自己最喜爱的影星、最佳的表演以及俱乐部成员偏爱某些演员的原因"。

尽管联合俱乐部的不少成员都讨论过育儿这个题目,但它毕竟主要是母亲协会的议题。这个组织取代了行将消亡的家长—教师协会,它是由更大的教会组织支持成立的,每个教会都有自己的组织。这个组织每个月举办聚会,参加的人数从 12—20 人不等。除了音乐,其活动还包括诵经、祈祷、宣读及分组讨论国家级总会分发下来的论文,以及自由讨论。[27]据该俱乐部一位积极性很高的会员说:

> "母亲协会正每况愈下。它在解决家庭和学习的问题时,已经毫无作用可言。因为它是同教会联系在一起的组织。它唯一的作用在于将天主教妇女和新教妇女集合在一起,这样有助于消除宗教偏见,尽管这一点作用也已几乎不存在了,一位牧师的妻子激烈攻击天主教对于在学校学习《圣经》的态度。举办的那些讨论会,在育儿问题上对母亲们几乎毫无帮助。"

还有些俱乐部讨论诸如"作为合作机制的家庭""公共卫生所从事的儿童工作""家庭计划""内部装饰"之类的论文,而有关家政的

---

[27] 这些群体对于育儿"问题"这个概念的理解,可以从 1923—1924 年的活动主题中看出来:"有利于社会的有组织的母亲们的力量""音乐和歌唱在教育方面新的应用性""如何挑选孩子们的书籍";接下来是由当地图书管理员组织的讨论:"学校和家庭的合作""在训练孩子成为公民方面父母的责任""关于宗教教育的思考""家庭中的基督教精神"和"谦恭有礼——尊重他人的权利"。1924—1925 年活动的主题是:"怎样才算是一位现代的好父亲?"(一位牧师所说);"为了满足社区的需要我们应做些什么?"(当地医院的院长所说,他谈话的主旨是要在医院支持下把妇女组织起来);"家庭中的妇女";"一个真正的美国人";关于"接受大学教育是否是成功的必要条件"的争论或者"青少年的一次聚会"(包括谈论男童子军、营火少女团、公立学校中的《圣经》和回顾小说《可塑性年龄》);"被误解的孩童"。究竟哪些主题好,只能从在各种集会过程中谁受到的赞扬最多得出结论。

话题很少被提起。这些讨论就像1924年报纸上讨论有关如何维持健康也被认为是老生常谈：

> "维持身体健康的法则可能是简单而明了的，但是这些法则必须考虑到病人的精神和情绪状况，没有人能否认精神和情绪在维持身体健康方面的重要作用。'还不知道您的躯体是否是圣灵停留的场所？您心中是否有上帝？您是否就是真正的您自己？您是带着荣耀来到这个世界的，因此您的躯体带有上帝的荣耀，您的灵魂是属于上帝的。'"
>
> "有关食品和食品价值的话题十分广泛……如果人们充分认识到了适当的生活方式让每个人有可能好好地活着，那么生病的人就会很少。现代医学的发展给人们带来的最大希望，就是能够预防疾病。"

接下来，报纸概括性地描述了一下詹纳（Jenner）和马约斯（Mayos）的工作，而没有任何涉及中镇"可能的生活方式"所带来的具体问题的内容。

报纸上常常刊登俱乐部的文章，而且常常对论文中包含的事实进行综述，试图从中抽取值得称颂的"迷人而优雅的举止"，而这些正是报纸所要表现的；或者是为演说者提供一些"仔细斟酌过的流畅的话语"。1924年中镇的妇女聆听的一场最著名的演说就是被描述为"散文诗"的演说词。由于学校教育其价值在中镇只被看作人们向往的象征，而不真正能学到什么东西，所以这一通过俱乐部书刊"提高人们思想"的活动也许只能被看作对思想感情起作用而没有什么实用价值。就像在 80 年代,人们更多地注意房子外在的精雕细琢,而很少注意改善房子内在的结构和质量一样,这些文章表现出一种趋势:不仅在人们熟悉的文学和艺术领域越来越注重表面的辞藻,在新的"公民问题"领域也一样如此。换言之,这里就像其他地方一样,行动上停滞不前,或思想上迷惑且无所适从,很可能引起众多的问题。当地生活失调的压力非常强大,迫使人们越来越多地讨论具体问题和采取实际行动,导致关注这些妇女的"社会学和公民学"的出现。我们相信在采取更加具体的行动以期得出一个特别的结果前,可能会看到做表面文章的人越来越少。

俱乐部的活动越来越多地脱离书本气,人们越来越多地试着从事一些有实际意义的公民事务。许多俱乐部每年集资资助一个以上的社会服务组织:免费幼儿园、慈善团体、结核病预防协会、社会服务局、全日制托儿所、基督教女青年会等。联合俱乐部的成员还自豪地指出,中镇的第一个慈善协会、出诊护士协会、青少年法庭都是由他们发起的,他们也是在学校讲授手工课程的创始人。这些人还自发地在学校举办艺术展览,召集优秀的学生共同进餐以便这些学生间可以相互结识;在县府设置一个专供妇女休息的房间开展预防结核病的活动,调查中镇的妇女的工作状况。他们还鼓吹整顿舞厅,放映好电影,加大执法的力度。这些俱乐部成员还把中镇的一条街改名为潘兴大道,并在两边栽上树木用来纪念阵亡的将士。[28]

---

[28] 母亲协会在社区中举办了各种不同的活动:在学校进行宗教教育;清除当地报摊上的淫秽读物;号召姐妹会的成员跳舞的时候不要穿低胸礼服;鼓动青少年法庭对犯人实行缓刑;劝说学校当局把委员会的会议放在清晨,这样孩子们就能早一点离校回家。

关于妇女俱乐部是起源于这些活动的说法非常流行，因为一般说来男性俱乐部不会如此。商会在举办社区活动的时候，常常要借助联合俱乐部的力量，而男人们经常承认："常常是妇女使事情得以办成。"在中镇，完成了这些事业给人们带来了满足感，越来越成为中镇妇女俱乐部工作的突出特点。

这些组织最基本的功能，除了能在他们的公民工作中得到体现，我们也能从他们的研究活动中看出来。在一个有代表性的研究性俱乐部每年20次的聚会中，3次是没有活动的午餐会，1次是为丈夫们举行的宴会，每年有四分之一的宴会是为俱乐部成员举行的，每年有一天宴请宾客，每年一次野餐会，一次没有活动的商业聚会，还有11次有活动的聚会。所有的这些活动能让人们恢复体力，重新变得精神饱满，人们在"社交时间"可以互相交往。以前，最大的妇女俱乐部每三年举办一次宴会，而现在每年有1次，每年开始总是以聚餐和品茶开始，还有新年"开门大吉"，一个"女儿之夜"，最后是在花园中举办一次聚会。在1899—1900年联合俱乐部的记录文件中记载着下列一些讨论：俱乐部中的"社交生活是否应该受到鼓励"，或者是否一个俱乐部"应该在自身的文化之外有一个客观的对象"。现在这些已不是什么要公开的问题了。有位妇女这样说道："我已收到数个妇女俱乐部的入会邀请，但是现在我一个也未加入，除非哪天我接到一次够分量的邀请。"从这位妇女的言语中能看出越来越明显的一种普遍趋势：把俱乐部的成员这种身份作为一种工具，作为人们在社会上的进身之阶。在90年代，杂志、书籍和其他用来进行"自我充实"的东西相对还比较少，和朋友间的非正式交往更是如此，这些社会交往显然还不太重要。今天，情况大变了，这种社会交往的重要性已经排在第一位了。

作为时代可以追溯的人们生活的一个特征，就是全城资格最老的妇女俱乐部经历了一个从封闭到开放的重大转变。在1890年，这个俱乐部只接受了从全城精选出来的39位女性。在随后的30年中，俱乐部成员人数的增长始终低于人口增长速度。然而在1920—1923年间，这个俱乐部的人数增加了125%，达到168名成员。有些成员为这些变化感到不安，她们认为有些人"只是为了作为俱乐部成员所具有的社会声望而来的，实际上并不愿意为俱乐部工作"。在这种俱乐部和前面提到的日间音乐俱乐部，其成员都因为社会上的人想进入而人数不断增加，而又因某些女性认为"这只不过是个俱乐部"的看法又从顶峰减下来。其他的俱乐部相比之下显得更加封闭，它们继续保持在二三十人的规模，保持原有的水平。

一个俱乐部，它不遗余力以保持"精神和社会文化"作为唯一目的，而它的做法又是要求会员每次开会都必须到会，但都无任何新颖内容，它便无异于所有俱乐部中最封闭的。它会员的范围有着严格的限制，一年只有7个月有聚会，而且每次聚会都是选在早上9—11点的闲暇时间里，在会上可用口述（不用文字），目的是"振兴谈话艺术"。不止一个俱乐部一直在从事以"文学"为主题的研究，但是这些年来，俱乐部的活动常常穿插一些关于旅游的谈论。最近一年，由于在某种程度上其活动是以"公民的主要权利和义务"这个主题为基础的，因此导致了当前"公民学研究"的流行。但是它依旧还保持着社交的封闭性，它使自己比联合俱乐部的其他成员更加游离在群体之外。

一个出版社利用人们对于社会声望的渴求，努力把妇女吸引到俱乐部来，这在很大程度上和90年代的夏季教育读书会很相似。这个"聪明的售书计划"的代理人（甚至其某些支持人也这么称呼他们）依靠某些社会上的领导人，利用这些领导人的声望来吸引更多的参与者。一位代理人对一位不在乎是否成为俱乐部会员的妇女说道："但是，夫人，您还没有认识到，这并不仅仅是一个研究团体，它能为你提供结识城里优秀人物的机会。"由于这一诱惑力，再加上她们还能学到"除经济学之外的大学课程"这一事实，XX俱乐部的125名妇女，每人花66美元购买了用来作为6年课程学习所需的课本。它不考虑传统的社会分层，计划的核心一直坚持了下去。就像一位妇女解释她所属的特殊群体的时候所说，那些"从不在受到邀请的俱乐部聚会"的妇女继续会面。俱乐部的分会组建后的三年间，一个基本上由擅长交际的女性组成的早间团体几乎解散了，而由经营阶级女性组成的夜晚团体也步履维艰，另外两个由各色人等组成的早间团体还存在。后两个就和第一个一样，在上面曾提到过的明显是上午9点的闲暇时间见面。学习围绕着书本进行，就像一位成员描述的那样"只是对书有个大概了解，其内容都能在普通学校讲授的历史课中找到"。第一年，18个会议的主题都是"人类进步中的重要历史时刻"，其次是"戏剧史"。在1924—1925年，这些团体是学习"艺术史"。"我做这些比做其他的俱乐部工作更加卖力。"一位中镇的俱乐部活动中最为积极的领导人这样说道。另外一个人说："我每次都花一个下午在图书馆查阅资料，然后花两个晚上把论文写出来。"一次研讨会可以宣读6篇论文，比如《埃及建筑》《美索不达米亚建筑》《所罗门的庙宇》《希腊建筑》《希腊雕塑》《希腊绘画》。在这些研讨会上，人们能够看到，用各种知识"充实

人们的头脑"这种传统的侧重点依旧没变。下面是阅读论文时提出的问题:

问:"描述一下埃及庙宇的设计。"

答:"它们都非常雄伟而庄严。"

引导者:"是的,当然是这样,我们知道它们全都是装饰过的。"

问:"请对比一下希腊庙宇的内殿和埃及及美索不达米亚的庙宇的内殿。"

引导者:"当然,它们都差不多。"

问:"指出埃及、美索不达米亚和希腊宗教的差异。"

引导者:"当然,我们知道它们都非常相似。它们都信仰上帝。"

12位离开的妇女中的一位说:"从这次会议中,我学到了三件事,也就是:希腊的建筑、雕塑和绘画,罗马的建筑次于希腊的,亚历山大大帝生活在耶稣之前。"

和其他妇女俱乐部不同的是有些俱乐部包括男性会员,这些俱乐部还关注"实践心理学"活动。早在90年代的中镇,就有人聚在一起听这方面的报告:"C博士的免费演讲的内容是关于太阳生物学的,也就是说我们和黄道十二宫的关系,是有关于人类自己的秘密。"而在1924年,约有二百五十人(多为妇女)参加了两位女性关于"如何了解自己的下意识"的报告会。还有30位妇女,响应报刊上免费广告的号召,每人花掉25美元参加了关于"指导人如何保持身心健康和塑造人格的心理学教育"方面的系列演讲活动。这项活动一共包括10场演说，阐明了"达到、重新校正和丰富更伟大的自我的运作"的"绝对无误的方法"，而且假定"我们来到这个世界上的时候，智力方面并无差异。你将能实现任何你所期盼的成功"。另外24位妇女和2位男士每周在商会的客厅中聚会，而且总是以下述的仪式开始的：

  引导者："你们好？"
  群众："我们好极了，为什么我不能如此？"
  引导者："现在我们开始心灵的沟通，这使我们进入了一个更高的境界。"
  群众，齐声道："我非常兴奋，兴奋，感觉到兴奋……我完全是被动的——'普遍精神'占据了我的身心……知识就是力量，我渴望知识，我拥有知识——"

接下来从他们每个人都有的课本《万能钥匙》（*The Master Key*）中学习专注、注意、潜意识等。

  尽管这些妇女俱乐部的工作内容参差不齐，而且在某种程度上说相当分散，但可喜的是从90年代以来的智力活动的传统在这些俱乐部中还得以保存。

  如果说，正当中镇人的差异越来越大，妇女生下的孩子的前途以及她们丈夫的事业的成功都取决于她们俱乐部社会福利事业水平之时，妇女俱乐部的自我教育却变得越来越松散的话，那么，男性俱乐部社会福利工作——一向专业性很强的俱乐部和在其他俱乐聆听演讲除外——不只是松散而已,简直是完蛋了。

从1878年那个天然气产业兴盛的时代起,城里一批最有声望的公民定期在文学与科学协会聚会,这是一个"全城学识最渊博者组成的固定机构"。银行家、律师、医生、商人们撰写论文,进行讨论,题目包括"何为意识?""生命与死亡的生理学""进化的显著原因""地球的终极命运""垄断和征税""婚姻的法律效力""亚洲宗教""言论自由""目前学校体制的弊端""应当如何教育儿童""爱国主义与欺骗""知识的相对性""爱国主义""科学与道德的关系"等。知识分子利用这个群体所做的一切,由其所引发的反对意见得到了证明。[29] 在第一次天然气产业兴盛的冲击之后,这个俱乐部演变为伦理协会,任何"年满16岁、爱思考、爱自由、讲真话和无债务"的人都可以在无反对票的情况下被接纳为会员。

---

[29] "这个协会具有与其他协会相似的特点,"1880年当地的一位历史学家这样说,"它没有实现原先设定的美好愿望,没有能和那些推动社会进步的专业人员建立良好的关系。对于某些人来说,它的宗教色彩过浓;对于某些人来说,过分偏向于科学;而对于其他一些人来说,这两方面做得都不够。实际上,那些珍视观点和信仰的人,对于无休止地与他人争论感到痛苦,他们傲慢而严厉地指责那种没有宗教信仰的普遍情绪。在协会休会期间,那些愿望和思想相差很远的人出版那些没有什么生命力的东西。大量的例子表明许多变化不定的人类事务继续地在我们注意之下发生之时,成立了四年的中镇的文学和科学协会,从没有更好地许诺给那些愿意参与它的会议的人以持续的引导和启迪,而且也没有对于那些它似乎要永久留驻的社区产生好的影响。

这里要指出的重要的一点就是,由于现在男性公民俱乐部无所作为,应该有个由中镇重要的商人和专业人员组成的俱乐部,尽管在上一代这种俱乐部在哲学的和社会的问题上引起了人们强烈的不满。参见第八章和第二十八章中关于评价信用的影响部分。

新闻界宣称:"在这个协会中能获得最大程度的言论自由。参加这个协会不用交会费,也不会因为言论而受到罚款的惩罚……在这里,培训的内容包括论文、演说、复习和讨论。任何培养计划都是以培养本城公民的道德感或在人们走上社会之前就应该具备的人性中的集体主义为目的的。他们期望能因此激发公众的热情,这样可以清除任何和全部使我们感到苦恼的明显的罪恶,这样能发扬这个社会所需要的最好的东西……"

这个协会最初只有29人,"带有很浓的宗教和政治色彩",后来很快发展到50人,而且有少量妇女入会。参加活动的会员和宾客常在75—100人之间。这个协会聚会的地点常常变动,第一次聚会是在"第一流"的房间里,随后是在基督教普救派教堂中,后来又被迫离开了,因为据报道,星期天下午,参加这个协会活动的人比到该处参加宗教仪式的人还多。在90年代的每周聚会中,面包师、制钉匠和银行家、医生坐在一起,[30]讨论如"人的伦理生活"("一个人的幸福不是来自上帝的荣耀,而是我们自己的努力。智慧、道德和身体状况而不是对上帝的虔诚是决定一个人幸福与否的主要因素……")、"银币自由铸造""在校儿童的体育文化"或"进化论的意义"这类问题。这并不是唯一的聚在一起讨论的群体,木工协会也举办过星期天下午的系列讨论会。在工人图书馆还进行过热烈而生

---

[30] 一个面包师描述他在90年代度过礼拜日的情形时说:"早上,我们一群面包师带着一桶啤酒和木碗聚在一起,谈论工资、面粉和没有什么。晚餐过后,我会去伦理协会。"

动的讨论，在那里可以随意交谈和抽烟。此外，还有相当数量的教会和邻里团体经常聚在一起，讨论某位作家的优缺点或就政治问题展开辩论。

如今，律师、银行家、牧师及其他专业人群分别在各自的协会中聚会并研讨专业性很强的论文。以医学协会为例，从外地请来的讲演人使协会成员增加了本专业之外的医学知识。除了这些专业的俱乐部之外，90年代中镇的男性不再以讨论为闲暇活动，而现在这些人的闲暇活动不再包括乘坐电车、"太妃糖大家拉"和教堂中的社交活动。[31] 在新的公民俱乐部中，有中镇的经营阶级男性在闲暇时间喜欢的打高尔夫球、打桥牌和驾车出游等活动，而绝对没有成为早期的热衷于讨论的俱乐部。这些男性根据各自的爱好挑选喜爱的活动，这丰富了当地的经营阶级的生活。[32] 这些群体的活动基本上没有彼此重复的，其成员是精选出来的经营阶级的杰出人士，群体间具有高度竞争性，在成员权利方面构成了等级制度，这比教会或者说是分会更能表明，在城市占主导地位的是经营阶级所推崇的价值。

中镇经营阶级的一些团体能够代表人口中相当大比例的人们的爱好，扶轮社这个历史最悠久的、被所有的公民俱乐部都羡慕的

---

[31] 在中镇，24家成人研究俱乐部之中，除了那些专业协会，我们获得了20家的数据，它们共有710名会员。在这些会员中，12人（1.7%）是男性，其他的女性成员分散在三个阶层之中，其中两个阶层掌握了"精神的力量"，第三个是区域的家长-教师协会。在中学俱乐部中，我们获得了那些围绕着艺术、文学和其他课程建立的俱乐部的数据，385名会员中有133人是男学生。

[32] 现在的商会是由早期的市民企业协会直接派生而来的，这两个协会都着重于推动当地商业和工业的发展。

302　团体就能够代表不少社外公民的兴趣。[33] 全城有 80 位公民每星期二在扶轮社参加午餐会，他们是根据这个全国性组织的规定从全城各行各业中选出的最优秀者组成的。但由于严格执行这一规定，扶轮社的会员没法包括城里一些商界的头面人物，因此又设置了一些"准会员"和"荣誉会员"席位，于是扶轮社中就有了 4 位律师、3 位银行家和 4 位拥有同一家企业的百万富翁。这些入选的头面人物们在城里最高级的饭店或乡村俱乐部聚会，互相寒暄，直到主席招呼大家入席。他们不像其他公民俱乐部那样在就餐前做"祷告"，因为扶轮社中没有牧师。[34] 大家在一张长桌前进餐，大约需半小时，接下来是十分钟热情奔放、充满活力的歌唱环节，歌曲主要是最新的百老汇戏剧和扶轮社社歌：

> 扶—轮—社，
> RO—TAR—EEE。
> 扶—轮—社，
> 世界各地的人都知道她；
> 从北方到南方，
> 从东方到西方，
> 她帮助那些工作最勤奋的人。

---

[33] 从 1924 年 9 月出版的《扶轮社成员》(*The Rotarian*) 一书（这类俱乐部典型的公告）中，我们可以看到扶轮社的五个特点：一、独一无二划分会员的方法；二、强制性到会规定；三、密切的友谊；四、有利于个体成员和他的事业的活动；五、要求成员力求改进他们的工作，以适应他们在扶轮社中的地位，尤其强调高标准的商业活动。

[34] 参见第二十二章中有关扶轮社中为何没有牧师的原因的分析部分。

第十九章　休闲娱乐组织

扶—轮—社,

RO—TAR—EEE。

当"每个人都感觉不错"的时候,在卷轴上记下歌词,并卷起挂在墙上,然后把自己带来的朋友介绍给大家,比如一位会员这样说道:"这是和我一起来的朋友比尔·史密斯,从杰克逊维尔来拜访扶轮社会员",比尔站着,接着就能听见从桌子的各个方向传来的招呼声:"嗨,比尔!""你好,比尔!"

在中镇大多数聚会上,讲演常常成为了活动的主要项目,一般可分为三种类型:一、由中镇人就自己所从事的专业进行的讲演,如"电影放映者""生产和出售高度敏感的绝缘体"、商业、广告业、法律等;二、由地方慈善机构的领导、图书馆学家、学校职业课导师或银行家协会一类团体的领导所做的讲演;三、由国际扶轮社学会总部请到中镇的"巡回演说家"所做的诸如"明智经济学""大学中的后备军官训练队""税收修正""美国与世界的领导地位"之类的讲演。无论默默无闻的讲演者是否是中镇人喜欢的一个"真正的优秀讲演者",或者中镇人准备接受讲演者的观点,讲演在中镇总是备受欢迎。

这些俱乐部为公民工作是以"服务"为其口号的,而以"享有的权益比其他人少的当地人"为工作对象。[35] 它们大致可以分为三

---

[35] 在基瓦尼斯俱乐部全国会议召开之前的1924年,四个主要的主题是:一、强调和加强对那些没有获得基本权利的孩子的服务;二、促进农场主和城市居民友好关系的发展;三、极力发展商会中的合作精神和举办合作性的活动;四、培养作为一个爱国市民所应肩负的责任的充分认识。

种类型：一、一定数量的年度公益活动，例如，邀请一位得奖的中学生参加俱乐部午餐；在学校举办有特色的俱乐部活动；在圣诞节期间慰问本县最贫困的农场；发表演讲并散发小礼品；为贫困儿童举办一年一度的圣诞节聚会；或在公园举办搜寻复活节彩蛋的活动，让数百个孩子在树叶中搜寻幸运彩蛋，寻到者可以获得物质或金钱的奖励。每个俱乐部每年都要举办四五场这类公益活动。二、做一些地方上急需的零星好事，例如，为孤儿院捐献一台收音机；轮流用自己的汽车接送残疾儿童上学等。三、举办某些不常举办的特殊活动，例如，某俱乐部为地方基督教女青年会开办一期夏令营；年轻的商人组成的"充电"俱乐部（这个俱乐部和商会有联系，但是和其他公民俱乐部不同的是，商会的任何一名成员都可以加入该俱乐部）；为当地人举办地方性的高尔夫球课程，并利用学校的操场作为活动的场地。

各俱乐部讲演题目的差异和慈善行为的相似性表明，就像妇女研究俱乐部一样，这些俱乐部在社会生活中的主要地位并不是因为俱乐部组织的这些活动，而是来自于这些组织的工具性质与象征性质。在这个高度分化的城镇文明中，这些俱乐部并不仅仅是一项商业资产，它们能够为人们提供一直以来已经变得越来越稀少的非正式社会接触的机会，比如彼此能亲密地用名字称呼，俱乐部会在成员生日的时候送去鲜花等。正如一位在扶轮社讲演的人所说的："你提到的不是爱德华·T. 史密斯，某公司的总裁，爱德华家族永远的子民。"而另外一位这样说道："它能使你感到，别人并不总是对你剑拔弩张，要同你兵戎相见。"另一位说："当你跟一个人同桌而坐谈天说地的时候，你总会更多地了解他。""我在这里看见一对年轻人，我就想：'他做了些什么？'后来我在扶轮社认识了他们，因而发现他们毫不费力做了许多妙不可言的事，就像其他年轻人一样。"

那些谈笑风生的城内各行各业的头面人物们发现，在扶轮社制造的团结氛围中，他们能够在某种程度上摆脱孤独感和竞争意识，甚至能够获得一种摆脱责任的自由感。对于某些会员来说，公民俱乐部取代了教会，成为忠诚以及个人与阶级的道德中心。

> 一位退伍军人、教会主日学校员工说："扶轮社及其宏伟的服务观念就是我的宗教信仰。我从它那里得到的东西远远超过从教会得到的。在扶轮社中，我感觉到人与人的关系比除了在自己家中的任何地方都亲密。"

各俱乐部都以服务精神为荣。在扶轮社的午餐会上，一位讲演者说：

> "曾沿着加利利海岸行走的谦恭的耶稣是第一位扶轮社会员，而第二位伟大的会员就是亚伯拉罕·林肯，他可能比所有人为人类所做的都多。如果我们能把扶轮社精神传播到煤矿，服务的精神就会让所有的罢工结束。如果把它传播到欧洲各国政府，法国就不会侵占鲁尔，德国就会交付赔款。大家一定记得哈定总统在圣路易斯的扶轮社会议上所讲的话：'只要我能使全国城市和乡村遍布扶轮社俱乐部，就可以一劳永逸地实现我们自由的理想，文明将会不断地进步。'"

305 没有任何东西能够对他和他的世界形成挑战,这些常常证明了他所从事的事业的真正价值。成为俱乐部的成员,中镇商人象征性的理想有了可寄托之处,通过推动他们事业的发展,在日常生活中作为一名扶轮社会员,就能确保他的尊严及正在从事的事业的重要性。这种实用主义与理想主义的结合,社会声望与非正式友情的结合,无疑会对人们产生巨大的吸引力。

然而,男性公民俱乐部并非十全十美,没有受到任何批评的。一些人感觉到了公民俱乐部的缺点,总结出了一些话语:

"当你刚来的时候,你对这个俱乐部的评价是什么,"一位忠诚的扶轮社成员在私下坦率地说,"你想知道我现在怎么想?我想我们不折不扣是一帮伪君子!"

另一位俱乐部官员说:"周复一周地参加这些俱乐部的聚会真是令人不胜其烦,有时我确实怀疑是否值得去参加。"

"这个城镇的组织化发展得过分了,"一位扶轮社会员的妻子激动地说,"我不认为男人们的俱乐部有什么用处。他们只是聚在一起听某人讲上几分钟,就又各干各的去了。如果各俱乐部的人全聚在一起,每个月在商会集中一次,讨论一两件事,说完就做,那他们还没准能干成点事。"

当然,在俱乐部组织的活动和中镇人主要抱怨的生活失调之间出现了深深的裂痕。一般说来,公民俱乐部的成员就像其他人一样,习惯地把这些摩擦看作生活中所不可避免的。在公民俱乐部出现之前,人们伴随着或大或小的机器的嘎吱嘎吱声,一再以几乎相

第十九章 休闲娱乐组织

同的行为重复着习惯了的生活。当人们认识到，俱乐部的存在主要是帮助其成员推进其事业发展，并提供了消闲的一种方式时，意识到俱乐部主要是作为这些兴趣的辅助之物时，意识到没有敌人出现或没有出现争吵的情况下俱乐部才成为"公民的"时，大家不会觉得有什么不正常。

在扶轮社组织的内部也开始出现裂痕。一些会员抱怨某些人总是坐在一起、玩在一起，是搞"小集团"，认为这种做法会"毁了扶轮社"。

"你知道在这些公民俱乐部背后是什么吗，"另外一个俱乐部的一位会员说，"是势利心。扶轮社成员把该社是由城里各行各业顶尖人物组成的这一说法传给他们的妻子，他们的妻子又传给邻居，然后这些主妇就开始形成她们封闭的团体。"

这种倾向有可能在扶轮社中造成一些排他的小团体。正像40年前行会作为一个封闭性的团体楔进以教会为中心的社会生活那样，随着行会组织变得越来越松散，以扶轮社为首的公民俱乐部又楔进了以行会为中心的社会生活。在扶轮社中，这种分裂的迹象从一开始就可能预示着这种现象未来将周而复始地出现。

行会作为中镇重要的闲暇活动机构的时期已成为过去。现在，除了一些主要的行业举办的一些重要活动之外，商人们往往以"实在太忙"为由不再像先前那样常去参加行会的会议。那些每周出席扶轮社会议的人承认，他们"每年只去两三次"共济会。工人们也说："行会是8年或10年以前的事了，电影和汽车把它给毁了。"不只一位接受访谈的工人的妻子说过:"我丈夫是行会会员,可他从来不上那里去。"

"20年前,"一位经营阶级的行会官员说,"我们有186名会员,每次出席会议的总有125人,10年前我们发展到300名会员,常来开会的有200人。后来,行会主席希望继续扩大组织,结果扩大到912人。但现在,开会一定要招待正餐,会员才会来,即使这样也只有40人来开会,在入会的晚上或者会有60人。现在随便什么人都可以入会,不管他守不守规矩。这里的行会已经散架了。"

生产阶级行会的到会率问题也很严重。比如,鹰谊会按照会员注册名单发给在名单上序号为5的人一美元,如果该会员没到会就下次开会再给,结果某会员37个星期没到会,在第38次会上他会一下得到了38美元,外加一顶价值5美元的帽子、一瓶免费洗发水和一次免费干洗衣服的机会。

现在工商业主加入行会主要是因为商业方面的原因。当地任何一位杰出的工商业主都必须加入行会;而工人入会则主要是为得到工伤、疾病和死亡的福利待遇,尽管这里的工人工资保障系统、雇主提供的人寿保险和广泛传播的独立保险业已经取代了行会的部分功能。行会组织活动中的各类仪式现在已根本不重要了,和上一代相比相差甚远。1890年当地的新闻机构报道一个新成立的行会时说:"不拥有纯洁、高贵的品质,还有更多的爱心,任何一个人都无法接受这里所反复灌输的东西,也不可能用美好和充满爱心的话语去抚慰那些承担了太多不幸的人们。"然而，在1924年，一个非常有水平的行会会员说："我们都知道这样是十分可笑的——一个人进入领导层，或者是被提升到其他某个位置，只是因为他'在承担行会的责任和学习共济会的仪式'方面表现出色。我们每个人都知道我们加入行会并不是对这些仪式感兴趣，而只是因为商业方面的原因。"

由于参加行会的人数大大增加，行会所在的地点也越来越大（行会所在地是一栋由百万美元建起来的新的"会所"），过去会员之间相互熟识的情况已不复存在。根据一位行会会员对当地行会生活的详尽描述：

>过去入会很有意义——行会有意义，你入会也有意义。当你在大街上或某人的工作地点遇上同会的会员，你首先想到的一定是：他是本会会员。而现在行会已经变得奇大无比，互相根本认不过来，即使认出来也不会在意了。"

在某些人眼中，行会中人与人之间的兄弟情谊已经没有了，我们可以从一位经营阶级的男士在谈及他所属教堂中人们之间关系越来越冷淡的话中看出来："你为什么上那儿去？那里就像行会一样冷若冰霜。"

在人们对行会的兴趣下降之后，在经营阶级中，对俱乐部的兴趣渐渐取而代之。不过生产阶级并非如此。行会和每况愈下的工会几乎是工人们仅有的俱乐部。两大阶级在俱乐部生活上的差异从下列调查数据中反映出来，调查是在123个生产阶级家庭和39个经营

阶级家庭中进行的:[36]

	经营阶级妻子	生产阶级妻子	经营阶级丈夫	生产阶级丈夫
参与调查的总人数	39	123	39	123
加入一个或多个俱乐部、行会，或类似组织	36	44	38	45
加入一个或多个行会	0	20	34	60
加入一个或多个教会俱乐部	23	17	7	0
加入一个或多个工会	0	2	0	17
加入其他俱乐部	35	18	30	1

两大阶层所属俱乐部的不同是显而易见的：这个有代表性的123位生产阶级的丈夫中，除了同时加入俱乐部、行会或类似组织的45位男性，剩下的78位中有77位在工会或者行会中。俱乐部在当地的重要性下降，生产阶级中很少有人参加。[37]正如第八章所述，在100家接受收入调查的工人家庭中，只有11家支持过工会，有48家交

---

[36] 见表十九。在这里，三K党也被当作行会。

[37] 参见第八章中关于在90年代工会对于处于年轻力壮的中镇人有更加重要的社会意义的部分。

这两者的有趣关系，我们可以从当地两家重要报纸的社会新闻所列举的比例中看出来，这些数据是来自于1890年和1923年3月的第一个星期的调查结果，这些比例包括所属行会、俱乐部（包括像工会一样的其他有组织的团体）和其他像党派一样的社会团体的人数的比例：

		行会	俱乐部等	其他	总计
1890	报纸A……	32%	51%	17%	100%
	报纸B……	29%	67%	4%	100%
1923	报纸C……	20%	77%	3%	100%
	报纸D……	12%	76%	12%	100%

过行会会费，从3—43美元不等，平均每家15.20美元。因此到目前为止，"俱乐部死亡"基本上是经营阶级中的现象。尽管生产阶级主妇参加俱乐部的比老一代人数量大了一些，但这并不是出于对组织更加忠诚，而是为了摆脱自身的社会孤立状态。[38]

随着各类组织的增加，闲暇活动的水平逐渐提高，男女市民更热衷于跳舞、打牌、开车出游等活动；商人们更喜欢跟同事一起去打高尔夫球；两个阶层都有人喜欢修理汽车和听收音机；热衷于园艺的人相对减少，不少人转向读书，甚至有一两个人私下尝试写作；有些妇女喜爱音乐，两三个人写作或画画；有的富裕人家还收藏绘画和印刷品，有两个家庭收集珍本书，一个收集挂毯。人们对戏剧的兴趣主要集中在中学时期，这一点同对音乐、艺术和诗歌的爱好相似。在1877年，城里甚至有一个机械师戏剧俱乐部，由"当地一群戏剧爱好者"组成，但如今为演剧筹集资金却十分艰难。中学里的姐妹会一向坚持举办戏剧演出，但这一活动仅限于中学及妇女俱乐部的戏剧部。那些看起来具有不同于一般的爱好的人，似乎和僧侣的观点相似，想隐退而脱离世人的视线。一个私有财产并不多的家庭，最近在离镇较远的地方建了一栋房子，远离公路，掩映在树木丛中。这种让人无法理解的离群索居导致谣言四起，因为是那些带神秘色彩的电影进一步导致了这些让人无法理解的行动的出现。一些特殊爱好在中学生中似乎比在年长者中更为多见。在275位男生和341位女生对"这学期你在家里最喜欢做的事是什么"这一问

---

[38] 参见第八章中关于谈及的生产阶级妇女参加俱乐部的人数多于父辈的其他原因部分。

题的回答中，有1位男生自行出版了一本小刊物，1人学飞行，1人练习心灵感应术，14人做科学试验，1位女生收集图书，1人学摄影，1人收集手绢，2人做植物学试验，还有3位女生和1位男生写作。[39] 然而，大多数的答案很相似。周围环境并不培养创新精神，即使是在年轻人中，也很少有人标新立异。

男性比女性更快地适应各种新型的闲暇娱乐活动：男人们主要是驾车、修车和制作收音机来"接收来自旧金山的消息"，他们打高尔夫球，首先使用新出现的体操馆和游泳池也是男人们。而中镇的女人们则喜欢传统的娱乐形式。从两组接受访谈的女性对于"如果有一小时的空闲时间，你愿意干什么"这一问题的回答中，我们能看到中镇的女人们选择闲暇活动的范围比男人窄得多。答"读书"者在两组女性中均占第一位，但正如第十七章曾提到过的那样，虽然读书的愿望很普遍，可做如此选择的主要是经营阶级的女性。32位经营阶级妇女中只有一人选择"休息"，而96位生产阶级妇女中有七分之一回答"休息""睡觉"，或者是"就像往常一样躺躺"等；三分之一以上的生产阶级妇女回答"不知干什么好"。两个群体中都有十六分之一的妇女回答"钩编织品"，但是有两位经营阶级的妇女如此回答时，带着不好意思的口气。两个群体中都有人提到多为他人做些什么，但是相同的回答其背景却有异。在生产阶级中这样是很平常的："我离开家到处闲逛。昨晚我去商场了。我搬到这来已经三个月了，但是我只出去过两次，两次都是去商场。""我有两个女儿，其中一个住的地方和这里仅隔一个街区，但是过去两个月

---

[39] 参见第十七章。

中我仅去看了她两次。另外一个住在10英里以外的两个镇之间，我从来没去看过她。"而对于经营阶级妇女这方面的压力明显要少得多。这些妇女中有人模糊不清地回答："我想有更多的时间看书、打电话、出去参观和参与其他的社会生活。"经营阶级妇女中不止一人提到要用这一小时为教会工作或参加《圣经》的学习，但生产阶级妇女中却有7人把这当作自己的主要愿望。然而还有两位经营阶级妇女提到公民工作。没有一位工人妻子提出愿陪孩子玩，而经营阶级主妇中却有4人以此为主要意愿。两个阶级的妇女中，全都没有人提到愿陪丈夫。一位妇女总结了那些子女的年龄在学龄期的经营阶级母亲的情况："我大多数时间都非常忙，但是只要我愿意，总能腾出时间来。"另外一位认为对她而言空闲时间总是有的："我没有感到时间的压力。其实比起社区要求我参加的那点公民活动来说，我还有更多的空闲时间。"但是另一方面，大多数生产阶级主妇却每天都要为生计操劳，分秒必争。[40]

了解某种文化的最佳角度不是看人们没有去做什么，而应仔细观察他们所做的事，例如闲暇活动。这类活动要么是职业活动的延伸，要么是与日常活动性质相反的活动。在中镇，这两类闲暇活动

---

[40] 总体来看，在96位回答问题的生产阶级妇女中，27位回答"不知道"，16位想把这1个小时用来做家务或者缝纫，14位回答休息，18位想读书，7位想外出拜访朋友，7位想去教堂，2位想写信，1位想去赚钱，还有4位说她们对时间没有什么概念，因此这1个小时可能在不同时候有不同用途。

40位经营阶级妇女中有32位回答了这个问题，其中14位想把这1个小时用来读书，3位想做家务，2位想钩编织品，4位想和孩子待在一起，3位想参加社会活动，1位想休息，5位提到她们对时间没有什么概念，因此这1个小时可能在不同时候有不同用途。

全有。中镇人热衷读书、看浪漫与惊险电影、驾车远游及许多（也许今天是大多数）妇女俱乐部研讨的论文，其价值似乎大多在于其不同于日常生活，这一点在生产阶级当中更为明显。而经营阶级男性俱乐部机制的价值则显然在于其工具性质，以及对谋生活动的用处，即使是如打高尔夫球这样自发的活动，也逐渐变得以服务于事业为目的。这样把休闲活动作为生活主要活动的延伸虽然只是少数现象，但在妇女演剧俱乐部中，看来越来越普遍。

闲暇活动组织的扩展并不能够完全替代过去的非正式交往。与他人亲密接触的机会在当今有组织的社交生活中成倍地增长。然而，这些交往更多的是短暂的，因而导致个人的孤独状态，人们不像过去那样拥有许多亲密的朋友。在一个正在成长的城镇，人们的社会与经济联系变得更加紧密，今天占据主导地位的各种类型的闲暇活动组织为防止其他组织的出现而设置障碍，这也是很自然的。

第五部分

参加宗教仪式

第二十章　主要宗教信仰

中镇人除了忙碌各种与生活直接相关的事，还从事另一种活动——信奉宗教。他们想借此来理解并应对那庞杂纷繁的生活。

在中镇，宗教的形式比较明显地表现为每星期固定一次的宗教仪式和那些散落全城的专用于举行宗教仪式的四十多座建筑。每逢星期天，有时是整个星期，这些房屋都开门，接纳公众去做礼拜。在每幢房屋中，由教士或牧师负责主持仪式，他们是那些"教堂"的宗教团体的领导人，并以此为生。一般的中镇居民，特别是经营阶级，都认为应当加入一个宗教团体。每当人们欢迎一个新来乍到的居民时，总要问："你去哪个教派的教堂做礼拜？"

中镇的宗教信仰多种多样。但是，几乎所有教派都以《圣经》中收集的自古代流传至今的篇章为教义的中心内容。中镇的教派多半体现着基督教的某种形式，只有极少数例外，其中最明显的就是犹太教礼拜堂。如果某人随便问一个中镇人："一个人若是基督徒，那么他信仰什么？"被问者的第一个反应一定是那人在开玩笑。因为，一般来讲，人们早已把"做一个基督徒"视为做一个"文明的人""诚实的人"或"值得尊敬的市民"的同义语了，尽管在基督教传统中信仰也有许多细微差别。但是，如果问到"信仰"，那么中镇人一般会以这样的语序来回答："我是这样想的，上帝创造了天和地，派他的儿子耶稣基督将这个世界从罪恶中拯救出来。如果你相信基督，你就能获得拯救。"也许，在这些讲述中，一个显著的差异是，有些人说："如果你相信基督，你就能得救"，或者在"相信基督"之外加上"按他的意愿"。中镇的一位牧师的说法更富于哲学色彩："世界是美好的，上帝是美好的，人们生活在上帝的精神世界中，他的精神就是爱的精神。"围绕这样一个核心思想产生了一整套详尽的信仰体系、禁律及团体认可的品行。

说到宗教信仰，突出的一点是中镇人坚信基督教适用于全人类。某中学的两个高年级班级里的241位男生和315位女生当中，对于"基督教是所有人都应当归依的真正的宗教"这一说法，有83%的男生和92%的女生认为"真实可信"，9%的男生和3%的女生认为"不真实"，其他学生"无定见"或不回答。[①]城里最大的一所基督教新教教堂的一位牧师说："基督教永远不会被任何其他体系所取代，因为它对于公理提供了唯一完美的陈述。"城里第二大基督教新教派教堂的牧师对在该城集会中心帐篷礼拜堂做礼拜的会众说：

"耶稣基督的那些教诲清楚、浅白。……20世纪或其他任何世纪的人类经验都不能为它们增添任何新内容，因为它们是寓于人的血肉之躯的上帝的教诲。……所有的人类的哲学、推理都很相似，内容无非是报纸上所讲的——都只是昙花一现。

---

① 这就像其他对以辨别真伪的形式出现的调查问卷的回答一样，显示出了当地生活中的一种趋向，而非仅仅提供一个绝对证据。

第二十章　主要宗教信仰

然而，那部广为流传的《圣经》却是属于永恒的。预言、知识、哲学、教义、教义问答手册……都不行，只有《圣经》的生命力才是持久的。"

在从属于俱乐部联合会的一个俱乐部的会议上，一位成员宣读的题为《日本妇女》（The Women in Japan）的文章反映了同样的信心："除了在基督教里，日本妇女觉醒的意识在哪里都找不到这个新时代所需的指引。"

城里最重要的一所教堂的牧师在一次晨祷的宣讲中，以轻淡的口气提到了那些名声不好的持怀疑态度的人。他说：

"W博士将于今晚在集会中心帐篷礼堂向我们讲话。我诚恳地告诉你们，虽然他代表了基督教思想中的自由派，但是，我不认为，在今晚的发言中他会向我们讲述那一派别的任何东西，因为他是一位很谦和的绅士和有思想的人。"

在城里大多数人的谈话中，从不涉及对他们信仰的宗教真实与否或恰当与否的怀疑。②90年代"伦理协会"代表的那种公开的自由思想团体已销声匿迹，③取而代之的是，少数经营阶级人士看上去整齐划一的信仰。"我已经加入教会"，一位城里的头面人物说，"我

---

②　这个禁止对宗教的怀疑的情感基础是从一位地方师范学院的老师在联合俱乐部的讲演的声明中反映出来的："我们为什么可以相信布朗宁的有关上帝的言谈？因为他从来不怀疑。"

③　对伦理协会的解释，参见第十九章。

是什么人,能够去顶撞像教会那么强大的制度?看来,不管怎样,顺应似乎是必要的,但是,我猜我的牧师很清楚我用于这方面的心思是多么的少。"④尽管如此,绝大部分中镇人是不会对基督教的"重大基本原则"产生怀疑的。

中镇人第二个共同信仰是,《圣经》是神圣的。按照该城最大教堂的牧师的说法:

> "《圣经》是试图对世界和人类的起源、发展和命运做出清醒而可信的解释的唯一伟大著作……学习《圣经》是掌握我们所能获得的最大能力的最可靠的途径。如果你要培养良好的性格,为人们做好事,你首先应当与上帝沟通,并牢记他的教诲。"

或者,按照一位杰出的读经班老师在对200名成年学员的讲话中说的:"如果有人想改动《圣经》詹姆斯国王版中的任何一个字,他就是一个彻头彻尾的白痴。"一位女性在妇女俱乐部会议上说:"《圣经》是我们宗教中最具感召力的著作,整个世界的希望都寄

---

④ 闲暇时间里对宗教的谈论是很少的,在经营阶级里一般是被禁止的。在工人中就不那么严格了,偶尔可以听到他们坦言地质问那些"基本问题"。一群先生和女士在班组开会前有这种非正式的对话。可这似乎很难在谨慎的经营阶级的社交活动中听到。

一位画家说:"那一天我为一位女士画像。她对我说,'你相信地狱之说吗'?我不知道她是什么意思,但我说,'我当然相信人间地狱'。她说,'我也是,我也相信有至尊存在——可你不能说他已降临大地,'三位一体'地到处走。我相信耶稣是个好人。我的确这么认为。可我不信那种灵魂转世的事'。"

一位妇女说:"这也是我要说的。当然,我们都相信有至尊存在。"

托在它的教诲之上。"当地一位律师在镇上最大的主日学校中的一所学校发表讲话时说:"我宁愿要一个懂《圣经》的主日学校的毕业生,也不要一个不懂《圣经》的哈佛或耶鲁大学的毕业生。"在一份以初、高中学生为对象的问卷中,关于"对现实生活中遇到的一切问题,《圣经》都能作人们的指南"这一说法,241名男生中有58%,315名女生中有68%认为"正确",26%的男生和20%的女生认为是"错误"的,其他人则无定见或未予回答。⑤《圣经》中的名言警句,或是整段或是整句,在各种场合被当作特殊真理广泛引用,因此,一位受人爱戴的牧师在一个为建新教堂而募捐的集会上,向他的教徒朗读如下《圣经》中的段落:

"上帝是天地的创造者(《创世记》,1:1),天和天上的,地和地上所有的,都属于上帝(《申命记》,10:14),地和其中充满的,世界和住在其间的,都属于上帝(《诗篇》,24:1),田

---

⑤ 有关同一组织对如下叙述的回答,参见第十四章,"关于人类的起源和历史,进化论提供的解释比《圣经》前几章提供的字面解释更精确"。

在中镇有一种共同的感觉:那本书是"完美的"而且不前后矛盾,只要我们有限的智力能够理解它。城里一位最有才智的女性由于不能对她班上的25名中学女生解释"有关猛冲的猪猡的可怕教训"而感到懊恼:"对于那事我不知道说什么。在课上我花了大量的时间试着去解释。我告诉她们,下个礼拜日我可能会告诉她们我的想法。同时,我从手头上有的所有注解本中查找有关资料。"

不过,应注意到,与这种情绪相对,中镇一所学说上自由开明的教会的牧师在谈到《圣经》中的某个"奇迹"时对他的男士《圣经》班讲道:"你们可以将这个'奇迹'从《圣经》中拿掉,我一点也搞不懂它的意思。"另一个牧师在城里一个最兴旺的生产阶级组织讲经时,每当不懂《圣经》中的某一段话时,就习惯说:"唉,那是只有等到我们上了天堂才能搞明白的事。"这样一说引得他的学生们都点头表示同意。

野里的每一野兽和千山上的牛也是上帝的(《诗篇》,50:10),银子是上帝的,金子也是上帝的(《哈该书》,2:8)。上帝从未放弃,或以任何形式终止他对地和其中的一切及住在其间所享有的占有权,或拥有的利益。"⑥

319　中镇大多数人的第三个突出信念是,上帝的思想完全是通过"他的杰出的儿子"耶稣基督来传递的,虽然他们在这个信念上有不同的侧重。对于"耶稣基督具有任何凡人都不可企及的完美"这句话,241名中学男生中有76%、315名女生中有81%认为"正确",17%的男生和15%的女生认为"错误",其他人答"无定见"或不回答。城里最重要的一座教堂的牧师表达了相同的观点,他说:"耶稣的生活是世界上所仅见的绝对清明的生活……因此他是这个世界上唯一能胜任的领导人;其他领导人的价值以他们引导人们追随耶稣的程度而定。"有一件值得提起的事:中镇有一位牧师,因其所在的宗教组织的基督教徒怀疑基督的"神圣性",于是学校请牧师给学生讲道时,总是只请别人而不请他。城里最受欢迎的教堂的牧师曾抨击那些基督教科学家,说他们"不是基督徒,因为他们不相信作为个人的上帝、基督的神性以及原罪的真实性"。中镇有一位牧师是在全城牧师中最热衷于

---

⑥　强调背诵《圣经》的能力是这种文化中的宗教生活的一个显著特征。《日报》上有关"每日假期学校"的一篇总结满意地说道——每日假期学校"是最大的新教教会搞的,主要是宣扬那种"生活就是为了使人幸福"这一基本观点,并以笼络青年的心为基本手段及早地反复灌输有关《圣经》的知识和对它的爱,"看到被随便叫出的孩子站在那里讲出《圣经》的名字或背诵《圣经》中的段落或章节,真是让人感到惊奇"。

进步宗教教育的一位，即使是他，仍然肯定了耶稣和《圣经》的重要性。他说："《圣经》是世界上最伟大的书，我们哪怕失去了世界上所有其他的书，也不能失去这本书；耶稣是最伟大的人，我们可以失去所有其他人而不过于怀念他们，但耶稣是不可缺少的。"

第四个信念是相信人死后有"天堂"和"地狱"。在对中学低年级和高年级学生进行判断对错的问卷调查中，包括了这一信念的一个极端提法。对于"宗教的目的在于使人们对于来世有所准备"这句话，241名男生中有48%、315名女生中有57%认为"正确"，男生的36%和女生的35%认为"错误"，男生的12%和女生的7%答"无定见"，男生的4%和女生的1%没有回答。⑦中镇最受欢迎的传教士中的一位在一次布道中的讲话，就是这个关于"未来生活"的主导信念的典型表述：

"这里不仅是说60年，而是永生永世都把耶稣基督放在第一重要的位置……他是救世主，你绝不敢在心目中将他放在第二位……我的上帝啊，兄弟们，如果你们不在心目中把耶稣基督放在第一位，当你们仰望他的面孔，永生仰望他的面孔时，你们将说些什么，做些什么呢！"

---

⑦ 从这里看出，有性别差异的同时，似乎在生产阶级和经营阶级儿童之间也有一种差别：254名工人子弟中有155名（五分之三）认为这个描述是对的，可是74名相对来说较为富裕的经营阶级家长的孩子中有28名（少于三分之一）认为这个描述是对的。

在城里一所主要教堂的日志里，可以看到另一个关于这一信念的表述："上帝并不想夺走你辛苦挣来的钱，他希望你带着这些钱一起上天堂，永远享用它。唯一的办法是把你的钱化成基督教善男信女的美德，然后你才能进天堂，才能拥有它，才能永远享用它。上帝规劝你把你的钱放在安全的地方，放在你下辈子能享用的地方。上帝要求你为了自身的利益把钱托管给他，'为你自己在天堂储蓄金银财宝'。靠勤劳和真诚致富的人们，为你们自己的未来打个好基础吧！"

许多人从未怀疑过来世的存在。他们相信："我们在地球上的生活仅仅是一种训练。"城里一位杰出的律师遇到一个对这个为一般人所接受的信仰存疑心的人，他以难以置信的口气对他说："您的意思是说，人在现世的表现与来世不相干吗？"在一些为生产阶级开设的教堂里，这一信仰表现得更为极端。在城南一所简陋的小教堂里，弥撒正在进行，一位45岁的男人冲上讲台挥拳喊道：

"我已经厌倦了这黑暗寒冷的世界，我感谢耶稣救世，我们都知道，我们已经获得了拯救！"他坐下后，许多人拥上前去挨个与他握手道贺。

另一位也起身抨击这个"邪恶的世界"，他说："我不知道具体的日子或时辰，但我已从心底唾弃了这里腐化的生活，随时准备回到耶稣身边去。"

但是，不同更早，只同1890年时相比，人们对地狱的信念变得越来越淡薄了，对天堂的信念也逐渐削弱了。这一点在经营阶级中尤其如此。83位接受调查的生产阶级和经营阶级妇女中，有8位自愿提供了她们的看法："大多数人不像过去那样相信天堂了。"可相当多的人似乎还有这个信仰。可以推测,比起1890年,中镇人较少考虑来世,与此同时,对来世的质疑也减少了。一方面,人们扫墓不如过去频繁了;但另一方面,这个问题又达不到1890年的迫切程度,当时这一问题曾经引起反对自由思想者的抗议。今天已经没有人像1890年一位医生在伦理协会发表这样一番言论了:"一个有智慧有道德的人深知,任何人都不会拥有对来世状态的真正知识。"今天,再也没有人像过去许多伦理协会会员所做的那样,在自己死后让亲属宣布,死者认为死亡就是一切的终结。今天人们如此不关心"来世"。一位虽相信来世但很少去教堂"也从不多想这些事"的经营阶级妇女,在伦理协会最后一名成员的葬礼上,以沉痛的语调说,她感到十分震惊,"因为具有如此美好人格和如此美好家庭生活的一个人,竟然不相信上帝和灵魂不朽"。

对基督教、《圣经》、上帝和耶稣基督,以及来世的这四项至高无上的信念都触及所谓的"教义",再加上一个实践伦理,即"爱邻人如同爱你自己",这些构成了教会通常向人们灌输的宗教思想。可以从下面的话看出人们对教会的崇敬:

"一个人最大的罪恶就是不入教。"

"任何时候和任何情况下都不能批评教会,因为这是一切异端邪说的根源。"

"教会是绝对必要的。对于我们来讲,参加教会仪式是我们基督教职责的一部分。"

"在教会之外没有真正的基督徒,因为基督是为教会而死的。"

"除非你,你本人,在上帝的教堂里,低下你的头赞颂将你抱在怀里的上帝，否则你无法真正崇拜上帝。"⑧ "我不必向你们这些已经在这里的人讲了，而是向那些称自己为基督徒，可现在骑摩托车、玩高尔夫，不到教堂里来看一看的人们，他们是上帝王国的叛逆者。"

人们经常把对自己的信仰是否虔诚与是否上教堂参加礼拜等同起来。一位年轻商人在一个主要教堂作星期日晚祷时说："即使按时上教堂不能使我们得到更多东西，它至少使我们养成了上教堂的习惯。"一位生产阶级家庭的女孩自豪地宣布："我有7年时间没缺过一次主日学校的课。"⑨ 人们对教会的看重也许能从以下调查结果中显示出来：接受调查的369名中学男生和423名女生，将"做个积极的教徒"列在对父亲的10项期望中的第3位，在对母亲的10项期望中，这一点被男生放在第3位，被女生放在第4位。世俗化的不同程度由下列排序体现出来：在451名生产阶级子弟中，有144名（近三分之一）将这一点作为对父亲最主要的两点希望之一，而83名显赫的经营阶级家庭子弟中却只有14名（不到五分之一）是这样希望的；对母亲的这一希望在生产阶级子弟中有132人（超过

---

⑧ 这里强调教堂建筑为"上帝之屋"。这种倾向仍是为了进一步识别宗教，把物质的教堂建筑与宗教区别开。正在发展中的一所教堂不得不把主日学校扩展到旁边的一座建筑中；该教堂的一位妇女抱怨说："在我看来，主日学校就不是主日学校了，因为它在另一幢房子里，不在教堂建筑中。"

⑨ 根据1974年对中镇和州内其他地区的主日学校教师进行的一项调查，96%的主日学校教师定期参加教堂礼拜，"除教会学校外，典型的主日学校教师还定期参加教会活动"。通过对上述现象的观察，中镇宗教生活中对定期参加教会的重视得到了更好的理解。换句话说，教会是一个超常规的团体组织，负责开展教会工作，并帮助将习惯代代相传。

四分之一），在经营阶级子弟中只有9人（九分之一）。[⑩]这两个阶级的母亲们在培养孩子"对教会的忠诚"这一点上，都不如她们的母亲对她们那么严格了。[⑪]

可以从一批家庭主妇对我们下面提出的三个问题的回答中进一步了解这些主要宗教信仰：一、在你感到沮丧时，是哪些思想和打算使你重振生活的勇气？二、在过去的一个月间，你是否经常想到天堂？三、如果有人向你证明上帝并不存在，你的生活会发生什么变化？[⑫]

73位工人阶级妇女回答了第一个问题。在她们的说法中，讲沮丧时宗教信仰给了她们生活的勇气是最多的（共20人）。笔者将她们有代表性的话摘录如下：

"我就想那正等着我的天堂之家。"

"过去，我在沮丧时老是哭，可那帮不了我。现在，我就跪

[⑩] 242名生产阶级女孩中的83名和40名经营阶级女孩中的2名将此列为最希望父亲具备的两种品质之一；70名生产阶级的女孩将此列为最希望母亲具备的两种品质之一，没有经营阶级的女孩将其列为最希望母亲具备的两种品质之一。这是唯一一个没有经营阶级的女孩希望她们的母亲具备的品质，见表十五。

[⑪] 参见第十一章关于对儿童的训练和表十四。这一代人与他们的母亲之间的差异可能比表中的数字要大得多，例如在对教会的忠诚度方面尤其突出，妇女们经常说"我想我应该标上'A'"，并且她们经常这样标，而不管自己是否经常去教堂或对教会有多少想法。然而，强调这一点的工人的妻子的人数比例较高，这无疑反映了一种真正的差异。

[⑫] 这三个问题分别得到了73、68和55名工人阶级妻子以及5、15和19名经营阶级妻子的回答。虽然在这一行为领域，单纯的口头回答并不可靠，但采访人员认为，这些回答主要反映了妇女在非正式谈话中的自发反应。回答这些问题的人数很少，但在访谈结束时被认为具有代表性。

下祈祷，这倒是让我精神振奋。"

"当我感到沮丧时，我就读《圣经》，想着那即将进入的天国。"

"我就祈祷，想上帝。在祈祷中，我得到了上帝的许多承诺。比方说，去年我那小娃娃病危，都快要死了，一位夫人来为孩子祈祷。教堂里的人不断增多。人们跪在圣坛周围。后来，孩子好起来，而且身体比什么时候都好。医生说，这不是因为什么别的原因，而是祈祷救了孩子。"

"我沮丧的时候就祈祷，想着事情很快都会变好。"

关于相同话题还有其他一些回答：

"我开始想上帝的仁慈和他的宏图。想到上帝的其他追随者还需要我。一想到这些，就不沮丧了。"

"我就不断地对自己说，事情就应该是这样的。上帝知道什么是最适当的。"

"尽管这世上的事情如此不公平，干得最多的人反而得到的最少。但我知道上帝会关照我们。"

73位妇女中有17人，在沮丧的时候会想到她们的亲人和家园。在人数上，这样讲的人位居第二。她们当中有代表性的话是：

"我总是想孩子，这样自己就不沮丧了。"

"有时，除了孩子，什么都不能让你开心。有的时候这沮丧的劲头一个礼拜都缠着你。"

"我就想：'一到晚上全家人就又聚在一起了。'"

其他妇女中，有人说"几乎从没沮丧过"。有4位说"沮丧的时候，就看看周围那些不如自己的人。"有五分之一的人说得略有不同："一唱歌，自己就把忧愁给忘了。"另4位说："沮丧时，就去干活，这样心情就会好起来。"一位妇女讲："我就坐下来面对现实，看看事情最后是怎样的结果。"有两人说用睡觉忘掉悲伤。4个人提到"到外面走走，出去多跟其他人在一起。"有11人说："什么也帮不了我，只能咬紧牙关忍受。"但是，有两个人补充道："尽管无济于事，有时自己还是会想到上帝和天堂。"另外三位说："就去哭，用哭来忘掉忧伤。"[13]

对于问题之二，即"关于这一点，你能否告诉我，过去的一个月里，有多少时候你想到了天堂"，有68位妇女回答了。有31位说"常常"或"每天"都想到上帝和天堂。她们当中有人这样说：

"老天爷呀，人在沮丧的时候，要是不想上帝和天堂来促使自己振作精神，那我真不知道他们怎样活下去。"

"我的第一个丈夫死了，给我留下5个孩子。我要把他们全培养成优秀的基督徒，因为这是他们将来能见到父亲的唯一途径。我知道他就在天堂里等着我们。"

---

[13] 经营阶级妇女对第一个问题的答案十分模糊，因此在此没有给出她们的答案。

>"我常想到天堂。它好像是我们可以永远安息的唯一去处了。"
>
>"问题在于，大部分人只想过好今天，不怎么去想天堂。我相信天堂是存在的。我知道，还是有许多人希望死后去那儿。"
>
>"我常常想到未来。我反复学习《圣经》中关于末日审判的章节。"

有16人说："我应当想，可是不常想到这些事，不过，我认为自己死后会上天堂，因为我总是严格要求自己，不走邪门歪道。"有21人说她们"几乎从没有"或"根本没有"想过天堂；她们讲：

>"只想到今天和明天的事。"
>
>"今天的事已经多得想不过来了。我很难像过去那样想天堂——只是在某位亲人或朋友死去的时候想到了天堂。"
>
>"几乎从未想过。我过去曾经相信地狱之说。现在我不知道该想什么，但是，不管怎么说，我都不去想它。"
>
>"我并非不想它。我的信条是，人应当抓住现在的生活中属于自己的东西。"

在15位回答过这一问题的经营阶级主妇中，除两人外，其他人都说她们几乎从没想过天堂。那两位持不同观点的妇女中，其中一位的讲法过于含糊，很难弄清说的是什么；另一位说："我想，自己从来就没想过天堂，但是，我也感到不安，觉得自己还是应该那样做。"其他13位妇女的典型说法是：

"当我感到沮丧时，我努力试着去想上帝，但是，祈祷不再对我有多大意义。我就从来都没想过天堂，而且，我看，人们想天堂的时候也不像过去那么多了。现在，宗教更多地强调实实在在的东西。我们对天堂一无所知，为什么要想它呢？"

"宗教的现代倾向是不强调这一点的，我童年时候，归皈和拯救的思想被强调得很厉害，现在我已经不赞成这种思想了。"

最后，关于第三个问题，即"假如没有一个充满爱心的上帝在关心你，你的日常生活会发生什么变化"，接受调查的55位生产阶级主妇中有7位认为，这样提出问题简直是不可思议：

"我再恨再抱怨也不会怀疑上帝的爱。"

"不信上帝，也不信他会关怀我们，那是罪过，任何人不信上帝，就是顽固不化。"

"没人能使我相信上帝不存在。"

另外32人断然地说，要是这样的话，生活会变得难以忍受或发生根本变化：

"我就是搞不懂，如果人们丧失了对上帝的信念，那还怎么活呢。"

"那我就无法活下去。我知道一个人,他家里是卫理公会教徒,但是他不信上帝。他双目失明,整天坐在那里,嘴里说:'我的上帝啊!我的上帝啊!'一天,当他这样祈祷了半天以后,突然,他两眼又都能看见了。你瞧都有这种事情,我当然相信上帝了。"

"要是我不相信上帝会关心我,那我就会活不下去!失去宗教信仰是不对的。世上有许多麻烦事,这并不是上帝的错——这是人类的过错。"

"早先,我丈夫离开我那会儿,我手上还有一个娃娃呢。当时我想,仁慈的上帝啊,你到哪里去了呀。不过,我现在已经明白了,我们必须相信《圣经》上讲的。"

"如果不是上帝,生活将没有意义。你也许不会关心你是怎么活的或者做了什么。哎,上帝的存在对任何事都会有意义!"

"生活会变得黯然失色。"

"这将使我失去所有信心。"

"没有上帝的思想,我们究竟会怎样生活呢?没有上帝的思想帮助正确的一方,我不会参加上次竞选。"

"生活不会什么希望都不给我和孩子们。我就是信上帝,而且我知道他绝不会让我失望。"

"这会使生活变得很不一样——尽管我从不去教堂。"

55人中还有9人说:"这对我的日常生活不会有什么大的影响。"仅6位说这不会有任何影响。

第二十章 主要宗教信仰

"我不知道上帝是否存在。人应当为做好人而做好人,而不是为了报偿才去做。"

"我并不反对教会和上帝,我只是懒得想那么多。"

"有些事是我们永远不会了解的,我也不打算去了解。"

还有一个显得疑虑重重但我们有理由相信的回答,它是许多中镇人心中存有的怀疑:"我不认为上帝是富于爱心的!人必定是要死的。问题是死的方式,死本身并没有什么。只要上帝能对此采取点办法。我不明白为什么上帝没有去做。"

然而,生产阶级主妇中有39人强调,失去对一个充满爱心的上帝的信念会对她们的生活产生严重影响,只有16人认为会有很小的影响,或根本没有影响;但19名经营阶级女性的回答显得信念不够坚定,其中只有8人认为信仰十分重要,11人认为失去信仰对自己影响不会太大,或根本不会有影响。这里也有些人甚至对这一信念提出疑问都不赞成:

"我从未想过这种事。根本性的东西不会改变。"

"我祖上是从新英格兰来的。我们从未怀疑过这种事。"

"你必须相信根本性的东西。教堂对我有很大意义。不过,它当然不能帮我管孩子。"

"我不能想象上帝不存在。我就像我母亲一样坚定地相信上帝存在。"

"我想这会造成很大影响。我个人对上帝没有一个很确定的概念。但我猜,我的人生观很大程度上是围绕上帝的概念建立起来的。"

其他人则说：

"我对上帝和祈祷的信念是很模糊的。但我有一种感觉我可能会丢失一些重要的东西。为了我的小女儿，我可不希望这事发生。"

"丧失信仰恐怕不会对我的生活有什么影响。我常常感到，与上帝联系在一起的感觉太少了——不过，我后来想，基督教神学过多地强调上帝对个人在物质意义上的关心了。"

"我对一个仁爱的上帝的意识不像过去那么强烈了。对祈祷的意识也不像过去那么强了。但我有时感到，离开了上帝，生活就丧失了意义，而且，关于上帝的意识是建立人格的要素。所以，我正试图让我的孩子信上帝，我自己也在争取重新树立对上帝的信仰。我教育孩子要祈祷。"

"当然，我认为我们必须相信某种仁爱的力量或者超越我们的仁爱之父。但真正要紧的是，如果当我们晚上躺在床上回想我们的生活的时候，发现我们已经没什么欠下的了，对其他人都很正派，而且，给孩子们吃好并提供他们一个好的家——这才是重要的。我丈夫从没在公共场合祈祷过或像许多男人一样做公民演讲。他不是那种人。但他没欠下什么，而且人好诚实。在生意上，我丈夫从不劝任何人拿出超过他们支付能力的钱。"

"我对上帝没有任何信念，生活的关键在于自己的所作所为。"

"我不大想那类事情，对于上帝的信念也不强。我确实不知道我是怎样看待这些事的。我每天晚上都祈祷做一个好女人、好妻子、好母亲。既然你是这样的人,你就只能这样做。"

"我努力去想上帝,但祈祷对我来说不再有很大意义了。"

虽然回答问题的人不多,但从前面的回答中显示出的观点与研究人员一年半调查过程中的观察结果相符。首先,生产阶级的成员更热情地信仰他们的宗教,并围绕他们的信仰去积累更富感情的价值观念。宗教对这个阶层的人的积极支持和鼓励似乎比对其他阶层更加明显。第二点是,在两代人之间,某些宗教信仰的地位有了一定程度的改变,特别引人注目的是对天堂和地狱的强调大不如前了,经营阶级中的人在这点上更为突出。第三点是,人们对上帝的信念还是比较坚定的,即使那些对其他信仰不严肃或有怀疑的人也是如此。最后,信仰程度的差异之大令人惊叹。仅仅是因为这座城市的人在家庭的日常生活中从使用简单的诸如扫帚和洗衣板这种手工工具,到使用节省劳力的电器,都进行着相同的服务活动,所以,在这一地区,我们看到宗教信仰的许多方面都提到为了适应庞杂纷繁的生活。甚至,连居主导地位的基督教学说也是多种多样的。一位生产阶级主妇在母亲协会的一次关于宗教教育的讨论中毫不犹豫地断言:"我们不需要宗教教育。在我们教堂,一个就这么高的小孩都能准确地说出谁是上帝、他干什么和所有关于他的事。"而那些自身很少保持固定的信念、不清楚怎样教育子女的一些经营阶级人士却对此提出质疑。一位这样的经营阶级母亲忧虑地说:

"人们现在对宗教持怀疑和好奇态度,很多事情,你根本不要去想它。"

另一位有创见的母亲——城里最有事业心的主妇之一——说道："我们不怎么去教堂,但我们将送儿子去主日学校。另外,我们给他一本书去读,是一本类似韦尔写的《历史概要》的第一部分,但专写给孩子们的书;它科学地解释了地球和人类的起源。我们希望从这里他将引出他自己对于宗教的结论。对于宗教我们不说什么,仅仅是让他对自己的问题找到答案——这样做我是出于一种奇想的!为了在宗教方面指导孩子,你必须要有一个很确定的信仰。不以身作则,很难去教育孩子"。

那些对现存宗教信仰产生疑问的人们,只能在孤立状态中设法自我调节。一位责任心很强的、反对把"忠于教会"当作训练孩子时需强调的一个素质的母亲说:"我看不出忠于教会有什么用处——但我不愿让任何人知道这种想法!"甚至那些配备了最好条件以求综合新旧信仰的人也经常是在独自挣扎。因而,一位教自然科学课程的中学教员——大学毕业、做过一些研究生水准的研究工作——听完关于进化与宗教的布道之后,在回家的路上面带疑虑地说:"我希望他对约拿的事情讲点什么,鲸鱼的嘴那么小,根本不可能吞下一个人。当然,鲸鱼也许只是把约拿叼在嘴上,但我不知道鲸鱼从始至终是怎样做的。而且牧师没讲他本人对进化的看法,他只是说,你们可以相信进化论,同时仍当一个基督徒。我看不出那有多大帮助。"

自90年代以后,虽然在公共场合公开向占统治地位的基督教信仰提出质疑的现象少了,但有人判断说,人们的怀疑和忧虑可能比上一代增多了。

第二十一章　宗教仪式的时间和地点

在中镇，以这些主要信仰为基础的宗教仪式多半是在前文提到的专供祈祷用的屋内进行的。1924年，中镇的这些教会建筑中有42座属于不同宗教组织，其规模从容纳24—2 000人不等。①

这42个宗教团体几乎全都代表基督教的某个分支，但是每个团体的祈祷活动却都集中在一幢单独的屋内。这种分隔首先是由于教义信仰或祈祷方式上的传统或"教派"的差异，其次是城内地点的方便程度，以及中镇生活中其他的社会经济因素。这样，中镇的不同教派就有28个之多，分为5个卫理公会，5个基督教会，4个教友会，2个浸礼会，2个路德会等。28个教会中最主要的分野是天主教与新教的区分。粗略算来，城里新教徒比天主教徒多15倍。②多数儿童从一出世就属于，至少名义上从属于这两个教会中的一

---

① 这里没有包括黑人教会。一个很主要的问题是，包括基督教男女青年会在内，在宗教仪式中，对黑人和白人的混合有一个严格的戒律。在1924年很难发现中镇的宗教活动和宗教建筑的准确数字，因为一些很小的组织的活动是断断续续的。对1890年做一个类似的计算被证实是不可能的。

② 除了这些主要的天主教和新教分支，还有一些较小的群体——犹太教、基督教科学家、唯灵论者等的团体。

观察到的事实显示，基督教和新教占压倒优势。这部分的讨论主要根据对作为宗教生活最重要特征的反映的新教教堂的观察，不过一所天主教堂的各种仪式都被研究人员观察过。

个，几乎终生都不改变；同样，人们生而属于28个教派团体中的某一个，并大多终生不会退出。在今日的中镇，传统的教派区别大都意义不大了；比方说，卫理公会社区内的公谊会已忘却了它的历史传统，采用了一个时下流行的福音歌本。人们只是循着与生俱来的习惯力量去到某个教堂。人们意识到不同宗派之间的区别，主要是当诸如三K党这样的运动临时搞起一个党以抬高自己去压倒别人时，或者当一个呼吁"唤起"教会的"精神生活"的"信仰复兴者"激发逐渐消退的差别意识并使之再次活跃的时候——就像一位著名的信仰复兴者在1924年所做的那样。当时他在城里愤怒地喊道："你们与其盼望受洗会对你们有什么好处，不如期望到外面让雨浇淋更能拯救你们。"总的来说，由于被日常生活以及诸如汽车这样新的情感发泄途径占住了心思，加上公民团结的压力，偶尔显得尖锐的教派自我意识很快变得单调乏味了。

然而，根据调查期间住在中镇的人们的看法，今天各教会之间微妙的对立情绪比以前严重了。这是因为经济和社会竞争已趋向于取代早年以教义差别为界线的分裂；这一点在经营阶级里尤其明显。③ 早期教派之间的混杂现象明显削弱，相反，社区的差异、竞争激烈的建筑项目和全国性的教派财政负担的差别却在增长和加深。正如一位家庭主妇所说的："在中镇，当我还是个女孩子的时候，人

---

③ 新入教的人的倾向部分决定于已指出的特征；在一个天主教堂里，一位引人注目的年轻商人——一位官员——的言谈反映了普遍的态度："某教堂为我做了许多事；当我第一次来这里时就知道了——而且这里没有镇上那些令人讨厌的商人。"然而，虽说这个人有这样的关系而且已在当地扎根，他在1925年还想从他的教堂辞职呢。

们常去卫理公会长老会和另一些教会参加圣诞游乐活动和其他特别仪式。今天人们很少这样做了。"一位中镇商人在1890年的一篇日记里这样写道："由于新基督教堂今天落成，卫理公会或浸礼会教堂没有活动。"再往下写着："今天我们（长老会）教堂没有弥撒，去新建的浸礼会教堂做礼拜。"往下仍旧是1890年的日记，这样记录着："我们教堂没有弥撒，去路德会教堂。"看到其他教会在建筑新的教堂，这则日记的作者所在的长老会也不甘落后。1890年地方报纸这样记载："昨天在长老会教堂，G. A. 利德尔牧师的布道措辞猛烈，提出了很强硬的理由，赞同修建一个新教堂。他预测五年以后长老会教堂将达到 A 城目前的水平，我们城市的规模也将达到邻城的规模。"确实，1894年长老会成员建造的城内第一座石质教堂超过了其他新教堂。90年代初，一位天主教会妇女写的一则日记中这样说："上星期四晚上去教堂听 W 牧师的关于'美国公民'的报告，许多新教教徒也去了。"而在今天，新教徒绝不会出现在任何天主教堂里；一个新教教堂由于另一个教会举办活动而停办自己的活动是闻所未闻的；例外的仅仅是自1890年持续至今的夏季联合晚间活动。一个教徒去其他教堂做礼拜，会被视为对自己教会的不忠。[④]

尽管人们大谈教会之间的团结，但教派界线仍然很分明。这一点或许同全国范围内的教派组织不无关系。1925年，在中镇居领导地位的一个宗教组织的全国委员会通过了一项决议。此项决议公布在当地

[④] 这种倾向的典型披露出现于1925年，那时，一个繁荣的"居民区"教堂妨碍了同一领地的、远离中心区的、较小的教堂使用他的厨房。这个较小的教堂过去是用于进行教堂筹款晚餐的。这时居民区的教堂就倾其所有，筹划准备建一座新建筑。

报纸上。决议中说:"我们尊重并感谢长老会对各类宗教慈善和教育事业的慷慨支持。但是,……我们敦促各长老会分会,在造福于本教会之外的事业以前,必须首先以全部忠诚完成与教派机构商定的责任。"中镇城内论规模位居第二的新教教会,每年只交给地方服务局25美元,可什么也没给出诊护士协会——尽管该协会主席曾风趣地讲,不如将办公室搬到这个教会去,因为她所接待的投诉中有许多来自它的成员。这个全城第二大的新教教会在外面有3名传教士,通过教会将它的传教团体在1923—1924财政年度所筹基金中的4 486.57美元全都独自献给了所有布道和行善活动;其中用于地方的只有500美元。⑤在谈到对"母亲协会"及平日宗教教育问题时,当地的一位牧师警告妇女们:"对于我们来讲,期望教会支持平日举办宗教学校是毫无用处的,因为他们都要考虑自己的经济收入。"一些经营阶级的妇女很愤怒:"我们的教会不支持这样一个全中镇范围的运动。他们大力支持传教。可当这里有这么多事需要做时却不帮助。在宗教教育上,为什么新教教会做的事不能与天主教会做的一样多呢?"一位在教会担任职务并且颇具影响力的商人语气坚决地说:"每个教会都只顾自身的利益,害怕别人沾光。你去参加教会理事会,没有一个人关心公众事务,大家全都只顾自己教会的狭隘利益。不愿其他教会超过自己。不久前我辞掉了所有的教会职务,他们坚持重新选举我,我还在考虑

---

⑤ 这种将当地的"工作"排除在中镇教会的"福音"和组织工作之外的做法可能有一个严重问题——中镇的一位商人说:"让互助会有机会开始干是因为它们比教会那种边打边丢、寻找穷人和病人的方式做得要更加系统。"如在其他地方提到的,当地公民对如实地反映宗教"服务"的信息的强调,使得扶轮社与它在中镇的一些成员一道成为教会的一个成功的竞争者。

第二十一章　宗教仪式的时间和地点

是否接受这些职务。我关心的是中镇和这里的公共事务。"

虽然这个强烈态度可能并不是多数人的观点，但是它代表了一个潜在的趋势。这个趋势甚至在教会成员当中都存在，而且据说比一个世纪前更为强烈。

正如前面提到的，各宗教团体存在的日益尖锐的经济和社会问题，反映在礼拜用房问题上。有些教堂是富丽堂皇的砖石建筑，而有些，尤其是那些在偏远的贫苦工人居住区的教堂，却是已被风雨剥蚀了的木建筑，只比一般居民住宅稍大或建得略好一些而已。但一般来说，教堂建筑都比民宅大，通常至少有4个房间：进行主要仪式的主会堂内设可容纳200—800人的座位；第二间专供训练年轻人宗教习俗之用；通常有一个配备厨具、有时用来举行教堂晚宴的餐厅；还有一间小的牧师书房。除了天主教和新教等主教派教会以外，主会堂都以说教者站立的平台或讲坛为中心。如上文所讲的，虽然中镇的家庭在住宅里摆放绘画并用其他装饰方法装饰房间，但新教教堂中却明显缺少这类装饰品，尽管市妇女俱乐部成员撰写有关艺术的论文时都以宗教艺术为主题。中镇5个最大宗教组织的教堂建于1888—1895年。自1890年以来，过去一直传播社区世俗习惯的中学，多采用现代建筑风格并为举办新鲜的活动提供场所，但这些以传播宗教习俗为主的教堂建筑却大都风格如故。⑥

---

⑥　两个主教堂希望在未来某一时候实行这个新建筑计划，建设比现有的大厦更多的设施。

人们问6位新教主牧师，他们的教堂是否每日都开，他们希望随时去祈祷。两位说他们未开放；一位说开放了，却"没人用"；一位说开放了，"每周大约有一个人来"；一位说经常开放，冬天没有供暖；一位说"经常开放，全冬供暖，每周来35—50个人"。天主教堂每周来的人很多。

虽然，整个19世纪，教堂建筑本身风格未变，但不少由教会资助的建筑却采用了一些现代风格。基督教青年会的建筑不仅为教堂之外的一些宗教活动和弥撒提供了场地，而且承担了社区内的大量世俗活动，为其成员提供了游泳、篮球、电影、童子军、社交和俱乐部活动的场地和设施。城里的学校建筑也为以这些组织的名义举行的宗教训练提供了大量的场地。⑦ 城里有6—10家工厂举办由基督教青年会召集的会议，每周15—20分钟，每年从11月持续到次年4月。

城里的每个家庭也按传统进行家庭宗教活动，但一般家庭都承认，过去那种"家庭神龛"和每日的全家祈祷和读经已不复存在。6个最重要的、广泛地代表了各种新教观点的教会的牧师回答了关于自己教会范围内有多少家庭仍然坚持每日祈祷的问题，答案是：

1.（有922名教徒的教会）"也许3%或4%。"

2.（有1600名教徒的教会）"5%。"

3.（有1250名教徒的教会）"不超过10%。"当采访人说这个数字比其他牧师提供的要大时，这位牧师回答，"你到南边的那些窝棚和破烂的人家时，就会发现有那种忠诚的人家多得令人惊奇——走进那些家庭，你不读经和祈祷就决不会想到离开"。

4.（有184名教徒的教会）"一个家庭——也可能还有另一个。当我拜访时只有一位妇女要我祈祷。"

5.（有804名教徒的教会）"350个家庭中有88个。"

6.（有247名教徒的教会）"也许有10%——不过我觉得那是一个

---

⑦ 关于对《圣经》课的陈述，参见第二十三章。

高的估计。"

还有另一位来自一个主要被生产阶级的人们光顾的教堂的一位工作努力的牧师说:"我的教众里,全家祈祷的不足10%。父亲和孩子们不是同时起床,许多家庭几乎很难有全家聚在一起的机会。"⑧ 上边6位牧师还被问到他们各自的教会中有多少人天天或有规律地读《圣经》。他们作出如下估计:

1.(922名教徒)"可能有20%的人每星期有时读《圣经》。"

2.(1600名教徒)"25%—30%,也许还要多些。"

3.(1250名教徒)"至少25%。"

4.(184名教徒)"我们在教堂门口以5美分一本的价格卖出50本每日都有经文的日历,但究竟有多少人读了却不得而知。"

5.(804名教徒)"350个家庭中有88家。"

6.(247名教徒)"一个最高的估计可能是10%。"

根据牧师和教徒的反映,和上一代相比,虽然饭前祈祷的频率降低了,也不如以前自然了,但还是相当普遍的。⑨

今天还保留在家里开"祈祷团"会和"别墅祈祷会"这种习俗

---

⑧ 许多家庭晚上就寝前进行祈祷。现在家庭成员常外出,坚持祈祷变得困难了(参见第十九章和第十一章关于俱乐部和儿童的讨论)。

⑨ 这种在用餐前"祷告"的习惯通常在重要的公共晚宴上被遵守,特别是邀请牧师到场进行祷告。这种习惯有减弱的迹象:因此,商会在每周的午餐会上不进行"祷告",而只在大型晚宴(如年度宴会)上进行;扶轮社除了在圣诞节午餐会上进行祷告外,不进行祷告;而基瓦尼斯俱乐部和交流协会则各有一名牧师在常规例会上进行祷告。

11所乡镇"农民学院"中,除了一所外,其他所有学院都是以"创新"为由开办的,而中镇商会开办的县农民学院则是由一位专业的搞笑艺人开办的,这可能说明了不同群体习惯的世俗化程度不同。

的主要是偏远的生产阶级聚居区。中镇一位牧师在俱乐部同盟会上讲话时总结了家庭作为举行宗教仪式的一个场所的地位的变迁:

"家庭没有尽到对孩子们进行宗教指导的责任。家庭神龛及固定的虔诚阅读和讨论不像过去那么普遍了。人们似乎不太愿意承认实际上他们对这件事已不像过去那样重视了,而总以太忙为借口来解释这种现象。它已经从家庭活动中被挤出去了。"

俱乐部集会一向是以祈祷开始,但正如上面所提到的,19个妇女学习俱乐部中只有6个今天还这样做。

与举行宗教仪式的场所一样,举行宗教仪式的时间也时常与其他事情发生冲突。一方面,社区的其他活动变得日益世俗化,把宗教活动压缩到一个很有限的场所和特定时间内:随着宗教仪式趋向于在教堂和附属建筑内集中举行,而不是分散在家庭、俱乐部和公民社交团体等场所,用于宗教的时间也日益集中在一周七天中的一天当中,即那传统上"属于上帝的一天"。尽管牧师协会竭尽全力将星期三晚上留给祈祷会,社区却不配合这一努力,甚至仅仅在表面上遵守这一老传统,以致祈祷会有时为了给其他活动让路而更改时间,甚至改日期。1925年的报纸记载:"原定今晚在教堂举行的联合祈祷仪式——祈祷周活动的一部分——因体操表演而延期举行。"同时,教堂内一星期当中举行的非宗教性质的社会集会也在增加。

另一方面,被迫回到教堂的有组织的宗教,其活动正通过基督教协会、教会俱乐部[10]和附属组织进入学校和商店,在一星期的其他六天另外安置自己。与此同时,更加传统的宗教仪式被更多地局

---

[10] 关于教会精心设计的以满足社区活动需要的俱乐部网络,见第二十三章。

第二十一章 宗教仪式的时间和地点

限在礼拜天。

无论是社区活动进入教堂还是教堂一反常态地接受宗教活动以外的活动,两个趋势都可以从为了保留基督安息日的重要地位的斗争中明显地反映出来。一位家庭主妇对1890年的安息日做了生动的描述:"那会儿我们上主日学校,去教堂晨祷,参加基督教青年会的活动,去教堂参加晚祷,每周都是一样。在我们家,如果女孩误了一次主日学校的课,随后一星期的每天晚上都不允许出门。礼拜天的时候根本不允许我们玩游戏,甚至压坚果或做糖块也不行。父亲永远不会在礼拜天照相。我们不能读报或读任何礼拜天以外读的东西,只能学习主日学校的功课。"

如此严格的礼拜日规矩即使在1890年也不多见,但它确实反映出那些敬畏上帝的家庭对礼拜日的态度。在州法律中甚至有这样一条规定,即"任何14岁以上的公民,若被发现在每周的第一天,即通常被称作礼拜天的这一天,从事公共劳作或从事日常的职业劳务(慈善工作与必要的工作除外),将被处以1美元以上10美元以下的罚款。"

甚至在1892年,中镇还通过了一项法令:

"在礼拜天,任何人只要被证明在镇上搭设了掷圈游戏,玩过硬币,打了板球、班迪曲棍球、唐波球,玩过猫,玩过其他公开游戏,或者曾玩过手枪、火枪或其他火器,都将被处以1美元以上5美元以下的罚款。"

但是,就在当时已经有人议论了。1890年7月,当地的报纸说:"我们的球类活动资助人的普遍观点是,我们不想也不会举办礼拜天的比赛……我们希望的是,中镇队的经理和董事会将根据这一点来处理事务,并严格尊重那些人的意愿。"

在1892年一个折中方案出台。圣歌乐队经常与球类比赛结合,"举行球类比赛时,乐队在球赛间歇时间不时地演奏"。

1890年报纸上讲:"礼拜天正从一个休息日变得更像一个娱乐日。"在1893年,经贸理事会靠打出"强行推行中镇的礼拜天法令,一个荒唐事"的口号,来为"哈姆思泰特防御基金"筹款。1892年,在一个礼拜天下午的劳工讲座上,演讲人说:"这种礼拜天的集会长期被教会诋毁的日子过去了。这些集会的意义就像他们即将在教堂的院内被发现一样值得称赞和令人鼓舞。"在1900年新居民蜂拥而至的工业城市里,报纸在星期一上午用了半个版面报道礼拜天上午钢铁工人和玻璃工人斗鸡的情况,并没有加反对性的评论。1900年报纸经常报道礼拜天上午的工会集会。

神职人员至今仍坚持"基督的安息日属于上帝"的观点,他们说:"如果这一天属于上帝,他就有权决定我们应当如何度过这一天";一个主日联盟的发言人讲话使中镇人确信,欧洲的礼拜日已引发了德国和俄国的败落;在宣布圣路易红雀队的经理布伦奇·里基(Branch Rickey)将在牧师协会的名义下前来演讲时,教会的日程上写着:"里基先生从来不在礼拜天玩耍。"可与此同时,报刊广告却在鼓励人们礼拜天上午驾车出游。全城的几家公园到了礼拜天也常有人来游玩,还有不少人用礼拜天上午的时间在乡村俱乐部打高尔夫球,尽管教会和居民中相当多的人诅咒在礼拜天组织篮球赛的做法。1924年,射击俱乐部想把每周的射击日暂时改在礼拜天,他们一开始十分担心公众会反对,但这种情况并未出现。于是就把这个日子定为固定的射击日了。

第二十一章 宗教仪式的时间和地点

和对成年人的祈祷及做礼拜的要求相比，对幼童每日祈祷与上主日学校的要求要严格得多，因此中镇的幼童在礼拜天的闲暇活动时间最受管束：一到礼拜天，上学和基督教青年会的活动以及各类课外活动一律停止。1890年，一些教会在漫长的星期日下午举办主日学校，可现在下午的活动通常都被清除。6位最重要的教会的牧师被问道："除了6—30个青年人集会以外，您的教会是否还试图搞一些礼拜天下午或晚上的活动以吸引那些将去电影院的年轻人？"3人回答"没有"；其他人当中有一位说"只有4点钟的'为基督教而努力'这个活动"；一个说"'为基督教努力的人'一个月组织喝一次礼拜天晚茶，随后举行他们的仪式"；另一位说"是的，有3项活动：我们在孤儿之家举办主日学校；我们的年轻人访问医院及其他地方，并在那里演唱——他们经常是坐满4辆车；祈祷乐队在这里或在家里活动。我正在推动这项工作，以敦促我们的年轻人组成祈祷乐队并向我报告数量。"基督教女青年会在圣诞和复活节前的四五个礼拜天组织晚祷活动，另外还每月一次在礼拜天下午4点钟组织社会活动。

许多母亲认为，礼拜天是孩子们最"难过"的一天："一星期中，每天都很忙，有大量事做，但在礼拜天却无事可做，憋得挺难受。虽然我不喜欢这个办法而且小时候也不是这么被带大的，但是我还是乐意让孩子们到房子外面去玩。"

"礼拜天对于孩子来说，真是太枯燥了。我允许女儿做点针线活，这在我们小时候是根本不被允许的。但我仍坚持不许他们打牌、跳舞或看电影。不过每年当去到一个新的地方时，我会让步的。"

到处可以看见家长们在为维护旧传统而战。每位父母都在努力规定"做什么是对的";这家允许孩子礼拜天在他们度夏的地方游泳,但不允许打高尔夫球;另一家早先不许孩子礼拜天打牌和参加足球赛,但为了和孩子搞好关系最近已开了禁;还有一家允许爆米花却不允许制作糖果。其他人家反对礼拜天玩桥牌但允许打麻将。

虽然1890年时剧院在礼拜天没有表演,但是如今礼拜天是一周中最重要的放映和观看电影的日子。而且,这些礼拜天夜晚的观众都是年轻人。在一位著名放映人的礼拜天夜晚剧场里,总是挤满了年轻人。他说,礼拜天晚上要么全是男孩、女孩和年轻男女,要么他的影剧院就是空的。一位受人欢迎的中学男生因家里不让他礼拜天晚上出门而向父母抱怨说:"星期一在学校总也加入不到小朋友的行列中去,因为他们都在谈论礼拜天晚上与约会伙伴看的新电影,而我总得到星期二才能谈论这些新电影。"对安息日娱乐的禁忌正在被破除。在这个方面,下列不同的百分比也许能给我们一些启示:254名生产阶级子弟中的83人(三分之一)、74名家长属于较富裕的经营阶级的高中生当中的仅12人(六分之一)认为,"礼拜天看电影不对"这句话是"正确"的;同样有启发意义的是,241名男生中有23%、315名女生中有40%认为这句话"正确"。对于这一代来说,1890年那时候的"安息日"已日益世俗化,成为"星期假日"。如前所述,男性,也像他们对待其他习俗一样,比女性更快地抛弃了旧传统。

像艺术和音乐一样,宗教活动在中镇的生活中也不如过去那样普遍和自然了。但与此同时,人们做出更有组织、更直接的努力,去培养和传播宗教的价值观。

第二十二章 宗教仪式的主持者与参加者

城里的42个宗教团体中,每一个团体都有一位领导人。这样的领导人以"照管"这些团体为生,其职责包罗万象。由于在这些宗教活动中口语的使用占有极为显要的地位,做领袖的人首先得是个优秀的演说家。这种演说才能用途广泛,[①] 人们经常不给他们什么准备时间,便要他们以"麦金利总统""勤俭"或"战后六年"等为话题在美国革命女儿会的年度宴会上、在某公共建筑落成仪式上,或在某一个为防治肺结核而举行的集会上发表演讲。这样的领袖还必须是"富有同情心的教长""人民中的一个优秀分子",并且能"争取年轻人"。

在经营阶级中间,教长的活动正在发生显著的变化。现在,在教长举行仪式的时候,往常那种较为外露的宗教行为——如跪拜、祈祷和朗诵《圣经》等——已经显著减少,即便与上一代人相比也

[①] 1924年的一份地方报纸中的一则关于某大牧师的情况介绍的编者按中说:"XX博士是一位出色的布道士,思维敏捷,口才出众,他布道从来都是高质量的,邻近的教会一向恳请他做布道演讲。"类似的情况还可以从1890年11月一位著名市民的日记中看到:"XX教士早晚给我们讲道。想来我们会对他满意的——一位善良恳切的讲演者,声音清楚。他说的每个词都听得清——那些听觉不好的人也如此反映。"

是如此。教长已经不像往常那样逐门逐户地查访,对那些未处在"困难中"的教徒的查访已被简短的社交性拜访所代替。在生产阶级中,往常那种教长查访仍很常见,但其他组织,如世俗性的有组织的慈善机构和巡回医疗队,经常使牧师的作用比往常大大减小,即使对于那些受难中的家庭也是如此。教民活动范围的缩小至少造成以下两个后果:一是更加强调布道在争取新教徒中的作用;二是促使牧师在与市民融合的过程中积极参与各种公益事业。在中镇创建初期,如第三章所述,牧师是社区中的主要信息来源之一。由于大众教育的改善、新的信息渠道的普及、中镇的普遍文化水平的提高,[②]再加上大众对说教式演讲的兴趣的降低和人们听讲习惯的变化,布道在中镇生活中的地位相对降低了。同时,牧师们所从事的其他工作却变得相对重要起来。在传统教长式的工作减少以后尤其明显。"你什么时候实现你的诺言来听我的布道,"在一次公民俱乐部午餐会上一位牧师对桌对面的一位先生开玩笑似的说,"唉,我读你在星期一晨报上发表的小说[③]就已经足够了。"周围众人也都随声附和。大家七嘴八舌地评论"小说"这一用词,而一位知名的教徒轻声地说:"坚持住,爱德——君子一言,驷马难追!"

这些牧师先生们必须为每个礼拜日准备两份演说,还要为星期中间的祈祷会准备另一份演说。我们对6位新教大牧师的访谈结果表明他们都感到压力很大。

"问题是,"其中一位疲倦地说,"人们并没有想到在这日新月

[②] 参见第二十八章中提到的中镇一位先生宁愿听无线电广播中的布道,因为城里的布道师都没这么好。

[③] 牧师们把布道的原文寄给报纸,登载在星期一的晨报上。

第二十二章　宗教仪式的主持者与参加者　　　　397

异的世界上必须不断地更新《福音》的表达方式。就在这个星期，一位先生对我说：'我们才不需要这种现代化的玩意儿。我们真正需要的是明明白白的传统的《福音》。'在这个教会里，老教徒都是五年级毕业生，他们的孩子们则是高中毕业的文化程度，而这些孩子的孩子正值上大学的时候。再过一两代人，教徒的文化水平之高可以想象，人们那时就会要求牧师自己能有时间和精力不断研习，不然就不能做一个称职的牧师。"

这6位先生的阅读时间都是"挤出来的"。"我唯一的机会就是在深夜阅读，直到我困得打盹时为止。"他们当中精力最充沛的一位说道，"我所做的不能算是阅读。我总是在很累的时候才干，而且只是为了寻找布道的素材，并非在真正地领会作者的原意"。④

---

④　这6位大牧师们阅读的情况是：

一、"一个月一本书，除此之外还翻看一些我太太经常从头到尾读完的书。要不是我太太读书，我就会被压得喘不过气来。我暑期读4—5本书"。在问到去年读到的最好的5本书时，他提到杰弗逊（Jefferson）的《五大难题》（*Five Great Controversial Subjects*）、"弗斯迪克（Fosdick）的新作""斯塔德·肯尼迪（Studderd Kennedy）论《谎言》——真棒"、赫顿（Hutton）的《胜而又胜》（*Victory Over Victory*）。"我未读完罗宾逊（Robinson）的《创造中的心灵》（*Mind in the Making*）——没有什么收益。"

二、"一个月两本。"他能记起的唯一的一本是《在主日学校中看清方向》（*Seeing Straight in Sunday School*）。

三、"全年平均每周一本——然而我得靠假期才能读满这个数。今年的好书有《创造中的心灵》——不错——以及J. 亚瑟·汤姆逊（J. Arthur Thompson）的《人是什么？》（*What is Man?*）——好！"他记不得其他的书了。

四、"不到一个月5本，读不了更多让我不安。好的中间有斯塔德·肯尼迪（Studderd Kennedy）的《边门》（*The Wicket Gate*）和谢拉·凯·史密斯（Sheila Kaye-Smith）的《阿拉德家的终结》（*End of House of Alard*）。"他记不得其他的了。

五、"我计划一周读一本，这样刚刚可以完成计划。"他提到的一本（转下页）

346　　中镇大教堂中的牧师们都时时感受到这种压力。他们的活动繁杂，有时与其职责并不相干。同时，教会和礼拜日的布道又越来越受到今天城市中较为丰富多彩的生活的竞争。其中一位牧师在总结他在1924年的工作时列举了以下主要内容："959次教长查访，每次至少10分钟；133次布道，101次演讲（中学、公民俱乐部、祈祷会）；35次演说（毕业典礼、纪念日等）；29次葬礼；34次婚礼；无数的电话和信件。信件均为手写，因为我自己没有秘书。"另一位在总结他在中镇四年的工作中的主要成绩时说："386次布道；大约一百次特别演说或演讲；大约二千七百次教长查访，共计访问了6 000人次；89次婚礼；111次葬礼；403个新教徒加入教会。"

　　这六位新教大教堂的牧师，再加上其他两三位（包括城里的天主教牧师），就是在中镇向几乎所有经营阶级的人布道的全部牧师。

347　　他们当中没有一个是当地人。其中只有一个人的父亲出身于生产阶级。六位中有两位在从事神职工作以前曾是工人，两位是牧师，还有两位一直从事神职工作。其中两位是东部颇具规模的大专院校的毕业生，三位是中西部规模不大的学院的毕业生，还有一位没有上

（接上页）好书是乔治·穆勒（George Muller）的《忠诚的生活》（*Life of Trust*）——"一本伟大的传记！"

　　六、"不超过每月一本，然而这主要是因为我的眼睛不好。好书很难说；书单包括柯宾（Cobin）的《中产阶级的衰落》（*Decline of Middle Class*）、华莱士（Wallace）的《圣经的社会研究》（*Sociological Studies in the Bible*）、罗宾逊的《创造中的心灵》中关于宗教改革的一册和《剑桥近代史》中关于英格兰清教徒的一册、哥伦比亚大学教授写的一本关于社会力量的书、罗斯（Ross）的《社会控制》（*Social Control*）、斯达尔（Starr）的《地质讲话》（*Talks on Geology*）。我又重读了詹姆士的《实用主义》（*Pragmatism*）和达尔文的《人类的后裔》（*Descent of Man*）。"值得说明的是，这位先生是较小的、不受欢迎的自由派教会的教长。

　　应该记住，这些大牧师在地方牧师中属佼佼者，素质远胜于其他同行。

过大学。六位中一位有硕士学位。所有六位均在神学院学习过，其中三位毕业于神学院。六位中有三位曾到美国以外的地方旅游过。他们都是共济会成员。他们中间除一位以外都已在中镇布道4—10年不等。这六位大牧师的工薪在3 000—5 200美元。[5]（在中镇，3 000美元相当于市长的薪水，是警官薪水的两倍，是城市图书馆员或高中教师工资的2.5倍，是小学教师工资的2—3倍。）在工资上，他们的收入大约要高于扶轮社80名会员中40%的人的工资；与其他公民俱乐部的会员相比，这个百分比还要高一些。[6]然而，中镇其他三十多位牧师的工资，除两三个人以外，都远远低于这个高水准。在许多教徒多来自生产阶级的边远的教堂里，特别是在"形势不好"的时候，牧师想要增加其微薄的工资几乎是不可能的。自1890年以来，某些小教堂在挣扎中求生存的状况基本上没什么改变。一次报纸上登载了一则告示："感谢那些捐助者集资32.5美元，使XX教会能够给予其他牧师一份礼品。女士们给牧师一套精致的西服。教士先生对实用的礼品深表谢忱。"

在选择牧师时强调其争取青年以及男教徒的才干，这也表明了教会所感受到的压力。在一般情况下，中镇的女士们比男士们更尊重牧师。男士们虽然一般说来也具有社会公众所具有的宗教信仰，但是，经过几个月的接触，从他们的言谈话语中不难感到，对于许多男士来说，宗教是某种为云雾所笼罩的、不现实的东西，布道台

---

[5] 在将"牧师的住所"也都包括在牧师工资之中的情况下，这里把住所按中镇房屋租金的情况估算成大约相当于1 000美元的附加工资。

[6] 参见第八章从所得税申报情况中调查的中镇收入的分布情况，以及被调查工人的情况。

上那些牧师与他们自己不属于同一种人。人们不可能绝对地证实宗教，而只能通过社会公众的行为和舆论感觉到。这种舆论反映了人们的共同想法，像90年代共济会馆周年纪念会上人们所朗读的关于过去"牧师们像男人一样在马背上驰骋"的那个年代的诗句。

至于对书和电影的审查，中镇某家报纸的编辑问道："谁有资格做文字检查官？"文中依次回答道："不是警察官员，不是公诉人，不是那些专横跋扈的专业评论家，这些评论家常常把人们认为是好的东西说成是坏的，而又把人们认为是坏的东西说成是好的；不是传播福音的牧师，也不是那些极端的善者和恶者——也就是说，不是所有一切从本能或职业出发，而是仅从偏见无知和缺乏经验的观点出发来看待文学和艺术的人们。"

1924年，某地方报纸报道一个当地人在折断了一支高尔夫球棒之后在下一棒的比赛中却反而领先的故事。该报接着评论道："幸好当时没有牧师或妇女在场。"

另一篇报刊文章以"他们在礼拜日布道，但都有各自的娱乐"为题报道说："如果仅仅看到城里某些公民碰巧当上了牧师或福音布道士就放弃自己的娱乐的话，得好好想一想……中镇的布道士和其他人的所作所为一样。垒球赛、其他运动比赛、值得一看的戏剧、公民俱乐部等，让城里的布道士感到生活中的乐趣是如此丰富多彩。"

六位有影响的企业家在一起议论神职工作。他们都是大专院校的毕业生。其中一位断然地说："我决不会让一个男孩考虑这个职业。"另一位说："听他们布道，没有一次不让我憋得发疯。他们站在布道台上知道咱们没法和他们辩论，他们所说的东西连他们自己也不相信，他们知道自己也不能证实。"这些企业家普遍认为，神职工作已经"过时了"。

"要是不给牧师发工资会怎么样"一位工会活动分子在一次工人集会之前和一群与会者闲聊道,"你不给他工钱,他就什么也不是!他在别处找到更赚钱的工作,他就会说上帝在召唤他!"(大笑)

(另一人)"是呀。看看这些教会吧,他们究竟为了谁呀?就说长老会教会吧——他们究竟为了谁呀?还不是为了长老会的教徒!就是浸礼会教会也是这样。"

(前面第一位发言者)"是啊,你说得对,可我还是觉得(浸礼会牧师)先生不错——世界上还有这样不怕弄脏自己的手的牧师!他和你我一样都是普通人。他连尸首都不嫌。你还记得那个先开枪打死老婆孩子然后打死自己的人吗?——牧师闻风赶到还帮着收尸呢。"

在经营阶级中有一种"救济"牧师的趋向,如免费给他们乡村俱乐部的会员资格或是给他们很少的礼品式的"副业"工资。在金钱问题上,这种略微有些屈尊俯就的态度在丈夫们和妻子们中间都不同程度地存在着。在谈到一位前任牧师的妻子自己有些积蓄时,一位经营阶级的太太评论道:"能见到一位无须怜悯的牧师夫人,可真是件好事呀。"

扶轮社中牧师会员的明显缺乏,大体说明了中镇经营阶级男士的态度:有人解释这种现象说,如果扶轮社吸收牧师参加,那么有些百万富翁、巨头厂商的教长们就得加入,可是这些巨头都是宇宙神教会的成员,那些宗教信仰比较正统的人就不免要反对。其他人说教会之间的对立和竞争已经十分激烈,吸收加入扶轮社是件关系到名誉的大事,选哪位牧师都不好。弄到最后,城里的这些领导人物中一个牧师也没有。

这些具体的看法和解释虽然准确地反映了人们时常说到的观点，但也必须将之与人们对宗教领导者的普遍尊敬、爱戴和拥护加以对照，这种态度在中镇妇女中表现得尤为明显：

"我觉得某先生不错，"一位妇女说，"就是在街上遇见他都让我感到舒服。"

1924年报纸上的一篇社论在赞颂一位将去另一座城市赴任的牧师时说："XX先生担任传播福音的牧师并没有妨碍他与教会之外各行各业的人们相融合。人们常常把他称为一个真正的'男子汉'。"

吉万尼斯教会中的一位知名人士在提到他们的新牧师时说："我的儿子和女儿往常都很不愿去教堂，牧师布道时他们坐在那里看他们的主日学校的材料。可现在我的儿子说：'爸，我要一直参加教会活动。我爱听像XX那样正经的大个子讲话。'""我一生中只遇到过两个算得上真正男子汉的牧师。"一位年轻企业家说，"XX和XX，其中XX先生要是能把车开得再快一点，把高尔夫球打得再好一点，偶尔允许别人有限度地对神明随便一些，那就更好了。他总是一到十一点三刻就结束布道，不论他讲到什么地方都能做到这一点，而且每次结尾都余味无穷。在镇上，我们教堂结束得最早。⑦他

---

⑦ 在如今这个汽车时代，按时结束布道、早早散会的才能已变成选择牧师的一个硬标准。一位工人的太太说："我不喜欢我们的新牧师。他讲得太长——把大家留到十二点零五或十二点十分。大家回家吃饭收拾完之后，整个一个下午就没了。再看看XX牧师，夏天的时候他十一点半就讲完了——只讲一个小时。所有教堂都应该这样。"一位经营阶级妇女从一所社交界知名的教堂往回走的时候无可奈何地说："我们以前的教长把我们给惯坏了。他总是十一点三刻就让我们出来，我们可以早回家。做礼拜超过十二点真不容易。"

至少在两所教堂里，我们听到牧师在主日学校结束时要求全体留下作教堂礼拜，而且许诺仪式一定不超过"十一点三刻"！

具有演员的那种本领,在听众们还想听的时候就收场。他是个真正的企业家。"

一次,一位曾在中镇作牧师的教士回到镇上主持一次专门为他安排的仪式。出席的教徒济济一堂,许多人热情洋溢地赞颂这位教士对他们的恩德。

几位母亲感激地说起一个小型经营阶级教堂的教长在男少年中所做的工作。

上面这些议论中的那种带着优越感表示关心的调子代表了中镇相当一部分人的情绪。然而,这又与牧师工作中的苦衷恰成对照。至少有四位大牧师表达了这种看法:

"我早就想一走了之了,"一位牧师在谈及自己遇到的一件麻烦事时说,"当然我可以留在这里奋斗,可我一旦开始抗争我就不愿半途而废。可与其冒险地被困在这里奋斗,我看还不如不捅这个马蜂窝呢。"

另一位在谈到他的困境时,一而再、再而三地解释他为何不撒手不管、一走了之。他说:"我绝不是个逃兵!我绝不是个逃兵!"

通过对牧师们和教徒们的访谈,作为局外人,我们看到如下这样一种现象:牧师们看来都十分热切地希望利用各种机会走近市民,与市民们谈心,可市民们觉得很难和牧师开诚布公。在一方面,不止一人提到,就像一位扶轮社会员说的:"我害怕和布道士谈话。要是我告诉他真实想法,他会把我当成无神论者一类的人。"在另一方面,一位十分机敏的牧师却向我们研究组的成员抱怨城里的商人们的态度。他十分急切地要接近那些商人们:"他们愿意和你们谈,可是却不愿和我谈,就因为我是个牧师——这对城里其他牧师也一样。"

关于中镇牧师的活动和看法的最具体的证据，恐怕还是从1910年9月至1924年12月这14年间中镇牧师协会的每周会议记录了。[⑧] 这在牧师们的许多传统活动逐渐为世俗机构所取代的今天更是如此。牧师协会的会议包括的内容有："礼拜活动"（祈祷、朗诵《圣经》，以及时不时地由成员做的礼拜演讲）；通过各种决议，以表示对某些事件的同情、感激、批准和认可；听取协会成员、市民或城外来客的讲演；对成员们共同关心的问题的讨论。协会在14年中的工作可以分为：协会以外机构发起的、由协会公开认可的活动；由协会私下认可的活动；由协会出面主持设立但不由协会承担的工作；协会在这一时期内一直投入力量为解决问题和组织运动而进行的工作。

不是由协会发起但由协会投票认可的活动包括某些宗教性的活动，比如为基督教男女青年会组织的宣传、童子军、近东救助会、防治肺结核协会、一些关于福音传教的会议、红十字会、团体公款会、某些集体庆祝"日"和"周"等。[⑨] 这种活动还包括某些团体活动：妇女选举权同盟、家庭圣坛同盟、圣父之日联盟、不流汗同盟、

---

⑧ 在这整个时期，会议每周或每两周举行一次，只有每年夏天的两个月除外。这14年的会议记录是仅能找到的会议记录。对此我们做了仔细的阅读。未能找到1890年时的类似资料。

所有的中镇牧师都是协会会员，例外的是一位因"协会不干实事"而辞职的大牧师和某些远郊生产阶级小教堂中的牧师。

⑨ 圣父圣子周、儿童周、生命保险周、健康周、祈祷周、罂粟周、良好祝愿礼拜日、防治肺结核日、反沙龙行动日、去教堂礼拜日、打包日（为近东救灾）、决定日、监狱日、拉菲耶特日、公民义勇日、慈悲日、爱国礼拜日、遵守安息之日。

第二十二章　宗教仪式的主持者与参加者

以"让教科书准确反映历史"为主旨的外战老兵协会、美国《圣经》协会、慈善协会。除此之外，还有其他各式各样的活动，如城市官员反腐败的活动、星期六6点钟下班后的活动、选举代表参加工商议事会、公墓管理委员会反对星期日葬礼的活动、星期六之夜活动、促进中镇夏季教育性集会活动、教会联合会、在地方礼堂上演宗教戏、学术讲演会、邀请妇女基督教自我节制联盟在中镇举行大会、世界主日学校联合会的现场工作秘书来中镇访问、选中镇作为全州篮球联赛会址等。

只被私下认可的活动中最引人注目的是国际联盟的成立和一场保护改革派市长以清洗城市中的污浊的运动。

在14年中以下活动由协会主持设立：在礼拜日关闭邮局、早11时开放所有教堂、福音布道宣传活动、推选医院和孤儿院的布道人、大战纪念日仪式、向立法院特别会议请愿以求改正拥有烈性酒不犯法的法律、教会唱诗班在医院唱诗、社区宗教学校、假期每日《圣经》学校、教堂中举办家长会讨论腐败堕落问题、关于中镇工人是否能在七天之中休息一天的调查、发表声明申述黑人投票的真正宪法意义、关于公共图书馆应当更加注意书籍选择的建议，以及对放映某些电影的抗议等。

这一时期，协会一直坚持公开做的事情有：禁止礼拜日放电影、禁酒运动、避免星期三晚间社交活动以便让人们参加祈祷会、学校中的宗教教育、反对有奖竞技、劝阻通过治安官员举办婚礼。

以下摘录反映了协会这一时期的工作：

"协会决定由主席任命一个三人委员会。该委员会不负责筹款但应采取行动表示本协会对中国百万饥民的关注与同情。"

"通过动议，本牧师协会发电报给华盛顿的矿工与劳工会议，要他们祈求神意的保佑以对所面临的问题做出决断。"

"兹声明，某礼堂（归中镇男青年会所有）被玩篮球的中学生占用，亵渎安息日的圣洁。此项事宜应呈至社会改良委员会。"（下一次会议上）"社会改良委员会呈报说该礼堂将不再用于亵渎安息日的活动……"（在同一次会议上）"会议投票通过我们作为一个协会承认城里的童子军运动，并保证通过一个有权代表本协会的委员会与之合作。"

"我们城里的腐败堕落的局面令人叹息不止……大家一致表决，我们作为一个协会应寻找一切可能的机会打击腐败现象。"

"XX先生谈到宣传中镇主日学校的事尚未有过真正的游行活动，如能针对游行和主日学校的一次全天集会进行总的计划，那将会很有好处。"

在对城里的政治腐败进行热烈的讨论之后，会议投票决定"授权XX教士向XX先生呈递一份本协会的紧急恳求书，请求他出来竞选市长。本次行动不由报刊报道"。在其后的一次会议上，另一位候选人听到关于这份恳求书的风声，请求到协会演讲，协会会议记录上写道："大家听取了XX先生的申述。协会要求在记录上注明，星期一早晨对竞选人的讨论都并非针对某一人，也未涉及目前和今后如何行动。"

"XX医生汇报说，社会改良委员会谈到被打败后的心情并讨论我们对XX市长的态度。关于这个问题，从个人方面来说，我们接受并鼓励该市长每一个善意的言行，但是本协会正式的表态在作出明确的悔悟之前还为时过早。"

牧师们都各自努力加入城市生活。牧师们所代表的是一种人们认为"贫乏和软弱的人性"所无法达到的理想。他们有责任规劝人们在生活上采取和现在做的事情不同的方式。为了显得不彻底脱离群众，牧师们抓住一切可能的机会参与市民的生活，同时又试图尽量少地放弃他们所遵循的教规和原则。有两位牧师参加广告俱乐部的午餐会，一位在某大政治团体任职，一位在州里弹劾地方巡回法院法官的审判中做证，还有一位是州国民卫队的首领。有一位牧师想让中学把他们啦啦队的队歌的最后一句从"讨厌的球队"改成"我们自己的球队"。另一位怕开讨论会引起争论，就试图在他的教会里组织收集旧杂志分发给贫困户，还有一位曾积极参与基督教男青年会在城里工厂的车间里举办的午间演说会。他能"把脚踏在一架机器上，像普通工人一样夸夸其谈"，后来却被大家赶了出来，因为"虽然他说得也有道理，大家却不喜欢他的话。因为与大家的感情无法沟通，他的宗教味也不够浓，大家还讨厌他不太规矩的思想"。一位精干的牧师议论道，"我一生中从没像现在这样感到进退两难、踌躇迷茫。我真是不知道怎样才能摆脱这种困境"。[10]

选择基督教男女青年会领袖的标准与选一般牧师的标准不尽相同。其主要看重的并不是口才，而是通过体育活动来吸引青年人

---

[10] 这位先生曾考虑在市中心商务楼里租一间办公室以接近城里的主导势力。

组织俱乐部和进行行政工作的能力。中镇这两大青年会的主任和主任助理都是大专院校的毕业生,而且在其他地方已取得了类似工作的经验。⑪在某些领域,他们配合教会的工作,并且逐渐成为中镇的宗教领导人。

每位牧师都是从他所在教会的教徒那里得到协助和支持的。青少年大多是在9—17岁之间"参加教会"。一半以上的教徒是在16岁以前参加教会的。⑫从教会成员分类表上看,女性占压倒性的多数。在1924年,最大的新教教堂中有62%的教徒为女性。另一个主要教会有60%为女性。这个比例在过去30年中一直没有什么变化。在1893年全城成立的第一个教会中,女教徒的比例是64%。⑬

---

⑪ 参见第二十三章关于主日学校以及基督教男女青年会《圣经》志愿教师的讨论。

⑫ 基于亚瑟恩关于本州2 302名主日学校教职员工按参加教会年龄的分类,也根据对43个州的五大新教教派6 194名教徒的抽样调查;在前一组抽样调查中有56%在16岁之前入会,在后一组中有59%(《美国联邦新教徒的宗教教育》,第372—374页)。据亚瑟恩的资料,"入教会的平均年龄为14.9岁,而其中主要成员在12、13和14岁入会"(见前引书,第64页)。值得注意的是,中镇人常说"从行动上看教徒和非教徒没什么两样"。这句话与下面的情况可对照来看。虽然在这个文化里,从法律上来说,未成年人不能签订合同,女孩到16岁才达到"承诺年龄",另一方面,人们都认为一个10岁或12岁的孩子能以参加教会的形式订立某种终身合同。事实上,人们鼓励早做"决定"。布道常常劝青少年下决心。某一中镇教会年历上关于从财政上赞助教堂的宣传是这样说的:"时而出现的一个问题是,应该什么时候教孩子们供奉什一税呢?应当尽早,当头脑还有弹性、记忆力好、印象深的时候。知晓什一税的孩子把上帝放在首位。今天他会意识到他在遵循基督的旨意,'你们首先求索于上帝的疆土。'"

问题并不是什么年纪入会是对的,什么年纪入会就是错的。问题在于一个人何时可算作能对他订立的合同关系负责。在中镇,各方面对这个问题的看法有很大的不同。

⑬ 只在这所教堂里有早期的关于教徒入会的资料。

第二十二章　宗教仪式的主持者与参加者

新入会的教徒正明显地不断减少，其情形与联谊会入会人数减少有类似之处。几乎所有的人都可以参加教会，只要声明自己的这种意向即可。[14] 而且一旦加入，一般没有被勒令退会的事。有几个教会，如天主教会和主教派教会，对即将入会的青少年会讲一些入会以后的责任和义务。但对于成年人来说，讲责任和义务则比较少见。对青少年的指导内容，从下面一位大教堂的教长的话中可以略见一斑："我只是告诫他们教会的意义、宗教仪式、上帝、耶稣和《圣经》等等。"

能把教徒与其教会联合起来的不外乎三件事：捐献财物，参加宗教仪式，以及教会的工作。按照牧师们的说法，这三项中的最后一项是最稀罕的。在6所新教教会中的5所里面，牧师们估计的教徒积极分子（即除了参加宗教仪式外还参与教会其他活动的教徒）的比例在25%左右；在第六所教会共有不到200名教徒，这个数字在50%左右。在问到"您在这里遇到的最大的问题是什么"时，许多牧师都不约而同地答"缺乏领导，骄傲自满"。[15]

---

[14] 研究组成员只在一处发现挑选教徒的情况。在这个场合，某著名教堂的男教徒积极分子和教长相约在城中心旅馆共进晚餐，酝酿争取入会的新教徒的名单。他们列出了一些男士的名字，主要是未加入任何教会的新市民，并指定出席晚餐的某些人每人分头走访这些人。当读到某一名字时，教会里的一位长老说道："他这个人不支付账单"，这时牧师搭腔了："是吗！唉，把那张卡片还给我。我们不要这样的教徒。"读到另一个名字时，人们说这位先生"正要离婚"，这时回答又是："唉，我们就不要他了吧。"假如这两个人申请入会的话，可能遭到拒绝。

[15] 六大新教教堂的牧师在被问到每一个宗教团体中的领导人物——如"长老""副主祭"和"教区委员"等——中有多少人经常读《圣经》时，他们的回答是：
一、"长老会执行理事会的12人中可能有25%，22个理事和副主祭中可能有20%。"（转下页）

至于从捐献财物上看教徒入会的意义，我们可以考虑一下捐给教会的部分在家庭收入中的比例。传说中每一个基督徒"将其收入的十分之一奉献给圣父"。在中镇仍有几户保持这什一税的做法，但牧师们和教会司库们都说大多数人捐的远少于十分之一。在关于100户工人家庭的收入分配的抽样调查中，80户捐给教会的钱数不到其年收入的2.5%，其中58户所捐的不到其收入的1%，39户不到0.5%，9户分文未捐。在所捐的钱数等于或超过2.5%的20户人家中，只有一户所捐的钱数高达10%。[16]我们无法得到经营阶级抽样调查中的收入分配情况，包括其向教会捐献这一项。然后，经营阶级和教会之间的货币联系可以从某些教会的教徒的捐赠情况中窥一斑。在中镇最受欢迎的教堂里，教徒几乎全来自经营阶级家庭。根据教会秘书提供的情况，其捐献的情况大体一致。有一人每年捐献1 000美元以上，10人在500—999美元之间，15人在250—499美元之间，70人在100—249美元之间，有425人捐献100美元以下。[17]在另一所著名教堂，教徒中有一些富裕的商人和许多生产阶级教徒；其中一人捐献达到一年260美元，另一人200美元，其他的教众每年捐献14—52美元不等。

（接上页）二、"少于50%。所有11位长老都读，可其他28位就说不好了。"

三、"我敢肯定我们的12位副主祭中有7位读《圣经》，可8位理事中只有两位。"

四、"总共10位中有两三位——最多不超过4位。"

五、"我想每个人都读。"

六、"我猜想10个人里有4人读。"

[16] 未检查教会成员总数。意味深长的是，虽然这100个家庭中有91家向教会捐献财物，但只有一家交传统的什一税。见表六。

[17] 参见第八章中对中镇经营阶级收入的估算。

第二十二章 宗教仪式的主持者与参加者

参加教会不一定非得捐钱。这一点可以从1924年4月1日在镇上最大的新教教堂随机抽取的918名教徒中看出。抽样的比例是50%。这些教徒与其教会的金钱关系是这样的：

在918人中，566人（62%）答应向教会捐钱。⑱

在这566人中，有177人在年终仍未兑现其上半年应付的款项。

在918人中，273人（30%）未答应捐钱，如果不计偶尔投在捐献盘中的零钱，其中只有75人后来捐了一些钱。

在918人中，有3人在教徒花名册上注明"免捐"。76人的捐赠情况不详。⑲

中镇对教会的财政赞助来自各个层次：有虔诚的信徒自发地呈交传统的什一税；有"不愿生活在没有教会的土地上"的人们；有人觉得"捐献是应当的"；也有分文不交的。各个教会及其教派管理会的财政需求日渐增加，然而，"把自己所得捐献给圣父"的举动却随着社区慈善事业的日益世俗化和教会在社区公共生活中的地位日渐衰弱而遭到更多的竞争。同时，据牧师们和来自两所经营阶级教会的司库所述，教会和教派日渐增长的财政需求和中镇教会的"训谕"力量的削弱使得教会与其教徒之间的金钱纽带比起上一代人更加突出了。

我们未将教徒入会人数与实际出席礼拜人数作过比较，虽然传统上是"人人去教堂"，但是从1924年10月26日到11月22日的

---

⑱ 566人中有467人还许诺捐献"慈善款"，即用来补助当地教会现金以外的基督教派活动的款项。

⑲ 76名未填姓名的人中有44位是成年人；有14位夫人虽然未在自己名下捐款，但她们的丈夫已捐款；18名为儿童，想必是那44名成年人的子女。

4周中对42个宗教团体出席礼拜情况的调查表明,每100位白人男性中平均只有11人在这四周中每周日参加晨祷;每100位女性中这个数字是18人。[20] 每100位男性中有10人,100位女性中有14人参加了星期天晚祷。据牧师们估计,这些人中间大约有一半未参加晨祷。两性各100人中大约分别有18人参加了主日学校,[21] 分别有5人参加了星期当中的宗教仪式。在5—21岁的男性人口的100人里有8人,同年龄段的女性人口的100人中有11人参加了礼拜日晚上的"青少年"礼拜,虽然实际上10岁以下的很少参加,而且在生产阶级教堂中还有一部分21岁以上的人也参加了这些礼拜会,因此也包括在前述的总数中。在4周的时间中,平均每周有20 632人次参加了所有5种宗教仪式。然而其实际参加的个人的数量要远少于这个数量。[22]

据研究组人员细心估算,在参加各教堂16次礼拜日晨祷的2 030人中,有68%为女性。这与最大的新教教堂中女性与男性教徒的比例很相近。

根据牧师们和教会成员们的普遍反映,也根据对40个经营阶级和123个生产阶级家庭参加教会活动情况的调查,人们参加宗教活动的习惯比起1890年正在减弱。在经营阶级家庭中现有15家每

---

[20] 关于这些和下列数据,参见表二十。此处的人口数估算方法是:38 000减去与1920年相同比例的黑人人数。男女人口的比例也假设与1920年人口普查时相同。1920年中镇白人中的男女比例为103∶100。

[21] 亚瑟恩的一个调查本城人口的抽样调查中,21岁以下的人口中有49%在主日学校注册(参见《美国联邦新教徒的宗教教育》,第62页)。

[22] 与此相联系的还应注意到,在中镇戏院每周售票31 000余张,当然这个总数还包括售给附近县里的人的戏票。

月全家参加礼拜日晨祷3—4次,而这40家经营阶级的妻子的父母家在90年代初有24家这样做。123家工人家庭中有17家(七分之一)每月全家参加晨祷3—4次,而其妻子父母的家庭过去曾有53家(近一半)这样做。全家参加礼拜日晚祷的习俗在这一组经营阶级家庭中已不复存在,然而在生产阶级家庭中有18家仍然每月参加3—4次。㉓至于主日学校,虽然两个阶级的孩子参加的比例与上一代人基本相同,但成人参加的情况在两个阶级中都有所减少。尤其是工人中不参加任何宗教仪式的情况也有增加。㉔

在调查中,妇女们说了一些去教堂或不去教堂的原因。虽然这些原因不一定全面反映其真实情况,但可能为我们了解这一长期形

㉓ 对中镇经营阶级教堂的牧师来说,礼拜日晚祷是仅次于祈祷会的"问题"。在1924年,人们常说城中心的六七个大教堂里只有一位牧师能在礼拜日晚上把教徒召集起来。城中最大的新教教堂的大约二千名教徒新近尝试放电影;他们在四个礼拜日的晚上放映关于林肯生平的电影以吸引教众。城郊居住区有一个教堂一向能拢住教徒。这个教堂的牧师是一名准将,战时曾在海外统率一个步兵旅。教徒们不都是生产阶级或不太富裕的经营阶级出身。这位牧师是位罗斯福式的人物,他说:"如果有谁敢站起来以基督教代言人的身份说基督教代表着不抵抗主义,那他就是个骗子……如果你发现你无法与谁谈论宗教,你就以崇高的上帝的名义把他身体里的魔鬼给打出来!"他对自己的言语很有自信,也不理会现代生活的变化,布道时他讲"我们是模仿进化论呢,还是接受福音传教的挑战?"他孩子般地一笑,告诉满堂的听众他要让礼拜式进行得快一点,"因为后面还有像一条大鲸鱼似的布道呢"!他使用朗朗上口、大家熟悉的传统主日学校的唱诗词,还总是引入一些吸引教徒的新点子。这样,教堂里每到7点就人声熙熙攘攘,7点半的时候就座无虚席,人们对此一点也不感到奇怪。

㉔ 参见表二十一。这些数据需小心使用。抽样样本很小,还有记忆方面的因素。然而,在去教堂这样年复一年的活动中的数据,其记忆的相对准确性比起那些偶尔出现和不是什么正式的活动中获得的数据来,也许更为可靠些。已做出各种努力核查估算数据,参加的情况取自较有规律的冬季月份。

成的习俗的变迁给予一定的启示：㉕

生产阶级

在33位生产阶级妇女中，有13位一般都参加活动。对于她们来说去教堂是天经地义的事，无须多做解释：

"我们是天主教徒，按时去。"

"我们信仰神明，崇拜圣灵。"

"我和孩子们都是天主教徒，按时去。丈夫是浸礼教徒，可他一周工作七天，也不喜欢教堂。"

13个人的言语之间洋溢着对礼拜的赞美之辞：

"我们喜欢礼拜，它让我们一周都觉得安慰，特别是XX先生的布道词。"

"去了一次，之后一个星期都感到痛快，盼着再去。"

"我得到不少教益。真正的基督徒需要听别人对未来的看法。"

"大家去教堂才能变好。礼拜能让大家不忘《圣经》的教导。人们受周围的事物，如教会，所给予的影响。"

3位因孩子而强调教堂：

"我结婚后我们就不去教堂或是主日学校了，可当男孩们开始去了以后，我和丈夫又重新去教堂了。"

"我喜欢布道胜过按时做礼拜，因为布道更能让孩子们得益。

㉕ 107位生产阶级主妇当中，有33位回答了这一问题。36位经营阶级主妇当中的25位由于去教堂比较频繁，以致能说出为什么去教堂，却说不出为什么人们不去教堂。可是一大批人，特别是生产阶级的人，只是偶尔去教堂。当妻子去教堂的习惯与家庭其他成员不同时，这里给的原因代表着妻子的观点。这里引用的都是最为典型的回答。对各种答案的分类并不严密，而有些议论本可以包括在好几组分类中。

我父亲原来是个布道传教士，我们去教堂一般都是去听布道。"

"我们从小就去教堂，这帮助人教孩子走正道——这年头，这是件不容易的事呀！"

两位指出其他选择余地小：

"我只能去那里，我从那里确实得到一些教益。"

"我喜欢去教堂。这里我也只去教堂，不去别的地方。"

另两位收到福音传教士的特别训谕：

"四月份我男人皈依本教，随后，他受委任在基督教会作布道师。往常我还有时去教堂，可他从不，现在我们总是一同去——一次都不耽误！我们天天读《圣经》。我们经常一周去看一两次电影，可二月份以来我们再也没去过，因为我们教会说那是件坏事——也不省钱呀。"

"人之罪是世上不幸和邪恶的根源，主的拯救是唯一的出路。《圣经》上的预言正在世界上的其他地方的罪恶中被证实，我盼望看耶稣再次降临。只有少数人能够得救。我和我的男人总想不让物质的东西妨碍信仰，可是，像他所说的那样，大家都得活命呀。我不赞成巴结权势那些事情——世上尽是这样的事。"

不去教堂的人所说的原因更复杂多样。72位不常去教堂的人里有20位或是要在礼拜日上班，或是在劳累一周以后宁愿有一天自由休息的时间而不愿去教堂：

"我能站起身去教堂，可我还是不去——我老是觉得很疲倦。我丈夫是卫理公会的教徒。他不愿礼拜日上班，可他得保住他的工作呀。"

"到我把孩子都弄好的时候已经太迟了，我也累得不行了。他劳累一周，礼拜日要休息。我完全赞成教堂，可没有精力去教堂。"

"孩子太多。先生从来不去教堂。我想去，可把孩子们打点好太难。男孩子们以前去过主日学校，可他们太淘气，我不让他们去了。"

"即便是狄考文合唱团在教堂里唱诗，我丈夫也不会去的。他说他在工厂劳累终日，能待在家里的时候就待在家里。"

"他不愿礼拜日晚上去教堂。今年夏天我们有小汽车以后不像往常那样去教堂了。"

"夏天时，我们更情愿开车出去走走，因为一周里面只有这一天休息。冬天我不愿太晚开饭。这样，我不参加教堂仪式。像我丈夫说的：不管怎么说，布道也太长了。"

其他20人说他们从未有去教堂的习惯：

"我从来没养成去的习惯。我的大儿子参加埃普沃斯联盟的活动。我一点也不反对教会，可我没有去教堂的意思。"

"我在乡下的时候有时还去教堂，刚来城里的时候有时还想呢。可现在我连想也不想了。"

"在中镇我还没开始养成习惯。我们在XX时候去过教堂。想来是我们中间没有人有这样的兴致。我们这里的一些朋友因不去教堂总是批评我们。我也老是想改正。我要是让人难过自己也很难过，因此我尽量不让别人难过。可我觉得教会对我实在没什么好处。"

"我们以前去过XX教堂，可我们搬家以后离那里太远。孩子们上兄弟主日学校（Brethren Sunday School）。我自从上班没有时间上教堂了。"

这些人中有一位谈到改变去教堂的习惯的各种原因：

第二十二章 宗教仪式的主持者与参加者

"说起来真不是件光彩的事,我也觉得丢脸,可我从来不去教堂。人们不像往常那样经常去教堂的原因是在家里缺乏纪律,也缺乏兴趣。还有其他的一些原因:要是某人不是教会里的或社交上的知名人物,教徒们谁也不会注意她。我母亲原是一个浸礼派教徒,可她的看法随年纪增大逐渐开阔——所以说是个宇宙神论者。可她从事娱乐行业,教会又谴责娱乐——特别是礼拜日娱乐——于是就把自己关在教会之外了。我不是那种善祈祷的人。教会以前说上帝万能,可科学说古代《圣经》故事和神话故事是一回事,《圣经》也是人写的。我们还得更信赖我们自己的五个感官。"

13位说到礼拜的质量不高,不足以吸引他们:

"我觉得礼拜没有什么意思,不值得我为去教堂而做出牺牲。"

"我觉得没有什么意思,和参加葬礼差不多。"

"我从来没有去教堂的兴致,可我倒参加鼓动性福音布道会一类的活动。我母亲总带孩子去主日学校。"

"我们不喜欢我们教会的牧师。他是个好人,可布道不怎么样。我丈夫说在家读书比听他讲收益还多。我不喜欢上主日学校,也不参加教堂仪式,我干脆什么地方也不去了。"

"教堂好像没什么意思。我倒是挺爱听圣若雷教会的牧师布道。我原是一名天主教徒,因为三K党的干扰,想着把我的孩子们都培养成天主教徒。天主教徒比大多数新教徒都要好,他们肯定都是优秀的天主教崇拜者。"

"我要去教堂就得能听懂布道,可如您知道的,有时布道实在太深奥——真让人摸不着头脑。"

"我原先去的,可不知怎么着就中断了,因为我谁也不认识,让全家都穿戴整齐可不是件容易的事。打扮好一个，别的又打扮不了。我倒也不想。教会不过是年复一年的老一套。什么新东西也没有，对这老一套都厌烦了。"

8位似乎觉得，在礼拜日让全家一起活动比去教堂更要紧：

"我以前常常去参加晚祷，可家里其他人不愿去，于是我也待在家里了。我想让全家一同行动。不管去不去教堂做个好人就行了。我的孩子们去主日学校也没什么变化。"

"我和丈夫都忙碌一周，到礼拜日想出去走走。我觉得全家一起活动比我去教堂参加礼拜日晨祷而让丈夫独自待在家里要好。"

"我男人有时陪我去XX教堂，可他说他觉得他在那里不是那么回事。我觉着与其分头行动，有时去教堂还不如全家去看电影。我两个最小的孩子去主日学校，从不误课。真有意思，不是吗？我小的时候爱去主日学校，可长大成人以后却讨厌去教堂！"

有6位认为财政及相关的社会问题是主要原因：

"花费很多，我们又不能从中受益。人家都说交什一税，可对某些人说的什一税和对其他人说的是不一样的。捐给别人不是坏事，可你如果看见别人得过且过，你自己省吃俭用，他们遇到困难时没有积蓄，你就会想，干吗捐献给他们呢！"

"我倒是想培养孩子去教堂的习惯，这能让他加入社会上的优良之士。可我现在和教堂的联系不太紧密了，因为我们一不按期交付捐税，他们就把我们从册上除名了。"

"去教堂要穿好衣服，花钱太多。可你要是穿不好就别去。而且，孩子们去主日学校之后我太累了，去不了。我又不能撒手不管，让家里乱七八糟。"

第二十二章　宗教仪式的主持者与参加者

"我们18年前搬到这里以后，没怎么去过教堂。现在去教堂都讲究穿戴。以前穿工装裤去教堂也没人管。可现在不穿戴整齐就没法去，我们也没有那些衣物。"

"我喜欢主日学校胜过教堂。他们比教堂说话直截了当。哦，我去还是有收益的，可我不怎么去。我挺喜欢妇女救助会的。"

5位说他们不去是因为不喜欢参加仪式的那些人：

"教会里的人伪君子太多。他们一天到晚要钱，把你榨干为止。这里的这个教堂全是三K党徒，可我跟三K党毫不相干。"

"我结婚以后就离教会越来越远了。我开始觉得我根本不想参加。教会里崇拜金钱万能的人太多——吝啬的人太多，这些人根本不该入会。人们应该正当地生活，如果能这样，教会也没有什么关系。我的女儿有时要去主日学校，我也答应——因为她也许能学到些好的东西。可我也不会强迫我的孩子上主日学校或是去教堂。"

"我听伪君子讲道已经听腻了，于是不再去教堂。可在自己的教堂没有礼拜式的时候还到城里其他基督教联合兄弟会教堂去。"

"礼拜日是我们唯一能睡觉的时候。教堂不过是个赚钱的把戏罢了。在那里，人们多数都是伪君子。如果他们真正相信教会所说的，他们就得付诸行动改良世界。如果2 000年里自称基督徒的人们真正信耶稣和耶稣的生活之道，世界早不像现在这般模样了。"

对于某一位来说，"罪孽"是个妨碍：

"我丈夫不会得到拯救的。人们没有真正的理由对教会缺乏兴趣。他们就是自己不愿意。要是他们自己愿意，对教会就会有兴趣。教会对所有人敞开大门。这一切都是无偿的。"

另一人则因为害怕三K党而不敢加入天主教会。

经营阶级

25名常去教堂的经营阶级妇女中,有9位说她们去教堂是因为重视礼拜的价值:

"我觉得教堂是世界上最美好的东西。教堂就是我的一切。"

"我喜爱主教派的礼拜,从XX的布道里我总是学到许多东西。"

"我的理想是每礼拜日去教堂。我总是从教堂得许多东西,礼拜能给我一周的安慰,就像我读《取之不尽、用之不竭的永恒力量》(*Daily Strengh for Daily Needs*)一样。"

"我去并不是为了见人,因为他们都冷冰冰的,又讲客套。可我从礼拜和布道里能学到东西。"

"去教堂通常都能听到好的布道,我去教堂就觉得更有自尊。"

对于7位妇女来说,去教堂从来不是个问题,或是说她们是为信仰而去的:

"啊,我从来没想到要问为什么要去教堂!"

"从小时候起,家里就带我去教堂,如果一次不去我就觉着哪里不对,不自在。我经常是去一次教堂就得到一周的安慰。"

另外7位妇女在被问到时说,按时去教堂是天经地义的:

"我才不愿意居住在没有教堂的地方呢。老实说,我比起许多人不算对教会或教会工作有兴趣,不少时候我觉得教会令人烦得要命,可我总觉着我得去。"

"我坚持让我们家的人去教堂。宗教信仰是生活中其他部分的基础,而教会又是代表这种信仰的一个机构。"

"教会对于许多人来说并不能满足其需要。我也能从中学到点东西。可不少时候我觉得要是能不去就好了。"

"我和XX先生为信仰而去。人们应当支持教会的工作。孩子们因为喜欢主日学校而上学。教堂过去曾是社区的社交中心,现在不同了。"

两位妇女主要是因为孩子的关系才去教堂:

"我并没有什么一定的信仰,可觉得去教堂和抚养子女差不多:我想要是不去恐怕不太好,特别是如果孩子不养成去教堂和主日学校的习惯,就会错过一些好机会。"

"我主要是想为男孩们树立个好榜样——虽然我自己也有所收益。当我的大男孩上大学时,当然我要求他像在家那样总是每礼拜日去教堂并参加主日学校的活动,可我要求他偶尔也去参加些活动,并有自己的信仰。要是一个男孩信仰创世主,我想,他去不去教堂或主日学校也没有太大关系。"

11位不参加的妇女中有6位说她们没有这样的兴致:

"我就是去不了教堂。我在孩子身上花那么多的时间,再没有时间和精力去教堂了。可说实话,我不去也不想,因为我去的时候也没有什么收益。倒不是说我觉得(我的牧师)不诚心,可礼拜式一本正经,但不解决任何实际问题。而且我的牧师的神学观点又和我的不一样。我推崇弗斯迪克博士,可他不是牧师。"

"我们不去。我觉得教会对社会是件好事,它宣传的信仰可能也是件好事,可我对教会、上帝和永生不朽已经没有多少信仰了。做人只能尽力而为,不能强求。现在我的孩子们上主日学校,可我想起来的时候也不知道为什么送他们去那里上学。我从来没有好好想过。好像我们这么做正像许多人去教堂一样是出于习惯。这都差不多是个习惯问题了——也是怕不去,邻居会说闲话。"

"我小的时候总去教堂,后来厌烦透了。在我结婚以后的第一个周日,我说:'我不去教堂了!'从那以后再没有去过。我丈夫就是听不得布道,他试了不知多少回,可就是受不了。他常说要是他说出他的真实想法人家会把他当成无神论者的。我不去教堂一点儿也不想,而且觉得现在礼拜日比我小时候好过多了。孩子们小时候要像其他孩子那样去主日学校,我也让他们去。他们去了一段时间,没有什么收益就不去了。我的男孩现在每天晚上仍作祈祷,他说是我教的,可我已经记不得这件事了。"

"我看不出有什么原因可以让我去教堂,虽然我觉得一般来说教会对社会是件好事。"

有两位说她们礼拜日需要休息,或有许多其他事情:

"当然我觉得去教堂是对的,而且我想,去教堂能有所收益,可夏天的时候我们多数都是在礼拜日开车出去的。"

"我也想去。可一去就把早晨弄得紧紧张张的。我更喜欢去参加祈祷会,因为这样去的时候不至于太紧张。"

有3位已经没有去的习惯了:

"我们现在不去参加礼拜日晚祷了。过去大家无事可做因此理所当然地去。现在大家仍旧与往常一样有家庭信仰,就是不总去教堂表达这种信仰罢了。"

"我年幼的时候就老去参加礼拜。我生第一个孩子时就决定不再去教堂。现在连想也不想了。我想,如果这是坏事的话,那我就是个坏人(大笑)。不少人只是习惯性地去教堂,并未想想究竟是为什么而去。"

"我们小时候去的是路德教堂,然后改去卫理公会主日学校听

XX布道,去了一段时间后又离开了那里,现在哪里也不去了。"

与以上这些去或不去教堂的原因相对照的是,教会牧师们在准备"去教堂周"活动时在他们的广告和公共告示上申述的原因:

"这可让您得到安慰。"

"对家庭的每一个成员,上至祖父,下至婴孩,这都非常有帮助。"

"本教会的主旨在于帮助人类。我们希望您能协助我们去帮别人。"

"教会是根本的机构之一,理应得到拥护与支持。"

"如果明天中镇的每一个教派的每一个教堂都济济一堂,这种参与本身就会对本社区的各种造福大众的工作起到促进作用……我们参与教会活动在精神上和物质上都有帮助作用。"

"来参加下礼拜日的晨祷吧……看看您能得到多少安慰。"

"其他城市没有一个像中镇这样有一组优异的教会群。挑选一个让它成为您的教会——在那里您能礼拜上帝,了解上帝造化世界的功劳,结交社会优良人士,而且有从事礼拜仪式的绝好机会……只有积极参与教会才真正能体验作为一个基督徒的快乐——工作、捐赠、祈祷。我们的目标是要为绝大多数的人服务。我们可以在病患中、悲哀中和受难中帮助大家,而我们对大家的最大庇佑莫过于提供一个机会让大家的生活更有意义,让中镇和世界各处的人们振奋起来。"

然而,去教会还有另一个原因。这个原因恐怕关系到这种习俗存在的根源。地方报纸的一篇题为"为何去教堂?"的编者按中说到了这一点:"在得体的教堂中有一种祥和与满足的气氛,这种气氛比起一周中间的任何事物都更能满足人们向往更美好事物的需求与渴望。"换句话说,正如公民的爱国热忱一样,在教堂里,问号都被拉直而变成感叹号,日常生活中令人困惑的事物都变得简单起来,平时使人感到别扭的世界变得与大家的希望和谐起来,个人的努力作为伟大宏图的一部分被赋予了新的意义。

第二十三章 宗教仪式

向教会捐款和参加教堂集会是教徒们活动的中心内容,而星期天上午的教堂礼拜(晨祷)更是这些宗教仪式的核心。围绕这一核心又有了其他许多活动。① 在中镇大多数教堂中,礼拜的主要内容是牧师布道;与布道相配合的还有朗诵《圣经》、祈祷、咏唱宗教歌曲等,主要是在劳动工人常去的小教堂里,或是在有些晚祷中咏唱传统的、人们都熟稔于心的圣歌,此时善男信女们才表现出对宗教的激情。一位拥有1 500名教徒的新教教堂的牧师说:"在布道时,我们的教徒似乎都神情恍惚、昏昏欲睡。他们好像并没有真正听进去。"② 然而,另一位大牧师又说,"这里的人习惯听布道,除此之外,

---

① 本章关于宗教仪式的论文取自各种职员的详细报告,是基于217次集会的情况,包括67次礼拜日晨祷仪式、96次礼拜日晚祷仪式、31次礼拜日学校仪式,11次青年集会和12次祈祷集会。还参考了许多基督教男青年会和女青年会的宗教和社交集会、《圣经》读书会、传道者协会、鲜花传教会、绅士俱乐部宴会以及教堂年度大会的报告。除详细的职员报告以外,还收集了牧师寄到各报刊并于每星期一上午登出来的布道演说的长篇摘要。这种摘要每星期大约有1—6篇。此外,还访问了教会的牧师、基督教男青年会和女青年会的秘书们以及其他宗教领导人物。

1890年的有可比性的全部材料,诸如报刊上登出的和载入档案的布道演说以及教会集会通告和通报等,都被用作比较研究的素材。然而,由于年代久远,这类材料极为有限。

② 这种被动听讲的情况从大牧师们对以下问题的回答中得到证实:(转下页)

很难让他们对教会的其他活动感兴趣。"

布道是中镇成年新教教徒的宗教生活的核心。教会正是通过布道这一主要途径向教徒灌输其认可的思维方式和行为准则。1890年的地方报刊上提到的80次布道和我们搜集的1924年4月及10月见于报刊上的193次布道,可以依照标题按其大致主题被分为以下几类:《圣经》的、神学的、实践伦理学等。大多数标题过于笼统,很难准确判断其类别,但与1890年相比,变化并不明显。

许多布道的主题太泛了,很难看出其具体内容,比如"不是一种趣味""三人""替补队员""法律与自由"等。在其他地方的大范

(接上页)1. 在过去一年中,有多少年纪在14—21岁的男孩就布道内容向您提出过经过仔细思考的问题?

2. 在1924年,您接到多少封就布道内容与您争论的信件?

3. 您设立了疑难问题信箱吗?

4. 1924年间平均每月您收到多少提问?

	教堂1	教堂2	教堂3	教堂4	教堂5	教堂6
人数	922	1 600	1 250	184	804	247
问题1	很少	0	未回答	0	3或4	0
问题2	1	0	0	0	2	6
问题3	没有	没有	没有	没有	有	没有
问题4					1/6	

关于3和4的回答很说明问题:

教堂1:"在我们教堂,疑难问题信箱曾被设立了三个月,我打算在晚祷的时候回答所提出的问题。可最多的时候一周只有一个人向我提问题,其他的我自己造。"

教堂2:"三年前我这么做的时候,一星期收到两到三个问题,而且都是愚蠢的问题,如'该隐的太太是从什么地方娶来的?'"

教堂3:"我们不常设问题箱。我作专题布道的时候就临时设一个。"

教堂4:"我一个星期都收不到一个问题——可忽略不计。"

教堂5:"一年我能收到一至两个问题。"

教堂6:(未作答复)。

第二十三章 宗教仪式

围的争论趋于消逝的时候,这种现象本身也许就是布道的一个重要特征。[3] 即便是那些主题较为明确的布道讲演内容也冗长。这种文风虽然到今天仍然存在于其他公共讲演中,比起90年代已经可以说少得多了。1890年和目前都常见的布道主题有"朝迦南迈进""耶稣的悲伤""星期天的庆典""耶稣为何去教堂?""诚实地面对上帝""作为上帝之子的耶稣""耶稣会在节日降临吗?""基督教信仰的重要性""宇宙的呼唤""基督徒的七大喜悦"等。从常年在教会工作的一位工人对题为"中镇需要什么样的市长?"的星期天晚间实验性的教堂讨论会的致辞,可以看出中镇人对布道的期望,他说:"这个讨论有点奇怪。这里是教堂,地方不错,时间也符合教堂的规矩——不过咱们平常可不涉及这样的话题。"布道演讲也还常常与城市中占主导地位的价值观念结合起来。这样的例子有"基督:从马槽走向帝王的宝座"和"生意兴隆和宗教的一致性"。

一位新教大教堂里的牧师说起他是怎样选定布道讲演的主题的:"每年我都有一个我自己的'基督教年历'——关于教会的基本教义(例如,基督的神德等)的5次布道;另一个系列讲述宗教信仰的英雄(如路德等);再有一个系列讲述传教士英雄——借此机

---

[3] 当两位教师在一个大教堂听布道时,他们的反应很能说明布道制度中的一个普遍问题。在他们听完布道之后的那个星期一,我们问他们的印象。两位老师讲了如下这些话:

教师甲:"让我想想!我记不得说的是什么了。"

教师乙:"我也记不得了。我什么也想不起来了。"

教师甲:"演说挺含糊的——他什么都谈到一点,可什么都没说明白。噢,我想起来了,标题是'没有教会的国家!'"

教师乙:"噢,对了,他说到没有孩子的国家,没有基督的国家,还有没有教会的国家。他说他不能想象一个国家没有教会。我肯定我想象得出来!"

会我们还可以鼓励大家向传教工作捐款;再有就是读福音的社会意义;4—5次讲本教派的情况;如此等等。教徒们认为我对孩子们的讲演很生动。我的晚间布道演说更受欢迎些,这是'婚姻乐曲'的一套组曲,十几岁的青年是独唱,成年以后逐渐演变成四重唱,如此等等,特别受人喜欢。"6位接受调查的大牧师中有5位说,布道的题目对听众人数没有什么影响而另外一位说:"解释教义中疑点的演说听众最多,关于社会问题的布道反而听众最少。"关于布道的目的,有一位牧师说,"我总在演说的最后讲一些颂扬耶稣基督的话。"另一位则通常在布道结束时"鼓动人们去做些实际的事情"。

对这些中镇人平常聆听的布道,很难做出恰当的分类和概括,但以下摘取的较有代表性的篇章可以让人们大致了解其概况。

这些布道演说有的是本课题组人员记录下来的,有些是在研究期间牧师们发表在报刊上的。大体上说来,布道演说的听众中有五分之二是男性,五分之三是女性。在经营阶级的教堂中没有多少儿童,在生产阶级的教堂中则很多。经营阶级的教徒个个衣冠楚楚,其中不少妇女是高级俱乐部的成员,男人们则属于公民俱乐部;他们每星期一中午聚会的时候都要按"在远方"的调子高唱:

>   "动—力,动—力,
>   我们是精英,我们是精英,
>   动—力!
>   我们充满活力,我们奋勇前进,
>   有我们,世界就不会停滞,
>   我们的步伐永远不停。"

星期二中午他们又会唱起扶轮社的歌曲，午餐会期间特邀的讲演会让他们感到他们的世界是多么公正。生产阶级的男女则来自贫寒的农舍平房。他们生活的世界常常让人觉得事不如意。这些善男信女排排坐在教堂里，聆听如下的教诲：

"人们为什么纪念耶稣？"（以下取自报刊登载的经营阶级大教堂的布道演说。）

文章说道："人类之子能原宥尘世间的罪孽。"

"我们之所以纪念耶稣。就是因为'人类之子能原宥尘世间的罪孽'。世上最重要的莫过于从罪恶中被拯救出来。你我的最大需要莫过于洗清自己的罪过。人类的每一成员都必须如此，不然就不免沦落而不能自拔。这是因为'我们大家都罪恶深重，都辜负了上帝的殊荣'。……"

"是的，有的人不把罪孽当回事。有人给自己打一针心理上的强心剂，说自己什么事也没有。散布这样的麻醉剂的远远比那些散布鸦片、吗啡和其他毒品的还要危险。那些毒贩子只危害人们的身体，而这些人则泯灭人们的心灵。心灵的麻醉和灵魂的再生有天壤之别。自我安慰的强心剂也许可以让内心得到一时的平静，可决不能拯救人们于罪恶。从罪恶中得到拯救是人的最大需要。人要是不能得到拯救，其心灵就一刻也不能得以扶正。人类之子在受难十字架上的牺牲，才使我们能够得救。"

（以下取自课题组研究人员关于某经营阶级教堂的报告。）

"拯救心灵不仅是人的权利而且是只有人才有的特权！这两者之间有极大的区别。为什么天使不告诉哥尼流怎样生活？因为天使一旦告诉科奈利斯就背叛了永恒的上帝。这不是天使的职责，而是圣徒彼得的职责。因此我说拯救心灵不仅是人的权利而且是只有人才有的特权。"

（以下取自报刊上登载的某经营阶级教堂的布道演说。）

"目标的同一才得以造就我们这个团体……精神的同一是我们这个团体的第二要素……希望是我们基督徒团结的第三个要素……同一的主和同一的信仰是另外两个要素……第六个要素是同一洗礼……第七是同一的上帝和神父……我希望你我都能接受这七个要素中的每一个，保持基督教会的团结，从而在生活的逆境中得到安慰和庇护。我为之祈祷。"

（以下取自报刊上登载的经营和生产阶级教堂的布道演说。）

"上帝的王国是真理的世界。其间正义得以伸张，神灵的意志主宰人的意志。神的思想情感和目的浸染人类。在人与人之间充满了友爱、同情和信仰。其间平和，其间充满力量，其间捷报频传。一切造化都俯首于受神主宰的意志。探寻神明，世界就会像猎犬听从主人的呼唤一样俯首听命。精神的力量好似空气一样等待你吸入肺腑，但不强行涌入你的生活。"

（以下取自报刊上登载的经营阶级教堂的布道演说。）

"如果这个共和国要生存下去，我们就不能无视某些大原则。其一是严格地遵从法律……其二是个人的美德和社会的纯洁……其三是承认上帝对人类事务有绝对的裁判权……如果人们一旦辜负了基督教，共和国就必将失败。美国一旦衰落，世界还有什么希望呢？"

"伟大的磁石。"（取自报刊上登载的生产阶级教堂的布道演说。）

第二十三章 宗教仪式

内容:"如果我一旦从地球上升起,就能把全人类都吸引过来。"

"我们都蒙受历代科学家、发明家的恩情……在创世之时,全智的造物主在世界的内部和四周布好了各种作用力所需的感应之势。俗人的眼目或能看见此等感应之力,也可能看不见。磁力便是一种不能视见的自然力,然而又是一种实用之力。"

"全智的天父要感化人类,所用感应的吸引力便是其仅有的亲生子。科学能解释磁矿、天然磁石、氧化磁铁等。这些磁力经周密布置,增之一分太多,减之一分太少……而天地间最大的磁力莫过于耶稣。在宇宙的终始之间,在人类需要感化和拯救之力的时候,天父献出了他的神子。"

"我们相信耶稣将会再世,可他再世的日子和时辰不是我们所能知晓的。救世的伟大和造化的感应力已经让我们日夜劳作不息,连片刻也不容我们彷徨揣测。魔鬼的力量无孔不入,就连上帝的选民也不免受之侵袭。有精神力量的人必须时常反省自己的前进方向……"

"对世界最大的感化之力莫过于十字架的力量了。"

(以下取自报刊上登载的生产阶级教堂的布道演说。)

"《凡尔赛和约》是个玩笑。它不仅仅是个失败的例子,因为它是贪婪的诡计多端的政客一手策动出笼的。坚信基督教的国务活动家和无私的爱国者都被排除在外。这从始到终是一场闹剧,因为他们无视位于宇宙中心永恒宝座上的上帝。他们既不提上帝之名,也不呈请上帝的庇佑。异教徒炮制了和约条文,而我们怎样才能相信善良的上帝能庇护这样的东西呢?如果你不想要上帝惩罚这样的丑事,你就必须改写人类的全部历史……"

377　　"目前某些所谓的'知识分子'正想要毁坏《圣经》和人们对基督教基本原则的信仰,可《圣经》是不会动摇的……《圣经》来自上帝,是上帝对人类的启示,是一切伟大文学作品的源泉。没有《圣经》,就没有帕特里克·亨利(Patrick Henry)、亚伯拉罕·林肯、温德尔·菲利普斯(Wendell Phillips),也不会有丹尼尔·韦伯斯特(Daniel Webster)……"

"这可能是黑暗的日子,但历史上还有许多其他的日子……在人类历史上最黑暗的时候,耶稣基督将再次降临。当他降临时,世界就有了一个万王之王。他操着和平之杖,主宰世界万国。"

(以下取自课题组研究人员在某生产阶级教堂所作的报告。)

"有人问我:'为大力士球队得胜而祈祷对吗?'这位先生曾经十分忠诚地为大力士球队祈祷过,可他们比赛时还是输了,现在他已经不相信祈祷的灵验了。我以为祈祷只适于道德和精神方面。再说,要是上帝帮弱队的忙,那他就不能说真正有运动员的精神。"

(以下取自课题组研究人员在某天主教堂的报告。)

"那些不正常参加弥撒的人实际上就是对耶稣说自己和他毫不相干。可这样不做弥撒的人不能得救。只有通过做弥撒我们每一个人才能逃脱末日的审判。我这样说不是吓唬大家。我更希望大家能感到神圣弥撒的喜悦之情。神圣弥撒和耶稣受难是一回事。通过弥撒耶稣为大家祈祷。"

(以下取自课题组研究人员在某生产阶级教堂的报告。)

"当一个人信仰宗教以后,他就有:新的头脑,能省悟耶稣的精神;新的喉舌,能宣传耶稣;新的心灵,能感受和领会耶稣。它之所以有那么些追随者,是因为他们被愚弄了——天主教徒也是如此。"

第二十三章 宗教仪式

星期天的晚祷常常比较随便一些,比晨祷要简单,但中心内容仍是布道演讲。这种晚祷在中镇仍相当普遍。与晨祷不同的是,晚祷的仪式已经开始发生某些变革。④

复兴礼拜是传道礼拜的一种特殊形式,在中镇的许多教堂中每年要举行一次。1924年的报刊上报道的这种布道会共21次,其中6次是当地牧师在自己教堂里举办的,其他15次是外来的福音传教士主持的。从现在的资料看,复兴礼拜在1890年很流行,比现在要频繁得多。据1891年1月的报载,"复兴礼拜各教堂都有。人们的口号是'中镇一月归教会'"。这种布道虽不如中镇的晨祷、晚祷那样常年举行,但几乎同样具有代表性。1924年在中镇最大的新教教堂举办的一次复兴礼拜表明,这种仪式既有中镇传统宗教习俗的特征,也反映出地方生活变迁的影响。

"你们为什么要办复兴礼拜?"一位扶轮社的会员,也是在该教堂做礼拜的一位显要人物做了如下的回答:

"让教堂的礼拜活跃一些。教堂的活动很能激发人们的情感,就像参战鼓动会、社区合唱、本地高中的'大力士队精神',或是艾德俱乐部的两队相争、三K党的活动、政党大会,所有这些活动都和群众的激情紧密相连的。你自己来瞧瞧,眼见为实呀。"

我们看到的是牧师自己亲自主持的这种布道会仪式。仪式前专门请了一位宣传家负责报刊上的宣传,从东部请来了一位专业领唱,教徒们组成了一支突击队,还正式建立了教徒星期午餐会

---

④ 关于礼拜日晚祷的变革,见本章下文。
作为中镇宗教传统中最庄严的焦点,晨祷更注重价值,这也是社会变革的特点。

制度。仪式前的星期五，男教徒还在教会晚餐上举行了一次"鼓励会"。首先那位专业领唱教大家唱部队在海外作战时唱的一首法国歌曲。然后主事人请第一位发言人谈"组织性"。

这位先生是位珠宝商。他举起几个镶嵌了钟表零件的镜框说道，这些钟表互相不联系，无法起作用。然后他又展示了一张城区的地图，上面的红色和蓝色的色点各表示"15组教徒，每组5—7人不等。通过这个组织，兄弟们在一个小时之内就可以把全教区人动员起来，每个兄弟都积极肯干，没有人叫苦叫累。可在我发言结束之前，兄弟们，我还得再说一句：我们首先得'把路子走对'。前几天的一个晚上，一个我尊重的教徒兄弟在祈祷会上说，他觉得自己路子还不对，决心在礼拜活动之前把路子走正了。我真感动。兄弟们，我们都该这么做。"

会议主持人这时又请了一位汽车推销商发言：

"兄弟们，一天，我和我店里的一个同事谈话，他是个好人。我问他：'吉姆，你是基督徒吗？'他说：'我不是，可我并不比基督徒差。'我说：'这可不对。你不如基督徒。你也许和我一样是个好人，但如果你不承认耶稣基督是你的救世主，你就不能得救。'他两天后回来找我说：'本恩，你也许说得有理。可我想让你告诉我怎样我才能知道你一定是对的。你知道，如果我知道你是对的，我一定会承认的，如果你不对，我知道你也早就告诉我了！'我于是跪下请万能的主昭示吉姆，让他认耶稣为主……兄弟们，吉姆过了两天又回来和我说：'我得和你谈谈。'这时泪珠滚过他的两颊。他说：'本恩，你对了，我从现在起承认耶稣基督是我的救主。'兄弟们，能把一个人引导走到圣坛之前，到耶稣基督之前，得到拯救，真是了不起!兄弟们,如果你手捧《圣经》向人宣传基督,不一定能成功,因为还有许多人比你聪明。可是,兄弟们,如果你心里有耶稣基督,你就能征服一切……兄弟们,我们已经筹备好了这次重要的礼拜仪式,我相信我们的鼓动性福音布道会一定能圆满成功!"

然后主持人请牧师讲话。人们这时已激动万分,全体起立,热烈鼓掌。牧师说:

"兄弟们,我准备了一个发言。可今天下午一位年轻人来找我,我们谈了一会儿,他问我说:'为什么在我们生活的方方面面,只有教会这么落后?工业、科学、发明都飞速向前发展,只有宗教——唉!'可我得说,兄弟们,宗教,耶稣的宗教是世界上最先进的东西。哲学、科学都有缺陷,都得变革,只有耶稣基督的福音一字都不用添改。落后于时代吗?一点都不。比最聪慧的人的知识还先进2 000年。到我们这个时代我们仍然不用任何添改,仍完美无缺。教会的没有生气是因为教会外的人们不能区分教徒和非教徒。"

"我要和大家谈谈'谁是人类之主'?耶稣基督是唯一能引导、改造人类,把人类不断导向其伟大终极目标的。我们自己仅靠微不足道的力量,仅靠科学和哲学,是永远也不可能达到这个目标的。离开了万能的主,我们一事无成。我们总在说,'我没时间为教会做这做那',可我告诉大家,兄弟们,真正有价值的生活是万能的主所昭示的生活。活着并不是为了赚钱——而且我要指出,信奉基督教的生意人能为他自己和他的全家创造更多的财富……"

正式的鼓动性福音布道会可从以下例子中仅限男士参加的、谈论"1924年的邪恶"的大礼拜会了解一二。该会"对当前罪恶进行了最尖锐的抨击"。据该布道会宣传负责人发表在报刊上的预告,

"这是这场运动中最关键的大会"。会前城里办公机关负责散发类似戏票的入场券。在指定的星期日下午，男士们云集在教堂讲演厅，300—400位女士同时挤在地下厅里，听牧师夫人演讲"昨天和今天的圣母玛利亚"。楼上吟唱琅琅圣诗，一直唱到曲调最高的"古老粗犷的十字架"。东部的领唱和男士组成的唱诗班配合吟唱圣歌。同时听众中逐人挨个传递长长的铁丝，人们把捐献的美钞穿于其上。然后是布道演说。

"教育和科学中的邪念和罪恶充斥于世，兄弟们要花相当的精力才能弄清什么是真，什么是假。可远不是我今天要说的真正的罪恶……我今天要向大家介绍的是一群猥亵而又好张扬的女子。她们身体肥胖，寄生于现代社会的财富之上。其中第一组的三个是邪恶、伪善和轻率无礼。邪恶站在我们的面前，高大、丰满，四肢修长，其姿色打扮足以让兄弟们动心。她是万恶之母，是今天美国及世界一切难题的根源，是魔鬼和地狱里的婊子的产物……"⑤

布道完毕，牧师邀请听众到圣坛前，不少听众响应并上前来。牧师向他们分发了印有《圣经》文字和友爱词语的传单。

在其他礼拜会上气氛同样热烈，有一次还请了铜管乐队。教堂里挤满了听众。牧师做了关于"但以理在狮子坑里"的布道演说。在演说的末尾，牧师说："我告诉大家，只要真心祈祷，上帝会在任何情况下保佑大家的，在任何情况下。"牧师接着说道："我们答应，

---

⑤ 这个教会谴责跳舞、打牌和戏剧。值得注意的是，这和该教会在妇女运动员集会上使用的控诉罪恶的方式以及地方电影中使用的更有渲染力的手法是一致的。这种控诉方式的使用并非偶然。前一年报刊报道另一次复兴活动的例子时做了如下说明："明天下午在临时大礼堂，XX博士将作关于'娼妓的欺骗与上帝的淑女'的演讲。毫无疑问，这次讲演是运动的一个高潮。"

今晚来参加的每一个孩子都有一份礼物,我们说话算话。"这时一群男士手里攥着大把的玩具气球,五颜六色,涌向走道。气球上印着教会的名称和教长的名字,听众欢声顿起。牧师登上一把椅子,一只脚蹬在讲坛上,微笑地看着孩子们领气球。过了一会儿,听众静下来。做完祈祷后,人群和气球就一并涌向门外的街道。

伴随鼓动性福音布道会而来的却常常是一阵低潮。一个大教堂的教长在一次长时间的鼓动性福音布道会活动之后斩钉截铁地说:"我们有些骨干教徒缠了我们好几年我才答应,可以后再也不这么干了。我们教堂在鼓动性福音布道会期间响应热烈,很有刺激性,可对我们不利的是鼓动性福音布道会的宗教活动把一星期七天的精力消耗殆尽。"基于类似原因,好几个大教堂的牧师都反对鼓动性福音布道会的宗教活动。可鼓动性福音布道会仍盛行不衰。有一个经营阶级的大教堂在1924年的重大建设工程开始之前举行了鼓动性福音布道会。

虽然布道演说是大多数中镇教堂礼拜的传统活动,[6]但也有一些人抱怨说,"牧师好像觉得布道就是一切","听众应该在礼拜中起更大的作用"。这样的意见一般来自经营阶级的教徒。去参加经营阶级教会中专门为教徒们创造发言机会的礼拜仪式,例如一星期当中的祈祷会,人们就会经常发现前来的教徒寥寥无几,而且得在主持仪式的牧师的百般督促下才勉强祈祷、发言或唱诗。"祈祷会简直是现代牧师的噩梦,"有一位教长这样评论道,"牧师知道祈祷会的潜在价值,能对教会的工作产生刺激性影响,可组织起来真比登

---

[6] 真正的问题是,布道中所使用的种种习惯性宗教符号的语言条件是否与中镇的商业广告、电影和其他宣传机构的普通视觉条件相抗衡。

天还难。"可另一方面,一位具有扶轮社会员资格、积极参加教会活动的先生抱怨说:"讲道的牧师一上台就滔滔不绝。"牧师们则总是辩解说,他们是因为没人作声才自己开口的。

中镇的大教堂的祈祷会通常有25—50人参加,多数是40岁以上的成年人,如星期天礼拜一样,也是以妇女为主。中镇最大的一所教堂的一位新牧师把祈祷会缩短到半小时,并在会后设置非正式讨论的时间,这办法使参加人数一时增到150名左右。另一个教堂的牧师是以前部队里的准将。他热情洋溢。在他的教堂里,每星期当中的礼拜会一般都有百人以上参加,以生产阶级为主。这个教堂的礼拜内容与其他教堂也相似,其主题与星期天礼拜相差无几。中心内容是牧师的演讲,但不如星期天的布道那样正规,也更加联系实际一些。即便在这里,要让大家开口也还得费一番工夫。可是只要听听教徒们真诚的"证词",或是看看教徒们对牧师的纯真热情的反响,就会使人想到吸引这些听众的并不仅仅是某种礼拜会的形式,也不仅仅是这个教堂里特有的某种友爱的氛围。这些教徒中不少人白天已经干了九十个小时的活了。在大多数教堂里,绝大多数教徒觉得这种"家庭式祈祷会"既不是他们的权利,也不是他们的义务,因此不再参加。

教会鼓励儿童从小入教,因此未成年人与成年人一样也得参加礼拜仪式,但他们参加的是特意为年轻人设置的礼拜,例如主日学校或是青年礼拜会。在中镇,不少成年人也参加主日学校,有的因为参加礼拜天布道活动就不参加主日学校了。[⑦] 主日学校的活

[⑦] 在不同的教堂,主日学校中的成年人和儿童的比例不同。在程度较高的教堂里,成年人比较少。城里有一所大教堂,是有进取心的生产阶级教(转下页)

第二十三章 宗教仪式

动包括唱诗、祈祷,开始和结束时也有简短的演讲,但其中心内容是分小班"上课",有些像普通学校一样。开头结尾的仪式通常占30—40分钟,上课时间为20—30分钟。中镇绝大多数的主日学校里,授课内容全部取自《圣经》。牧师们对主日学校的目的有不同的说法,如"造就有知识、有教养的忠诚的基督徒""引导学生们认识基督、以基督教育学生成为真正的教徒""通过《圣经》教育提高教徒素质""教育儿童,为其指引正直的生活之路"等。

主日学校的组织管理和日常教学全由志愿者担任。中镇最大的6个新教教堂的宗教教育是中镇组织得最好的,[⑧]但是组织者、教师或行政人员中没一个人享有工资待遇。有一个教堂设宗教教育委员会,由主日学校的成员和教师共同组成,每月有例会。另外两个教堂也有这样的委员会,但教长们认为"从来不起作用"。其他3个教堂根本没有这样的委员会。在每个教堂,主日学校的校长部由教堂中负责宗教教育的人员担任。1924年,这6个教堂的主日学校的主管人员中有一位银行家、两位工厂老板、一位84岁的食品批发商(他在这个学校担任校长45年,1925年卸任,由一位牲畜养殖场老板接任)、一位男装店的部门经理,还有一位是煤炭商。除其中一个

(接上页)徒爱做礼拜的地方,也拥有相当一批经营阶级的教徒。在这个教堂,1925年2月的主日学校的平均出席人数是645人;其中,成年班165人,青年班135人,少年班115人,中小班105人,儿童班59人,家庭班66人。在另一所大教堂,主日学校的新婚夫妇班有200人之多,几乎成了教会中的教会。教堂中的一位负责人抱怨说,这个班是"故意捣乱!主日学校的功能是教育青少年,引导他们入会。可这帮人每次两三百人一起来听演讲,但不参加礼拜,或只参加礼拜又不参加晚祷"。

⑧ 仅适用于新教教堂。天主教会的修女每周按时给她们那里的儿童上课,入天主教的孩子也可交费上专门设立的天主教学校。

人以外，他们都全权负责"礼拜仪式"及全部其他活动。在那个例外的学校，小班的负责人轮流负责。校长中有两位是高中毕业生，一位"在不能干农活的时候上过中学"，一位听校长说"可能只有小学文化程度"，一位"上过大学但可能没有毕业"，还有一位我们无从得知其文化程度，不过肯定没有上过大学。6位先生中没有一位受过教育学或宗教教育的训练。正像一位牧师说的，"我们星期天学校的员工都是一些平平常常的好人"。另外一位牧师说："我不能在这些问题上对校长一直强求，不然他会说他不配当校长，要辞职。"6位中没有一位读过亚瑟恩两年前发表的关于包括中镇在内的本州宗教教育报告，然而有一位曾"看到过评论，并且把书推荐给了"他的校长。其中两位在1924年试图改良礼拜仪式：一位试图安排每个小班轮流主持祈祷仪式，另外一位试着"避免老歌重唱、千篇一律的礼拜式，并且每月让各班主持仪式两次"。有一个主日学校请了一位精干的学校老师作督学，另一个则让牧师"试着作些监督工作"，其余4个学校没有任何监督措施。

  关于学生们是否在课前准备功课，牧师们说：

  "这是个难点，我想不超过10%，虽然75%的老师都进行备课。"

  "我妻子估计，有20%的人会把课文读一遍，但真正花心思准备的一个也没有。女孩们在课还没上完的时候就已经拿出化妆盒开始梳妆打扮了！"

  "肯定不超过25%。"

  "各年级不同，在我们二年级可高达10%—15%。"

  "我从来没想过这个问题——不过我想不超过10%。教师们嘛——咳，你知道这是主日学校呀！"

第六位校长来回答这个问题。

因为只有少数学生预习功课,教师们的负担加倍繁重。课堂教学方式通常是由老师朗读当日的《圣经》语录,加以讲解,然后就其意义提问,有时由全班进行讨论。像公立学校的授课方式一样,课堂上先由老师讲解,然后是提问和回答问题,稍带有些讨论而已。

以下是一些较有代表性的关于主日学校上课情形的报告的节录:[9]

在某大教堂的大会议厅里做完集体祈祷以后,一个班的25—35岁、大都出身生产阶级的青年开始回小班上课。他们共25人。老师大约45岁,态度十分认真。他讲的题目是"上帝来到其民众中,然而民众未见到他的身影":

"兄弟们,只要我们向上帝祈求,我们这堂课就会获益匪浅。"他祈祷说上帝会"感化课堂里的教友",然后开始讲解当天的课文。在结尾处他说道:"上帝不仅仅看重著名人物,上帝看重每一人。你们的工作能创造奇迹。在郊外的大道两旁你常能看到林中处处是美丽的花丛。上帝之所以把花丛放在那里,是要表明即便在人力不及的地方,上帝也能有所作为。"课结束时,一位学生称赞老师的课"上得真好"。学生们未曾发言,但都认真听讲。

中镇最大的主日学校在开始时咏唱大多数学生没怎么接触过的3篇赞美诗。唱诗中不少人还在闲聊。我们去了一个由来自中下等经营阶级家庭的、18—25岁的女孩组成的班级听课,这个班的

---

[9] 我们调查的31个班级是经过随机抽样选出的,包括各类型的教会和班级。抽样时考虑该日的教学或集会内容。

386 　111名注册学生中只有30名到校上课。老师是一位50岁左右的女性，上课的题目是"尼希米在耶路撒冷整复上帝之道"：

"如此重建城墙正是我们要做的事。我们犯了罪孽以后得扫荡一切残砖碎瓦，重新开始。在重建城墙之后，我们就把为上帝所不允许的各种邪恶排斥在外了。为此，上帝要耶路撒冷的人环造城墙，因为他们是上帝遴选的子民。……如今诱惑我们的邪恶只比先辈多，不比他们少，可我们却没有理由作孽。这是因为我们都学习《圣经》的教导。我们应该每天学习《圣经》。……小商小贩们在安息日也想往耶路撒冷城里闯，可城门都遵照命令紧紧关闭，商贩一律不得入内。如今文明社会到了如此地步，有些人礼拜日也得上班，可人们却没有必要整天在XX（某游览胜地）歌舞玩耍……我们都应该坚定地反对亵渎这个神圣的日子，而且还要让大家都知道我们的想法。"

全课由牧师一人讲。课后她说以前她曾试过课堂讨论，但是姑娘们不赞成。以前她常把课文分成小段，印发给姑娘们，但她发现得到资料的学生下周常常缺席。姑娘们说她们更愿意听老师讲。在课堂教学完了以后，全体集合进行主日学校结束前的礼拜式，其间教长教给他们一句格言，然后大家跟着齐声朗诵："主日学校的学子不受罪孽和撒旦的侵袭。"

全城第二大新教教堂里的《圣经》读书班大约有75人。他们大部分在四十岁左右，几乎都是工人。他们学《圣经》的《启示录》有一年多了。教师是中镇的一位医生。当他到来时，每个人手举一块牌子，欢迎这位州里的"名副其实的读经先生"。有一个礼拜天的早晨，学生们进课堂时看到黑板上写着：

第二十三章 宗教仪式

"'鲜血洒在马缰上'——此为何意？启示录15：7，最后的劫难。"文字旁边还画着犹太教庙宇的平面图。课堂上用了许多时间讲那段文字的意思以及老师自己的阐述："我们之中的每一个人都只有在经历了最后的七大劫难，并且所有的兄弟和所有的教会无一幸免地遭到惩罚之后才能登上'万圣之圣'所在的地方。"一两个学生起身朗读《圣经·旧约》中的一些段落以证明上述解释。另一学生起立问道："基督在墓中停了三天。而我们知道，一天'等于一千年'。这不是说我们得在基督死后等三千年吗？现在已经过了两千年，这么说我们再等一千年不就行了吗？"教师回答说："你说得完全正确。"还有一位学生在课快结束时起立，口气和缓地说道："大夫，你说我们得回家好好读课文，好好想课文，可这究竟有什么用？这只能让大家拌嘴。我想读一段我们还没读过的新课文。这课文在这《圣经》上都有。"他读了一段关于人和动物在生命结束时殊途同归的文字。教师则轻描淡写，很快把这段插曲遮过去了。

在另外一个新教大教堂的主日学校，一开始先唱了三段赞美诗。然后校长——一位颤颤巍巍的白发老人——通知说："今天我们敬神礼拜的次序和往日不同，我们朗诵经文诗句，然后祈祷。时间有限，现在赶快朗诵祈祷吧。"这时，十几号人——全为成年人——朗诵了《圣经》的诗句，然后大约相同数目的人——看来大多数都是教会活动积极分子，如教长、教长夫人、主日学校老师等——进行了祈祷。然后在主日学校乐队的生动音乐的伴奏下，各班奔向自己的课堂。上课情况如下：

一个48人的班里有11个男孩，37个女孩，都是十七八岁的孩子，大多出身于经营阶级家庭。老师是教长夫人。课堂上老师就耶稣洗礼做了讲解，其间老师还让学生朗读了一些诗文，并提问，例如，"水象征什么？""鸽子象征什么？""有没有谁知道古时候人们是怎样向往救世主的降临的？"在课堂上，她讲解了以下观点："耶稣30岁才开始他毕生的事业。如果你们这些小伙子和姑娘里有哪一位因为到了25岁或28岁还没有完成什么事业或是还没找到自己的工作而开始着急的话，就好好想想耶稣经历了多长的学习过程……上帝安排了人人都能尽其所用的位置。……耶稣是一个完人，是我们的理想和榜样，他没有作孽干过坏事，为什么连他也要受洗呢？……撒旦是无孔不入的，我们怎样才能按照上帝的警谕抵御邪恶呢？"载有本堂课文的资料在上课时被发给大家，下课时被收回。显然老师并不要求学生在课前和课后进行温习。课进行到最后，大家热诚祈祷："你们男青年和女青年中的每一位都能听到良心的呼唤。"

　　某一经营阶级教堂的母亲班有20位妇女，年纪在40—60岁之间。这个学习班有些特别：老师是普通学校的教师，学习内容不限于《圣经》本身，而且还有较长的课堂讨论时间。老师在课程的开始就说到公立学校应该设立一位宗教教育的学监。她说，中镇失掉了其仅有的一位受过宗教教育培训的人是件丢脸的事情。因为中镇临时雇用她的教堂付不起一年1 200美元的薪水，所以她跑到附近的另一座城市去了，在那里她可以得到这样的薪水。学习班的成员对此进行了自由讨论：

　　"我觉得学校应该恢复《圣经》课，每天上午向学生读《圣经》中的内容。"

"我不同意。我可不愿意不管什么人都向我的孩子宣讲《圣经》。有个老师向我承认她是无神论者。"

"哎呀,这多可怕啊!"

"是啊,我懂你的意思。她是个挺有知识的人,素养也高,可她确实有一大缺点。"

"如果父母让孩子上大学之前就加入哪个教会,那孩子们就能比较稳当,不会走歪路了。"

"我听说不少大学教授都不信上帝,许多中小学教员也不信上帝或天主教。"

老师把课引回到《圣经》上来,问大家能不能说出《圣经》中的三王。有人说是希西家(Hezekiah),老师作了纠正。好几位学员讲老师的课上得好,说老师带动大家讨论,大家都有收获。

以上介绍的都是中镇住宅区那些大型新教教堂的主日学校的情况。城南侧那些较小的主日学校的活动通常都在教堂大厅里举行。开始的礼拜式热烈而喧闹,秘书们和迟到的人们熙熙攘攘。参加者起劲地高唱赞美诗,特别是那些大家喜闻乐见、有重复歌句的,如"不久我就能飞黄腾达"。在祈祷中,严肃的成年人不时发出"阿门"的声音,而那些不安分的孩子们则四处张望或懒洋洋地相互捣捏。全体学员一起听课文朗诵,然后分成小班,坐在大厅的各个角落。每班都有一位态度认真的老师,坐在前排座位的靠椅上,面对他的学员。

在一个有代表性的成年人班上,当日的课文是《十二圣徒的召唤》:

"谁是最受欢迎的圣徒?"老师提问。由此引出一位学员的问题。这位学员问加略人犹大（Judas Iscariot）是不是最受欢迎的圣徒。人们觉得既然犹大是"撒旦的工具"，他可能很受人欢迎，因为"这样的人在俗人中是很受欢迎的"。课堂上另一位妇女接着问道："那么，这是不是说基督徒总是不受人欢迎的？"课堂上大家一致认为，"一个人在当今世上不能既遵从《圣经》的训谕，又在坏人堆里受欢迎"。然后，一位先生问道："什么人才算基督徒？"回答是"按圣父旨意行事的人"。讨论又返回犹大，有人问"犹大背叛耶稣是不是命中注定的？"大家意见不一致。有人觉得耶稣被送到世上就是要被犹大出卖的，有人觉得这不过是件"偶然发生的事"。这时大厅讲台上的铃声响起。校长问是否有人"还要通知什么事"，没人管理，于是通知募捐，散发学校的文件。学员说说笑笑，涌到教堂外的阳光中去了。

由22位女性和7位男性组成的节俭的生产阶级主日学校的年轻已婚者班级，在礼堂外只有角落有小火炉的空荡荡的小房间聚会，有几个人还抱着孩子，一位年轻的妈妈还让孩子抱着奶瓶。教师是牧师的妻子，她用几乎半节课的时间讨论班级成员该如何为教会的债务募集资金。

"我们去年通过演出筹集了46美元。今年他们要求我们能够募捐150美元，而不是去年我们筹集的100美元。如果我们今年能够早点开始，能够准备另一次演出，也许达到目标并不困难。"

"这是正式的承诺吗？"一位男性问。

要求志愿者去为下周要举办的集市分发传单，带着小婴儿的女性和其他几个人志愿承担这项工作。老师问："这节课讨论什么？"就有两三位正在读传单的回答："向基督忏悔遇到的困难和获得的奖赏。""现在齐声朗诵第一节。"全班一起朗诵一节又一节,每一节之后教师都会进行评论,比如"我知道在失业的时候难以感受到他的爱,但是我们必须继续坚信和意识到他将带着我们走出困境。"

这些直截了当的描述虽然准确地反映了在中镇教堂和主日学校的所见所闻,却很难表现出这些言行和仪式对中镇人的真正含义。可这含义又是真正重要的东西。当经营阶级的人们把孩子送到主日学校,他们期望着能以此保持和继承生活中他们觉得是最重要的东西。在有所丧失又渴望得到的时候,无论堆砌多少话语,都很难表达他们真正在追求的东西。当一个疲惫不堪、衣冠不整的生产阶级妇女在礼仪繁复、喧闹的圣灵降临会堂里一怒而起,并且喝道"我烦死这陈旧的一套了!我要回家去找耶稣!"的时候,仅几句话是无法表达她悲愤的言辞后面的宗教热忱的。那些参加唯灵论教堂每礼拜三和礼拜天的招魂法会的教众不免常涌到灵修院的灵媒之前,急切地询问:"我的躯体还活着吗?""我应该做我在想的那笔交易吗?""下一步我该做什么?"他们的热忱一点也不比那些蜂拥而上去触摸救世主衣边的教众逊色。教徒们在主日学校高唱"让虔诚之灯点燃"或"我也分享一份光荣",他们的声音没有音乐之美。当一名妇女——据说是城里最善良的母亲之一——在一家大主日学校的母亲班祈祷说"我们祈求赦免上个星期所犯的种种深重的罪孽"的时候,是当地的复杂传统、人与人的关系以及人们共有的困惑与期望,而非这位妇女的词语,赋予了祈祷文以深沉的含义。

如以上摘引的报告所表明,主日学校的组织情况因教堂的不同而不同,但总的来讲,许多教堂和学校的活动都大同小异,而且自

90年代以来也没有太多变化。[10]这一点从与6位大牧师的会见以及许多主日学校的老师和学员的交流中可以得到证实。时而不时地也有过一些变革主日学校的教学的努力。1924年，牧师协会举办了一期24小时的宗教教育夜校。它的目标宏大，要将普通学校用的一些新教学法引入主日学校的教学活动。夜校的对象是主日学校的教师。夜校共有103人参加，大都是主日学校的老师，可总共仅有30人完成了全部课程。[11]6所主日学校中有3所对高中以下的孩童采用按年级分班的制度，以便在每个年级教授适于该年龄段的《圣经》课文。另一主日学校强调学生应按年龄分班，但各班的课程内容相同。在好几所主日学校对幼童的教学采用了幼儿园的方法，除了讲《圣经》故事之外，在课堂上还让孩子们做游戏和手工等。

在成年人的课堂上，新方法遭到反对的时候比较多。这些改革以及前述的改革绝大多数仅限于经营阶级的教堂。它们在实施中遇

---

[10] 参见上文引用的亚瑟恩的著作，该书研究了本州，包括中镇的主日学校的情况。

[11] 所教课程有：主日学校的组织与管理，由一位专业宗教教育工作者教授，课本是罗尔（Roll）的《主日学校的组织与管理》（*Organization and Administration of the Sunday School*）；如何进行宗教教学，由同一位女士用贝茨（Betts）的同名课本教授；耶稣的教导，由邻近一所学院的教授用同名课本授课；《圣经》中的礼节与风俗，由同一位先生用麦基（Mackie）的《〈圣经〉中的礼节与风俗》（*Bible Manners and Customs*）授课；《圣经》地理，由一位曾在圣地住过一段时间的当地牧师授课；如何对少年儿童教学，由一位当地牧师，用刘易斯（Lewis）的《中级工作者及其工作》（*The Intermediates Worker and His Work*）一书授课；旧约的篇章，也由当地牧师授课；儿童心理学，由公立学校的心理学老师，用梅耶（Myer）和查佩尔（Chapell）写的《创造中的生活》授课。据学校的主任说，学习班强调《圣经》是主日学校的中心工作，而主日学校的目的，按重要的程度依次可排列为：一、教育青少年；二、引起对《圣经》的兴趣，教授《圣经》中的史实；三、培训教会工作人员；四、引起大家对广义的宗教的兴趣，不仅限于基督教。

到的困难可以从其中最著名的一所教堂的两项改革中看出：

在成人班，学员的年纪都在40岁以上。按其中一位学员的说法，这个班"一直是死气沉沉的"。成人班的这位老师"非常活跃。他用《汉谟拉比法典》来解释十诫，并说是摩西自己在西奈山把这个诫律镌刻在石板上的。我们一起讨论十字军——而且还可以自由批评！每星期，老师给两三个学员布置课外读物，都是从真正权威的书籍里选的，并要求他们下一个星期做汇报。可是慢慢地，其他学员中有些觉得他太自由化了。他们整堂课闷闷不乐地坐在那里，一声不吭，直到老师觉得没趣儿，自己辞职才了事。"

"城里一些最活跃的年轻商人热烈地议论同一主日学校里由当地师范学校的一位精力旺盛的老师教授的、由四十多位二十几岁的男学员组成的学习班。在他的班里学员不断增加，慈善活动不断开展，在最好的时候每周能为一位高中女生捐3.5美元，补贴上学的费用。"研究组的一位成员在1924年秋天的一个"集会日"到这个班听课，发现只有6人出席，老师也不在。经提议并讨论同意此班级解散，学员都返回中年班。这是那天上午传出的消息：

"问题是XX（这位曾深受欢迎但已一去不回的老师）只把《圣经》当成一个附带的议题。唉，他把整个课时都用来讨论遗产权、环境，或是高声朗诵、讨论像那本关于叙利亚的基督的书一类的东西。要不然他就接连好几个礼拜天都讲宗教心理学——讲得倒挺不错，但不是《圣经》。《圣经》必须是课程的中心呀。"

"是啊，"第二位发言了，"我的经验是，最好的学习班都好好学《圣经》，不把《圣经》放在第二位。我觉得我们得从头开始。一口气把《圣经》弄通。"

第三位插进来说:"班上我们几个在 Y 店碰了两三次头,谈到应该让(那位老师)知道我们的想法。"

"是呀,他自己也知道有人反对,所以来的次数越来越少,最后干脆不来了。"

393　　主日学校是教会对青少年进行宗教教育的主要场所。在第二位的还有新教教堂里的每个礼拜天在晚祷之前约占一小时的"青年协会"集会。如祈祷会一样,对这样的讨论会感兴趣的人寥寥无几,每次出席的也就是 15—50 人,总是姑娘们占绝大多数。如主日学校一样,也有些成年人参加。关于这样的青年讨论会的目的,那些积极组织这类活动的 6 个教堂的牧师是这样说的:

"帮助培养青年人的基督教素养;帮助他们表达宗教感情,从而加深宗教性格,所以参加的主要是青年。"

"为参加礼拜进行培训。"

"宗教表达能力。"

"我的理解是将讨论会变成表现我们宗教教育计划的窗口。但没有多少收效。他们并不付诸行动,我们实际上只不过是维持现状而已。希望有一天有组织能力的人能参加进来,我们真正能开始协会的活动。组织工作是我们的老大难问题。有的时候我也能找到真正有组织能力的人,可复杂的社会活动和中学活动没几天就把这样的年轻人从我这里弄跑了。"

"把青年的精神和宗教结合起来。教会在各处都只有中年人参加,青年备受冷落。"

"与我们主日学校的目的相同——让孩子们走正道。"

其中 5 位青年讨论会的内容都按它们的教派总部制定的章程安

排。第6位以《圣经》为中心。在调查前的4周内，这6个讨论会的活动主题被显示在下面。这些主题有助于我们了解讨论会的特点。

教会1：通过医疗传教队体现友谊精神。

　　　　如何有效地阅读《圣经》？

　　　　选举新的领导人。

　　　　如何发扬友谊精神？

教会2：教派综述。

　　　　传教。

　　　　友爱与善意。

　　　　某位夫人讲述地下铁道和其他本教派历史上强盛时期的故事。

教会3：我留在这里——派别人吧！

　　　　我们用美元符号拼写圣诞这个词吗？

　　　　这世界需要什么样的家庭生活？

　　　　为什么要服从政府？为什么要服从教会？

教会4：我的《圣经》对我意味着什么？

　　　　我的教会对我意味着什么？

　　　　我的《圣经》对我的社区意味着什么？

　　　　我的教会意味着什么？

教会5：传教——关于福音布道和医疗传道的辩论。

　　　　如何让我们的C.E.更有效率？

　　　　如何发扬友谊精神？

　　　　如何有效地阅读《圣经》？

教会6：限制移民——辩论。

做好准备——辩论。

在日本传教。

"友邻城市的一位先生谈宗教、理想等。"

所有的教会大多都按相同的日程安排这样的礼拜。以下的报告节选看来是比较有代表性的。⑫

在最大的一个经营阶级的教堂里,4位姑娘合唱"请到野林中的教堂来吧",然后讨论会开始。主持人先告诉大家主题是"工业传教",然后说一些与主题无关的本教派在中国传教的情况,然后才让一位姑娘谈谈本教派一位著名工业传教士的情况。这位姑娘则把她为这次讨论会阅读过的故事重述了一遍。然后大家唱诗。一位将近30岁的女士花10分钟时间朗读了一份关于非洲一处传教所的情况介绍。这个中镇教会资助了那个传教所的一位牧师。一位18岁的小伙子参加了基督教男青年会的夏季会议,这时也在会上读了一位工业传教士的一些生平故事。然后大家朗诵祈祷词,祈求上帝"保佑和帮助传教士们"。最后,集会在另一首四重唱中结束。

在城南边的教会的青年集会里,参加者全是工人,包括许多成年人和老年人。这种现象在生产阶级教堂里很普遍。他们这回讨论的主题是"废除战争吗?为什么?怎么做?"——会议的日程显然来自教派总部,指示也很全面。主持人总把一些预先印好的资料交给几个与会者,然后宣布集会开始。她先读了自己手中的文稿,然后传呼"朗读第一篇经文"。一位老年妇女手上拿着一份资料站了起

---

⑫ 对下列所述的礼拜未加筛选。文中的顺序完全按照我们的调查的顺序。调查抽样时,我们并不知道礼拜的主题是什么。

来，摸索着地找到了《圣经》中的段落。这样其他人也读了自己手中的文稿和《圣经》经文。一位40岁的男子告诉大家，他"一直想要谈谈"，他说他在到会以前从未想过战争有什么罪恶，可现在他要说"只要基督徒们团结起来，让上帝的意志传遍世界"，战争就一定能被防止。这时一位老年人响应"大家有什么意见吗"的问询，说他从《圣经》上读到，世上"只有当耶稣降临"才能太平，"在这之前还会有各式各样的战祸"。这时大家都要牧师说自己的看法。牧师显得有些为难，他说他相信《圣经》，《圣经》上也说过只有当耶稣降临的时候世上才能太平，可他还是认为应当尽全力反对战争。讨论结束的时候，一部分人觉得"他们那些领导人""国会和其他领导人"应该制止战争，或者"基督徒们"应当制止战争。另一部分人则肯定战争是不可避免的。

某教堂里专为师范学校学生准备的青年讨论会的主题是"我们在中国传教"，由一位大约19岁的小伙子主持。大家先唱了几首赞美诗，然后请一位小伙子和一位姑娘上来祈祷。他们两位每人都感谢上帝对美国的保佑。然后，主持人长时间地叙述了中国的情况，他们对其中的地名和所发生事件的详细情形显然记不太清楚。然后，他又朗读了一篇中镇市民在报纸上发表的关于"中国印象"的长篇报道，这时听众已经十分烦躁不安。在结尾的时候他问大家还有什么补充。没有人响应。牧师在最后几分钟加入进来，说他特别强调中国有80 000名士兵，个个体格健壮，没有任何生理心理缺陷。中国人不是基督徒可也有这样精壮的男子汉，这应该值得大家好好思考。如果我们要让他们成为基督徒，我们也要自己身体健壮才行。

那些常年参加中镇教会活动的人都异口同声地说，比起35年前，现在人们对这些青年礼拜会的自发兴趣已经减少了。某著名大教堂在报刊上发表关于青年礼拜的告示。1890年报纸上有关最著名的一家教堂的青年活动的通知，显然对当时和35年后的活动都很有代表性。这份通知的最后一句话是"大家都来吧，讲一句话，一句诗，或什么别的东西"。

基督教男青年会和女青年会的学校也有经过精心组织的《圣经》教育活动。年轻人也可以在这些学校里得到宗教教育。1925年春季，有二千多名男生和一千多名女学生注册参加这样的《圣经》课程。中镇的基督教男青年会在最近的11年间有9年是全国获得基督教男青年会《圣经》读书证书最多的。读经班的活动必须和基督教青年会的其他活动联系在一起研究。光就事论事很难让人了解。读经和青年会的其他活动十分紧密地结合起来。基督教男青年会每周为读经班的男学生免费放映电影；青年会的全部体育运动都以读经班为中心。各班级的活跃的代表队常年开展比赛。最吸引人的则是大量免费的青年会夏令营的免费一周旅行。营地在离城90英里的"湖区"，每年在《圣经》考试中成绩优异的男生能够获得。报纸报道时说，"在读经班开班时，学校宣布获奖者可以免费入夏令营，这对学生们无疑是一种巨大的刺激"。虽然读经课形式上是选修课，可人们说许多老师都在底下给学生施加压力。有些老师说，不愿意施加压力的老师会遭到许多责难。

以下的故事也许能为我们了解教学提供一些线索。男生的一堂关于"《圣经》中的体育运动"的课是由基督教青年会的一位秘书教的。20分钟的时间里有5分钟是《圣经》教学，15分钟讲体育，宣布《圣经》班的篮球比赛，以及为读经班同学放映青年电影等。

一位受过大学教育的女老师说，上边给她的指示是"直接教《圣经》，无需讨论""跳过《创世记》中第二个创世的故事，不然容易造成麻烦"。上面要她"教天使与亚伯拉罕一同行进的故事，可正如您知道的，孩子们最终会发现天使是怎么回事，会认为我欺骗了他们"。面对这些指示，她真有些手足无措。另一位著名的读经班老师觉得，总的来说，读经班的教学还令人满意，因为"孩子们尊重有信仰的教师，即使他们以后发现他们并不同意教学的内容"。显然，基督教男青年会希望自己控制《圣经》教学。大家都说该青年会非正式地抵制关于《圣经》教学的巴塔维亚计划（Batavia Plan）。该青年会也抵制童子军运动在中镇独立发展。

有两个教堂在暑假的六个星期中开办假期读经班，读经班每天上课。读经班活动以学习《圣经》的经文为主，辅以游戏和手工艺。

尽管开展了这么多读经活动，中镇的宗教领导人仍对其效果表示不满。一位著名的牧师断然地说："在中镇布道时，根本不能设想听众已经对《圣经》的内容有所了解。"母亲协会的负责人也附和某些牧师，要求学校专门聘请宗教科教师。"这是因为我们大家都知道孩子们在主日学校的时间太少，根本不能学到多少《圣经》知识，主日学校现有的老师也没有教学能力。"人们这种不满的态度还表现在读经活动缺乏协调上。基督教男青年会和女青年会的宗教教育与教会的活动毫无联系，即使在教堂之间也大致如此。六大教堂中有五所并不协调其主日学校和青年协会的活动。第六所新教大教堂倒做了些联系工作，不过也就是在"为基督教而努力"这一组织的主日学校的各班级里，任命一位学员加入该组织的监督委员会。"为基督教而努力者"每个月开会前，这个监督委员会负责组织主日学校的孩子们吃一顿可可晚餐。中镇的宗教领导人都决心要教育孩子读《圣经》，但是，在究竟教什么内容、如何教、教了以后起什么作用等问题上却总是含糊不清。

自90年代以来，礼拜日的晨祷和晚祷、主日学校、星期当中的祈祷会和礼拜日的晚间青年集会等五种宗教仪式都没有根本的变化，而且，在以新教为主的中镇，这是礼拜的主要特点。在某些教堂的晨祷仪式中增加了儿童布道和有偿演唱队的表演。晚祷的形式更多样了：一些教堂组织特别讨论会；其他为铁路工人举办年度礼拜；还有的举办电影礼拜（后遭到一部分教徒的强烈反对，很快就被取消了）。主日学校也随之受前述种种革新的影响。祈祷会和青年协会为了招揽听众，也采用了"特别邀请讲演"、实体幻灯讲演，以及拓宽讨论话题和更新讨论方式等新办法。但总的来说，这都是些皮毛，传统宗教仪式的内容或形式并未因此而出现大的变化。

在过去的一个世纪里，各教堂的传教协会、女性互助会、鲜花传教会像那些纯宗教仪式一样，也变化得很少。只是在读书活动上它们有了更多的组织。传教协会的成员仅限于妇女。这些成员几乎都是中年妇女。在较大的经营阶级教堂，成员的数量从25—50人不等。至于这些团体的位置，有近千名教徒的教堂的牧师的夫人在10月下旬的一次传教协会的集会上说得很清楚："我们计划开办一期传教读书班。当然下月太忙，假期也太忙，但我们还是计划开班。我们计划明年一月开班，哪怕只有两个学员我们也办。我要从委员会那里订五份学习材料。我们期望能有这么多人来参加。"这期间，各教派传教的任务不断加重，可对于镇上大多数人来说，当地人对传教的关注似乎只不过意味着向教会捐款这种简单的、缺乏人情味的形式罢了。

第二十三章 宗教仪式

尽管中镇的教会在纯宗教活动上没有什么更新，在迎合教徒的世俗兴趣上还是有所举动的。随着教会的非正式社交生活的衰落，教会采用了以毒攻毒的方法，与教会外的新俱乐部针锋相对，竞相在教会内部成立了一系列的俱乐部。事实上，教会社交俱乐部（church social clubs）[13] 自1890年以来在城中的增长比任何其他俱乐部都要快，现有101个。在76个成人俱乐部中有3个是绅士俱乐部，56个是妇女俱乐部，还有17个男女混合俱乐部。有组织的主日学校学习班、半社交性的俱乐部和运动俱乐部等新型的组织出现了最明显的变化。我们常引用1890年的一位诚恳的商人的日记。对于这位商人来说，青年协会的社交集会或女性互助会的全日缝纫班自然是教会活动的一部分。不过，如果他读到下面这些1924年的报刊标题，就不免要惊诧得直眨眼睛了："卫理公会教徒队16比13惨败""基督徒和信徒获胜"。新的风尚甚至渗透到了老的仪式中。在一个经营阶级大教堂的年度集会上，大部分时间是基督教男青年会主任向主日学校竞赛的男生颁发运动衫。一位女商人是一个最成功的主日学校社交俱乐部的成员。她说："中镇的主日学校的学习班中有75%都是通过社交组织的，不然就无法进行活动。我们每月都聚会一次，进行固定的节目和活动，并且饱餐一顿。"另一位女孩是位受人欢迎的高中女生。她是一个受人喜爱的教堂的一个学习班的学员。她说道："我们的主日学校的学习班才真是那么回事呢。我们老师是XX夫人。她在家里为我们开的晚会都是一流的。一年前我们班两个女生因为抽烟被开除了——这才是我们班的风格呢！"

---

[13] 这些由主日学校等一些组织搞起来的俱乐部每个月至少聚会一次，纯属社交性质，无宗教内容。

400　　绅士们的俱乐部不仅数量较少，而且比起妇女和青年俱乐部来说也不算太成功。生产阶级教堂组织教会俱乐部的比较少。那些新增的教会俱乐部主要是经营阶级举办的，而经营阶级的"俱乐部多得要命"。绅士们已经竭力维持"家庭生活，因为这里也得去，那里也得去，家庭生活已经不复存在"。我们调查了123位生产阶级的妻子，39位经营阶级的妻子。其中17位生产阶级的妻子和23位经营阶级的妻子回答说：没有一位生产阶级的丈夫参加了教会俱乐部。经营阶级的丈夫中仅有七位参加了。教会大肆举办俱乐部致使全城的俱乐部增加了六分之一，可却引起了人们的不满和漠视。许多人仍然对他们的教会十分虔诚，但觉得参加星期日的礼拜就够了，其他时间应该用于家务和孩子、公益事业，以及教堂以外的社交活动。这位经营阶级的妇女的话，很能代表这一批人的困惑：

"我们仍去XX教堂，因为我们从来都是去的，而且我赞成教会的立场和观点。可是教堂社交生活却越来越成问题。我倒是想参加。和那些兴趣与自己不太匹配的人在一起待一会儿不是坏事，但这些活动占用了太多时间，以致影响了与城里的在其他事务上更有相同趣味和兴趣的人的交往，也影响了与我丈夫业务上需要的人的交往时间。"

一个大教堂的牧师抱怨说：

"让先生们在教会绅士俱乐部晚餐上听一个多小时的讲演真难。可他们在公民俱乐部的晚宴上可以一直待到半夜。"

然而，在"铁路南边的"生产阶级教堂，情况就有些不同。因为缺乏其他活动，去教堂仍是社交上的一件大事，即使没有那些有组织的俱乐部。在这里的教堂中，新来的人要和每个人握手，人们

第二十三章 宗教仪式

早早就到,礼拜之后还不回家,还和朋友们一道"访问"。一位生产阶级的妇女热情地说:"我挺喜欢教会和分会的工作的。通过工作能认识、了解各式各样的人!"这里的社会生活现状与90年代经营阶级教堂中的有些类似。如今,在城南侧教堂的埃普沃思联盟的集会上,仍能看到"音乐和演讲节目单",和1890年在城北侧大教堂能看到的那种差不多。"'为基督教而努力'这一组织计划举办一次晚餐,两人25美分,节目有乐器独奏、文章、遴选、背诵等。所筹资金捐助给该组织的全州大会的代表。"⑭ 如第十九章中所说,把教堂作为第一集会场所和生产阶级朋友之间交往的场所,是这些教堂的社会生活较好地持续发展的一个例子。

宗教组织通过结合世俗活动来巩固其地位还更多地表现在基督教男青年会和女青年会组织的俱乐部和体育运动团体上。总的说来,男生的体育项目比较多,比较成功。女生的俱乐部组织起来比较艰难一些。在基督教女青年会的女生后备队总部的"年度颁奖日",礼拜日社交时间出勤多的受到嘉奖。⑮

---

⑭ 今天我们要说明1890年教会在社交中的显要地位不是一件容易的事。圣诞娱乐活动在圣诞日举行,整个教会都热情地参加,而不像今天安排在某个晚上的"儿女晚会"。1890年的报纸上报道了各种下午和晚上的社交与娱乐活动,报道最后总结说,"各教会的圣诞日活动在每一个方面都很成功"。人们常举行教会义卖和其他类型的晚会,比如,"昨晚在维布·R家举行的管风琴集资晚会大获成功——集资46美元""今晚长老会举行推车义卖——每车15美分""主教派义卖晚会在汤姆家举行""'为基督教而努力'协会举办太妃糖交际会"等。

⑮ 教会和基督教团体曾完全置青少年最主要的新娱乐方式——跳舞——于不顾。如今,虽然教会不准跳舞的禁令几乎已被非正式地完全解除了,教徒们可以自由参加舞会,但是,一般来讲,开放教会设施举办舞会却普遍被认为是轻度的犯罪行为。城中四十多座教堂里只有一个小的经营阶级教堂利用教堂设施举办教区舞会,而且为此也遭到了责难。基督教女青年会有时举办舞会,(转下页)

上述各种活动是在中镇的生活中占主导地位的福音派新教教会的核心情况。其他宗教团体的情况有所不同。在天主教和基督教科学教会的教堂里,礼拜日的布道相对次要一些,而仪式本身则更重要。这些教堂对青少年的宗教教育比一般新教教堂更为重视。基督教科学教会和较小的但充满热忱的唯灵论团体都更加强调宗教在此时此地的现实利益,如对身体健康和事业繁荣的作用。较小的犹太改革教会并没有固定的教士。与其他宗教团体不同的是,这个教会与较普遍接受的基督教传说没有关系,其礼拜仪式也十分简朴。

正如第八章对中镇人谋生活动的探讨一样,当地宗教仪式显而易见的矛盾也不免让人感到困惑。一方面,中镇把宗教作为自己形象的一部分;人们趋向于用评价其他活动时所用的现实的、看得见摸得着的东西来衡量宗教的效果:

"我是因为我的经历才相信祈祷的,"一位扶轮社的积极分子说道,"一两年前谁都要我别买(某种他从事的行业中需要的基本原料)。专家们告诉我:'慢慢来,这是走着瞧的时候。'然而,我有我的主意,我买了50车皮——而过了10天价格涨了50%。我的意思并不是上帝曾说'我得帮帮中镇的吉姆,'但确实有人引导我。我相信他就是上帝。因为这,我相信祈祷。"

(接上页)每年有部分时间还开办小型的舞蹈学习班。

许多人从道义上反对跳舞以及来自当地的、有关加强管理公共舞厅的强烈要求,从一个侧面反映了这样一个"社会问题"的复杂性以及人们经常用来指责它的各种方法的片面性。据说城外的两处跳舞的场所"环境不道德",因此,大多数父母试图禁止他们的孩子去那两个舞厅。不过其中一处舞厅的老板是一所著名的公民俱乐部的成员。他的口号也是"礼拜",而且用一个裸露部分身体的舞女的像作他的礼拜天晚间舞会的广告,并辅以大字"充满了热情!"

第二十三章　宗教仪式

中学的大力士队参加全州篮球锦标赛。那些不能前去助战的在中学的礼堂里集合倾听战报。集会由一位牧师主持。他先做了祈祷。当比赛进入紧张关头时,一位高班的班干部祈祷说,"噢,上帝呀,我们一定得赢。耶稣,帮帮我们吧!"

在说到某年是中镇教会历史上"在诸多方面都很成功的一年"时,报刊上讲:"报告表明,教会的财源充足,有基建资金XX,教徒人数净增XX,主日学校的平均人数是XX,为传教捐款共计XX。"

关于制造商中一个地位显赫的家庭从一个小自由教会退出,一位精明的市民解释说:"您瞧,他们每经手一事,都有大的发展。要是工厂不行就推倒重来。这个教会没有这样的势头,他们就要把它消灭,并入一个活跃的正在发展壮大的教会。牧师和他们吵翻了以后,他们就退出了。"

一位大牧师在为"星期日去教堂"这一活动做动员时,直截了当地把教会的主张和实际利益联系了起来:"教会是美国存在的'原因'……有了教会美国才繁荣昌盛……教徒们致富并不是偶然的。即便从生意的角度,'神也是可以帮忙的'……每个兄弟对社会最大的贡献莫过于遵守教会的章程。"

另一方面,人们又趋向于重视宗教超脱于一般事务的价值,关注"彼岸与来世"。[⑯]中镇的一位备受尊敬的牧师说:"基督教徒们都知道,我们生存活动的物质世界并不是真正的世界……在信徒们敬畏、礼拜上帝的氛围中沐浴一小时,你就能振奋起来。"

---

⑯　一位牧师因他的"男朋友运动"不被人们接受而抱怨说:"问题是,人们不把这种事当成宗教问题,因而置之不理。"

中镇生活的各方面都在变化之中。人们重视宗教信仰的部分原因是，大家觉得生活没有什么变化。1890年，中镇的一家报纸上登出了一则伦理协会集会的告示。这个会议主题是"人的生活就是一系列的试验"；同一页上还登出了一份关于某大教堂布道内容的告示，它的标题是"我们永恒的宗教"。今天城里最大的教堂的牧师说："我的目的是把你们的信仰建立在上帝的王国的永恒和力量之上。""每一个季节都有新事物产生——变革！变革！"妇女联合俱乐部的一位讲演人说道。"只有把握住某种永恒不变的东西，我们才能理智地生活下去。上帝是永恒不变的。"当全州卫理公会主教派大会中镇分会强调"其长期反对打牌、跳舞、喝酒和赌博的坚定立场"时，一份中镇的报纸加了如下编者按：

"在某种意义上说，某些关于原则和纪律的讨论已经让一些基督教团体感到不安了。如果卫理公会主教派教会陷入这样的讨论而不能自拔的话，就会有损自己的形象，卫理派及其影响就会衰落。某些人也许对什么是卫理公会的基督教和基督教生活的基本原则有所怀疑，但是约翰·卫斯理的门徒们不应该这样。他们和教会是那些被物质和精神痛苦所折磨的信念的坚如磐石的精神避难所。"

强调基本宗教信仰的不变性也许和不把它作为一种实际考虑的倾向有一定联系。宗教信仰不像发明的印刷机和抗毒素一样可应用于实际，而是一种可望而不可即的东西。中镇生活中的其他方面的显著变化都发生在物质文明之上，如经过具体实验得来的新工具和新技术。实验本身则依靠不断发现事物之间的因果关系。在另一方面，宗教导师们却认为他们所遇到的问题的答案大都已被发现和解决了。有时他们倾向于把具体的事物归入某些范畴，把各种相互关联的因素笼统地归结为对"罪恶"的谴责，或者对"正义""礼拜"的呼吁。这样，当医生们和社会服务局寻求解决公共卫生问题的时候，一位大牧师却说："中镇需要的不是优生学，不是改良公共卫生，不是改良教育，而是振兴宗教精神。"另一位牧师对听众说：

"耶稣希望的是正义的王国，而不是世俗的强权。所有耶稣的信徒都努力才能成功。什么样的努力呢？国际贸易不行，科学进步也不行，因为虽然人的环境可以得到改造，人的精神却不能。世俗的教育也不行——唯一能做到这一点的是基督教，而且只有基督教能做到，因为它代表着宗教的顶峰。"

城里最大的新教教堂的牧师告诫他的教众说："上帝赋予你财富，是幸福的；上帝赋予你贫穷，也是幸福的。"⑰中镇有些极端的教派声称"如此的罪恶只有到耶稣降临时才能休止""在上帝看来，我

---

⑰ 两位中镇的诗人也同样表达了这种知足常乐的宗教情绪。在一家大报上，"爱迪"特邀主持人在他主持的"大家谈"专栏中说：
"上帝，我祈祷，教我满足吧！
我的四周已经充满欢乐。
……
承担我分享的善与恶，
六月的太阳或四月的雨——
历尽幸福与悲伤，
才知灵魂本该如此。"
妇女联合俱乐部的一张节目单上印着引自莱利的诗句：
"要不是惯于咕哝抱怨，
欢乐之时也一文不值，
当上帝决定天气而送来雨的时候，
啊，雨就是我的选择。"

们做的什么好事都不值一提；我们仅仅因为慈悲而得救，而不是因为正义的事业"。那些不这么极端的教堂也把宗教信仰的福音和日常生活中实用的福音对立起来宣讲。有一位教徒愤愤地说："教父们的问题是把一切问题都托付给上帝。"在失业严重的时期，城里最受欢迎的教堂的牧师祈祷说："啊，上帝，关照城里的3 000名失业工人吧，为他们招来朋友，让工厂的机器运转起来，使（这些人）重新得到工作。"在不少场合下，教堂并不像是帮助中镇人适应形势的一种手段，而像扶轮社一类的组织一样，是贮藏和保护某些理想和信念的场所。这些理想和信念使得生活变得有意义，使人们在瞬息万变的生活中找到某种永恒的东西。因此，值得注意的是，在信仰上，教会在生产阶级某些团体中的地位最为巩固，能主宰他们的生活。这些团体在一方面比起经营阶级，很少能通过其他方式解决生活中遇到的困难，另一方面在生活中缺乏乐趣，因此迫切需要"在天国中得到补偿"。如第二十章所述，生产阶级的妇女在信仰问题上的回答相对比较肯定，而经营阶级则比较倾向于质疑。这就是差别。

　　随着城市生活的其他方面的变化速度不断加快，宗教信仰压倒性优势的日趋下降已变得更为明显。与35年前那种悠闲自在的村庄生活相比，工业文化浪潮的影响大多了，而且更倾向于"努力争取"，而不是教会说的"谦卑顺从就是福"。中镇人在宗教导师那里听到的，是讲他们是罪人，需要上帝的拯救。在男人俱乐部和女人俱乐部的演讲者告诉他们，他们的城市、他们的州和他们的国家，即便不是完美无缺，至少是世界上的典范。是他们自己造就了这样的成果；只要他们按照目前的路努力地走下去，一定能取得更大的成功。同时，世俗的婚礼增加了，离婚也增加了。不论是生产阶级，还是经营阶级，主妇们都不再像她们的母亲那样向孩子们强调对教会的忠诚。按时去教堂做礼拜的人显然比1890年少了。号称囊括城里所有头面人物的扶轮社都不让牧师加入。社交活动不再像以前那样以教堂为中心了。闲暇活动也越来越不遵守有关侵占安息日的禁令。众多的社区活动，如同报刊上所说的疾病与健康的问题，越来越不被人们视为"上帝的旨意"，而成为人们调查研究的对象。从理论上说，宗教信仰统率中镇的一切活动。可实际上，中镇生活的许多领域已摆脱了它的控制，一位扶轮社的会员在中镇最大的教堂主持祈祷会时说：

"我们常说'相信圣父上帝'与'教会和宗教比生活中的一切都宝贵'。现在假定某个人能在短短两天里监督我的一言一行，一举一动——我们还能有所作为吗？我也很不愿意承认这一点。我上周（到州府）去给我们的大力士队加油，去了两天，嗓子都喊哑了。可我会为教会这样做吗？才不会呢！"

当中镇第一次开采天然气的高潮结束，1893年的大恐慌和那年夏季的天花病的流行让全镇瘫痪的时候，有的工厂迁走了，其他的则工厂倒闭。有人召集了经营阶级的人物开会。大家鱼贯而入，坐下以后闷不作声。集会开始时，朗诵了《圣经·旧约》中不太显眼的一句"如果你在灾劫之日退却，你就是个儒夫"，另一个人念了一句《圣经》诗句，这样大家接二连三地朗诵了下去。接着一位年轻的工厂大老板——现在已经是城里的百万富翁——站起来复述了在磐石上建筑房屋的寓言。"然后，"据一位老兵的简述，"为恢复中镇的工业，在会上大家筹集了20万美元。"对于熟悉今天的中镇的人来说，这样的情景简直是在异国他乡才能发生的事情。

可是，如果说以教会为代表的宗教生活已是每况愈下，社区的其他"精神"活动场所则在不断增加。扶轮社及其他公民俱乐部的"礼拜"意义也许不如这些团体宗旨中的其他方面那么重要，但这些俱乐部却成为其中某些成员的宗教信仰和热忱的主要源泉。"公民信仰""中镇奇迹"作为一种宗教口号，看来已成为某些中镇居民最大的生活动力。⑱某些妇女俱乐部的负责人也说，在她们的俱乐部中同样洋溢着这种积极性和热情。

广告俱乐部和城市商会代表更广泛的团体组织。它们有助于把分散的个人愿望发展成集体行动。为了纪念停战日，商会组织了"公民"晚餐会。城里的商人们邀请了50位新入籍的公民参加。一位俄裔犹太回收废旧品的商人操着还不太流利的英文，响应一位地方律师致的欢迎词，他说道：

"我们今晚的东道主并不是商会，而是山姆大叔。我是为寻找黄金之地才来到美国的。可我在美国找到的黄金都被别人小心翼翼地锁在银行里。我慢慢认识到，美国还蕴藏着另外一种黄金。我做小商贩的时候驾着一辆马车，有一天晚上我走到一处农庄，我问主人能否寄宿。主人亲自为我卸马。我想他是想把我的马扣下来。可是他却把我的马带去喂些货真价实的燕麦——这是我的马头一回吃燕麦！而且和他自己的马被同样对待。他带我进屋，和他全家一道

---

⑱ 特别是在经营阶级的人群中，甚至有一种把教会划作"公民义务"的倾向。正如某位著名女士所说："我不上教堂，但我为教会捐我的一份款。就像我付税来维持警察力量。"虽然在中镇有这么一种倾向，即人们自己参加宗教活动的次数越来越少，但同时又觉得应该有人来维持教会的存在。这种趋向从一个侧面反映了专门化程度的不断提高和各种事务中的代表制的不断普及。

进餐——有鸡什么的。我临走的时候问他我该交多少钱。我掏出半美元。他摇摇头。我心想,这星期挣的钱全泡汤了。他对我说:"年轻人,如果你要报答我的话,就别这么流浪了,安家立业吧。当人们有求于你时,就像我对你那样对待他们,如果觉得这有那么点儿价值的话。"这位小犹太人说到这里,有些难为情,擦擦前额上的汗,接着说道:"我说得不好,请大家原谅。我崇敬教育我们的美国学校。我真正想说的是,你们美国有金子——不是说黄金铺地的意思,而是说你们公民的金子般的心。这样的金子让我们作为美国公民走遍世界,处处得到尊重和庇护。我们来到你们的国家,抛弃了我们自己的生活方式和自己所爱的东西。可是我们却满怀欣喜地接受你们的生活方式,并愿意向你们贡献出一切——我们的未来和我们的子孙后代。"

午餐后,一位商人在会上说了些有伤风化的故事,然后马上援引一位热情鼓吹"中镇奇迹"的宣传家亨利·凡·戴克(Henry van Dyke)的话。他用沙哑的声音说道:"这是中镇有史以来最宏大的一次聚会。"

一位受大家爱戴的、被称作J.T的先生要搬到另一城市去了,艾德俱乐部为他举行告别午餐会。会上也是友情真挚:

35位先生——商人、记者——逍遥自在地进来,然后一边狼吞虎咽地吃午餐,一边善意地互相取笑。看来这不过是一个普通的星期五午餐会,直到告别会开始时情况才大变。J.T先生是镇上坚决拥护三K党的天主教徒。告别会上,老会员,无论是新教教徒、犹太教徒还是基督教科学会的教徒都一一起身致辞,诸如"离别的朋友常常并不了解我们的心情。J.T,趁现在您还在这里,我要亲口告诉您，您对我意味着……"

其他团体活动也有类似情形，如教师和得奖学生的公民俱乐部晚宴，妇女俱乐部为扶持青少年法庭或是为学校捐画的活动、纪念会和互助会的某些仪式等。对于许多男生来说，基督教青年会负责男生工作的书记是城里最大的人物。对于某些市民来说，劳工运动或者慈善协会是工作和信仰寄托的中心。工厂区的一位校长扶持的社区俱乐部给家长和孩子们带来新的生活。对于某些个人来说，艺术、音乐以至学校里的某些课程都成为力量的源泉。在中镇，就如在其他地方一样，很难说这些新的动力有多少是源自以往的宗教组织。

第六部分

参与社区活动

第二十四章　政府机构

在中镇，每个人都劳碌不停，以保持自己的工作，提高自己的工资，建设自己的家，"发展"自己的俱乐部或教会，教育自己的孩子，他一会儿属于这个团体，一会儿属于那个团体，在构成中镇这个大群体的各种纷争不休的集团和团体之间跳来跳去，不断改变自己的目的。他发现自己的事业随时受到中镇那些大企业集团的影响。自上个世纪90年代以来，每位居民的个人事业都发展了，这就需要更多的官员和行政机构来管理，需要更多的资金使这些机构运转，也需要制定更多的法律。[①]值得注意的是，尽管中镇人十分重视钱，他们今天还是选举了管理拥有6 100万美元资产、38 000居民和30—40万美元年度开支的政府代表，这与他们选举1890年管理500万美元资产、11 000居民的城市政府，或是1850年700居民、年开支不到1 000美元的乡政府并没有什么实质性的不同。在居民活动的数量和种类日新月异地变化过程中，选举制度之所以能够恒定

[①] 自1890年以来，城镇或州政府的活动有：对工厂工作条件的规范，对受伤工人的赔偿的监督，对健康的关照（参见第二十五章），食品监督，对儿童事务更多的监督等。

自1890年以来新的集体领导包括基建委员会、安全委员会、偿债基金会、城市规划委员会、城市法官、青少年法院法官、城市审计长和街道专员。

不变，原因之一是城镇事务的运作是由一个人们最珍惜的理想——"民主政府"——主导着。

这种遴选制的理论基础是，如果人们有机会定期发表自己的意见，成年公民的大多数——如今女性选民也和男性选民一样——所作出的选择，终究会落在那些适合某种特殊职位的人身上。每隔几年，城市的行政官员都要重选一次。② 然而，实际上，选民只是在支配整个选举过程的两大"政党"所提名的候选人中做出选择，因此选择实际上成为了要么站在这一边要么就站到那一边的问题。在1890年代，两大政党虽然都许诺救济工人、保障经济和争取内战抚恤金，但还是在税率问题上开展了一场政治斗争。到1924年的全国总统选举中，税率的问题在中镇几乎无人提起，两大政党的主要区别在于对方所攻击的各种具体的丑闻。诸如"慎重""稳定""先父的原则和美国精神""美国宪法的人权法案中上帝赋予的人权"等政治口号成了两大政党共同使用的东西。选民们用来鉴别两方候选人的东西也越来越模糊了。

尽管两党的区别不断缩小，政党还是积极要求选民保持对其的立场。一旦出现与旧的两党不同的第三政党，两党都全力抨击。如

---

② 如今，中镇的某些市民开始质疑这种定期把现代城市各种复杂事务的责任交给生疏的新官员的习惯做法。这些官员"根据吉卜林的所谓美国式的全才思想——每个人担当什么责任都能胜任"——定期更迭一小部分人，同意罗斯科·庞德在他的《克利夫兰的刑事司法制度》一书的总结中所说的："瞬息即变的行政机构，正如福斯迪克先生所说'对任何复杂技术部门来说是致命的'。今天的美国，只有在政府事务中人们容忍这样做。……这是美国早期开发时期遗留下来的东西。……早期开发时期的短任期和从某一政治地理区域中的选民中选举官员的设想，已不适合当今的城市。"（前引书，第616页。）

一位候选官员所说的那样,中镇的大多数市民都相信:"美国公民不可剥夺的权利只能通过现有的(两大)政党制才能得以保证。""第三政党,"1924年中镇报纸上的一篇编者按评论道:"没有任何建设性的意义。我们是个两党制国家,今后看来也会如此。"另一篇编者按评论道:"候选人只不过是政党影响政府事务的工具。政党远比它们的代表重要。"在1924年的选举过程中,两党时常停止它们互相的攻击,一致呼吁选民"捍卫宪法",消灭代表拉福莱特的"疯狗"及其第三党的激进主张。一篇中镇的编者按说:"除了美国宪法,在所有问题上通常都有对立的两种意见。"

一个人属于哪个政党,就像属于哪个宗教一样,常取决于其家庭。对于不熟悉这种文化的人,很难理解出生在这个或那个阵营给人们带来的深刻的感情色彩。俱乐部的一位活跃的女士被问及是否会投一位共和党人的票(这位共和党人是三K党成员,人们说他政治上腐败),她却毫不相让地说:"我就是要投共和党一票。我从来都是共和党人,从来就这么投票。"另一位同样著名的女士是另一党的党员,在中镇占少数。她说:"我成为民主党人再自然不过了。我们家一直是民主党人,对我来说这是顺理成章的事情。一篇中镇的编者按断言说:"一个人是不是共和党人,或是不是民主党人,检验他是否效忠于他的党,就看他到底支不支持他的党"。

鉴于城里商界的头面人物中没有几个民主党人,要想有"好买卖"就非得做个共和党人不可。在某些情况下,这一问题比家庭出身更重要。同样,经济上的问题也是第三党发展的最大障碍。在1924年,大家都觉得投第三党的票是"赔本买卖",1924年大选投票前后,经营阶级中没有一个人公开承认自己投第三党的票。"如果我们能把那三个投拉福莱特的票、给我们选区丢脸的人查出来的话，"一位经营阶级的妇女愤慨地说道，"我们一定要他们吃不了兜着走！"两大党异口同声地说："那些投拉福莱特票的就是投了他自己失业的票。"一篇选举前的编者按写道："想激进不是不行，但也要为你自己和家庭想想。"另一篇写道："胆小的资本家最害怕的是政治（的不稳定），而当资本家被吓坏了的时候，挣钱养家的人就受苦了。"还有一篇得出结论说："投柯立芝先生的票也就等于给你自己投了保险的一票。您明天的投票关系到您和您的邻居的饭碗。事情就这么简单……如果选举失败也许您自己就会加入那些一无所有的人的行列。"[③]

然而，虽然政治对中镇人来说有着感情上和金钱上的利害关系，但竞选已经不像90年代那样成为大家积极关注的中心了。在1890年每逢选举前，中镇倾城加入激烈而狂热的辩论中。每逢一篇"真正动人的演说"，人们都如痴如狂。各党的追随者都蜂拥而出，"带着各种发声工具"参加火炬游行。锣鼓队走在前面开道，接着是喇叭队、铁砧队，然后是"敲打锅炉车"。然后游行的人们听"中镇最好的演说家们讲话"。在当时的报上常见到诸如"2 500人在溜冰场听共和党竞选演说家XX演说"。据一位著名人物的日记，直到1888年的全国竞选之后20天，即11月24日，"竞选热潮才终于平息下来了"。如今人们已经不再用火炬游行和喇叭队招揽选民和欢迎当选的官员了。虽然演说这一方式有其鼓舞人心的活力，但可

[③] 关于工人们对在共和党胜利后仍要过苦日子想不通，参见第八章的讨论。

第二十四章 政府机构

供选择的新方式多得很,不仅影响到各种联谊会、工会和教会,也影响到政治。"我今晚不去听XX讲话了",一位中镇的商人一边说,一边转动他的收音机旋钮寻找晚上的娱乐节目。"明天报上会登的,而且不管谁当选也都差不多。我同意《矿工报》上说的,这是个有着优秀传统的古老国家,谁当政都无关紧要,国家在旧的行政体制下年年进步。咱们不用操心。"④

人们不仅对竞选关心得少了,就连对选举哪一位候选人本身的兴趣也不如90年代了。1888年的总统竞选中87%有选举权的选民投了票,1892年选举中有86%投票,到1916年仅有53%的人投票,到1920年又降到46%。⑤1924年中镇报纸在大选初选以后的评论说:"有选举权的公民中大约有三分之一……参加了星期二的初选。不管怎么说,真正对地方政府有兴趣并参加选举的人最多不超过40%。人们觉得参选比例对初选来说已经很不错了。"除人们被其他爱好和活动所吸引以外,中镇人之所以明显地不如以前那么关心社会的组织管理,至少还有其他两个原因。其中第一个原因是,一般群众对公共事务的了解远比选举制度所期望于他们的要少。如今比

---

④ 关于这个问题,参见亚瑟·M. 施莱辛格(Arthur M. Schlesinger)教授和埃里克·麦金利·埃里克松(Erik Mckinrey Eriksson)所写《消失中的选民》(The Vanishing Voter)。文中说:"除这种人为的政党局面以外,还应考虑到一个更重要的因素:现代美国生活中人们兴趣的多样化和多种发展机会。内战后这一时期的美国基本上是由农场和在转变中的村庄组成的国家。生活死气沉沉,打破常规的时候非常少。对于这些人来说,政治集会简直像今天的马戏表演日那样浪漫和富于戏剧性。投票既是一种责任,也是一种娱乐。"(《新共和》,1924年10月15日)

⑤ 中镇的概况与全国的数字大致吻合。有选举资格的人中实际投票人数的百分比从1896年的90%降到1900年的73%,1908年的66%,1912年的62%,以至1920年的51%。

起80年代以前来说,亲自了解二三十个候选人中的每一个,从其中选出"最佳人选"已远不那么容易了。如今两大政党通过报纸、竞选文件和演说为选民提供信息,而选民对这些渠道的依赖程度则不断增加。

1888年竞选中,共和党(那时如现在一样统治中镇)在其两大报纸上四次印了选票样张,上面列有各党所有候选人,随便散发。在1924年选举中,中镇两大报纸(均为共和党所控制)中没有一家印刷和散发样票。人们多次到市政府秘书处和共和党党部去要样票,得到的都是一样的回答:他们没有印选票,选举的时候大家在共和党的鹰徽上画个十字就行了。"他们害怕大家见到选票,"一位大商人、忠实的共和党人说,"因为大家都说今年选举有人作弊。"⑥"报纸才不印选票呢,"中镇的一位资深报界人士说,"因为报界都知道这里的情况,不愿意卷进去。"一家大报告诫人们:"大家没什么理由要勾画掉一些候选人的名字,这很危险,尤其是在那些用选票机的选区。"

1924年选民去投票时,他们拿到的候选人名单上有好几十人的名字,大部分都是不熟悉的名字,而投票站的人却要他们"快点,赶快投票"。有的用投票机的选举站要求"一分钟过四个人!每个人在投票机前只有15秒的时间"。⑦

---

⑥ 人们经常认为,在中镇不发样票是因为某些著名政治人物对共和党机构的控制所致。根据当地民主党报纸,他"自称对共和党候选人有定夺大权,而他的统治地位牢不可破"。

⑦ 催人尽快投票的原因之一是,选区在妇女有资格投票以前已经很拥挤,至今仍未作调整。这样一来全面拥塞。有人要等一个多小时才能投票。共和党的机构称他们反对任何调整,而赞成维持目前的投票组织办法。

"我本打算投某州长候选人的票,还要投另一位民主党人的票,"一位妇女说,"可是选举前我找不到候选人名单,等的时间那么长,他们又催我,我只好不选我的候选人,投了共和党的票。我想从长远看这也一样保险。我们对名单上列出的人都不熟悉,要是你不投你不愿选的人,投其他人的票,其他那些人也可能一样不好,只是咱不知道罢了。"

两党发行的竞选文告上都这么呼吁:

"投我们父亲的票",并且一旁附上候选人的两个孩子的照片。有时是候选人自己的照片,上面写着"他在海外服过兵役"或"世界大战老兵,服役七年"。

重要信件

"亲爱的朋友们,选民们:

我正在争取共和党候选人的提名。我这样做是为了和平的正义。(在中镇)我已经居住了三十多年,并尽我的所能成为大家的一个好朋友和好邻居。

我深深懂得伸张正义和广发慈悲的意义,也知道如何作一个正义的法官……

我在此预先感谢大家的支持。您的忠诚的

(签字)XX"

政党演说分正式和非正式两种。非正式的演说就像下面这位城市税务官员在对一位研究人员的私人房产作了估价以后说的一番话:

"我希望你会投XX竞选市长的票。如果不是XX家(商人中最富有的一个家族)捣乱,我们这个市应有10万人,而不是现在的4万。他们家控制了商会,现在还统治这个城市。他们家搞得我们城里工厂少而且薪水也低。亨利·弗德（Henry Ford）以前曾想在这里设厂，可XX家竭力反对，最后未成。现在XX（共和党机构的候选人）是个好小伙子，待人诚恳友好，性格不错，还带着朋友似的微笑。你得投他一票啊！"

竞选演说则属于较正式的类型。如洛德·布莱斯（Lord Bryce）所说，这种讲演"并不教育人，而只是刺激人"。报刊上对1924年竞选中的一篇演说的概括是"冷嘲热讽，罗列罪名"。有一个候选人说道："所有重要的问题都要简化成对和错的问题。"556名高中学生里有5%认为，"选民能够信赖候选人在竞选演说中对有关事实的阐述"这句话是"对的"，87%认为"不对"，其余的或是"不知道"，或未作回答。从这点可以看出，中镇人今天是如何对待政治演说的了。

教会也对选民予以指导。"要通过投票让美国成为一个基督教国家"，在选举前夜，城里最大的新教教堂的牧师这样鼓动道。同样，社交上最活跃的教堂的牧师告诉他们的听众："要是其他条件都相同的话，人们当然投自己朋友的票啦。我们教会有好几位候选人。我要投他们的票。"如前所述，有一个教堂试验性地开办星期日晚间辩论会，讨论"中镇要什么样的市长？"

中镇对选举政府官员的兴趣减小的另一个原因是，在许多市民心目中政治就是欺诈和舞弊。斯特瑞托夫研究组关于本州的研究报告中这样说："几乎可以肯定地说，在这个州里每一次城市竞选中都出现了舞弊行为，如买选票、拉游民投票或重复投票，以某种形式假造选举结果等。"一位年轻的商人妇女在1924年总统选举之后说："这回让我对政治彻底厌倦了，我觉得以后投票也没有什么意思。"整个经营阶级以及生产阶级的很大一部分人对地方官员都怀有一种冷冷的讥讽的态度。"两方都是一回事，我不投票了。"人们常在地方选举中这样说。一位1925年城市法官的候选人6个月前刚在州劳改农场服了6个月的劳役，在争取初选提名的时候他大言不惭地在法院的选民集会上说："我承认一两个月前曾非法酿酒。销量上在本县除了XX就属我多了。可XX（另一候选人）把酒全垄断了，搞得全县的人都没得喝。我们两个人中谁好啊？"一位商人妇女在谈论市长候选人时口气肯定地说："我投XX的票。他是个骗子，可他自己承认他是个骗子，不装模作样。我喜欢他这样。XX是个骗子可自己不承认。我不太清楚XX（另外一位），但我相信他也一定是个骗子。"

意味深长的一点是，大部分市民和两大党都对政治腐败不以为意。在1924年总统选举的时候，民主党用蒂波特山油田丑闻（Teapot Dome Oil Scandal）攻击共和党，可地方共和党人觉得："当然，每个党都腐败，民主党也好不到哪里去。"即便是家丑，也不用红着脸遮掩。中镇的共和党人用得最多最受欢迎的竞选歌曲是以如下的句子结尾的：

"我们一旦入主华盛顿，闲庭信步，
我们才不用再管什么蒂波特山！"

许多中镇市民对政治或麻木或反感，这样选入政府部门的官员不再是"最佳市民"也就不足为怪了。从理论上来说，在政治机构中为公众服务的荣耀足以吸引社会中最有能力的人物。这在上一代人中更是如此。90年代和本世纪早期的10年中，城里两大家族曾为争夺政治领导权相互开战。如今市长、法官和市政议员都不是重要人物。他们原有的特权地位已被商人所取代，而且"商业与政治不相融"。赚钱活命是第一要紧的事。它主导着大家怎样使用时间和精力以及对民众当中正常领导人的传统态度，其主导程度之大在燃气开发业繁荣之前的那种平静日子里是无法想象的。1925年，市长的薪金是3 000美元，大商人谁也不会去干。地方报纸说，市长"年薪应该至少在12 000美元"。城市法官的薪金是2 100美元，检察官是3 000美元，远不足以吸引城里能干的律师。从传统上说，人们的集体"精神"能鼓动某些人离开本职而为社会"服务"。对此商人们只推托说"没精力干"。比较能干的专业人员说："竞争太激烈，一离开本职而改行就完了。"此外，政治腐败不仅让某些"好人"退出，还影响了人们的竞争热情。一位商界领袖说："我们这里的政治臭气熏天。竞选肮脏，不守规矩，像样的市民都退避三舍。"另一位说："好人不从政。图什么？政治真肮脏，我才不卷进去呢。到我有钱有地位时再说吧！不过即便那时也得三思而行。"中镇人越来越倾向于认为，在这种社会健康与否全依金融的脉搏而定的文化中，能干的市民舍弃公共事务而全力投入私人企业事务不仅是正常的，而且是理所当然的。

事实上，人们并不以为政府行政官员需要很强的能力或专门训练。洛德·布莱斯（Lord Bryce）的话到今天仍是对的："尽管专门知识在科学或金融中能让人敬重，在政治上却毫无用处。因为政治并不是一个专门的学科，而是每个人的常识。"这一点"十分明确，因为没有什么事比私人企业管理更需要领导能力了"。竞选演说中很少提到候选人的专门才干。他们总是吹捧候选人为"人民的一分子""直率"、一个"真正的美国人"。中镇报纸上的一篇编者按在评论一位官员时说:"有人说 XX 的才能被夸大了……可在群众的心目中那些才干不算什么。选民要看的,不管是总统也好,苦力劳动者也好,看人就看他是否'公正'。"一位著名商人在评论一位候选人时说:"人们已经对个人才干厌烦了。他们在犹太人那里已经领教够了。人们真正需要的是善良、直爽、有常识的人,他们中的一分子。这才是我们所要的人。"⑧

政府只有在这种情况下才能有所作为:制定法律,并在某种程度上强制执行,"制裁"违法者,收税,铺设下水管道,修路,开办学校培训青年等。只要不涉及自己的利益,中镇的市民对这些事也不怎么关心。⑨然而,两大阶级的人都抱怨政府。对这种不满情绪,我们可以从 1924 年中镇报刊上不时登载出来的"共和党改革政府"的政绩中略知一二:⑩

"市长三次被大陪审团提审。群众联合签名要求市政议会弹劾市长。""当公共安全委员会反对市长提名 XX 在警察局任职的时候,市长彬彬有礼地告诉委员会他'个人受到这位先生的恩惠',这位

---

⑧ 关于中镇教育和智力开发的问题,参见第十六章。
⑨ 从下面一位前任市长的故事可以看出公众对负责公共事务的人的态度是怎样的。这位市长原来是当地的一位医生,升任市长时有"在城里到处破坏"的名声。1919 年因诈骗行为和他的检察官一起被送到联邦监狱服刑。他刑满释放后摇身一变马上就胜过某些城里最能干的平民,在某报组织的"最受欢迎的人物"的竞赛中获一等奖。在他两任市长期间,人们说他是"工人大众的朋友,是反对商会那帮家伙的"。关于中镇就业局的情况,参见第七章。
⑩ 引证的共和党报纸是它的晨报和晚报。两种报纸的读者都很多,两种报纸在地方上都受到尊敬。民主党的报纸是一份辛辣的反三 K 党的私人喉舌,是周刊。商人们在公共场合嘲笑这份报纸,但私下却承认"那个家伙——有胆量,敢说其他人不敢说的话"。

先生必须得有个着落。""安全委员会全体辞职。""在过去两年里，XX先生在市行政管理的讨论中扮演重要角色，上个月由市长提名就任慈善与救助官员，现在终于要被列为正式的市政府官员了。（新的）公共安全委员会……任命XX先生在消防局任职。"（1924年1月，共和党）

"任命XX（县共和党机构的头头）为邮政局长是对他在两次担任县共和党主席期间所做贡献的报答。"（1924年1月，共和党）

"人们指责XX——公路署主任——渎职无能。在这两年中，这位先生任用了5—7名主任助理却都不分配给他们任何职责，浪费了县里成千美元的费用。"（1924年3月，共和党）

"（本）县的纳税人从未像现在这样被人诈骗……我们料想县里的专员们不敢调查和指控XX司法官从某收费公路的合同中获利的事。这个收费公路就是专员们双手送给XX的。我们料想他们不敢问为什么在XX法官主管下的青少年法院1923年的支出是XX法官1922年主管时的两倍还多。料想他们不敢调查为什么在1923年管理那个可怜的农场要比1922年多花（本）县8 000美元。XX法官掌权后，罢免了XX夫人，任命XX夫人和XX夫人之后，孤儿院的开支翻了一番。"（1924年3月，民主党）

"市政会和安全委员会的两个委员威胁分裂。"（1925年4月，共和党）

"城市各部门都在尽力而为，可每个部门都各行其是，不知其他部门在做什么。"（1924年6月，共和党）

"第7、8、9号街的居民抗议路面等级评定，认为街道的评级不合理。"（1924年6月，共和党）

"市府败诉损失达101 800美元。下水道得到基建委员会认可后被人发现不符合规格。承包商的责任被免除。夹缝中间的不是水泥而是砖块。"(1924年7月,共和党)

"XX在就任警察局长三年后退休。任职期间度过了(中镇)警察局长遇到的最困难的时期。整整三年中,警察局里充满矛盾。在此起彼伏的矛盾中,XX先生荣幸地效力于XX市长和三四个安全委员会。"(1924年10月,共和党)

"市政会与市长意见相左。"(1924年12月,共和党)

"司法官和警察局之间有摩擦。"(1925年1月,共和党)

"显然,学校委员会的两位委员受到政客们很大的压力。首先是XX——民主党人和天主教徒,负责房屋管理多年——被一位共和党人所取代。现在又通知说XX监督长已'辞职'。XX先生是中西部最好的学校监督长之一,就是犯了加入民主党这一不可饶恕的罪行。"(1925年2月,民主党)

"XX市长说撤掉XX卫生委员的职务,原因是'她批评当局的政策'。"(1925年3月,共和党)

"官员们竞选要花许多钱,就任以后就可赚回来。"城里最能干的商人只用寥寥几个字就透彻地说明了政府事务中的各种行为。

即便在90年代,城市的发展已经让人觉得,在以前比较简单的社会环境中形成的某些机构已经不敷需要了。1886年人口仅有6 000人,到1890年猛增到11 000人。人口的膨胀已显然让当地社会难以承受。地方报纸上抱怨说,取代"城镇执法官"的警察力量"不成系统"。"警官没有固定的辖区,看见什么就管什么,遇上什么是什么。"到1900年,人口几乎又翻了一番。一家大报挖苦说:"(中镇)需要的是这样的市长或警方检查官——能伸张正义,能分辨赌具和客厅的座灯。"1890年,一家日报登出了列有"让全社会都受益的几件事"的单子,其中有一项就是"城市政治要有大手笔,并进行变革"。

如今,政府的某些事务因受政治矛盾的压力被束缚得更紧,陷在旧的模式里不能自拔。公共图书馆就是一个明显的例子。在1890年,公共图书馆"每月添5本新书",现在每年要添2 000—3 000本书。公共图书馆的政策和购书计划仍和1890年一样由地方官员委任的公民委员会监督控制。⑪ 在委员会的一次会议上,人们把馆长推荐的一本政治经济学的参考书划掉了,因为书单上已经有了一本音乐的和一本艺术的参考书,委员们认为"那一类的书"已经够了。图书馆馆长根据市民的要求选了一组关于在工作日当中进行宗教教育的书,可是在委员会上却遭到了反对。反对意见说:"我们这里关于宗教的书已经够多的了,而且书是越老越好嘛。"同时,当州里其他二级城市向图书馆增加税收的时候,本地十几个致力于减少地方开支的市民都试图把图书馆收入的款额压低40%。

中镇各种团体对城市管理这一"问题"众说纷纭。一位商人在评论城市公共事务长期起伏不定的状况时说:"问题在于好人太少,不足以战胜城里的坏分子。"不少人对此都有同感。⑫ 一位州参议员

---

⑪ 成员中两位由中镇的评议员指定,两位由市参议会指定,两位由学校委员会指定(学校委员会则由市议会任命),三位由巡回法官指定。1924年图书馆委员会委员没有一个人受过大学教育,也没有一位著名的商界或专业界人物,也不认为从每年近9 000本新书中为图书挑选书籍是件需要专业知识的工作。

⑫ 显然,社会上评价谁"好"谁"坏"并不会考虑各种因素。1919年押送到联邦监狱服刑的检查官原是一所主日学校的校长。城里最大的新婚夫妇读经班由一位城市法官主持,可这位法官却差一点就被州立法机构弹劾。

第二十四章 政府机构

在一次中镇的大型集会上向大家保证:"让每一位平民百姓心里充满爱,都能牢记金科玉律,遵循爱邻人如爱自己的训谕。这样,各种社会、经济与政治的痼疾就会像夏日里的寒霜一样消散。只有那种具有友爱之心的人才是真正的民主斗士。"一位牧师在他的"基督徒的信仰——美国的希望"的演说中,也提出了类似的观点。

另一方面,一家民主党办的小型周刊的编辑认为,地方政治的"要害"在于产生一批不从属于任何个人或集团的官员,而且"能让一大批人滚蛋"。

针对许多人,特别是刚刚获得选举权的妇女选民,"办法"是"把她们弄出来投票"。1924年妇女选民联盟的口号是"投谁的票都行,只要投票!"与这一信念相联系的是加强政治组织的要求。1924年伊莱休·鲁特(Elihu Root)说的一段话得到当地人的广泛赞同:"要做的是唤醒大家,带领群众前进,为他们指出前进的方向,是民主党人还是共和党人,我不在乎……组织者……会欢迎他们并让他们干起来。"⑬对选举这一"神圣的制度"兴趣不高的原因常常被归结为市民们捣乱。1924年报纸激励大家:"不投票的好美国人和试图重复投票的坏美国人都是不忠诚的,只不过是程度不同罢了。"

城里生意红火的老板们施加压力,要求采用新的城市行政管理措施。这批人最近发起了一场运动,要让市政府采用"城市管理计划",然而他们失败了,"因为中镇的共和党和民主党机构有史以来第一次联合在一起打击共同的敌人"。在1925年的一次礼拜日教堂

---

⑬ 从这里人们可以看到的是中镇人对非营利机构管理不善的通常反应——加倍强调遭到质疑的社会仪式,并号召大家更加相信该机构。

辩论会上，关于"中镇需要什么样的市长？"这一问题，第一个应邀发言的人一开始就说："当市长的首要条件是他必须是个基督徒。"接着发言的是一位教会官员。他一上来便慷慨陈词："首先，我们不需要市长。我们需要的是能像管理企业那样管理城市的经理。其次，我不在乎他是什么，是不是基督徒，只要他能履行诺言、不负众望就可以。"

在各种应付变化的努力中我们可以看到，城市生活的变化给那些原来为适应比较简单的社会情况而形成的各种体制造成了越来越大的压力。如罗斯科·庞德评论克利夫兰的刑事司法制度时所说："这再次表明，关键是那些原本产生于乡村或小城镇条件下的制度，在大都会的条件下不能有效地解决问题。"[14]

这个城市的事务大部分都在这些法规和戒律保护之下，这些法规和戒律已形成正式法律。因此，它的维持不仅依靠公众舆论，而且依靠政府强制。各种生活活动的进行受法律和公众舆论的保护与一定程度的限制。中镇市民开工厂，建住宅，开车，以至于喝水和倒垃圾都依靠这些群体规则，同时又都受其限制。[15]在传统上，对违反这些法律的人起诉、审理和判决，构成中镇公共事务中最庄严、最受尊敬的一个领域。城里最引人注目的是圆屋顶的法院建筑。全州第一座专门为特种类别的人设置的公共设施便是关押犯人

---

[14] 参见《消失中的选民》，第627页。
[15] 1924年中镇被逮捕的1 497人中，324人因为酗酒，196人因为违反酒类法，148人因为对别人施加暴力，163人因为行车超速，8人因为酒后开车，86人是嫌疑犯，78人是性犯罪，72人是在逃犯，52人因为赌博，23人因为不供养家庭，12人因为非法投票，242人因为侵犯他人财产权。还有93人因为"其他犯罪"。

第二十四章　政府机构

的监狱。

中镇不断制定和实施新的法律。这些法律是针对侵害人身或财产的新的犯罪行为，由本城或所从属的更大的区制定的。同时，除了青少年法庭以外，这架强制性机器与35年前那个单纯的社区中的机器完全一样。从理论上来讲，这个制度的效力至少取决于以下6个因素：人们的法律知识；警察对罪犯的逮捕（除了某些诸如违反合同，侵犯专利等案件——在这种情况下由受害者一方提出控告）；由公民中随机选出的12位"善良而正直"的人组成的陪审团进行的公平审理；主持审判的法官的明智与正义；在双方律师的互相对抗与辩护中显现出来的事实真相；防止罪犯重复犯罪的惩罚措施的效力。

实际上，在今天，中镇传统的相对稳定的法律制度，在以上每一点都出现了问题。首先，虽然制度假定每一个人都通晓每一条法律，一旦触犯法律，无知不能作为辩护的理由，但地方法律条文逐年增加，对1905年以来的法律条文并没人加以总结。城里一位最能干的律师说："没有人通晓在册的法令。"同时，虽然中镇主要靠其警察的侦查捉拿罪犯归案，⑯可这些警察，像其他政治性的任命一样，并不是根据他们是否称职而得到任命的。而且如本章前文所述，他们还常常受到市长和安全委员会之间争权夺势的牵制。同样，成为陪审团的一员就要占用时间，这在80和90年代人们空闲

---

⑯　地方报纸1900年的说法仍准确地反映了中镇人的观点："如今人们提出了各种可行而有效的防止犯罪的理论，可在所有的解决办法中，没有一项能够比改善巡警的警觉效率更可行有效了。"而与此对照的是，雷蒙德·福斯迪克（Raymond Fosdick）在《美国警察系统》（*American Police Systems*，纽约世纪出版社，1920年，第355页）一书中提出的截然相反的观点："即使我们的巡逻和刑侦工作的效率达到100%，大多数犯罪行为仍会横行无忌。"

时间比较多的时候问题还不大，可现在不行了。不用说如今的银行家和商人时间很紧张，就连车间里的一位技工的时间也要精打细算，在技工离开的两星期中机器不能闲置不用。其结果之一便是陪审团越来越依赖那些没有其他职业的法庭食客。"逃避当陪审团成员已是我们一些所谓'最佳市民'的拿手好戏了。"当地共和党报纸在1925年评论道。然而，据民主党周刊说："城里最有名望的银行家、商人和专业人员同那些常入选的'老油条'拥有相同的权利加入陪审团。"

"陪审团专员XX和XX星期一开会，选出了1月份的大小陪审团成员。小陪审团由六男六女组成，大陪审团也是男女等额，各有三人。法律规定公民的姓名应该放在陪审团箱里，由陪审团专员抽选。法律并未规定男女人数必须相等。可这样的情况时常发生，人们已经不以为奇了。"

"要是XX的名字不在名单上，陪审团会像个什么样子？要不然XX或是XX加入也行。有些名字老是被抽中，这难道不是有些奇怪吗？"

"由XX和XX抽选的陪审团成员几乎个个都和XX（地方共和党头头）的人马有关——诸如区委员、道路副监督长、副估价师、校车驾驶员、沟渠修筑专员、XX法官、XX司法官和XX副司法官的亲戚，以及其他种种既得利益者。"

由于相对抗的双方律师向没有经验的陪审团介绍复杂的案情，其效果如何，地方上不少群众很有疑问。这种疑问也是不足为怪的。

对法官的看法，中镇人众说纷纭。人们非常信任高等法院的法官。他的判决在其任期七年中仅有一次被上级法院驳回。至于其他法官，许多人要么小心宽容地尊重，要么干脆表示不信任。法官和其他官员一样，是政党政治平衡的产物，其薪水之低，不足以吸引那些干公司赚大钱的能干的律师。中镇的法官往往是没有受过多少培训或在地方不怎么有专业地位的人。[17] 如前所述，巡回法院的法官最近因为在任职期间渎职而遭到州参议会的弹劾审问。众议院全票赞成弹劾，而参议院以两票的多数保住了他。民主党的报纸把他称为"臭名远扬的黑赌棍和造私酒的家伙""因为政治需要包庇别人又为人所包庇"，并说他"嘲弄法律"。报上接着说：

"这回是靠了XX，原来某处的三K党组织人当特别法官才救了他一条命。上回是特别法官XX，也是三K党人，让他溜之大吉，继续犯罪。城市法官XX总是在他被抓起来的时候躲避。我们不怪他。（这位法官）和（那位黑人）都同属于一架政治机器。为此，他不免要有几句话说。每次专门为他选出来的'特别法官'把他放过去以后他都继续闯'红灯'，他清楚地知道他想要干什么就干什么。这对他不是件好事，对（中镇）也不是件好事。"

最后，对违反群体规则的行为起威慑作用的惩罚措施如今在中镇也遭受冲击。传统的惩罚机制不适于变化中的城市工业生活，其困境在下面这个例子中表现得很充分：

---

[17] 在读到调整19世纪中的政治制度以适应当今城市复杂情况的困难时，罗斯科·庞德说："在1850年的小镇上，如果那惹人注目的有限的几个律师要竞选某个区的法官，或者某些年轻有为的律师要竞选警察执法官的话，镇上每个人都能知道，而且恐怕也的确知道，每一个候选人的性格及他们是否称职。在当时那种情况下，投票的公民越多，选举效果可能越好。如今普通的克利夫兰市民是从报上偶然读到律师和法官的情况，或是在打官司的时候或社交场合上偶然见到他们一面。在这种情况下，常常是投票的市民越多，选举效果越差。"（参见《克利夫兰的刑事司法制度》，第628—629页。）

431　一个六口之家被告到青少年法庭。丈夫是一位26岁的教师，罪名是赌博和违法使用空头支票。妻子衣着整洁，样貌真诚，23岁。四个孩子中最大的六岁，最小的还抱在怀里。他们刚刚迁到中镇，住在破烂不堪的地方，"圣诞节晚上只有豆子和面包"。当时正值失业期，丈夫已经失业多时，靠在乡下抓兔子，每只卖0.25美元，然后用这钱赌博，以期能得到更多的钱。他在杂货店用了三张空头支票，钱款分别是1.68、3.24和2.1美元。法官问："你为什么不找个工作？""找不到。"那人回答说。法官似乎一时语塞，但还是要他无论如何也得找个工作。过了一会儿法官又换了个角度问："你为什么用这三张空头支票？""我得买吃的。"法官又无话可说："我知道，可你不该这么做，你自己知道。"法官觉得这谈不下去，又转过去问面色苍白的妻子："你知不知道你丈夫用空头支票意味着什么？"她只吞吞吐吐说了四个字："咱得吃饭。"法官这时恼羞成怒，喊道："法警先生，叫司法官来。如果你是这么想的，我们就把你丈夫关起来。"妻子一听就软了下来，把头低垂在桌子上，抽泣起来："呜，呜……！"司法官进来站在丈夫旁边。这时法官见他们已经害怕了（这是他惯用的手法），便问道："你是不是说你不赞成你丈夫用空头支票？""是，是的。"那妻子柔顺地说。"那好，你们回家去吧，要遵纪守法，你，亨利，你得找个工作。"全家鱼贯而出，离开法庭。那婴儿用两只迷惑的大眼睛不时回头张望。

　　新的州法律都在对付"犯罪率上升"这一"社会问题"，加大了惩罚力度。例如，抢劫罪原来的处罚是2—14年徒刑外加1000美元罚款，现在改到20年徒刑外加5000美元罚款；强奸罪由2—21年改为5—21年徒刑等。人们逐渐了解到，付罚金或服刑并不一定能改良一个人的行为,这样一来人们又开始用"缓期宣判"这一新办法。巡回法院的法官试图让罪犯得到受教育的机会,因此"判"他参加一段时间的教堂礼拜和主日学校的学习。例如,一个有妻子和4个孩子的男人,因犯有"遗弃罪"和"致使儿童堕落罪",可判1年半到7年半的徒刑,但法官又以"戒烟并按时上教堂和主日学校"为条件判而缓判。一个伪造钱币的人可判2—14年的徒刑,结果判了他"按时参加教堂和主日学校的礼拜"。类似的判决还曾用于一个因"不供养"妻子和孩子的40岁的男子。对少年犯也常采用这一办法。对服刑人参加礼拜,用一种报到卡的办法予以监督。在1924年3月1日这一天,有40名成年人和110名少年得到缓刑查看,而所有这些人都按其缓刑条件参加了教堂礼拜和主日学校。印制好的缓刑证上注明了"无故不参加礼拜日礼拜者,延长刑期一个月"。⑱

正如在别处曾提到的,中镇人在那些涉及儿童的领域比较稳定又颇具实验性。这些新的惩罚方法常为少年法庭所采用。⑲ 少年法庭是90年代以来的一大发明。正像通常的社会变革一样,这个

---

⑱ "那么,奥列弗,"青少年法庭的法官用父亲式的口吻对那位16岁的、头发扎在后面的女孩——而那位女孩却把身体搭在椅沿上观看法庭的一切程序,好像一只马上要跳起来的猫——说道:"我们今天要释放你。你的记录表明:6个月来你按时到这里来报道,并按时参加主日学校的学习。这段时间你是个好孩子。你不会再做那种使你被带到这里来的事,或者其他类似的事情了,对不对?那好,我希望你一切都好。你在街上再遇到我们的时候要和我们打招呼,你愿意的时候也可以来看我们。再见吧。"

⑲ 参见第二十二章的论述:有些父母自己从不按时去教堂,但一定坚持孩子要上主日学校,他们"唯恐孩子们错过他们该学的东西"。在另一方面,公立学校已开始注意孩子们的牙齿和身体保健,但对成年人却没有类似的制度(参见第二十五章)。

新法庭已被融入传统的体制中,成为旧机器上的一个新齿轮。巡回法院的法官承担起这一额外的职责。法官的办公室比以前简化了,可制度一切正常。比较重要的变化有:开始有女性担任缓刑官员;缓期徒刑广泛使用;法庭的程序不像以前那么死板了;审判也不再作宣传了。对那些违反群体禁忌的少年犯如何处理,还是个问题。有些人倾向于给予更多的灵活性,但究竟结果如何,还受到各种情感上的习惯传统的碰撞的影响,因而尚难预料。一方面,法院的法官表现出福音布道士般的宗教热忱。一位法官在城里最大的教堂给读经班上课,参加人数不下二百人。在另一方面,这也反映出法官对其政治上的同僚所必有的忠诚。这种忠诚说白了也就是他的衣食父母。虽然扶轮社对他表示蔑视,其他绅士俱乐部对他的工作也不屑一顾,[20]各妇女俱乐部却因为他对儿童的热忱而支持他。可是这位法官一被选上台,一位才干受到大家钦佩的经营阶级妇女就被从儿童保护委员会赶出来,代替她的是一位政治上的亲信。这让城市社会服务部门的人很伤心。据报道,该委员会被一位有政治关系的人给顶替了,地方孤儿院的院长也被罢免,职位由另一位政治亲信顶替。委员会里剩下的两位商人妇女代表最后愤愤辞职了事。在警察和缓刑官员之间,以及社会服务局和法院之间存在着关于管辖范围的分歧。警察局说缓刑官

---

[20] 在中镇的老板的要求下,广告俱乐部采取行动要求中镇地方报纸上拒绝登载镇外机器工厂的广告(参见第七章)。可是,在这件事发生前两天,地方报纸上全面报道了青少年法院关于地方报刊上把姑娘们用作广告"模特"的警告,但在广告俱乐部却没人提出这样的广告应被禁止。青少年法院的法官抱怨说,公民俱乐部一点也不帮助曾在法庭受过审判的男青年解决就业问题。

员"拖后腿",法院因为要节省人民的开支而要把当地儿童从各种公共设施里放出来,而社会服务局则力主城市或州府应对更多的儿童负起责任来。

除使用缓刑外,法律上还作了一些其他的修改。虽然人们认为犯法是罪犯"自愿"的行为,但现在人们倾向于把更多的违反禁令的人包括在"自己没有责任"的群体中。这种面对犯罪而毫无自助能力的例子便是所谓的"承诺年龄",即女孩子多大才能自己决定同一个不是自己丈夫的男人发生性关系的问题。在1893年,这一年龄从12岁提高到14岁,在1907年又提高到16岁。

如此说来,法律正义的伸张和城市其他公共事务一样是在许多交织着矛盾的潜流中完成的。随着私人企业吸引力的增加,其他服务岗位的最佳人选纷纷离开政府法律部门,这样法律机构也就不那么独立,不那么庄严,而成为了城市中主要利益集团的附属品。人们时常听说,无论经营阶级还是生产阶级都认为,在中镇的法庭上,富人或大公司总要比穷人占优势。以医生和智力检测器形式出现的"科学"开始在某些个别场合取代了法庭的无上权威。然而,除极少数情况外,无论是成人还是儿童在受审时连体检也不做。在某些场合,法律的施行仍围绕着浓重的宗教气氛,而在法庭上的宣誓仪式实际上已经失掉了其原意。除高等法院的那位法官之外,市民对陪审团或其他法官都缺乏信任。同时,与教育孩子和宗教礼拜等活动一样,中镇人越来越投入那些眼前的比较迫切的私人事务中,而把政府的事务交给了别人。

第二十五章 保　健

以市政为核心，还有各种既非公共事业又非团体事务，但被人们广泛支持的普通事业。这些分散的事务正在发展为公共事业。在这些由个人事务转变为团体责任的领域中就包括保健问题。

中镇人的健康主要是由一群或多或少受过些专门训练的医生在一种竞争机制下加以照料的。当我们试图理解这一活动的重要性时，切不可忘记中镇离开用放血治百病的时代还没多久。一些人仍在做儿童"发育不良"的检测。在最近这些年有相当多的人去一个偏僻村庄里的"老黑人"那里看病。据说那"老黑人"举起他的双手，从上往下在病人面前挥动，能把疾病通过病人的脚心一直赶到地底下去，不少人还珍藏着为医治丹毒和其他疾病用的咒语。他们一代一代小心地传授，总是从男性家庭成员传到女性家庭成员，或从女性传到男性。城里商业区的一位理发师经常把病人带到后屋，用巫术给人们治疗从头痛到癌症的所有疾病。人们仍相信在生小孩时用皮帽圈缠住妈妈的两个乳头会预防各种乳房疾病。人们还相信给孩子的脖子上系根旧皮鞋带能防止哮喘。一位生产阶级主妇说："我的小儿子得了哮喘，我竟忘了这个法子，我给孩子的脖子系上皮鞋带，他立刻就好了。"他们还相信在脖子上抹点阿魏胶（Asafoetida）就能预防传染病。一位工人的妻子说："我的小女儿背了一个袋子，所以整天和患百日咳的孩子一块儿玩却从未被染上。"人们相信，如果从一袋豆子中随意拣出一个擦一擦身上长出的肉赘，然后再把那颗豆子丢回袋里去，肉赘就会消失了。还有人相信结婚戒指擦眼皮能治针眼；相信在手腕上系一种至今在市场上还能买到的铜丝或在衣袋里放一个七叶树的果子能预防风湿症；或相信法兰绒具有魔力。

这种土办法大多限于生产阶级家庭，但是一些经营阶级家庭也还珍藏着这样一类书籍：《蔡斯医生的最新的、完美的第三部处方手册》《家庭常见病的治疗》或《大众实用知识》。

这些书籍集合了作者一生的观察，包括最精选的、最有价值的、全新的适用于医学、力学和家庭经济的各个领域的处方；其中有一篇关于妇女和儿童的疾病的论文，事实上它是医学博士 A. W. 蔡斯的一本大众读物。

蔡斯博士曾著有《蔡斯医生的处方》《大众知识》以及《蔡斯医生的第二部家庭常见病、兽医和养蜂人的处方手册》。

为什么藏起那些解除痛苦的方子呢？

"我最新出的第三部处方手册被恭敬地献给合众国及加拿大领地的曾购买了我以前写的一本或全部两本书的 20 万家庭。"（蔡斯，1890 年。）

在这类家庭健康指南所给的忠告里面，常常可以看到这样的话：

"许多科学家认为，睡觉时最好头朝北，因为，一个事实是（至少这是一个可想象的事实），人躺下之后，不论是睡是醒，身上都会有电流循环，而头冲北睡是最合适的。至少，有病的以及身体弱的人，只要他们的住房条件允许，最好是头冲北睡觉。"

"关于白喉症的医治办法的结束语，作者将这一课题留给读者。作者相信他已经提供的治疗和预防白喉的方法和处方（12个）比任何其他出版物都要多而且更可靠；……如果这些治疗方法被好好地研究过，其中一个或多个被有小孩子的人家的户主采纳，……从此以后再不会有因白喉死亡的事。而后的责任是每个人都要懂这方面的知识。……作者已完成他的工作，对于他来讲，这是一个巨大的安慰。"

在一个写着白喉、脊髓病、癌症等疾病的医治方法的单子上，列有一个"加利福尼亚疗法"，程序包括把"野欧洲防风根的茎……放在炉火上炖，直到呈浓密的糊状，然后涂在羚羊皮上，贴到癌瘤上……癌瘤会缩小并且变松，直到可以容易地被连根拔掉"。

同这些年代久远的医治方法相类似但更强有力地塑造着中镇今天的风俗习惯的是报刊上那为数众多、经常不断的各种介绍"专利药品"的广告。某种当地制造的"冬季元气咳嗽糖浆"得到中镇一家深受尊重的人寿保险公司的主席、巡回审判和青少年法庭的法官、市法院的法官和警察总长的公开推荐。1925年1月某日上午，中镇一家大报登出68则1英寸或更大的广告，全是关于娱乐、农业、金融，以及各种分类广告；68则广告中有37则是关于各种药膏、肥皂和治病方法。[①]1890年1月的某日，这家报纸用一整栏刊登

---

① 全部列举如下：唐西林（"全国性的咽喉炎治疗方法"）；科罗娜羊毛脂（"老疮迅速治愈"）；玛摩拉处方药片（"不忌食就能迅速减肥"）；角锥状痔疮栓剂（"快速除疮"）；普拉特医生的瑞耐克斯（"快速治愈感冒"）；666（"治疗伤风、发烧和流行性感冒。这是我们知道的预防肺炎最快速的药物"）；杰姆医（转下页）

第二十五章 保　健

了6则"治病救人"的广告。1889年，当地的一则日记这样写着："长生不老的药物成了所有谈论的主题。比如各种关于能让老人觉得年轻的主张等。可好多人已体会到了它的坏作用：手臂痛、脓肿、丹毒和血液感染。"1893年，中镇最大的教堂的教徒名册上登了一则牙医广告："布利兹的快速补牙和消除牙痛。保治牙痛，补牙保证6个月不坏。"就像现在的做法一样，这些广告竭力消除那些将信将疑的消费者的顾虑，比如，"用鸦片制剂来安抚婴儿并非总是完全

（接上页）生的治疗头痛的药粉（"药商已卖出了几百万服……因为它是靠得住的"）；格瑞大娘的甜药粉（"这药使许多被头痛、伤风、发烧、蛔虫病、胃病及其他不适所缠绕的孩子受益"）；泽摩（"专治疥疮发痒"）；贝尔医生的松焦油蜂蜜（"专治咳嗽"）；卡提科若肥皂和药膏（"治疗丘疹"）；瑞斯诺药膏和肥皂（"适用于皮肤病初期症状"）；鞣酸虫胶（"如果你觉得不行了，这药管用"）；爱德华医生的橄榄药片（"治呼吸不畅——发作时吃，病就会好"）；天然治疗方法（"治疗便秘"）；玛斯特若［"通常能迅速缓解（19种轻微疾病）——它可以预防肺炎"］；西斯酮（"让你更有力量而且稳定你的神经"）；溴奎宁（"治疗伤风和感冒"）；伯斯兰（"通常能在24小时消除丘疹"）；帕奈克斯（"迅速止住顽固性咳嗽"）；哈雷斯的矿质油（"矿质油使用者们来试试这一种！"）；柏茹纳（"有效的黏膜炎治疗法"）；埃普索纳德盐（"世界上最好的药"）；波普的感冒药（"已知的最快、最能缓解感冒的药物"）；康德恩（"摆脱黏膜炎！"）；杰德盐（"一杯就能清除丘疹"）；威廉姆斯疗程［"为了证明威廉姆斯疗程能攻克肾、胆功能紊乱、风湿病及所有因'尿酸过多'引致的失调，不管是慢性的还是顽固性的，我们将免费给您一瓶装有85c（32剂）的药品"］；麦科依的鱼肝油混合药片（"治愈好几万消瘦衰弱的男人"等）；薄荷酮（"它医治、缓解和软化"）；Creomulsion（"如果咳嗽或感冒……没有被治好，退还买药的钱"）；SSS（"去重新获得力量"）；帕普的二重胃肮酶（"矫正你的消化"）；加利福尼亚无花果糖浆（"无害而轻泻"）；康洁拉（"医治胃病、肝病、肾病、黏膜炎、神经紧张、便秘、严重神经炎及风湿病"）；莉迪亚·E.平卡姆药店的植物化合物（"不用做手术了"）；波美孟加（"疼痛的时候管用"）；还有一个占了三个栏目的药品广告，其中宣传的药品包括：鞣酸虫胶、兴奋剂、特奥突纳、生长脂、约翰福教父的药、皮尔斯的重要医学发现等。

可靠，但你可以相信 B 医生的婴儿糖浆，它不含有害物质"。虽然 1890 年以来的组织行动曾略微地控制了这些"治疗法"的内容和无止境的宣称与保证，但是它们的数量似乎已经上升。② 1890 年 10 月，城里一家大报共刊登了 25 004 行药物广告，超过其他各类商品的广告。1923 年同一个月份，在同一家报纸上，药物广告占到 45 451 行的篇幅。③ 支持这样大规模的广告和被支持的都是当地普遍存在的吃药治病的习俗。玛里昂·哈兰德在大约三十年前对美国人的习性有这样一段描述："人们有了小病，首先想到的是'我该吃什么药'而不是'我该做点什么'。"另据中镇社会服务局的领导人说："这里的穷人病了的时候喜欢不断地吃药和看医生。"④

在健康习惯这方面，另一种盛行的现象是江湖医生在报刊上大登广告。中镇的医生有两类，一类是正式医生，他们的"职业规矩"不允许他们登广告招揽顾客；另一类是通常没受过多少正规训练

---

② 1871 年的时候，主要的药品批发商的目录中列有 825 个专卖项，1880 年的时候有 2 699 个，1906 年有 17 780 个，1915 年有 38 143 个。"新近的一个权威消息讲，在 1879 年专卖药品制造商的数量是 563 人，到 1914 年这个数字增长至 2 903 人。我们知道自那时起已有更大比例的增长。"[W. A. 胡弗（W. A. Hofer）：《批发商和分送人的经济价值》(The Economic Value of the Jobber and Distributor)，载《权威药商》(Standard Remedies)，第 6 卷，第 6 期。]

③ 参见表二十二。
虽然这所代表的绝对增长要高于 80%，但是，相对来讲，这种广告的比重有所下降：在 1890 年 10 月份的时候占总体空间的 25%，到了 1923 年的时候下降至 8%。

④ 他们"喜欢"做的一个原因可以从他们的生活实践去领会。当他们遇上各种不顺心的事——职业，孩子，痛苦的折磨，失业，与邻居争吵，丈夫的粗暴——皆以自己"有病"为由以求得心理上的平衡和社会公论的支持。频繁地用药没有托达斯遭受那种火棍在肩的痛苦，以"医治因挤奶的劳累而产生的疼痛"的方法更能直接有效地改善境况。

第二十五章 保 健

的、不属于本地"医学院"的江湖医生。他们经常在报刊上大登广告，用买衣服、鞋和其他物品的高昂价格作对比，以此价竭力驱除人们头脑中固有的"看医生贵得惊人"的看法：

"到那大批人觉得花钱值得的地方，对您来说是相当安全的——不管是律师、商人，还是医生。……我已治好了数千病人，我毫不犹豫地对您说，我能给您的服务，您在全国其他任何地方都找不到。""我不管贫贱富贵，在过去25年间成功地治好了数千人的病。有人给我钱，但也有人因为没钱只给我谢意……现在我向你们，无论穷人还是富人，提供重新获得健康的机会。"

"价值10美元的体检完全免费。"一个听起来挺权威的"医学研究所"这样招揽着。另一个占两个栏目面积的、挤满了病人痊愈后的照片的广告讲：

"人们说，完成治疗的是XX教授，著名的……有吸引力的磁力按摩师和足部矫正师。这位教授将于星期五来中镇。这是所有慢性病患者的福音！义诊完全免费。"

这些医生在广告战的正面攻击中还使用其他两种办法来诱惑想治病的人们：他们竭力消除病人们的顾虑——"数千人走过而未发生事故的道路对您来说是绝对安全的"。他们还利用人们怕动手术的心理作广告："干吗要挨一刀呢，XX医生的自然方法就能治好你的病。"还有一则广告竟然说它担保能使妇女免上手术台："我的名字和骨盆病紧连在一起，就像爱迪生的名字同电连在一起一样。我的记录表明，经我治愈的病人中有90%在别处都没治好。"如下所示，广告有时还利用中镇人对健康和强壮的期望以及与此紧密相连的宗教传统：

M医生靠什么力量治病？

有人说靠神力。有人说靠信仰疗法。其他人说靠神学疗法。事实是，在他的童年时代，M医生就有治病救人的天赋……

他进入学院学习

他希望用扎实的知识来充实自己，就于1912年进入一家"暗示治疗法研究所"学习。在那里，他获得了十分全面的暗示治疗法的知识，并将此与一门应用心理学特别训练课相结合……M医生——在XX教授的指导下学习——被数千人承认是世界上最伟大的催眠术治疗师。……美国政府已承认他的成功，并正式认可他的学校和毕业生们的行医权利。

他治愈了一种面部恶性癌瘤

约翰·W先生正觉得治愈他脸上的恶性癌瘤已毫无希望了。听说M医生非凡的疗法以后，他慕名来到中镇求医。仅过了21个疗程，一度恶化的癌瘤就消失了。他病愈回家后，在自家的屋顶上向人们宣传M医生……

大批的人涌向M医生的诊所

求医的人们成群地涌向M医生的诊所和某处的休养所。这使他从清早几乎一直要忙到午夜。然后，他消失……直到第二天凌晨再次开始他的工作，帮助病人回到健康、愉快的生活中去。

一位这样的医生在一个专栏广告中正直而公平地抨击了人们对做广告的传统看法："我为什么做广告，尤其当我明知这样做会使自己被排斥于所谓正规医生协会的特权地位之外时？我的回答是：为了仁爱。我决心帮助人们，在有生之年尽全力使人们避开不必要的手术……可我怎样才能让公众了解我的想法呢？我可以就这么坐在办

第二十五章 保 健

公室里直到世纪末日。没人会知道我的特殊本领……我作为一个人道主义者和敬畏上帝的人,唯有将这些信息通过报刊传达给人们。"

一位著名女性的言论可能代表了许多经营阶层的人们对这种医疗广告的态度:"人们不该那么傻,去上那种广告的当。可是话说回来,办报需要钱,让那些成药广告刊登出来,总比让报馆关门大吉明智些。"

地方医学会的成员对这些广告持一种沉默的谴责态度。他们的谴责之中带着嫉妒。[5]1924 年,发生在另外一个州的非法签发医学证书的事件被揭露后,州医学协会在报刊上发表严正声明,指出前往没受过良好训练的医生那里就医的危险性:"本州有数千名不合格的人在行医,他们没有行医执照或在任何州府部门的管辖之下。"但这项公告未谈到工人们的话,而且新闻评论与巨大的、占一个版面的非正规行医者的广告相比就显得很弱小了。地方医学会宣布了新条例,但一位能干的青年人这样描绘医学会的保证:"我们帮不了什么,我们应加强对社区的领导,因为我们是知情者。麻烦在于,我们一旦这样做,人们就会指责我们的行动是出于自私的动机。"广告俱乐部讲求"广告宣传的真实",他们通过了一项对地方报纸刊登医疗广告的态度温和的批评,但是更大的兴趣却在那些当地争论较少的事情上。

---

⑤ 事实上,他们很烦恼,因为据一位主要医生说,"XX 医生(登广告的庸医之一)已经公开对我们中一些人夸口说,搞得好的话,在中镇行医能干出一百万元的利润,而且,他已经赚了他的一百万中的一半"。当地一位医生这样描绘这个人的行医:"在偏僻的城南边,他保持着以上门一次收取约 2 美元的价格,一周又一周地回访病人。就在上个星期,他告诉一位妇女得的是子宫癌,他对她已无能为力。这位妇女坚持去他那里看病已有一年的时间。她到我这来看门诊,但是癌症已经被耽误太长时间。如她早来 6 个月,一个手术也许能使她得救。"

同时，一份调查报告这样写道：

"被一些不知情的人瞎捧的医生很神秘，有点像魔术师，病人从他那里得不到什么真知灼见……他（未受过教育的人）觉得选择医生和选择宗教的余地一样多。当他犹豫不定、感到迷惑时，更小心的'侵略'者盯上了他。"[6]

医疗行业自身有关"科学"方法的主张，也不过是最近才发展起来的。直到1885年，一项关于行医的州法律的标题还是"实施医疗艺术的规定"。到了1897年，州法律对行医许可的批准仍很随便，据说某县的行政官员竟给一个用中国餐巾冒充中国医学院毕业证书的人发放了行医执照。"任何人只要按有关法律拿出合规范的医学院发的毕业证书，获得行医执照就完全可能。"[7]从1897年起，对医生教育程度的要求首先上升到必须要有中学毕业证书，后来又提高到至少需在被承认的学院读过两年，修过指定的科学课程，此外还必须毕业于被承认的医学学校，本州在医学学校的严密监督下已经清洗了除一家学校——那是一所"A级"机构——外的所有学校。[8]有证据表明，自1890年以来，中镇医生们医疗技术的精密程序大大提

---

[6] 玛丽·斯特朗·伯恩斯（Mary Strong Burns）：《庸医和专卖药》（Quack and Patent Medicines），《内科学、牙科学和药学的教育与实践》（Education and Practice in Medicine, Dentistry and Pharmaey）第八部分，《克利夫兰医院和健康调查》（Cleveland Hospital and Health Survey），克利夫兰医院理事会，1920年，第673页。

[7] 引自国家医学注册与考查委员会秘书在1924年5月9日写的一封信。

[8] 自1900年起，通过美国医学协会的一项活动，美国医学学校的那种已经大为改进的条件得到了保护。……那时，本国有160所医学学校——比世界其他地方的医学学校的总数还多——但仅有几所具备提供令人满意的医学培训的条件，而且仅有两所以读过一门比中学课程更深的课为入学条件。"目前，本国80所学校中有70所被列入'A级'。"（引自州医学协会发的一份新闻简报。）

高了。1890年全城死亡记录上登记的死亡"原因"仅有51种，而在1920年有160种。最近六年多来，中镇医学会，这个中西部最大的医学组织，每周聚会一次，聆听并讨论许多大城市来的专家讲授医学领域的最新发展。

医疗技术的提高必然会带来利益上的冲突。城里一位重要医学家说："我们医学协会拒绝承认外来行医者在本城行医赚钱的权利。我们不相信'社会化医药'——决不！州里派某位医生来医治患性病的病人，但他不是我们的人。现在我们已安排当地人干这个活。"我们曾向一位杰出的医生询问他对"必须将所有性病病例上报州府"这一规定的看法，他耸耸肩，不以为然地说："医生必须谋生——就像其他人一样。一个人来看病，问医生：我会被报告上去吗？有点人性的话，就会回答说'不会'，而不是失去这个顾客。"社会服务局的一位有条件掌握事实情况的负责人在谈到结核病门诊时说："我们城里没有好的结核病医生，州首府的医院派来一位大夫，每星期开一次门诊，可是由于地方医生的强烈抗议，我们不得不关闭这个门诊，现在是由当地医生治这种病。"⑨

医疗这个行业渐渐地也像操纵一个钻床或在中镇卖房子一样，把赚钱当成了主要目标。在这个竞争激烈的行业中，中镇的医生们结合为一个集体，致力于建设和维持这个行业。在许多情形中，竞争激烈得连最好的医生也靠出售自己的药方来弥补收入。同时，还

---

⑨ 地方医生抵制对性病和结核病这两种疾病采取大规模的组织性医护。对此，比较年轻的医学人士中训练最好的一位所说的话更富有含义："最好的医生是知道梅毒和肺结核是什么的，因为所有其他有病的人在很大程度上是他们在支撑着。"

444　有大约50名医生每天坐在自己的诊所里等病人来花钱就医。医生中最能干的一位在给同事们的一份职业便函里讲道："业务上需要发展的机会，还需要专业学识和才能。"与此同时，全城38 000名居民中不少人有程度不等的某些疾病，⑩但很少得到城里最好的医疗技术的医治。一个被拖到青少年法庭的男孩显然得了霰粒肿。肿状程度之明显连法庭都注意到了，可男孩原先未得到医疗检查。法官对家长说："您的孩子需要消除霰粒肿。您的医生是谁？"一位当地的医务人员被提及，可与他交涉后法官回来说："他不治霰粒肿。您出去找个人为您儿子消肿吧。"法官显然注意到面前的人的破烂装束及茫然的目光，就补充道："如果您一周付几美元就可以有医生为您儿子治病。下周再来告诉我。"然后父亲、母亲和儿子被赶出法庭大堂，他们仍是一脸困惑。在这种困境中，一些人不由自主地撞到社会服务局门前，可是在那里每一个人的情况都要被区别对待。负责人满腹牢骚说，一会儿要去安排这位医生，一会儿又要对付那个。她简直成了"高级差使小姐"了，就为了对付跑到她这里寻求救济的人。一位中学校长说：

"我们这里有一个孩子，由于腺样体肥大已经一耳失聪，另一只也快不行了。还有一个孩子急需配眼镜，她爸爸天天上班，她妈妈请求我为她找位大夫验光配镜，完了再付钱。我不知如何处理这

---

⑩　按照生命延伸研究所的尤金·莱曼·费斯科（Eugene Lyman Fisk）对10 000名据说身体状况良好的工商业工作者的分析，其中85%有鼻喉疾病（其中17%十分明显，或很严重）；53%有视力不清的问题；21%有扁平足；50%有牙病；62%的X光透视显示有口腔感染；12%检查出心血管和肾脏有病变；9%的肺部观察显示可能有结核病。

第二十五章 保 健

些事。如果我报告社会服务局，他们拖一段时间也许会派人来调查那孩子的家庭，拖更长时间后，他们也许会做点什么，但是这两个孩子的情况都不能再拖延了。"

一位接受访问的49岁、做了4个孩子的母亲的生产阶级妻子，在回答"如果有一小时空闲时间你想做些什么"这一问题时说："我立刻上床休息，我患有慢性阑尾炎和胆结石，去年外科大夫和他带我去的门诊部想给我做手术，可他们要150美元手术费，还要住两星期院，我们可出不起这么多钱。我也许会去某州立医院，那里价格便宜些。但我就是不忍心离开孩子，让他们那么长时间没人管。"[11]

医生和病人对医术有时被看作城镇跷跷板游戏都表示不满。这套"价格""竞争"和"职业道德"体制，成为医生和病人之间合作的障碍。

到1890年，维护健康不再是个人关心的事，它受到市政府的关怀。从1890年7月起，设置了一位卫生官员，他不上全班，每年拿250美元薪水。他的工作显然是临时的。现在，中镇只有一位兼职

---

[11] 美国劳工统计委员会成员罗雅尔·米科（Royal Meeker）1918年在罗切斯特就业管理人员会议上说："我确信，目前的医生、牙医和药品的数量无法满足劳工家庭最低保健的需要。"（《劳工统计局新闻简报》，第247期，第47页。）

亚伯拉罕·弗莱克斯纳（Abraham Flexner）在关于《美国与加拿大医学教育》(*Medical Education in the United States and Canada*) 的研究中说："现在，社会的收获只让一小部分人得益，现有的知识是足以解决这个问题的。相对来讲，有病的人是少的，实际上是有条件地帮助他们。现在主要是人道地实行——像在大城市里一样在小村庄里实行；像在私营康复医院里那样在公立医院里实行。在美国的医疗从业人员与其他最好的地方相比并不差，但在世界上大概没有任何国家像美国这样，在最好、一般和最糟之间有这么大的差距和不同的命运。"（纽约：卡内基教学改进基金会简讯，1910年第4号，第20页。）

卫生官员，他的工资仅有级别最低的警察的工资的一半。城镇卫生办公室就设在这位医生的家里，他妻子作助手。据报刊上说，这位助手"当她不做一些环境卫生工作或慈善工作时……就忙于烤小甜饼"。卫生官员还受到一名兼职警察的协助。据报刊上说，这名警察"在没有被警方分配其他工作时，干了好几个月的环境卫生和慈善工作"。此外还有两位政治人物被任命为卫生委员会的委员，每人每年有100美元的薪水。在1924—1925年，这两位委员中，一位是警察的妻子，另一位的丈夫是个领班。从《民主周刊》(*Democratic Weekly*)对市长免去她们两人当中一位的职务这件事的评论，可以得知选出这两个人的方法是怎样的：

"一位女共和党政治家XX因为批评了这届市府的政策，……本周以从事有害的政治活动为由被XX市长免去市卫生委员会委员的职务。XX夫人，……15区的区委委员的妻子受命接任了她的职位。XX被立即给了一个新差事，在总顾问的手下与XX（当地政治的后台老板）的姐姐、XX夫人（本县学监的妻子）以及XX夫人（共和党市长候选人的妻子）一起当副顾问。"

1924年，美国儿童健康协会的临床工作医生公布了对包括中镇在内的86个城市进行调查的结果，对中镇卫生保健工作状况做了如下评价："这个城镇的有组织的健康工作处于萌芽状态。"[12]可是，这里的重要问题不在于中镇还没形成完善的公共卫生工作系统，而在于它已经在过去40年间逐渐认识到卫生事业是公众的事业。如

---

[12] 《86座城市健康调查》(*A Health Survey of Eight-six Cities*)，纽约：美国儿童健康学会研究部，1925年。

第二十五章 保　健

果对中镇强烈的个人主义传统以及最近在保健事业上这个态度的显现有所了解，那么公共卫生事业遇到的障碍及其在这个城镇的不均衡发展，就不会令人感到意外。

卫生习惯的水平差异首先表现在对待传染病的方法上，例如伤寒病。在90年代这是常见病，据一位卫生官员说："治疗伤寒是医生们夏季的主要工作。"一则1890年7月的日记写道："城里伤寒流行。"接下去的一个星期，记载了两三起死亡事件。大约从1904年起，州卫生委员会开始分析全州城镇供水情况，谴责了其中50%的不良状况之后，城镇供水情况有所改善；城里的水泵消失了，原先"看起来像苹果汁"的水换成了每星期由州实验室检查过的水。但是，尽管颁布了给水和排水法律，直到1925年1月，中镇仍有约四分之一的人家使用自家后院的水源。

据城镇卫生官员说："去年隔离医院的伤寒病人中有12例直接起因于使用后院的井水。但在卫生法规实施过程中，我们得不到大家的合作。例如，许多有影响的公民自己拥有房产，可从不打扫其中的一些房屋。他们以10美元租出住房。某富有家族的一个成员在城里有房产，并以8美元的月租出租。我们劝他将房屋打扫干净，可他一拖再拖，答应在春季打扫，我们同意他延期，可夏天到了，这位房东什么也没做，群众的意见立即就来了。这使我们非常难办，因为卫生官员收入微薄，没有力量同任何人争斗。一些和他要好的病人就是这些房屋的主人，他们本应把住房打扫干净。可是如果他去要求他们打扫房屋但遭到拒绝后，赶走他们的房客，他就可能会失去这些朋友。"

其他传染病的情形也大同小异，人们对反复出现的流行病已经习以为常、漠不关心了。1890年中镇的工厂有25%的职工曾因流行感冒请过假。据报道，当时"学校和教堂全都陷于瘫痪。《时报》不得不临时削减版面，因为许多印刷工病倒了。面粉厂因没有足够的有经验的工人上班而不得不关闭"。1893年，学校、教堂和商店因天花的流行关闭了达两个月之久。1893年，当秋季隔离医院被撤销时，公众并不探究造成常规生活不幸间断的原因，而是"在街上都穿着跟平常一样的服装，欢欢乐乐地，吹牛角，烧红火。第二天教堂钟声响了，人们照样去做弥撒。11月6日学校开门。商贸活动立即复活"。从这里也许可以看出，人们已接受反复出现的疾病，视其为文化的一个长期特征。31年后，据美国儿童健康协会称，"尽管（中镇）出现的小规模天花已持续流行两年，但没有大规模种牛痘的预防措施。"[13]1888年，一位著名的市民在他的日记中写道："约翰得了风疹，但仍旧总是出门。"35年后，报上仍提到许多小孩得了麻疹还"被家长允许和别的小朋友在一起玩"。一位健康问题观察家说，预防天花、白喉和伤寒不采取免疫措施是不行的。卫生官员的报告讲，"医生只是善于报告病例"，然而医生们反驳说他们给卫生官员的报告有时被忽略。[14]

近年来，城镇要求公立学校系统进一步负起照料学生健康的

---

[13] 参见《86座城市健康调查》。那份报告特别提到，没有往年的人口动态统计资料，没有当年的由各种传染病导致的死亡的记载，也没有关于疾病影响范围的位置的地图资料。

[14] 或许值得注意的是，1913年在明尼阿波利斯市召开的州与领地卫生当局的第11届年会和来自"美国公共卫生服务"的代表一起行动，建议把36种"传染病"定为"需要向卫生当局报告的"疾病；然而，仅16种疾病被地方健康部门认作"传染性和需要隔离的"疾病。参见I. S. 弗科（I. S. Falk）:《人口统计原则》(*The Principles of Vital Statistics*)，费城：W. S. 桑德斯公司，1923年，第102—105页。

第二十五章 保 健

责任,对所有在校生定期做牙齿和身体检查。这一工作属于卫生官员的职权之外,只是如果学生缺了三天学,再回学校时必须得到卫生官员的批准。校医务人员与卫生官员据说是"各司其职、互不干涉"。[15]学校还为学生们开设了卫生课。在美国儿童健康协会1924年对86座城市的调查里,在11类健康工作中,中镇在学校卫生工作这一项的排名处于前列的第三名。这里对社会变化的过程值得加以评注。最初,为儿童免费检查身体是作为儿童保护措施而设立的。这一做法普遍施行的主要原因可能是:有关儿童福利工作的呼吁和近期此项工作的推广;"一个成年人的健康除非他得了传染病否则就是他自己需要操心的事,而一个小孩子的健康是其他人管的"这种想法的普遍存在;也由于中镇的儿童保健工作在很大程度上还是个无人问津的领域,没多少既得利益纠纷。给予关照是因为:儿童的健康工作并不妨碍"私人医疗业务"的生意;学校医生和护士不医治孩子,只是给家长一个卡片讲出所患疾病并建议和私人医生联系;儿童牙科,就像成年人的性病门诊,对那些穷得付不起费用的人家是不收钱的。

中镇还有一项同学校卫生保健一样从无到有的工作,那就是"食品检查"。1890年城里一家大报的"所见所闻"栏目里有这样一段对食品管制不严的情形的描述:

"我正在河边散步。看到我们的一位牛奶场场主冷静地驾车驶

---

[15] 比方说在这样一种场合:在那些学校中的某一所学校学习的一名儿童,因患传染病身体即将崩溃,老师先后向学校护士和校医紧急呼救。可哪一次都未落实。老师给卫生官员打电话。卫生官员拒绝去见那名儿童,说这是校医管的事。

入河滩，从河里提满水桶，加满他的罐子。"

直至1890年，州里才通过了第一个《洁净食物法》，[16]州法律已适用于牛奶、奶制品、肉类、罐头食品及其他多类食品。州里的食品检查员经常不断地到中镇检查食品质量。

但是，尽管中镇已普遍施行食品检查法，具体做法却是各行其是。多年来，州卫生委员会一直希望中镇通过一项牛奶法令，市议会最后终于通过了这项法令，但是据一位研究过中镇情况的公共卫生专家说："这项法令没有征求专家的意见，对牛奶商进行登记的安排搞得十分复杂，程序繁琐，又没有人力加以实施，结果完全没有效力。"地方卫生官员办公室报告："我们尽力推行好这项法令，但我们需要一位全日制警察的帮助，因为目前半天工作的警察没有足够的时间完成他的任务。"[17]卫生官员还反映了另一方面的问题："报刊往往不愿配合我们，把那些因出售诸如坏肉或是伪装过的替代品

---

[16] 1890年，第一个《联邦肉类检验法》被批准。有了这个初步进展"不是因为议会认识到了要保护这个国家的人民"，而仅仅是为了能使美国肉类制品获准进入具有比美国更严格的食品监督的外国口岸——这是关于"进步"的偶发性质的一个有趣评注。这个早期的肉类制品检验仅仅是以供出口的肉类制品为对象。直到1906年，保护自己的公民的观点才在这个国家充分普及开来。参见卡尔·L.阿尔斯伯格（Care L. Alsberg）：《联邦食品控制的进展》（Progress in Federal Food Control），见美国公共健康协会周年庆祝文献《卫生健康的半个世纪》（A Half-Century of Health）；另参见A. D.麦尔文（A. D. Melvin）：《联邦肉类检验服务》（The Federal Meat Inspection Service），联邦农业部动物工业局通报。

[17] 据美国儿童健康协会的报告，"牛奶商在卫生部注册，但是没有为确保所有牛奶商都登记注册而做出努力。市政府没有监督牛奶场，也没有对牛奶进行实验室分析。州牛奶监督员曾做过一些监督工作。大约有70%的牛奶经过消毒，但在中镇有未经结核毒素检查的生牛奶出售，而且消毒车间没有配备带有刻度的温度计，以致只有某个有权的人才确切地知道牛奶消毒好了没有"（参见上述引文）。

第二十五章　保　健

等非法食品而受到州卫生机构罚款处分的公司的名字公布于众，因为这些报刊还想赚那些公司的广告费。"妇女俱乐部曾发起一次运动反对肉类商品缺斤短两和标牌不清，当地的商人因此感到心神不安。据一位运动积极分子说，一位大杂货商——他还是一名神职人员——打电话给妇女俱乐部主任表示抗议："你不觉得你们已经闹得够可以了吗？"[18] 一位著名肉商说，虽然有些肉商因出售掺假的肉食品被逮捕并罚款，但仍有许多肉商出售这种"掺杂"的肉食品。"我想，他们是逃脱不了政府谴责的。"他最后说道。这表现出中镇人通常在这种事情上的善良本性。

上面提到的性病和结核病门诊的衰败显示出保健工作从个人经营向社会经营转变时的逆向趋势。虽然据中镇的报纸说，"梅毒和它对后代的影响是我们今天面临的一大问题"，而且"住在州府医疗机构内的直接受到梅毒摧残的病人消耗大笔资金，保守一点说，州府部门为医治那些人所花的钱一年就达33万美元以上"。[19] 但是，负责的医生说：

"由于住院治性病的医生收入丰厚，这里的医生只要病人能付得起就尽可能地拖时间，只有当病人们再也付不起住院治疗费时才把他们送去门诊。参加诊治的人数已下降了50%。因为控制性病，

---

⑱　参见 A. B. 沃尔夫（A. B. Wolfe）教授的观察："在美国各城镇'经营'的商人总是不赞成对要求更有效的公共卫生管理的情况进行曝光……药商总让人觉得对限制伪造专利药品的制造和销售反感。"[《保守主义、激进主义和科学方法》(*Conservatism, Radicalism and Scientific Method*)，纽约：麦克米伦公司，1923年，第74页。]

⑲　参见《（州）精神疾病》[*Mental Defectives in (this state)*]，州精神疾病委员会第三次报告，1922年。那时在州的制度下，弱智者仅有6.7%，癫痫患者25%，精神病79%。

重要的是这项工作要常抓不懈。警方没给我们什么帮助。结果是，我们的病人中有好多住了很长时间却未得到真正的治疗。"

自从上面这次讲话以来，本县不再要州里的医生来服务，而且，除了治疗那些因太穷而付不起当地医生费用的人们以外，门诊不再接待其他病人。[20]

县肺结核病协会这个在1917年由几位有心的人士创立的慈善团体现在已经成为半公共性质的机构，最终有可能成为人们共同关心的事业。在1924年，全城只有14%的人资助这一协会。在1925年，随着社区公款的成立，支持这一事业的人数大大增加了。

在1879年，国家统计与地质部的年度报告指出："在法庭、剧院和其他公共场所，到处都是污秽的痰迹，掺着嚼烟后吐掉的烟渣结成各种形状，有的像苹果，有的像树蛙。各种机构做了些教育工作后，情况虽有所变化，但今天中镇妇女上街仍要靠路中心走，因为靠住房的外侧不断有人吐痰。在70年代和80年代被诊断为结核病就等于被判处慢性死亡。今天中镇的情况已变了，据当地的结核病协会说，"许多病人的病情被抑制和缓解，但由于设备有限，真正被治愈的很少"。这个半官方机构开办了免费的结核病门诊，露天的棚子被提供给病人住，开展了相关的教育活动，还为被选出的男孩和女孩举办营养夏令营。五年前由义务人员担任的工作，现在已由

---

[20] 到1923年6月30日，在门诊中对148位病人进行了3 140次治疗，106位老病人摆脱了感染。到1925年6月30日，对82位病人进行了1 410次治疗，但只有4位接受了足够时间的连续治疗，从而摆脱了感染。没有理由怀疑性病会减少。情况的恶化反映出地方的诊治救助工作是相当失败的。到1925年6月30日，这期间旧体制终结，而新开始的计划只医治那些太穷、请不起医生的患者。

第二十五章 保 健

两名专业护士和一名秘书接替了。卫生工作是通过半官方机构开展起来的,而不是通过和州幼婴与儿童卫生部合作的卫生官员以及州和地区的健康与卫生联合会。实际上,卫生官员既"不了解性病诊所的工作是怎样进行的,也不大了解结核病协会的工作情况"。

出诊护士协会是城里的另一个卫生机构,它最初是由几位妇女在1916年开办的一家私人慈善机构,随后迅速发展为半官方机构,在1923年和1924年,协会从市府得到1 200美元的资助。但是,协会私人慈善机构的性质被进一步削弱。它得到城镇人寿保险公司的大力支持,两家机构共同照顾病人;地方工厂也逐渐承担关照雇员的健康的责任,为工人出资请探视护士。这个机构的服务正在进入家庭,在怀孕和分娩的现代化保健习惯方面,打破了该地区最珍爱的"前人智慧"的传统。在1924年,这个机构7名全职工作的护士共到户服务12 217次,是1920年的3倍。

同样,随着县政府对穷人的医疗进行补助,中镇医院也不再是纯粹的私人机构。但是,它很大程度上仍是一家为自费病人服务的医院。医院缺乏治疗设备,规模小,"对于穷人来说太贵,对于富人来说太差"。中镇的38 000居民总共拥有53张病床。[21]

据阿瑟·纽斯霍姆(Arthur Newsholme)爵士说:"婴儿死亡率是社会福利和环境卫生管理的最敏感的指标,在城市中更是如此。"[22]1910—1914年这4年间,全州每千名婴儿有96个未满1岁死

---

[21] 据美国医院事务服务会议主席S. S. 戈德华特(S. S. Goldwater)说,每1 000人5张病床通常被看作是维持一般医院用途所需的平均水平。一所容纳150个床位的新医院在富裕市民慈善团体的赞助下于1927—1928年间建成。

[22] 由弗科引述,见上述引文的第72页。

亡；1915—1919年间，这个数字降为85个；1920年为81个；1921年为71个；1922年为68个。中镇的婴儿死亡率也呈类似趋势，尽管当地的重要数据偶尔因管理过于松散而无法令人相信。中镇的一位老医生在回忆40年前的产科工作情况时说："从现在的知识来看，我们那时做的事真可怕！我那时常常到乡下去给人接生，接完就把产妇交给女仆照料，如果上帝保佑，她就会好起来，而她们大多数还真就那么恢复了！她们是健康的人。"一则1890年时的日记把生育写得像过节一样："第二天，母子俩接待了大批客人。"这类现象至今仍屡见不鲜。卫生委员会儿童卫生分会近期所做的一项调查表明，全州包括中镇在内的半数城镇的6 809名母亲中，10%是在医院生育的，13%由注册的护士照料过，37%被有经验的护士照料过，40%没有护士护理，34%没做过产前和产后观察，67%在怀孕期间没有停止干重活。㉓据医务人员说，在90年代，即使是如此之小的护理比例也是闻所未闻的。

总的说来，中镇人对健康的关心，无论从个人还是集体角度，都比1890年时提高了许多。在个人的关心较为冷淡时，城市更多地承担起关心公众健康的责任。但开拓时代的强烈的个人主义倾向仍坚持把健康看作是私事，这一倾向使对个人健康的照料呈现一幅从完全私人处理到完全公共控制的各阶段特征一应俱全的情景。在同一街区，有力图按现代方式保护自己及子女健康的母亲，也有主妇断然拒绝上门探视的护士，"你们什么也帮不了。我有7个孩子。我也并未不想要医生来；一个曾来过，在我的一个孩子的眼里放了

㉓　1923年年度报告。

些东西,搞得挺疼的。放入眼里的,在这一天是茶,另一天是蓖麻油"。甚至连学校的预防措施也遭到中镇宗教团体的反对,反对主要来自经营阶级,他们不愿承认患病的可能性。1924年在中镇中学举行了一个大会支持州医疗自由协会,试图反对"强制性的不顾市民不可剥夺的权利的方法"。[24]1890年时,对于大部分中镇人来说,重病意味着"不能上班"。对于小病,多数人告诉自己"坚强一点就没事"。一位经营阶级主妇说:"不到牙疼得实在难以忍受,我从不去看牙医。如果你去看一位大夫或牙医,他们总会给你找出点毛病来。"[25]

下面有关1924年地方保健工作的分工状况的总结显示出,由于保健管理工作的地位不断变化,造成了职权和管辖范围的冲突与重叠:卫生官员(或保健委员会)有这样一些特别权利——

一、宣布食品不合格并予以销毁,但是不对销售者起诉;他曾试图起诉一个销售者,但法庭不予支持。要采取行动时,他不得不依靠州卫生委员会的协助。

二、宣布供使用的楼房不合格;曾张贴布告于房上但是不起诉房产拥有者。

---

[24] 当晚的演讲者强调:"这个社会努力保护着人民。只通过给学校的儿童注射疫苗无法消灭流行病。儿童只占人口的5%。学校的健康检查是由公众支持的,当局没做什么。公共护士不应是雇佣的。'预防医学'简直是让医生失业的另一种方法。以谈论我们的食物、空气和水里充满的病菌来吓唬老百姓是毫无意义的。我去一所学校,走进一个小屋,看到孩子们都面色红润,显得很健康。他们对病菌所知甚少。不要用这种愚蠢想法衡量儿童,把他们吓得要死,因为他们可能都体重不足。"

[25] 参见第七章。

三、拆毁不合格住房。

四、宣布私人的危害健康的水源不合格。（1924年不对当事人起诉。）他没有权力监督修建公共给水系统。

五、监督修建排水系统。（起诉一名黑人并试图劝阻其他几个人。）

六、监督废除污水渗井。

七、要求那些接触天花病人的人打预防针。（曾劝告一些人但并未真正要求他们打预防针。）

八、对不报告生育、死亡和疾病的情况采取措施。

九、进入居民住房检查疾病隐患。

十、无法进行完好的隔离时，督促传染病人住院治疗。（仅仅针对天花这种疾病，但也未真正加以督促。）

十一、检查、隔离并治疗传染病人。（可卫生官员一个案例都记不得。）

下列活动分别由以下各类机构或人员负责：

一、管道监测：城镇工程师。

二、垃圾清扫：公共事务委员会。

三、街道清扫：公共事务委员会和街道专员。

四、公共场所的清洁：同上。

五、有害物监测：卫生委员会通过一名环境卫生警察来管理。

六、传染病院：卫生委员会（仅仅针对天花这种疾病）。

七、住房：建筑视察员。

八、食品和牛奶监测：州卫生委员会。

九、给水监测：同上。

十、出生死亡统计：卫生委员会。

十一、健康问题诉讼：卫生委员会和城市检查官。

十二、生育前服务：出诊护士协会。

十三、婴儿福利：同上。

十四、发放抗菌素和免疫疫苗：卫生委员会（只发给穷人）。

十五、学校医疗检查：教育委员会（所有学校的卫生工作都是在州卫生委员会的总监督之下）。

十六、结核病诊所：县防治结核病协会。

十七、精神病诊所：在校儿童教育委员会（这项工作在1924年以不必要为由被废除）。

十八、牙科诊所：在校儿童教育委员会。

十九、性病诊所：县专员。

二十、护理：

  生育保健：出诊护士协会。

  儿童卫生：出诊护士协会及教育委员会。

  结核病：县防治结核病协会。

  卧床者的看护：出诊护士协会。

  学校：教育委员会。

据一位当地受过专业训练的医务人员说："出诊护士协会与医院很少有合作和大的摩擦。对防治结核病协会的工作医院院长的评价颇高，而对出诊护士协会的评价甚低。这个唯一的组织对镇上大多数医生来说用处甚少。社会服务局、红十字会、医院、防治结核病协会和出诊护士协会的工作在许多方面是相互重合的。卫生官员在监督修建一所住房的环境卫生改进设施的过程中甚至受到一位同事的阻扰，理由是房产的主人是这位同事的朋友。整个情况与1890年刚任命卫生官员时的情况相似。卫生委员会在与市政务会的一次争执中严肃坚决地讲道：

"鉴于市政务会拒绝给予卫生委员会将脏物从街巷中清除出去的权利，因此，我们下决心：将来所有关于街巷的抱怨和意见都将被转到市政务会。在这类事情上，我们将不再承担任何责任。"

从关于管理权的竞争以及普通事务的处理中的延滞和摩擦，可以看到保健这一事业中的一种拖拉过程。在地方卫生工作的背后，通常有一系列全国性政策制定的背景，其执行过程通常是从全国的公共或私人机构，到州私立机构，到州公立机构，到地方私立机构，最后到达地方公立机构。某项活动从上至下的执行过程，常常需要几年时间。

最后一个值得注意的倾向是卫生事务的世俗化过程。如前所述，有不少人把健康视为宗教范畴的事情。1924年一篇提交给妇女俱乐部联合会的讲健康问题的论文，把美国儿童健康协会在全国的一些具体工作的描述同有关"身体为灵魂的殿堂"的讨论结合起来；为病人的康复而举行的祈祷活动经常与中镇的宗教仪式相结合；还有一个宗教组织，虽不正视疾病的现实存在，但通过医治疾病增强了组织的力量。但是，人们逐渐接受一个更为世俗的态度。下面摘自地方报纸编者按的一段话清楚地反映了这一点：

"在25年内，科学育儿法使婴儿死亡率下降了至少60%。就在不久前，家长们还把婴儿的死亡视为'上帝的意志'，而人们现在了解到，死亡常常是由父母的遗弃和无知造成的，此外还有医疗卫生设备与医疗卫生知识的欠缺，以及救助婴幼儿的社会组织的缺乏这类原因在起作用。"

第二十六章 社会救济

在中镇的经济体制之下,有一批无法得到食、宿、保健这些生活必需条件的人,这些人散布在全城四分之三的街区中。①这些人的数量在经济景气时会降低,不景气时会上升。在我们14个月的调查过程中,繁荣和不景气两种情况都出现过,平均每月有近二百人需要救济。这二百人中平均有63人是当月刚遭破产来服务局登记要求救济的。②另外的需救济的人由救世军(Salvation Army)、红十字会和其他组织收管。除个别人外,要求救济的均属生产阶级。到社会服务局申请救济的人中,大约有半数每年只申请一次,其他则不止一次。

最为常见的申请救济的原因是疾病和失业,二者分别占35%和32%。12%的理由是"收入太低";9%的理由是年老;其余12%的人生活有困难的原因分别是丧夫、因资金贫乏而处于困境、被遗弃、挣

---

① 根据为社会服务局绘制的家属分布点图。
② 这个数字来源于1923年11月1日至1924年12月31日这14个月的调查。由于财政年度的变化,局里的这些数据不是来自12个月周期,而是14个月。
在这14个月中,有来自877个不同单位的2 696人次要求帮助,其中828名是白人,有色人种有49人。他们之中83%成家,17%单身。
参见本章注释⑧中有关救世军、红十字会、战时母亲协会等部门工作情况的内容。

钱的人进了监狱以及身体残疾或"积习难改"等。根据救济机构的领导人的说法："在不景气的时候，失业这个原因超过所有其他原因。"当然，这些申请的理由中没有一个可以被当作造成失去生活能力的唯一条件，它们是导致生活困难的日积月累的问题的表征。

在目前的体制下，社区一些人越来越难以维持生活，因而经常要求提供经济援助成为理所当然。实际上，一些中镇人早已说过，"对那些穷人，你们总是无法置之不理的"。中镇已建立四种慈善救济机制以应付这些人一再施加的压力：一、个人对个人的赠予；二、通过义务团体予以帮助，例如教会、俱乐部、行会和工会等。虽然这些团体并非主要或专门经营此事，但通过它们，可以给予那些"不幸者"半个人性质的帮助；三、通过义务者支持的半官方的社会服务组织，这些组织是单纯为改善贫困人的生活条件而成立的；四、通过选出的或任命的全体公民的代表，由税收筹集的款项来救济那些需要帮助的人。

第一种类型是将钱、时间和服务面对面地赠给那些急需救济的"不幸的人"，这是传统慈善事业的最常见形式，其根源深植于宗教和乡村邻里的群体习俗之中。1890年，报刊报道了一家人房子着火的消息，指出"这家人应受到市民的帮助，得到一个栖身之地，在这个世界上重新开始生活"。新英格兰小流浪者之家送出25名孤儿，这些孤儿礼拜天到不同的教堂演唱；星期一孤儿们在卫理公会教会接受领养时，市民们慷慨相助，"孩子中有10人在中午就被领走，其他的到下午都被分配完毕"。③ 现在人们仍旧崇尚这种个人性

---

③ 据一位大约在1891年成为州慈善团体首脑的老社会工作者的估计，"1865—1891年，仅纽约的儿童救济团体就安置了二千多名儿童。……（转下页）

第二十六章 社会救济

质的帮助。一位扶轮社的会员说:"慈善事业应当包括个人接触的形式。"另一位会员说:"我们在救济工作中不应该有太多的组织,大家自觉地帮助那些有困难的兄弟们才是健康和正常的。"在富裕阶层的主日学校里,每个幼童会得到一个信封,要求他"在这个星期省下零花钱,放进信封,在礼拜天捐给穷人"。圣诞节时有报道说:

"当年轻的人们一夜又一夜地在装饰华贵、灯火通明的饭店舞厅里,伴随着人们喜爱的乐队的轻快乐曲跳舞,欢庆盛大的节日,他们心里同时会感到,幸福的不会仅仅就是他们。当从舞厅的一端移向另一端时,许多可爱的小孩子会梦到下午时他们曾访问过并赠送一大篮子美味食品的那些令人依恋的人家,或记起在圣诞联欢会上和许多小孩子一起围着一个挂满玩具和各种小玩意儿的大圣诞树欢快地跳舞。"

在生产阶级当中,邻里关系仍占据着突出地位。出于对宗教的虔诚,邻里之间面对面的帮助是很常见的。1890年时,各阶层的人都讲究对有病和有困难的人家登门拜访,这种做法如今在生产阶级妇女中仍很常见。与其他阶层的妇女相比,生产阶级妇女对挨家挨户乞讨的人愈加同情;邻居之间为遭遇不幸的人家募捐就更普遍了。在100户接受调查的、家庭收入有保障的生产阶级家庭中,56家为别人捐过款,数量从半美元到255美元不等,平均每家18.72美元。

相反,通过团体方式救济别人的做法在经营阶级中更为流行。

(接上页)我估计在1891年,从可得到的最可信的数据看,自纽约的儿童救济团体树立榜样的时间起,从一些州(带到)东部的儿童大约有六千多人"。

城市俱乐部的活动加强了半个人性质的救济组织形式；由于1925年设立"团体公款"，加强了对慈善救济的长远计划与控制，使这一形式不断得到发展。男性、女性、少男和少女俱乐部定期为"困难户"捐款，主要是在圣诞节和感恩节期间进行。每当圣诞节来临，如上文提到的，扶轮社都向困难户赠送礼品；商会的电动机俱乐部举办有150名"穷孩子"参加的宴会，并赠给每人一只表。鹰谊会为孤儿院的孩子们赠送礼品。"Hi-Y俱乐部"的男孩们为孤儿院的孩子们举行年终聚会。联合俱乐部的一个成员俱乐部的夫人们举行年终慈善募捐。15位会员转动着纺织机，兴高采烈地干了一天。经过努力，她们赶制出18件外套和一床被子；这些东西与价值12美元的生活必需品和一些家具被当作慰问品赠给了一个让人尊敬但遭遇到不幸的家庭。社会服务局的负责人说："每到圣诞节，我们这里就涌来大批礼物，简直用不完。这些俱乐部如果能想到人们在一年四季都需要帮助就好了！"然而，圣诞节期间报上的一则题为"注意你们的施恩形式"的社论主张，"在接触现实情况时"，使用有组织的机构，而非"在人们的心容易被触动的季节里"较早地搞一些多少显得零散的救济活动。

35年前，互助会是慈善事业的主要支持者。这些秘密团体的章程中引人注目地写着："我们的目标是访问那些生病的人和生活在苦难之中的人们，去缓解他们的困难，去教育孤儿，照料寡妇，慰问遭遇不幸的人们。"今天，由于其他慈善机构的发展，互助会的精神的衰落，以及互助会在物资使用上更多地考虑建筑俱乐部房屋的需要，互助会的慈善活动的重要性相对降低了。例如，当地的厄尔克思慈善互助会会员，1923年时，在各种慈善救济以及向穷困成员和失偶的女人捐助等系列活动中，每人只给了1个多美元，这只相当于那些人的全年总支出的4%。在两三个互助会中，另外的用于慈善救济的钱是从俱乐部的赌博的佣金里硬扣出来的。在互助会中，以抽彩的形式出售金戒指或手表——1890年时主要流行于工人会员中的时髦做法仍很普遍，但是，人们逐渐放慢了只靠向"有困难的兄弟们"提供一些零星援助的做法，转而赞同建立一个更具有团体性、更系统的保险体系；今天许多工人保持着他们与互助会的联系"仅仅是为了疾病和死亡福利补贴"。互助会访问生病成员的习惯正在变得微弱，以致一些互助会只能靠对那些没有做委托的探访任务的成员进行罚款来维持这一传统。

中镇教会在地方慈善事业中的作用也不如过去那么显著了。如卫生保健工作一样，在过去35年间世俗化是中镇慈善事业的一个显著特征。谈到"本州的慈善机构"时，1889—1890年的州年鉴夸口说，它们"激起了所有理解和感谢我们基督教文化的生命之魂的人的赞美"。在1890年，教会只与互助会、工会、为穷人孩子开办的免费幼儿园和蓝绶带禁酒协会等一起从事救助穷人的工作。到1893年经济危机时，"在城里教会的控制与赞助之下"，第一家地方"慈善协会"被组织起来，取名为"教会慈善协会"。教会与慈善事业联系得如此紧密，以致当一个年轻夫人俱乐部预告一场"慈善舞会"时，教会慈善协会在报上发了一个通知，说"该舞会与教会慈善协会没有任何关系，因为我们认为公共舞会与教会工作的精神不符，而且我们甚至不允许教会认可跳舞的现象存在"。教会慈善协会的中央行政委员会主要由牧师组成。直到1900年，"教会"一词才被删去而只称慈善协会。直到家属、邻居和教会的意见都被详细调查过以后，资助才被批给一个家庭；所有与教会有关的诉讼都被直接交给教会。这项政策被执行得如此成功，以致慈善协会1906年的报告中讲，1 082.52美元的预算中只有24.59美元被用于救济，差不多相同数量的资金被用于支付汽车费，剩下的967.71美元用于支付租金、工资和购置办公室设备。1906年的年度报告的封面上，按《圣经》的规格写着，"有组织的慈善救济是有组织的爱"。目前中镇的慈善事业已经大大地世俗化了。在1924年团体公款设立之前，社会服务局支出了近10 000美元救济款，其中只有不到3%是教会捐献的。④1925年筹集的第一笔团体公款预算中，除37 050美元用于通过基督教青年会和当地类似机构进行的"有特点的建筑"工作以外，40 560美元用于当地各种福利工作。1924年5个主要教会为当地各种慈善工作分别支付了410.00美元、361.23美元、229.68美元、212.26美元和0美元。这意味着，按一个保守的估计，一年一次、全镇范围的慈善募捐中筹到的资金要比中镇教会投入的资金多四倍多。⑤镇上最大的一个教会每年给出诊护士协会5美元。它组织护士探访它的成员554次，其中113次是探访那些由于太穷而无

---

④ 教会在预算上没有拨款给社会服务局这一说，尽管一个教会的传教士和慈善协会每年定期地捐赠给它20或30美元。另一个教会感恩节捐了大约一百美元。负责人是社会服务局司库的主日学校于1924年捐过款。

⑤ 这些教会的钱被大量地转到镇外的活动上。例如，一个有922名成员的主要教会在1924年向所有传教活动和慈善活动捐赠了5 931.23美元，其中，361.23美元给予中镇；在另一个有1 600名成员的教会，将4 486.57美元花在了所有的传教活动和慈善活动上，其中，410美元被花在了中镇。在另一个有1 200名成员的教会，将7 000多美元捐给了传教活动和慈善活动，其中，给当地的慈善组织的钱略多于200美元。这些数字是牧师提供的。教会协会的偶尔的小型捐赠可能从这些总结中忽略掉了。

第二十六章 社会救济

法支付小额费用因此直接申请协会援助的人们。其他教会的成员中也有类似情况。据社会服务局的负责人说，自从她两年半前上任以来，城里五家主要教会的牧师从未来过她的办公室，其中一家曾打过一次电话，另一家打过三四次。⑥这位负责人也记不得基督教男青年会或基督教女青年会的领导人曾进过她的办公室，不过后者的前任领导人曾来过。她说："教会从不向我们报告它在教徒中所做的慈善工作。只是在圣诞节和感恩节时，他们才对我们的工作关照一下，他们中有些教会把困难户的名单通知我们。"今天，"捐献救济品"似乎在很大程度上是一种世俗活动。⑦

尽管人们仍十分看重个人和半个人性质的救济活动。近年来，有组织的、非个人性质的救济事业还是有了突飞猛进的发展。在1905年，根据慈善协会的年度报告，全城22 000人中只有"不足80人"为穷人捐款。在1924年，全城人口增至38 000人，但向相应机构、社会服务局捐款的不过350人而已。地方上所有类似的公共福利事业的支持者总共只有500—600人。可是到了1925年，随着社

---

⑥ 局长是牧师协会的当然成员。
⑦ 1924年期间，城里最大的新教教堂的已婚人士群体发起了一次运动，为资助学院教会的穷孩子们集资建立一项永久性基金。一笔小型资金被筹集到，而且为了管理这笔钱，一个组织成立起来。在第一年，五个男孩得到帮助。可在这个教会里，抱怨声一片；因为教会在捐赠活动中的地位是从公开的赠款账单看出的，而此次活动从公开的赠款账单上转走了资金，这样，牧师可能会因此而不积极地与这次活动合作——这对于理解城镇在制度策略上的矛盾和有组织的教会财政的兴趣的变化也许都会有所启发。设立这个基金是因为受到被一次访问所激起的热情的驱动。访问的是原来城里的一名穷苦的男孩现在住的城市。这名男孩是由于当地的一位市民的慷慨相助而有机会受到教育。这个男孩现在是"外地"某教会的一位有权势的主教。

区福利基金的成立，捐款者激增至 6 402 人。

这个新的救济穷人的机构提高了慈善事业的集中计划与控制程度；这包括"一年搞一次"——而不是13次——"模仿作战的舞蹈以激发人们的热情并为慈善事业筹集资金"。这种"运动趋势"像一次信仰复兴或一个大甩卖活动，迅速提供了一个值得研究的对象并暗示了那些带出其他风俗习惯的变化的可能性。假定有一群适合的人做后台的话，那么这样一种趋势在中镇几乎是无法抗拒的。第一次世界大战教会了中镇人这种募捐技术；被采用的办法仅仅是再次行使这一技术，而且人们情愿采用的方式方法随之传播开来。首先，是将那些对事情的成败举足轻重的城里的大人物作为负责人列入名单，以扶轮社为主。对此，有最起码的基督教准则，即不热情关注一个特别的紧急情况或一个有困难的人家。实际上，尽管13个地方慈善机构中有一些表示，反对并担心他们可能会"失去自己的群众和某种威望"，但这个运动仍取得了显著发展。1925年，参加这一运动的工人们的基本态度很简单："这里有一个必须被履行的公民职责。得为这些机构筹集资金。我们，伟大的商业工人，不愿再被每几个星期就帮助一个新运动的做法所纠缠。让我们努力，说出我们要讲的话。"男子队和女子队被组织起来，并由"队长"带领；男人们还被进一步组织为"非战斗部队"和"列兵"，不过一名"上校"被任命负责这些"突击部队"。首先组织开会，向这些工人作动员说："每一位工人都必须参加。各队队长应对所有队员的出席负责。""上校"在这些会的第一个会上说，"当我们讲'每一人都出战'，我们就是指：在这个城镇没有给溜号的公民留下余地。让我们出发！"当扶轮社这么说时，整个中镇都动起来了。这个活动的领导者宣布:"各位,这个城镇需要复兴。我们的城镇在战时状态上停留得太久了,应该清醒过来了!你们还记得第四自由贷款吗?关于那个贷款,我们曾经老是用一周或十天的时间,可那时我们决定用一天也就够了,而且我们在一天内筹集了150万。我们将在三天内筹集我们为这个团体公款所需的77 000美元。"城镇被按照一个名字一个名字地划分成区,宣传人员放开活动——城镇太大了。

在这种全国范围内集中募捐的体制下,中镇人为9个福利机构和4个其他机构提供赞助,其规模之大,同教会缝纫学校、慈善幼儿园那种"一分一分敛钱"的做法及1890年的地方慈善组织的类似做法,形成了鲜明的对照。⑧

同卫生保健、宗教教育及中镇生活的许多其他领域一样,从

---

⑧ 由城里三分之二家庭的志愿捐助所支撑的那3个新的机构是:一些福利社;女工子女日托托儿所(1924年儿童出勤天数达到3 407天)——2 600美元;防治肺结核协会(接待过1 959次有益来访,153位新患者参加)——9 570美元;社会服务局(仅1925年1月就有435次求助电话,861人受到护理)——9 750美元;出诊护士协会(仅在1925年1月就进行了746次护理访问和140次有意义的访问)——8 450美元;犹太人福利——390美元;青少年慈善协会(5 000名中小学校学生,全美国成员最多的地方青少年慈善协会的成员)——650美元;救世军(这是一支在1924年一年里就提供援助669例,通过2 040次电话,向不止500名儿童分赠了礼品的军队)——5 850美元;"战争的母亲"("'一战'中伤残兄弟们的母亲,关注老战士们的家庭、遗孀、孤儿,并且'让人民永远不忘在那场战争中美国的儿子们所作出的奉献'")——520美元;红十字会("首先向那些处在十万火急的情况下的社会群体提供帮助,仅在1月份内,地方分会就成功地处理了503起紧急呼救事件")——2 600美元;从事"性格陶冶"的机构"童子军"——6 500美元;儿童游戏场的工人——1 950美元;基督教青年会("1924年基督教青年会男生部出席该会全部活动的中镇的孩子令人惊奇地竟有118 177人")——19 500美元;基督教女青年会("参加该会各种活动的女孩子每年达15 000人")——9 100美元;总共金额为77 610美元。

事慈善事业的可能还有许多其他专门机构。但是，来自城市商人的压力是促进减少工作重叠的区域，尽管对牵涉的既得利益集团有威胁。⑨新建立的慈善机构有时难免与旧的机构发生冲突。一年一度的、一切包括在内的慈善捐款同教会的什一捐款也发生了矛盾。在1890年，某人在教会的捐款就顶替了大量的、他应为地方慈善事业做出的捐献。今天，通过一年一度的大型捐献来支持当地的慈善事业已成为公民的义务；对此，中镇的家庭有相当大的社会压力。在这种地方竞争之下，教会的什一税大大受损是意料之中的事。

连同慈善事业的集中化和有酬行政人员的逐渐使用一并出现的另一特色，是经营阶级妇女的义务团体的涌现，她们当中有不少人从"教会工作"转向"慈善工作"，现在又转向了"公民工作"。⑩她们继续通过自己的俱乐部做那种组织性不强的慈善工作和公民工作：将有关莎士比亚的图画摆放在学校、图书馆和法庭的休息室里；为当地有更好的纯正食品供应而工作；资助在本地的一处公园举办

---

⑨ 由于多种机构安排同样的活动，目前出现了混乱。最明显的是，因为缺少衣服供应，一些儿童不能去上学。孩子们的教师提请学校的职业部注意，这引起了社会服务局注意，最后导致了对有问题的家庭的调查，看他们是否非常穷，并为他们买所需要的衣服——孩子们也就上了学。为穷家儿童买课本也经历了同样的过程；按一位教师提供的情况，她班上有些孩子从9月到1月没有课本，正等待着这个系统为之解决。

⑩ 不少对合并中镇的福利机构的抵制是间接的，因为那些委员会对停止工作持抵制态度。这些委员会已成为社会问题；其程度可以从一个事实看出：当地的出诊护士协会的一名专业技术工人不被允许参加委员会的会议，甚至没有被要求出席来自相邻的一座大城市的一位工人的关于自身的工作方法的报告会。在当地的俱乐部联合会的一次会议上对出诊护士协会的工作进行了讨论；在会上讲话的不是那位负责的专业技术工人，而是一名社会妇女。

第二十六章 社会救济

免费的暮光音乐会等。她们热切地组织像美国大学妇女协会分会这样一个新俱乐部，然后计划做些事情，结果是她们以奖励的形式向撰写有关"英雄"的文章的学生奖励15美元，或者召集开会，以会议论文的形式讨论公民的各种零散话题。[11]这些都反映出，她们遗弃了早期举办过的那些活动。

在救济事业从非正式的、个人对个人的慈善行为向更有组织的方向过渡的潮流中，第四种同时也是社会化程度最高的一种类型是常规的、在全城范围内通过税收资金进行的救济工作。早在1795年，公共慈善事业就已经与个人性质的慈善救济一道、以市民董事提供给穷人的公共救济的形式出现。[12]紧接着这个中镇最老的、通

---

[11] 自这项研究完成以来，美国大学妇女协会在当地的分会采用了全国总会的教育计划，在它的会员当中发起了一个儿童学习小组。这是有关新习俗通过另一渠道正在当地传播的方式的一个实例：全国总会的教育计划由纽约慈善基金会资助。

下列事实逼真地显示正被集中化的团体公款的集资形式所取代的义务参与慈善组织的类型。1923年中镇妇女按以下"能抓到什么就抓什么"的社区福利基金预先集资的办法为当地的出诊护士协会筹到资金："白象"甩卖，779.05美元；纸牌晚会，171.50美元；慈善音乐会，152.53美元；捐献物甩卖，352.10美元；冬季救助甩卖，1.75美元。自1917年建立以来，全日制托儿所由一个年轻经营阶级妇女社团通过类似办法来资助，并通过搞舞会来弥补资金。

[12] 县立和州立机构对那些在生活中陷于极端困境的人们的照顾部分地依靠向中镇征税来获取支持。这种照顾显示出的趋向与城市本身表露出的某种趋势略微类似。在1890年和1895年之间，州政府发放由城里的公民理事提出的紧急救济款；每年通过这种形式要花费50多万美元。这些官员看着合适就批准出资，对此没有任何形式的监督。在1889年，州慈善机构的行政管理从一种零散的状态过渡到有组织的管理。1895年以后，以发放公共救济款的形式对穷人提供的护理开始削减，但是仍旧在少量地施行。管理州立慈善与监督矫正机构的委员会从19个下降到2个；从这可以明显看出今天的管理的集中化趋向。

过税务来支持慈善事业的公共救济方法出现的是,"为那些由于年老、体弱或其他不幸而申请社会的帮助和捐款"的人设立的县穷人收容所。1890年,这个穷人收容机构是县里的一个"过滤器",收集各种社会"沉淀物",比如,"疯子、精神衰弱者、癫痫病人、聋哑人、瞎子、瘸子、无计谋生的人、恶人、可敬但无家可归的人、穷困但聪明伶俐的孩子们。""每个人应该经常依靠组织"的思想与这个开拓型的社会的传统相矛盾;如果一个人这样,这当然是"他自己的错"。相应地,在诸如住房这种事情上并不鼓励人们依靠县里的救济。1890年,报纸上总结新被任命的州慈善委员会对当地"收容所"的报告时这样描述:它可"容纳30人,但收容了36人;一个12平方米的房间有三张床,里面每晚睡5个人"。报告中还讲,住在收容所每人每周需0.64美元。在1903年,县里的慈善和惩戒委员会发现,收容所的条件"对本县来讲简直是一种耻辱"。两年后,州委员会讲,收容所"肮脏",而且住在里面的人"衣衫褴褛、饮食差劲"。最近,1915年收容所的条件被描述为"令人震惊且悲惨""有病的人被允许和健康人自由混合",在慈善协会的请求下,收容所的负责人"被允许辞职"。[13]自从州慈善委员会在1889年组建以来,新组织机构的增加已经从穷人收容所转向那种接收许多由于意志薄弱、癫痫、结核病以及其他病症而丧失生活能力的人的特别机构。1925年,州立法院通过一项法案废除"穷人收容所",为某些具备一定资格的阶层的人建立"老年保险体制";这表明了一种坚实的

---

[13] 引自慈善协会1915年的会议记录。

第二十六章　社会救济

趋向——范围越来越大地给予那些不幸之人以组织上的关怀。⑭

救济事业向行政福利机构过渡的另一个标志是建于1890年的孤儿院以及幼儿园最近从私立慈善事业向公共事业的转变。慈善救济就像救火和街道清扫工作一样，成为城镇的公共事业的一部分。

在中镇的"基督教慈善事业"衰落并逐步被世俗化救济事业所取代的过程中，情感矛盾的根源始终存在。这已经被指出，除了有关童年的对待，没有什么检验标准比关心在路边倒下的人的不幸遭遇的精神能更加清楚地揭示一个社会哲学的真正特点。⑮中镇人的哲学是十分强调个人的。开始时，它是讲开拓，更近一个时期是谈民主，现在是关于独立，未来是强调个人拯救。中镇人的哲学在宗教传统上的深刻特点"使贫困和缓解贫困所依靠的同情心都带有半神秘的魅力，因为穷人是上帝的朋友。最好时，穷人被认为以一个独特的方式代表我们的主"。⑯与此相反的是坚持"个人责任"的宗教传统，而且已被认为远离原始基督教义，它将节俭归入基督教美德。今天，这一趋势被工业的重要性，被人们难以割弃的现代商业所加强。在这个哲学的中心，存在着分歧：一方面，当人们明显感觉到"个人慈善行为""救助穷人""帮助不幸者"不可避免地是

---

⑭　值得注意的是，这个法案是本州最近工业化程度较快的地区的一位参议员介绍的，也是一个农业较发达地区的一位参议员宣布的，因为"政府不欠任何人任何东西"。这显示了由于新材料工具的到来，一些地区首先发生变化的倾向，旧的文化受到极大的压力。

⑮　托尼，《宗教与资本主义的兴起》，第268页。这本书展现了已经使自身构成像中镇这样的现代新教社区的宗教哲学的一部分、触及像慈善事业这类问题的冲突观点的一幅优秀图画。

⑯　托尼，前引书，第260—261页。

"正确"和必要的时候,他们又因现实无情而感到"人得靠钱生活",而且在这个竞争的世界上,人们遭遇到的事情已经很多了。中镇人在处理具体实践情形时左右摇摆。在乐于同情和帮助那些在大家看来明显困难的人的不幸时,防止产生这种不幸的环境并不被特别关注。世界上总有人患病、失业或遭受不幸,为了防止这些不幸的产生,就需对现行社会工业体制加以改变,而这是十分困难的,社区似乎也不鼓励这种改变。此外,就算人们像爱自己一样地爱邻居,可在这个邻居关系正在消失、有着38 000人口的城市中,谁是自己的邻居呢?因此,毫不奇怪,中镇人在慈善救济上使用的哲学趋向为:必须帮助那些确实需要帮助的人,因为"一条狗也不能活活饿死",但是,也不能让人们轻而易举地吃救济。总之,让我们了结这件不愉快的事,越快越好!

第二十七章　信　息

前面提到了报刊上刊登竞选消息及其他各类群体事业的信息的情况。随着城市规模的扩大，中镇对这种消息传播的依赖性也在增强。比如，该市与集体事务、候选人和被选官员直接相关的方针政策，在一种更类似于80年代中镇文化氛围中被制订出了。80年代的中镇，由市民全体共同决定的共同事务变少了，一般市民的生存竞争压力也减轻了，社区日常公共事务的公开性提高了。到了今天，随着城市人口的增加和政治机构的日益复杂，中镇的职业官员对于"城市计划委员会"和"城市管理计划"这类机构往往是稀里糊涂的，普通的投票者都不太认识大多数在投票箱前打照面的人，原先那种认为每个市民都完全了解公共事务的说法显然过时了。因此报刊成了社区集体事务运作中越来越不可或缺的。

中镇的每一位经营阶级成员早上都会在自家门口拿到一份报纸。工人起床上班要提前一两个小时，因此往往没有时间在上午看报，但我们访问的所有家庭中，都至少有一份晨报或晚报，有的晨报、晚报都有。当然，一位市民是否读报，完全取决于他的兴趣和财力。当地的晨报在全市9 200个家庭中发行8 851份，晚报发行6 715份，加上加印的785份，报纸中至少有一半在街上和报摊上售出。① 另外，根据老市民的说法，外埠出版的报纸的订阅量在1890年时几乎没有，而现在已增加到每天1 200—1 500份。②

在接受调查的39个经营阶级家庭和122个生产阶级家庭中，订了本地报纸之外又至少订了一份外埠报纸的，有23个（约占五分之三）是经营阶级家庭，而只有3个是生产阶级家庭；订了本地晨报又订了晚报而未订外埠报纸的，有6个经营阶级家庭，有31个生产阶级家庭；只订了一份本地报纸的（未订外埠报纸），有10个（四分之一）经营阶级家庭，有89个（四分之三）生产阶级家庭。这些数字似乎毫无意义，但它实际反映了这种各取所需的报刊订阅情况乃是中镇人的习惯，因此并不能说不重要，有些家庭更需要了解大都市报纸中更丰富的新闻。③

在名义上，中镇报纸的宗旨是准确地报道新闻。但晨报中有三分之二的版面是广告。④ 从广告的数量来说，服装类广告占第一位，

----

① 晨报的数字是1924年4月15日的。在报摊和街头零售的报纸为316份，其中大部分可能售给了外来的暂住人员。晚报的数字是1924年2月份的平均日发行量。

② 其中包括：一份平均订数为800份的来自州府的报纸；另一份来自州府的订数为125份的报纸；《纽约时报》(New York Times) 8份（周日39份）；《芝加哥论坛报》(Chicage Tribune) 170份（周日800份）；《辛辛那提观察家报》(Cincinnati Enquirer) 60份（周日240份）；《纽约世界报》(New York World) 1份；《底特律自由报》(Detroit Free Press) 14份（周日61份）；《克利夫兰新闻导报》(Cleveland News-Leader) 4份（周日为21份）；等等。

③ 当结合定期报刊的订阅量时，这种各取所需订阅报刊获取外部信息的情况就显得更重要：在接受调查的122个生产阶级家庭和39个经营阶级家庭中，三分之一的生产阶级家庭只订阅报纸而没有订阅也不按时零买杂志，而这种情况在经营阶级家庭中一个也没有；除订阅报纸外只看妇女杂志的家庭中，生产阶级家庭占十分之一，而经营阶级家庭则一个也没有。

④ 1923年3月第一周中镇当地晨报总版面的63%，晚报总版面的47%是广告，而1890年3月第一周两报的广告篇幅分别占总版面的63%和43%。

第二十七章 信 息

其次为食品，第三位是医疗用品。⑤报纸的其他版面上，每天约有800—1 000英寸的版面刊登各类消息。其中大约20%是本地新闻，10%—20%是州与县范围内的新闻，25%—50%为全国新闻，10%为国际新闻，另外20%稍多的新闻不便作地理范围区分。⑥1923年3月第一周，在那份中镇主要报纸的版面中，约18%为公共事务，约16%是体育新闻，约10%为商业新闻，约9%为私人事务，约8%为公检法新闻，约6%为社会新闻，约3%为宗教事务，还有少量卫生、妇女权益、广播和农业新闻，以及诗歌等其他内容。与1890年类似的统计相比，今天报纸在农业、教育和政治方面的篇幅减少，而体育新闻大增（增加300%），妇女新闻（增加200%）、商业新闻和漫画的篇幅也有增加。⑦

比起一代人之前，中镇这家主要报纸每周的信息量大约增加了3.5倍，消息的报道也更为翔实。在1890年，中镇只有一家报纸有刊登外地新闻的每日电讯稿，国际新闻栏中常刊登些逸闻趣事，如"烟斗烧着了衣服——一伦敦男子被焚"或"两柏林警察被炸身亡"。而今天由于报刊协会加强了有线电、无线电和电缆服务，再加上新闻图片，全世界各个角落发生的事都被带上了中镇人的早餐

---

⑤ 见表二十二中关于1890年10月和1923年10月中镇主要报纸广告内容的分类细目。

⑥ 中镇报纸的新闻内容按地理划分的比例自1890年以来没有出现大变动。见表二十三。

⑦ 见表二十四。这些数字以与表二十三相同周的统计数为基础。单是某周的统计数字只能表示大概情况。然而，考虑到1924年的这一调查周并无可能改变统计数字的特别情况，而1890年的调查周有随后一周的数字作为核对，因此这两年的同一周的对比可能大概反映了实际情形的变化。

餐桌。⑧

474　　此外，中镇人如今读到的新闻是精心编写而无个人色彩的客观报道。1890年时的新闻往往是闲聊性的、不正规的——英国首相的病况；"我们的朋友杰克来看他住在S街道的女朋友了，这是本周第三次了。小心点，杰克！"；臭名昭著的中镇妓女被捕入狱——这些东西都以一种同样欢快的笔调被杂乱地一起报道出来。报纸上逮捕和判罪的告示常常千篇一律地称"XX又为本县的发展打下了基石"。头版头条有时是国际新闻，有时是广告，还有私人启事。也没有吸引人的标题、新闻照片和漫画。在同一栏目中，编者的话、笑话、主日学校课程和"胡德的撒尔沙汽水""基尔墨医生防治肿块和

---

⑧ 世界上有多少新闻传到中镇，可以通过比较中镇那份主要报纸和《基督教科学箴言报》(*Chritian Science Monitor*)的头版对1924年10月法国承认苏联政府这一事件的报道量粗略地估算出来。《基督教科学箴言报》在下午刊出这一新闻，而中镇这家报纸稍晚在次日晨报刊出。《基督教科学箴言报》在头版以两栏大字标题刊出，报道内容占头版的四分之三。中镇这家报纸则以三英寸见方的短新闻的形式将这一消息刊登在头版的底部。《基督教科学箴言报》那天报纸上的其他的主要新闻标题还有"王宠惠应邀出任国务总理"（北京）；"税收法律政策成为国会主要议题"（华盛顿）；"英国和土耳其在国联的争议"（伦敦）；"职业普查摸清了妇女的阶级状况"（职业信息署在纽约最近出版的报告）；"世界战争受害母亲可以消除战争"（印第安纳波利斯市战争受害母亲组织负责人来访记）；"托利党的阴谋"（伦敦）；"波拉欢迎对俄新运动"（华盛顿）。中镇那家报纸头版主要标题有："运动基金使争论问题升温"（华盛顿）；"小罗迪飓风正是民主党的希望"（普罗维登斯）；"戴维斯演说遭三K党抨击"（亚特兰大）；"四千群众聆听一位共和党人的演说"（本州）；"纽约黑人欢呼戴维斯演说"（纽约）；"柯立芝对选举结果有信心"（华盛顿）；"休斯不肯透露第三党目标"（芝加哥）；还要加上一张四英寸照片和文字说明，介绍新任全美外科医生学会主席的情况；此外还有在"隐瞒所得税秘密使一些要员处境尴尬"的标题下，在一块1.5×3英寸的版面上登出了一些相关的全国著名人物的照片。

癌症的治疗方法"等广告杂乱地登在一起。今天的报纸则已变成了一个井井有条地报道各种最新消息的媒体。

对于一般市民和整个社区来说，报刊的用途显然仅仅是提供消息，但对于某些个人和团体来说，中镇的报刊还有三种其他的用途，人们有时利用报刊的影响来获取私利。那些有政治野心的个人和政党可利用报刊为他们的目标制造有利的公众舆论。这种所谓的报纸为政党政治服务的功能，即对新闻着力渲染，明显地体现在中镇两家日报均属于同一政党这一事实之中。

其次，中镇的报刊还以为所有者赚钱的目的服务，其中主要归功于在过去几十年中报刊广告的迅猛增长。1890年5月，中镇那家主要报纸刊登的广告有108 715行，同年的10月则为101 448行。而到了1923年的5月，这家报纸的广告达到了628 856行，同年10月为604 292行。⑨报纸广告栏刊登广告遵行"买主对所购买的商品质量自行负责"的原则。如第二十五章所述，医生和药物的广告曾受到社区医药专家的抨击。令人怀疑的出售外州住房和招揽少女做模特的广告也同样受人攻击，如后者就经常受到青少年法庭和社会福利机构的谴责。市民中很多人由于轻信而被一些广告所欺骗利用，如一则广告上某人自称是"拉布埃酋长""拥有全美最聪明的脑瓜""是世界上唯一能知道别人在想什么的人"。有时报纸上的广告则要求市民们向报纸寄发"关于个人生活中有关爱情、诉讼、婚姻、商业等问题……每天看报纸来关注回答你的问题"。社区内各类团体经常对不同类型的广告提出抗议，但谁有钱谁就能登广告这条原

---

⑨ 见表二十二。1890年中镇报纸每周出版6天，1923年已出版了周日版。

则依然畅行无阻。

　　报刊的另外一种功能是为控制传播媒体的机构创造日益增多的利益，也就是让购买广告版面的经营阶级得利。经营阶级中那些经常刊登广告的人同一般读者相比，已日益成为各类报刊远为重要的财政来源。⑩报纸在以最佳方式向公众提供信息时，绝对不能以任何方式伤害这类主要资助人，这在中镇已被视为当然。独立的编辑评论文章与广告所占篇幅的比例已颠倒过来了。中镇的第一大报很少说得罪地方工商业人士的话；第二大报纸只是偶尔抨击一下诸如童工等社会问题；第三大报是一家民主党办的四版周报，它除了政治广告外一般不登其他广告，因此能肆无忌惮地对一些事务发表评论。

　　这家中镇第三大报纸，在反映编者的个性方面，比前面两大报纸更多地沿袭着1890年代主要报纸的风格。那时，报纸的编辑和法官、牧师一样，是地方上有权威的人，他对任何问题总会毫不犹豫地发表自己辛辣的评论。在头版新闻栏中间，总会刊登一篇评论，以表明编者的观点："《先驱报》(*Herald*)（竞争对手）刊登一些不加掩饰、纯属捏造的任何人不敢说的谎言，这些是尽人皆知的。"而今天，中镇的两家日报都不是业主自己编辑的，两位业主都定居远方城市，尽管其中一人因政治原因保留着中镇的市民资格。中镇的第一大报还是一家全国性报业辛迪加的成员，它的评论实际上大多是由设在另一城市的编委会总会组织撰写的。市民们习惯写给报纸

---

⑩ 根据美国联邦政府统计报告，报纸和杂志的商业广告进款总额，1923年为793 898 584美元，为当年报刊订阅费和零售费合计的361 178 329美元的两倍多。

的公开信的减少也反映了这一变化。

不仅广告和社论无不受到中镇占主导地位的利益群体的影响，就连一般新闻也不例外。那些对中镇经营阶级富豪不利的消息往往会被改头换面，或完全被压制不让发表，这种待遇和寻常百姓是完全不同的。下面的一段引文出自一家中镇小报的一篇社论，虽然其中明显地表现出偏见和敌意，却依然在很大程度上反映了真实情况：

歧　视

最近三个年轻人因酗酒而遭逮捕，他们都是中镇重要人物的子弟。城里两家大报均未报道这一消息。他们也绝不会报道。当你看这两家报纸报道的违反禁酒令的消息时，总会在犯法者名单后面发现"工人"的字样。我们希望将来有这么一天，报纸保护上层人物而损毁小人物的名声的做法将被视为犯罪行为。……那些出身上层社会的年轻人酗酒犯事之后，他们竟能不交罚款就得以逃脱，他们的名字也被隐瞒，不予公开揭露。

可以有把握地说，在一切有争议的问题上，中镇两家大报都会不问青红皂白地支持美国反对他国，支持经营阶级反对生产阶级，支持共和党反对其他政党，尤其是那些"激进"的政党。

在一些案例中，如已指出的有关选举信息、政党政治、市政工程的官方失策、违反食品卫生法，以及社区事务的其他方面等问题上，外界因素对新闻运作的影响实际就等于对真实新闻的歪曲和隐瞒。在1924年11月中对中镇241名中学男生和315名女生的一次问卷调查中，可能反映出人们对报刊的信任情况。问卷针对中镇第一大报在一次竞选中的报道，要求学生对"XX报纸关于最近的选举作了公正和完整的报道"这句话作出评判。结果男生中有32%、女生中有36%的人认为"正确"，回答是"错误"的男生和女生分别占27%和20%，认为"难确定"的则分别为37%和39%，其余的人没有回答。[11]

中镇这个信奉"每一个成人的判断力等值""无知不能为无能辩解"这两条原则的近四万人的社区中，人们信息的来源越来越依赖报刊。尽管假设每个公民的信息都是充分的，但某人读报与否却完全由他个人的意愿和经济状况决定。那些政治的、经济的和个人的障碍因素在很多方面一天天地影响着新闻的采集和出版，这些报刊新闻对于公民参与民主政治的运作来说又是不可或缺的，而个人和社区所获取的信息却又往往是党派斗争的结果。从以上这些矛盾和差异来看，对人口中各个阶层的人们在政治、民意、健康及其他社区习俗上的分歧也就不难理解了。

---

[11] 对同样这批学生就类似的另外一个问题的问卷调查值得注意。调查要求就"设想出自如《周六晚邮报》或《阿美利加杂志》这样有名望的报刊的某句话是正确的、是不会错的"作出答复。结果有36%的男生和43%的女生回答是"正确"的，回答是"错误"的男生和女生分别是44%和36%，回答"难确定"的分别为18%和20%，另有2%的男生和1%的女生没有回答。

第二十八章　群体整合

一位社交面很广的知名牧师的妻子说："中镇真是个容易结交朋友的地方，我现在实际上已认识了城里的每一个人。"

"女士们，全城的目光都在注视着你们呢！"鹰女士操练表演队的教练对队员大声嚷道。

可以看出，中镇存在两个世界，对于这个世界来说，另一个世界似乎都不存在。牧师妻子所说的"每一个人"大部分是占人口十分之三的经营阶级，而鹰女士操练表演队教练所说的则几乎明确地把经营阶级排除在外。每当这两个世界交叉碰撞在一起时，两者之间所表现的一清二楚的差异比中镇其他任何分歧都更明显。

然而，中镇又不仅仅有这两个世界的分野，还有着许许多多的小世界。各种类型的小世界不断地形成、转化和解体。在谋生活动中，人们分别成为某些群体的成员，彼此之间或亲或疏，或者成为它的正式成员，或者被默认为它的成员。这类群体包括工厂、车间、班组、工人福利协会、工会、董事会、商会、零售商协会、广告俱乐部等。在家庭活动中，人们又从属于亲属群体、邻里、特定商店的主顾、银行存款人、建筑贷款协会成员；一个学生则从属于学校、二年级的某班级、班委会、校刊编辑部、绘画俱部、历史 B 班等各类群体。这些群体中有些是临时性的，如桥牌牌友会、陪审团、某次宴会的筹备组等；有些则是永久性的，如白色人种协会、长老会、约翰·默里家族亲属协会等。有些是地方性的，如商业银行存款人，某俱乐部的成员、爱德华·琼斯的朋友、城南的居民等；还有些则是县里的、州里的、全国范围或世界性的群体。

正如前面已经提及的，中镇划分成的多如繁星的小群体主要由上一代人传下来。在1890年，当本地一位年事很高的老人从欧洲回到城里时，报上会登出消息，"全城人"都会去火车站迎接他，参加他家的"非正式接风宴会"；而如今在这个大大扩张了的、市民自我意识增强了的城市中，这样的事再也不会发生了。据城里的老人们说，在大批犹太人进入本城并垄断了零售业和三K党兴起之前，人们对种族界限没什么感觉。那时公民俱乐部都允许犹太人参加，只有扶轮社不接受犹太人。但是这些组织在接受犹太人的时候，又让这些人能微妙地感觉到他们并非真正"属于"这些组织。外国移民组成的小群体几乎很难与社区其他居民融为一体。由于抗议，黑人可以进学校，但不能进大电影院或者参加基督教男女青年会，也不能进"白人"的教堂，黑人的黑孩子只能在公园里指定的角落玩耍。[1]

---

[1] 在报纸上，有关黑人的消息被单独放在标题为"有色人种圈子"的栏目中。种族隔离广泛表现在不同的群体之中。在基督教男青年会一次由学校校长主持的关于安排校际间的篮球赛的会议上，基督教男青年会的一位秘书提出，任何一个有黑人队员的球队都不能在基督教男青年会所属的地方打球，而必须在中学打球。此项建议受到强烈的抗议，他只是简单地回答说："哦，你们知道，这些问题在这里很敏感。"所有的人就都哑口无言了。这里有些关于"有色的"基督教男青年会和基督教男青年会建筑的议论。贸易委员会的秘书曾试图劝（转下页）

第二十八章 群体整合

如第二十一章所述,今天各宗教教派的区别不如过去那么明显,只有天主教和新教之间的界限由于三K党的出现而略有加深,但这种差异已经明显地比不上教堂之间社会经济地位的差异。

比起90年代,在许多方面,人们更加明显地感觉到经济上的差异。报纸的头版友好地提及工会的会议,希望新成立的工会"一切顺利",而且中镇的市长、学校的校长和当地其他要员都对劳工大会在该地区召开表示欢迎。[2] 如果一个人在扶轮社或在基瓦尼斯俱乐部的午餐会上和某人提到"有组织的劳工",或者和生产阶级工会委员会的某位委员提到这些,他会得到带有很浓的感情色彩的回答。对于前者,他可能会提到,组织者使工人们离开了中镇一家玻璃厂,使该厂陷于困境,该厂的所有者损失惨重。对于后者,他可能会激动地提到,当地工会组织的领导人是个奸细,他把所有的活动都报告给老板,或者在机工罢工时和老板合伙耍花招。

不过阶级的划分却并不十分明显。"富人和穷人""北边和南边""东城和西城""上边和下边"这些阶层区分早在90年代就存在。报纸上常常出现"社交界人士"这一类字眼,面包师在他的日记中也提到"花花公子"。如今,要把一个人和群体中的其他人划分开来,出身"古老的世家"可能已不如过去那么重要了,因为工

(接上页)说铸工工会接受黑人充当铸工,但是他们一直不肯答应。在一个为了社区的复兴而建立的大教堂之中没有黑人是让人惊讶的。他们似乎在许多事情上顽固不化,而三K党的出现更加剧了这种趋势。

[2] 参见第八章中有关在中镇有组织的劳工的地位变化的部分。

业城市的金钱标准取代了旧式的标准。③ 大多数人认为，家族的威望已被可以逾越的更加实际的家族的经济状况所取代。一位初来乍到的人会对这个城市民主气氛浓厚而阶级意识淡薄留下十分深刻的印象。一位妇女说："中镇最美好的事情就是它的高度民主，富裕人家的人们在这里也过着简朴的生活，而不是同他人拉开距离。他们没有身着制服的司机和护士，以及类似的奢华。"当然，这种说法往往出自那些本身就属于"这个圈子"的人之口。也有人提出尖锐的反对意见。一位具有其他文化背景的妇女说："要想被中镇接受，你非得衣冠楚楚、花钱应酬不可。我刚到中镇的时候，我认识一位也是新搬到中镇的妇女。这是一位富有且善于应酬的女士，但是她的英语非常差，我常常为此而感到遗憾。现在她已经被社会所接受了，属于乡村俱乐部和其他的一些群体。"另一位和蔼可亲的城里的老居民说："你知道，他们是只认钱不认人的。"④ 生产阶级成员对那些"花花公子"的讥讽态度就如30年前一样一直没有改变。尽管一个青年工人合唱团在商会大厦中聚会，但是它的领导人还是发表了下面的演说：

"我们在这里练习独唱和合唱，我希望你们能尽力认真投

---

③ 依据居住时间的长短来划分人群，在某种程度上依旧存在于经营阶级之中，而且很多方面表现都很明显。比如，一个排外的教堂中的一位新牧师从他一位活跃的手下手中获得了两类卡片，粉红色的卡片写着居住时间长久的人的名字，黄色的卡片上记录着"今后工作可能会做得更好的新人"的名字。他发现，这些"新人"之中，有些已经参加这个教堂的宗教仪式10年了。

④ 然而，金钱并不是能受到社会广泛认可的唯一手段。我们在此经常提到的受到尊重和赞扬的公民，大部分既是一位百万富翁，同时又是一位慈善家。而那种非常富有但对中镇的公益事业毫无兴趣的人，在中镇的活动中几乎没什么地位，中镇人对他们也毫无敬重之意。

第二十八章 群体整合

入。如果你听到镇上人对合唱团的批评,我希望你能勇敢地面对它并可以回应。你知道,如果你是个百万富翁,还来唱歌,那些喋喋不休的人就会因为你的社会地位而对此大惊小怪。但是如果你没有钱,他们又会另外找茬。我宁愿得到你们的赞扬,聆听你们的批评,而不愿理会镇上那些富有的喋喋不休之徒,因为那些人的话十有八九无法让人相信。"

中镇人被划分为许多小群体,另外一个原因可能还在于城镇规模的扩大,这一点使得那些喜欢在一起工作或娱乐的人形成了一个个的小群体。很难看到这些群体的整个分化过程,但是正如其他地方提到的那样,这同中镇里的中学对学生不加选择,造成规模急剧扩大,进而产生出大量俱乐部的过程十分相似。而在1890年时,中学规模较小,选择学生较为严格,"师生员工之间相互十分熟悉"。

三 K 党运动一度像风暴一样席卷中镇,使这些潜在的差异白热化。在中镇短暂的生命历程之中,它曾一再强调这些潜在的不利于社会整合的因素。这个运动在开始时是由几位著名工商界人士发起的,是作为一个保持警觉的委员会,用潜在的力量来反对"腐败的民主党政治",为的是把这个城镇"打扫干净"。运动兴起之后,很快由专门的组织者接手。到1923年中镇已有3 500人加入这个组织。随着组织的发展,经营阶级成员撤出,三 K 党基本上变成了一个生产阶级的组织。三 K 党对地方事务并无独特主张,只是沿袭该党在全国范围内的好斗的新教主义立场,将全城划分为新教和天主教两大派别。他们在种族问题上的主张虽然是第二位的,但也很激烈。在1924年,当地三 K 党领导的运动汹涌澎湃,在中镇一个反抗组织设立了一个复兴的和"纯粹"的全国性组织以取代旧的三K党。关于天主教的流言蜚语传遍全城。在一次名为"美国的无神论"的布道中,一个教徒众多的生产阶级教堂的一位牧师热切地对他的听众说道:

> "据说天主教教皇在意大利不受欢迎,他想去法国,但法国也不要他,巴尔干半岛国家也不要他。俄国对他说:'永远别来我们这里!'英国、德国、瑞士和日本全都拒绝了他。据传天主教徒正在我国首都华盛顿建造一座大教堂,教皇将以此为家。"这位牧师似乎对传播流言有些愧疚,于是还加了一句:"我不知道,是别人这么说的。"

当地的三K党人发誓他们不会停止斗争,除非"天主教徒都离开了修道院,而被投入监狱"。而名为海伦·杰克逊(Helen Jackson)的"逃亡修女"的"忏悔录"更在当地三K党人的集会上得到广泛发售。由于这些谣言的威胁,加入三K党的人越来越多。

> 在接受访谈的妇女中,最热切的一位妇女激动地嚷道:"女士,您问了我很多问题,现在我想问您一些问题。你属于三K党吗?"得到否定的回答后,她接着说道:"好了,您该加入由好人组成的这个组织,为天主教现在的这种状况做些事情。教皇正试图控制这个国家。为了做到这一点,他开始让旧的三K党人去挑起新教教徒内部的麻烦,如果不这样做,他只好眼睁睁面对现实。现在所有的新教徒都和新的三K党聚集在一起,

以对付天主教的威胁。我给您看看这本名为《危险的言论》的复印件，看看这个可怜的女孩，看看她的手！她在女修道院，在那里戴珠宝是有罪的。修女们看见她戴着戒指，为了把戒指取下来，就烧她的手指头！"⑤

除了对天主教的仇视，还有对黑人和犹太人的仇视。这些仇视都来自种种流言：黑人有一种粉末，抹在胳膊上可以使皮肤变白，犹太人把所有的钱都给弄走了，而三K党一旦掌权就会更换货币，那时犹太人手里的钱就会变成废纸。

在一次三K党的集会上，一位来自州首府的律师慷慨激昂地说："人家说我们反对犹太人，我们谁也不反对。耶稣基督是三K党的领袖，我们所做的一切都是为了他。犹太人不相信耶稣，因此是犹太人自我排斥于三K党。我们也不反对黑人。罗马衰亡的原因之一是他们的血液不纯，因为上帝是这样教诲我们的：'你们不得同其他种族血液相混。'据《展望》或其他什么杂志所报道，去年在波士顿有113对黑白人种的跨种族婚姻，我非常遗憾地看到是白人妇女嫁给了黑人。我们有责任保护美国妇女。"

这时，人群中爆发出一阵"是的、是的"的呼声，就像

---

⑤ 这位妇女37岁，外表看来整洁而健康，是4个孩子的母亲，是一个自动化工厂中技术级别最高的工人的妻子。丈夫每周赚40美元，5年内从没有失业。他们有自己的房子，尽管是靠抵押贷款购的，有辆新的福特牌小轿车，准备送最大的孩子上当地的大学。

人们在生产阶级的宗教仪式上不时能听到的狂热而激动的呼喊声。

演说者继续说道:"林肯说,没有一个州能够半是奴隶解放、半是奴隶制地存在。我的朋友们,我们伟大的国家这样也无法存在:一半孩子在免费的学校受教育,而另外一半却在教会学校接受完全不同的教育。"

"我是三K党人,因为我信奉伟大的耶稣,是他创立了这个组织。这个国家需要摩西式的人物来领导我们伟大的人民。这个领导人就在三K党中。作为它的成员的我们,应该为了基督的美国和世界,贡献我们的生命和一切!"

还有另外一位演说者发表令人震惊的言论,他是这样说的:

"我们伟大的祖国,北有北极光,南邻赤道,东边太阳冉冉升起,从这里一直到西边,全都是美国的领土。感谢上帝!我们的孩子只有到了21岁,只有在这里生活了21年,才能得到选举权。对于外国人,我们也应该这样做。"

由于持续地经常处于一种"外国人和外国的势力一贯利用而且正在各种人所共知的方法来阻止我们国家的发展"的氛围中,三K党对于白人的感情非常狂热。人际关系紧张,导致俱乐部及教会内部都发生了分裂,这动摇了三K党的基础。这场组织内部冲突爆发的原因是各种怨恨在寻找发泄渠道,借口财富分配不公、在生活中受到的挫折感、经济压力和社会的不安全发泄自己的愤怒。中镇潜在的力量最大的两个感情风暴中心——宗教和爱国主义——巧妙地从不足为奇的地位变成彻底献身于虽受残害、但却高尚的事业的狂热感情主义。这一浪潮在1923年达到了顶峰,在1925年已经发泄得差不多了,于是三K党作为当地的一种力量就销声匿迹了。

除了上述使人群分化的因素,在中镇也存在着一些使各色人等凝聚在一起的力量。对"奇迹般的中镇"的"公民的忠诚"能使公民更好地团结起来;这一点在今天几乎和在天然气产业兴旺的繁荣日子一样显著。在那个时候,新闻界的各种刊物都在吹嘘种种兴旺发达,同时抨击作为中镇竞争对手的城市。1890年,不少人以讹传讹,说中镇球队要到欧洲去比赛,去"展示美国国家运动的水平",于是报纸就因此而欢呼雀跃:"对男孩子而言,这将是一次美妙的旅行,比起XX,这也是做广告的更好的时机,这将使干涸的中镇重新焕发生机。(中镇)总是走在前面。"报纸上刊登的不再是"导致繁荣的微风""天然气""新的电气化铁路""10年内人口增长的数量为5 000"之类的消息,而简单地代之以"中镇的商店""中镇提供了更多""打败他们,熊狸队""我打算上中镇的大学"之类充满激情的热点问题。像早年由天然气的发现给中镇所带来的繁荣一样,欧洲的战争也成为激发公民忠诚的突发事件。

一位扶轮社的会员说:"不久前,一篇论文曾提出'中镇的最大变化是什么'这一问题,我认为,最大的变化就是社区精神的变化。在1910年,没人愿意帮助别人,那时商会中的领导者俱乐部想把所有的公民俱乐部的领导人召集起来是根本不可能的,人们不愿走到一起来。战争教会了人们怎么做,战争迫使人们学会了合作。"

有两种激励公民忠诚的活动特别值得一提。商会的前身是老的市民企业协会,尽管许多工人仍将商会视为资产阶级的组织,但它依然逐渐成为社区的中心。在1890年,商会小型活动的内容多为发展商业,而在1924年的一个月,41个不同组织在商会大楼举办了157次内容各异的会议。当时商会主席对商会精神做了如下描述:"商人们和农民们,天主教徒和新教徒,银行家和工人——我们全都生活在这个地方,而且我们还会继续生活在一起,因此要反对一切导致我们分裂的事情。"⑥

另一个扩大群体整合的影响的是中学篮球队。在1890年,学校的体育联队尚不存在,人们对一年一度的全州中学篮球联赛这种事连想都没有想过。他们那时相信,马球赛是"世界性的锦标赛",但是从门票的收入可以看出,这种比赛的规模是很小的。那位年轻的面包师在他的日记中记载了中镇发生的每一件大事,但是在长达三个半月的冬季中,据其记载仅有唯一的一次马球赛。如今,围绕篮球赛表现出来的公民凝合力比任何其他事件更为强烈。在举行本城比赛的学校体育馆里和赶赴外地观看本地与外地比赛的各式车辆中,你绝对无法以任何标准将人们划分开来。穷人和富人、天主教徒和三K党人、银行家和工人全都异口同声地高呼着:"加油!熊狸队!打败他们!"

> 新闻界报道:"(中镇)在周五的晚上可能会变得如同一座荒村。篮球对于市民的吸引力是如此之大,有些人在看完学

---

⑥ 学校的大楼也逐渐成为了社区活动的中心。在一个生产阶级居住的社区中,一个兴盛的社区俱乐部主要就设在学校中。学校操场可以作为社区活动的场所,中学的大礼堂可以用来举办报告会、音乐会和其他各种会议。

第二十八章　群体整合

校篮球队的比赛后踏上归途，但可能大部分人将跟随球队去N地。但是在周六的晚上，这个城市将变得如同一些大城市一样，因为球队要在此招待L。"

为了一场重大的在中镇外举行的比赛，晨报报道中镇"已经安装了一个全新的电话系统。在周五的晚上，将会有三位特派的接线员当班传回消息……第四条专线是和在S地的体育馆相连的，将可以随时转播比赛的实况"。那个晚上，数百位各种年龄的市民站在报社外面的街上，齐声反复地唱着"战斗！战斗！熊狸队！"，直到嗓子嘶哑为止。广告俱乐部在那个晚上为了招待一个重要的全国性的演说者，不得不举行了晚宴。但是比赛开始后，当比分为8比30的时候，演说者不再演说，而是由安排好的信使每隔3分钟或4分钟报一次比分。

　　一家报纸宣称："（中镇）中最自私的人已经找到了。他对风靡全城的篮球丝毫不关心，这个令人着迷的城市的其他居民对此充满了热情。"
　　赛季过后，"为表达对（中镇的）熊狸队在刚刚结束的篮球赛季的英勇战绩的感谢之情，全社区为他们举行盛大的招待会……招待会是全社区的事情。它的主办人不是任何组织，而是全体（中镇）居民。"

在商会，在篮球队，在正午的午餐俱乐部，在对于令人不快的新闻的禁令中，在人们一遍又一遍听到高喊"中镇表现出色"的渴望声中,这些推动"令人着迷的中镇"发展的热情,至少包含着两重潜在的意义。⑦首先,欧战、死亡、北极、疾病、对事业的焦虑、政治受贿等,所有这些巨大的痛苦似乎在篮球锦标赛和商会聚会时都减弱了。眼前的生活似乎又变得可以"适应"了,人们又有了"归属感"。一个人如果是一个没有任何意义的城市的市民,他也就是一个没有意义的市民。对生活中这种亲切的荣耀感可以明显地从中镇一位杰出的妇女俱乐部成员对一群青少年的规劝中看出来:

"你们必须学习社区精神。你们必须这样想:全美国再没有比我们成绩更好的城市,没有比自己的学校更好的学校,没有比自己父母更好的父母,没有比这里机会更多的地方。人们常常说起加利福尼亚是个全年阳光明媚的地方,而我已经住在加利福尼亚了,给我中西部阵雨吧!我告诉你们,再没有比我们这里更可爱的地方了。"

公民热情的另一作用更加实际,是为了保持这个城市得以生存和繁荣的重要的谋生活动。当地的口号简洁地表明了这个含义:

"团结起来我们能打败他人,分裂将会使我们被击败。团

---

⑦ 在点名的时候,有人问基瓦尼斯俱乐部的成员:"中镇怎么了?""大部分人认为并没有出现什么致命的问题……"十次"城市测试"的结果被提交给扶轮社和其他公民俱乐部,人们可以从中看到中镇的分数。因为分数非常高,人们高兴地相互祝贺。人们不再是通过自省或调查来找到社区可能存在的问题。一位扶轮社成员说:"人们总是不愿提及中学中不道德的言论。我们并不希望中镇出现什么不好的事情。当中镇的确出了什么问题的时候,人们也不愿谈及。"

结起来我们能兴旺发达,分裂将会使我们萧条冷落。"

"如果我们不相信自己所做的事情,中镇会成为什么样子?"一位名叫比德韦尔(Bidwell)的市民问舍伍德·安德森。一位工人妻子说:"我们当然喜欢中镇,它是我们的家。"在90年代初,报上还谴责那些预言天然气即将被采尽的人,说他们为"我们中间的叛徒"。所以对他的恶毒攻击是因为这种叛徒式的言论将对于商业产生极其不利的影响。而在1925年,公民们口中就是"我要上中镇的大学了"之类的言辞,这样说并不是因大学是个教育机构而感到自豪,而是像报刊上宣称的那样:"这里多了一个大学生,就意味着商业每年将多收入数千美元。"25年前,当地一位编辑抱怨道:"我们都知道,本应在这里花费的数千美元是如何在周日旅行的时候被花在其他地方的。让我们一起来找补救的方法吧!"今天报上还这样呼吁:"大家都应当在中镇购物,把钱花在自己的社区,这是本城每位公民的骄傲。"然而,从实际上讲,城镇的荣誉同这个或那个团体的商业利益相比,甚至和商会的商业利益相比,总会被放在第二位,这是毫不奇怪的。在商会大楼火灾之后的重建投标中,中标的乃是一家出价最低的公司。这家公司不在中镇购买任何工厂的产品,也就是说"不在中镇购物"。一位当地的商人斥之为不爱国行为,商会的秘书却毫不客气地加以反驳,说他是"专门找碴"之人。谈及作为中镇市民的习惯之一的抽烟这个令人讨厌的事时,扶轮社的一位成员说:"麻烦的是,拥有电灯公司股份的一群重要人物是一群最反对禁烟的。如果我们试图在商会为禁止吸烟做些什么,他们就会散布冷空气,想方设法使这些行动流产。哎,瞧瞧这些路口。

在主要街道上，有时交通堵塞的时间长达45分钟，这些都会对商业产生不利影响。因此人们试图想办法架高架公路，但是有些企业主了解到这样将会使他们装车很不方便，于是他们就想办法取消了这些行动。"在这里，正如马林诺夫斯基（Malinowski）所指出的那样："民族团结只是法律上的一个虚设的概念，因为要做到这一点，在所有的国家原则中，也就是说在所有信念的表白和意见的陈述中，在言论中，在所有的法规中，在所有行动的规范中，其他的一切利益都应当绝对服从这一利益；但在事实上，这一原则无时无刻不遭到破坏，可以说它在日常生活中实际上根本不存在……这一点，就和人类文化现实中的其他事情一样，并不是一个前后一致的法律体系，而是处于冲突状态的原则的混合物。"[8]

爱国主义是地域性公民自豪感的表现，二者作用相同。根据1889年一则妇女俱乐部的会议记录："俱乐部会议在爱国主义的歌声中结束，主席谈道，如果所有公民都像我们俱乐部的女士们这样，对自己的团体满怀热爱之情，这个国家就好了。"今天的报纸这样评论："只要电影观众在电影中每次出现美国国旗的时候都会欢呼，美国政府就不会垮台。"一位杰出的牧师对中学生说："如果年轻一代像老一代那样爱国，国家的前途就有了保障。"1924年，另一位"城里最有智慧"的牧师在礼拜天晨祷时说："美国是地球上最好的国家，她应当将她的理想带给全世界。""英国也是一个很好的国家。她做了很多坏事情，也做了很多好事情。两个国家应该站

---

[8] 《原始社会的犯罪和习俗》（*Crime and Custom in Savage Society*），纽约：哈考特·布瑞斯公司，1926年，第119、121页。

第二十八章 群体整合

在一起,来开化世界上的其他地区。"一位扶轮社成员宣布:"我首先要先去美国,那样当我到国外的时候,我就能告诉人们美国的全部,告诉他们这里是个多么美好的地方。"一位医生在公民俱乐部说:"爱我们的国家是每个人应当具有的最高尚的情操。"报纸对美国的颂扬,可以从如下的报刊上的言辞中看出:

> "从美国每年的军事行动中,我们从没发现一些不光荣的历史,诸如发动战争征服或压迫……
>
> "美国的历史中记录了四次伟大的战争,即使是一个和平主义者,对此也是无可指责的……
>
> "但是应该向你指出,美国的历史是一个向着伟大的目标稳步前进的历史。它的每一章都表明了国家生活向前迈进了一步。如果你不深信是上帝在一步一步创造这一切,上帝设置的目标比国家发展中已达到的目标更为光荣,你就无法阅读这部历史书。"

中镇的一位卓越的商业领导者为资助《世界大战中的美国军团史》(American Legion History of the World War)支付了80美元,这样他"能够了解战争的实情,以及美国何以有今天"。

这种爱国主义不仅使现在能有稳定的生活,它还试图把变化多端的过去融入今天人们如此渴望拥有的思维和行动习惯。一个毕业于哈佛大学的参议员候选人——在美国军团中也颇为引人注目——每年都举行盛大的宴会,招待"美国独立战争女儿会"在当地分会的成员,他说:

"我们称之为美国独立战争的历史事件并不是一次真正的革命。我们脑海中的'革命'意味着用暴力手段改变一切,和过去发生急剧的断裂,对传统的完全颠覆,建立一套新的生活秩序。美国独立战争并没有带来这种动荡……俄国革命是真正的革命。而美国只是通过承认既成事实而宣告自己独立……"

"美国宪法不是具有革命性的文件。相反,这只是从过去13个殖民地时期起积聚的经验和智慧的总和。"

"由于这种原因,今天美国拥有了世界上最稳定的政府。……这是唯一一个已经安定下来的国家——在各个方面。……由于有着在宪法保障下的稳固的自由为其坚实的基础,美国才第一次屹立在世界国家之林。因为美国有这样的政府,世界上最好的政府,美国才能对世界有所救助。"[9]

由于爱国主义同地域性公民的忠诚一样如此有益于这一城镇,[10]不少机构争相培养这一精神。除了一些有组织的团体的工作——如"美国革命女儿会""妇女救助会""商会军事委员会""战争母亲会""美国军团"等之外——自90年代以来,中镇还举办了许多新的活动。中学每年就美国宪法举办一次演讲比赛。"对宪法提出批评的人在争辩中有机会胜利吗?"有人问主持竞赛的律师。

---

[9] 参见中学三四年级学生对于"美国毫无疑问是世界上最好的国家"这一陈述的回答,引自第十四章。

[10] 参阅 A. R. 布朗(A. R. Brown):《安达曼群岛上的岛民》(*Andaman Islanders*),剑桥:剑桥大学出版社,1922年。参见该书第五章,尤其是第233—234页,即给人以启迪作用的如何系统地利用一个组织的情感和如何运用组织的仪式来维持这种情感部分。

"哦，不！"回答令人诧异。"根本不能这样提问题。"15—20岁的女学生们为争夺一次去华盛顿免费旅游的机会，积极参加"为什么年轻人应当参加公民军事训练营"的作文比赛。社区中的每个组织，从公立学校到男性公民俱乐部，在活动开始时都履行向国旗行礼的仪式，用以培养爱国主义的情操。在演奏美国音乐的白日社交音乐会上，演说者向大家道歉，因为她没能说出在秋季纽约各项活动中大部分艺术家的名字，但是她补充道："他们是外国人，我们都想同美国艺术家一道演奏美国的节目。"

地域公民的忠诚和爱国主义塑造了中镇人的共同思想行为习惯。从中镇生活的各个领域，全都可以看出某种一致的倾向：标准化的工业生产过程；家庭消费中的标准化消费品；⑪学校中标准化的课程、课本和教师；就连业余时间的娱乐活动也被纳入看全国发行的电影、阅读全国性杂志和参加标准化的音乐会之类的一定模式之中。这些压力的某些突出之点，反映在每年的许许多多的"日"和"周"中了。从1890年开始，它们几乎全是新的。从1924年4月1日到1925年4月1日，中镇组织的"日"和"周"活动有如下一些：

"郊游日"；"家庭缝补周"；"1小时装饰周"；包括"为什

---

⑪ 广告给人们的影响可以从一家全国性的广告媒体的断言中看出来："通过这家媒体上的广告，有450万个家庭吃广告中的食品、穿广告中的衣服、开广告中的汽车、用广告中的牙刷、用广告中的香皂洗、购买广告中的家具。人们相信广告中的产品，广告告诉消费者应该购买什么产品，因此做广告的产品销售情况良好。"有人猜测在中镇，很少有人了解广告的这种"促销"影响产品销售的程度。

么我应该每天吃冰淇淋"作文竞赛的"冰淇淋周";由广告俱乐部推动旨在"建立对广告的信任"的"说实话周";"父亲节";"母亲节";"儿童节";"儿童周";"强调我们的孩子是忠诚的全国性运动";包括"待在自己家中日""储蓄日""清账日""许愿日""给自己上保险日""预算日"、与他人"分享日"的"节俭周";"美化居室周";"教育周";"全国性照相日";"艺术周";"音乐周";"再建神圣周";"快乐周"——这时要求牧师布道谈谈"是否善有善报";"祈祷者周";"父子周";"母女周";"去教堂礼拜日";"劳动礼拜日";由州长认可的"金科玉律(你想别人如何对你,你也要怎样对人)礼拜日","人人心中铭记为人准则而且相信这是解决许多问题的方法";"萨拉托加日";"清扫美化周";"儿童健康周";"结核病日";"禁止吐痰周";"医院捐赠日";"纳税周";"防火周";"谦恭有礼周"——这时举行有关谦恭有礼的价值的论文竞赛;"精神激励周";"宪法周";"国防周";"人造罂粟义卖日"等。

中镇多种多样的社会团体中,有一些开始涉及一些专门性的生活活动领域。比如说,由出诊护士协会取代以前那些常常是没有经过培训的家庭护士的工作;还有一些对于社区的小群体感兴趣,他们反对把整个群体的兴趣同一化,比如,诸如商人协会和广告俱乐部之类组织的委员会发起的"在家乡购物"运动,或者由某些劳工组织发起的活动。

这些组织活动的多样化导致活动交叉出现,这是让经营阶级、生产阶级、商人、中镇共和机制的运行、居住在第12街的居民、

第二十八章　群体整合

"所有的清教徒"、中镇工厂的所有者、"每一位居住在道路旁的"居民，以及当地的医疗业保持生机不可缺少的因素。它也使中镇的个体身上出现矛盾的可能性不断增加。⑫ 在面对选择对哪个小组织更加忠诚的时候，中镇的居民，尤其是处于信贷世界的经营阶级，有着根据早餐吃什么，或者打什么领结，或者他的政治（他逐渐接受了通用的解决模式）之类的想法做出选择的趋势。他不想干预某些"好人"的选票，而是直接投票选举。作为一个"市民"，要为他人"服务"，就要理解"令人着迷的中镇"、教会、聚会、聚餐、财政活动和某个朋友。要成为"推动社会发展的人"，而不是成为"对社会吹毛求疵的人"。要毫不怀疑地接受这一切。因此人们发现，对许多组织的忠诚可以融合到一起。一个成功的律师也可能是酒吧协会的成员、商会的成员、扶轮社的成员、共和党人、两三个著名教会中的某个教会的成员，在共济会、乡村俱乐部中有很高的地位，是基督教男青年会的领导成员。而他的妻子参加了更加合乎上流社会口味的妇女俱乐部或当地慈善机构的领导组织，诸如此类。一个成功的银行家参加了同样的组织，只是没有参加酒吧协会，而代之以银

---

⑫ 这种冲突会出现在这种情况下：不同的新组织进入一个先是由教会占主导地位后让位于行会的地区之时，也就是说，试图寻找一种能让不同组织的成员共同遵守的道德准则。像酒吧协会之类的某些组织，有着自己独特的道德准则。在1924年，中镇商会的每一位成员都要签署一个卡片，已经签署的组织、企业和个人都"接受美国商会第12届年度大会通过的商业行为准则"。同年，扶轮社区域领导者概述了扶轮国际采纳的商业道德准则。他说："扶轮社不是一个俱乐部，它是一种运动。我了解扶轮社的理想，扶轮社这种和人相处的方法最终要传播到世界的每一个角落。"这里是一种新的宗教，就像其他地方曾提及的一样，对于中镇一些男性而言，这和传统上的对教会的忠诚发生了冲突。

行家协会。自从人人都支持的组织越来越按照标准模式一体化,越来越把各种忠诚模式融合在一起,把忠诚融合在一起也就变得更加容易了。"地位低下的拿撒勒人"成了"第一个扶轮社成员"。作为"美国第一"政治家的乔治·华盛顿"毫无疑问曾经是一位房地产经纪人。因为他就是那种人……他参加了他所能参加的扶轮社的每一项活动。如果那时有扶轮社(或者基瓦尼斯俱乐部),或者真正的房地产委员会或者商会,'循规蹈矩'的乔治·华盛顿必然会成为其中一员"。[13]扶轮社和乡村俱乐部走到了一起,共同支持商会,这样教会、法律和共和党彼此携起了手,这些组织外在特征的差异变得模糊不清。

如前所述,随着伦理协会的解体,由于投拉·弗雷特的票而导致的不信任,诸如此类的事使中镇人对宗教、经济、政治和社会方面的异端邪说越来越反感。一位新近迁入中镇的教育家被告知:"不管你怎么想的,你要在中镇待下去,就一定得作个守规矩的教徒。"教师联合会想请作家伊达·塔贝尔(Ida Tarbell)来做演说,中镇一位著名的律师告之:"我们不相信这样做你们有什么好处。哎,我上大学时,曾相信任何教师教给我的东西,而且总认为我能改变这个世界。现在我意识到教师教给我们的是完全错误的。"1924年中镇的一篇社论中说:"如果你知道中镇一大批商人都是好样的,'稳坐钓鱼台',你就会舒一口气。"根据一位阅历很深、生长在中镇并对这个城镇满怀爱心的人说:每当他从国外旅行回来,他对中镇最突

---

⑬ 引自中镇一份重要报纸《科利尔周刊》(*Collier's Weekly*),1925年2月21日。

出的两个感觉就是它的偏见和肤浅。他说:"这里的人全都对某些事情心怀畏惧,是怎么回事呢?"中镇的一位作家,也许是唯一一位让人觉得"有点古怪"的扶轮社成员,在《星期六晚邮报》描述了这种千人一面的标准化模式:

"在扶轮社的宴会上,人们一团和气,无所用心。他们这些人真的感到过饥饿、干渴和略有不适吗?感到过恐惧、愤恨,或鼓起勇气做过什么事吗?

看看他们的面孔,他们是千人一面。不论是胖还是瘦,年老还是年轻,人人脸上都有着同一副面具。这面孔不是迟钝,完全不是,他们都是些成功者。他们当中最敏锐的人是一副最平庸的面孔。克制——将所有精神力量都降到一般水平。没有深沉,也没有慢条斯理的咀嚼,没有带深思神情的双眸,这是一种烦闷而散乱的表情,是一副副由成千上万种习惯性禁忌构成的面孔,是与邻人和睦相处所付的结果,就是有一些烦恼,也只是稍稍表示担心。"

"他们关心这个世界上什么?他们心扉紧闭,这样才能感到安全。"⑭

上述情形只是这幅图景的一个侧面,它的另一个侧面是一个个孤独的人,他们不敢投某些人的票,但又不敢表达自己的真实思

---

⑭ "活跃商人的保守主义,就像其他保守主义者一样,是受到恐惧和安全的渴望的促动的。……城镇越小,人们就必须越认真地遵守已经被人接受的令人尊敬的标准。"沃尔夫:《保守主义、激进主义和科学方法》,第69页。

想。[15]这些人的愿望得不到满足：他们渴望有人做伴，但在这个城里找不到与自己有共同语言的人。这些人中的一位小心翼翼地维持表面的顺从，他说："我逃避献身，让自己全心投入书籍世界。"另一位孤独的人掩饰着他对因循守旧的厌恶，这种因循守旧的恶习被一种永不失败的狞笑和外在的幽默掩盖。

另一位在城里地位显赫的人物说："我真疲倦，腿也疲倦，精神也疲倦。我知道城里还有像我一样孤独的人。我认识一个很好的人，我想进一步了解他，可就是做不到。我们总是很友好，一起开玩笑，但我们谁也不向对方袒露胸怀。"

一位了解中镇多年情况的复员军人在谈及旧的伦理协会的实话中，大声说道："你们知道，有趣的是，这个问题我以前从来没有考虑过，但是现在我们已经无法仔细思考这些人的活动。我们太忙了，整天到处奔波不定，到处参加会议，就那样活着。我们无法仔细思考这一切，除非有人让我们从这种生活中摆脱，就像你们过去帮我那样。"

一位工人说："我昨天跑了100英里去看一个朋友，只是想和了解我思想的人聊聊。这里的工人全都一模一样——开开玩

---

[15] 参见查尔斯·霍顿·库利（Charles Horton Cooley）的相关讨论：人们无法写"他家的门柱上有什么'奇想'的原因，在于这破坏了已经建立起来的他的邻居们也已习惯的社会习俗"。《社会组织》(*Social Organization*)，纽约：斯克里布纳，1990年，第46页。

笑、喝喝酒、讲讲下流故事。他们倒也快活。"

上述事实就是减少或增加社区凝聚力的各种因素。此外还有一点值得指出。如前面所述，生产阶级，尤其是生产阶级的男性，作为组织的成员比以前更加孤立。本章表明经营阶级的内部凝聚力和一致性越来越强，这种趋势发展得很快。也就是说，适应这个世界的"归属感"在经营阶级中比生产阶级中发展得更快。这种"归属感"并不是真正心理上的，其象征性意义可能比实际意义更多。一个组织更容易给顺从它的组织施加压力，因为这个组织的成员是靠它生活的；它很容易干"市民的"事，因为市民的价值观在很大程度上就是它的价值观。另一方面，生产阶级不是服从或被迫遵从社区生活的压力，往往是不怎么积极主动，不怎么合作，他们正作为商会的对立一面，更具有反抗性。推动"令人着迷的中镇"发展的主要动力并不是完全来自生产阶级，对于经营阶级本身的一些喜事，他们并不是首先兴奋不已。

第二十九章　结束语

听完上述实地调查记录后，一些人问："那么你们的结论是什么呢？美国人的生活是在变好还是在变坏呢？"看看中镇的状况是"好"还是"坏"，"变好"了还是"变坏"了，显然不是本项研究的目的。目前所出示的这些数据可以被用来与其他社区或任何假设的标准进行比较。提供这些数据仅仅是为了阐明中镇生活中有重要意义的一些方面。事实上，研究的过程未曾对研究结束时进行理论概括有何帮助。相反，除了有关这个小现代社区的初期阶段的情形以及社会科学所面临的工作的范围和复杂性，尝试去剖析那些互为连接且经常矛盾、构成中镇生活的风俗习惯的各种内在关系，几乎就没引出什么普遍性的结论。

但是，对于在中镇观察到的现象的描述，已经使人联想起社会变迁过程中一些反复出现的情形——在中镇人看来，很大程度上是引发那些中镇的"社会问题"的原因。

中镇的生活，如我们已经看到的，在按照令人迷惑的种种步态往前走。老人和年轻人之间，以及邻居之间，在履行同一职能时，已经有了不同程度的协调。虽然女性在许多方面表现出一种比男性保守的倾向，但是行为似乎也没有什么一贯性和模式的男性在许多其他方面更加抵制顺应。在许多活动中，如上面反复指出过的，今天的生产阶级采用大概是上一代经营阶级的风俗习惯；如果能够清楚区分这两个主要组织中每一个向另一个变化的阶段，那么可以看到，许多变化是通过各种中介组织缓慢起作用而发生的。不过，趋向有时向相反的方向，即从生产阶级向经营阶级传播，比如在购买市场上出售的烤面包以及罐头食品这样的事情上就是如此。

这些变化在许多情况中很显然影响一个人在生活中的应对能力。这些变化不仅仅出现在做相同事情的个人中，以及不同年龄、不同性别的人们和中镇其他一些组织中，也出现在做不同事情的整座城镇和城内群体中的不同辈分的人们当中。明显的是，中镇人几乎准确地按照一个世纪前的方式继续这些传统追求，但在其他传统追求上，现在的做法与早年又是那么不一样。在人们六大种类的活动中，都明显地有不同程度的变化。其中，谋生活动的变化最为明显，尤其在技术和机械方面；闲暇活动的主要变化也表现在物质方面，例如汽车和电影的普及；年轻人的教育、社区活动、家务活动，依观察的是它们的哪些特征，可以先后排为第三、第四和第五位；不过，最后在整个排列中，变化最小的是正规的宗教活动。

这样，在中镇可以看到，人们在家培养孩子主要采用上个世纪的心理学，在外使用本世纪的心理学去劝说市民从商店购买物品。当然谈这些现象时，应适当地考虑具体实践中的诸多差异。在中镇还可以在法庭看到问题不能归咎于个人，然而在中镇的售房方面，只要无力付款，不管是由于失业、生病还是其他因素，都被视为有意违反协定，没有任何通融的余地。一个人可以靠操作一个20世纪的机器维持生活，但同时，在一个多世纪前就存在的自由放任的个人主义机制下，却到处找工作；一位母亲可能接受社区对她的子女的教育负责，而非对子女的健康状况的关照；她可能一会儿洗洗涮涮，或清理房子，一会儿又照顾孩子，或担负婚姻关系中的义务。

这些变化不仅程度有所不同，在变化的方向上也是千差万别。社会变迁同中镇人心目中的"进步"并不完全是一回事。例如，我们确有理由怀疑，到外面集中洗衣这一趋向的减缓，以及似乎与此相关的价格昂贵、一周只开一次的家用洗衣机在中镇许多家庭的普及，都不代表"进步"，而是向家庭自给自足技巧的状态复归。

中镇生活中的千姿百态是不胜描绘的。在这里，我们的打算既不是赞同为某一特定目的或属于一个特定类别的变化，也不是宣扬急剧的变化就比循序渐进优越。无论是固守习俗还是改变自身，一个事实的确存在：中镇的生活几乎在每一个方面都有一些变化，或者由变化的失败而带出一些压力。市民一只脚放在相对稳固的、已建立的风俗习惯上，另一只脚又很快踏上一个不稳定的、以令人迷惑、变化的速度移动的自动楼梯。在这种情况下，保持平衡显得至关重要。如果说中镇人在许多方面一再表现出比较保守的态度，那么我们只能认为，这正好符合人们不愿改变旧习惯的共同特征。[1]

---

[1] 就像人们常常指出的那样，当人们面对新的环境时很少能调整自己的习惯方式，这是人类的一个特点；社会变化的过程在一个事例上被集中地体现出来：第一部被送到制造厂的派克车的车身在挡泥板上还有一个鞭子柄托。谈到希腊字母的发展时，A. L. 科若伊伯（A. L. Kroeber）说道："他们遵循的方法总的说来很有创造性。他们继承现存的体系并尽量地编织和伸展它，只有在迫不得已时才彻底地创造。"《人类学》(*Anthropology*)，纽约：哈考特·布瑞斯公司，1923年，第272页。

1890年，中镇一位富有的公民在自家门前铺设一条"新式混凝土过道"，这受到了市议会的制止，并被命令将那条过道改为用砖铺砌。同样，正像 W. I. 托马斯（W. I. Thomas）指出的那样，从前铁犁曾被看作对上帝不恭、玷污土地、致使杂草丛生的物件而遭到抵制。在费城第一个在街上打伞的人曾被逮捕。《未被调教的女孩》(*The Unadjusted Girl*)，波士顿：利特尔&布朗出版社，1923年，第228—231页。

因为"社会问题"的出现似乎很大程度上是由于社会风俗惯例的干扰和不同时期发生的运动和变化，所以更好地了解这种风俗习惯是如何变化发展的，什么习俗最容易被学到，以及哪些随社会风俗习惯的变化而出现的情况有助于或妨碍了这种学习，是那些渴望对中镇的生活采取更有效的计划和控制的人们面临的首要事情。从前面讲到的一个一个的事例可以发现，中镇人总是更快地学会和适应物质方面的新事物，而较慢地接受关于人和非物质方面的变化。新工具和新发明是变化的最强大动力。它们在中镇的工作和生活中，总是比商业和管理方面的新设施更快地为人们所接受。家用浴室或电器与夫妻间的协调或亲子关系中的新做法相比，总是能够更快地进入人们的家庭生活。汽车的普及与教授年轻人文学课的作用相比，也总是能够更剧烈地改变人们的闲暇生活方式；在学校课程中，有关工具使用的职业课的内容与艺术课的内容相比，变化得更快；打字机和收音机的发展与讲演艺术和中镇的竞选方法的发展相比，更快地改变了人们赢得政治竞选的技术；基督教青年会建造的体育馆与牧师们每周的布道和牧师协会的评议相比，更快地改变了中镇的宗教体制。总之，某种新工具或新式物质设施——那种可以被明确地、不受个人情感影响地检测的特别功效——总是能为中镇人所接受；这一点与非物质方面的状况，例如传统和情感方面的状况，形成了鲜明的对比。

在中镇可以看到更进一步的社会变迁特征。改革经历了一个曲折渐进的过程：在许多情况下，革新先是对旧事物判断出多种变革的可能，然后才确定对旧的取而代之。比方说，在使用新方法审理青少年犯罪案件的同时，早期的审理程序仍被用于成年人案例；公共与半公共的健康护理与传统的个人主义的健康护理方式相对照；非个人的团体公款的发展与个别的个人慈善团体的持续相平行。这些发展都是恰当的例子。顺便可以提出的问题是，人们喜欢尽可能少地改变自身的方式，但为什么这种可替代程序的、痛苦相对较少的办法没有被有意的改革者所采纳，相反的是，目前大范围地对现存体制的正面冲击，遭遇到立刻随此出现的、来自对立体制的更坚强的防守抵抗。中镇人即刻显示出更倾向于坚持自己的传统，但同时，在有关儿童的事情上，又更大胆地尝试新方法进行实验，这种倾向表明，可以采取一种策略。利用涉及儿童的各种情况发展新的、可替代的行为模式。

那些不会遇到人们情感上的抵触的新做法与那些会引起人们强烈反感的事物相比，显然更容易进入中镇的生活。例如，用汽车送货上门的做法就比用汽车送灵柩去墓地更容易为人们所接受。这反映出中镇各种体制的世俗化过程，如许多地方提到的，对受影响的宗教的社会变迁有着重要意义。

但是，在世俗化减轻某些方面的情感抵制的同时，像自动化机械、电器设备以及汽车这些非个人的物质体制的迅速渗透，已经增加了通过正在启用的新方式与其他强压的习俗之间的差异来让情感爆发的机会。关于这方面的例子，只需提及家长和子女之间、随着汽车与电影双双进入他们的世界而附带产生的新摩擦点，或者是上面提出的、与中镇生产阶级的男人和他们的家庭中出现和操作自动化机械有关的情感分歧。在中镇，维系感情的纽带、将选票全投给热诚、正直、让人感到亲切的人等倾向已被注意到；对此可能的解释是，由于逐渐增强的压迫感和对这个急剧变化的世界的困惑，使人们联系在一起，觉得其他都无意义。

从被观察到的现象中生发出的值得进一步研究的问题里面，如下这些可能值得提及：

目前，中镇人将生活中越来越多的东西归到金钱的考虑之下，这在社会变迁上有何含义？替代这样一个金钱社会的生活将在何处增长？在何处削弱那种屈从要求改变文化环境的意愿？

现在和未来的、由汽车这样的发明以及教育和信誉制的快速普及所促进的、变化更换的战略侧重，会怎样影响各种变革？

青年及其对事物的适应能力在社会协调中的作用显著增加的意义是什么？

在何种情况下，个人对他周围世界的惯常反应中的某一方面的变化过程，是否会使他抵制另一方面的变化或对另一方面的变化作出反应？

男女两性身份地位的改变在哪些方面可能使中镇人调整适应那些在各个方面正迫使中镇接受的新风俗习惯？

因为中镇不同组织的固有标准施加的约束，可能出现什么特别类型的情绪调整和失调情况？比方说，要么属于经营阶级、要么就属于生产阶级这样一个事实，是怎样使人们在随后的生活活动中经受不同压力的？

关于被独特地从经营阶级传播到生产阶级并按相反方向游动的文化特性，以及什么特别因素可能在一个特定社区加速或转移一个特性的发展，是否能有更加清楚的确定？

有时，中镇人对习俗上的差异不那么敏感。他们经常靠指责"事情的性质"或"个人的固执任性"导致的困难来避免想办法解决"萧条时期""年轻一代""腐败政治""住房""公路交通"等"社会问题"。当"问题"已经严峻到社区已觉得不能不寻找和使用一个"补救办法"的地步时,这种补救趋向于按原来的老路子探索一个新办法,或继续坚持传统的说法和其他冠冕堂皇的东西使感情上得到满足,或对现存体制采取更严格的措施:这样,在应对商业界的困难时,就靠对金融策略进行一个更大的精心计划,并依靠在联合活动中对家庭个体伦理运用进行尝试;应对犯罪的增加就靠对警察和法庭体系的精心设计或是加倍惩罚来解决;应对政治腐败就靠在所有学校重谈宪法的原则,靠全国范围的演讲竞赛,靠动员更多的人出来参加竞选投票;应对人们对教会的冷淡靠形成更多的教会组织。从前面这些页可以看出,采用一个更深刻的变革过程,也许会涉及对各种体制本身的一个重新检查。

附 录

研究方法

中镇研究中首先值得注意的是：这项研究是由一个不公开的办事机构进行的。该机构位于当地一栋办公楼中，人员由一群"研究城市发展"的人所组成。这些调查报告的作者们和研究小组的秘书弗卢努瓦（Flournoy）小姐从1924年1月到1925年6月一直住在中镇，戴维斯（Davis）小姐住了一年，威廉姆斯（Williams）博士住了5个月。

研究之初并没有拟出明确的研究计划，只是提出了要从6个主要的生活领域来研究中镇，这点得到了所有研究者的一致同意。工作一开始就试图尽可能客观地观察人们在这些生活领域中的活动，考察35年以来这些生活领域所呈现出来的变化趋势。这样的研究程序虽然浪费一些时间，但是涉及面很广，研究者希望这样做能使研究更加客观。研究计划和问卷的设计都是以他们要在中镇观察到的一些特殊活动为基点和框架的。

随着研究工作的展开，研究范围逐步缩小，将研究的重点集中于1890年和1924年这两年，而不是仔细地研究从1890—1924年整段时间内的情况。这样做的目的并不是为了进行对比，而是为了能清楚地看到一种因果关系——过去的行为是现在行为的条件。而且，虽然中镇在种族和其他许多方面是同质性的社区，但即使只就最主要的生活领域而言,也难以把整个城市作为一个整体来考察。为了界定该城的不同群体,研究者采用了各种办法,最后在第四章,尤其是该章的注释②和注释③中,把中镇人分为经营阶级和生产阶级,这种区分的方法很大程度上反映了实际的情况。相应地,由于研究重点集中于处理经营阶级和生产阶级的有关数据,研究的范围进一步缩小。这样做的结果是,本次研究并没有完整地勾勒出中镇的结构图景,但是可以确定的是,它确实描述了中镇文化的突出特点、该城的主要分歧点,以及社会变迁的主要领域。然而,无论何时通读本书,都会发现中镇或者该镇中的各种群体,无论在思想上还是在行为上,研究时都被当成一个整体。应该切记,处于群体之中的个人表象只是一种表面的勾画。

然而,尽管如此不受限制,调查显然也不能被认为是全面的,不可避免地有对数据的主观选择。一般来说,选择的标准是:对某一社会组织与制度的研究不是就其本身而是就其所涉及的生活领域的各种关系来研究的。这样,假定我们主要关注的是某研究对象的运行情况,那么这一对象的许多有趣的细节就变得无关宏旨,不在关注之列。

在本次研究中,采用了以下各种研究方法:

1. 参与当地生活。研究成员居住在私人的公寓或房间内。他们利用每一次可能的机会参与中镇的社会生活,和中镇的人交朋友,和当地人一样遵守当地的规则,承担相应的义务。这样,他们获得了大量生动自然的资料,而通过"盯住一点"的方法获得的资料减少了。研究人员可以某天和一个大企业的老板共进晚餐,而第二天和工人领袖或是日班工人共同用餐。一个又一个星期,他们进出教堂，参加学校的集会和上课，旁听法庭的审判，参与政治集会、工会的会议、公民俱乐部的午餐会、传教会、演讲、年度晚宴、发邀请函的宴会等。这样，他们最后终于找到获得那些开始根本没有办法获得的信息的办法。这种长时期自然参与和分散观察的办法给研究者带来了一些困难，而且这些困难并没有完全被成功地克服。

研究者在记录参加的会议，在个案访谈或偶然的交谈时，采用的方法是在这些活动中尽可能不着痕迹地做些笔记，事后尽快根据所采用的标准格式，记录下各个细节。如果当时不可能做任何记录，事后立刻根据记忆做笔记。

2. **资料整理**。无论在哪里，只要需要，研究者们都使用普查数据、城市和乡村的记录、法庭文件、学校记录、每两年一度的州情报告和年鉴等。

研究者仔细阅读了两家最重要的日报在1890年和1891年发行的全部报纸，并常常还以风行一时的民主党日报和一种劳工报为补充。阅读和剪贴当时两种流行的共和党日报和一种民主党周报达一年半之久，然后又以浏览的方式阅读了一年这些报纸。经常使用的是1900年、1910年和其他一些时间段发行的报纸。

研究者既参阅不同组织早期的各种记录文件，也翻看现在的。大多数情况下，还同时翻阅研究所选择时间段内的记录文件。这些组织包括教育委员会、两个主要教堂的传教会、牧师联合会、联合俱乐部、妇女俱乐部、图书馆委员会、慈善协会等。对包括19世纪和今天的小学和中学全部资料的学校的考题进行了细致的对比。

有两份经常使用的记述非常详尽的日记。一份是一位信奉新教的富商的，另外一份是一位信仰天主教的年轻面包师的。研究者读了这两部日记中1886—1900年这段时间的内容。这些不同的日记、剪报、节目单、信件、俱乐部的文件等,加上中镇一些老居民的回忆,给我们提供了反映早期情况的资料,这些资料在相当程度上类似于反映今天的情况、人们非正式的交流和民众随意闲谈。

此外,还利用各种渠道获取其他资料,如本州、本县和本市的历史、城市的电话簿、地图、"畅销书"、商会的出版物、中学的年刊以及健康等方面的调查。

3. 编纂统计资料。很多时候没有直接可以利用的统计资料,只能利用中镇、州府或研究组成员实际记录的数据整理编纂。这些数据包括工资的数额、就业的稳定性数字、工厂事故数、居住地离工厂距离的远近、产品销售的数量、俱乐部成员数目、教会成员数目、捐赠的数量、教会活动出席的人数、图书馆和期刊的流通量、电影观众数目、汽车的拥有量和使用情况等。

4. 访谈。访谈的方法很多,从和有轨电车的售票员、看门人、面包师的最随意的谈话,到午餐会或俱乐部的聚会上偶然的交往,还有经过周密计划的和那些对于城市生活的某些部分能提供信息的人的访谈。对于后者,比如和新教的6位主要牧师的详尽的访谈,和基督教男青年会、基督教女青年会的秘书进行访谈,都持续了约四个小时,既涉及他们的组织自创建以来的发展情况,也包括他们在中镇作为宗教工作者所碰到的问题。通过和这些人几个月亲密的接触并进行询问,得到了几乎十分坦诚的回答。

随着研究进一步深入,似乎必须在个人的家庭中检验一些假设,以便观察社区行为的变化趋势。因此,在这些被观察到的特点的基础上,研究者拟定了进一步的研究计划。他们访谈了生产阶级的124个家庭和经营阶级的40个家庭。他们选择这些家庭时所依据的是：本地出生，美国白人，在中镇内生活，父母都健在并生活在一起，有一个或一个以上年龄在6—18岁的孩子。所有的个案中，访谈对象都是妻子，偶尔丈夫也在场。每次访谈之时，都最先询问丈夫的职业和从事该职业的时间。如果发现没有处于学龄的孩子，就中断访谈。而且，并非所有的数据都是通过每次个人访谈获得的。对于生产阶级家庭，获得了182个家庭的丈夫为现在雇主工作的时间的数据，165个家庭失业时间的数据；124个家庭回答了全部或大部分的问题，将整个访谈进行完毕；还获得了100个家庭收入方面的确切资料。

研究者访谈的生产阶级家庭住址的名单，来自中镇3个主要企业职工名册上所有生产工人的家庭地址。研究者所选择的这3个企业位于中镇不同的区域，它们生产三种不同的玻璃和金属产品。每区被访谈家庭的总数务必同该区生产阶级家庭人口大致成比例，对此应十分小心。对生产阶级家庭的访谈事先都没有安排。每次访谈都要花2—3个小时。尽管这样，而且必须克服被访者对于陌生人的疑虑，研究小组中从事访谈工作的3位研究者能在每5个合适的家庭中访谈4个家庭，这些家庭妻子却在家没有外出就业，而且身边有正处于学龄的孩子。除9个个案，124个个案中剩下的都是在白天进行访谈的。人为地减少妻子在外工作家庭的比例，而增加境况比较好的工人家庭，包括工头家庭的比例，对于本次研究产生不利的影响。然而，样本选择的这种偏差某种程度上被下列事实矫正：研究者在中镇做访谈的时候，正是当地工业萧条的时候，这样就导致了女性在工厂就业数量的减少；而且使用了妻子工作赚钱的5年的记录。当从职工名册上抽取的名单已经用完的时候,为了找到新的被访者,研究者有时会从刚被访谈的妇女介绍的附近有学龄孩子的家庭中,随机地按响他们的门铃。

研究者访谈的124个生产阶级的家庭,是一个有代表性的样本。他们在中镇占据主导地位的制造业和机械加工业的工厂里就业。研究者获得收入资料的100名生产阶级的男性的职业大致可以作以下划分:机工,26人;工头,9人;铸工,7人;分拣员、检验员、核对员,5人;技工,4人;制模工,3人;维修工,3人;锉工和抛光工,3人;技师,2人;木工,2人;电焊工和打包工,2人;锅炉工,2人;制板工,2人;管工,1人;电工,1人;铁路调度员,1人;染色车间除污工,1人;各类非技术熟练工人,包括辅助工,26人。研究者曾详细访谈过的另外24个家庭中男性的职业是:机工,7人;工头,2人;分拣员,2人;技工,1人;技师,1人;锻工,1人;各类非技术熟练工人,包括辅助工,10人。

研究者曾访谈的40个经营阶级家庭并不能代表经营阶级的各个层次。访谈经营阶级的家庭,只能访谈那些愿意合作的,而且必须事先预约。对这个阶级的家庭所进行访谈所花的时间,大部分都比对生产阶级的家庭所花的时间长。研究者的实地研究是从对经营阶级的家庭的访谈开始的。因为研究者在中镇只能停留半年,时间紧迫,只能把全部研究的重点放在对当地生活的动态趋势上,这样做被认为是明智的,而抓住生产阶级家庭最基本的群体,这是一个遗传基因比较相近的群体,它对该市其他群体的变化有相当的代表性。研究者访谈的经营阶级40个家庭中的男性职业是:工厂主,5人;工程师,4人;律师,4人;零售商,4人;批发商,2人;银行家，2人；教师，2人；神职人员，2人；医生，2人；书店老板，2人；销售经理，1人；售货员，1人；房地产商，1人；旅馆经理，1人；报业老板，1人；公共设施管理者，1人；银行出纳，1人；销售代理商，1人；作家，1人；小推销商，1人；殡葬业者，1人。样本中有意不包括4位非常富有的工厂主。样本中的40个家庭除了3个富有外，其他的都是中镇所谓的"刚刚算得上充裕"的家庭，是他们制定了扶轮社和基瓦尼斯俱乐部、共济会和慈善互助会、商会、长老会和卫理公会的规章制度。

在长时间的访谈中碰到的问题是：这些被访的家庭主妇对于诸如触及宗教信仰之类的个人问题非常敏感。因此研究者在碰到这类问题的时候常常采用婉转的方式，而不像在一般情况下提出其他问题那样直截了当。他们在访谈中抓住一切可能的机会，在不同的地方插入这些敏感的问题。

运用这种访谈方式获得的不同类型的数据，其价值相差悬殊。在一些具体和专门的问题上，被访的主妇对于自己现在家庭状况的表述的可靠性显然要高于对其母亲家庭的陈述。而且不管怎样，由于被访的群体规模太小，也使研究者无法过多依赖这些数据。尽管研究小组中有人认为，从这些家庭中获取的数据对中镇的两个群体具有广泛的代表性，但是这种看法并不是以"生产阶级"和"经营阶级"的抽样调查为根据的。根据两个阶级抽样调查获得的数据有意用数字，而不是百分比，这样就减少了可能会出现的错误，以避免精确度不够带来的谬误。这里提供的数据并不是绝对的证明，而只是研究者把它当作该镇这个社会行为的重要线索。

5. 问卷。作为访谈的补充部分，研究中有时也采用问卷的调查方式。有一份问卷是关于俱乐部的成员和活动的，研究者将其分发给1924年春天在中镇的四百多个俱乐部。另外一份问卷是针对中学生生活的，研究者将其分发给中学所有的二年级、三年级和四年级英语班的学生，这几乎包括了三个年级的四分之三的学生，样本总量大约是七百至八百名男孩和女孩。有一份问卷是想了解学生对于特殊公共事务的观点，以"对或错"的形式要求被访者予以回答。该问卷被分发给所有三年级、四年级的社会科学班的学生，样本总量大约是五百五十名男孩和女孩。这些用于中学生的问卷，都是由研究者在学生在校的时候分发的，在当天早上，学生答复问卷大约花50分钟。这完全是匿名的，而且允许学生对于不感兴趣的问题不予回答。通过事后和一些女孩和男孩的闲谈，研究者确信这些回答是真实的。

表格中不包括黑人的回答。在两份问卷中，还要求学生填写他们住在中镇的哪个区域、父亲的职业（不必写出公司或企业的名称）、宗教信仰和政治立场。这样，中镇的次级群体就大致划分出来了。

问卷不是用来测量总的"态度"，因此其分数既不能累加，也不能用来检验问卷的信度，也无法测量效度。这些个人的回答，就像访谈一样，是口头回答的，不是作为表明出现了一种趋势的证明，而只是表示这种趋势可能出现了。

这里没有附上研究计划和问卷，一方面这是主持研究的学者的要求，另一方面是由于受篇幅所限，因其中有大量表格，作为本书的基础。

这里还必须提及一点。研究中提及中镇1924年的人口，用的是38 000人这个数据，这是经过仔细估算的。而在全美人口普查中，认为1924年中镇的人口是41 000人。这显然是错误的，因为它是根据1910—1920年的出生率和1919年中镇的包括郊区人口在内的人口总数推算出来的。还有一种方法是，利用建房许可证和出生人数超过死亡人数的情况来计算，但是由于建筑许可证和生命统计的资料都缺乏规律性，这种方法被否决了。在1924年晚秋的时候，据报道中镇至少有"500栋空房子"，此时正在"大萧条"之后的几个月，这表明用建房许可证来计算仍是很不可靠的。小学的注册人数1920年是5 311人，当时人口是37 000人；1921年是5 644人，1922年是5 364人，1923年是5 529人，1924年是5 651人，入学全部是完全强制性的。学校在校生总数实际上减少了984人，1924年比1920年减少了8.6%。尽管这些数据也是不可靠的，尤其考虑到州教育部此时在其他某些城市强调滤去学校数字中的水分，中镇这时很可能在估计数字时比较保守。估计中镇1924年的人口是38 000人，是权衡了各种因素的，包括1920年以来根据当地产业发展趋势的仔细估算。

表　格

表一　1920年经营阶级和生产阶级约13 000位男性和3 500位女性充分就业的百分比（%）[1]

团体	总计	男性	女性
	100.0	100.0	100.0
经营阶级（从事与人相关的职业）[2]	29.4	25.5	43.5[3]
生产阶级（从事与事相关的职业）	70.6	74.5	56.5

注：
[1] 这些比率是以中镇1920年普查中对于充分就业的分类精确再分布为基础的，其根据都是准确的数字，但在标题上用的都是约整数以利对中镇的认定。这种分类是粗略的，在碰到模棱两可的群体时，是难做决定的。这种区分来源于研究人员对中镇工作习惯的几个月来的熟悉，以及向当地的商人和工人的问询。从普查中如何对待属于制造业和机械加工业的职业群体，就能了解划分的一般方法。整个群体，无论是男性还是女性，都被放在生产阶级了。面包师群体中有4位被划归经营阶级，因为他们更明显是零售商人，而不是工人。所有的建筑工人和包工头、10位女装裁缝和女裁缝工、1位男性和14位女性的妇女头饰的销售商、11位裁缝、所有的管理者和监察者、所有的制造业主和官员，被划为经营阶级。
[2] 如同第四章中解释的，在经营阶级每100人中，其中29人中有4人是从事与事相关而不是与人相关的专业技术人员，但在这里根据既定的标准，也被划归经营阶级。
[3] 这一组包括的类别划分模棱两可的个案，比其他组都多。比如商店里的女店员。

表二 比照1920年人口的年龄分布，1924年3个有代表性的制造业企业①中被雇者②的年龄分布（%）

年龄（岁）	男性 1920年人口中15岁或15岁以上的13 797	男性 工厂1 713位雇员	男性 工厂2 838位雇员	男性 工厂3 264位雇员	女性 1920年人口中15岁及15岁以上的13 245	女性 工厂1 238位雇员	女性 工厂2 22位雇员	女性 工厂3 96位雇员
总计	100.0	100.0	100.0	100.0	100.0	100.0	100.0	100.0
15		0.0	0.0	0.0		0.0	0.0	0.0
16	11.7	0.0	0.0	1.1	12.4	0.0	0.0	3.1
17		0.0	0.4	1.1		0.0	0.0	3.1
18—19		2.5	4.0	8.7		5.0	4.6	26.0
20—24	11.7	12.4	18.5	27.3	13.6	28.6	27.3	36.5
25—44	42.9	47.4	56.7	47.4	42.7	55.5	63.6	30.2
45—54	26.5	16.4	12.2	8.7	24.1	5.5	4.5	0.0
55—64		12.4	4.5	3.4		0.4	0.0	1.1
65—74	6.8	4.6	1.1	2.3	7.1	0.0	0.0	0.0
75和75以上		1.1	0.0	0.0		0.0	0.0	0.0
情况不明者	0.4	3.2	2.6	0.0	0.1	5.0	0.0	0.0

注：
① 参见第五章注释⑫中和对这3个工厂的描述有关章节的内容。
② 不包括办公人员。

表三　在1923年和1924年的9个月中165位男性工人的失业状况[1]

年份	一直没有失业 全部人数	失业的时间 全部人数	不到1个月	1—2个月	2—3个月	3—4个月	4—5个月	5—7个月	7—10个月
1923年（1—12月）	119	46	25	1	8	7	2	2	1
1924年（1—9月）	63	102	32	16	14	16	9	9	6

注：

[1] 参见附录关于如何抽样和访谈方法的部分。资料来源于妻子。研究者力求确保资料的准确性，逐月对被访谈的女性进行了核对。研究中任何无法确定的表格都被删除了。这样，182名女性谈及丈夫的职业，而只有165名女性提出了最近21个月中丈夫就业的准确月数。

1923年和1924年的前三个月是中镇"繁荣"的时期；在1924年接下来的六个月是"萧条"期。参见第七章的就业指数。

表四　182名男性工人为其现在的雇主工作的时间[1]

时间	人数	时间	人数
不到6个月	21	5—10年	45
6个月—1年	28	10—15年	15
1—2年	20	15—20年	9
2—3年	16	20—25年	8
3—4年	11	35—30年	4
4—5年	4	39年	1

注：

[1] 这是1924年10月1日的数据。参见表三关于1923—1924年就业情况的注释。参见附录中有关如何抽样和访谈方法的部分。就像正文中指出的那样，这并不意味着这些男性一直在所提到的时间段里为其老板工作。在一些个案中，有些人甚至在正常工作的间歇干几个月其他的临时工作。

表五 3家主要制造业工厂雇员[1]居住地离工作地点[2]距离的分布（%）

距离	男性和女性总数 2 171 名	所有男性 1 815 名	工厂1男性 713 名	工厂2男性 838 名	工厂3男性 264 名	所有女性 356 名
总数	100.0	100.0	100.0	100.0	100.0	100.0
不到0.5英里	27.9	27.4	34.2	19.1	35.2	30.3
0.5—1英里	27.0	26.6	30.3	23.5	26.5	29.2
1—2英里	22.7	22.8	18.0	27.2	21.6	22.5
2—3英里	3.2	3.1	5.6	1.2	2.3	3.9
3—10英里	13.1	13.4	10.9	15.9	12.5	11.2
10—15英里	3.3	3.5	0.7	6.8	0.8	2.3
15—20英里	1.5	1.7	0.3	3.1	0.8	0.6
20—25英里	0.6	0.6	0.0	1.3	0.3	0.0
25—45英里	0.7	0.9	0.0	1.9	0.0	0.0

注：
① 不包括管理人员。
② 参见第五章注释⑫和描述这3家工厂的内容相关的章节。

　　家庭的住址来自工厂的记录。距离在3英里之内的通过画若干半径为0.5、1或2英里等的同心圆来测量，同心圆辐射的范围既包括工厂的大门，也包括每个家庭居住地。每个圆的半径都代表了一个"不绕道"的直线距离，即一个直角三角形的斜边，而实际上所有的工人都必须穿过直角的两条边，除非他的住址和工厂的大门在同一条街上。距离在某种程度上被少估算了。表中所列举的在3英里以下的不同距离的工人，有的可能应该列入居住地离工作地点更为遥远的那一类。

表六 1923年10月1日至1924年9月30日[①]期间访谈的
100个生产阶级家庭的收入、收支结余或赤字以及
各项支出（单位：美元）

	家庭的编号	1	2	3	4	5	6	7	8
	家庭规模[②]	8	7	3	4	5	3	3	4
收入	家庭总收入[③]	345	461	588	660	784	888	888	927
	父亲的收入	345	425	480	660	784	768	825	754
	母亲的收入[④]	0	36	108	0	0	120	63	173
	结余或赤字[⑤]	-1 200	-250	-?[⑥]	-250	0	0	0	-200
各项支出	人寿保险	53	32	15	72	96	0	16	27
	房租	0	152	216	300	0	0	180	0
	住房投资[⑦]	48	0	0	0	162	0	0	0
	家具	0	100	36	0	26	0	60	0
	教堂、主日学校	2	3	0	25	10	25	1	1
	慈善	1	0	0	12	1	0	0	0
	外出住宿	0	0	0	0	0	30	0	0
	工会会费	0	0	0	0	0	0	0	0
	其他俱乐部的花费	0	0	0	0	0	0	0	1
	报纸和杂志[⑧]	10	11	23	10	11	12	10	11
	书（不包括课本）[⑨]	0	0	3	2	0	0	0	0
	音乐教育	0	0	0	0	0	21	0	0
	乐谱、留声机和琴谱[⑩]	0	0	0	0	0	0	0	2
	音乐会或演讲	0	0	0	0	2	0	0	0
	汽车：购买、执照、汽油、养护[⑪]	0	0	45	0	0	0	0	62
	假期[⑫]	0	0	0	0	0	0	0	0
	其他娱乐[⑬]	26	26	26	5	5	0	10	5

续表

	家庭的编号	9	10	11	12	13	14	15	16
	家庭规模	3	5	5	6⑭	3	5	5	5
收入	家庭总收入	960	968	971	975	986	988	991	1 003
	父亲的收入	900	968	804	923	750	988	855	833
	母亲的收入	60	0	167	0	236	0	0	0
	结余或赤字	0	0	-1 000	-100	-475	0	-150	0
各项支出	人寿保险	32	65	26	52	84	0	100	59
	房租	0	0	0	0	216	240	0	180
	住房投资	83	772	1 098	0	0	0	105	0
	家具	0	0	0	0	60	0	0	104
	教堂、主日学校	3	30	8	26	25	0	22	1
	慈善	0	0	0	2	5	0	0	0
	外出住宿	13	0	0	10	12	0	0	0
	工会会费	0	0	0	0	0	0	0	0
	其他俱乐部的花费	0	0	21	0	0	0	0	0
	报纸和杂志	7	14	12	10	12	8	12	10
	书(不包括课本)	3	0	0	0	0	0	0	0
	音乐教育	43	0	0	2	0	0	0	0
	乐谱、留声机和琴谱	0	0	0	0	0	0	0	0
	音乐会或演讲	0	0	0	0	0	0	0	0
	汽车：购买、执照、汽油、养护	0	0	348	0	254	0	51	0
	假期	0	0	0	0	0	0	0	0
	其他娱乐	5	0	55	0	33	0	13	40

续表

	家庭的编号	17	18	19	20	21	22	23	24
	家庭规模	8	4	5	8	6	8	5[15]	3
收入	家庭总收入	1 065	1 075	1 075	1 092	1 101	1 150	1 180	1 188
	父亲的收入	1 065	1 075	1 075	936	1 081	1 150	1 150	1 188
	母亲的收入	0	0	0	0	20	0	0	0
	结余或赤字	+300	-50	-?[16]	-?[17]	0	-250	-500	0
各项支出	人寿保险	116	57	18	0	47	60	57	48
	房租	364	0	0	0	0	0	0	0
	住房投资	0	140	56	30	240	370	120	25
	家具	0	0	0	25	0	0	0	0
	教堂、主日学校	2	5	3	1	15	5	35	18
	慈善	0	3	0	0	11	102	15	15
	外出住宿	0	0	22	0	10	0	0	0
	工会会费	0	0	0	0	0	0	0	0
	其他俱乐部的花费	0	0	0	0	0	0	12	30
	报纸和杂志	10	10	14	10	17	8	11	11
	书（不包括课本）	0	0	0	0	0	0	0	0
	音乐教育	0	0	0	0	0	0	0	32
	乐谱、留声机和琴谱	3	0	0	0	3	0	3	0
	音乐会或演讲	0	0	0	0	0	0	0	0
	汽车：购买、执照、汽油、养护	97	0	0	0	0	0	0	73
	假期	0	0	0	4	0	0	15	0
	其他娱乐	3	45	0	10	2	4	35	10

续表

	家庭的编号	25	26	27	28	29	30	31	32
	家庭规模	3[18]	7[19]	5	4	3	3	7	3
收入	家庭总收入	1 191	1 196	1 206	1 217	1 230	1 253	1 260	1 264
	父亲的收入	1 035	1 040	1 050	905	1 230	1 253	1 260	1 264
	母亲的收入	156	40	156	312	0	0	0	0
	结余或赤字	0	0	-56	0	0	-35	0	+200
各项支出	人寿保险	83	59	40	50	54	26	75	61
	房租	0	204	240	240	0	210	240	216
	住房投资	0	0	0	0	279	0	25	0
	家具	0	100	49	0	0	18	200	0
	教堂、主日学校	39	4	3	10	1	0	4	62
	慈善	12	0	0	2	0	0	6	20
	外出住宿	0	0	0	3	0	20	10	0
	工会会费	0	0	0	0	0	0	31	0
	其他俱乐部的花费	0	0	0	0	0	0	0	0
	报纸和杂志	10	10	16	10	15	8	10	17
	书（不包括课本）	14	0	3	0	0	0	0	0
	音乐教育	0	0	7	0	0	0	0	44
	乐谱、留声机和琴谱	7	0	0	0	0	4	0	0
	音乐会或演讲	0	0	0	0	0	0	0	1
	汽车：购买、执照、汽油、养护	0	0	254	0	0	0	0	223
	假期	20	0	6	0	0	0	0	0
	其他娱乐	5	52	62	26	13	0	64	0

续表

	家庭的编号	33	34	35	36	37	38	39	40
	家庭规模	3	7	5[20]	4	7	4	4	3[21]
收入	家庭总收入	1 271	1 274	1 275	1 278	1 284	1 287	1 295	1 316
	父亲的收入	1 196	1 274	1 190	1 278	1 284	1 196	1 080	810
	母亲的收入	75	0	85	0	0	91	215	506
	结余或赤字	-400	0	0	0	0	0	0	0
各项支出	人寿保险	18	34	32	26	10	20	55	70
	房租	0	132	180	0	0	0	0	0
	住房投资	1256	0	0	218	190	354	0	42
	家具	100	0	0	202	8	0	0	0
	教堂、主日学校	60	0	1	3	39	8	63	31
	慈善	13	0	0	0	0	0	10	5
	外出住宿	33	10	0	3	0	12	0	29
	工会会费	0	0	0	0	0	18	0	0
	其他俱乐部的花费	0	0	0	0	0	0	0	0
	报纸和杂志	10	22	10	12	10	16	20	10
	书（不包括课本）	0	0	0	27	0	5	0	1
	音乐教育	0	0	0	0	27	0	33	0
	乐谱、留声机和琴谱	0	0	3	1	1	0	0	0
	音乐会或演讲	0	0	0	0	0	2	0	0
	汽车：购买、执照、汽油、养护	0	0	0	0	103	25	52	0
	假期	0	0	0	30	0	0	10	0
	其他娱乐	25	12	31	48	52	16	58	16

续表

	家庭的编号	41	42	43	44	45	46	47	48
收入	家庭规模	7	7	7	5	4	4	4	7
	家庭总收入	1 319	1 363	1 400	1 410	1 427	1 429	1 441	1 442
	父亲的收入	1 319	1 363	1 400	960	1 427	691	1 441	1 442
	母亲的收入	0	0	0	0	0	738	0	0
	结余或赤字	0	0	0	−50	0	−100	0	−100
各项支出	人寿保险	22	81	44	78	40	121	73	43
	房租	0	0	0	0	315	216	0	0
	住房投资	65	0	48	0	0	0	0	13
	家具	55	0	0	130	0	45	50	0
	教堂、主日学校	3	18	12	15	5	3	6	30
	慈善	0	30	10	5	0	0	15	5
	外出住宿	0	0	20	20	10	18	0	36
	工会会费	0	0	0	0	0	0	0	0
	其他俱乐部的花费	1	0	1	0	0	0	0	0
	报纸和杂志	22	12	10	10	17	17	21	18
	书(不包括课本)	0	0	0	1	0	0	0	0
	音乐教育	26	0	0	0	0	0	0	0
	乐谱、留声机和琴谱	0	0	2	106[22]	0	0	3	6
	音乐会或演讲	0	1	0	0	0	0	0	0
	汽车:购买、执照、汽油、养护	0	39[23]	166	67	0	0	0	0
	假期	30	0	0	27	0	0	20	20
	其他娱乐	16	83	6	39	0	43	70	26

续表

	家庭的编号	49	50	51	52	53	54	55	56
	家庭规模	6	6	6	4[24]	6	5	3	5
收入	家庭总收入	1 456	1 495	1 495	1 499	1 512	1 521	1 610	1 630
	父亲的收入	1 456	1 268	1 495	1 229	1 512	1 456	1 610	900
	母亲的收入	0	0	0	0	0	65	0	624
	结余或赤字	+50	0	0	−100	0	0	−?[25]	−?[26]
各项支出	人寿保险	66	90	130	81	31	52	55	0
	租金	182	0	240	240	0	0	0	216
	住房投资	0	20	0	0	21	100	77	0
	家具	0	200	40	19	0	78	0	0
	教堂、主日学校	39	100	7	175	5	9	29	50
	慈善	0	3	0	25	5	29	0	5
	外出住宿	6	0	0	0	0	0	0	0
	工会会费	0	0	0	0	52	31	0	0
	其他俱乐部的花费	0	0	0	0	0	0	0	0
	报纸和杂志	23	12	10	11	23	12	17	12
	书（不包括课本）	0	0	0	5	0	0	4	0
	音乐教育	0	0	0	0	0	104	0	45
	乐谱、留声机和琴谱	0	0	0	0	0	0	0	0
	音乐会或演讲	0	5	0	0	0	0	0	2
	汽车：购买、执照、汽油、养护	29	0	0	60	128	0	90	0
	假期	0	0	0	13	3	0	3	0
	其他娱乐	16	41	1	20	20	36	21	82

续表

	家庭的编号	57	58	59	60	61	62	63	64
	家庭规模	3[27]	8	3	8	3	7	3[28]	4
收入	家庭总收入	1 635	1 637	1 638	1 680	1 680	1 680	1 698	1 718
	父亲的收入	1 080	1 287	1 468	1 680	1 680	1 680	1 248	1 380
	母亲的收入	304	350	170	0	0	0	450	338
	结余或赤字	+100	0	-1000	+60	-1520	-?[29]	0	0
各项支出	人寿保险	115	122	31	38	36	10	10	0
	房租	0	192	180	0	468	0	0	0
	住房投资	350	0	1000	40	0	152	195	35
	家具	0	0	0	0	1000	0	100	0
	教堂、主日学校	120	0	10	16	0	2	33	34
	慈善	0	5	5	2	5	0	24	0
	外出住宿	0	15	10	0	11	0	20	0
	工会会费	0	0	0	0	0	31	0	0
	其他俱乐部的花费	0	0	0	1	0	0	0	0
	报纸和杂志	10	19	17	12	14	17	10	12
	书（不包括课本）	0	0	0	0	0	0	5	0
	音乐教育	0	0	52	0	42	0	0	100
	乐谱、留声机和琴谱	0	0	12	0	5	0	2	0
	音乐会或演讲	0	0	5	0	0	0	0	1
	汽车：购买、执照、汽油、养护	0	0	474	118	492	0	53	0
	假期	0	0	50	0	175	0	0	0
	其他娱乐	0	26	52	38	59	62	23	10

续表

	家庭的编号	65	66	67	68	69	70	71	72
	家庭规模	4	3	3	4	7	4	6	7[30]
收入	家庭总收入	1 728	1 732	1 748	1 820	1 824	1 860	1 871	1 873
	父亲的收入	1 045	1 474	1 639	1 820	1 824	1 326	1 838	1 616
	母亲的收入	260	258	109	0	0	0	0	257
	结余或赤字	-?[31]	-1 000	0	-50	0	+260	0	0
各项支出	人寿保险	70	47	81	62	36	36	114	143
	房租	240	0	180	240	180	360	0	300
	住房投资	0	1 009	0	0	0	0	223	0
	家具	0	0	200	90	60	45	0	125
	教堂、主日学校	78	2	5	35	8	21	8	0
	慈善	3	8	80	5	10	1	0	6
	外出住宿	0	0	14	3	0	0	10	8
	工会会费	0	0	25	0	0	0	31	0
	其他俱乐部的花费	0	1	3	0	10	0	0	10
	报纸和杂志	14	11	17	10	10	25	10	21
	书(不包括课本)	5	0	4	0	0	0	0	0
	音乐教育	13	3	8	0	0	4	0	0
	乐谱、留声机和琴谱	0	0	3	0	10	39	0	25
	音乐会或演讲	5	0	0	0	0	0	0	0
	汽车:购买、执照、汽油、养护	0	60	142	0	451	0	103	0
	假期	0	0	25	7	0	0	4	0
	其他娱乐	58	56	78	0	15	166	8	189

续表

	家庭的编号	73	74	75	76	77	78	79	80
	家庭规模	7[32]	4	7	4[33]	6	4	3	4
收入	家庭总收入	1 892	1 900	1 932	2 080	2 080	2 080	2 080	2 100
	父亲的收入	1 504	1 900	1 876	1 976	2 080	2 080	2 080	2 100
	母亲的收入	388	0	56	0	0	0	0	0
	结余或赤字	0	0	0	+200	0	0	0	−500
各项支出	人寿保险	109	21	30	10	48	20	100	57
	房租	0	216	0	0	0	144	180	0
	住房投资	48	0	0	0	449	0	0	600
	家具	0	0	188	0	0	0	139	0
	教堂、主日学校	56	22	4	36	16	5	52	16
	慈善	8	100	0	6	10	0	13	12
	外出住宿	0	0	0	12	10	12	4	0
	工会会费	0	0	0	0	0	0	0	0
	其他俱乐部的花费	0	3	0	0	0	0	0	3
	报纸和杂志	17	14	22	10	23	13	8	10
	书（不包括课本）	3	0	0	0	0	0	32	0
	音乐教育	0	0	0	0	0	41	0	52
	乐谱、留声机和琴谱	0	2	1	0	0	7	4	0
	音乐会或演讲	0	6	5	0	0	0	0	0
	汽车：购买、执照、汽油、养护	0	125	54	90	78	58	89	132
	假期	0	9	50	10	0	1	15	50
	其他娱乐	10	104	41	10	21	26	33	27

续表

	家庭的编号	81	82	83	84	85	86	87	88
	家庭规模	5	5	7[㉞]	5	9	7	3	4[㉟]
收入	家庭总收入	2 181	2 184	2 209	2 210	2 218	2 246	2 246	2 470
	父亲的收入	1 949	2 184	1 117	2 210	2 184	2 246	2 246	2 236
	母亲的收入	182	0	1 092	0	34	0	0	0
	结余或赤字	+40	0	−100	+500	0	0	+100	0
各项支出	人寿保险	103	14	6	350	2	200	0	175
	房租	300	240	182	0	0	0	0	0
	住房投资	0	0	0	0	100	300	0	400
	家具	75	132	200	0	15	0	0	43
	教堂、主日学校	50	27	10	13	27	50	10	50
	慈善	5	14	0	39	5	0	0	7
	外出住宿	26	0	10	10	0	0	0	30
	工会会费	60	0	0	0	31	0	18	0
	其他俱乐部的花费	0	0	0	1	0	0	0	0
	报纸和杂志	29	13	10	44	10	20	15	19
	书（不包括课本）	1	3	0	27	9	10	3	0
	音乐教育	112	0	0	0	4	27	0	50
	乐谱、留声机和琴谱	0	0	0	5	0	0	10	0
	音乐会或演讲	8	0	0	0	0	11	0	0
	汽车：购买、执照、汽油、养护	170	133	78	135	0	97	0	51
	假期	4	0	0	30	0	0	20	10
	其他娱乐	40	78	0	23	16	65	151	38

续表

	家庭的编号	89	90	91	92	93	94	95	96
	家庭规模	4	4	4	5	5	4	3[36]	4[37]
收入	家庭总收入	2 600	2 600	2 010	2 652	2 860	2 876	3 061	3 120
	父亲的收入	2 600	2 600	2 010	2 288	2 860	2 600	2 736	2 600
	母亲的收入	0	0	0	0	0	276	325	0
	结余或赤字	−3 500	+450	0	−50	+50	0	0	0
各项支出	人寿保险	75	0	48	14	300	100	30	66
	房租	0	0	300	0	0	0	0	0
	住房投资	4 400	10	0	0	330	420	0	0
	家具	150	150	0	0	95	275	0	0
	教堂、主日学校	125	8	0	20	20	33	69	10
	慈善	0	0	2	0	50	4	5	255
	外出住宿	10	10	14	10	28	12	12	5
	工会会费	0	0	0	0	0	0	0	0
	其他俱乐部的花费	0	0	13	0	0	0	0	0
	报纸和杂志	24	12	22	14	10	27	16	19
	书（不包括课本）	0	0	0	0	9	0	0	0
	音乐教育	0	35	40	0	0	32	80	0
	乐谱、留声机和琴谱	0	0	0	20	0	0	0	50
	音乐会或演讲	0	0	0	0	0	0	0	0
	汽车：购买、执照、汽油、养护	148	148	0	58	370	110	0	0
	假期	25	30	0	0	0	10	0	0
	其他娱乐	41	208[38]	203	113	13	62	49	166

续表

	家庭的编号	97	98	99	100	中位值	四分位数1	四分位数3
	家庭规模	7[39]	4[40]	10	5	5	4	7
收入	家庭总收入	3 198	3 356	3 396	3 460	1 495	1 194	2 006
	父亲的收入	1 820	3 200	2 040	2 860	1 303	1 048	1 857
	母亲的收入	0	0	0	600	0	0	115
	结余或赤字	−1500	0	0	+250			
各项支出	人寿保险	100	91	60	79	52	26	80
	房租	0	0	0	420			
	住房投资	1 749	10	0	0			
	家具	0	0	0	0	0	0	60
	教堂、主日学校	54	100	0	74	14	3	34
	慈善	0	0	0	5	2	0	10
	外出住宿	27	10	23	12	0	0	12
	工会会费	0	0	31	0	0	0	0
	其他俱乐部的花费	1	0	10	10	0	0	0
	报纸和杂志	23	25	12	36	12	10	17
	书（不包括课本）	0	0	0	53	0	0	0
	音乐教育	0	0	0	0	0	0	4
	乐谱、留声机和琴谱	0	2	0	50	0	0	2
	音乐会或演讲	0	2	0	5	0	0	0
	汽车：购买、执照、汽油、养护	0	777	116	0	0	0	55
	假期	0	20	8	65	0	0	10
	其他娱乐	78	116	5	140	26	10	55

注：

① 参见附录中关于如何抽样、访谈方法以及职业分布的内容。在被访谈的100个家庭中有9个工头的家庭。

这里列出的每一消费项目都和家庭主妇仔细核对过，在一些项目中又包含若干个子项目，这些子项目每一个都是分开考察的。中位数和四分位数都是从实际支出中计算出来的，而不是指最接近这一计算结果的某一家庭的开支数字。

② 包括所有经济上依靠家庭收入的人，但不包括已自立的孩子，或者其他和该家庭成员一起进餐但是不依靠这个家庭的亲戚或搭伙者。有这种附加人数的家庭，都逐一加注说明。

③ 包括父亲、母亲、孩子们和其他对家庭收入有贡献的人的收入。不列入父亲或母亲的收入包括：加注说明的有其他人与某些家庭一起进餐的情况中已经自立的孩子给家庭提供的金钱（从其他搭伙者获得的收入包括在母亲的收入中）。而在没有加注说明的与家庭一起进餐的人的家庭中，这些数据来自依靠家庭的孩子，这些孩子仅仅从事非全日性工作。其他研究的经验表明，妻子常常过低地估计家庭的收入，因为她们不知道丈夫的真正收入。这些误差的可能来源这里已经排除了，因为研究者已经从被访谈的家庭总数中清除了那些对丈夫的收入细目不太清楚的24个家庭。

④ 不包括来自于孩子的钱，但是包括来自其他搭伙者的钱，以及母亲在家内和家外赚的钱。

⑤ 包括储存下来的钱（+），从原先储蓄中取出的钱和借来的钱（-）。

⑥ 只知从原有储蓄中取出了钱或者借账，但数目不详。

⑦ 包括购物款项、抵押款的利息、主要的修理和更新的费用，但不包括税和保险费。

⑧ 晨报由马车分发，每份10.40美元，晚报7.80美元。

⑨ 除1个家庭外，所有的家庭都曾花钱在课本上，中位数是8美元，第一个和第三个四分位数分别是5美元和15美元。另外，第22个家庭在学费上花了35美元，第81个家庭花了40美元，第65个家庭花了45美元，第39个家庭花了60美元。

⑩ 购买唯一一份乐谱只是为了孩子了音乐教育的家庭中，这项花费包括在音乐教育中。其他还有6个家庭购买了乐谱，23个家庭购买留声机唱片，3个家庭购买自动钢琴琴谱。

⑪ 家庭主妇对于汽油开支的估算很可能有误差。

⑫ 两天以上的一切度假旅行。

⑬ 研究者尽量想概括没有分开列出的所有的休闲形式。最大的消费项目是电影和招待客人。研究者得到了冬天和夏天每个星期的客人数目，每一顿饭多一个客人所需增加的额外费用是20美分。

⑭ 一个非家庭成员和这个家庭共同用餐。

⑮ 同⑭。

⑯ 同⑥。

⑰ 同上。

⑱ 同⑭。

⑲ 同⑭。

⑳ 同⑭。

㉑ 同⑭。

㉒ 包括购买留声机的100美元。

㉓ 自家没有汽车，但是用朋友的车时花了买汽油的钱。

㉔ 同⑭。

㉕ 同⑥。

㉖ 同⑥。

㉗ 同⑭。

㉘ 同⑭。

㉙ 同⑥。

㉚ 3个非家庭成员和这个家庭共同用餐。

㉛ 同⑥。

㉜ 同⑮。

㉝ 同⑭。

㉞ 同㉚。

㉟ 同⑮。

㊱ 同⑭。

㊲ 同⑮。

㊳ 包括购买收音机的150美元。

㊴ 5位非家庭成员和这个家庭共同用餐。

㊵ 同⑭。

表七 1924年一个五口之家最低生活费[①]（单位：美元）

食品 ·· 627.08
衣服
 丈夫 ·· 87.14
 妻子 ··· 105.70
 男孩（12岁） ·· 73.03
 女孩（6岁） ··· 41.71
 男孩（2岁） ··· 31.38

 总计 ··· 338.96

家具（每年更替的） ··· 60.09
洗涤品 ·· 40.13
房租 ··· 300.00
燃料和照明 ·· 80.69
其他
 保险
  人寿：7 500（终身人寿保险） ·························· 113.25
  火灾：700（家具） ··· 1.87

  总计 ··· 115.12

 车费
  丈夫 ··· 30.00
  其他人 ·· 20.80

  总计 ··· 50.80

 家务帮助——一个星期一天（或洗衣） ···················· 145.60
 保健 ·· 67.00
 娱乐 ·· 25.00
 报纸（日报或周报） ·· 10.40
 教堂 ·· 15.00
 劳工组织 ·· 24.00
 电话、邮费、烟草等 ·· 20.00
 一份好杂志 ··· 1.00

 总计 ··· 473.92

全部总计 ··· 1920.87

注：
① 依据《维持一个五口工人之家的健康和体面需要的最少预算》(Minimum Quantity Budget Necessary to Maintain a Worker's Family of Five in Health and Decency)，美国劳工局，《劳动评论月刊》(Monthly Labor Review)，第10卷，第6篇，1920年6月。

所有的价格都是1924年中镇的价格，这些来自和研究小组合作的生产阶级的家庭主妇持续数个星期的记录，还有和零售商人的讨论。

表八　1924年一个生产阶级的五口之家生活费用指数（1891=100）[①]

总指数	食品	衣服					室内家具	房租	燃料和照明	其他
		全部	男性	女性	男孩	女孩				
216.5	218.5	214.0	201.3	236.5	193.1	226.3	250.2	240.0	533.3	137.8

注：
① 这里的指数计算方式是依照美国劳动统计局统计中生活消费指数的计算方式，除了这里研究者运用的各种加权方式，这样对于1891年中镇一个五口之家每年消费的物品来说，价格便翻了几倍。

中镇食品指数的权数大部分都来自这个州和相邻的东部一个州的104个家庭的食品消费的记录，这些资料是在1891年美国全国生活消费调查中收集的，并登载于1892年劳工部长的报告。为了获得平均消费资料，只能用美国家庭的消费数量，这些家庭有1—5个孩子。依据劳工局的统计口径（标准家庭中的人相当有3.35个男性成人），这些有记录的家庭平均有2.97个男性成人。和1918年的生活消费调查获得的数据比较，从这些记录中得到的肉的平均消费量太高了，而牛奶的消费量偏低了。这个差异似乎表现了从1890—1918年食品消费的真正变化，特别是1891年的从中镇所在州和其东部相邻的州的家庭所获得的食品消费数据和1903年的全国生活消费调查所获得的数据更为接近。1891年调查中获得的食品消费的数据，无论是数量还是消费单位，都不是可以直接使用的，当年所购食品都是普通的，详细数字来自于劳动局1918年的调查。

1891年的调查没有记录有关服装消费的详细资料，所以这里只能采用1918年劳动局的调查获得的数据,然后和那些对90年代早期购买习惯比较熟悉的老中镇商人商谈,用以校正这些数据。这导致由制成服装的条目代替了一些资料,而其他一些条目则完全被排除在外了。

关于房租这一项,1891年用的是房租较高的一部分,而1924年用的是房租较低的一部分,这样做是为了允许因使用自来水而改善环境的情况的出现。五居室房子的暖气和电的消费来自每个时期燃料的消费。

所有的价格至少得到两个可靠来源的证明,即使数据的形式已经改变,但两个时期数据的质量和数量都考虑了。

表九 1893—1898年和1920—1924年生产阶级和经营阶级居住迁移状况[1](单位:人)

迁移的次数	经营阶级		生产阶级	
	1920.1.1—1924.10.1	1893—1898	1920.1.1—1924.10.1	1893—1898
回答人数	40	38	124	106
从未迁移	22	25	49	68
迁移1次	14	10	41	16
迁移不止1次	4	3	34	22
迁移2次	4	1	13	9
迁移3次	0	0	7	10
迁移4次	0	1	5	0
迁移5次	0	1	7	2
迁移5次以上	0	0	2	1

注:
[1] 无论是这些家庭主妇自己的还是她们母亲的情况,都来自这些妇女的回答。两代人数字的差异是因为,每个个案中,被访谈的女性都能够告诉研究者在最近5年中住处迁移的情况,而很少能准确说出其父母家的情况。后一种情况往往被忽略了。

这里选择的时段是从1893年夏天到1898年春天,因为这样以芝加哥国际博览会和美西战争为结尾时间非常方便。

样本量小,又依靠记忆,这些数据仅仅只能是具有大致的意义。

表十 接受访谈的40个经营阶级家庭和124个生产阶级家庭的规模[①]

家庭人数	经营阶级家庭数量	生产阶级家庭数量
3	6	17
4	13	30
5	12	29
6	6	15
7	2	13
8	1	12
9	0	4
10	0	3
11	0	0
12	0	1

注:
① 表格中的数据是指每个家庭中主妇为之做饭的那些人,不包括离家别居的孩子,但是包括那些经济上已自立的住在家里的孩子、亲戚和其他成员。

表十一 1889—1924年中镇的离婚率和获得结婚证的人数[①]

年份	获准离婚的对数	领取结婚证的对数	获准离婚对数/领取结婚证对数
1889	26	303	8.6
1890	30	283	10.6
1891	51	336	15.2
1892	47	333	14.1
1893	69	360	19.2

续表

年份	获准离婚的对数	领取结婚证的对数	获准离婚对数/领取结婚证对数
1894	41	376	10.9
1895	84	458	18.3
1900	117	631	18.5
1905	135	581	23.2
1910	147	557	26.4
1915	158	515	30.7
1916	150	579	25.9
1917	196	643	30.5
1918	248	463	53.5
1919	264	672	39.3
1920	261	798	32.7
1921	345	625	55.2
1922	279	692	40.0
1923	272[②]	731	37.2
1924	273	644	42.3

注:

① 所有的数字来源于州每年和每两年的报告,1889—1894年和1905年的结婚人数除外。1889—1894年结婚的数字来源于《美国普查办公室专题报告：结婚和离婚,1867—1906》(*Special Reports of the United States Census Office: Marriage and Divorce, 1867-1906*)。根据州统计局的资料,1905年结婚的数字是817对;这种突然的变化,可能会使全部数据出现错误,因此用普查中的专题报告提供的较小的数据是比较明智的。

② 表格中用的是州报告提供的272,而不是1923联邦统计报告提供的253。这种选择基于的可靠性来自负责这些记录的州府官员的建议,联邦的数据没有包括那些来自巡回法庭和中镇县最高法庭的案件。

表十二　1889—1892年和1919—1924年中镇曾被提及的离婚原因（%）[①]

年份	总数	遗弃	通奸	阳痿	犯罪	虐待	酗酒	无法养家	其他
1919—1922（1149件离婚）	100.0	14.9	14.5	0.0	0.4	51.7	1.2	11.7	5.6
1889—1892（154件离婚）	100.0	29.6	23.7	0.0	0.0	30.3	4.6	11.8	0.0

注：
① 早期的百分比来自于《州每两年一次的报告》（1889—1890年、1891—1892年）。现在的数字来自于中镇县的记录。

表十三　348位男孩和382位女孩与其父母意见分歧的根源[①]

意见分歧的根源	男孩 人数	男孩 百分比	女孩 人数	女孩 百分比
1. 汽车的使用	124	35.6	113	29.6
2. 选择男孩还是女孩作为朋友	87	25.0	103	27.0
3. 花钱	130	37.4	110	28.8
4. 每周晚上离开学校的次数	157	45.1	182	47.6
5. 年级	140	40.2	119	31.2
6. 晚上待在家的时间	158	45.4	163	42.7
7. 做家务（如看炉子、煮饭等）	66	19.0	101	26.4
8. 参加的俱乐部或组织	19	5.5	40	10.5
9. 所进教堂和主日学校	66	19.0	71	18.6
10. 除了进教堂和主日学校外周日的安排	50	14.4	53	13.9
11. 着装	55	15.6	94	24.6
12. 参加没有长者陪伴的晚会	53	15.2	105	27.5
13. 其他分歧的原因[②]	33	9.5	32	8.4
"没有意见分歧"[③]	7	2.0	8	2.1

注：
① 这是让中学最高三个年级英语班的学生回答的问卷中的一道题（参见附录的方法部分）。上面写道："看看下面所列举的事情中，哪些你和你父母的意见不一致。写上其他任何导致意见不一致的原因。"这里给出的条目的顺序和问卷上的一致。没有限制选几件事，大部分孩子都选了一件以上，百分比相加超过100%。平均每个男孩选了3.3件，每个女孩选了3.4件。
② 男孩举出的其他他们和父母意见不一致的事情是"把我所有的时间都用在体育上""抽烟""喝酒""我该怎样工作""拥有一支步枪"。女孩子举出的是"香烟""男孩""爱抚聚会""短发""打扑克""读太多的书""跳舞""晚上开车去其他镇约会""成长"。
③ 这个条目在问卷上没有。这里分类的回答是孩子们自愿提供的，可能并不包括所有回答"没有不同意见"的人。回答问卷的57位男孩和82位女孩没有涉及这一条。

表十四　1924年接受访谈的女性和90年代她们的母亲在教育孩子时所强调的品质①（单位：人）

特点	经营阶级								生产阶级							
	37位母亲：1924				34位母亲：1890				104位母亲：1924				67位母亲：1890			
	选A	选B	选C	选0	选A	选B	选C	选0	选A	选B	选C	选0	选A	选B	选C	选0
对人坦诚	16	7	14	0	13	11	10	0	22	48	33	1	12	32	23	0
成名成家	0	3	26	8	1	12	16	5	7	40	50	7	4	24	34	5
专注力	7	22	8	0	9	22	1	0	6	11	87	0	2	11	54	0
社会意识	8	11	17	1	3	20	8	3	10	27	67	0	4	24	39	0
严格服从	16	10	9	2	24	8	2	0	48	40	15	1	41	22	4	0
喜爱音乐、艺术及诗歌	5	12	20	0	3	10	21	0	8	34	60	2	2	13	41	11
节俭	3	15	19	0	2	20	11	1	32	51	20	1	20	40	7	0

续表

特点	经营阶级								生产阶级							
	37位母亲：1924				34位母亲：1890				104位母亲：1924				67位母亲：1890			
	选A	选B	选C	选0	选A	选B	选C	选0	选A	选B	选C	选0	选A	选B	选C	选0
忠于教会	13	12	10	2	23	6	3	2	58	32	12	2	47	17	3	0
懂得性卫生知识	6	19	12	0	0	5	7	22	15	33	50	6	2	12	21	32
宽容	4	17	16	0	2	10	19	3	4	17	80	3	3	12	49	3
好奇心	0	3	29	5	1	1	25	7	1	7	67	29	0	2	46	19
爱国精神	8	13	16	0	4	15	13	2	21	47	34	2	13	34	19	1
良好的举止	7	20	10	0	13	19	2	0	36	51	17	0	28	29	10	0
自立	17	12	8	0	6	9	17	2	18	37	49	0	10	18	38	1
学习成绩好	1	9	25	2	4	16	14	0	26	46	32	0	11	33	22	1

注：

① 研究者请被访谈的女性在她们认为最重要的3个品质上写"A"，5个次重要的上写"B"，任何一个第三重要的上写"C"，根本不重要的上写"0"。这里的问题顺序和问卷上的一致。

两代间的差异可能被过分低估了，而且即使尽可能仔细区分，使差异尽可能小的趋势也很明显。当一位女士对母亲关于重要品质的看法很模糊或不能确定的时候，或者她说"我猜她和我做的一样"的时候，研究人员会记录下来，这个个案将在计算母亲的比例时被略去。不过有时候，如果她仔细地看过品质的内容，然后说："我尽可能做得和我母亲一样，"这个个案在计算时被包括进去。

在有些条目中，尤其是在"忠于教会"这个条目中，女性有一种倾向，即根据自己所认为应该强调的来给出答案。

这种数据，尤其是建立在小样本的基础上的，只能是、也当然是仅具有参考价值。但我们依旧能从中看到，在1890年母亲属于经营阶级或生产阶级的，今天她们的女儿也属于同样的阶级。

表十五　中学的男生和女生最渴望其父亲和母亲应有的特质[①]

对父亲					对母亲				
特质	369位男生		415位女生		特质	369位男生		415位女生	
	人数	比例	人数	比例		人数	比例	人数	比例
总回答数	738	200	830	200	总回答数	738	200	846	200
1.大学毕业	86	23.3	55	13.3	1.擅长烹饪和家务	212	57.5	221	52.2
2.和孩子一起看书、交谈、做游戏等	227	61.5	276	66.5	2.在社会生活中很突出	13	3.5	16	3.8
3.能赚足够的钱	45	12.2	47	11.3	3.尊重孩子的看法	89	24.1	94	22.2
4.做个积极的教徒	99	26.8	126	30.3	4.穿戴得体	28	7.6	12	2.9
5.拥有一辆漂亮的轿车	11	3.0	7	1.7	5.有时间和孩子一起读书、交谈、野餐等	126	34.1	172	40.7
6.在社会生活中很杰出	18	4.9	9	2.2	6.喜爱音乐和诗歌	22	6.0	14	3.3
7.不因孩子的所作所为唠叨不休	45	12.2	50	12.0	7.是一位好的女主人	14	3.8	17	4.0
8.穿戴得体	23	6.2	21	5.1	8.做个积极的教徒	94	25.5	105	24.8
9.喜爱音乐和诗歌	16	4.3	26	6.3	9.大学毕业生	26	7.0	16	3.8
10.尊重孩子的看法	125	33.9	176	42.4	10.从不发脾气或唠叨不休	85	23.0	143	33.8
(没有提及第二个特质)[②]	43	11.7	37	8.9	(没有提及第二个特质)	29	7.9	36	8.5

注：
① 关于给高中二年级、三年级和四年级的英语班的学生的问卷上的这些问题的指导（参见附录的方法部分）是："在你认为一位父亲应该具有的最重要的两种品

质前写上大写字母 A。"在问卷的另外一页是相似的关于这些中学生认为一位母亲应具有的最重要的品质的问题。表格中问题的顺序和问卷中的一样。

② 这里每组中孩子的数目是仅标示一种品质。总数中包括这些被忽略的回答，这样总百分比才能是 200%。

表十六　1923—1924 年中学生第一学期课程分布状况 ①

课程	班级数目	每个班级每周的学时	所有班级的学生教	每周总学时 数目	每周总学时 百分比
总数	262			31 291	100.0
数学	39	5	934	4 670	14.9
英语	53	5	1 380	6 900	22.0
社会科学			974	4 870	15.6
公民课	3	5	81	405	1.3
社会学	1	5	24	120	0.4
历史	30	5	869	4 345	13.9
科学	18	5	422	2 110	6.7
语言			875	4 375	14.0
拉丁语	28	5	653	3 265	10.4
法语	5	5	124	620	2.0
西班牙语	5	5	98	490	1.6
艺术	3	5	60	300	1.0
体育	14	2	413	826	2.6
音乐			436	1 778	5.7
2 小时	5	2	104	208	0.7
3 小时	2	3	45	135	0.4
5 小时	8	5	287	1 435	4.6

续表

课程	班级数目	每个班级每周的学时	所有班级的学生教	每周总学时 数目	每周总学时 百分比
家政学			211	971	3.1
烹饪课	6	4	84	336	1.1
其他课	8	5	127	635	2.0
商业课	19	5	544	2 720	8.7
手工课			140	661	2.1
特殊手工课	2	4	39	156	0.5
其他课程	7	5	101	505	1.6
职业课	6	10	111	1 110	3.6

注：
① 第二学期的课程分布和第一学期相似，没有出现明显差异。

表十七　1903年和1923年公共图书馆成人部图书出借情况①

书的种类	1923年 次数	1923年 百分比	1903年 次数	1903年 百分比
总计	92 618	100.00	22 265	100.00
大百科全书类	1 941	2.10	701	3.15
哲学、心理学	1 097	1.18	42	0.19
宗教	836	0.90	73	0.33
社会学	1 219	1.32	129	0.58
文献	207	0.22	0	0.00
科学	697	0.75	112	0.50
实用艺术	1 546	1.67	25	0.11

续表

书的种类	1923年 次数	1923年 百分比	1903年 次数	1903年 百分比
美术	1 777	1.92	64	0.29
文学	2 557	2.76	362	1.63
历史	1 755	1.90	228	1.02
旅游	1 140	1.23	174	0.78
传记	1 116	1.20	194	0.87
小说	76 666	82.78	20 161	90.55
无法分类	64	0.07	0	0.00

注：
① 1903年是有图书出借次数资料的第一年。

表十八 1890年和1924年俱乐部的数目、种类以及1924年俱乐部的成员①

俱乐部的种类	俱乐部数 1924年	俱乐部数 1890年	成员有保障的俱乐部数	总成员数	男性俱乐部数	男性俱乐部成员数	女性俱乐部数	女性俱乐部成员数	混合俱乐部数	混合俱乐部的男成员数	混合俱乐部的女成员数	混合俱乐部无法分类的成员数
成人俱乐部总数	363	86	290	23 963	67	13 132	179	6 131	44	1 714	1 445	1 541
体育（不包括运动队）俱乐部	3	3	3	404	1	50			2			354
慈善团体	50	27	36	10 868	17	8 681	10	709	9	316	674	488
慈善团体的附属机构	10	0	9	704			8	589	1	14	101	
商业和专业团体	9	1	9	408	8	368			1	36	4	
教会和其他宗教机构	101	8	77	4 371	3	177	57	3 150	17	339	585	120

续表

俱乐部的种类	俱乐部数 1924年	俱乐部数 1890年	成员有保障的俱乐部数	1924年俱乐部的成员 总成员数	男性俱乐部数	男性俱乐部成员数	女性俱乐部数	女性俱乐部成员数	混合俱乐部数	混合俱乐部的男成员数	混合俱乐部的女成员数	混合俱乐部无法分类的成员数
除了教会外的宗教组织	4	0	4	585			4	585				
公民	11	1	10	1 399	6	342	2	71[②]	2	918	68	
文学、音乐研究俱乐部	24	12	20	710			17	680	3	12	18	
军事和爱国机构	13	2	13	2 627	8	2 361	5	266				
社交俱乐部	129	21	101	1 722	5	263	88[③]	1 255	8	93	96	15
贸易组织	19[④]	8	19	879	18	815[⑤]			1			64
其他	4	3	2	575	1	75			1			500
青少年俱乐部	95	6	81	2 836	23	577	37	1 363	21	319	502	75

注：
① 俱乐部的定义是：一个有组织的群体，每个月至少有一次完全社会性的或者部分社会性的聚会。比如，一个主日学校的班级，尽管是有组织的，每年出去野营，但也不被包括在俱乐部之中，除非他们至少每个月都有一次社会性的聚会。这些数据仅指白人群体。参见第十九章注释⑲关于如何收集这些数据的内容。
② 俱乐部中的联合俱乐部被划分为文学、音乐和研究几类。
③ 171个俱乐部中包括13个"储蓄俱乐部"（Saving Clubs）。
④ 除了名为妇女劳动联合会的"混合"团体之外所有的工会。
⑤ 在泥瓦匠和建筑工人联合会的成员中，包括26位黑人。

表十九　1924年经营阶级和生产阶级男性和女性所属俱乐部的种类和数目①

从属关系	女性 经营阶级	女性 生产阶级	男性② 经营阶级	男性② 生产阶级
总的回答数	39	123	39	123
不属于任何组织的人数	3	79	1	53
属于1个或多个组织的数目	36	44	38	70
1个组织	3	23	8	46
2个组织	10	13	8	14
3个组织	5	3	12	6
4个组织	9	0	5	3
5个组织	6	2	4	1
6个组织	2	2	1	0
7个或7个以上组织	1	1	0	0
属于秘密会社地方分社的	0	20	34	60
1个	0	13	24	42
2个	0	3	7	11
3个	0	2	2	4
4个	0	2	1	2
5个	0	0	0	1

续表

从属关系	女性		男性②	
	经营阶级	生产阶级	经营阶级	生产阶级
属于宗教社会团体的	23	17	7	0
1个宗教社会团体	10	10	7	0
2个宗教社会团体	9	7	0	0
3个宗教社会团体	2	0	0	0
4个宗教社会团体	2	0	0	0
属于劳动组织的	0	2	0	17
1个劳动组织	0	2	0	15
2个劳动组织	0	0	0	2
属于其他团体的数目	35	18	30	1
1个	10	13	13	1
2个	10	1	13	0
3个	9	2	4	0
4个	6	1	0	0
5个	0	1	0	0

注：
①"俱乐部"的定义参见表十八注释①。
②男性的答案大部分都是从他们的妻子那里来的。

表二十　1924年白人平均每周出席宗教仪式的次数[1]

出席情况	全部		男性		女性	
	数目	百分比	数目	百分比	数目	百分比
1924年全部白人人口[2]	35 872	100.0	18 187	100.0	17 685	100.0
平均每周出席所有仪式的总次数[3]	20 632					
平均出席周日上午仪式的次数[4]	5 157	14.3	2 057	11.3	3 100	17.5
平均出席周日下午仪式的次数[5]	4 317	12.0	1 857	10.2	2 460	13.9
平均出席祷告会的次数[6]	1 603	4.5	622	3.4	981	5.5
平均参加主日学校的次数[7]	6 624	18.4				

续表

出席情况	全部 数目	全部 百分比	男性 数目	男性 百分比	女性 数目	女性 百分比
平均出席青少年宗教团体的次数[8]	977	2.7	404	2.2	573	3.2
平均出席其他仪式的次数（除了天主教）	152	0.4				
平均工作日上午6:30—8:30做弥撒的次数[9]	1 802	5.0	767	4.2	1 035	5.9

注：

① 1924年11月，记录参加各种宗教仪式的出席人数的空白表格和回复信封被分送到中镇当月主持四个礼拜日中的每一位牧师手中。有些出席人数的准确数据是由唱诗班的某人或某个站在教堂后面的人计算出来的；在一些小教堂中，由牧师负责记录出席的人数；而有一些出席人数的数据，只是牧师的估算结果。大部分数据都是通过在所选的四个礼拜日的调查获得的，有些例外是通过两个或三个礼拜日的调查获得，而有一些非常小的教堂的数据仅仅是根据一个礼拜日。研究者算出了平均每个教堂每种宗教仪式参与的人数，这里的总数是这些平均数之和。研究者所选择的四个星期既包括好的天气，也包括坏天气，因此可以认为这是一个比较有代表性的样本。出席次数可能围绕这些数字波动：在冬天稍高于这些数字，在夏天低于这些数字。上面提到的这些数据，无论何时何地，只要可能，研究人员都会对所得到的不同宗教仪式出席人数，进行验证。

② 这里的人口数是由估计的1924年的人口数38 000人，减去根据1920年普查中获得的有关黑人男性和黑人女性的比例和总人口数相乘之积计算出来的。

③ 这里有很多重复计算。比如许多牧师都估计参加礼拜日晚上宗教集会的一半人都会参加早上的宗教集会。

④ 5个教堂没有礼拜日早上的宗教仪式。天主教6:30的集会也包括在礼拜日早上的宗教仪式之中。

⑤ 8个教堂没有礼拜日晚上的宗教仪式。

⑥ 6个教堂没有祷告会。

⑦ 2个教堂没有主日学校。主日学校的总数不按性别划分。

⑧ 15个教堂没有青少年宗教团体的集会。相当于白人人口总数9.7%的年纪在5—21岁的人（男性5—21岁人口的8.1%，女性5—21岁人口的11.2%）参加了青少年宗教团体集会。

⑨ 工作日弥撒次数是6天次数之和。

表二十一　1924年被访的经营阶级和生产阶级家庭参与宗教仪式的次数和1890年代妻子父母的家庭参与宗教仪式的次数[①]

出席情况	礼拜日晨祷 经营阶级		礼拜日晨祷 生产阶级		礼拜日晚祷 经营阶级		礼拜日晚祷 生产阶级		主日学校 经营阶级		主日学校 生产阶级	
	1924	1890	1924	1890	1924	1890	1924	1890	1924	1890	1924	1890
完整家庭												
总的家庭数目	40	40	123	119	40	40	123	119	40	40	123	119
平均每月4次	11	24	14	50	0	8	14	29	5	14	15	44
平均每月3次	4	0	3	3	0	0	4	2	2	0	5	3
平均每月2次	2	1	4	9	0	1	4	6	0	0	1	1
平均每月1次	2	0	2	1	0	0	4	2	0	0	1	0
平均每月不到1次	0	0	0	0	0	0	0	3	0	0	0	0
从不参加	21	15	100	56	40	31	97	77	33	26	101	71
父亲												
父亲的人数	40	39	123	110	40	39	123	110	40	39	123	110
平均每月4次	16	27	26	49	0	12	22	30	11	15	22	42
平均每月3次	6	0	3	6	1	0	2	2	3	0	5	3
平均每月2次	4	1	3	7	2	2	7	7	0	0	1	1
平均每月1次	4	0	4	3	1	0	7	1	0	0	1	0
平均每月不到1次	0	0	2	1	0	0	3	4	0	0	1	0
从不参加	10	11	85	44	36	25	82	66	26	24	93	64
母亲												
母亲的人数	40	40	123	119	40	40	123	119	40	40	123	119
平均每月4次	16	31	24	63	0	14	18	37	6	16	25	52
平均每月3次	6	1	7	6	1	0	5	4	4	0	6	3
平均每月2次	5	0	6	4	1	2	8	9	0	0	4	1
平均每月1次	2	0	4	1	0	0	9	3	0	0	1	0

续表

出席情况	礼拜日晨祷 经营阶级 1924	礼拜日晨祷 经营阶级 1890	礼拜日晨祷 生产阶级 1924	礼拜日晨祷 生产阶级 1890	礼拜日晚祷 经营阶级 1924	礼拜日晚祷 经营阶级 1890	礼拜日晚祷 生产阶级 1924	礼拜日晚祷 生产阶级 1890	主日学校 经营阶级 1924	主日学校 经营阶级 1890	主日学校 生产阶级 1924	主日学校 生产阶级 1890
平均每月不到1次	0	0	2	3	0	0	7	5	0	0	0	0
从不参加	11	8	80	40	37	24	76	61	30	24	87	63
孩子[②]												
有孩子的总的家庭数目	40	40	123	119	40	40	123	119	40	40	123	119
平均每月4次	15	30	32	73	0	12	22	39	32	32	77	94
平均每月3次	3	1	5	5	0	0	4	4	4	2	17	5
平均每月2次	2	1	9	8	0	2	8	7	2	0	10	5
平均每月1次	2	0	2	1	0	0	7	2	0	0	3	0
平均每月不到1次	0	0	0	0	0	0	0	4	0	0	1	0
从不参加	18	8	75	32	40	26	82	63	2	6	15	15

注：
① 这些数据来自和家庭主妇的访谈。每次访谈的时候，这些家庭主妇对于家庭在"一个普通月份"中去教堂习惯的估计都要用最近四个星期的情况来验证。研究者试图获得早期参加宗教仪式的详细报告，因为在像去教堂这样日常的、不断重复的行动的记忆可能只是某种程度上的准确。两代人的数字不一致，在于有些被访谈家庭的父亲或母亲死了，或者有些访谈记录太模糊了，数据无法使用。这里选的是一个月四个周日。
② 无论家庭中是否有其他家庭成员，都包括在"完整家庭"中。

表二十二　1890年10月和1923年10月主要报纸上的广告[①]

广告的种类	条目数 1923	条目数 1890	百分比 1923	百分比 1890
总条目数	604 292	101 448	100.00	100.00
娱乐	27 749	3 940	4.59	3.88

续表

广告的种类	条目数		百分比	
	1923	1890	1923	1890
乐器	16 131	113	2.67	0.11
汽车和配件	35 648	0	5.90	0.00
代养马房、马车器具	0	2 155	0.00	2.12
百货大楼和纺织品	66 474	22 586	11.00	22.26
女式服装	55 277	863	9.15	0.85
男式服装	25 289	7 523	4.19	7.42
鞋子	18 426	6 366	3.05	6.27
家具	41 420	0	6.86	0.00
五金制品、家用器具	13 168	3 079	2.18	3.04
食品、杂货	44 947	9 055	7.43	8.93
烟草	6 904	3 121	1.14	3.08
药店	17 757	3 226	2.94	3.18
医疗广告（包括专利药）	45 451	25 004	7.52	24.65
珠宝、眼镜	6 968	0	1.15	0.00
金融广告	9 381	3 795	1.55	3.74
法律广告	4 375	1 063	0.72	1.05
房地产和建筑	6 142	984	1.02	0.97
农业	22 084	0	3.66	0.00
饭店、旅游胜地	0	84	0.00	0.08
火车、轮船	3 282	3 037	0.54	2.99
已分类的广告	90 413	1 519	14.96	1.50
其他	29 984	3 294	4.96	3.25
报纸自身的广告	17 022	641	2.82	0.63

注：
① 1923年一个星期7期，1890年一个星期6期，而且没有周日报。1923年的报纸是早报，1890年的报纸是午报，没有早报。对于1923年和1890年5月整个月的调查获得了相似的结果。

表 格

表二十三　在 1890 年和 1923 年[1]的一个星期内报纸上文字部分[2]所覆盖的地理范围

范围	1923 年 早报（7 天）	1923 年 晚报（6 天）	1890 年 晚报 I（6 天）	1890 年 晚报 II（6 天）
新闻所占总版面（平方英寸）	6 900	6 560	2 057	1 286
百分比	100.0	100.0	100.0	100.0
本地	17.6	19.7	24.1	45.6
县	7.0	6.1	5.7	4.5
州	13.5	6.7	11.8	8.4
全国	39.4	25.9	31.2	25.0
国际	9.0	11.1	8.9	5.2
非地域性的	13.5	30.5	18.3	11.3

注：
[1] 两个时期的数字都是根据该年三月份的第一个星期计算的。从这么短的时间内得到的数据当然只能被看作仅仅具有参考价值。
[2] 包括评论。

表二十四　1890 年[1]和 1923 年一个星期内报纸文字部分[2]的主题分布情况

新闻主题	1923 年 早报（7 天）	1923 年 晚报（6 天）	1890 年 晚报 I（6 天）	1890 年 晚报 II（6 天）
新闻所占总版面（平方英寸）	6 900	6 560	2 057	1 286
新闻所占版面的百分比	100.0	100.0	100.0	100.0
公众事务[3]	18.2	13.2	13.0	5.1
政治[4]	1.5	0.8	21.6	13.0
商业	9.7	3.5	3.9	2.9
法律[5]	2.3	1.3	1.2	1.5

续表

新闻主题	1923年 早报（7天）	1923年 晚报（6天）	1890年 晚报Ⅰ（6天）	1890年 晚报Ⅱ（6天）
劳动	0.3	0.2	0.9	0.8
农业[6]	0.9	1.3	6.5	2.1
公安	6.8	8.1	4.8	7.6
离婚	0.6	1.0	0.0	0.0
事故	1.8	2.1	6.4	4.4
私人事务	8.9	12.0	8.3	19.1
社会	5.6	3.9	3.1	4.3
女性[7]	2.3	4.5	1.0	0.0
健康	1.3	0.5	0.1	0.2
慈善	0.3	0.3	0.2	0.5
宗教	2.5	2.1	1.8	9.4
教育	1.3	0.7	1.9	2.5
科学	1.1	0.9	2.7	1.3
收音机	0.2	0.3	0.0	0.0
体育	15.9	10.4	4.4	3.1
文学	0.4	0.2	0.1	0.4
艺术[8]	0.7	0.9	1.7	2.4
剧院	2.2	1.7	0.0	0.2
旅游	1.2	1.8	1.7	5.3
卡通	7.6	21.6	0.0	0.4
小说	1.8	3.0	3.8	0.0
笑话	1.4	1.3	2.9	7.9
天气	0.5	0.6	1.1	1.4

续表

新闻主题	1923年		1890年	
	早报（7天）	晚报（6天）	晚报Ⅰ（6天）	晚报Ⅱ（6天）
其他	2.7	1.8	6.9	4.2

注：
① 参见表二十三注释②，数字是以星期为单位计算的。仅仅调查一个星期，所得数据只可能具有参考价值。
② 包括评论。
③ 比如立法、在主要的街道修建一条新的人行道等。在1890年，第一类报纸有一个正式的栏目，综述前一天议会和联邦政府的工作。而中镇今天的报纸再也没有这样对政府工作的系统报道。
④ 选举新闻、候选人等。1890年，政治新闻某种程度上受正在进行的选举的影响。尽管一代以前的人阅读中镇的报纸的时候，一个很深的印象就是，报纸既预测选举结果，又不断否决自己的预测结果。
⑤ 不动产过户，起诉书，除了离婚和刑事案件的判决。
⑥ 除了市场行情，这已经包括在商业中了。
⑦ 多萝西·迪克斯款式、女服制造业、食谱、家务须知等。
⑧ 除了有关音乐和艺术俱乐部的新闻，这已经包括在社会新闻之中了。

索 引

（索引中的页码为原书页码，即本书边码。）

A Story Teller's Story, Sherwood Anderson 舍伍德·安德森《一个说书人的故事》 157n.

Academy of Medicine 医学协会 229, 301, 441, 443，250, 338, 493，

Accident, industrial 工伤

 common law responsibility for ～不成文的法律责任 70

 loss of time ～造成的时间损失 68

 number of ～的数量 68

 socialization of hazards of ～的危害的社会化进程 70

 Visiting Nurses' Association 出诊护士协会 69n.

Ad. Club 广告俱乐部；见 Advertising Club

Admas, Henry, *Education of Henry Adams* 亨利·亚当斯《亨利·亚当斯教育学》 10n.

Adjustment, emotional 情绪调整 501；另见 Emotional conflicts

Administration, public, cost of 行政机构的公共成本 413

 emotional factors in ～中的情绪因素 413f.

 transient 瞬息即变的～ 414n.

 training for 为～进行训练 422

Advertising 广告（业） 47, 81

 automobile 汽车～ 256, 259

 books 书籍～ 234

 church revivals 福音布道会～ 380

 clothing 衣服～ 161, 166

 laundry 洗衣店～ 172

 magazines 杂志～ 158

 newspaper 报刊～ 474f.

 "patent" medicines "专利"药品～ 437

 pressure of ～的影响 491n.

 "quack" doctors 江湖医生～ 439

 motion pictures 电影～ 81, 267f.

索　引

radio　收音机　81
"Truth in"　～的真实性　442；另见 Diffusion, Standard of living
Advertising Club　广告俱乐部　229, 354, 407, 433, 492
　and medical advertising　～和医疗广告　442
　and unemployment　～和失业　58
Age, distribution of male workers　男职工的年龄分布　32
　of those getting a living　养家人的～　30f.
　old age as "social problem"　老龄作为"社会问题"　35n.
　Old Age Pension　老年退休金　35n.
　and prestige of workers under machine production　～和机器生产下的工人优势　31f.
"Age of consent"　"承诺年龄"　355n, 433
Agriculture background　农业背景　10f, 176
Allowance, money　补贴，钱　141f.
Alsberg, Carl L.　卡尔·L. 阿尔斯伯格
　"Progress in Federal Food Control"《联邦食品控制的进展》449n.
Alternatives, multiplicity of　备选方案的多样性　175
American Association of University Women　美国大学妇女协会　467n.
American Child Health Association, report of field staff doctors　美国儿童健康协会，临床医生的报告　446, 448, 449, 450n., 457
American Commonwealth, James Bryce　詹姆斯·布赖斯《美利坚共和国》47n., 227, 419, 422
American Legion　美国军团　490
American Police Systems, Raymond B. Fosdick　雷蒙德·B. 福斯迪克《美国警察系统》428n.
An Analysis of the Content of Elementary High School History Texts, Raymond H. Snyder　雷蒙德·H. 斯奈德《初级中学历史课本的内容分析》199n.
Andaman Islanders, A. R. Brown　A. R. 布朗《安达曼群岛上的岛民》490n.
Anderson, Sherwood　舍伍德·安德森
　quoted　引用～　487
　A Story Teller's Story《一个说书人的故事》157 n.
　Poor White《穷白人》12n.
Andrews, Benjamin R., *Economics of the Household*　本杰明·R. 安德鲁斯《家庭经济学》171n.
Anthropology, A. L. Kroeber　A. L. 科若伊伯《人类学》498n.

Anti-Tuberculosis Society 结核病预防协会 295,451；另见 Tuberculosis

Apprenticeship, abandonment of 放弃学徒制 73f.

Art 艺术
 and leisure time ～作为一种休闲活动 248f.
 channels diffusing ～传播渠道 249
 in clubs vs. homes ～在俱乐部与在家庭中对比 249
 in the nineties 90年代的～ 248
 study of ～的学习 201

Art of Illumination, Louis Bell 刘易斯·贝尔《照明的艺术》98n.

Associations 协会；见 Clubs

Athearn, Walter S., *The Religious Education of Protestants in an American Commonwealth* 沃尔特·S.亚瑟恩《美国联邦新教徒的宗教教育》332n., 335n., 358n., 384, 391n.

Athletics 体育运动
 adult support 成人支持～ 212f.
 and civic loyalty ～与公民忠诚 485f.
 basketball 篮球 283f.
 Sunday 礼拜日的～ 340f.

Automobile 汽车 95, 114, 120, 137, 253
 and family ～和家庭 119, 137, 153n., 253, 254, 257
 and clothing ～和服装 255
 and food ～和饮食 256
 and holiday celebrations ～和节日庆典 260
 and home equipment ～和家庭设施 256
 and labor union ～和工会 254n.
 and leisure time ～和休闲时光 251f.
 and church ～和教堂 258, 350n., 362
 and machine production ～和机器生产 42
 and meal-time ～和进餐时间 153n.
 and mortgages on homes ～和以住房为抵押 254
 and prostitution ～和卖淫 114
 and residence of workers ～和工人的居所 64
 and Sunday observance ～和星期天的仪式 258
 and the horse ～和马 251
 and vacations ～和假期 261
 credit ～和贷款 105
 rime and 犯罪和～ 258
 distribution by kind 按～种类分布 253n.

"Bad times" "萧条时期" 87, 184n.,

501
and unemployment ～和失业 56
Bagley, W. C., and H. O. Rugg, *The Content of American History as Taught in the Seventh and Eighth Grades* W. C. 巴格利和 H. O. 鲁格《七年级和八年级美国历史的教学内容》199n.
Bar Association 酒吧协会 229, 492n.
Barnett, George E., "The Introduction of the Linotype" 乔治·E. 巴尼特《整行铸排机排版介绍》229n.
Barnum, P. T. P. T. 巴纳姆
and the auto ～和汽车 252
Basketball 篮球 212, 284f., 377
and group solidarity ～和群体整合 485
Bath-rooms 浴室 83, 97, 256
Beliefs, religious, all sufficiency of Christianity 信仰，宗教，基督教适用于全人类 316
God as revealed in Christ 上帝的思想通过耶稣基督来传递 319
heaven and hell 天堂和地狱 319
in everyday life 日常生活中的～ 406
peculiar sacredness of church 教堂特有的神圣性 372
sacredness of Bible 《圣经》的神圣性 317

variety in 多种多样的～ 330
Bell, Louis, *The Art of Illumination* 刘易斯·贝尔《照明的艺术》98n.
"Belonging", sense of "归属感"
more prevalent among business class ～在经营阶级中更为普遍 495
symbols of ～的符号 81, 95 100n., 103
Bible 《圣经》 204, 230n., 288f., 310, 324 f., 363, 385 f., 396f., 407
sacredness of ～的神圣性 317
use of phrases from ～中名言警句的使用 318; 另见 Sunday School
Bicycles 自行车 64, 283
Birth control 生育控制；见 Contraception
Board of Children's Guardians 儿童保护委员会 433
Bolshevism 布尔什维主义 292
Book, William F., *The Intelligence of High School Seniors* 威廉·F. 布克《高中生的智力》51n., 185n.
Books 书，书籍，图书 100, 102, 150n.
advertisements of ～的广告 234
buying of current 目前～的购买 230
classification of, in library 图书馆中～的分类 237
fiction predominant 偏爱小说 241

history, in schools 学校中的历史～ 199

men do not discuss 男性不讨论～ 232

number in library 图书馆中～的数量 230

on business and technical subjects 有关商业和科技的主题～ 237n.

on hygiene in schools 学校的卫生与保健～ 190

"Boosting," as fostering social illiteracies "刺激",制造社会文盲 222, 488

Botany 植物学 204

Boy Scouts 童子军 337, 397, 128n.

Broken Homes, Joanna C. Colcord 乔安娜·C.科尔卡多《破碎的家》 141n.

Brown, A. R., *The Andaman Islanders* A. R. 布朗,《安达曼群岛上的岛民》 490n.

Bryce, James, *The American Commonwealth* 詹姆斯·布赖斯《美利坚共和国》 47n., 227, 419, 422

Budget, family 家庭预算
and automobile ～和汽车 254

Building and loan association 住房贷款协会 29, 104

Burns, Mary Strong, "Quacks and Patent Medicines" 玛丽·斯特朗·伯恩斯《庸医和专卖药》 442n.

Burt, Cyril, *The Young Delinquent*, 西里尔·伯特《青少年犯罪》 268n.

Business, dominance of 商业的支配地位 48

private and public 私人和公共的～ 434

Business class 经营阶级

age of those getting a living ～谋生者的年龄 35

and book buying ～买书 230

and music ～和音乐 246

and newspapers ～和报刊 471

attitude on "bad times" ～对待"萧条时期"的态度 88

attitude on labor unions ～对待工会的态度 79

attitude toward health advertisements ～对待医疗广告的态度 441

club life of, compared to working class ～和生产阶级相比,俱乐部生活 308

definition of ～的定义 22

demarcation from working class ～和生产阶级之间的界限 478

control of newspapers ～控制报刊 476

interior furnishings of houses ～住房内部的装饰 100f.

outlook ～的前景 89

occupational distribution of sample

families　～样本家庭的职业分布　508
reading　～阅读　240
rising hours　～的起床时间　54
standardization of ideas　～理念的标准化　492
Business and Professional Women's Club　商业和职业妇女俱乐部　76

Canning, household　家庭制作罐头　156
Cards　桥牌
and leisure time　～和休闲时间　281, 287
Case of Bituminous Coal, Walton Hamilton　《烟煤筐》，瓦尔顿·汉密尔顿　89n.
Catholicism　天主教　293, 332f., 363, 388, 482
Censorship　审查　348
Centralizing Tendencies in the Administration of [the States], W. A. P. Rawles　《（美国）政治的主要趋势》，W. A. P. 罗尔斯　31n.
Chain stores　连锁店　45
Chamber of Commerce　商会　76, 88, 295, 301n., 407, 460, 484f.
Change, Social　社会变迁；见 Social Change
Changes in the Food Supply, Lafayette B. Mendel　《食品供应的变迁》，拉菲叶特·B. 门德尔　156n.
Chapel, secularization of school　礼堂，学校的世俗化　217n.
Chapin, F. S., "The Lag of Family Mores in Social Culture"　F. S. 查平《社会文化中家庭习俗的滞后性》　176n.
Character　性格　220
Charity　慈善
and Rotary　～和扶轮社　460
and the lodges　～和互助会　461
and the unable　～和无法　458f.
as a business class occupation　～作为经营阶级的一种职业　466
county poor asylum　县穷人收容所　467
in the nineties　90年代的～　462
individual responsibility,　个人责任　469
social problem　社会问题　469
Social Service Bureau　社会服务局　295, 433, 438, 458, 462
Chase's Receipt Book　蔡斯的《食谱》　157, 436
Chautauqua　夏季教育类户外集会　297
books　～的书籍　232
reading circles　夏季教育读书会　297
Child labor　童工　30f.

Child-bearing, a moral obligation 生育子女，道德责任 131
Childbirth 生育
 and "ancestor wisdom" ～和"前人智慧" 453
Children 孩子，儿童 124
 age of joining church ～入教的年龄 382
 allowance ～补贴 141 f.
 and sex hygiene ～和性卫生 145
 approaches to other sex ～接触另一个性别 137
 attitudes on rearing 有关养育～的态度 178
 attractions outside homes 家外具有的吸引力 137
 books and instruction on rearing of 有关养育～的书籍和指导意见 149f.
 child labor 童工 31
 college attendance of ～的大学入学 197n.
 "dates" "约会" 134
 declining dominance of home 家庭控制的削弱 140
 "discipline" and "obedience" in training of 训练～时的"责罚"和"顺从" 142
 dress of ～的服装 140
 early sophistication of ～的早熟 140

father's role in rearing 养育～中父亲的角色 148
fewer, per married couple 每对结婚的夫妇不要太多～ 131
cleavage with parents in learning domestic science ～进行家政学习时和父母的分歧 133
family status as effecting future of 家庭地位影响～的未来 186
"independence" and "frankness" in, stressed by parents 父母强调～的"独立性"和"坦率" 144
law enforcement 法的实施 432f.
divergence from parents' vocations ～与父母职业的差异 133
modesty in ～的谦虚 140
mothers' role in rearing 养育～时母亲的角色 146
parental perplexity 父母的困惑 151
"petting parties" "爱抚晚会" 138
school attendance 入学 182n.
public playgrounds 公共游乐场 133
rating of qualities desired in parent ～对父母期望品质的排序 149, 323
relaxing of parental control 家长控制的放松 138
school training 学校教育 188f.

索　引

"spending" money　"花"钱　141
sources of disagreement with parents
　～与父母发生冲突的原因　134n.
Sunday a "difficult" day for　对
　于～礼拜日是最"难过"的一
　天　342; 另见 Education
Children's Bureau Publication No. 126,
　Minors in Automobile and Metal-Manu-
　facturing Industries in Michigan　儿
　童部出版物第126号,《密歇根汽
　车和钢铁制造业中的未成年者》
　32n.
Children's Court　儿童法庭; 见 Juvenile Court
Christian, defined　定义的基督徒　315
Christian, Endeavor　为基督教努力
　的人　341, 401
Christian, Science　基督教, 科学
　454, 457
Christian Science Monitor　《基督教
　科学箴言报》
　and local papers　～和地方报纸
　473n.
Christmas　圣诞节　460
Christmas savings clubs　圣诞储蓄俱
　乐部　287n.
Church membership　教会成员　355f.
　age of　～的年龄　355n.
　and church work　～和教会的工作
　356

financial aspect　～财务方面　356f.
who may join　谁参加～　355
Church　教会
the age of joining　入～的年龄　382
and dancing　～和跳舞　401n.
attendance　参加～　322
Bible classes　《圣经》读书班　386
Building　～建筑　315
building changes　～建筑的变化
　336
buildings open daily　～建筑物每
　日开放　336
business methods in　～生意的方法
　403
denominations　教派　332 f.
financial support　财物支持　356f.
forms of religious observance　宗教
　仪式的形式　398
"loyalty" to　"忠于"～　144, 323
membership　～成员　355f.
men's associations　男子协会　276
organizations within　～中的组织
　398f.
popular reverence for　民众崇敬～
　321f.
prayer meetings　祈祷会　382
revivals　～复兴　378
services　～服务　390
social clubs in　～中的社交俱乐部
　398

social importance to working class　～对于生产阶级的社交重要性　400
social role to working class　～作为生产阶级的社交角色　400
social role of　～的社交角色　275
Sunday School　主日学校　383f., 393
Sunday evening service　礼拜日晚祷　359n., 377
things binding member to　把教徒和～联合起来的事情　356, 369
City manager plan　城市管理计划　427
"Civic" work of clubs　俱乐部的"公民"事务　294f.
Civic clubs and charity　城市俱乐部和慈善　460
Civic loyalty　公民的忠诚　109, 466, 484f., 486f.
　　and patriotism　～和爱国主义　488
　　and school athletics　～和学校的体育运动　485
　　instrumental to getting a living　谋生的工具　487
　　of working and business class　生产和经营阶级的～　55
Civics, in schools　公民学，学校　196
Clothing　服装　82n.
　　and mating　～和择偶　167
　　and the automobile　～和汽车　255

cost of　～的成本　163f.
home-made　自家做的～　165f., 171
less important to males　～对于男性更不重要　160
moral role of　～的道德角色　159
rising standards　～标准的提高　161
social competition in　～的社交竞争　162f.
style show　时装表演　82
Clubs　俱乐部
and education　～和教育　287
and social prestige　～和社会声望　296
church　教堂～　398
civic work of　～的公民事务　294f.
discussion of child-rearing　～讨论育儿　292
literary　～文学　287f.
membership　～会员　296
men's associations　男子协会　275, 299
number　～数量　286
programs of　～的活动　289f., 297f.
study　～学习　287f.
types of　～的种类　286n.
working men's　工作的男性的～　77；另见 under name of specific club
Colcord Joanna C., *Broken Homes*, 乔安娜·C.科尔卡多《破碎的家》

128n.
College, attendance at 大学入学 183, 197n.
Community Chest 团体公款 460, 462, 467n.
Community club 社区俱乐部 409
Community singing 全社会歌唱 246n.
Community 社区
 the activities promoting civic loyalty ～促进公民忠诚的活动 484f.
 annual "days" and "weeks" ～每年的"日"和"周"活动 491
 "belonging", sense of ～的"归属"感 495
 care of health of ～保健 435f.
 class restrictions 阶级的限制 479
 "democratic" government ～的"民主"政府 413
 economic cleavages in ～在经济上的差异 479
 groups in ～的群体 478
 how it views problem of government ～怎样看待政府的问题 426
 independence of thought in ～思想的独立 494
 law enforcement 法的实施 427
 money and social status 金钱和社会地位 480
 party loyalty 政党的忠诚性 414

 politics 政治 413f.
 pride 自豪 486
 racial lines in ～的种族界限 479
 religious prejudice 宗教偏见 481, 482
 salaries of public officials ～公务员的薪水 421
 school houses as community centers 学校的大楼成为了～活动的中心 485n.
 things making and unmaking the 形成和解体～的事物 478f.
Competition 竞争 116, 126n., 269n., 304
 "Compulsory education" "义务教育" 181
 and getting a living ～和挣钱养家 30
 early attitude on 早期关于～的态度 218n.
Conformity 一致性 278
 and choice of vocation ～和职业的选择 50
 and vocational education ～和职业教育 194n.; 另见 Standardization
Conservatism, Radicalism and Scientific Method, A. B. Wolfe 《保守主义、激进主义和科学方法》, A. B. 沃尔夫 450n., 494n.
Consumption 消费

absence of training for 缺乏对~的训练 196

as "cause" of prosperity ~作为繁荣的"原因" 88

Content of American History as Taught in th Seventh and Eighth Grads, H. O. Rugg and W. C. Bagley 《七年级和八年级美国历史的教学内容》，H. O. 鲁格和 W. C. 巴格利 199n.

Contagious diseases 传染病 447

Continuum, culture viewed as 文化被视为统一体 3

Contractual relations and age of children 合同关系和儿童年龄 355n.

Contraception 避孕 111, 123f.
 attitude towards 对于~的态度 124f.
 knowledge of ~的知识 124

Contributions, church 教会捐献 356

Cooley, Charles Horton, *Social Organizations* 查尔斯·霍顿·库利《社会组织》 494n.

Cost of living 生活费（用） 84, 86; 另见 Standard of living

Cottage prayer meetings 别墅祈祷会 338

Council of foremen 工长委员会 71

Credit 贷款 67, 116
 spread of ~的普及 45
 in financing homes 住房~ 104

pressure of for conformity ~一致性的压力 47, 278, 492; 另见 Installment buying

Crime 犯罪
 punishment as deterrent 起威慑作用的惩罚措施 430
 "suspended sentence" and "缓期宣判"与~ 431; 另见 judges, Juvenile Court, Police

Crime and Custom in Savage Society, Bronislaw Malinowski 《原始社会的犯罪和习俗》，布朗尼斯瓦夫·马林诺夫斯基 488n.

Criminal Justice in Cleveland, Roscoe Pound 《克利夫兰的刑事司法制度》，罗斯科·庞德 61n., 414n.

Cultural in-breeding 文化上的近亲繁殖 197n., 207

Cultural lag 文化堕距 98, 105n., 106, 123, 126n., 133n., 140, 150n., 155n. 281n., 413

Culture pattern 文化形式 4n.

Dancing 跳舞 281
 and charity ~和慈善 462
 and the church ~和教会 401n.
 cost of ~的花费 83n.

Daughters of the American Revolution 美国独立战争女儿会 489

Day Nursery 全日制托儿所 295,

467n.
Daylight saving time 夏令时 53
"Dean of Women", in the high school 中学"女校长" 134
Decentralization of residence of workers 工人居住地点的分散化 64
Delphian Chapter 德尔亚菲分会 232n., 297—299
"Democratic" government "民主"政府 413
Denominational rivalry 教派竞争 333f., 349, 479
Devil 魔鬼 178
Dewey, John 约翰·杜威
　Experience and Nature ~《实验与自然》161n.
　"The American Intellectual Frontier" ~《美国的知识领域》8
Diet 菜谱 155f.; 另见 Food
Diffusion 传播，施行 81, 109, 116n., 126n., 140, 150n., 155n., 157, 240, 240n., 241n., 472
　and child training ~和儿童训练 138
　and standard of living ~和生活水平 81
　automobile 汽车的~ 254
　bathrooms 浴室的~ 256
　by reading 通过阅读~ 232
　of clothing styles 服装款式的~ 161
　of health among children 健康在儿童中的~ 449
　of housekeeping habits 家务习惯的~ 175
　of new occasions for spending money 新的花钱的地方的~ 83
　differential rate touching material culture 接触物质文明的不同速度 98
　periodic reading 杂志阅读 240
　process of ~的过程 5
　telephones 电话的~ 173n.
Divorce 离婚 111, 114n.
　and money matters ~和经济考虑 126
　and unemployment ~和失业 127
　causes of ~的原因 120f.
　Dorothy Dix on 多萝西·迪克斯关于~ 128
Dix Dorothy 多萝西·迪克斯
　on child rearing ~关于育儿 148
　on divorce ~关于离婚 128
　on housework ~关于家务 169
　on marriage ~关于结婚 116
Doctors 医生
　Academy of Medicine 医学院 441
　and health advertisements ~和医疗广告 441
　training 训练~ 442f.

"quack" "江湖"～ 439
  in a pecuniary culture 金钱文化中的～ 443
Doubt, prohibition of religious 禁止对宗教的怀疑 316, 317n., 331
Dress 服装；见 clothing
Drinking 饮酒 277n.
Dynamo Club 充电俱乐部 303, 374

Eagles, The 鹰谊会 306
  benevolences ～捐献 461
Earnings 收入
  distribution of working class families' 生产阶级家庭的～分配 85
  males and females 男性和女性的～ 85
Early Civilization, A. A. Goldenweiser 《早期文明》, A. A. 戈登韦泽 3n., 31n.,132n.
"Easy labor market" "宽松的劳工市场" 58
Economic cleavages in the community 社区中的经济差异 78—79, 84f., 479
Economic status 经济地位
  and parental prestige ～和父母的声望 35
  and school attendance ～和入学 186
  of wives 妻子们的～ 126

Economics, in schools 学校中的经济学 199
Economics of Fatigue and Unrest, P. Sargant Florence 《动荡疲软的经济》, P. 萨金特·弗洛伦斯 43n.
Economics of the Household, Benjamin R. Andrews 《家庭经济学》, 本杰明·R. 安德鲁斯 171n.
Education 教育
  a symbol ～作为一个象征 219, 294
  and clubs ～和俱乐部 287
  and dress ～和穿戴 163
  and home ownership ～和房屋所有权 105
  and working class ～和生产阶级 80
  as occasion for wife's working, ～作为妻子工作的原因 28
  cost of ～的开支 83, 182n.
  compulsory 义务～ 218n.
  popular estimate of ～的人口估计 187, 219f.
  religious 宗教～；见 Religious Education
  secularization of ～的世俗化 203
  takes place of definite vocational plan ～取代了一切既定的求职计划 49; 见 Teaching, School, Children
Education of Henry Adams, Henry

索引

Adams 《亨利·亚当斯教育学》,
亨利·亚当斯 10n.
Education for Consumption, Henry Harap
《消费教育学》, 亨利·哈拉普
166n.
Electricity 电 98
  consumption of ～的消费 172
Electrical World 《电气世界》 40n.
Elks 厄尔克斯慈善互助会 280
  and charity ～和慈善 461
Ely, Richard T., *Mortgages on Homes, 1920* 理查德·T. 埃利《1920年的住宅抵押贷款》 104n.
Emotional conflicts 情感冲突 82n., 167, 468, 480, 492
  adjustment 调整～ 501
  and automobile ～和汽车 254
  and learning of new habits ～和学习新习惯 500
  and secularization ～和世俗化 500
  in getting a living 谋生中的～ 80
  in politics 政治中的～ 415–416
  Ku Klux Klan 三K党 482f.
  prohibition on religious doubt 禁止对宗教的怀疑 317n.
Employment Hours and Earnings in Prosperity and Depression, Willford I. King 《繁荣期与萧条期的就业时间和就业收入》, 维尔福德·I. 金 56n.

Employment 就业
  mobility of ～的流动 64
  of married women 已婚女性的～ 29
  of young workers 年轻工人的～ 33
  steadiness vs. high wages 稳定与高薪对比 60; 另见 unemployment
English Middle Class, R. H. Gretton 《英国中产阶级》, R. H. 格雷顿 23n.
Epstein, Abraham, *Facing Old Age* 亚伯拉罕·爱泼斯坦《面对老年》 35n.
Epworth League 埃普沃思联盟 401
Eriksson, Erik McKinley and Arthur M. Schlesinger, "The Vanishing Voter" 埃里克·麦金利·埃里克松和亚瑟·M. 施莱辛格《消失中的选民》 416n.
Ethical codes 道德准则 492n.
Ethical Society 伦理协会 300, 317, 493
Evolution, attitude toward 对演化的态度 204, 331, 360n.
Experience and Nature, John Dewey 《实验与自然》, 约翰·杜威 161n.
Extra-curriculum activities 课外活动 212f.

Facing old Age, Abraham Epstein 《面

对老年》，亚伯拉罕·爱泼斯坦 35n.
Facts and Figures of the Automobile Industry 《汽车工业的事实和数据》 253n.
Falk, I. S., *The Principles of Vital Statistics* I. S. 弗科《人口统计原则》 448n., 453n.
Family interviews　家庭访谈
Family　家庭
    affection between the husband and wife　丈夫和妻子之间的情感　129
    "altar"　"神龛"　337
    and money　～和金钱　120
    attitudes on　对～的态度　117
    automobiles and　汽车和～　119
    canning　制作罐头　156
    child-rearing　育儿　132, 292
    choice of mate　择偶　114
    clothes　服装　140
    divorce　离婚　114n., 120f.
    food　食品　155
    "good" and "bad" homes　"好"和"坏"的家　132
    housework　家务　167
    interviews with business class　对经营阶级～的访谈　33, 59, 75, 126, 135f., 142, 146, 155, 238, 254, 264, 270, 273f., 304f., 308, 323f., 348f., 356, 366f., 507
    interviews with working class　对生产阶级～的访谈　27, 34, 59, 62, 63, 67, 75, 124, 136, 140, 143, 147, 155, 254, 255, 262, 264, 270, 272f., 277, 308, 323. 356, 360f. 507
    prayer　祈祷者　337
    relations between husband and wife　丈夫和妻子的关系　118, 120
    "respecting children's opinions"　"尊重孩子的观点"　144
    sexual relations, non-martial　非婚姻性关系　112
    size of　～的规模　110
    spending time together　共同花钱　144
    unemployment and　失业和～　127
Father　父亲　148, 241n.
Fear　畏惧　493,
Federal Meat Inspection Service, A. D. Melven 《联邦肉类检验服务》, A.D. 麦尔文　450n.
Fifty Years in Pharmacy, George W. Sloan 《制药 50 年》, 乔治·W. 斯隆　157n.
Federated Club of Clubs　联合俱乐部　287f., 289, 295, 338
    and civic work　～和公民工作　295f.
Fifty years of American Education, Ernest C. Moore 《美国教育五十

年》，欧内斯特·C.穆尔 206n.
Fisk, Eugene Lyman, on health 尤金·莱曼·费斯科关于身体状况 444n.
First-aid care in industry 工厂中的急救护理 69
Flexner, Abraham, *Medical Education in the United States and Canada* 亚伯拉罕·弗莱克斯纳《美国与加拿大医学教育》 445 n.
Florence, P. Sargant, *Economics of Fatigue and Unrest* P.萨金特·弗洛伦斯《动荡疲软的经济》 43n.
Folk-talk 民间谈话 6
Food 食物 97, 155
　　and automobile ～和汽车 256
　　and working class ～和生产阶级 62
　　ceremony of blessing 祝福仪式 338
　　home baking 家庭烘焙 155
　　social function of ～的社会功能 153
Food Customs and Diet in American Homes, C. F. Langworthy 《美国家庭的饮食习惯》，C.F.朗沃斯 157n.
Food inspection 食品检查 449
Fosdick, Raymond B. 雷蒙德·B.福斯迪克
　　quote 引用～ 414n.
　　American Police Systems ～的《美国警察系统》 428n.
Frederick, Christine, "New Wealth" 克里斯丁·弗里德里克《新财富》 158n.
"Free Competition" "自由竞争" 89
Free Kindergarten 免费幼儿园 295
Free will, tradition of 传统的自由意志 48, 65, 115n., 355n., 497
Friends 朋友
　　and neighborhood ～和邻居 274
　　attitude of working and business class on 生产和经营阶级对～的态度 272f.
　　men's 男性的～ 276
　　telephone visiting 用电话和～保持联系 275
　　where met 在哪里遇见～ 273
Function, definition of 功能的定义 6n.
Future 未来
　　relation of installment buying to 分期付款与～的关系 46n., 61n., 82
Future Life 未来生活 319f., 324f., 361

Gambling 赌博 281n.
Gardens 花园 95n.
Gas boom 天然气的发现 10, 13f.
Getting a living 谋生，挣钱养家
　　accidents 工伤 68

age of those engaged in 那些的～的人的年龄 30f.
amount earned 赚钱的数量 84f.
and compulsory schools ～和义务教育 30
four hundred ways of ～的400种方式 22
importance of money 钱的重要性 80
instrumental ～的手段 52
"intelligence" as factor in "智力"作为～的因素 36
married women 已婚女性～ 26f.
mobility ～的流动性 61
negroes 黑人～ 36
promotion 晋升 65f.
social position and 社会地位和～ 81
steady work vs. high wages 稳定的工作与高薪对比 60
technical training 技术培训 67
those engaged in 谋生者 21f.
vocations 职业 55n.
women's work 女性的工作 25
predominance of working class in 生产阶级在～上的优势 22
hours of work 工作的时间 53
Gillin, John L., *Wholesome Citizens and Spare Time* 约翰·L.吉林《健康的市民和闲暇时间》 285n.

Glass plants, technological processes 玻璃厂，工艺过程 40f.
God 上帝 178, 198, 204, 294, 315n., 324f., 457, 483, 489
Goldenweiser, A. A., *Early Civilization* A. A. 戈登韦泽《早期文明》 3n., 31n., 132n.
Goldwater, S. S. S. S.哥登沃特
 quoted 引用～ 453n.
Golf 高尔夫球 47, 147n., 283
Gompers, Samuel 塞缪尔·冈珀斯
 visit of ～的来访 78
"Good times" "景气时代" 55n., 87
Government 政府 423f.
Gries, John M., "Housing in the United States" 约翰·M.格雷斯《美国的住宅》 108n.
Gretton, R. H., *The English Middle Class* R.H.格雷顿《英国中产阶级》 23n.
Group solidarity 团体团结 80
 and basketball ～和篮球 485
 things making and unmaking ～的形成和解体的 478f.
Groupings, social 社会群体 478
Guest, Edgar 埃德加·格斯特
 quoted 引用～ 238, 473
Gymnasium classes 体育馆课程 283
 in schools 学校的～ 202

Habits, diffusion of 习惯的普及

and emotional resistance ～和情感上的抵触 500
Hamilton, Walton, *The Case of Bituminous Coal* 瓦尔顿·汉密尔顿《烟煤筐》89n.
Hammond, J. L., and Barbara, *The Town Labourer 1760—1832* J. L. 哈蒙德和巴巴拉·哈蒙德《1760—1832年的劳工城》57n.
Handball 手球 285
"happy ending" "令人满意的结局" 238
Harap, Henry, *Education for Consumption* 亨利·哈拉普《消费教育学》166n.
Harland Marion 玛丽昂·哈兰德
 quoted 引用～ 117, 285n., 438
Harrison, Shelby M., *Public Employment Offices* 谢尔比·M. 哈里森《公共职业介绍所》59n.
Health 健康，医疗 443, 445
 accidents in work 工伤 68
 childbirth 分娩 453f.
 contagious diseases 传染病 447
 contraception 避孕 126
 care of ～保健 435f.
 clinics, venereal and tuberculosis 性病和结核病防治所 451
 doctors 医生 442; 另见 Doctors
 first aid in industry 工厂的急救 69
 food inspection 食品检验 449
 health officer 卫生官员 445, 456f.
 medical profession and money-making 医疗专业和赚钱 443, 445
 nervous diseases 神经系统疾病 69
 folk-cures 民间疗法 435f.
 "patent" medicines "专利"药品 437
 medical skill 医疗技术 444
 nostrums 并不灵验的治疗 438
 "quack" doctors "江湖"医生 439
 of school children 学生的～ 448
 "spring sickness" "春季病" 157
 summary of local situation 对当地～情况的简述 455f.
 typhoid 伤寒 446f.
 venereal disease and tuberculosis 性病和结核病 443
 Visiting Nurses' Association "出诊护士协会" 69n., 278, 295, 335, 452, 456, 463, 492
 Workmen's Compensation 工人的赔偿 68n., 70
Health Officer 卫生官员 445, 456f.; 另见 Health
Heating 供暖 96
Heckling, absence of 质问的缺乏 228n.

Help, hired, 帮助，被雇佣；见 Servants
"High cost of living" "高生活消费" 84
High school 中学；见 School
Hill, James J. 詹姆斯·J.希尔
　quoted 引用~ 7n.
Historical background of Middletown 中镇的历史背景 10f.
History 历史
　in schools 学校的~ 196f.
　textbooks ~课本 199
　Yale Press Historical Motion Pictures 耶鲁大学出版社发行的~影片 200
Hi-Y club Hi-Y 俱乐部 216, 461
Hobbies 爱好 309
Hofer, W. A., "The Economic Value of the Jobber as a Distributor" W. A. 胡弗《批发商和分送人的经济价值》 438n.
Homes 家庭
　advertising and changes in ~中的广告与变化 158
　as locus of family activities ~作为家庭活动场所 140
　and competition of automobile ~和汽车的竞争 258f.
　bathrooms 浴室 256
　financing of ~的贷款 104

"housework" "家务" 167, 175
　labor-saving devices and 省力的设备和~ 83, 172, 174
　magazines in the ~的杂志 239
　mobility ~的流动性 109
　number of ~的数量 94
　ownership of ~的所有权 105
　"sacred institution" "神圣机制" 177
　servants in the ~中的女佣 169f.
　time spent in housework 家务劳动的时间 168
　wages of servants 女佣的工资 170; 另见 Family, Houses
Honesty 诚实 220
Hookstadt, Carl, "Reclassification of the U. S. 1920 Occupational Census by Industry" 卡尔·胡克斯塔德《按产业再分类的美国1920年职业普查》 52n.
Horses 马 251
Hours of work 工作时间 53f.
Houses 房屋
　age of ~的年龄 94
　bathrooms 浴室 97
　construction 建造~ 106
　electric lighting 电灯 98
　equipment 设备 96
　heating 供暖 96
　interior furnishings of ~的室内装饰 99

索　引　　　　　　　　　*643*

　　ownership　～所有权　108f.
　　parlor　客厅　98
　　porch　门廊　96
　　renting　租赁　106
　　shortage of　～的紧缺　106
　　size of　～的面积　93f., 171
　　size of yard　院子的面积　94
　　"spare" room, decline of　"空闲"房间数量的下降　110n.
　　styles in　～的样式　95n.
　　 water, running　自来水　97；另见 Homes
Housework　家务　27, 167, 168, 175
　　cleaning　扫除　171
　　hand skills, disappearance of　手工劳作的消失　172
　　labor-saving devices　省力的设备　172
　　laundry　洗衣服　173
　　shifting standards　变化的标准　171
Housing　住房　82n.
　　shortage　～短缺　106
Humane Society　慈善团体　295, 409, 468
Hygiene, in the schools　学校的保健　190

Illiteracy　文盲
　　new types of, created by advertising　广告创造的新型～　166
　　created by new inventions　新发明制造的～　222
Imperial Germany, Thorstein Veblen　索斯坦·维勃伦《德意志帝国》　42n.
"Improving one's mind"　"充实人们的头脑"　297
In-between generation　代际间　140, 281f.；另见 children
Income, distribution of　收入的分配　85f.
Income tax　个人所得税　84
Industrial Evolution of the United States, Carroll D. Wright　《美国的工业化进程》，卡洛尔·D. 怀特　26n.
Infant mortality　婴儿死亡率　131n.
Installment buying　分期付款购买　46, 61n., 82, 104f., 175n., 255, 258n., 278；另见 children
Instrumental living　工具性生活　39, 44, 52, 80, 286, 296, 304；另见 Ku Klux Klan
Insurance, life, and unemployment　保险，生活和失业　62
　　group　集体～　78, 278
　　mutual aid　互助～　34n.
"Intelligence", cross section of　"智力"的交互分类　36
Intelligence of High School Seniors, William F. Book　《高中生的智力》，

威廉·F. 布克　51n., 185n.
Interview　访谈
　　business and working-class families, automobiles, ownership and expenditures on　关于经营和生产阶级家庭汽车、所有权和消费的～　254
　　baking　关于烤面包的～　155
　　child qualities　关于儿童品质的～　143
　　children, time spent with　关于儿童花时间所在的事情上的～　147
　　church contributions　关于教会捐献的～　356
　　contraception　关于避孕的～　124
　　decline of lodges　关于行会的减少的～　277
　　food, savings, shelter　关于食品、存款、住处的～　62f.
　　friendship　关于友谊的～　272f.
　　lodge dues　关于缴纳会费的～　308
　　method of interviewing　访谈的方法　507
　　movie attendance　关于看电影的～　264
　　musical instruments　关于乐器的～　244n.
　　promotion　关于晋升的～　67
　　religion　关于宗教的～　323f.
　　servants　关于女仆的～　169
　　sewing　关于缝补的～　165
　　use of leisure　关于闲暇时间的～　310
　　wife's working　关于妻子的工作的～　27
　　vacations　关于假期的～　262
Interviews, ministers　牧师访谈　356, 359, 371n., 383f.
　　Bible reading　关于读《圣经》的～　337, 356n.
　　family prayer　关于家庭祈祷的～　337
　　reading　关于阅读的～　345n.
　　salary　关于薪水的～　347
　　sex education　关于性教育的～　145
　　training　关于培训的～　347
　　work of　关于工作的～　346
Inventions　发明　5, 40f., 497
　　creating new illiteracies　～制造新文盲　222
　　reshaping leisure-time habits　～创新休闲方式　251f.
Isaak Walton League　艾萨克·沃尔顿联盟　225

Jews　犹太人　479, 483
　　and clothing trade　～和服装贸易　35
Judges　法官　429

Jury duty 陪审团责任 429
Juvenile court 青少年法庭 55, 268, 432f.

Keynes, Maynard, *New Republic* 梅纳德·凯恩斯《新共和》 81n.
Kindergarten 幼儿园 182, 468
King, Willford I., *Employment Hours and Earnings in Prosperity and Depression* 维尔福德·I. 金《繁荣期与萧条期的就业时间和就业收入》 56n., 65n., 86
Kiwanis 基瓦尼斯 303n., 486n.
Knights of Labor 劳工骑士团 77
Kolb, J. H., *The Rural Primary Groups and Their Discovery* J. H. 科伯《农村的初级群体和他们的发现》 274n.
Kroeber, A. L., *Anthropology* A. L. 科若伊伯《人类学》 498n.
Ku Klux Klan 三K党 122n., 308n., 333, 364, 365, 366, 479, 481f.

Labor Day 劳动节 77
Labor-saving devices in homes 家中的省力设备 29, 171f., 498
Labor, organized 有组织的工会
　　and competition of the automobile ～和汽车的竞争 254n.
　　and education ～和教育 194n.
　　and libraries ～和图书馆 232
　　in the nineties 90年代的～ 76
　　membership ～的会员 77f.
　　public opinion and 公众舆论和～ 78
　　social function gone ～社会功能的丧失 78
Langworthy, C. F., *Food Customs and Diet in American Homes* C. F. 朗沃斯《美国家庭的饮食习惯》 157n.
Laundries, commercial 商业洗衣店 174
Law enforcement 执法，法律的执行 428, 430f.
　　"age of consent" "承诺年龄" 433
　　and wealth ～和财产 434
　　as "social problem" ～作为"社会问题" 431
　　juvenile court 青少年法庭 432f.
　　judges 法官 429
　　jurisdictional disputes 关于管辖范围的分歧 433
　　jury duty 陪审团的责任 429
　　number of laws 法律的数量 427
　　probation 缓刑 432
　　public opinion and judges and juries 公共舆论、法官和陪审团 434
　　reliance upon punishment 依靠惩罚 430
　　suspended sentence 缓期宣判 431
Lay-offs 裁员 55f.；另见 unemp-

loyment
League of Nations 国际联盟 352
League of Women Voters 妇女选民联盟 426
Lectures 讲演 228f.
Legal profession 法律专业 421, 434
Leisure 闲暇
　art 艺术 248f.
　athletics 体育活动 283f.
　automobile 汽车 251f.
　books 书籍 229
　cards 打牌 281
　clubs 俱乐部 286
　clubs and unemployment 俱乐部和失业 63
　dancing 跳舞 281
　golf 高尔夫球 47, 147n., 283
　gymnasium 体育馆 283
　handball 手球 285
　hobbies 爱好 309
　inventions re-making 发明再创造 251
　men and women and new devices for 男性和女性和新型～方式 310
　motion pictures 电影 263
　music 音乐 242
　organization of 组织 272f.
　parties 聚会 278f.
　physical environment conditioning 客观环境的变动 225
　radio 收音机 269
　reading 阅读 229, 310
　standardization of ～的标准化 309
　talking and speeches 交谈和演说 226
　use by housewife 家庭主妇使用的～方式 310
Library 图书馆
　classification of books available in ～中图书的分类 237
　number of volumes ～中图书的册数 230
　political control 政府对～的控制 425
Life-activities 生活活动 4
Life-insurance 人寿保险；见 Insurance, life
Lighting, artificial 人造照明 98
Lodges 行会 277 280, 281n., 282, 304, 306—308
　and charity ～和慈善 461
Lutz, R. R., *The Metal Trades* R. R. 鲁茨《钢铁业》 66n.
Lyceum 学会 229

Magazines 杂志；见 Periodicals
Magic treatment of health 神奇的治疗 435
Mahjong 麻将 281n.

Malinowski, Bronislaw, *Crime and Custom in Savage Society* 布朗尼斯瓦夫·马林诺夫斯基《原始社会的犯罪和习俗》 488n.

Man and Culture, Clark Wissler 《人与文化》，克拉克·威斯勒 4n., 168n.

Management, industrial 工厂的管理 71

Marriage 婚姻，结婚
 affection in ～中的感情 114f., 129
 age of ～的年龄 110, 111
 choice of mate 择偶 114, 115f.
 companionship in ～中的陪伴 119
 contraception 避孕 123f.
 divorce 离婚 114n., 120f.
 Dorothy Dix on 多萝西·迪克斯关于～ 116；另见 Dix, Dorothy
 financial adjustment 财务调整 126
 frankness in ～中坦诚相见 120, 126
 function of the sexes in ～中的两性功能 26, 114, 131n.
 religious requirements 宗教要求 114
 "romance" in ～中"浪漫的爱情" 114f.
 secularization of ～的世俗化 112, 120
 woman keeping her own name 女性保留自己的姓氏 112n.

Married women, employment of 已婚女性的就业 26f., 29

Married Women in Industry, Mary N. Winslow 《工业中的已婚妇女》，玛丽·N. 温斯露 27n.

Masonic Lodges 共济会 306, 307

Material culture traits, change in, 物质文明特征的变化 404, 500

Matiness Musicale 日间音乐俱乐部 296, 490

Mating, competition in 择偶的竞争 163, 283n.

Meat inspection 肉类检验 449

Medical Association 医学协会；见 Academy of Medicine

Medical care 医疗保健；见 Health, Doctors

Medical Education in the United States and Canada, Abraham Flexner 《美国与加拿大医学教育》，亚伯拉罕·弗莱克斯纳 445n.

Meeker Royal 罗雅尔·米科
 quoted 引用～ 445n.

Melanesian Society, History of, W.H.R. Rivers 《美拉尼西亚社会史》，W.H.R. 瑞沃斯 5n.

Melvin, A. D., *The Federal Meat Inspec-*

tion Service A.D. 麦尔文《联邦肉类检验服务》 450n.
Mendel, Lafayette B., *Changes in the Food Supply* 拉菲叶特·B. 门德尔《食品供应的变迁》 156n.
Mental defectives 精神疾病 451n.
Merchants Association 商人协会 492
Metal Trades, R.R. Lutz 《钢铁业》, R. R. 鲁茨 66n.
Method 方法 4, 505f.
    participation in local life 参与当地生活的～ 506
    examination of documentary material 资料整理的～ 506
    compilation of statistics 编纂统计资料的～ 507
    interviews 访谈～ 507
    questionnaires 问卷～ 509
Metropolitan Life Insurance Company 城镇人寿保险公司 452
Middletown 中镇
    historical background ～的历史背景 10f.
    elected for study 选择～进行研究 7f.
Middletown College 中镇大学 9, 487
Migration 移民
    of young to and from Middletown 年轻的～来到和离开中镇 37

of workers seeking employment 工人～寻找工作 61
Milk ordinance, attempt to pass 尝试通过牛奶法令 450
Ministerial Association 牧师协会 351f.
    activities approved by 得到～批准的活动 351
    activities inaugurated by ～主持的活动 352
    conducts lyceum 组织学会 229
Ministers, activities of 牧师的活动 345, 354
    attitude toward 对于～的态度 349
Ministers 牧师
    interviews with, on church members ～对教会会员的访谈 356
    on Bible reading 关于～读《圣经》 337, 356n.
    on family prayer 关于～的家庭祈祷 337
    on reading 关于～的阅读 345n.
    on salary 关于～的薪水 347
    on training 关于～的培训 347
    on work of 关于～的工作 346
    omitted from Rotary ～被扶轮社忽略 347
    pastoral activities changing ～活动的变化 344
    requirements for 对～的要求 344
    sermons ～布道 345, 350n., 372

types of ~的种类 346f.
Minors in Automobile and Metal Manufacturing Industries in Michigan Children's Bureau Publication No.126 《密歇根汽车和钢铁制造业中的未成年者》儿童部出版物第126号 32n.
Miracles 奇迹 318n.
Missionary Societies 传教协会 398
Mobility, family 家庭的流动 61 and n., 64, 95, 109, 125
Moderation 克制 494
Money 钱，金钱
  amount earned 赚~的数量 84
  and marital maladjustment ~和婚姻失调 126
  dominance of ~的支配地位 21
  importance of cash nexus in living 现金关系在生活中的重要性 52, 163, 358
  new ways of spending 花~的新方式 83
Moore, Ernest C., *Fifty Years of American Education* 欧内斯特·C.穆尔《美国教育五十年》 206n.
Morality 道德 112, 241
Mortgages on Homes, 1920, Richard T. Ely 《1920年的住宅抵押贷款》，理查德·T.埃利 104n.
Mothers' Council 母亲协会 293,

295n., 335, 397
Motion pictures 电影，影片 257n., 263, 265f.
  attendance 看~ 263, 361
  contrasted to drama of the nineties ~与90年代的戏剧形成对比 268
  early sophistication, and ~和早熟 267
  effect of ~的影响 263, 265n.
  sex films 性~ 242
  Yale Press Historical Series 耶鲁大学出版社发行的历史~ 265
Moving, home, frequency of 搬家的频率 109
Music 音乐 242f., 257n.
  as a symbol ~作为一种象征 247
  community singing 全社会歌唱 246n.
  cost of lessons ~课程的费用 234n.
  in schools 学校里的~ 201
  phonograph 唱机 244
  radio 收音机 244
"Mutual aid" insurance "互助"保险 34n.

Natural sciences, in school 学校里的自然科学 201
Nature of Peace, Thorstein Veblen 《和

平 的 本 质 》, 索 斯 坦 · 维 勃 伦 57n.
Negroes 黑人 9, 479, 483
Neighborhood 街区, 街区的居民
 attitude towards, working class 生产阶级对～的态度 274
 as place of first meeting ～作为最初相识的地点 273
 as place of most frequent seeing ～作为最常用的交友场所 274
 disappearance of ～的消失 65, 109
Neighbors 邻居; 见 Neighborhood
Newcomer, M., "Physical Development of Vassar Colleges Students" M. 纽科墨,《瓦萨大学学生的身体发育》 285n.
Newsholem, Sir Arthur 阿瑟·纽斯霍姆爵士
 quoted 引用～ 453
Newspaper 报纸, 报刊 88
 advertising 广告～ 474f.
 amount of news space 新的空间的数量 473
 and business class ～和经营阶级 476
 and *Christian Science Monitor* ～和《基督教科学箴言报》 473n.
 circulation ～发行量 471
 content of ～的内容 472f.
 editorial policy ～的编辑原则 475

 out of town 外埠的～ 472
 political campaigns 政治～运动 423f.
 relation to local "social problems" ～和当地"社会问题"的关系 477
 uses served by ～的使用 474
Night work 晚班 54
Non-material traits 非物质特征 178, 426n., 432, 500
"Normalcy" "正常状态" 89
North America, J. Russell Smith 《北美洲》, J. 罗素·史密斯 7, 225n.

Obedience as a trait desirable in a child 顺从是孩子值得拥有的品质 132, 142f.
Officials, new, in Middletown 中镇新的官员 413
Old age 老年, 老年人 110n.
 as a "social problem" ～作为"社会问题" 35n.
 dead-line in industry 工厂中生产劳动年龄的极限 33f.
Old Age Pension 退休金 35n.
"Open shop town" "自由雇佣城" 78
Oratory, in Middletown 中镇的扶轮社 228n.
Organization of leisure 休闲娱乐组织 272f., 285

Organized "days" and "weeks" 有组织的"日"和"周" 351
Ornamentation and social change 修饰和社会变革 95n., 166
Our Rural Heritage, James Mickel Williams 《我们农村的继承权》,詹姆森·米克尔·威廉姆斯 35n.

Papers, read at clubs 在俱乐部阅读论文 292f.
Parent-Teachers Association 家长-教师协会 293
Parental authority, decline in 父母权威的下降 35, 133, 142
Parties 聚会,社交聚会 278f., 282
Pastor 牧师;见 Ministers
Patriotism 爱国主义 198, 488
"Patent" medicines "专利"药品 437
Pecuniary status 金钱状况
  and child's attendance at school ～和孩子上学的情况 186
Pecuniary traits 金钱特质
  dominance of ～的主导位置 21, 52, 80, 84, 88, 126n., 141, 142, 416, 443
Periodicals 期刊
  and home-making ～和持家 158
  and the diffusion of sex knowledge ～和性知识的普及 241
  circulation ～发行量 158, 231, 239

differential diffusion of, to business and working class 经营和生产阶级对～不同的偏爱 240
  in library 图书馆的～ 231
Personnel managers 人事经理 72
"Petting parties" "爱抚晚会" 138
Phonograph 唱机 244
Pianolas 自动钢琴 244n.
Pioneer days 拓荒岁月 10f.
Police 警察 423—425
Politics 政治
  and business men ～和商人 427
  church and 教会和～ 419
  "city manager plan" "城市管理计划" 427
  corruption in ～腐败 420
  friction in ～中的摩擦 423f.
  getting out the voters 说服选民 426
  high school students on 高中学生关于～ 419
  in school 学校中的～ 217
  interest in 对～感兴趣 416
  party affiliation 党派 415
  political candidates ～候选人 421
  public library and 公共图书馆和～ 425
  salaries of public officials 公务人员的薪金 421
  solutions for the social problem of 社会问题的解决办法 426

Poor Asylum 穷人收容所 467
Poor White, Sherwood Anderson 《穷白人》，舍伍德·安德森 9n.
Popularity, criteria of, in high school 在高中里受欢迎程度的标准 216
Population in 1924 1924年的人口 510
Pound, Roscoe, *Criminal Justice in Cleveland* 罗斯科·庞德《克利夫兰的刑事司法制度》 61n., 414n.
  quoted 引用~ 427, 430n.
Prayer 祈祷者 288, 324, 328, 337, 338, 341f., 371, 377, 381, 382, 402, 405
Prayer meetings 祈祷会 382
Preacher 牧师；见 Ministers
Prejudice 偏见 493
"Preventive medicine" "预防医学" 454n.
Price appeal, clothing 服装的价格吸引力 161, 166
Principles of Vital Statistics, I. S. Falk 《人口统计原则》，I. S. 弗科 453n, 448n.
Private property 私人财产 198f.
Probation 缓刑 432
Processes of History, Teggart 《历史的进程》，特加特 249n., 275n.
Professional workers 专业人员 23
Programs, of clubs 俱乐部活动 289f.
"Progress in Federal Food Control", Carl L. Alsberg in *A Half-Century of Health* 卡尔·L. 阿尔斯伯格《联邦食品控制的进展》，见《卫生健康的半个世纪》 449n.
Prohibition 禁止 256n., 258n., 277；另见 Saloon
Promotion 晋升 65f., 67
Prosperity, "Causes" of 繁荣的"原因" 88
Prostitution 卖淫 112f.
Psychological outlook 心理状况 80, 128, 265, 271, 323
Public business 公共事业 64n., 423f.
Public Employment Offices, Shelby M. Harrison 《公共职业介绍所》，谢尔比·M. 哈里森 59n.
Public officials 官员 420f.
Public playgrounds 公共游戏场 133
Pure food law 洁净食物法 449

"Quack" doctors "江湖"医生 439f.
Questionnaire, English classes 英语课问卷；见 Questionnaire high school
Questionnaire, high school 高中问卷 509
  disagreement with parents 关于与父母发生冲突的~ 134n.
  evenings at home 关于晚上在家的~ 135n.
  petting parties 关于爱抚晚会的~ 138
  reading 关于读书的~ 236n.

source of sex information 关于性知识的来源的~ 146
source of spending money 关于花费的来源的~ 141
things in which most interested 关于最感兴趣的事情的~ 243, 250, 309
traits desirable in parents 关于父母期望的品质的~ 144, 149
work after graduation 关于毕业后的工作的~ 26
work of boys and their fathers 关于男孩和他们父亲的工作的~ 51
Questionnaire, social science 社会科学问卷；见 Questionnaire, true-false
Questionnaire 问卷
 true-false, on America 关于美国对-错的~ 490n.
 on Bible 关于《圣经》的~ 318
 on campaign speeches 关于竞选演说的~ 419
 on Christianity 关于基督教的~ 316
 on Christ 关于基督的~ 319
 on evolution 关于进化的~ 318n.
 on history and politics 关于历史和政治的~ 200f.
 on movies 关于电影的~ 341
 on newspapers 关于报刊的~ 477
 on petting parties 关于爱抚晚会的~ 138
 on religion 关于宗教的~ 319
 on success 关于成功的~ 65n.

Racial characteristics of Middletown 中镇的种族特征 8, 9
Racial lines in Middletown 中镇的种族群体 479
Radicalism 种族主义 198, 415, 493
Radio 收音机 244, 257n., 269
Rawles, W. A. P., *Centralizing Tendencies in the Administration of [the States]* W. A. P. 罗尔斯《（美国）政治的主要趋势》 31n.
Reading 阅读
 differences between working and business class 生产阶级和经营阶级在~上的差异 240
 between sexes 两性在~上的差异 236, 240
 societies of in nineties 90年代社会中的~ 232
 sources of reading matter ~材料的来源 229
 time spent in 在~上花的时间 171, 229, 232；另见 Books, Periodicals
"Red-light" district "红灯区" 113
Refrigeration 冷冻 156
Religion 宗教 203, 216f., 226, 288f.,

304, 322, 329, 359, 390, 402f.
and marriage　～和婚姻　114
and organized labor　～和劳工组织　76
as rated by children　儿童对～的评价　323
attitude toward　对～的态度　403
beliefs　信仰～　315f.
church membership　～教会会员　355f.
denominations　～教派　332f., 334
doubt　怀疑～　316, 331
family prayer　家庭祈祷者　337
ministerial association　牧师协会　351f.
ministers　牧师　344f.
new forms of　～的新形式　407
observances of　～的仪式　315f.
popular reverence for the church　民众对教会的崇敬　321f.
prayer meetings　祈祷会　382
revivals　～复兴　378, 380, 381
services　～布道　371
Sunday observance　主日仪式　339f.
Sunday School　主日学校　388f.
Religion and the Rise of Capitalism, R. H. Tawney　《宗教与资本主义的兴起》，R. H. 托尼　177n., 469n.
Religious education　宗教教育　335, 391, 396, 397

Religious Education of Protestants in an American Commonwealth, Walter S. Athearn　《美国联邦新教徒的宗教教育》，沃尔特·S. 亚瑟恩　332n., 355n., 358n., 384, 391n.
Renting　租赁　106
Reports, state　州报告　15n., 73n., 74n.
Rising hour　起床时间　337
Rivers, W. H. R.　W. H. R. 瑞沃斯
　History of Melanesian Society　～《美拉尼西亚社会史》　5n.
　Social Organization　～《社会组织》　4n., 132n.
　The Todas　～《图达人》　21n., 249n.
Root, Elihu　伊莱休·鲁特
　quoted～　引用　426
Ross, E.A., *The Social Trend*　E. A. 罗斯《社会趋势》　38n.
Rotary　扶轮社　76, 81, 88, 228n., 232n., 238n., 303, 304, 305, 347, 406, 460, 464, 486n., 489, 493
Rugg, H. O., and W. C. Bagley, *The Content of American History as Taught in the Seventh and Eighth Grades*　H. O. 鲁格和 W. C. 巴格利《七年级和八年级美国历史的教学内容》　199n.
Rural Primary Groups and Their Discovery, J. H. Kolb　《农村的初级群体

和他们的发现》，J.H.科伯 274n.
Russell, Dean James E. 校长詹姆斯·E.拉塞尔
 quoted 引用～ 197n.

Sabbath 安息日；见 Sunday observance and Leisure
Safety Committee, in industry 工厂的安全委员会 71
Salaries 薪水
 clerks 办公室工作人员的～ 86
 ministers 牧师的～ 347
 public officials 官员的～ 421
 teachers 教师的～ 86f.；见 Wages
Saloon 沙龙
 and the automobile ～和汽车 256n.
 and motion pictures ～和电影 265n.
Salvation 拯救灵魂 178
Savings 存款 62, 257, 270, 460f.；另见 Installment Buying
Schlesinger, Arthur M., and Erik McKinley Eriksson, "The Vanishing Voter" 亚瑟·M.施莱辛格和埃里克·麦金利·埃里克松《消失中的选民》 416n.
School 学校 185, 191, 211, 212, 215, 222
 age of attendance 入～的年龄 181, 183, 184

and home ～和家庭 208
art 艺术～ 201
as college preparatory ～作为大学预科 195n.
athletics 体育运动～ 212f.
attendance and clothes 去～和服装 163
clubs 俱乐部 211, 214, 215, 216
curriculum ～的课程 188f., 190, 192f., 194, 196, 201
evening courses ～的夜校课程 184n.
extra-curricular interests ～的课外兴趣 213f.
methods of teaching ～的教学方法 190f.
music 音乐～ 201
religion and 宗教和～ 203
"school life" "学校生活" 211f.；另见 Education
School houses 学校大楼
 used as community centers ～用作社区活动中心 485n.
Secularization 世俗化 500
 and control of parenthood ～和生育控制 123
 of books on science 自然科学的书籍的～ 237n.
 of charity 慈善的～ 462, 468
 of church programs 教会活动的～

401
　　of divorce 离婚的～ 121
　　of health matters 健康问题的～ 457
　　of lectures and lecturers 演说和演说的人的～ 229
　　of marriage ceremony 婚礼的～ 112
　　of "Sabbath" 安息日的～ 339
　　differential rate of ～的不同评价 26n., 123, 203, 338n., 343
Self-criticism, stifling of 自我批评的扼杀 222
Sermons 布道 345, 372f.
　　excerpts from 摘录自～
　　quoted 引用～ 374f.
Servants 女佣 169f.
　　and labor-saving devices ～和省力的设施 171
"Service" "服务" 304
Services, church 教会布道；见 Churches
Sewing 缝补 164f.
Sex 性
　　and magazines ～和杂志 241
　　and motion pictures ～和电影 267f.
　　and revivals ～和复兴 380n.
Sex Hygiene 性卫生 145
Sexual relations between unmarried people 非婚者之间的性关系 112, 115n., 123

Sexes 两性
　　different activities of ～的不同的活动 25, 28, 116, 123, 126, 140, 148, 164, 167, 270, 277
Shelter 住处 62
"Shut-downs" "停工" 55f.；另见 Unemployment
Sickness 生病，有病 439n.
　　and wife's working ～和妻子的工作 28;
　　defined ～的定义 454
Sin 过错 122n, 361, 374
Skilled worker 熟练工 74, 81
Sloan, George W., *Fifty Years in Pharmacy* 乔治·W.斯隆《制药50年》 157n.
Smith, J. Russell, *North America* J.罗素·史密斯《北美洲》 7, 225n.
Snyder, Raymond H., *An Analysis of the Content of Elementary High School History Texts* 雷蒙德·H.斯奈德《初级中学历史课本的内容分析》 199n.
Social change 社会变迁
　　and automobile ～和汽车 253
　　and proximity to centers of cultural diffusion ～和靠近文化传播中心 5
　　and "social problems" ～和"社会问题" 496f.

索 引

music 音乐 247
ornamentation and 装饰和～ 95n., 166
process of ～的过程 8, 35n., 95n., 98, 294
resistance to 抗拒～ 38, 42n.,142, 150n., 157, 160, 413
reversal of trend ～趋势逆转 174
Social entertainment 社交娱乐；见 Parties
Social illiteracy, new types of 新型社会文盲 166, 222
Social Organization, Charles Horton Cooley 《社会组织》，查尔斯·霍顿·库利 494n
Social Organization, W. H. R. Rivers 《社会组织》，W.H.R.瑞沃斯 4n., 132n.
"Social problem" "社会问题" 3, 34n., 35n., 53, 59, 63, 70n., 105n., 107, 129
Social problems 社会问题
  and social change ～和社会变迁 496
  masked by "boosting" ～被"兴旺"掩盖 222
  masked by emotion ～被情感掩盖 178
  masked by formulas ～被套话掩盖 178
  masked by slogans ～被口号掩盖，见 Slogans
  of care of health 保健的～ 445
  of crime 犯罪的～ 431
  of high cost of living 高生活消费的～ 84
  solution ～的解决方法 426n.
Social Service Bureau 社会服务局 295, 433, 438, 458, 462
Social studies 社会科学 196f.
Social Trend, E.A.Ross 《社会趋势》，E.A. 罗斯 38n.
Socialism 社会主义 228n.
Socialization of accident hazard 工伤的危害的社会化过程 70
Solidarity, pressure for 团结一致的压力 278；另见 Conformity, Standardization
Sophistication of children 年轻人的早熟 140
Specialization 专业化 40, 45, 75, 249, 409；另见 standardization, Conformity
Speeches 讲演 228
  political campaign 政治运动 419
  topics ～主题 228；另见 Lectures, Leisure
Spending money, sources of children's 因为孩子花钱 141
"Spring sickness" "春季病" 157；另见 Health

"Stability" "稳定" 414
Standard of living 生活水平 83, 99ff., 161, 167, 171
 and number of children ～和子女数量 131, 243n.
 and wife's working ～和妻子的工作 28, 131n.
Standardization 标准化 106, 161, 491
 art 艺术的～ 249n.
 of leisure time pursuits 闲暇活动的～ 309
 relation of credit to ～和信贷的关系 47; 另见 Credit, Conformity, Advertising
State Statistician 联邦统计机构
 quoted 引用～ 74; 另见 Reports, state
Statistics, compilation of, in regard to study 编纂统计资料 507
Style show 时装表演 82n.
Success 成功 65
Sunday observance 礼拜日仪式 339f.
 and the automobile ～和汽车 258f.
 recreation 休闲娱乐 341f.
 sports 体育运动 340f.
Sunday School, the 主日学校 341, 360f., 383f., 391, 393
 changes in ～的变革 391f.
 direction of ～的组织管理 383
 graded lessons ～按年级分班 391
 services ～布道 383, 387
 teachers ～教师 383f
 teaching ～教学 385
Superficiality 肤浅 493
Symbols 符号 49, 95, 103, 167, 217n., 219, 247, 294, 493, 501

Tables 表格 511f.
Talking, as a leisure time activity 聊天作为一种休闲活动 226; 另见 Speeches
Talks upon Practical Subjects, Marion Harland 《谈谈实践问题》，马里昂·哈兰德 159, 285n.
Tawney, R. H. R. H. 托尼
 quoted 引用～ 87n.
 Religion and the Rise of Capitalism 《宗教与资本主义的兴起》 177n., 469n.
Taylor, Frederick W. 弗雷德里克·W. 泰勒
 quoted 引用～ 44
Teachers 教师 206f., 229
 requirements for ～的条件 206
 Sunday School ～主日学校 383
 training of ～的培训 207; 另见 School, Education
Technical journals 技术杂志 45
Technical training, and labor 技术培

训和劳动力 67
Teggart, Frederick J.,*Theory of History* 弗雷德里克·J. 特加特,《历史理论》 4n., 249n.
Telephones 电话 62, 140n., 173, 275n.
Terman, Lewis M., *The Intelligence of School Children* 列维斯·M. 特尔曼《学龄孩子的智力》 185n.
Terman Revision, Bine-Simon Intelligence Tests 特尔曼修订版,比纳－西蒙智力测验 36
Theater 剧院 113, 268
Theory of History, Frederick J. Teggart 《历史理论》,弗雷德里克·J. 特加特 4n.
Thomas, W. I., *The Unadjusted Girl* W. I. 托马斯《未被调教的女孩》 498n.
Thrift 节俭 469;另见 Savings
Tithing 什一税 356;见 Community Chest
Todas, W. H. R. Rivers 《图达人》, W. H. R. 瑞沃斯 21n., 249n.
Town Labourer, J.L. Hammond and Barbara Hammond J. L. 哈蒙德和巴巴拉·哈蒙德,《1760－1832年的劳工城》 58n.
Trade papers 商业报纸 45
Transportation, local 当地的交通 64
Trends of changing behavior, as a basis of the investigation 作为观察的基础的行为变化趋势 6
"Trolley parties" "有轨电车晚会" 260n.
True-false questionnaire 对－错问卷;见 Questionnaire, true-false
Tuberculosis 结核病 443
 and spitting ～和吐痰 452
 cure of ～的治愈 452;另见 ealth
Typhoid, treatment of 伤寒的治疗 446f.

Unable, care of 无法照顾;见 charity
Unadjusted Girl, W. I. Thomas 《未被调教的女孩》, W. I. 托马斯 498n.
Unskilled labor 非熟练工 74
Unemployment 失业 57
 home adjustments in ～中的家庭调整 61
 and charity ～和慈善 63
 attitude of business class 经营阶级对于～的态度 58
 "shut-downs" "停工" 55f.
 social problems of ～的社会问题 63;另见 Family interviews

Vacations 假期年假 55n., 261, 262
Vaccination 疫苗 448, 454n.;另见 Health
Van Waters, Miriam 米里亚姆·范·

沃特斯　268n.
Veblen, Thorstein　索斯坦·维勃伦
　Imperial Germany　~《德意志帝国》　42n.
　The Nature of Peace　~《和平的本质》　57n.
Vegetables, fresh　新鲜蔬菜　157
Venereal disease　性病　113n., 443
Verbalization　口语化　344
Vicinage　邻里　173n., 176
Visiting　拜访　275；另见 Telephones，Friends
Visiting Nurses' Association　出诊护士协会　69n., 278, 295, 335, 452, 456, 463, 492
Vocational training　就业训练　49, 51, 195；另见 Education
Vocational accidents　工伤　68
Voting, machines　投票机　418
　number of persons　人数　417

Wages, apprentices　学徒工资　81n.
　men and women　男性和女性的~　85
　vs. steady work　~与稳定的工作对比　60
　weekly pay law　周工资法　76
　working class　生产阶级的~　84；见 Salaries
Walking　散步　252, 260, 283

War Mothers　战争母亲会　490
Washing machines, electric　电动洗衣机　174, 498；另见 Home
Water, running, in homes　家中的自来水　97
Welfare agencies　慈善机构　465
What's on the Worker's Mind, Whiting Williams《工人心里想什么》，怀廷·威廉姆斯　59, 60n.
Wholesome Citizens and Spare Time, John H., Gillin《健康的市民和闲暇时间》，约翰·H. 吉林　285n.
"Wide-open town"　"开放城市"　113
Williams, James Mickel, *Our Rural Heritage*　詹姆森·米克尔·威廉姆斯《我们农村的继承权》　35n.
Williams, Whiting　怀廷·威廉姆斯
　quoted 引用~　60n.
　What's on the Worker's Mind《工人心里想什么》　59n.
Winslow, Mary N., *Married Women in Industry*　玛丽·N. 温斯露《工业中的已婚妇女》　27n.
Winter diet　冬季食谱　156, 157
Wissler, Clark, *Man and Culture*　克拉克·威斯勒《人和文化》　4n., 168n.
Wolfe, A.B., *Conservatism, Radicalism and Scientific Method*　A. B. 沃尔夫《保守主义、激进主义和科学

方法》 450n., 494n.
Woman's Club 妇女俱乐部 290f., 450, 488；另见 Federated Club of Clubs
Woman's Relief Corps 妇女救助会 490
Women, employment of 妇女的就业 19, 122n., 127, 129
Women's Union Label League 妇女工会商标联合会 76
Working class 生产阶级
　and books ～和书籍 230
　and charity ～和慈善 460
　and church ～和教堂 400
　and clubs ～和俱乐部 308
　and education ～和教育 80
　and music ～和音乐 246
　and periodical subscriptions ～和期刊订阅 240
　and reading ～和阅读 234, 236
　and religion ～和宗教 320
　and study organizations ～和学习团体 287n.
　definition of ～的定义 22
　division between business class and ～和经营阶级的区分 428
　interior furnishings of houses ～房屋的室内装修 99f.
　mystified by "bad times" ～因"不景气"而迷惑 87
　occupational distribution of sample families ～样本家庭中职业分配 508
　outlook ～的观点 89
　pastoral calls 教长查访～ 344
　radical changes in activities of ～活动的巨变 39
　rising hour ～的起床时间 54
Working hours 工作时间 53f.
Workingman's Library and Reading Room 专为工人开办的图书馆和阅览室 76, 232
Workman's Compensation Law 《工人赔偿法》 68n, 70
World War 世界大战 246n., 464, 485, 489, 490
Wright, Carroll D., *The Industrial Evolution of the United States* 卡洛尔·D.怀特《美国的工业化进程》 26n.

Yale Press historical motion pictures 耶鲁出版社发行的历史影片 200, 265
Yard 庭院
　diminishing size of ～规模缩小 94
　as symbol of social status ～作为社会地位的象征 95
Young Delinquent, Cyril Burt 《青少年犯罪》，西里尔·伯特 268n.
Young Men's Christian Association 基

督教男青年会 83, 100, 134, 146, 203, 216, 283, 285, 342n. 371, 396, 401, 409, 462
 and negro ～和黑人 479
 Bible teaching by ～的《圣经》教育 396
 buildings of ～的建筑 336
 leaders ～首领 354
Young people's society church meetings 教堂里的"青年协会"集会 393f
Young Women's Christian Association 基督教女青年会 22, 83, 134, 146, 203, 216, 283, 295 ,303, 332, 342n., 371, 401
 and negro ～和黑人 479
 Bible teaching in schools 学校中的《圣经》教育 396
 buildings of ～的建筑 336
 leaders ～首领 354
Youth, increasing demand for, in industry 对青年工人越来越多的需求 33；另见 Parental authority

图书在版编目(CIP)数据

中辍：当代美国文化研究 / (美) 罗伯特·S.林德, (美) 海伦·梅里尔·林德著；巧春花，李彼鹏，腾泽义，腾泽民译. -- 北京：商务印书馆，2025. -- (汉译世界学术名著丛书). -- ISBN 978-7-100-24113-7

I. G171.2

中国国家版本馆CIP数据核字第2024TY8354号

权利保留，侵权必究。

汉译世界学术名著丛书

中辍

当代美国文化研究

〔美〕罗伯特·S.林德
海伦·梅里尔·林德 著
巧春花 李彼鹏 腾泽义 腾泽民 译
姚虞丰 校

商 务 印 书 馆 出 版
(北京王府井大街36号 邮政编码100710)
商 务 印 书 馆 发 行
北京新华印刷有限公司印刷
ISBN 978-7-100-24113-7

2025年3月第1版　　开本850×1168 1/32
2025年3月北京第1次印刷　　印张21

定价：98.00元